Windows Vista et Internet

POUR

LES NULS

2e édition

Windows Vista et Internet pour LES NULS

2e édition

Andy Rathbone, John R. Levine,
Margaret Levine Young, Carol Baroudi

FIRST
Interactive

Windows Vista et Internet Pour les Nuls

Cet ouvrage comporte des extraits de Windows Vista Pour les Nuls et Internet Pour les Nuls

Publié par
Wiley Publishing, Inc.
909 Third Avenue
New york, NY 10022

Collection dirigée par Jean-Pierre Cano
Traduction : Véronique Congourdeau, Bernard Jolivalt
Édition : Pierre Chauvot
Maquette et illustration : Stéphane Angot

Édition française publiée en accord avec Wiley Publishing, Inc.
©2009 par Éditions First
Éditions First
60 rue Mazarine
75006 Paris
Tél. : 01 45 49 60 00
Fax : 01 45 49 60 01
e-mail : firstinfo@efirst.com
ISBN : 978-2-7540-1452-6
Dépôt légal : 3e trimestre 2009
Imprimé en France par Pollina - n° L50444

Sommaire

LIVRE II : INTERNET

Introduction

Bienvenue dans *Windows Vista et Internet pour les Nuls !*

Ce livre n'a pas pour but de faire de vous un pros de Windows ou un créateur de sites Internet, mais de vous proposer des informations fort utiles. Plutôt que de devenir un expert, vous apprendrez rapidement et sans peine tout ce qui est indispensable pour utiliser efficacement un PC sous Windows Vista et prendre plaisir à utiliser Internet en toute sécurité.

À propos de cet ouvrage

N'essayez pas de lire ce livre d'une seule traite. Utilisez-le plutôt à la manière d'un dictionnaire ou d'une encyclopédie. Allez directement à la page contenant l'information que vous recherchez. Lisez-la attentivement, posez le livre et appliquez les directives.

Ne vous compliquez pas l'existence à mémoriser toutes les commandes de Windows Vista ou de votre navigateur Internet, du genre "Sélectionnez l'option de menu dans la liste déroulante". Laissez ça aux allumés d'informatique. En fait, un pictogramme vous préviendra chaque fois qu'un élément technique apparaît dans un chapitre. Vous pourrez ainsi vous attarder pour le lire ou seulement le parcourir et aller plus loin.

Vous ne trouverez aucun jargon ésotérique dans ce livre, mais des thèmes développés en français clair et accessible, dont voici un aperçu :

- Pourquoi avoir choisi un nom aussi obscur que "Windows Vista" ?
- Retrouver le fichier que vous avez enregistré ou téléchargé la veille.
- Déplacer les fenêtres à la souris.
- Obtenir que Windows Vista tourne comme votre ancienne version de Windows.
- Télécharger des fichiers.
- Répondre à un courrier automatiquement.

Il n'y a rien à mémoriser et rien à apprendre par cœur. Il suffit d'aller à la bonne page, de lire quelques brèves explications et de retourner à l'ordinateur. Contrairement à d'autres livres, celui-ci vous permet de faire l'impasse sur les subtilités techniques et de ne vous en tenir qu'à l'essentiel pour que le travail soit fait.

Comment utiliser ce livre

Recherchez le sujet qui vous tourmente dans le sommaire ou dans l'index. Le sommaire indique les chapitres ainsi que les sections et leurs numéros de page. L'index recense les sujets et renvoie à la page où il en est question. Parcourez-les tous deux chaque fois que vous butez sur un point obscur ; ne lisez que ce qui est nécessaire, refermez le livre puis appliquez ce que vous venez de lire.

Si vous avez envie d'en savoir plus, lisez un peu plus loin. Vous découvrirez une foule de détails supplémentaires ainsi que quelques références croisées qui renvoient d'un sujet à un autre. Mais ne vous sentez pas obligé. Vous n'êtes pas tenu d'apprendre ce que vous ne désirez pas connaître, ou ce que vous n'avez pas le temps d'assimiler.

Si vous devez taper du texte, il apparaît sous cette forme :

```
www.vw.com
```

Dans l'exemple ci-dessus, vous tapez la chaîne de caractères www.vw.com et vous appuyez ensuite sur la touche Entrée. Taper des mots au clavier est parfois déroutant ; c'est pourquoi ces mots sont souvent accompagnés d'une petite description. Vous effectuerez ainsi la saisie dans les règles.

Chaque fois qu'un message ou une information est affiché à l'écran, il apparaît dans le livre sous la forme suivante :

```
Ceci est un message affiché à l'écran
```

Ce livre se garde bien de vous infliger des directives du genre "Pour en savoir plus, consultez votre manuel". Windows Vista est d'ailleurs dépourvu de tout manuel. Vous ne trouverez pas non plus des informations concernant le fonctionnement de logiciels spécifiquement Windows comme Microsoft Office.

Enfin, gardez à l'esprit que ce livre est un *ouvrage de référence*. Il n'a pas été conçu pour faire de vous un expert, mais pour vous procurer suffisamment d'informations pour que vous n'ayez justement pas à vous coltiner un apprentissage de Windows et d'Internet.

Et à propos de vous ?

Il y a de fortes chances que vous ayez un ordinateur. Vous possédez Windows Vista et vous avez une connexion Internet ou vous envisagez d'en installer une. Vous savez ce que vous voulez faire avec votre ordinateur. Le problème réside justement là : comment obtenir de l'ordinateur qu'il fasse ce que vous désirez. Vous vous êtes débrouillé d'une façon ou d'une autre, peut-être avec l'aide d'un ami ou d'un collègue de bureau qui s'y connaît en informatique. Mais peut-être n'y a-t-il personne dans le voisinage qui sache apprivoiser la bête rétive qu'est un ordinateur. C'est là qu'intervient ce livre. Il saura remplacer au pied levé l'expert cruellement absent. Gardez cependant une carte de Pokémon à portée de la main, ou des trucs à grignoter dans un tiroir, au cas où il vous faudrait quand même soudoyer quelqu'un pour vous aider.

Comment ce livre est organisé

Toutes les informations contenues dans ce livre ont été passées au crible. L'ouvrage est divisé en deux livres, divisés eux-mêmes en chapitres thématiques. De plus, chacun de ces chapitres est subdivisé en brèves sections qui révèlent tour à tour les différents et mystérieux aspects de Windows Vista et d'Internet. Il vous arrivera parfois de n'avoir à lire qu'un tout petit encadré, et d'autres fois de longs passages, voire une section ou un chapitre tout entier. Tout dépend de la complexité du sujet. Vous trouverez bien évidemment la partie des Dix commandements ainsi qu'un glossaire.

Suivez le guide !

Ce pictogramme signale que des informations techniques vous attendent au tournant. Tirez-vous vite de là si vous êtes technophobe.

Ce pictogramme attire l'attention sur des informations qui faciliteront l'utilisation de l'ordinateur, comme empêcher le chat de piétiner le clavier ou se frotter avec délectation contre l'écran.

N'oubliez pas de vous souvenir de mémoriser ce dont il est question ici. Vous pouvez placer un signet ici, ou écorner la page.

L'ordinateur n'explosera certes pas en exécutant les délicates tâches signalées par ce pictogramme, mais enfiler une combinaison de protection NBC (nucléaire biologique chimique) ne sera pas une vaine protection.

Vous passez de Windows XP à Windows Vista ? Ce pictogramme signale les différences fondamentales entre les deux systèmes d'exploitation.

Ce pictogramme pointe vers une ressource du Web accessible avec votre navigateur.

Et ensuite ?

Vous êtes maintenant paré pour passer aux choses sérieuses. Feuilletez le livre et repérez éventuellement des sections qui vous seront utiles plus tard. Rappelez-vous que c'est *votre livre*, l'arme absolue contre les illuminés qui ont concocté des ordinateurs aussi compliqués. Ne prétendez pas que vous avez passé l'âge de retourner à l'école et que vous n'y pigez rien : lisez et relisez les paragraphes qui vous semblent utiles, surlignez les concepts-clés, annotez à foison et gribouillez dans les marges, juste à côté de ce qui vous paraît obscur.

Livre 1
Windows Vista

Première partie

Les éléments de Windows Vista que vous êtes censé déjà connaître

"J'annonce B7 !"
"- Coulé !"

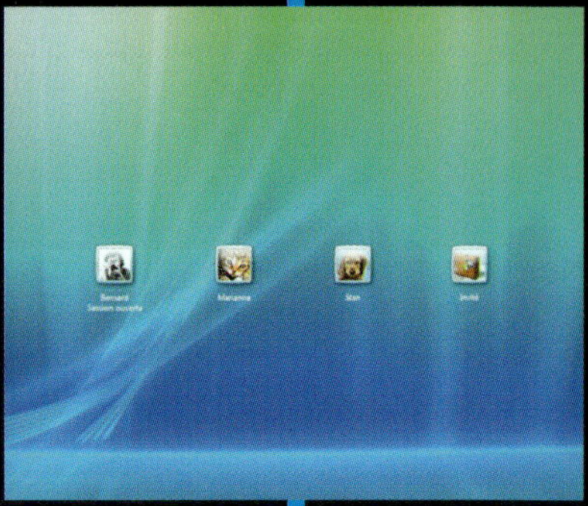

Dans cette partie...

Windows Vista est imposé à de nombreux utilisateurs sans qu'ils aient le choix, car ce système d'exploitation est installé dans leur nouvel ordinateur. Ou alors, leur entreprise a opté pour Vista, contraignant tout le monde à s'y mettre, sauf le patron, qui n'a pas d'ordinateur. Ou alors, vous avez été séduit par la publicité de Microsoft.

Quoi qu'il en soit, cette partie reprend les bases de Windows Vista et de ses concepts, comme le glisser-déposer, le couper-coller et le déplacement des barres d'outils.

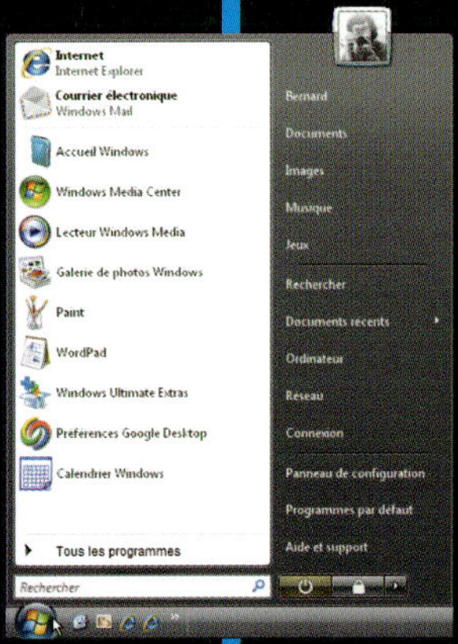

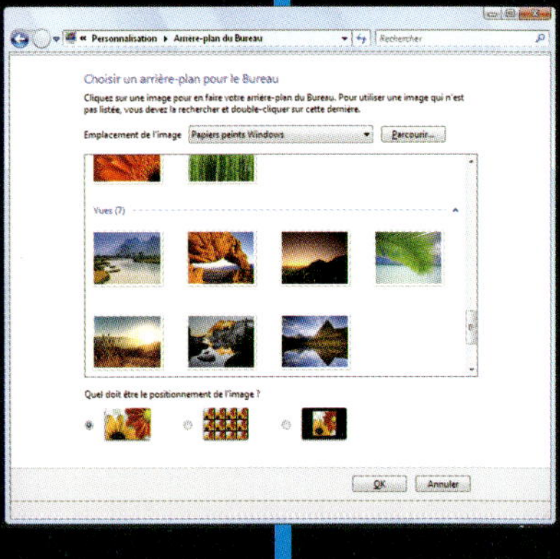

Chapitre 1

Mais qu'est Windows Vista ?

Dans ce chapitre :

- Faire connaissance avec Windows Vista.
- Présentation des nouvelles fonctionnalités de Vista.
- Comprendre à quel niveau Vista affecte les anciens programmes.

Vous avez sans doute entendu parler de Windows, de ses boîtes de dialogue, fenêtres et pointeur de souris qui vous accueillent chaque fois que vous allumez l'ordinateur. À vrai dire, des millions de gens de par le monde utilisent Windows tandis que vous lisez ces lignes. Il est préinstallé dans presque chaque nouveau PC vendu aujourd'hui.

Ce chapitre vous aide à comprendre pourquoi Windows est installé dans votre ordinateur et présente la toute dernière version développée par Microsoft : Vista. Il explique aussi en quoi Windows Vista diffère des versions précédentes, et notamment si vous devez procéder à la mise à jour vers Vista et surtout, si votre fidèle ordinateur la supportera.

Qu'est Vista et pourquoi l'adopter ?

Développé et vendu par Microsoft, Windows est différent des programmes que vous utilisez habituellement pour coucher vos états d'âme sur un traitement de texte ou envoyer des mots doux à l'élu(e) de votre cœur par courrier électronique. Windows Vista est en effet un système d'exploitation, c'est-à-dire un ensemble de programmes qui régissent votre utilisation de l'ordinateur. Il existe depuis une vingtaine d'année et Vista en est la dernière mouture.

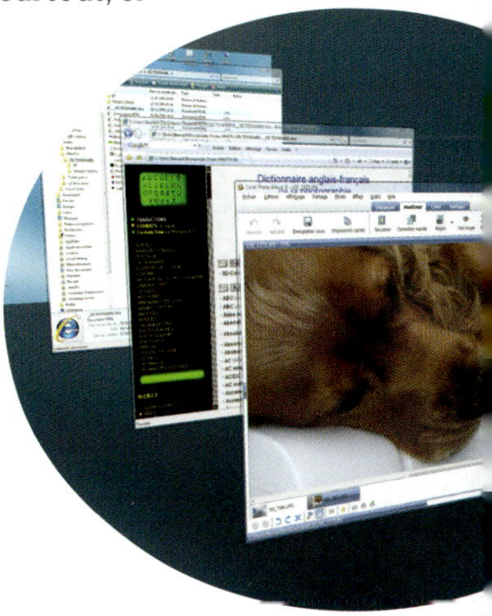

Programmes, logiciels, etc.

NdT : Les divers termes désignant une seule et même chose décontenancent toujours l'utilisateur. C'est le cas des termes programme, logiciel, application, exécutable, utilitaire, et j'en oublie sans doute.

Sans entrer dans les détails, tous sont à peu près la même chose. Microsoft affectionne le terme "programme", qui désigne le logiciel une fois qu'il est installé, alors que le commun des mortels utilise de préférence le mot "logiciel", qui est plutôt le produit lui-même, dans sa boîte avant installation (la nuance est subtile). Les termes "application" et "exécutable" sont plus fréquemment utilisés par les informaticiens. Enfin, un utilitaire est un petit logiciel destiné à effectuer des tâches techniques annexes, comme la décompression d'un fichier ou la conversion d'un format de fichier en un autre.

Retenez que tous exécutent des tâches (traitement de texte, navigateur Web), par opposition aux fichiers de données qui contiennent ce que vous créez (textes, photos, sons...), et qui ne peuvent être ouverts qu'avec une application (ou un logiciel, ou un programme, c'est du pareil au même).

Windows – "fenêtres", en anglais – tire son nom de ces petits cadres, appelés "fenêtres", qui prolifèrent sur l'écran. Chacune montre un type de données ou d'information : une photographie, le programme que vous utilisez ou un message d'erreur plus ou moins sibyllin. Plusieurs fenêtres peuvent être ouvertes en même temps (gare aux courants d'air) et activées tour à tour afin d'utiliser plusieurs programmes à la fois. Vous pouvez aussi agrandir une fenêtre afin qu'elle occupe la totalité de l'écran.

À l'instar d'un pion dans la cour d'un collège, Windows surveille chaque fenêtre et toutes les parties de l'ordinateur. Quand vous allumez l'ordinateur, Windows apparaît, supervise tous les programmes en cours et veille à ce qu'ils s'exécutent harmonieusement, même si l'un commence à se chamailler avec un autre.

Windows Vista est livré avec une foule de programmes. Bien que l'ordinateur puisse s'en passer, il est agréable d'en disposer. Ces programmes permettent d'exécuter diverses tâches, comme écrire et imprimer des lettres, aller sur l'Internet, écouter de la musique et même réduire votre interminable film de vacances en très court métrage de trois minutes.

Pourquoi utiliser Windows Vista ? Parce que, comme la plupart des gens, vous n'avez guère le choix car Vista est aujourd'hui préinstallé sur tous les PC. Pour lui échapper, la seule solution consiste à acheter un ordinateur Apple (très design mais plus cher) ou opter pour un PC dans lequel le système d'exploitation installé est Linux (très sophistiqué et dont la maintenance est plus ardue). Mais autour de vous, la plupart des gens utilisent surtout Windows.

- Microsoft s'est donné du mal et a travaillé dur pendant plusieurs années pour faire de Vista la version la plus sûre de Windows. Demandez à ceux qui ont connu la version précédente.
- Windows facilite le partage de l'ordinateur entre plusieurs utilisateurs. Chacun bénéficie de son propre compte d'utilisateur. Après avoir cliqué sur son nom, dans l'écran d'accueil de Vista, l'utilisateur retrouve son travail comme il l'avait laissé. Vista propose aux parents de nouveaux outils pour mieux contrôler l'usage de l'ordinateur par leur progéniture et délimiter ce qui leur est autorisé sur l'Internet.
- Une nouvelle version automatisée de Centre de sauvegarde facilite ce qui devrait être une règle intransgressible : procéder chaque soir à une copie des fichiers importants. Vista est doté d'un programme de sauvegarde, mais il n'est pas automatique. C'est à vous qu'il incombe de le démarrer chaque soir.
- Enfin, le nouveau et puissant logiciel de recherche vous permet d'oublier où vous avez bien pu fourrer vos fichiers. Cliquez sur le menu Démarrer et tapez ce que le fichier contient : quelques mots d'un document, le nom du groupe qui interprète un morceau, voire la date à laquelle vous avez photographié Guillemette lors de son pot de départ...

Est-il indispensable de passer à Vista ?

Microsoft sort une nouvelle version de Windows à quelques années d'intervalle. Si vous avez acheté votre PC entre 2001 et 2006, vous avez sans doute pris vos habitudes avec Windows XP. D'où la lancinante question : est-ce que cela vaut la peine de passer à Vista alors que Windows XP fait l'affaire ?

À vrai dire, si Windows XP vous convient, vous n'aurez probablement pas besoin de Vista. Mais Microsoft espère bien que les améliorations qu'il apporte vous inciteront à mettre la main au portefeuille.

Une sécurité accrue

La nouvelle présentation de Windows Vista, plus sophistiquée, complique la prise de contrôle du PC par des programmes malveillants. Par exemple, le programme intégré Windows Defender est constamment à l'affût des espiogiciels, ces petits logiciels qui espionnent vos activités, font souvent surgir des fenêtres publicitaires et ralentissent l'ordinateur. Microsoft entraîne Windows Defender en permanence, comme le montre la Figure 1.1, afin qu'il reconnaisse et élimine toutes nouvelles souches de ces logiciels malfaisants.

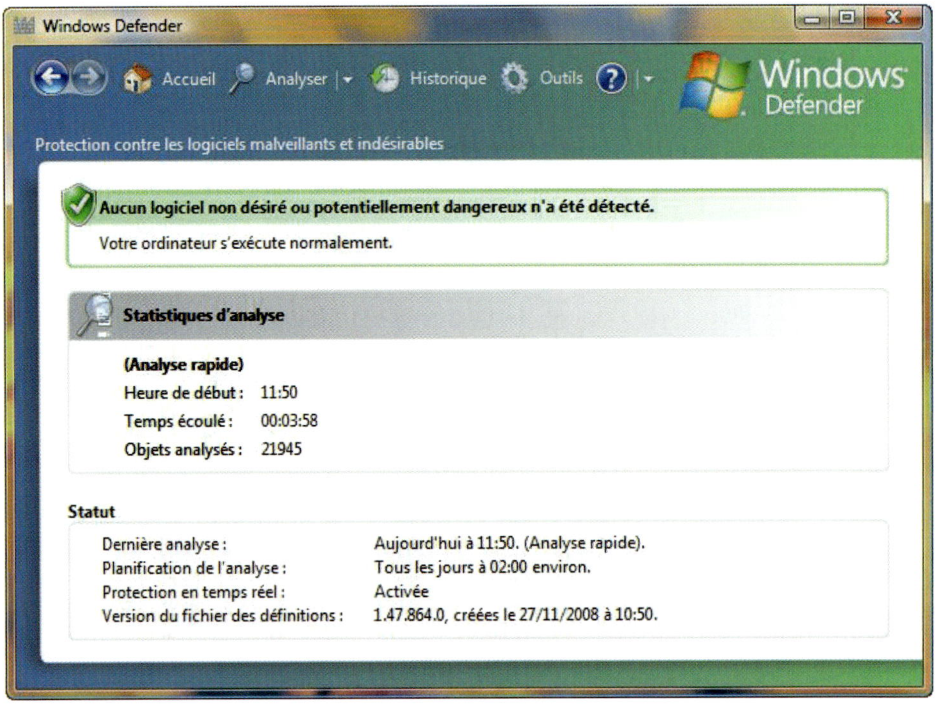

Figure 1.1 : Windows Vista est livré avec Windows Defender, un éradicateur d'espiogiciels que Microsoft met automatiquement à jour afin qu'il détecte les dernières versions de logiciels malveillants.

Les autres parties du système sécuritaire de Vista ne sont hélas pas aussi simples à décrire. Sachez que le PC reconnaît un programme selon une succession de chiffres, ou chaîne de chiffres, ce qui lui permet de distinguer une bonne chaîne – celle d'un traitement de texte, par exemple – d'une mauvaise, comme celle d'un virus. Pour résoudre un problème d'identification, Vista s'en remet à vous : chaque fois qu'un programme particulièrement puissant tente de s'exécuter sur votre ordinateur, Vista affiche le message `Windows a besoin de votre autorisation pour continuer`. À vous ensuite de choisir entre Continuer ou Annuler.

Windows Defender vous met à l'abri des espiogiciels, mais Vista ne comporte pas d'antivirus. C'est à vous qu'il appartient d'en installer un.

La version d'Internet Explorer livrée avec Vista (la version 7 au jour où nous écrivons ces lignes)

Internet Explorer 7, permet de surfer facilement sur le Web et avec une sécurité accrue, grâce aux fonctionnalités que voici :

- **La navigation à onglets :** Auparavant, afficher deux sites Web à l'écran supposait l'exécution de deux copies d'Internet Explorer. Avec Vista, Internet Explorer peut accéder à plusieurs sites à la fois, ouverts chacun dans des pages distinctes accessibles en cliquant sur un onglet, en haut de l'interface (Figure 1.2). Il est ainsi plus facile de comparer des prix sur divers sites marchands, ou lire une page Web tandis qu'une autre est téléchargée à l'arrière-plan. Il est même possible d'enregistrer un groupe de pages comme page d'accueil : chaque fois que vous démarrez Internet Explorer, vos sites favoris seront à votre disposition, chacun rangé sous son propre onglet.
- **Un filtre anti-hameçonnage :** Une toute nouvelle activité frauduleuse appelée hameçonnage – ou *phishing* – consiste à envoyer des courriers électroniques provenant prétendument d'une banque, des sites Paypal ou eBay, ou d'ailleurs. Ces courriers à la présentation convaincante se prévalent d'un problème de sécurité pour vous extorquer des données confidentielles (mode de passe, code de carte bancaire...). Le nouveau Filtre anti-hameçonnage d'Internet Explorer détecte les sites Web frauduleux avant que vous ayez communiqué des informations, préservant la sécurité de votre nom et de votre mot de passe.
- **Un champ Rechercher intégré :** Lassé de s'en remettre à Google pour trouver un site Web ? La partie supérieure d'Internet Explorer 8 est dotée d'un petit champ Rechercher, pour les recherches à la volée. Il est programmé pour utiliser le moteur de recherche MSN de Microsoft,.

Figure 1.2 : La navigation par onglets est une des nouveautés marquantes d'Internet Explorer 7.

- **Des flux RSS :** Initiales de *Really Simple Syndication,* "agrégation réellement simple", cette fonction permet d'afficher les gros titres de vos sites Web favoris dans une liste déroulante. En gardant un œil dessus, vous êtes informé en permanence sans quitter le site que vous parcourez actuellement. Les flux RSS permettent de savoir si de nouveaux articles sont apparus sur vos sites préférés, évitant ainsi de vaines visites. Ils accélèrent le surf et permettent entre autres d'éviter les publicités.

Internet Explorer 8 la future version du navigateur de Microsoft

Comme aux Galeries Lafayette, il se passe toujours quelque chose chez Microsoft. A l'heure où nous écrivons ces lignes, Microsoft développe la nouvelle version de son navigateur vedette, Internet Explorer qui portera le nom de Internet Explorer 8. Cette nouvelle version apporte son lot de nouveautés que nous allons détailler. Cette version se veut intelligente, c'est-à-dire qu'elle tient compte en temps réel des choses que vous tapez ou sélectionnez, et qu'elle vous propose, par rapport aux sites que vous visitez, des liens qui pourraient vous intéresser. Nous allons ici dresser une liste loi d'être exhaustive de ces nouveautés. La Figure 1.3 montre l'écran principal d'Internet Explorer 8.

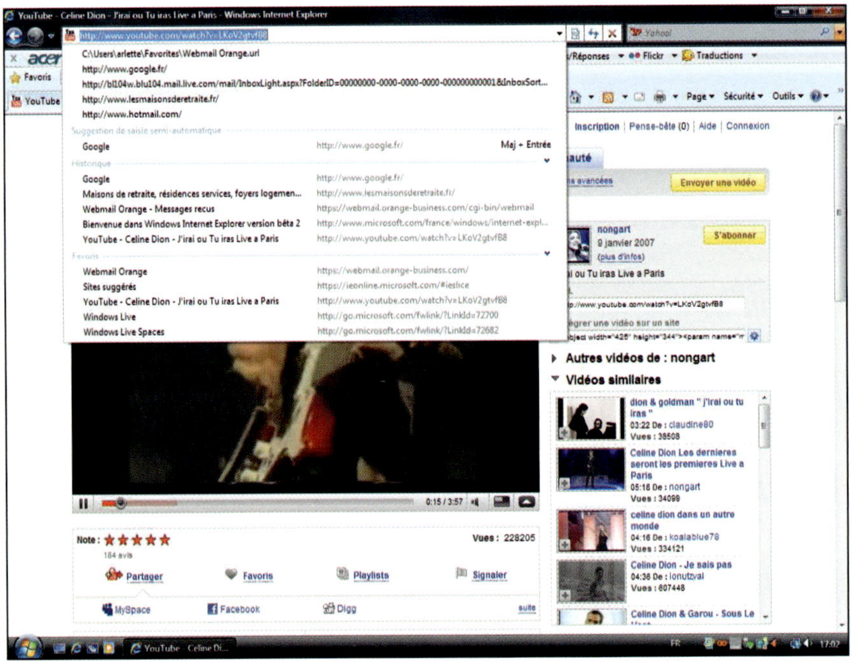

Figure 1.3 : La fenêtre principale d'Internet Explorer 8.

- **Un filtre anti-hameçonnage amélioré :** Une activité frauduleuse appelée hameçonnage – ou *phishing* – consiste à envoyer des courriers électroniques provenant prétendument d'une banque, des sites Paypal ou eBay, ou d'ailleurs. Ces courriers à la présentation convaincante se prévalent d'un problème de sécurité pour vous extorquer des données confidentielles (mode de passe, code de carte bancaire...). Le nouveau Filtre anti-hameçonnage d'Internet Explorer détecte les sites Web frauduleux avant que vous ayez communiqué des informations, préservant la sécurité de votre nom et de votre mot de passe. Il affiche en gras, dans la Barre d'adresse, le nom du domaine principal. Il vérifie également dans une gigantesque base de données de sites répertoriés frauduleux, que le site en cours n'y figure pas.
- **Des onglets "dynamiques" :** Non content de vous permettre de créer une nouvelle page sans abandonner la précédente, Internet Explorer 8, contrairement à la version 7 vous suggère, lorsque vous créez un nouvel onglet de nombreuses actions. Par exemple de démarrer une nouvelle navigation privée ou d'appeler un service Web particulier.
- **Une Barre d'adresse intelligente :** .A mesure que vous tapez du texte dans cette zone, IE8 affiche des possibilités de liens vers des sites contenus dans votre Historique ou vers des flux RSS récemment consultés.
- **Une Barre de recherche intelligente :** .La zone de recherche de IE8 affiche des informations visuelles en temps réel des éléments de votre recherche.
- **La navigation privée :** .Cette nouvelle fonctionnalité permet à l'internaute de ne laisser aucune trace de ses éléments de navigation. Tous les cookies, fichiers temporaires, formulaires et autres marqueurs ne sont pas conservés.

Le Lecteur Windows Media et Windows Media Center

La nouvelle version du Lecteur Windows Media de Vista arbore des commandes plus rationnelles et plus faciles à utiliser. Mais la grande vedette est incontestablement le Windows Media Center, qui ne se contente pas de lire des CD et des DVD, mais permet aussi de regarder la télévision sur le PC et d'enregistrer des émissions sur le disque dur afin de les visionner ultérieurement.

L'enregistrement de la télévision exige cependant deux éléments importants : un tuner TV installé dans l'ordinateur et la version appropriée de Vista. L'installation d'un tuner TV peut se limiter à l'insertion d'un petit boîtier dans le port USB ou d'une carte dans le PC. J'explique ces deux manipulations dans mon livre *PC Mise à niveau et dépannage Pour les Nuls,* édité par First Interactive.

La gravure des DVD

Cinq ans après l'apparition des graveurs de DVD, Windows est enfin capable d'exploiter ces équipements sans recourir à des logiciels tiers. Windows Vista permet de graver des fichiers et des films sur des DVD et sur des CD.

Le calendrier

Pour la première fois, Windows est doté d'un calendrier (voir Figure 1.4) qui gère vos rendez-vous. Il est même possible de le publier sur d'autres PC ou sur des sites Web, et assurer la synchronisation de votre calendrier avec ceux de vos proches ou de vos collègues.

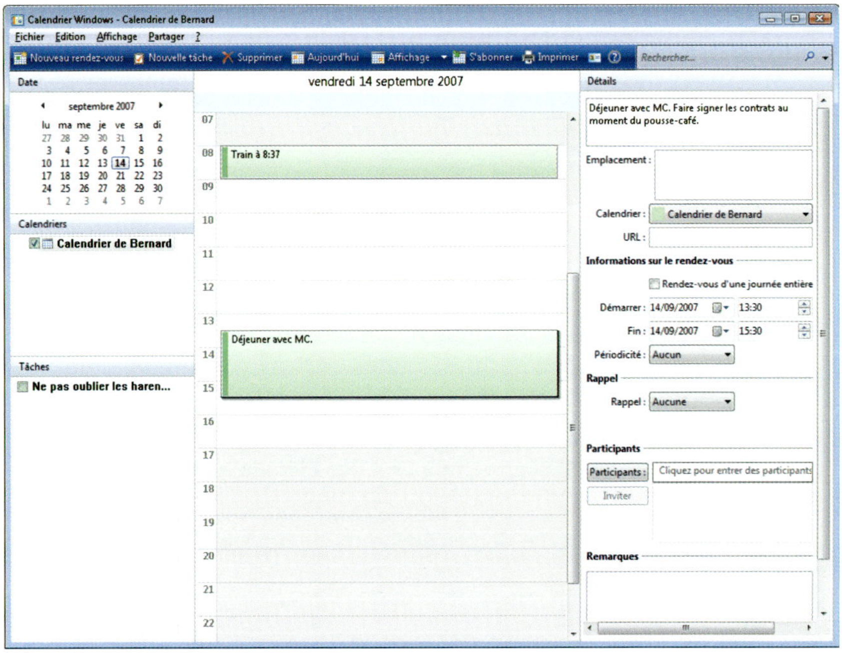

Figure 1.4 : Le calendrier intégré à Vista gère vos tâches et vos rendez-vous, et les synchronise avec celles des calendriers d'autrui.

Une recherche de fichiers plus facile

Windows XP traîne vraiment des pieds pour rechercher un fichier. Il lui faut de longues minutes pour en retrouver un dans un disque dur bien rempli et, si vous effectuez la recherche d'après un mot ou une phrase contenus dans un fichier, c'est carrément interminable. Vista, lui, profite du moindre temps mort pour tenir à jour un index de chacun des mots qui se trouvent dans le disque dur.

Au lieu de rechercher constamment des fichiers, Vista mémorise automatiquement leur emplacement. Recherchez par exemple tous les documents contenant le mot "Céleri", et Vista enregistre le résultat dans un nouveau dossier Recherche. Chaque fois que vous créez un nouveau document où il est question de céleri, Vista le place automatiquement dans ce dossier. Pour voir un document, ouvrez le dossier Recherche et cliquez sur la recherche Céleri : Vista liste tous les fichiers où ce mot figure, d'où une récupération rapide et facile.

Un champ Rechercher se trouve dans le menu Démarrer, en haut de chaque dossier, dans la fenêtre Aide et support et aussi à d'autres emplacements bien choisis. Grâce au commode champ Rechercher et à l'index toujours à jour, une recherche de fichier est plus rapide que jamais.

Vista met même l'index à jour avec des mots provenant des sites Web que vous avez récemment visités, permettant de relire rapidement les gros titres que vous aviez parcourus la semaine précédente.

L'utilisation du champ Rechercher est expliquée en détail au Chapitre 6.

Vista est plus beau

Microsoft a peaufiné une belle interface transparente à l'aspect tridimensionnel appelée Windows Aéro, accessible uniquement aux PC dotés de puissantes capacités graphiques. Appuyez sur les touches Windows et Tab lorsque vous ne parvenez pas à trouver une fenêtre ouverte, et toutes les fenêtres apparaissent dans une vue en perspective, ainsi que le montre la Figure 1.5.

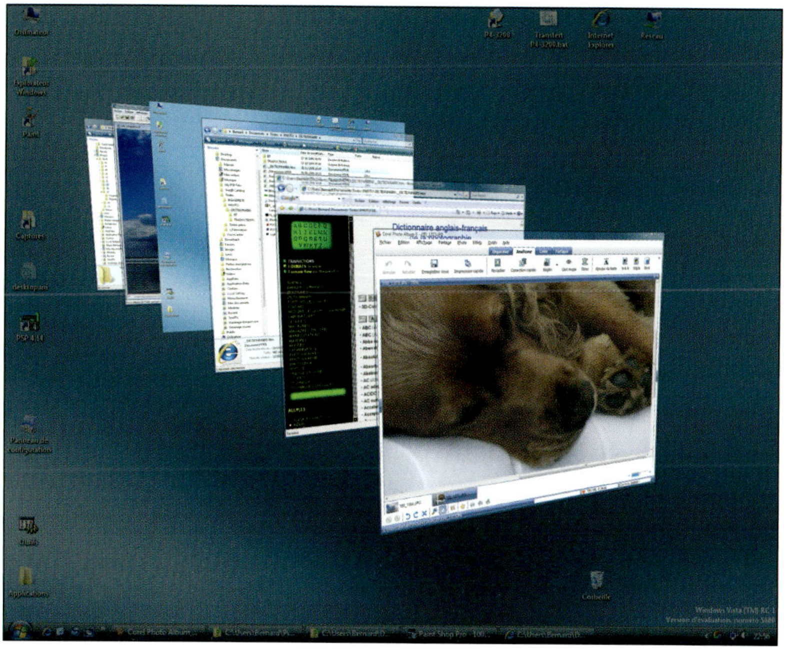

Figure 1.5 : Appuyez sur Tab ou actionnez la molette de la souris pour faire défiler les fenêtres de l'interface Aéro. Lorsque celle qui vous intéresse est au premier plan, relâchez la touche Windows pour l'afficher.

Immobilisez le pointeur de la souris sur n'importe quel nom figurant dans la Barre des tâches, et Vista affiche une miniature montrant le contenu de cette fenêtre, ce qui facilite le choix d'une fenêtre parmi beaucoup d'autres.

Chapitre 2

Le Bureau, le menu Démarrer et autres mystères de Vista

Dans ce chapitre :

- Démarrer Windows Vista.
- Entrer un mot de passe.
- Ouvrir une session Windows Vista.
- Utiliser le Bureau et autres fonctionnalités de Windows Vista.
- Fermer la session de Windows Vista.
- Éteindre l'ordinateur.

Ce chapitre propose un tour du propriétaire de Windows Vista. Vous allumerez l'ordinateur, démarrerez Windows et consacrerez quelques moments à regarder d'un œil bovin les différents éléments de Vista : le Bureau, la Barre des tâches, le menu Démarrer et la Corbeille (dans laquelle on ne jette ni peaux de bananes ni pots de yaourt vides).

Les programmes que vous utilisez s'étalent sur le Bureau, qui est en fait l'arrière-plan de Windows. La Barre des tâches sert à passer d'un programme ou fichier à un autre. Pour placer d'autres programmes sur le Bureau, déroulez le menu Démarrer : il est truffé de boutons permettant d'ajouter d'autres programmes à ceux qui y sont déjà.

Entrer dans le monde de Vista

Démarrer Vista se réduit à allumer l'ordinateur : Vista apparaît peu après avec son beau *look* futuriste. Mais, avant de pouvoir travailler, Windows Vista vous présentera peut-être un écran intermédiaire (voir Figure 2.1) où vous serez invité à cliquer sur votre nom.

Figure 2.1 : Windows Vista demande à chaque utilisateur d'ouvrir une session afin qu'il sache toujours qui est en train de se servir de l'ordinateur.

J'ai personnalisé mon écran d'accueil ; le vôtre sera un peu différent. Si aucun nom d'utilisateur n'est affiché, vous disposez de trois options :

- **Si vous venez d'acheter l'ordinateur, utilisez le compte nommé Administrateur.** Conçu pour octroyer les pleins pouvoirs sur l'ordinateur, l'utilisateur du compte Administrateur peut configurer de nouveaux comptes pour de nouveaux utilisateurs, installer des logiciels, graver des CD, ouvrir une connexion à l'Internet et accéder à tous les fichiers de l'ordinateur, même ceux des autres utilisateurs. Windows Vista exige qu'une personne au moins soit administrateur, même si l'ordinateur n'est pas relié à d'autres.
- **Utilisez le compte Invité.** Conçu pour ceux que vous hébergez dans la maisonnée, ce compte permet aux visiteurs – la baby-sitter, des amis... – d'utiliser temporairement l'ordinateur. Cette fonctionnalité est activée ou désactivée dans la zone Ajouter ou supprimer des comptes d'utilisateur.
- **Il n'y a ni compte Visiteur ni compte d'utilisateur ?** Il ne vous reste plus qu'à demander au propriétaire de l'ordinateur de bien vouloir créer un compte d'utilisateur à votre nom.

Vous ne voulez pas ouvrir de session *via* l'écran d'accueil ? Ces quelques boutons sur l'écran d'accueil régissent aussi d'autres options :

- Le petit bouton bleu, dans le coin inférieur gauche de l'écran, visible à la Figure 2.1, permet de configurer Windows Vista pour les malvoyants, les malentendants et ceux qui éprouvent des difficultés motrices. Si vous avez cliqué sur ce bouton par mégarde, cliquez sur Annuler afin de quitter le menu d'options sans rien modifier.
- Pour éteindre le PC à partir de l'austère écran d'accueil, cliquez sur le petit bouton rouge en bas à droite (il est visible dans la Figure 2.1). Pas de panique si vous avez cliqué dessus par mégarde : appuyez brièvement sur le bouton de mise en marche du PC, et l'écran réapparaît.
- Cliquez sur la petite flèche à droite du bouton rouge, et Vista met fin à la session, soit en se mettant en veille, soit en éteignant le PC, soit en redémarrant. Ces options sont expliquées à la fin de ce chapitre.

Les comptes d'utilisateur

Windows Vista permet à plusieurs personnes d'utiliser l'ordinateur, mais sans que les fichiers des uns se mêlent à ceux des autres. Pour cela, il doit savoir qui est en train d'utiliser l'ordinateur. Quand vous ouvrez une session – vous vous annoncez – en cliquant sur votre nom d'utilisateur, comme à la Figure 2.1, Windows Vista ouvre votre Bureau personnalisé, où vous pourrez semer votre pagaille personnalisée.

Le travail terminé, ou si vous désirez faire une pause, fermez la session comme nous l'expliquons à la fin de ce chapitre, afin que quelqu'un d'autre puisse utiliser l'ordinateur. Plus tard, quand vous serez de retour, votre Bureau en pagaille vous attendra.

La pagaille que vous semez sur votre Bureau, c'est votre pagaille. Vous retrouvez tout comme vous l'avez laissé. Si vous ne retrouvez plus la lettre urgente, ce n'est certainement pas Eric qui l'a supprimée accidentellement en jouant au Démineur ou au Solitaire. De même, le Bureau de Rose contient toujours les liens vers ses sites Web préférés et tous les morceaux MP3 de Mylène Farmer sont toujours dans son dossier Musique personnalisé.

Protéger votre compte par un mot de passe

Comme Windows Vista permet à plusieurs personnes d'utiliser un même ordinateur, comment empêcher Roméo de lire la lettre d'amour de Juliette à Gréco ? Ou encore, comment empêcher que Luc efface la bande-annonce de *La Guerre des Étoiles* que Leila avait téléchargée ? Le mot de passe (facultatif) résout ce genre de problèmes.

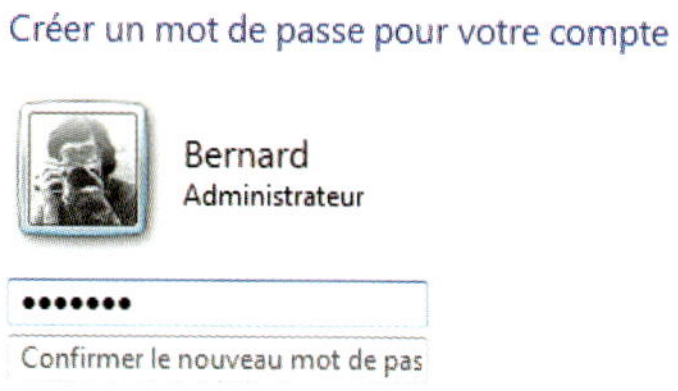

Figure 2.2 : En configurant un mot de passe, personne d'autre ne peut accéder à vos fichiers.

En tapant un mot de passe lors de l'ouverture d'une session, comme à la Figure 2.2, vous demandez à l'ordinateur de ne reconnaître que vous, et personne d'autre. Nul ne pourra accéder à vos fichiers, excepté l'administrateur, qui a un droit de regard sur tous les fichiers et peut même supprimer votre compte d'utilisateur.

Procédez comme suit pour configurer ou modifier le mot de passe :

1. **Cliquez sur le bouton Démarrer, puis sur Panneau de configuration, puis sur Comptes d'utilisateurs et protection des utilisateurs. Choisissez ensuite Modifier votre mot de passe Windows.**

   Si le Panneau de configuration affiche la présentation classique, cliquez sur l'icône Comptes d'utilisateur et choisissez Créer un mot de passe pour votre compte.

2. **Choisissez Créer un mot de passe pour votre compte, ou Modifier votre mot de passe.**

   La formulation change selon que vous créez un nouveau mot de passe ou que vous en modifiez un.

3. **Tapez un mot de passe facile à retenir par vous, mais pas par les autres.**

   Le mot de passe doit être court et simple : votre légume préféré par exemple, ou votre marque de fil dentaire.

4. **Dans le dernier champ tapez un pense-bête qui vous rappellera le mot de passe à vous, mais pas aux autres.**

5. **Cliquez sur le bouton Créer un mot de passe.**

6. **De retour à l'écran des comptes d'utilisateurs, choisissez Créer un disque de réinitialisation de mot de passe, à gauche de l'écran.**

   Vista vous conduit dans le processus de création d'un disque de réinitialisation de mot de passe à partir d'une disquette, d'un CD, d'un DVD, d'une carte mémoire ou d'une clé USB.

Windows Vista demande désormais le mot de passe chaque fois que vous voulez ouvrir une session.

- Un mot de passe fait la différence entre les majuscules et les minuscules : *Caviar* et *caviar* sont considérés comme deux mots de passe différents.
- Vous avez déjà oublié votre mot de passe ? Lorsque celui que vous avez tapé est refusé par Vista, le pense-bête permettant de s'en rappeler est aussitôt affiché. Attention : comme tout le monde peut le lire, il ne faut pas qu'il soit trop explicite.

Halte au mot de passe !

Windows ne demande le nom et le mot passe que s'il doit savoir qui est installé devant l'ordinateur. Cette information lui est indispensable pour n'importe laquelle de ces trois raisons :

- Votre ordinateur fait partie d'un réseau. L'identité sert à déterminer les droits et accès autorisés.
- Le propriétaire de l'ordinateur tient à limiter les actions possibles.
- L'ordinateur est partagé entre plusieurs personnes, et vous ne tenez pas à ce que les autres puissent ouvrir une session sous votre nom et modifier vos fichiers et vos paramètres.

Si tout cela ne s'applique pas à vous, purgez le mot de passe en exécutant les deux premières étapes de la section "Protéger votre compte par un mot de passe", et choisissez Supprimer le mot de passe au lieu de Modifier le mot de passe.

Sans mot de passe, n'importe qui peut ouvrir une session avec votre compte d'utilisateur et examiner – voire supprimer – vos fichiers. Si l'ordinateur se trouve sur un lieu de travail, cela peut être une source de sérieux problèmes. Si un mot de passe vous a été communiqué, il vaut mieux le conserver.

Travailler sur le Bureau

Windows Vista démarre sur un Bureau bien net, quasiment vide. Au gré de votre travail, il s'emplit d'icônes, c'est-à-dire de boutons qui ouvrent des fichiers ou démarrent des programmes lorsque vous double-cliquez dessus. Certaines personnes accumulent les icônes sur le Bureau afin d'y accéder rapidement. D'autres préfèrent les organiser : lorsqu'ils terminent un travail, ils placent les icônes dans des dossiers, comme nous le verrons au Chapitre 4.

Le Bureau est composé de quatre éléments, comme le montre la Figure 2.3 :

- **La Barre des tâches :** S'étirant voluptueusement le long du bord inférieur du Bureau, la Barre des tâches contient tous les fichiers et programmes actuellement ouverts. Placez le pointeur de la souris sur l'un d'eux pour voir, le nom, une miniature le représentant, comme vous le remarquez à la Figure 2.3.
- **Le menu Démarrer :** Situé à gauche sur la Barre des tâches, le menu Démarrer déploie un choix de programmes à exécuter.
- **Le Volet Windows :** Nouveauté de Vista, le Volet Windows est arrimé au bord droit où il offre une variété de gadgets personnalisés, comme les prévisions météorologiques, un indicateur d'utilisation du processeur et de la mémoire, un jeu Puzzle graphique (ou taquin), etc.
- **La Corbeille :** C'est sur cette icône en forme de panier que vous déposez les fichiers à supprimer (qui restent cependant facilement récupérables).

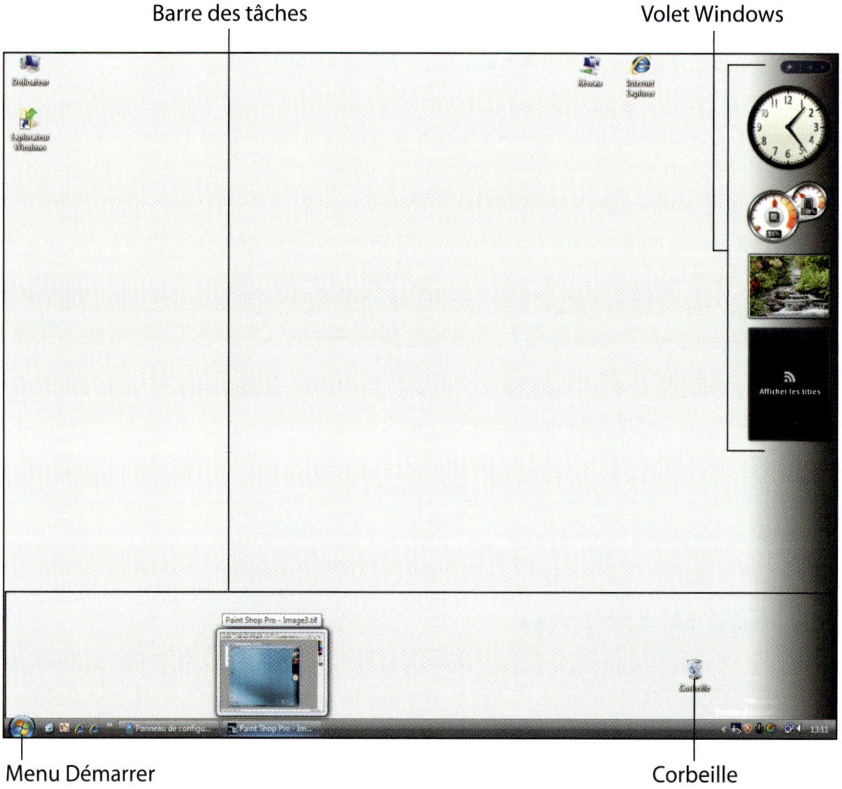

Figure 2.3 : Le Bureau de Windows Vista s'étend sur la totalité de l'écran. Il est composé de quatre parties : le bouton Démarrer, la Barre des tâches, la Corbeille et le Volet Windows facultatif.

- Vous pouvez démarrer de nouveaux projets directement à partir du Bureau : cliquez du bouton droit sur le Bureau, choisissez Nouveau puis sélectionnez le projet de vos rêves dans le menu, qu'il s'agisse de l'ajout d'un nouveau contact ou du démarrage de votre logiciel favori. Le menu contient la liste de la plupart des programmes, permettant d'y accéder rapidement.

N'OUBLIEZ PAS

- Un objet vous intrigue au plus haut point ? Risquez-vous à immobiliser le pointeur de la souris dessus, et Windows affichera une petite bulle expliquant de quoi il s'agit. Cliquez du bouton droit sur l'objet, et dans sa grande mansuétude, Windows Vista déroulera un menu listant presque tout ce que cet objet permet de faire. Cette astuce fonctionne avec la plupart des icônes du Bureau et de vos logiciels.

ATTENTION

- Toutes les icônes du Bureau peuvent soudainement disparaître, laissant un écran vide. Il se peut que Vista les ait cachées en croyant bien faire. Pour les rétablir, cliquez du bouton droit dans le Bureau vide et, dans le menu, choisissez Affichage. Enfin, assurez-vous que l'option Afficher les icônes du Bureau est cochée afin que tout reste visible.

Mettre de l'ordre sur un Bureau encombré

Lorsque le Bureau est aussi encombré d'icônes qu'une pelouse de feuilles mortes en automne, Vista propose plusieurs moyens d'y mettre un peu d'ordre. Si vous voulez seulement que le Bureau paraisse plus organisé, cliquez dessus du bouton droit, choisissez Trier par puis sélectionnez l'une de ces options :

- **Nom :** Dispose toutes icônes en colonnes, par ordre alphabétique.
- **Taille :** Dispose les icônes selon la taille en octets, les plus petites en haut des colonnes.
- **Type :** Tous les fichiers Word, par exemple, sont groupés, de même que toutes les icônes de liens vers des sites Web.
- **Date de modification :** Les fichiers sont disposés selon la date de leur création ou de leur dernière modification.

Cliquer du bouton droit sur le Bureau et choisir l'option Affichage permet de régler les dimensions des icônes et sélectionner d'autres options de disposition :

- **Réorganisation automatique :** Dispose automatiquement toutes les icônes en colonnes, mêmes celles qui viennent d'être repositionnées.
- **Aligner sur la grille :** Cette option dispose régulièrement les icônes sur une grille invisible.
- Afficher les icônes du Bureau : Cette option doit être active en permanence. Autrement, Windows masque toutes les icônes. Si le Bureau est subitement vidé de toutes les icônes, pensez à vérifier cette option.

La plupart des options d'affichage se trouvent dans le menu Affichages des dossiers.

Égayer l'arrière-plan du Bureau

Pour rendre le Bureau plus attrayant, Windows Vista est accompagné de jolies images à placer à l'arrière-plan. Certaines personnes appellent ces images des "papiers peints".

Si vous ne trouvez pas votre bonheur parmi les images de Vista, vous pouvez choisir une de vos photos comme arrière-plan.

1. **Cliquez du bouton droit dans une partie vide du Bureau. Choisissez Personnaliser puis l'option Arrière-plan du Bureau.**
2. **Cliquez sur l'une des images visibles dans la Figure 2.4. Vista l'affiche aussitôt à l'arrière-plan du Bureau.**

   Vous avez trouvé ? Cliquez sur le bouton Enregistrer pour la garder sur le Bureau. Si vous cherchez encore, passez à l'étape suivante.
3. **Cliquez sur le bouton Parcourir et rechercher un fichier d'image dans le dossier Images.**

   C'est dans ce dossier que la plupart des gens stockent leurs photos (naviguer parmi les dossiers est expliqué au Chapitre 4).

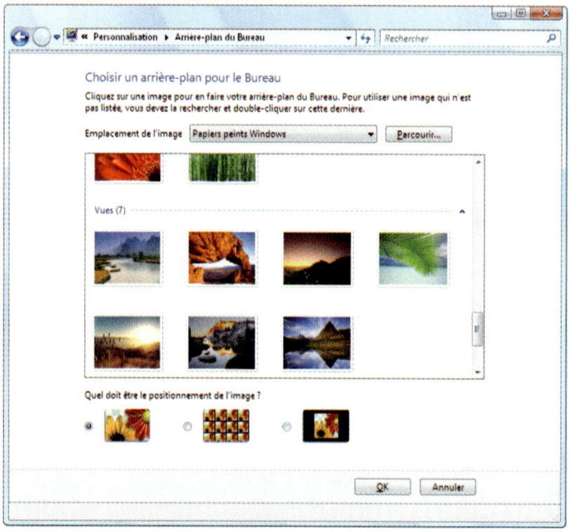

Figure 2.4 : Essayez les différents arrière-plans en cliquant dessus. Cliquez sur le bouton Parcourir pour accéder à des photos stockées dans d'autres dossiers.

4. **Vous avez trouvé une photo qui vous plaît ?**

   Quittez le programme : la photo choisie reste sur le Bureau, en tant qu'arrière-plan.

TRUC

Voici quelques astuces pour agrémenter votre Bureau :

- NdT : Par défaut, Vista recherche des arrière-plans dans le dossier `C:\Windows`. Or, les plus beaux – la Figure 2.4 en donne un aperçu – se trouvent dans le dossier `C:\Windows\Web\Wallpaper`.
- Lorsque vous parcourez des images, Windows Vista détermine automatiquement si l'image doit être répétée à l'écran, centrée ou étirée afin de remplir tout l'espace. Pour supplanter ces choix automatiques, choisissez, en bas de la fenêtre, l'option à appliquer dans la rubrique Quelle doit être le positionnement de l'image ? Essayez chaque effet.
- Vous pouvez facilement "emprunter" une image sur l'Internet pour en faire un arrière-plan. Cliquez dessus du bouton droit et sélectionnez Choisir comme image d'arrière-plan. L'image est subrepticement copiée comme arrière-plan, dans le Bureau. Vous pouvez en faire autant avec les photos du dossier Images, en cliquant dessus du bouton droit et en choisissant la même option.
- Pour modifier complètement l'apparence de Windows Vista, cliquez du bouton droit sur le Bureau, choisissez Personnaliser puis Thèmes. Destiné à ceux qui ne sont jamais content de ce qu'ils ont, les différents thèmes changent les couleurs des boutons, bordures et champs. Si vous avez téléchargé des thèmes depuis l'Internet, soumettez-les à un antivirus.

La Corbeille à papier virtuelle

La Corbeille visible dans un coin du Bureau a le même usage que la vraie, au pied de votre véritable bureau. Elle permet de se débarrasser – croit-on ! – d'un document compromettant.

Un fichier, un dossier, ou tout autre élément peut être placé dans la Corbeille de deux manières :

- En cliquant dessus du bouton droit et en choisissant Supprimer, dans le menu. Windows demande prudemment si vous êtes bien sûr de vouloir vous débarrasser de cet élément. Cliquez sur Oui, et il se retrouve aussitôt dans la Corbeille.
- Pour supprimer instantanément un élément, cliquez dessus et appuyez sur la touche Suppr.

Vous voulez récupérer un élément supprimé ? Double-cliquez sur l'icône Corbeille pour accéder à son contenu, cliquez du bouton droit sur l'élément désiré et choisissez Restaurer. Il est aussitôt renvoyé là où il avait été supprimé. Vous pouvez aussi récupérer un élément en le faisant glisser jusque sur le Bureau ou jusque dans un dossier.

La Corbeille peut être plus que bourrée d'éléments supprimés. Si vous recherchez un fichier récemment supprimé, effectuez un tri par date de son contenu. Pour cela, cliquez sur l'en-tête Date de suppression, en haut de la Corbeille (si les en-têtes ne sont pas visibles, cliquez sur la petite flèche de l'icône Affichages et, dans la liste, sélectionnez Détails).

Pour supprimer définitivement un élément, supprimez-le à l'intérieur de la Corbeille : cliquez dessus et appuyez sur la touche Suppr. Pour supprimer tout ce qui se trouve dans la Corbeille, cliquez dedans du bouton droit et choisissez Vider la Corbeille.

Pour supprimer définitivement un élément sans qu'il transite par la Corbeille, maintenez la touche Majuscule enfoncée tout en appuyant sur Suppr, et l'objet disparaît sans aucune possibilité de le récupérer. Une astuce précieuse pour se débarrasser de données sensibles, comme un numéro de carte bancaire.

- Lorsque la Corbeille contient au moins un élément, l'icône de corbeille à papier vide est remplacée par une icône de corbeille pleine.
- Pendant combien de temps les éléments supprimés subsistent-ils dans la Corbeille ? Jusqu'à ce qu'elle occupe 10% environ du disque dur. Ensuite, les éléments les plus anciens sont purgés pour laisser de la place aux plus récents. Si vous manquez de place sur le disque dur, réduisez la part allouée aux éléments supprimés en cliquant du bouton droit sur la Corbeille et en choisissant Propriétés. Réduisez la valeur de Taille personnalisée afin que les fichiers les plus anciens soient plus rapidement éliminés. En revanche, si vous augmentez la taille de la Corbeille, les éléments supprimés perdureront un peu plus longtemps.

- La Corbeille ne conserve que les éléments supprimés provenant du disque dur de votre ordinateur. Les fichiers effacés sur une disquette, une carte mémoire, un lecteur MP3, une clé USB ou un caméscope numérique le sont définitivement.
- Si vous supprimez un élément sur un ordinateur distant, au travers d'un réseau informatique, cet élément sera irrécupérable. La Corbeille ne conserve que ceux effacés sur votre propre ordinateur, pas sur celui d'autrui. Et pour quelque obscure raison, l'élément effacé ne se retrouve pas dans la Corbeille de l'ordinateur distant. Affreux affreux affreux.

La raison d'être du bouton Démarrer

Le bouton Démarrer bleu clair se trouve dans le coin inférieur gauche du Bureau, où il est accessible en permanence. Cliquer sur le bouton Démarrer permet de démarrer des programmes, régler les paramètres de Vista, trouver de l'aide en cas de pépin ou – ce qui est appréciable – quitter Vista, éteindre le PC et vérifier ainsi qu'il y a une vie après l'ordinateur.

Cliquez une seule fois sur le bouton Démarrer, et une première couche de menus apparaît, comme le révèle la Figure 2.5.

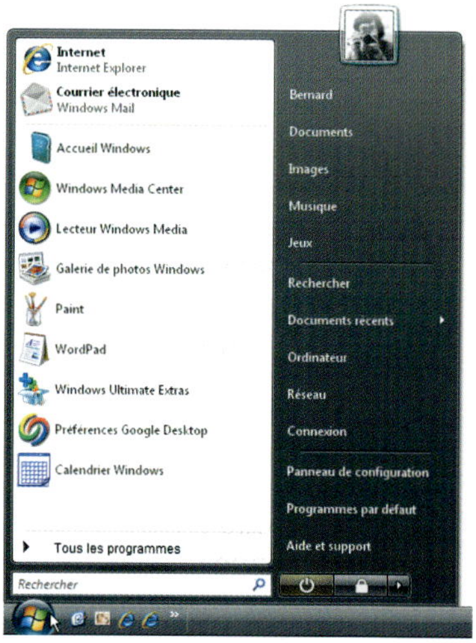

Figure 2.5 : Le bouton Démarrer de Windows Vista contient de nombreux menus permettant de démarrer les programmes.

Le contenu du menu Démarrer évoluera au fur et à mesure que vous installerez des logiciels. C'est pourquoi le menu Démarrer de l'ordinateur d'un ami sera sans doute quelque peu différent du vôtre.

- Vos dossiers Documents, Images et Musique sont toujours à un clic du menu Démarrer. Ces dossiers ont été conçus en fonction de leur contenu. C'est ainsi que le dossier Images, par exemple, affiche une miniature de vos photos numériques. Quel est le plus gros avantage de ces dossiers ? Placer vos fichiers dedans permet de les retrouver plus facilement. L'organisation des fichiers est expliquée au Chapitre 4.
- Windows place fort opportunément vos programmes les plus utilisés dans la colonne de gauche du menu Démarrer, où ils sont rapidement accessibles.
- Vous avez vu l'indication Tous les programmes, en bas à gauche du menu Démarrer ? Cliquez dessus et un autre menu propose d'autres options (comme il recouvre le premier menu, cliquez sur Précédent pour revenir au précédent).

TRUC

- Un élément du menu Démarrer ne vous paraît pas clair ? Immobilisez le pointeur de la souris sur l'intrigante icône et Windows vous renseignera par un message explicite.
- Bizarrement, vous devez cliquer sur le bouton Démarrer pour arrêter Windows. Vous sélectionnez ensuite l'option Arrêter, une manipulation expliquée à la fin de ce chapitre.

Le domaine de prédilection du menu Démarrer

Le menu Démarrer affiche toujours, de haut en bas, les éléments de la liste qui suit. Vous les utiliserez constamment dans Windows. C'est pourquoi, même si la section consacrée au bouton Démarrer vous ennuie, faites au moins semblant de vous intéresser à ces explications.

TRUC

Si le menu Démarrer vous emballe, vous adorerez la section "Personnaliser le menu Démarrer", un peu plus loin, qui explique comment le réarranger entièrement.

Internet : Cette option permet de surfer sur l'Internet.

Courrier électronique : Choisissez cette commande pour envoyer ou relever le courrier avec le nouveau programme Windows Mail.

Les programmes récemment utilisés : La colonne de gauche du menu Démarrer est constamment mise à jour avec les programmes que vous utilisez le plus souvent, afin que vous puissiez les démarrer rapidement.

Le champ Rechercher : Judicieusement placé au-dessus du menu démarrer, il permet de retrouver un fichier en tapant quelques bribes de son contenu : quelques mots d'un courrier électronique, d'un document, le nom d'un groupe de musiciens, une date de création de fichier ou quoi que soit... Appuyez sur la touche Entrée, et Vista trouve rapidement. La fonction Rechercher est abordée à fond au Chapitre 6.

Le nom d'utilisateur : Le nom de votre compte d'utilisateur apparaît en haut à droite du menu Démarrer. Cliquez dessus pour voir un dossier contenant tous vos fichiers, ainsi que les dossiers Documents, Images et Musique.

Images : Stockez vos photos numériques dans ce dossier. L'icône de chaque photo est en réalité une miniature de son contenu.

Musique : Stockez vos morceaux ici afin que le Lecteur Windows Media puisse les trouver et les jouer plus facilement.

Jeux : Windows offre plusieurs nouveaux jeux, dont un jeu d'échec digne de ce nom. Ce n'est pas trop tôt !

Rechercher : La commande Rechercher, dans la liste du menu Démarrer, permet de retrouver un ou plusieurs fichiers d'après des critères précis. Ce serait le cas, par exemple, de tous les fichiers contenant le mot "huîtres" créés ces deux derniers mois. Mais si vous effectuez une recherche plus générale, tenez-vous-en au champ Rechercher, en bas du menu Démarrer.

Documents récents : Vous avez ouvert un fichier au cours des quelques dernières heures ? Il figure très probablement ici, ce qui permet d'y revenir rapidement.

Ordinateur : Cette option fournit des informations sur les zones de stockage de l'ordinateur : dossiers, disques durs, lecteurs de CD, appareil photo numérique et autres équipements.

Réseau : Si votre ordinateur est en réseau, cliquez ici pour accéder aux autres ordinateurs.

Connexion : Cette zone permet de se connecter à différents réseaux. Elle offre aux possesseurs d'ordinateurs portables un moyen rapide de se connecter à un réseau sans fil ou, pour ceux qui utilisent une connexion téléphonique à bas débit, de se connecter à l'Internet d'un seul clic.

Panneau de configuration : Cette zone permet de paramétrer les innombrables éléments de l'ordinateur.

Programmes par défaut : Cliquez ici pour définir le programme qui doit être démarré lorsque vous ouvrez un fichier. Par exemple, c'est là que vous demandez à Windows de jouer un morceau avec iTunes plutôt qu'avec le Lecteur Windows Media.

Aide et support : Embrouillé et déconcerté ? Cliquez ici pour obtenir une réponse.

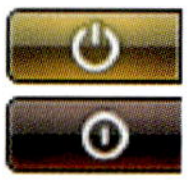

Veille/Arrêt : Cliquer ici met le PC en veille ou l'éteint. Ces options sont expliquées à la dernière section de ce chapitre.

Verrouillage : Cette commande verrouille votre compte d'utilisateur, permettant à d'autres personnes d'ouvrir une session sans accéder à vos fichiers.

Lancer un programme à partir du menu Démarrer

Rien n'est plus facile. Cliquez sur le bouton Démarrer et le menu Démarrer se déploie. Si vous y trouvez l'icône du programme – ou logiciel – désiré, cliquez dessus et Windows le charge.

Si le programme ne figure pas dans la liste, cliquez sur Tous les programmes, en bas du menu Démarrer. Un autre menu apparaît, qui contient une liste de programmes et de dossiers pleins de programmes. Vous avez trouvé celui que vous cherchez ? Cliquez sur son nom et Windows l'affiche à l'écran.

Si vous ne trouvez décidément pas le programme, pointez le curseur sur les petits dossiers du menu Tous les programmes. Un sous-menu mentionne leur contenu. Toujours rien ? Essayez avec un autre dossier.

Quand vous aurez enfin trouvé le programme, cliquez sur son nom, et il s'ouvre sur le Bureau, prêt à travailler.

- Vous n'avez toujours pas trouvé le programme ? Reportez-vous au Chapitre 6, à la section consacrée à la recherche des fichiers et des dossiers égarés. Vista parviendra à découvrir le programme perdu.
- Il existe un autre moyen de charger un programme, au travers d'un fichier qui a été créé ou modifié par lui. Par exemple, si vous avez écrit des lettres au fisc avec Microsoft Word, double-cliquez sur l'un de ces courriers pour démarrer Word.
- Si vous ne parvenez pas à localiser un programme dans la liste, tapez son nom dans le champ Rechercher du menu Démarrer. Tapez par exemple **Windows Mail** et appuyez sur Entrée. Le programme Mail s'ouvre aussitôt, prêt à envoyer du courrier électronique.
- Si vous ne savez pas comment naviguer parmi les dossiers, reportez-vous au Chapitre 4. Vous y apprendrez comment vous déplacer à l'aise dans l'arborescence des dossiers, ce qui réduira considérablement le temps perdu à chercher des fichiers.

Personnaliser le menu Démarrer

Le menu Démarrer de Windows Vista est génial, du moins tant que vous ne butez pas sur un élément qui n'y figure pas, ou tant qu'un élément rarement utilisé n'y est pas indûment présent.

- **Pour ajouter l'icône de votre programme favori dans le menu Démarrer,** cliquez du bouton droit sur l'icône du programme et, dans le menu, choisissez Ajouter au menu Démarrer. Windows copie l'icône dans la colonne de gauche du menu Démarrer. De là, vous pouvez la faire glisser dans la zone Tous les programmes, si vous le désirez.
- **Pour ôter une icône indésirable de la colonne de gauche du menu Démarrer,** cliquez dessus du bouton droit et choisissez l'option Supprimer de cette liste. Notez qu'ôter une icône du menu Démarrer ne supprime pas le programme lui-même de l'ordinateur ; seul le raccourci qu'est l'icône en question est supprimé.

Quand vous installez un programme, il est presque toujours automatiquement ajouté au menu Démarrer. Il annonce ensuite sa présence de manière voyante en arborant son nom sur un fond coloré ocre, comme le révèle la Figure 2.6.

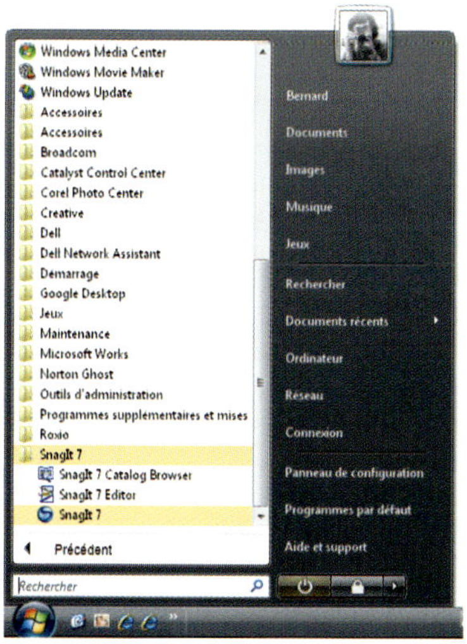

Figure 2.6 : Le programme SnagIt 7 qui vient d'être installé signale sa présence récente par un fond coloré ocre.

NOTE TECHNIQUE

Demander à Vista de démarrer automatiquement les programmes

Beaucoup de gens s'installent devant l'ordinateur, l'allument puis effectuent mécaniquement les mêmes gestes pour charger les programmes fréquemment utilisés. Or, Windows Vista peut automatiser cette tâche. C'est dans le dossier Démarrage, niché dans le menu Tous les programmes, que tout se passe. Lorsque Vista se met en route, il examine le contenu du dossier Démarrage. S'il y trouve un programme, il le lance aussitôt.

Procédez comme suit pour que vos programmes favoris démarrent en même temps que Windows Vista :

1. **Cliquez sur le bouton Démarrer et choisissez Tous les programmes.**
2. **Cliquez du bouton droit sur l'icône Démarrage et choisissez Ouvrir.**

   L'icône Démarrage s'ouvre sous la forme d'un dossier.
3. **Faites glisser et déposez tous vos programmes et fichiers favoris dans le dossier Démarrage.**

   Vista place automatiquement des raccourcis vers ces programmes et fichiers dans le dossier Démarrage.
4. **Fermez le dossier Démarrage.**

À présent, chaque fois que vous allumerez l'ordinateur et ouvrirez une session, Vista chargera automatiquement les programmes et les fichiers que vous venez d'y placer.

La Barre des tâches

Cette section présente l'une des fonctionnalités les plus appréciables de Windows Vista. Chaque fois que vous ouvrez plus d'une fenêtre sur le Bureau, l'une a tendance à recouvrir l'autre, ce qui n'est guère agréable. Lorsqu'elles sont nombreuses, retrouver une fenêtre est parfois fastidieux.

La Barre des tâches résout élégamment ce problème. Il s'agit d'une zone qui conserve une trace de tous les programmes ouverts. Comme le montre la Figure 2.7, elle se trouve en bas de l'écran, mais vous pouvez l'ancrer contre n'importe quel bord (un conseil : déplacez la Barre des tâches de bord en bord. Si elle refuse de bouger, cliquez dessus du bouton droit et voyez si l'option Verrouiller la Barre des tâches n'est pas cochée).

Figure 2.7 : Les boutons dans la Barre des tâches correspondent aux programmes actuellement en cours.

Immobilisez le pointeur de la souris sur un programme affiché dans la Barre des tâches pour voir une miniature qui le représente, comme à la Figure 2.7. Elle est visible même si la fenêtre du programme est actuellement recouverte par une autre, à l'écran (cet affichage ne fonctionne que si les capacités graphiques de l'ordinateur sont suffisantes).

Vous avez remarqué qu'à la Figure 2.7 le bouton Galerie de la tâche photos Windows est plus sombre que les autres ? C'est parce que la fenêtre de ce logiciel est actuellement la *fenêtre active,* sur le Bureau. Autrement dit, c'est celle en cours d'utilisation. Dans la Barre des tâches, un des boutons est toujours plus sombre, sauf si vous avez réduit toutes les fenêtres.

Plusieurs actions peuvent être appliquées aux fenêtres ouvertes, à partir de la Barre des tâches :

- Pour activer un programme présent dans la Barre des tâches, cliquez sur son nom. Sa fenêtre s'affiche au premier plan et y reste, à l'instar de n'importe quelle autre fenêtre ouverte, prête à recevoir vos actions.
- Pour fermer une fenêtre figurant dans la Barre des tâches, cliquez du bouton droit sur son nom et choisissez Fermer, dans le menu. Le programme disparaît comme si vous aviez choisi la commande Quitter, dans son menu Fichier. Si votre travail n'a pas été enregistré, un message vous demande s'il faut le faire.
- Si la Barre des tâches a disparu sous le bord inférieur de l'écran, approchez le pointeur de la souris du bord et la barre refait surface. Cliquez ensuite dessus du bouton droit, choisissez Propriétés et décochez la case Masquer automatiquement la Barre des tâches.

Réduire des fenêtres dans la Barre des tâches et les récupérer

Windows multiplie les fenêtres. Vous en ouvrez une pour écrire une lettre élogieuse au théâtre municipal, puis vous en ouvrez une autre pour vérifier son adresse sur le Minitel, et une autre encore montrant son site Web afin de réserver des places pour le prochain spectacle. En un rien de temps, plusieurs fenêtres s'empilent sur le Bureau.

Windows Vista propose un moyen commode pour éviter l'encombrement : placer une fenêtre dans la Barre des tâches en cliquant sur un minuscule bouton carré Réduire. La fenêtre réduite dans la Barre des tâches disparaît instantanément du Bureau.

Pour qu'un programme réduit dans la Barre des tâches réapparaisse dans sa fenêtre, il suffit de cliquer sur son nom, dans la barre. On ne fait pas plus simple.

- Chaque bouton de la Barre des tâches mentionne le nom du programme qu'il représente. Immobiliser le pointeur de la souris dessus affiche une miniature de ce programme (si les capacités graphiques du PC sont insuffisantes, Vista se contente d'afficher le nom du programme dans une bulle).

- Quand vous réduisez une fenêtre, vous ne supprimez pas son contenu et ne fermez pas le programme. Quand vous la réaffichez en cliquant sur son nom, dans la Barre des tâches, elle réapparaît exactement telle qu'elle était auparavant, avec le même contenu.
- Chaque fois que vous chargez un programme, son nom apparaît sur la Barre des tâches. Si une fenêtre n'est plus visible sur le Bureau, cherchez-la dans la Barre des tâches et cliquez dessus pour l'afficher au premier plan.

Les différentes zones de la Barre des tâches

La Barre des tâches a plus d'un tour dans sa besace. Voici par exemple un aperçu des icônes qui occupent sa partie droite – appelée Zone de notification –, que montre la Figure 2.8.

Figure 2.8 : Ces icônes exécutent des tâches spécifiques.

- **L'horloge :** Immobilisez le pointeur de la souris sur l'horloge, et Vista affiche le jour de la semaine et la date. Cliquez sur l'horloge pour accéder à un calendrier mensuel très pratique. Pour modifier l'heure, la date, voire ajouter un second fuseau horaire, cliquez sur l'horloge et choisissez Modifier les paramètres de la date et de l'heure.
- **La flèche :** Parfois, la Barre des tâches masque des éléments. Cliquez sur la petite flèche à l'extrême gauche (voir Figure 2.8) pour dévoiler éventuellement quelques icônes supplémentaires. Reportez-vous à la section "Personnaliser la Barre des tâches", plus loin dans ce chapitre, pour en savoir plus sur ces icônes.
- **Le haut-parleur :** Cliquez sur le petit haut-parleur pour régler le volume de la carte audio, comme le montre la Figure 2.9. Ou alors, cliquez sur le mot Mélangeur pour afficher une table de mixage. Elle permet de régler le volume sonore de chaque programme et faire en sorte que le Lecteur Windows Media joue plus fort que les ennuyeux bips d'alerte des autres logiciels.
- **Les autres icônes :** Elles apparaissent souvent près de l'horloge. Par exemple, lorsque vous imprimez, une petite icône en forme d'imprimante apparaît. Les ordinateurs portables affichent souvent le niveau de la batterie, et des icônes indiquent si vous êtes connecté à l'Internet ou à un réseau local. À l'instar des autres icônes, double-cliquer dessus affiche des informations concernant l'imprimante, la batterie ou les connexions.

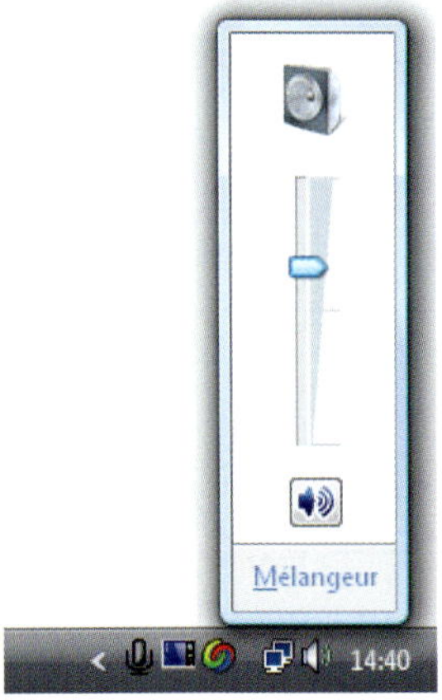

Figure 2.9 : Actionnez le curseur pour régler le volume.

- La partie vide : La zone non occupée de la Barre des tâches contient un menu. Vous voulez réduire en un clin d'œil toutes les fenêtres ouvertes sur le Bureau ? Cliquez du bouton droit dans une zone vide de la Barre des tâches et, dans le menu, choisissez Afficher le Bureau.

Pour organiser les fenêtres ouvertes, cliquez du bouton droit dans une partie vide de la Barre des tâches et choisissez l'une des commandes de réarrangement. Vista fait le ménage parmi les fenêtres ouvertes en les disposant régulièrement à l'écran. Nous y reviendrons au Chapitre 3.

Personnaliser la Barre des tâches

Windows Vista a introduit une foule de nouvelles options pour la Barre des tâches. Cliquez du bouton droit sur le bouton Démarrer, choisissez Propriétés puis cliquez sur l'onglet Barre des tâches. Le Tableau 2.1 explique les diverses options proposées, avec en prime quelques recommandations personnelles. Notez que vous devrez décocher l'option Verrouiller la Barre des tâches pour que certaines des options fonctionnent.

Configurez la Barre des tâches à votre convenance (vous ne risquez absolument rien). Ceci fait, cochez l'option Verrouiller la Barre des tâches décrite au début du Tableau 2.1.

Tableau 2.1 : Personnaliser la Barre des tâches.

Option	*Recommandations*
Verrouiller la Barre des tâches	Cliquer sur cette option empêche de modifier l'apparence de la Barre des tâches. Il sera par exemple impossible de l'élargir en tirant le bord supérieur vers le haut. Ne verrouillez la Barre des tâches qu'après l'avoir configurée à votre gré.
Masquer automatiquement la Barre des tâches	Lorsque cette option est active, la Barre des tâches disparaît automatiquement en bas de l'écran lorsque le pointeur de la souris n'est pas dessus (approchez-le pour la faire réapparaître). Je laisse cette option inactive afin de toujours voir la Barre des tâches.
Conserver la Barre des tâches au-dessus des autres fenêtres	Cette option affiche la Barre des tâches en permanence, au premier plan. Je conserve cette option.
Grouper les boutons similaires de la barre des tâches	Quand vous ouvrez de nombreux programmes et fenêtres, Windows met en peu d'ordre en regroupant les fenêtres similaires – tous les documents Word, par exemple – sur un seul bouton. Cette option évitant l'encombrement de la Barre des tâches, laissez-la cochée.
Afficher la zone de Lancement rapide	Cette option ajoute la barre d'outils Lancement rapide à la Barre des tâches. Elle contient plusieurs icônes fort commodes décrites plus loin dans ce chapitre.
Afficher les aperçus de la fenêtre (miniatures)	Cette option affiche une miniature, en fait une petite photo de la fenêtre, dont le bouton est survolé par le pointeur de la souris, dans la Barre des tâches. Conservez cette option afin de localiser plus facilement une fenêtre difficile à trouver (cette option n'est accessible que si la puissance graphique du PC est suffisante).

Les barres d'outils de la Barre des tâches

Microsoft permet de configurer plus encore la Barre des tâches, jusqu'à la rendre méconnaissable. Beaucoup d'utilisateurs apprécient la profusion des barres d'outils, la possibilité d'ajouter des barres et boutons supplémentaires à la Barre des tâches. D'autres activent une barre d'outils par mégarde et ne savent pas comment se débarrasser de cette satanée chose.

Pour activer ou désactiver une barre d'outils, cliquez sur une partie vide de la Barre des tâches (voire sur l'horloge) puis choisissez Barres d'outils, dans le menu. Le menu en question contient les options suivantes :

- **Adresse :** Si vous choisissez cette option, une partie de la Barre des tâches est occupée par un champ de saisie des adresses de pages Web que vous désirez visiter. C'est pratique, mais Internet Explorer permet d'en faire autant.
- **Lecteur Windows Media :** Lorsque cette option est activée, comme à la Figure 2.10, la barre affiche des commandes permettant de contrôler le Lecteur Windows Media lorsqu'il est réduit.

Figure 2.10 : La barre d'outils du Lecteur Windows Media.

- **Liens :** Cette barre d'outils ajoute un accès rapide à vos sites Web favoris. Utilisez-la pour visiter n'importe lequel des sites répertoriés dans les Favoris d'Internet Explorer.
- **Bureau :** Ceux qui trouvent le menu Démarrer un peu lourdingue lui préfèrent cette barre d'outils pour accéder rapidement aux ressources de leur PC. Elle permet de parcourir les fichiers, les favoris de réseau et les menus du Panneau de configuration.

- **Lancement rapide :** Seule barre d'outils que Vista affiche dès son installation à côté du bouton Démarrer, elle offre plusieurs icônes fort utiles, comme le montre, plus haut, la Figure 2.6. L'icône Bureau réduit tout ce qui se trouve sur le Bureau de Vista tandis que l'icône de l'effet 3D aide à retrouver une fenêtre égarée. Vous pouvez ajouter vos propres icônes à la barre d'outils Lancement rapide en les faisant glisser dessus.
- **Nouvelle barre d'outils :** Cliquez dessus afin de choisir un dossier – Documents, par exemple – et en faire une barre d'outils. Le contenu de ce dossier sera ainsi rapidement accessible.

Certaines personnes apprécient les barres d'outils car elles leur font gagner du temps, d'autres trouvent qu'elles occupent trop de place et n'en valent pas la peine. De plus, des barres d'outils comme le Panneau de saisie du PC Tablet ne fonctionnent que si vous avez branché un coûteux panneau tactile au PC. À vous de savoir ce que vous désirez ou non.

À condition de ne pas être verrouillées, les barres d'outils peuvent être déplacées en cliquant sur la petite barre verticale à pointillés, à gauche, et en les faisant glisser. Elles peuvent aussi être étirées et contractées en tirant la poignée.

Les deux extrémités de la Barre des tâches

Deux groupes d'icônes se partagent chaque extrémité de la Barre des tâches : à gauche se trouve la barre d'outils Lancement rapide, à droite la Zone de notification. En quoi diffèrent-elles ?

La barre d'outils Lancement rapide n'est qu'un ensemble d'icônes des programmes les plus fréquemment utilisés. Elles ne diffèrent en rien des raccourcis présents sur le Bureau ou dans des dossiers. Elles ne représentent pas des programmes en cours, mais sont des boutons qui les démarrent.

La Zone de notification, elle, contient des programmes actuellement en cours qui ne sont pas exécutés dans des fenêtres conventionnelles. Vous remarquerez entre autres l'icône de Windows Defender, qui fonctionne en permanence en tâche de fond, à l'affût des espiogiciels. Une autre contrôle les sons de Vista, une autre encore peut afficher l'état de la connexion Internet ou de l'imprimante. Vous pouvez même y trouver l'icône d'Apple iTunes ou de logiciels tiers.

Et alors ? Eh bien, disons que dans la mesure où les icônes de la Zone de notification représentent des programmes en cours, l'ordinateur risque de ralentir si elles sont trop nombreuses. Si vous repérez une icône inutile dans cette zone, vous accélérerez quelque peu le PC en ouvrant le Panneau de configuration et en désinstallant ce programme inutile. Pour fermer rapidement et temporairement un programme présent dans la Zone de notification, cliquez sur son icône du bouton droit et choisissez Quitter.

Le Volet Windows

Les utilisateurs équipés d'un écran de grande taille apprécient le nouveau Volet Windows de Vista et ses gadgets. En revanche, les possesseurs de petits écrans le trouvent envahissant.

Si le Volet Windows (Figure 2.11) n'orne pas votre écran, obligez-le à se montrer en cliquant sur la petite icône Volet Windows, dans la Zone de notification. Il contient, de haut en bas : la météo, des indicateurs de charge de travail du processeur et d'occupation de la mémoire vive, une des horloges disponibles, des flux RSS et un convertisseur de devises.

Pour découvrir la collection de *gadgets* livrés avec Vista (des petits programmes que l'on peut afficher ou non dans le volet Windows) cliquez sur le signe "plus" en haut du Volet Windows. La fenêtre qui s'ouvre propose, entre autres, un calendrier et un lecteur de flux RSS.

Cliquez sur Télécharger d'autres gadgets pour découvrir un véritable gisement de petits programmes : un site Web débordant de gadgets prêts à être téléchargés.

- Vous préférez placer le Puzzle graphique tout en haut ? Tirez-le jusqu'à cet emplacement. Vous pouvez même tirer les gadgets hors du Volet Windows et les disposer sur le Bureau, à condition d'avoir beaucoup de place.
- Pour modifier les paramètres d'un gadget – sélectionner les photos devant figurer dans le diaporama, par exemple – amenez le pointeur de la souris dessus puis cliquez sur la minuscule icône qui apparaît. Pour supprimer un gadget, cliquez sur le petit "X".

Figure 2.11 : Le Volet Windows contient des gadgets, c'est-à-dire des petits programmes qui peuvent y être placés ou ôtés.

Fermer une session Vista

Le meilleur moment de la journée pourrait bien être celui où vous quittez Vista. Vous procédez pour cela comme vous aviez commencé, à partir du bouton Démarrer (eh oui...). Si ce bouton est caché, maintenez la touche Ctrl enfoncée et appuyez sur Échap pour le faire sortir de sa tanière. L'un de ces boutons se trouve en bas du menu Démarrer :

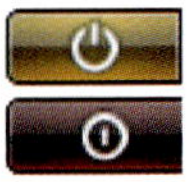

- **Veille/Alimentation :** Le mode Veille (icône du haut, dans la marge) est commode lorsque vous ne comptez pas utiliser l'ordinateur pendant quelques heures mais que vous désirez reprendre une tâche où vous l'avez laissée. Conçue pour les utilisateurs pressés, cette option mémorise les fenêtres ouvertes puis éteint le PC. Quand vous le rallumez, les programmes et les documents réapparaissent sur le Bureau comme vous les aviez laissés. Sur les ordinateurs portables, cette option est un bouton Arrêt (en bas dans la marge) qui éteint simplement le PC.

- **Verrouiller :** Prévue pour un rapide pèlerinage à la machine à café, cette option verrouille le PC et affiche l'image de votre compte d'utilisateur. De retour, tapez votre mot de passe et Vista réaffiche aussitôt le Bureau tel qu'il était avant. Cette option est disponible sur les ordinateurs de bureau et portables.

Windows Vista offre plusieurs autres moyens de clore une session. Remarquez la flèche à droite du bouton Verrouiller. Cliquez dessus pour voir jusqu'à sept options (Figure 2.12).

Figure 2.12 : Cliquez sur la petite flèche pour accéder à d'autres options de fermeture de session.

- **Changer d'utilisateur :** Choisissez cette option si quelqu'un veut vous emprunter l'ordinateur pour quelques minutes. L'écran d'accueil apparaît, mais Windows laisse vos programmes ouverts en arrière-plan. Quand vous récupérez l'ordinateur, vous retrouvez tout à la même place.
- **Fermer la session :** Choisissez cette option quand vous avez fini de travailler sur le PC et que quelqu'un d'autre veut l'utiliser. Windows enregistre votre travail et votre configuration et retourne à l'écran d'accueil, prêt à recevoir un autre utilisateur.
- **Verrouiller :** Pour quelque raison que la raison ignore, Microsoft propose de nouveau l'option Verrouiller décrite précédemment.
- **Redémarrer :** Ne choisissez cette option que si Vista a fait des siennes : blocage de programme(s), comportement bizarre... Windows Vista s'arrête puis il est rechargé, en espérant que tout soit entre-temps rentré dans l'ordre...
- **Veille :** Nouveauté de Vista, cette option enregistre une copie de votre travail dans la mémoire du PC, mais aussi sur le disque dur, puis elle passe à un état de moindre consommation électrique. Quand vous réveillez le PC, Vista affiche de nouveau le Bureau comme si de rien n'était. Sur un ordinateur portable, Veille n'enregistre le travail qu'en mémoire vive. Si le niveau de la batterie est dangereusement faible, le contenu de la mémoire est transféré sur le disque dur et l'ordinateur est éteint.
- **Veille prolongée :** Présente sur certains ordinateurs portables, cette option copie votre travail sur le disque dur puis éteint la machine. Ce processus consomme plus de courant que le mode Veille.
- **Eteindre :** Choisissez cette option si personne d'autre n'utilisera le PC avant un bon moment. Windows Vista enregistre tout et éteint l'ordinateur.

Quand vous informez Vista que vous voulez quitter, il vérifie dans toutes les fenêtres ouvertes que les tâches ont bien été enregistrées. Si vous avez oublié de le faire, il vous le signale et propose d'enregistrer en cliquant sur OK. Vous l'avez échappé belle...

Vous n'êtes pas obligé de quitter Vista. En fait, des utilisateurs laissent l'ordinateur allumé tout le temps sous prétexte que c'est mieux pour sa longévité. D'autres l'éteignent tous les jours pour la même raison. D'autres encore affirment que la nouvelle fonction Veille de Vista est un bon compromis entre les deux attitudes. Mais tout le monde est d'accord pour reconnaître que le moniteur doit être éteint lorsqu'on ne l'utilise pas, car cela permet de le laisser refroidir, ce qui est assurément une bonne chose.

N'éteignez jamais l'ordinateur sauvagement, en coupant le courant. Veillez toujours à ce que Vista ait appliqué l'une des procédures officielles : Veille, Veille prolongée ou Éteindre. Autrement, Windows Vista ne pourrait pas préparer l'ordinateur au prochain démarrage, ce qui pourrait provoquer de désastreux dysfonctionnements.

Chapitre 3

Tout sur les fenêtres : une ouverture sur Vista

Dans ce chapitre :

- Les différentes parties d'une fenêtre.
- Se familiariser avec les boutons, barres et zone de texte.
- Trouver et utiliser les menus.
- Comprendre les nouveaux panneaux d'aperçu et la nouvelle navigation.
- Parcourir un document dans une fenêtre.
- Remplir des zone de texte.
- Déplacer et redimensionner des fenêtres.

Ce chapitre s'adresse à ceux qui veulent connaître Windows par le menu. Il s'adresse aussi à tous ceux qu'intriguent tous ces boutons, bordures et champs éparpillés dans Vista, et qui demandent ce qui se passe en cliquant dessus ou dedans.

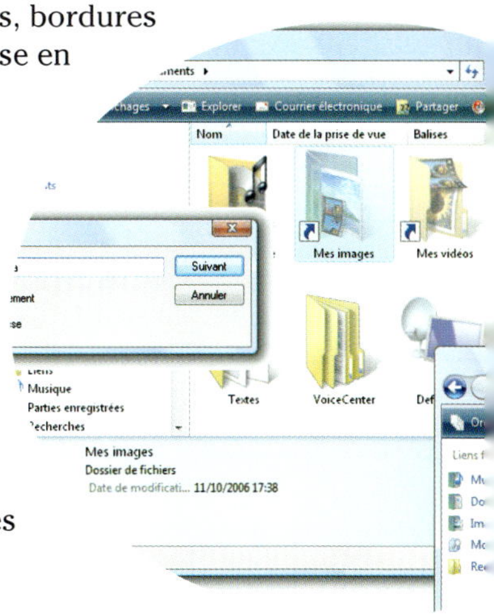

Dissection d'une fenêtre typique

La Figure 3.1 montre une fenêtre avec ses différentes parties. Vous aurez reconnu la fenêtre du dossier Documents où vous stockez la plus grande partie de votre travail.

Une fenêtre se comporte différemment selon l'endroit où l'on clique. Les quelques sections qui suivent décrivent les parties principales de la fenêtre du dossier Documents, expliquent comment cliquer dedans et comment Windows réagit à ces sollicitations.

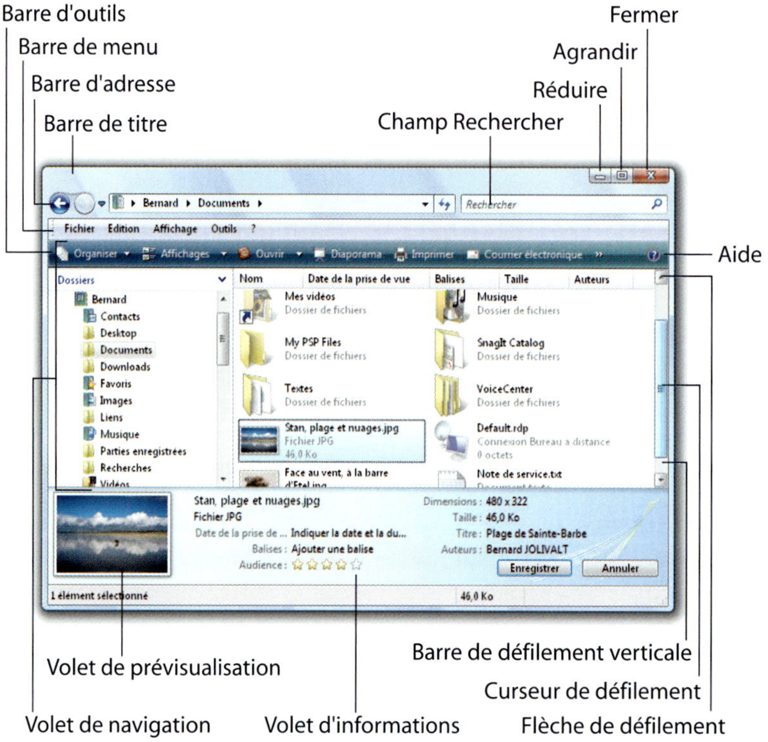

Figure 3.1 : Voici les éléments d'une fenêtre de Vista. Rien à voir avec les fenêtres à meneaux d'un château de la Loire.

Clic, double-clic et clic droit

Le clic et le double-clic régissent presque tout dans Windows. Or, Microsoft lui-même semble bien en peine d'expliquer la différence entre les deux. Selon lui, le clic sert à sélectionner un élément tandis que le double-clic sert à le choisir. Limpide, n'est-ce pas ?

Vous sélectionnez un élément en le mettant en surbrillance (en langage clair : sur fond coloré). Par exemple, vous cliquez dans une zone de texte, dans une fenêtre ou sur un nom de fichier pour les sélectionner. Ce clic fait généralement apparaître l'élément sur un fond de couleur plus sombre, curieusement appelé "surbrillance" dans le jargon des informaticiens. L'élément sélectionné est alors prêt pour d'autres actions.

En revanche, choisir un élément est plus décisif : un double-clic sur un fichier invite Windows à l'ouvrir immédiatement.

Ces arguties microsoftiennes m'ennuient. C'est pourquoi j'opte toujours pour la troisième voie : le clic du bouton droit. Il déploie presque immanquablement un menu – appelé "menu contextuel", car son contenu varie d'un élément à un autre – qui liste toutes les actions possibles. Je choisis une option et Windows s'occupe du reste.

Conclusion : dans le doute, cliquez toujours du bouton droit.

Tirer une fenêtre par sa Barre de titre

Surmontant quasiment toutes les fenêtres, la Barre de titre affiche généralement le nom du fichier ouvert et celui du programme. La Figure 3.2 montre celle de WordPad (en haut) et du Bloc-notes (en bas). La Barre de titre de WordPad mentionne uniquement "Document" car son inavouable contenu n'a pas encore été enregistré.

Figure 3.2 : Une Barre de titre de WordPad (en haut) et du Bloc-notes (en bas).

Sous sa modeste apparence, la banale Barre de titre cache une puissance insoupçonnée, révélée dans les paragraphes qui suivent :

- Les barres de titre servent à déplacer commodément les fenêtres sur le Bureau. Cliquez sur une Barre de titre et, le bouton de la souris enfoncé, déplacez-la où bon vous semble. La fenêtre suit le mouvement. Vous avez trouvé où la déposer ? Relâchez le bouton de la souris et la fenêtre reste à son nouvel emplacement.
- Double-cliquez sur la Barre de titre, et la fenêtre occupe la totalité de l'écran. Double-cliquez de nouveau dessus, et la fenêtre se remet à la taille précédente.
- Dans Windows XP, toutes les barres de titre mentionnaient le titre de ce qui se trouvait dans la fenêtre. Mais Vista ne le fait plus, préférant afficher un bandeau vide à la place du nom du dossier (reportez-vous à la Figure 3.1). Bien que bon nombre de barres de titre de Vista n'affichent plus de titre, elles n'en fonctionnent pas moins comme telles. Vous pouvez donc les déplacer sur le Bureau exactement comme vous le faisiez sous Windows XP.
- Trois boutons carrés se trouvent à l'extrémité droite de la Barre de titre. Il s'agit, de gauche à droite, des boutons Réduire, Niveau inférieur (ou Agrandir) et Fermer. Ils sont décrits plus loin dans ce chapitre, dans la section "Manœuvrer les fenêtres sur le Bureau".
- Dans Windows XP, la fenêtre dans laquelle vous étiez en train de travailler arborait toujours une Barre de titre en surbrillance, ou plus exactement d'une couleur différente de celles des autres fenêtres ouvertes. Par contre, celles de Vista sont toutes de la même couleur. Pour savoir dans quelle fenêtre vous travaillez actuellement, jetez un coup d'œil sur le bouton rouge Fermer, à droite de la Barre de titre. C'est l'état de ce bouton qui différencie la fenêtre active – celle dans laquelle vous travaillez (en haut dans la Figure 3.2) – des autres (en bas dans la Figure).

Glisser, déposer et se carapater

Bien que le terme "glisser-déposer" évoque le patinage artistique – mais sans laisser choir sa partenaire –, c'est avant tout une action fréquemment utilisée partout dans Windows. Elle sert à déplacer un élément d'un endroit à un autre.

Pour faire glisser une icône, cliquez dessus avec le bouton gauche ou droit de la souris – je préfère le droit – et déplacez-la sur le Bureau tout en maintenant le bouton enfoncé. Arrivée à destination, relâchez le bouton : l'icône est déposée. Délicatement.

Effectuer le glisser-déposer avec le bouton droit fait apparaître un utile petit menu demandant si vous désirez copier ou seulement déplacer l'icône.

Vous avez commencé à déplacer un élément et vous vous rendez compte qu'il ne fallait pas le déplacer ? Ne relâchez pas le bouton de la souris, mais appuyez sur Échap pour annuler l'action. Ouf ! Mais si vous aviez relâché le bouton, rien n'était perdu : il aurait suffit de choisir Annuler dans le menu contextuel.

La Barre d'adresse de Windows

Sous la barre de titre d'un dossier se trouve une Barre d'adresse semblable à celle de la Figure 3.3. Elle rappelle quelque chose aux vieux de la vieille d'Internet : mais c'est bien sûr, elle vient tout droit d'Internet Explorer !

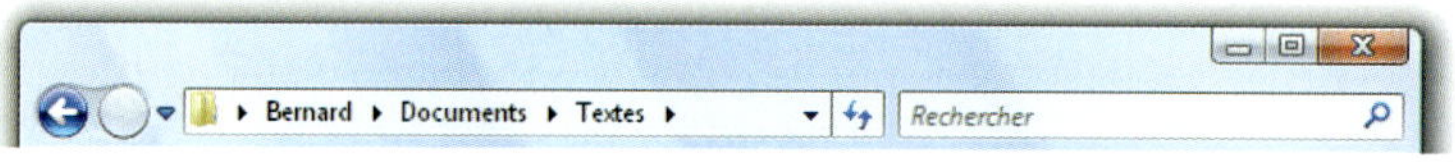

Figure 3.3 : Chaque dossier est doté d'une Barre d'adresse qui ressemble à celle d'Internet Explorer.

La Barre d'adresse est divisée en trois parties :

- **Les boutons Retour à et Avancer à :** Ces deux flèches conservent la trace de votre périple parmi les dossiers du PC. Le bouton Retour à vous fait revenir au dossier que vous venez de visiter. Le bouton Avancer à vous en ramène. Cliquez sur la minuscule flèche à droite de la flèche du bouton Avancer à pour afficher la liste des emplacements précédemment visités ; cliquez sur l'un d'eux pour y retourner.
- **La Barre d'adresse :** À l'instar de la barre d'adresse d'Internet Explorer qui affiche l'adresse du site Web que vous visitez, celle de Vista affiche l'adresse du dossier courant. Par exemple, à la Figure 3.3, la Barre d'adresse affiche *Bernard, Documents, Textes.* Cette formulation indique que vous travaillez dans le dossier Textes, qui se trouve dans le dossier Documents du compte d'utilisateur Bernard. Eh oui, cette notion d'adresse est suffisamment compliquée pour que tout un chapitre – le quatrième – lui soit consacré.

Vous pouvez bien sûr taper une adresse Internet, comme `www.efirst.com`, dans la Barre d'adresse de n'importe quel dossier. Ceci entraînera le démarrage d'Internet Explorer, qui ouvrira le site Web indiqué.

- **Le champ Rechercher :** Autre apparentement avec Internet Explorer, tous les dossiers de Vista sont dotés d'un champ Rechercher. Sauf qu'au lieu de s'effectuer sur l'Internet, c'est dans le dossier en cours que la recherche est faite. Si vous tapez le mot **carotte** dans le champ (jeu de mot involontaire), Vista examine le contenu du dossier et signale chaque fichier contenant ce mot.

Pour étendre la recherche au-delà du dossier en cours, cliquez sur la petite flèche à côté de la loupe, à gauche du champ. Un menu permet d'effectuer la recherche dans la totalité de l'ordinateur, voire sur l'Internet. La nouvelle fonction de recherche de Vista est décrite au Chapitre 6.

Activer la barre de menus cachée de Vista

Les menus de Windows Vista sont plus variés que ceux d'un restaurant chinois. Afin que les utilisateurs pensent plutôt à leur ordinateur qu'au canard laqué, Vista cache tous les éléments de menus dans une barre de menus (voir Figure 3.4).

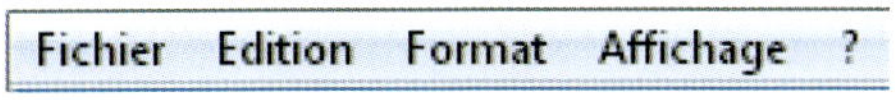

Figure 3.4 : La barre de menus.

Chaque entrée de la barre de menus contient des options. Pour les voir, cliquez sur un mot, comme Édition (Figure 3.5). Le menu qui apparaît présente toutes les options relatives à l'édition – la modification, si vous préférez – d'un fichier.

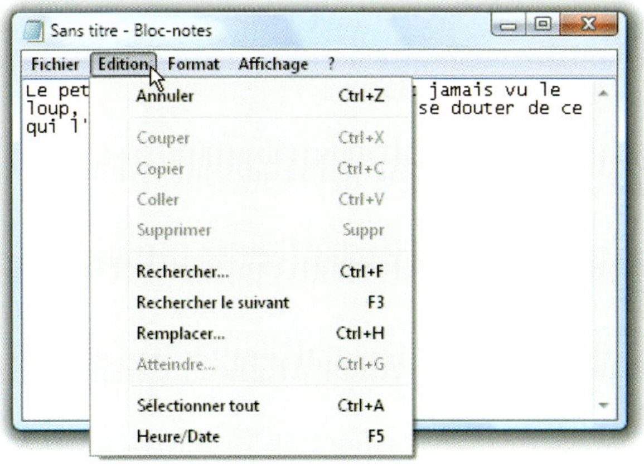

Figure 3.5 : Cliquez sur un menu pour accéder aux commandes qui sont associées.

De même qu'un plat peut ne plus être disponible au restaurant, il arrive parfois que Windows ne puisse pas accéder à un élément du menu. Ces options indisponibles, comme Couper, Copier, Coller et Atteindre, dans la Figure 3.5, sont en grisé.

Pour quitter complètement un menu, cliquez ailleurs, n'importe où dans l'espace de travail de la fenêtre.

Pour faciliter l'usage des raccourcis clavier, Vista souligne dans chaque menu le caractère à utiliser. Appuyez sur la touche Alt pour voir ces lettres. Pour déployer le Menu Fichier, vous appuierez sur les touches Alt+F (attention : Alt+F+X ferme la fenêtre).

Choisir le bon bouton

Les anciens de Windows XP conservent un souvenir ému du Volet des tâches de leurs dossiers, un panneau commodément placé à gauche qui contenait des boutons pour les tâches les plus communes. Il n'y en a plus dans Vista. Ces boutons et les tâches qu'ils représentent ont été relégués dans des petites barrettes appelées "barres d'outils". La Figure 3.6 montre celle du dossier Ordinateur.

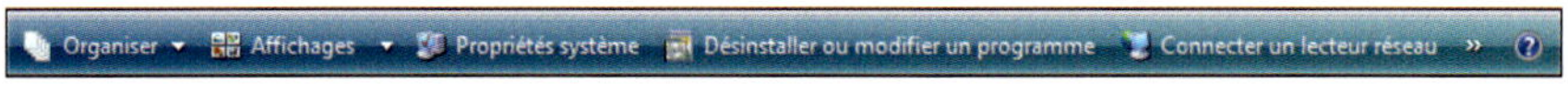

Figure 3.6 : La barre d'outils du dossier Ordinateur.

Il est inutile d'en savoir long sur les barres d'outils car Vista place automatiquement les boutons appropriés sur le dossier qui en a besoin. Ouvrez le dossier Musique, et Vista affiche aussitôt un bouton Lire tout, permettant d'écouter tous les morceaux qui s'y trouvent. Ouvrez le dossier Images, et l'amicale barre d'outils propose un bouton Diaporama.

Si la signification d'un bouton vous échappe, immobilisez le pointeur de la souris dessus. Un petit message explique sa raison d'être.

Raccourcis rapides avec le Volet de navigation

Examinez un véritable bureau et vous constaterez que les éléments les plus fréquemment utilisés se trouvent à portée de main : le bac à courrier, l'agrafeuse et peut-être quelques viennoiseries rapportées du snack-bar. Dans le même esprit, Vista recueille tous les éléments fréquemment utilisés, dans le PC, et les place dans le nouveau Volet de navigation que montre la Figure 3.7.

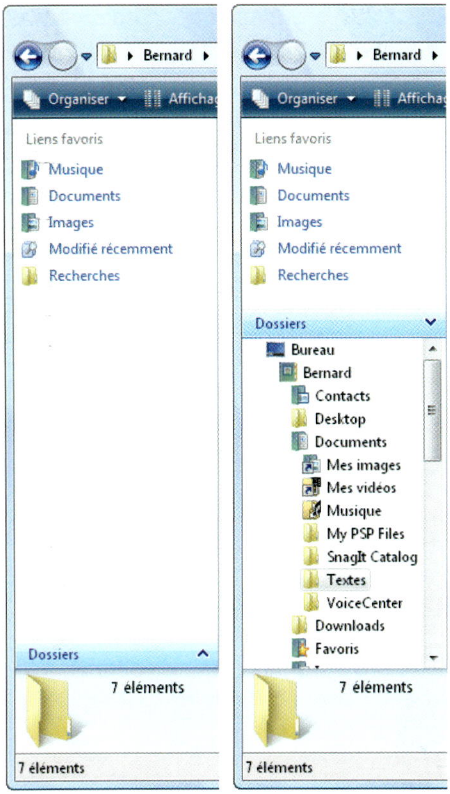

Figure 3.7 : Le Volet de navigation contient des raccourcis vers les dossiers fréquemment visités (à gauche). Cliquez sur le mot Dossiers pour afficher leur arborescence (à droite).

Situé à gauche de chaque dossier, le Volet de navigation est divisé en deux parties. Celle du haut, appelée Liens favoris, contient une liste d'éléments ; celle du bas, visible après avoir cliqué sur la barre Dossiers, affiche l'organisation des dossiers. Voici une description plus détaillée de ces deux parties du Volet de navigation :

- **Liens favoris :** Ne les confondez pas avec les Favoris d'Internet Explorer. Les Liens favoris du Volet de navigation sont en effet des raccourcis qui renvoient aux dossiers fréquemment visités situés dans votre ordinateur.
  - **Documents :** Cliquez sur ce raccourci pour aller directement à la racine de tous vos dossiers, le dossier Documents.
  - **Modifiés récemment :** Vous l'avez deviné, cliquer sur ce raccourci liste tous les fichiers qui ont été modifiés au cours des 30 derniers jours. Ils sont classés par date, les plus récents en haut. C'est un moyen commode pour accéder rapidement à vos travaux en cours.

- **Images :** Ce raccourci ouvre le dossier Images, réceptacle de vos photos numériques.
- **Musique :** Eh oui, ce raccourci pointe vers le dossier Musique, où un seul double-clic suffit pour écouter un morceau de votre choix.
- **Recherches :** Cliquez sur ce raccourci pour accéder aux recherches que Vista a sauvegardées quand vous les aviez lancées. Plusieurs types de recherches fort utiles sont réunies là : tous les courriers électroniques reçus au cours des sept derniers jours par exemple, les morceaux récemment acquis et vos dernières photos numériques.

- **Dossiers :** Cliquer sur ce mot, en bas du panneau, donne accès à la deuxième partie du Volet de navigation. Elle affiche une arborescence des dossiers (nous y reviendrons au Chapitre 4). C'est un moyen commode d'accéder rapidement à n'importe quel dossier de l'ordinateur.

Les conseils qui suivent vous permettront d'exploiter plus efficacement le Volet de navigation :

- Ne vous privez pas de personnaliser le Volet de navigation en y glissant et déposant des dossiers ou des raccourcis. Vous les aurez ainsi toujours sous la main. Pour en supprimer un, cliquez dessus du bouton droit et choisissez Supprimer le lien.
- Si vous avez supprimé des liens favoris par mégarde, demandez à Vista de réparer votre erreur en cliquant n'importe où dans le Volet de navigation et en choisissant Restaurer les versions précédentes.

Le volet de détails

Le nouveau volet de détails que montre la Figure 3.8 se trouve au pied de chaque dossier. Comme l'indique son nom, ce petit bandeau divulgue des informations concernant le fichier actuellement affiché. Les fanas de technique en raffoleront.

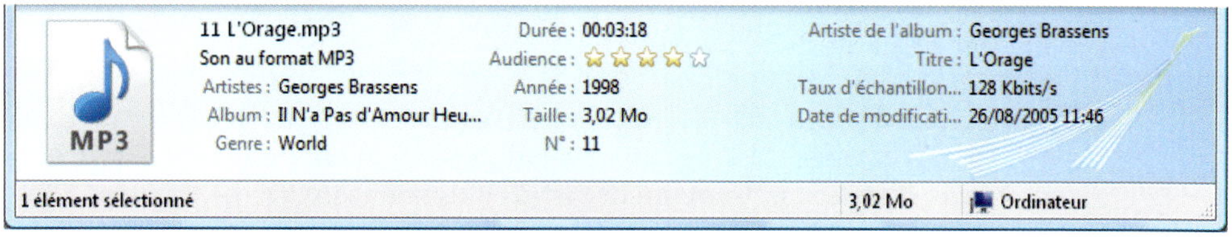

Figure 3.8 : Le volet de détails affiche des informations concernant le fichier sur lequel vous venez de cliquer.

Ouvrez un dossier, et le volet de détails indiquera le nombre de fichiers qu'il contient. Il précise même si ces fichiers sont dans votre ordinateur ou ailleurs sur un réseau.

La véritable information apparaît quand vous cliquez sur un fichier : sélectionnez un fichier de musique, et le volet de détails montre une vignette de son album, le titre du morceau, le nom de l'artiste, la durée et la taille du fichier et même la note que vous lui avez attribuée dans le Lecteur Windows Media. Cliquez sur le fichier d'une photo pour voir un aperçu, la date à laquelle vous l'avez prise et ses dimensions.

- Le volet de détails en sait plus qu'il n'en dit. Comme il est redimensionnable, tirez son bord supérieur légèrement vers le haut. L'agrandir ainsi révèle encore plus d'informations sur le fichier : sa taille, sa date de création, la date de la dernière modification et autres renseignements. Après les avoir lus, ramenez le bord du volet vers le bas.

- Si vous trouvez que le volet de détails occupe trop de place, tirez son bord supérieur vers le bas ou mieux, désactivez-le : cliquez sur le bouton Organiser, tout à fait à gauche dans le coin, cliquez sur Disposition dans le menu déroulant puis sur Volet des détails (refaites cette manipulation pour réafficher le volet de détails).

- Quand vous éditez les propriétés d'un fichier, vous pouvez ajouter un mot-clé vous permettant de le retrouver plus facilement. Les mots-clé sont expliqués au Chapitre 6.

Se déplacer dans un dossier avec la barre de défilement

La barre de défilement, qui évoque une cage d'ascenseur (voir Figure 3.9), se trouve à la bordure de toute fenêtre bien remplie. Dans la barre, un curseur de défilement – parfois surnommé "ascenseur" – monte et descend lorsque vous parcourez un document. La position du curseur dans la barre indique si vous êtes plutôt au début, au milieu ou à la fin du contenu de la fenêtre.

Vous pouvez voir le curseur descendre et monter comme un ludion en appuyant sur les touches PageBas et PageHaut (on s'amuse follement avec Vista). Mais le déplacer avec la souris est encore plus drôle : cliquer de ci de là dans la barre fait aller directement à tel ou tel endroit dans le document.

Mais assez ri, passons aux choses sérieuses :

- Cliquer dans la barre au-dessus du curseur fait reculer d'une page, exactement comme si vous aviez appuyé sur la touche PageHaut. De même, cliquer sous le curseur équivaut à appuyer sur PageBas. Plus l'écran est grand, plus vous verrez des données sur chaque page.
- Pour décaler le contenu ligne par ligne, cliquez sur l'une des flèches de défilement en haut ou en bas de la barre de défilement.

Figure 3.9 : Une barre de défilement.

- Une barre de défilement peut aussi se trouver en bas d'une fenêtre. Elle est commode pour parcourir une feuille de calcul ou tout autre document large. Le déplacement s'effectue horizontalement.
- La fenêtre est dépourvue de barre ? C'est parce que la totalité de son contenu est visible. A quoi bon des barres ?
- Pour aller très vite, prenez l'ascenseur. Autrement dit, faites glisser le curseur de défilement avec la souris. Le contenu de la fenêtre défile à toute vitesse. Arrivé à la bonne page, relâchez le bouton de la souris.

- Vous utilisez une souris à molette ? Actionnez-la et le contenu de la fenêtre défilera verticalement comme avec l'ascenseur (NdT : le défilement horizontal est possible avec certains modèles de souris, en appuyant latéralement sur la molette).

Bordures ménagères

La plupart des fenêtres sont entourées d'une bordure. Comparée à la barre de défilement, elle est vraiment mince.

Pour modifier les dimensions d'une fenêtre, tirez sa bordure dans un sens ou dans l'autre. Notez que tirer un coin est encore plus pratique.

Certaines fenêtres n'ont pas de bordure (dur, dur...). Elles ne peuvent donc pas être redimensionnées, même si leur taille ne vous convient pas.

Hormis pour le redimensionnement, vous n'utiliserez guère les bordures.

Interagir avec les boîtes de dialogue

Une boîte de dialogue est une fenêtre affichant un petit formulaire ou une check-list. Elle peut comporter plusieurs parties, évoquées dans les sections qui suivent. Ne vous fatiguez pas à essayer de retenir le nom de chaque partie ; il est plus important de retenir à quoi elles servent.

Cliquer sur le bon bouton de commande

Un bouton de commande est sans doute l'élément le plus facile à identifier, car son usage est inscrit dessus. Vous êtes censé cliquer sur l'un d'eux après avoir rempli le formulaire. Selon le bouton sur lequel vous avez cliqué, Windows fait ce que vous lui avez demandé (s'il le veut bien) ou affiche un autre formulaire (souvent).

Le Tableau 3.1 montre les boutons auxquels vous serez confrontés un jour ou l'autre.

Tableau 3.1 : Les boutons de commande communs de Vista.

Bouton	*Description*
OK	Cliquer sur le bouton OK revient à dire : "J'ai fini de remplir le formulaire et je suis prêt à passer à autre chose". Vista prend connaissance de votre requête et la traite.
Annuler	Si vous avez un doute sur ce que vous avez saisi dans le formulaire, cliquez sur le bouton Annuler. Vista fait disparaître le formulaire, comme si de rien n'était. Ouf ! Notez que le petit bouton "X", en haut à droite de la fenêtre, agit comme le bouton Annuler.
Suivant >	Cliquez sur le bouton Suivant pour passer à la prochaine phase. Vous voulez plutôt revenir en arrière ? Cliquez sur le bouton Précédent.
Modifier...	Si vous rencontrez un bouton dont le nom est suivi de points de suspension, vous n'êtes pas sorti de l'auberge : cliquer dessus ouvre en effet un autre formulaire où vous devrez entrer d'autres choix, paramètres et options.
Par défaut	Pour changer un paramètre douteux, cliquez sans état d'âme sur le bouton Par défaut ou Restaurer. Vista rétablira les paramètres d'origine (ceux au moment de l'installation).

TRUC

- La bordure du bouton OK est généralement plus sombre que celle des autres. Cela signifie qu'il est sélectionné (en "surbrillance", en jargon informatique). Il suffit alors d'appuyer sur la touche Entrée, ce qui vous évite l'incommensurable tâche de cliquer sur OK.
- Si vous avez cliqué sur le mauvais bouton mais *que vous ne l'avez pas relâché,* n'en faites rien ! Car un bouton de commande n'agit pas tant que le bouton de la souris est enfoncé. Le doigt toujours appuyé, glissez-la afin que le pointeur quitte le bouton erroné, puis relâchez le doigt.
- Intrigué par les options obscures d'une boîte de dialogue ? Cliquez sur le point d'interrogation en haut à droite de la fenêtre puis cliquez sur la commande pour obtenir une explication. Parfois, immobiliser le pointeur de la souris sur une option est suffisant pour que Vista condescende à afficher une info-bulle explicative.

Choisir parmi les boutons d'option

Windows Vista oblige souvent à ne choisir qu'une seule option dans une liste. Par exemple, un jeu pourra être joué au niveau Débutant ou Intermédiaire. Comme il est impossible d'être les deux à la fois, Vista n'accepte qu'une de ces options.

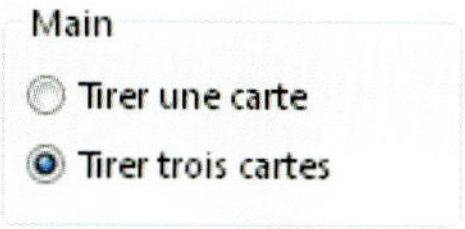

Figure 3.10 : Sélection d'une option.

Quand un seul choix est possible, Windows Vista a recours à des boutons d'option (voir Figure 3.10). Quand vous sélectionnez une option, puis une autre, la marque de validation disparaît de la première pour apparaître dans la deuxième. Vous en trouverez dans beaucoup de boîtes de dialogue.

NOTE TECHNIQUE

Les boutons d'option sont souvent appelés "boutons radio" en raison de leur ressemblance avec les boutons concentriques des anciens postes de radio.

Taper dans une zone de texte

Une zone de texte ressemble aux zones vides d'un formulaire administratif que vous devez remplir. Elle peut recevoir n'importe quel type de données : des mots, des chiffres, un mot de passe ou des épithètes plus ou moins flatteurs. La Figure 3.11 montre la boîte de dialogue qui apparaît lorsque vous désirez rechercher un ou plusieurs mots dans un document. La zone de texte est l'endroit où vous les tapez.

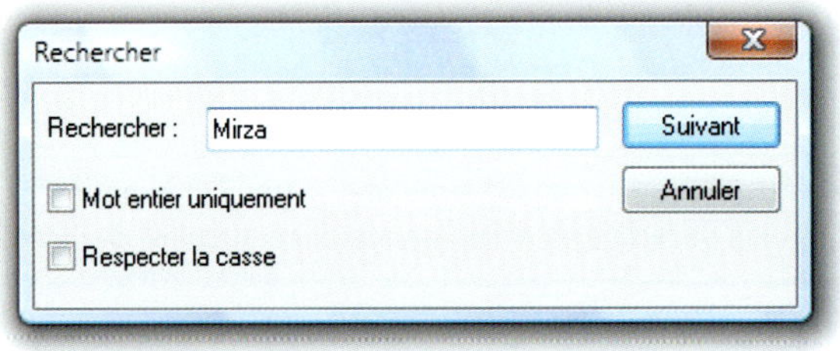

Figure 3.11 : Cette boîte de dialogue contient une zone de texte.

- Quand une zone de texte est active, c'est-à-dire prête à recevoir votre prose, elle est entourée d'une bordure spéciale indiquant qu'elle est sélectionnée, ou alors, une barre d'insertion clignote dedans.
- Si la zone de texte n'est pas sélectionnée et que rien ne clignote dedans, c'est qu'elle n'est pas prête à recevoir votre saisie. Pour annoncer votre intention, vous devez d'abord cliquer dedans.
- Pour utiliser une zone de texte qui contient déjà des mots, supprimez-les avant de commencer à taper. Ou alors et mieux : double-cliquez dans le texte existant, ce qui le sélectionne, et tapez directement votre prose ; elle remplacera l'ancien texte.
- Eh oui, une zone de texte obéit à beaucoup de règles.

Choisir des options dans des zones de liste

Certaines zones, opportunément appelées "zones de liste", n'acceptent aucune saisie. Elles se contentent d'afficher une liste d'éléments dans laquelle vous faites votre choix. C'est le cas de la liste des polices de caractères disponibles dans un traitement de texte, comme le montre la Figure 3.12.

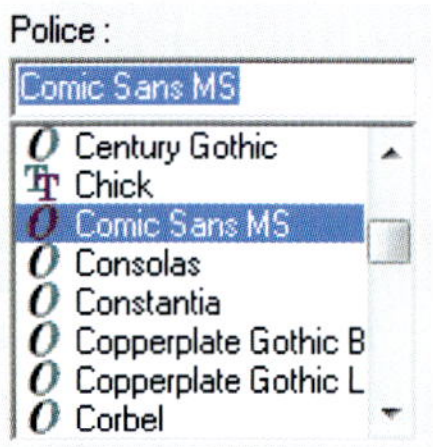

Figure 3.12 : Sélection d'une police dans une zone de liste.

- Vous avez remarqué comment la police Comic Sans MS est en surbrillance dans la Figure 3.12 ? C'est parce qu'elle est actuellement sélectionnée dans la liste. Appuyez sur Entrée, ou cliquez sur le bouton OK, s'il est proposé, afin que le programme utilise désormais cette police.
- Vous avez remarqué la barre de défilement le long de la zone de liste ? Elle fonctionne comme toutes les autres : cliquez sur les flèches ou appuyez sur les touches fléchées Haut et Bas pour faire défiler les noms des polices.
- Certaines zones de listes sont surmontées d'une zone de texte. Quand vous choisissez un nom dans la liste, il apparaît dans la zone. Vous pourriez bien sûr taper vous-même le nom dans la zone de texte, mais ce serait bien moins drôle.
- TRUC : Si une liste est interminable, tapez les premières lettres du nom que vous recherchez. Windows Vista se positionnera aussitôt au premier nom qui commence par ces caractères.

Les sélections multiples

En général, vous ne pouvez sélectionner qu'un seul élément dans une zone de liste. Mais d'autres listes, comme celle des fichiers dans l'Explorateur Windows, permettent de sélectionner plusieurs éléments à la fois. Voici comment procéder :

- Pour sélectionner plusieurs éléments, maintenez la touche Ctrl enfoncée tout en cliquant sur chacun d'eux.
- Pour sélectionner une plage d'éléments adjacents, cliquez sur le premier d'entre eux. Ensuite, touche Majuscule enfoncée, cliquez sur le dernier élément de la plage. Ces deux éléments ainsi que tous ceux qui se trouvent entre seront sélectionnés (si vous remarquez des éléments que vous ne désirez finalement pas retenir dans la sélection multiple, cliquez dessus, touche Ctrl enfoncée, et ils seront désélectionnés).
- Enfin, pour sélectionner un groupe d'éléments, il reste la solution du lasso : cliquez près d'un élément et, bouton de la souris enfoncé, tirez de façon à englober tous les éléments à sélectionner, puis relâchez le bouton. La sélection globale est faite.

Les zones de listes déroulantes

Les zones de liste sont certes pratiques, mais elles prennent de la place. C'est pourquoi Vista les réduit parfois, à l'instar des menus déroulants. Vous devez alors cliquer au bon endroit pour déployer la liste et la parcourir.

C'est où, le bon endroit ? Il est généralement indiqué par un petit bouton orné d'une flèche pointant vers le bas, semblable à celle qui se trouve à droite dans les boutons de la Figure 3.13 (le pointeur de la souris est prêt à cliquer dessus).

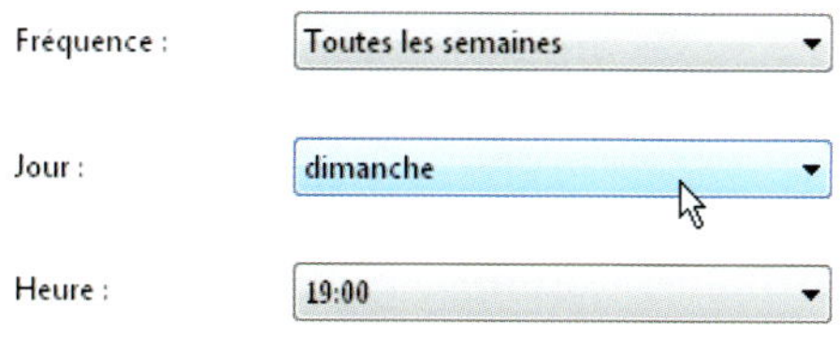

Figure 3.13 : Cliquez sur le petit bouton fléché pour dérouler une liste d'options d'alignemewnt.

La Figure 3.14 montre la liste déployée, après le clic. Cliquez ensuite sur l'option désirée.

Figure 3.14 : La liste déroulante affiche les options d'alignement.

TRUC

- Pour parcourir rapidement une longue liste déroulante, appuyez sur la première lettre de l'élément recherché. Le premier élément correspondant sera immédiatement sélectionné. Utilisez les touches fléchées pour rechercher les mots situés un peu plus haut ou plus bas.
- Un autre moyen de parcourir rapidement une longue liste déroulante consiste à cliquer dans sa barre de défilement.
- Vous ne pouvez choisir qu'un seul élément dans une liste déroulante.

Les cases à cocher

Il est parfois possible de choisir plusieurs options, dans une boîte de dialogue, en cliquant dans des petites cases. Celles de la Figure 3.15 permettent de configurer les options du jeu FreeCell.

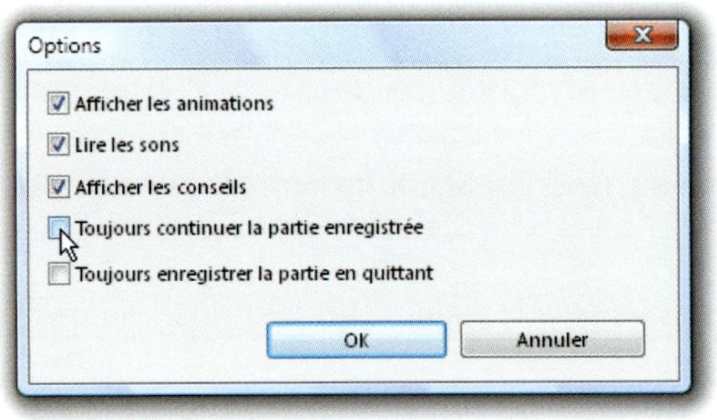

Figure 3.15 : Cliquez pour cocher ou décocher une case.

Cliquer dans une case vide sélectionne l'option correspondante. Si la case est déjà cochée, le clic ôte la coche, désélectionnant cette option.

Contrairement aux boutons d'options, vous pouvez cocher autant de cases que vous le désirez.

Les glissières

Inspirés des potentiomètres linéaires, les glissières de Vista servent à régler des paramètres sans solution de continuité.

Des glissières sont horizontales, d'autres verticales (mais il n'y en a pas en diagonale). Pour actionner une glissière dans Vista, comme celle du volume sonore que montre la Figure 3.16, cliquez sur le curseur et faites-le glisser.

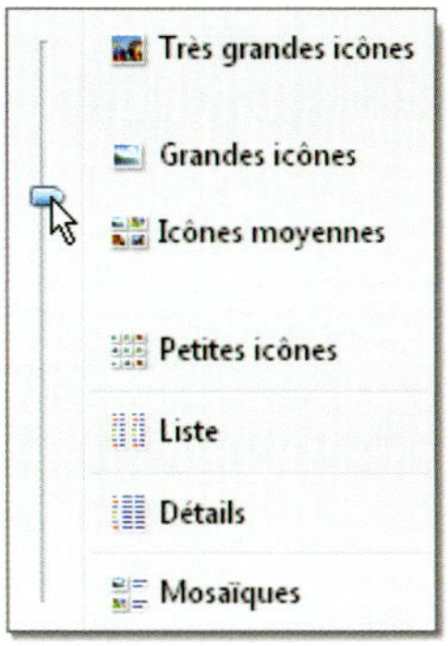

Figure 3.16 : Une glissière.

Déplacer des fenêtres sur le Bureau

Windows Vista n'est pas très doué pour ouvrir les fenêtres. Il les place un peu n'importe où sur le Bureau, où elle se chevauchent et empiètent les unes sur les autres. Cette section explique comment empiler toutes les fenêtres en ordre, en plaçant votre fenêtre préférée en haut de la pile. Ou encore à les étaler comme des mains de poker. En prime, vous pourrez changer leur taille et faire en sorte qu'elles s'ouvrent aux dimensions que vous aurez choisies.

Placer une fenêtre au premier plan

La fenêtre placée au premier plan, sur laquelle se porte l'attention, est appelée "fenêtre active". C'est celle qui est prête à recevoir ce que vous tapez au clavier.

Il existe deux manières de placer une fenêtre au premier plan afin de la rendre active :

- Si un petit bout de la fenêtre dépasse de la pile des autres fenêtres, il vous suffit de cliquer dessus. Aussitôt, Windows Vista l'active et la place au premier plan.
- Cliquez, dans la Barre des tâches, sur le bouton de la fenêtre à activer. La Barres des tâches est expliquée en détail au Chapitre 2.

Si vous désirez placer deux fenêtres au premier plan, lisez la section "Disposer deux fenêtres côte à côte", un peu plus loin.

Déplacer une fenêtre de ci de là

Vous voudrez parfois placer une fenêtre ailleurs sur le Bureau, afin de mieux la centrer, pour la rapprocher d'une autre ou pour toute autre raison.

Pour déplacer une fenêtre, tirez-la par sa Barre de titre (si vous n'êtes pas à l'aise avec le glisser-déposer, reportez-vous à l'encadré "Glisser, déposer et se carapater", précédemment dans ce chapitre). Quand vous déposez la fenêtre, cette dernière est non seulement placée où vous le désirez, mais elle est aussi au premier plan.

Ouvrir la fenêtre en plein écran

Une fenêtre peut occuper la totalité de l'écran. Pour cela, double-cliquez sur sa Barre de titre. La fenêtre s'étend alors au maximum sur le Bureau, couvrant toutes les autres fenêtres.

Pour ramener la fenêtre à sa taille initiale, double-cliquez de nouveau dans la Barre de titre.

- Au lieu de double-cliquer dans la barre de titre, vous pouvez cliquer sur le bouton Agrandir. C'est celui du milieu, parmi les trois qui se trouvent à droite, dans la Barre de titre.

- Quand une fenêtre est en plein écran, le bouton Agrandir devient le bouton Niveau inférieur. Cliquez dessus et la fenêtre devient plus petite.

Fermer une fenêtre

Quand vous avez fini de travailler dans une fenêtre, fermez-la en cliquant sur le petit "X" en haut à droite.

Si vous tentez de fermer une fenêtre sans avoir enregistré préalablement votre travail, Windows ne manque jamais de demander s'il doit le faire. Cliquez sur Oui en n'oubliant pas, le cas échéant, de nommer le fichier afin que vous puissiez le retrouver rapidement par la suite.

Alt-Tab et Windows+Tab

Parfois, les fenêtres s'accumulent à tel point sur le Bureau qu'il devient difficile d'en retrouver une. Pour les parcourir, maintenez les touches Alt et Tab appuyées. Une petite barre, au milieu de l'écran, montre les icônes de toutes les fenêtres ouvertes. La touche Alt toujours enfoncée, appuyez plusieurs fois sur Tab jusqu'à ce que vous ayez sélectionné l'icône de la fenêtre recherchée. Relâchez alors les touches et Windows place la fenêtre au premier plan.

- Si votre PC est équipé d'une carte graphique suffisamment puissante (les exigences de Vista sont décrites au Chapitre 1), Vista peut afficher une représentation tridimensionnelle des fenêtres : maintenez la touche enfoncée (celle avec le logo Windows) et appuyez sur Tab pour bénéficier du remarquable graphisme que montre la Figure 1.4, au premier chapitre.

Redimensionner une fenêtre

Les fenêtres de Windows ont tendance à s'empiler pêle-mêle. Pour les disposer plus régulièrement, vous pouvez les redimensionner en tirant leur bordure vers l'intérieur ou vers l'extérieur. Voici la manipulation :

1. **Placez le pointeur de la souris sur un coin. Lorsqu'il se transforme en flèche à deux pointes, enfoncez le bouton de la souris et tirez afin de modifier les dimensions de la fenêtre.**
2. **Relâchez le bouton lorsque la taille de la fenêtre vous paraît correcte.**

Dans Windows, une petite fenêtre ne s'appelle pas une lucarne.

Disposer deux fenêtres côte à côte

Voir deux fenêtres à la fois est souvent très utile, surtout lorsque vous désirez copier d'un document pour coller dans un autre. Avec un peu de pratique, vous saurez redimensionner des fenêtres et les juxtaposer parfaitement.

Ou alors, cliquez dans une partie vide de la Barre des tâches (même dans l'horloge) et, dans le menu, choisissez Afficher les fenêtres côte à côte afin de disposer les fenêtres les unes à côté des autres, en colonnes. Choisissez Afficher les fenêtres empilées pour les superposer horizontalement. Si plus de trois fenêtres sont ouvertes, l'option Afficher les fenêtres empilées les dispose en mosaïque.

Quand plus de deux fenêtres sont ouvertes, minimisez celles qui ne doivent pas être affichées en mosaïque. Utilisez ensuite la commande Afficher les fenêtres côte à côte afin de juxtaposer les deux fenêtres restantes.

Rouvrir une fenêtre à la même taille

Parfois, une fenêtre s'ouvre en carré. Une autre fois, elle emplit tout l'écran. Mais c'est bien rarement qu'elle s'ouvre aux dimensions voulues, à moins de connaître ce petit truc : régler manuellement leur taille. Dans ce cas, Windows mémorise les dimensions et rouvre toujours la fenêtre à la même taille. Voici comment il faut procéder :

1. **Ouvrez une fenêtre.**

   Elle s'ouvre comme d'habitude, c'est-à-dire pas à la taille désirée.

2. **Dimensionnez la fenêtre à la taille désirée en la tirant par un coin. Repositionnez-la éventuellement.**

   Veillez à redimensionner la fenêtre manuellement en tirant l'un des bords ou un coin. Se contenter de cliquer sur le bouton Agrandir ne sert à rien.

3. **Fermez immédiatement la fenêtre.**

   Windows Mémorise la taille et l'emplacement de la fenêtre. Quand vous la rouvrirez, elle s'ouvrira à la taille où vous l'aviez laissée. Notez que cette manipulation ne compte que pour le programme auquel vous l'avez appliquée. Par exemple, un changement appliqué à la fenêtre d'Internet Explorer ne sera mémorisé que pour Internet Explorer, et non pour d'autres programmes.

La plupart des fenêtres obéissent à ces règles, mais celles de quelques programmes dissidents peuvent faire bande à part. Ne manquez pas de vous en plaindre auprès de leur auteur.

Chapitre 4

Fichiers, dossiers,...

Dans ce chapitre :

- Naviguer parmi les lecteurs et les dossiers.
- Créer et nommer des dossiers.
- Sélectionner et désélectionner des éléments.
- Copier et déplacer des fichiers et des dossiers.

Ordinateur est le programme qui tire l'utilisateur de Windows de son doux rêve où Windows serait convivial, et le fait se jeter sous son oreiller pour échapper au cauchemar. Il avait eu la naïveté de croire que l'informatique ferait disparaître les papiers, chemises et dossiers entassés dans son vieux classeur à tiroirs.

Qu'il clique sur l'icône Ordinateur, dans le menu Démarrer et explore son nouveau PC, et voilà que le classeur réapparaît, bourré de dossiers pleins de sous-dossiers, voire de sous-sous-dossiers. À moins d'adopter cette métaphore bureaucratique, vous risquez de ne pas retrouver rapidement vos données.

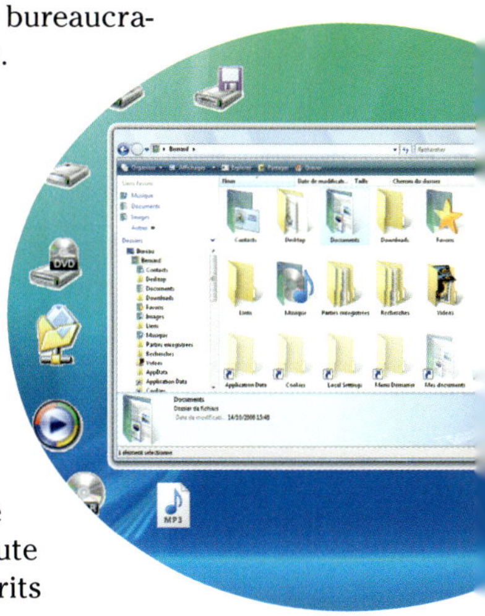

Parcourir le classeur à tiroirs informatisé

Afin que vos programmes et documents soient rationnellement rangés, Windows a gratifié la métaphore du classeur à tiroir de jolies petites icônes. Vous y accédez au travers du programme Ordinateur présent dans le menu Démarrer. C'est là que se trouvent les zones de stockage de votre ordinateur, où vous pourrez copier, déplacer, renommer ou supprimer des fichiers.

Pour ouvrir vos tiroirs virtuels, appelés "lecteur" ou "disque" en jargon informatique, cliquez sur le menu Démarrer puis sur le mot Ordinateur. Bien que la fenêtre Ordinateur différera sans doute quelque peu de celle de la Figure 4.1, les éléments de base – décrits dans les prochaines sections – sont les mêmes.

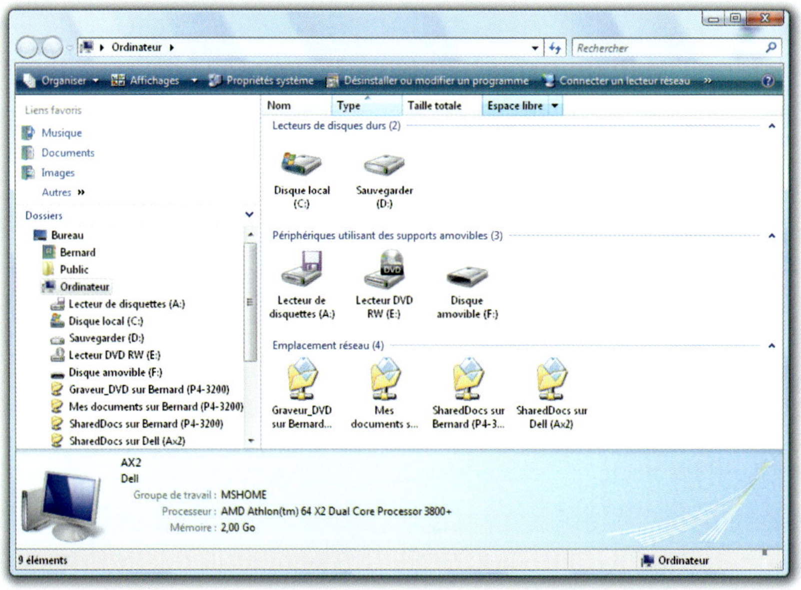

Figure 4.1 : La fenêtre Ordinateur affiche les zones de stockage contenant vos fichiers.

Windows peut afficher la fenêtre Ordinateur sous diverses formes. Pour obtenir la même présentation que dans la Figure 4.1, cliquez sur la petite flèche à droite du bouton Affichages, dans la barre de menus et, dans la liste, choisissez Mosaïques. Enfin, cliquez dans une partie vide de la fenêtre, puis choisissez Réorganiser les icônes par, puis sélectionnez Types.

Voici les éléments de base de la fenêtre Ordinateur :

- **Le volet de navigation :** Situé à gauche de la plupart des fenêtres, l'appréciable volet de navigation contient la liste des dossiers contenant vos biens virtuels les plus précieux, nommés Documents, Images et Musique (ces dossiers sont décrits au Chapitre 3).

- **Lecteurs de disques durs :** Visible à la Figure 4.1, cette zone montre le ou les disques durs, c'est-à-dire les mémoires de masse les plus importantes de votre PC. Tout ordinateur en possède au moins un. Vous pouvez aussi y voir éventuellement une clé USB, cette minuscule mémoire amovible aujourd'hui très répandue. Double-cliquer sur l'icône d'un disque dur affiche ses dossiers et ses fichiers, mais vous trouverez rarement des informations utiles ; au lieu d'explorer le disque dur, ouvrez le menu démarrer et lancez des programmes.

  Vous avez remarqué le petit logo Windows sur l'icône d'un disque dur ? Il indique que Windows Vista est installé dans ce disque.

- **Périphériques utilisant des supports amovibles :** Cette zone montre tous les équipements amovibles connectés à votre ordinateur. Voici les plus courants :

  - **Lecteur de disquettes :** En voie d'obsolescence, ces périphériques équipent encore les PC anciens. Comme seuls des fichiers de petite taille peuvent être stockés sur ce matériel vieux de plus de 20 ans, la plupart des utilisateurs leur préfèrent les CD et les DVD.

  - **CD et DVD :** Comme le révèle la Figure 4.1, Vista indique si un lecteur ne peut que lire, ou lire et écrire sur des supports. Par exemple, si un graveur de DVD porte la mention DVD-RW, cela signifie qu'il peut à la fois lire (*Read* en anglais) et écrire (*Write*). Un lecteur qui ne peut que graver des CD porte la mention CD-RW.

  - **Lecteur de cartes mémoire :** Il possède une ou plusieurs fentes permettant d'introduire des cartes mémoire d'appareil photo numérique, de lecteur MP3 ou autres machins du même genre. L'icône montre une fente vide, même si une carte est présente dans le lecteur.

  - **Lecteurs MP3 :** Bien que Vista affiche une jolie icône pour quelques lecteurs MP3, il arbore une icône de carte USB générique ou de disque dur pour le populaire iPod.

  - **Appareils photo :** Dans la fenêtre Ordinateur, un appareil photo numérique apparaît généralement sous la forme d'une icône. Assurez-vous qu'il est allumé et en mode Visionnage plutôt que Prise de vue. Pour récupérer les photos, double-cliquez sur l'icône de l'appareil. Après avoir procédé au transfert, Vista place les photos dans le dossier Images.

  - **Emplacement réseau :** Cette icône, visible seulement sur les PC reliés à un réseau informatique, représente un dossier relié à un câble de connexion.

Tout sur les dossiers, ou presque

Ce sujet est un peu aride, mais si vous le sautez, vous risquez d'être aussi perdu que vos fichiers.

Un dossier est une zone de stockage sur le disque dur. On peut le comparer à un véritable dossier en carton. Windows Vista divise le ou les disques durs de votre ordinateur en autant de dossiers thématiques que vous le désirez. Par exemple, les morceaux de musique sont stockés dans le dossier Musique, et les photos dans le dossier Images. Vous et vos programmes les retrouvez ainsi facilement.

Tout type de lecteur peut être divisé en dossiers, mais c'est surtout sur le disque dur que cette organisation s'impose, car il contient des milliers de fichiers.

Le programme Ordinateur de Windows permet de visiter divers dossiers et d'examiner les fichiers qui s'y trouvent. Pour découvrir les dossiers que Vista a créés à votre intention, cliquez sur le nom du compte d'utilisateur (voir Chapitre 2), en haut du menu Démarrer. Les dossiers suivants, visibles dans la Figure 4.2, apparaissent :

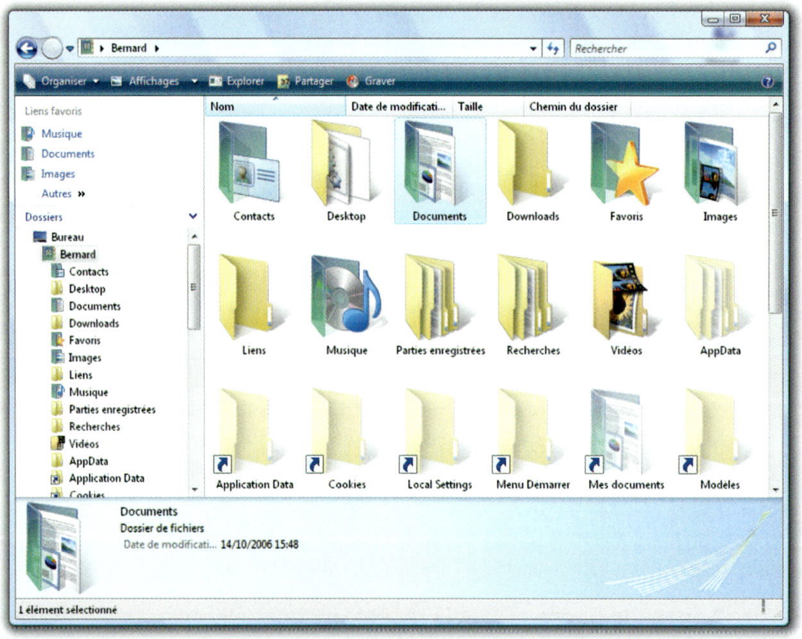

Figure 4.2 : Vista fournit ces mêmes dossiers à tout le monde, mais sans mélanger ceux des uns avec ceux des autres.

- **Votre nom de compte :** Un clic sur votre nom de compte d'utilisateur, en haut du menu Démarrer, ouvre votre dossier d'utilisateur, comme le montre la Figure 4.2. Point d'entrée dans vos archives, ce dossier contient tous les fichiers que vous créez, répartis dans plusieurs importants dossiers.

- **Contacts :** Vous avez envoyé un courrier électronique avec le programme Mail intégré à Vista ? Vista place automatiquement le nom de cette personne dans le dossier Contacts, répertorié sur une petite carte de visite qui s'ouvre d'un double-clic. Cliquez du bouton droit sur le nom d'un contact, choisissez Action puis sélectionnez Envoyer un message pour ouvrir un panneau pré-adressé où vous taperez votre texte. Le clic du bouton droit est souvent un moyen plus rapide d'envoyer un courrier que d'ouvrir Mail et risquer d'être submergé par le contenu de la boîte Réception.

- **Bureau :** Pour Vista, le Bureau est un dossier. Tout ce que vous y placez se trouve dans un dossier Bureau. Comme le Bureau est plus commode pour pointer et cliquer, vous n'utiliserez probablement pas le dossier lui-même, bien caché dans votre ordinateur.

- **Documents :** Pour diverses raisons, je vous invite à placer tout votre travail dans ce dossier. En conservant tous vos fichiers à un seul endroit, vous les retrouverez plus facilement. De plus, vous seul avez accès à ce dossier ; les autres utilisateurs de l'ordinateur ne peuvent pas y farfouiller. En revanche, vous pouvez y créer autant de sous-dossiers que vous le désirez.
- **Downloads :** Vous avez téléchargé quelque chose depuis l'Internet ? C'est dans ce dossier – qui aurait mieux fait de s'appeler "Téléchargements" – qu'Internet Explorer engrange ce que vous récoltez sur le Web, ce qui vous permet de les retrouver plus facilement que jamais dans votre disque dur.
- **Favoris :** Dans Internet Explorer, vous conservez l'adresse de vos sites préférés dans des favoris, qui sont bien sûr stockés dans le menu Favoris, où elles sont utilisables d'un seul clic. Ces favoris apparaissent aussi dans ce dossier, où un double-clic sur l'icône d'un site Web démarre Internet Explorer et ouvre le site en question.
- **Liens :** Ce dossier répertorie tous les emplacements listés dans le Volet de navigation qui se trouve à gauche de la plupart des dossiers. Déposer des icônes à cet endroit les ajoute au Volet de navigation.
- **Musique :** C'est là que se retrouvent les morceaux que vous extrayez d'un CD audio avec le Lecteur Windows Media. Ils sont placés dans un sous-dossier portant le nom du CD.
- **Images :** Stockez toutes vos images ici, qu'il s'agisse de photos provenant de votre appareil numérique, d'images numérisées avec un scanner ou de graphismes piqués sur un site Web. Le dossier Images affiche une miniature de vos photos, permet de transférer les photos d'un appareil connecté au PC, de créer des diaporamas et de tirer encore plus de plaisir de vos photos.
- **Parties enregistrées :** Vous avez enregistré un jeu d'échecs, de FreeCell ou de tout autre jeu livré avec Vista ? C'est là qu'ils nichent, attendant que votre directeur quitte le bureau. Vous y trouverez aussi les jeux d'autres éditeurs.
- **Recherches :** Toutes vos recherches apparaissent ici. Vous les trouverez aussi en cliquant sur le mot Rechercher, dans le Volet de navigation. Les recherches sont expliquées au Chapitre 6.
- **Vidéos :** Les vidéos transférées d'un caméscope ou téléchargées depuis l'Internet résident dans ce dossier. C'est l'endroit où des programmes vidéo comme Movie Maker stockent leurs fichiers.

Souvenez-vous de tous ces dossiers lorsque vous cherchez des fichiers dans Vista.

MISE À JOUR

- Vous pouvez ignorer les dossiers et placer tous vos fichiers sur le Bureau de Vista. Mais c'est comme tout entasser sur le siège arrière de la voiture et se demander, un mois après, où peut bien se cacher le petit sachet de mouchoirs en papier. On s'y retrouve mieux avec un peu d'organisation.

- Si vous êtes pressé de créer un ou deux dossiers – ce qui est très facile –, reportez-vous à la section "Créer un nouveau dossier", plus loin dans ce chapitre.
- Les dossiers d'un ordinateur sont organisés en arborescence dont la racine se trouve au niveau du disque dur, comme le montre la Figure 4.3. Elle se divise en branches qui sont autant de dossiers et de sous-dossiers.
- Les dossiers sont parfois appelés "répertoires", réminiscence de l'époque avant Windows où le terme dossier était peu utilisé. C'est surtout dans la littérature technique, notamment la programmation, que vous rencontrerez ce mot.

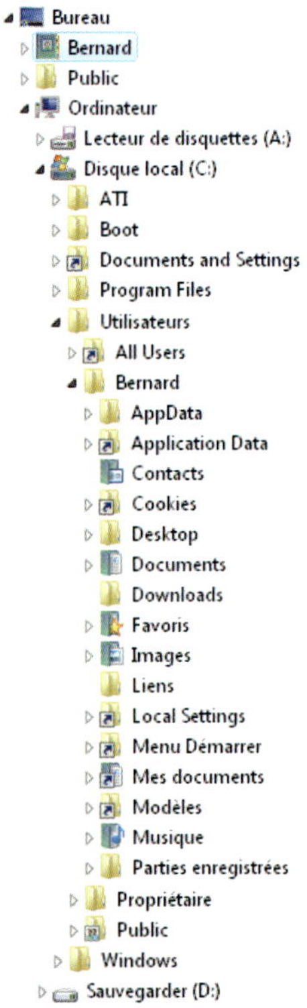

Figure 4.3 : Les dossiers de Windows sont organisés en arborescence, le dossier principal se divisant en sous-dossiers.

Petit voyage dans les lecteurs et les dossiers

Savoir ce que sont les lecteurs et les dossiers, c'est bien pour impressionner les filles ou les garçons, mais c'est surtout utile pour trouver un fichier (reportez-vous à la section précédente pour savoir quel dossier contient quoi). Coiffez votre casque de chantier, empoignez la lourde clé à molette de 500 mm et parcourez les lecteurs et les dossiers de votre ordinateur en vous servant de cette section comme guide.

Afficher les fichiers d'un lecteur

À l'instar de presque tout dans Windows Vista, les lecteurs de disque sont représentés par des boutons, ou icônes. L'icône Ordinateur affiche aussi des informations sur d'autres zones, comme un lecteur MP3, un appareil photo numérique ou un scanner (ces icônes ont été expliquées à la section "Parcourir le classeur à tiroirs informatisé", précédemment dans ce chapitre.

Ouvrir ces icônes donne généralement accès à leur contenu et permet de gérer les fichiers, comme dans n'importe quel autre dossier de Vista.

Quand vous double-cliquez sur une icône dans Ordinateur, Vista devine ce que vous comptez faire avec et entreprend une action : double-cliquez sur un disque dur, par exemple, et Vista l'ouvre promptement afin de vous montrer ce qui s'y trouve.

En revanche, si vous double-cliquez sur l'icône d'un CD après avoir introduit un CD audio, Vista ne l'ouvre pas toujours pour montrer les pistes. A la place, il démarre généralement le Lecteur Windows Media et commence à jouer le premier morceau. Pour modifier l'action de Vista lorsque vous insérez un CD, un DVD ou une clé USB, cliquez sur son icône et, dans le menu, sélectionnez Exécution automatique. Vista répertorie tout ce que vous pouvez faire et vous demande de choisir l'action à entreprendre.

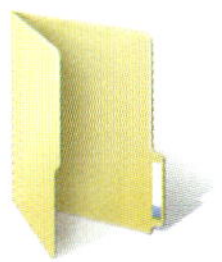

Voir ce que contient un dossier

Les dossiers étant en quelque sorte des chemises à documents, Windows Vista s'en tient à cette représentation.

Pour voir ce que contient un dossier, qu'il soit dans Ordinateur ou sur le Bureau, double-cliquez sur son icône en forme de chemise. Une nouvelle fenêtre surgit, montrant ce qu'il y a dedans. Un autre dossier se trouve dedans ? Double-cliquez sur ce sous-dossier pour découvrir ce qu'il recèle. Cliquez ainsi jusqu'à ce que vous trouviez le fichier désiré ou arriviez dans un cul-de-sac.

Vous êtes au fond du cul-de-sac ? Si vous avez malencontreusement cherché dans le mauvais dossier, revenez en arrière comme vous le feriez sur le Web : cliquez sur la flèche Précédent, en haut à gauche de la fenêtre. Vous reculez ainsi d'un dossier. En continuant à cliquer sur la flèche Précédent, vous finissez par revenir au point de départ.

La Barre d'adresse est un autre moyen d'aller rapidement en divers endroits du PC. Tandis que vous naviguez de dossier en dossier, la Barre d'adresse du dossier – la petite zone de texte en haut de la fenêtre – conserve scrupuleusement une trace de vos pérégrinations. La Figure 4.4 montre la Barre d'adresse lorsque vous parcourez le dossier Musique. Vous avez remarqué les petites flèches entre chaque mot, comme Bernard et Musique ?

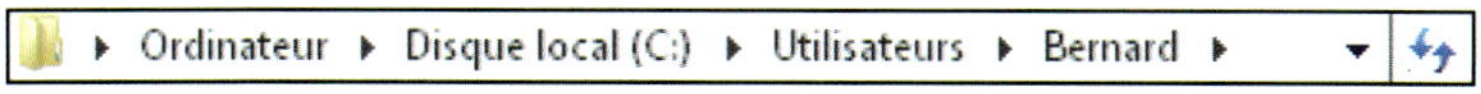

Figure 4.4 : Les petites flèches entre les noms de dossiers permettent d'aller vers d'autres dossiers.

Ces petites flèches sont des raccourcis vers d'autres dossiers et fenêtres. Cliquez sur l'une d'elles : le menu qui apparaît propose des emplacements où aller depuis ce point. Par exemple, cliquez sur la flèche après Ordinateur, comme à la Figure 4.5, pour atteindre rapidement le lecteur de CD.

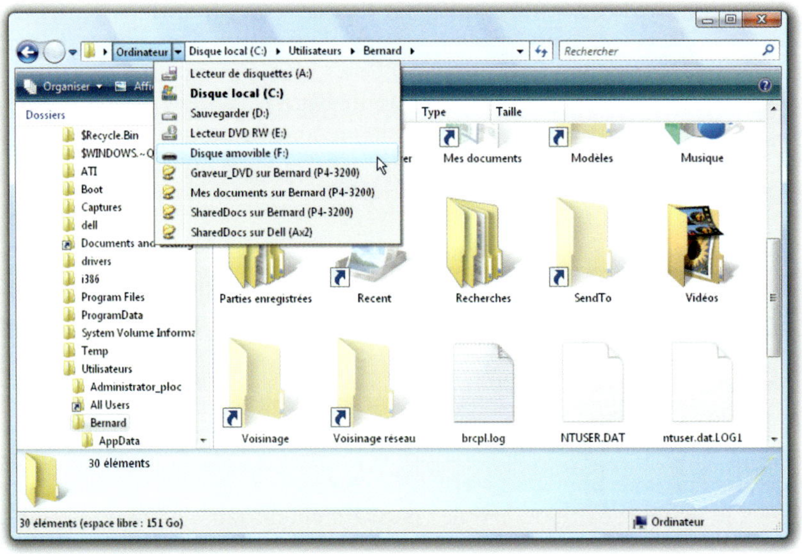

Figure 4.5 : Cliquez sur la flèche après Ordinateur pour aller vers n'importe quel emplacement du dossier Ordinateur.

Voici quelques astuces pour trouver votre chemin dans et hors des dossiers :

- Un dossier contient parfois trop de sous-dossiers et de fichiers pour tenir dans la fenêtre. Cliquez dans la barre de défilement pour voir les autres. Cette commande est expliquée au Chapitre 3.

- Quand vous farfouillez profondément dans vos dossiers, la flèche Pages récentes est un moyen de retourner rapidement dans n'importe quel dossier que vous venez de visiter : cliquez sur la petite flèche pointant vers le bas, à côté de la flèche Suivant en haut à gauche de la fenêtre. Le menu déroulant mémorise tous les dossiers que vous avez parcourus. Cliquez sur le nom de celui où vous désirez retourner.
- Impossible de retrouver un dossier ou un fichier ? Au lieu d'errer comme une âme en peine dans l'arborescence, utilisez la commande Rechercher, dans le menu Démarrer, décrite au Chapitre 6. Windows sait retrouver vos dossiers et vos fichiers égarés.
- Face à une interminable liste de fichiers triés alphabétiquement, cliquez n'importe où dans la liste puis tapez rapidement une ou deux lettres du début du nom de fichier. Windows se positionne aussitôt sur le premier nom de fichier commençant par cette ou ces lettres.

Créer un nouveau dossier

Pour créer rapidement un nouveau dossier, cliquez sur Organiser parmi les boutons de la barre d'outils du dossier et choisissez Nouveau dossier, dans le menu contextuel. Si la barre n'est pas visible, voici une technique sûre et éprouvée :

1. **Cliquez du bouton droit dans le dossier et choisissez Nouveau.**

   Le tout-puissant menu contextuel apparaît sur le côté.

2. **Sélectionnez Dossier.**

   Choisissez Dossier, comme le montre la Figure 4.6, et un sous-dossier apparaît dans le dossier où vous avez cliqué, prêt à être nommé.

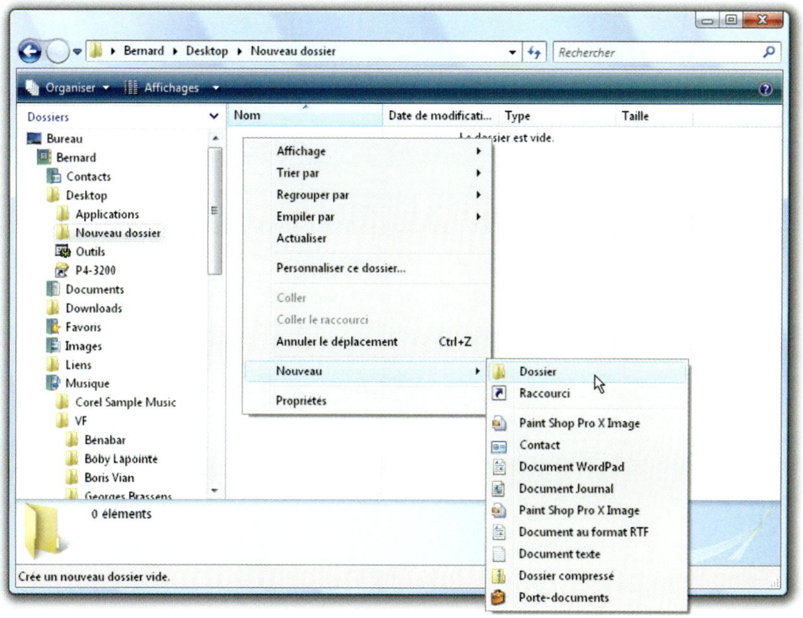

Figure 4.6 : Cliquez du bouton droit là où vous désirez créer un sous-dossier. Dans le menu, choisissez Nouveau, puis Dossier.

3. **Tapez le nom du nouveau dossier.**

   Tout dossier venant d'être créé porte le nom peu attrayant de Nouveau dossier. Dès que vous tapez au clavier, Vista l'efface et le remplace par le nom que vous avez choisi. C'est fait ? Validez le nouveau nom, soit en appuyant sur Entrée, soit en cliquant ailleurs.

   Si vous vous êtes fourvoyé et que vous désirez recommencer, cliquez du bouton droit sur le dossier, choisissez Renommer et recommencez.

Certains caractères et symboles sont interdits. L'encadré "Les noms de dossiers et de fichiers admis" donne des détails. Vous n'aurez jamais de problème en vous en tenant aux bons vieux chiffres et lettres.

TRUC

Le lecteur perspicace aura remarqué, dans la Figure 4.6, que Windows propose bien d'autres options que la création d'un dossier, lorsque vous cliquez sur Nouveau. Cliquez du bouton droit dans un dossier pour créer un raccourci ou tout autre élément courant.

L'observateur décontenancé le sera sans doute plus encore en constatant qu'en cliquant du bouton droit, son menu est différent de celui de la Figure 4.6. Rien d'étonnant à cela : des programmes installés par la suite ajoutent souvent leurs propres raccourcis aux menus contextuels, d'où leur différence d'un PC à un autre.

Les noms de dossiers et de fichiers admis

Windows est plus que pinailleur sur les caractères utilisables ou non pour des noms de fichier ou de dossier. Pas de problème si vous n'utilisez que des lettres et des chiffres. En revanche, les caractères que voici sont interdits :

```
: / \ * | < > ? "
```

Si vous tentez de les utiliser, Windows Vista affichera un message d'erreur et vous devrez changer le nom. Voici quelques noms de fichiers inutilisables :

```
1/2 de mon travail
Travail : 2
UN>DEUX
Pas de "rejets" ici
```

Ces noms sont admis :

```
La moitié de mon boulot
Travail = OK
Deux est plus grand qu'un
#@$% de ! et j'en dis pas plus !
```

Renommer un fichier ou un dossier

Un nom de fichier ou de dossier ne convient plus ? Modifiez-le. Pour ce faire, cliquez du bouton droit sur l'icône incriminée puis, dans le menu, choisissez Renommer.

Windows sélectionne l'ancien nom du fichier, qui disparaît aussitôt que vous commencez à taper le nouveau. Appuyez sur Entrée ou cliquez dans le Bureau pour le valider.

Ou alors, vous pouvez cliquer sur le nom du fichier ou du dossier afin de le sélectionner, attendre une seconde puis cliquez de nouveau dans le nom afin de modifier tel ou tel caractère. Sélectionner le nom et appuyer sur la touche F2 est une autre technique de renommage.

- Quand vous renommez un fichier, seul son nom change. Le contenu reste le même, de même que sa taille et son emplacement.
- Pour renommer simultanément un ensemble de fichiers, sélectionnez-les tous, cliquez du bouton droit sur le premier et choisissez Renommer. Tapez ensuite le nouveau nom et appuyez sur Entrée : Vista renomme tous les fichiers en les numérotant : `chat`, `chat(2)`, `chat(3)`, `chat(4)` et ainsi de suite.
- Renommer des dossiers peut semer une redoutable pagaille dans Windows Vista, voire le déstabiliser ou le bloquer. Ne renommez jamais des fichiers comme Documents, Images ou Musique.

Sélectionner des groupes de fichiers ou de dossiers

La sélection d'un fichier, d'un dossier ou de tout autre élément peut sembler particulièrement ennuyeuse, mais c'est le point de passage obligé pour une foule d'autres actions : supprimer, renommer, déplacer, copier et bien d'autres bons plans que nous aborderons d'ici peu.

Pour sélectionner un seul élément, cliquez dessus. Pour sélectionner plusieurs fichiers et dossiers épars, maintenez la touche Ctrl enfoncée tout en cliquant sur les noms ou sur les icônes. Chacun reste en surbrillance.

Pour sélectionner une plage de fichiers ou de dossiers, cliquez sur le premier puis, la touche Majuscule enfoncée, cliquez sur le dernier. Ces deux éléments ainsi que tous ceux qui se trouvent entre sont sélectionnés (en surbrillance, dans le jargon informatique).

Windows Vista permet aussi de sélectionner des fichiers et des dossiers avec le lasso. Cliquez à proximité d'un fichier ou d'un dossier à sélectionner puis, bouton de la souris enfoncé, tirez de manière à englober les fichiers et/ou dossiers à sélectionner. Un rectangle coloré montre l'aire de sélection. Relâchez le bouton de la souris. Le lasso disparaît, mais les fichiers englobés restent sélectionnés.

- Il est possible de glisser et déposer de gros ensembles de fichiers.
- Vous pouvez simultanément couper, copier ou coller ces gros ensembles à n'importe quel autre emplacement, par n'importe laquelle des techniques décrites dans la section "Copier ou déplacer des fichiers et des dossiers", plus loin dans ce chapitre.
- Ces gros ensembles de fichiers et de dossiers peuvent être supprimés d'un seul appui sur la touche Suppr.

- Pour sélectionner simultanément tous les fichiers et sous-dossiers, choisissez Sélectionner tout, dans le menu Édition du dossier. Pas de menu ? Appuyez sur Ctrl+A. Voici une autre manip sympa : pour tout sélectionner sauf quelques éléments, appuyez sur Ctrl+A puis, touche Ctrl enfoncée, cliquez sur les éléments à ne pas prendre en compte.

Supprimer un fichier ou un dossier

Tôt ou tard, vous vous débarrasserez de fichiers ou de dossiers – lettres d'amours défuntes ou photo embarrassante... – qui n'ont plus de raisons d'exister. Pour supprimer un fichier ou un dossier, cliquez sur leur nom du bouton droit et choisissez Supprimer, dans le menu contextuel. Cette manipulation des plus simples fonctionne pour presque n'importe quoi dans Windows : fichiers, dossiers, raccourcis...

Pour supprimer rapidement, cliquez sur l'élément condamné et appuyez sur la touche Suppr. Le glisser et le déposer dans la Corbeille produit le même effet.

L'option Supprimer supprime la totalité d'un dossier, y compris tous les fichiers et sous-dossiers qui s'y trouveraient. Assurez-vous d'avoir bien choisi le dossier à jeter avant d'appuyer sur Suppr.

- Après avoir choisi Supprimer, Windows demande confirmation. Si vous êtes sûr, cliquez sur Oui. Si vous êtes lassé de cette sempiternelle question, cliquez du bouton droit sur la Corbeille, choisissez Propriétés puis décochez la case Afficher la demande de confirmation de la suppression. Windows supprime désormais sans autre forme de procès.

- Assurez-vous plutôt deux fois qu'une de ce que vous faites lorsque vous supprimez une icône arborant une petite roue dentée. Ces fichiers sont généralement des fichiers techniques sensibles, cachés, que vous n'êtes pas censé bidouiller.

- Les icônes avec une petite flèche dans un coin sont des raccourcis, autrement dit des boutons qui se contentent de charger des fichiers. Les supprimer n'élimine donc que leur icône, mais en aucun cas le fichier ou le programme, qui ne sont en rien affectés.
- Maintenant que vous savez supprimer des fichiers, assurez-vous d'avoir lu le Chapitre 2 qui explique différentes manières de les récupérer au besoin. Un conseil en cas d'urgence : ouvrez la Corbeille, cliquez du bouton droit sur le fichier et choisissez Restaurer (c'est ça, la restauration rapide...).

NOTE TECHNIQUE

Inutile de lire ça

Vous n'êtes pas le seul à créer des fichiers dans l'ordinateur. Les programmes stockent souvent des informations – la configuration de l'ordinateur, par exemple – dans un fichier de données. Pour éviter qu'un utilisateur les confonde avec des rebuts et les supprime, Windows les cache.

Mais si cela vous intéresse, vous pouvez afficher les dossiers et fichiers cachés en procédant ainsi :

1. **Ouvrez un dossier, cliquez sur le bouton Organiser et choisissez Options des dossiers et de recherche.**

   La boîte de dialogue Options de dossier apparaît.

2. **Choisissez l'onglet Affichage, en haut de la boîte de dialogue, trouvez la ligne Afficher les fichiers et dossiers cachés, dans la section Paramètres avancés, puis cliquez sur le bouton Afficher les fichiers et dossiers cachés.**

3. **Cliquez sur le bouton OK.**

Les fichiers cachés apparaissent maintenant parmi les autres. Veillez à ne pas les supprimer car le programme auquel ils appartiennent aurait un comportement inattendu, au risque d'endommager Windows lui-même. Je vous conseille vivement de désactiver le bouton Afficher les fichiers et les dossiers cachés puis de cliquer sur Appliquer pour revenir aux paramètres habituels.

Copier ou déplacer des fichiers et des dossiers

Pour copier ou déplacer des fichiers vers d'autres dossiers du disque dur, il est parfois plus facile d'effectuer un glisser-déposer avec la souris. Par exemple, voici comment déplacer le fichier Voyageur du dossier Maison vers le dossier Maroc.

1. **Positionnez le pointeur de la souris sur le fichier ou le dossier à déplacer.**

   Il s'agit en l'occurrence du fichier Voyageur.

2. **Le bouton droit de la souris enfoncé, déplacez l'élément jusqu'à ce qu'il se trouve sur le dossier de destination.**

   Comme le révèle la Figure 4.7, le fichier Voyageur est glissé du dossier Maison jusque dans le dossier Maroc (la juxtaposition des dossiers est expliquée au Chapitre 3).

   Le fichier suit le pointeur de la souris, tandis que Vista indique que vous déplacez un fichier (Figure 4.7). Veillez à ce que le bouton droit reste enfoncé pendant toute la manœuvre.

   N'OUBLIEZ PAS

   Faites toujours glisser l'icône avec le bouton droit de la souris. Vista présentera ainsi un menu contextuel proposant des options lorsque vous positionnez l'icône, et vous pouvez choisir de copier, déplacer ou créer un raccourci. Lorsque vous utilisez le bouton gauche, Vista ne sait parfois pas si vous désirez copier ou déplacer.

3. **Relâchez le bouton de la souris et, dans le menu, choisissez Copier ici, Déplacer ici ou Créer les raccourcis ici.**

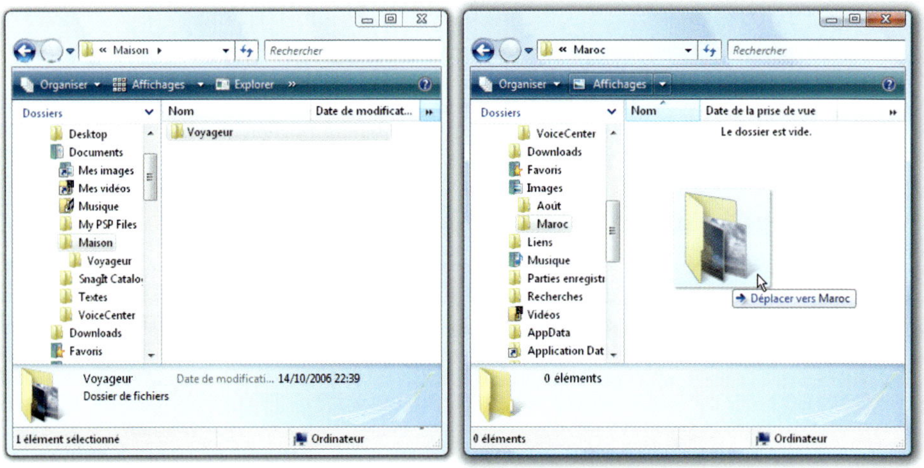

Figure 4.7 : Faites glisser un fichier ou un dossier d'une fenêtre à une autre.

A vrai dire glisser et déposer un dossier est très facile. Le plus dur est d'afficher à la fois le dossier d'origine et le dossier de destination, notamment quand l'un d'eux est profondément enterré dans l'ordinateur.

Si le glisser-déposer prend trop de temps, Windows propose quelques autres manières de copier ou déplacer des fichiers. Certains des outils qui suivent seront plus ou moins appropriés selon l'arrangement de l'écran :

- **Les menus contextuels :** Cliquez du bouton droit sur un fichier ou sur un dossier et choisissez Couper ou Copier. Cliquez ensuite du bouton droit dans le dossier de destination et choisissez Coller. C'est simple, ça fonctionne à tous les coups et il n'est pas nécessaire d'afficher deux fenêtres à l'écran.
- **Les commandes de la barre de menus :** Cliquez sur le fichier et appuyez sur Alt pour révéler les menus cachés du dossier. Dans le menu, cliquez sur Édition et choisissez Copier dans un dossier ou Déplacer vers un dossier. Une nouvelle fenêtre apparaît, répertoriant tous les lecteurs de l'ordinateur. Cliquez dans un lecteur et dans ses dossiers pour atteindre le dossier de destination, et Windows se charge d'exécuter la commande Copier ou Déplacer. Un peu laborieuse, cette technique convient si vous connaissez l'emplacement exact du dossier de destination.
- **L'affichage des dossiers dans le Volet de navigation :** Décrit à la section "Le Volet de navigation", au Chapitre 3, le bouton Dossiers affiche la liste des dossiers dans le Volet de navigation, ce qui permet d'y déposer facilement des fichiers, sans la corvée de devoir ouvrir le dossier de destination.

Obtenir plus d'informations sur les fichiers et les dossiers

Chaque fois que vous créez un fichier ou un dossier, Vista révèle des informations le concernant : la date de création, sa taille, et autres renseignements plus banaux. Parfois, il vous permet même d'ajouter vos propres informations : des paroles ou une critique d'un morceau de musique, ou la miniature de chacune de vos photos.

Vous pouvez parfaitement ignorer toutes ces informations, mais parfois, elles vous permettront de résoudre un problème.

Pour les découvrir, cliquez du bouton droit sur un fichier ou un dossier et, dans le menu, choisissez Propriétés. Par exemple, les propriétés d'un morceau de Tri Yann révèlent une quantité d'informations, comme le montre la Figure 4.8. Voici la signification de chaque onglet :

- **Général :** Ce premier onglet (à gauche dans la Figure 4.8) indique le type du fichier, un fichier MP3 du morceau *Si mort à mors* en l'occurrence, sa taille (3,1 Mo), le programme qui l'ouvre (le Lecteur Windows Media) et son emplacement.

  TRUC

  Le programme qui ouvre le fichier n'est pas le bon ? Cliquez du bouton droit sur le fichier, choisissez Propriétés et, sous l'onglet Général, cliquez sur le bouton Modifier. Sélectionnez ensuite votre programme préféré dans la liste.

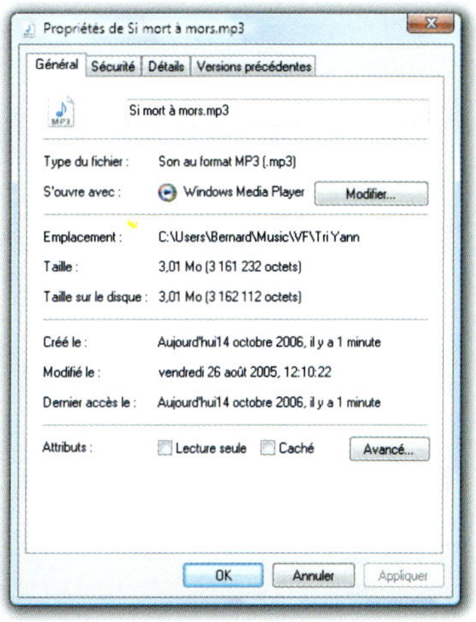

Figure 4.8 : Les propriétés d'un fichier indiquent le programme qui l'ouvre automatiquement, la taille du fichier ainsi que d'autres informations.

- **Sécurité :** Sous cet onglet, vous contrôlez les permissions, c'est-à-dire qui a le droit d'accéder au fichier et ce qu'il peut faire avec, des détails qui ne deviennent une corvée que lorsque Vista empêche l'un de vos amis – ou même vous – d'ouvrir un fichier. Si ce problème s'avère ardu, copiez le dossier dans dossier Public. C'est un espace d'accès libre, où tout le monde peut accéder au fichier.
- **Détails :** Cet onglet révèle des informations supplémentaires concernant un fichier. Si c'est celui d'une photo numérique, cet onglet répertorie les données EXIF (*Exchangeable Image File Format,* format de fichier d'image échangeable) : marque et modèle de l'appareil photo, diaphragme, focale utilisée et autres valeurs que les photographes apprécient. Pour un morceau de musique, cet onglet affiche son identifiant ID3 (*Identify MP3*) : artiste, titre de l'album, année, numéro de la piste, genre, durée et autres informations.

- **Versions précédentes :** Collectionneur impénitent, Vista conserve toujours les versions précédentes de vos fichiers. Vous avez commis une bourde calamiteuse dans une feuille de calcul ? Pas de panique : allez ici et choisissez la copie de Hier de la feuille de calcul. La fonction Versions précédentes de Vista fonctionne de pair avec la Restauration du système qui a fait ses preuves dans Windows XP.

  Normalement, tous ces détails restent cachés à moins de cliquer du bouton droit sur un fichier et de choisir Propriétés. Mais un dossier peut fournir simultanément des détails de la totalité des fichiers, ce qui est commode pour des recherches rapides. Pour choisir le type de détail – le nombre de mots dans un document Word, par exemple – cliquez du bouton droit sur n'importe quel terme figurant en haut d'une colonne, comme à la Figure 4.9. Cliquez sur Autres, en bas de la liste, pour découvrir d'autres détails, dont Nombre de mots.

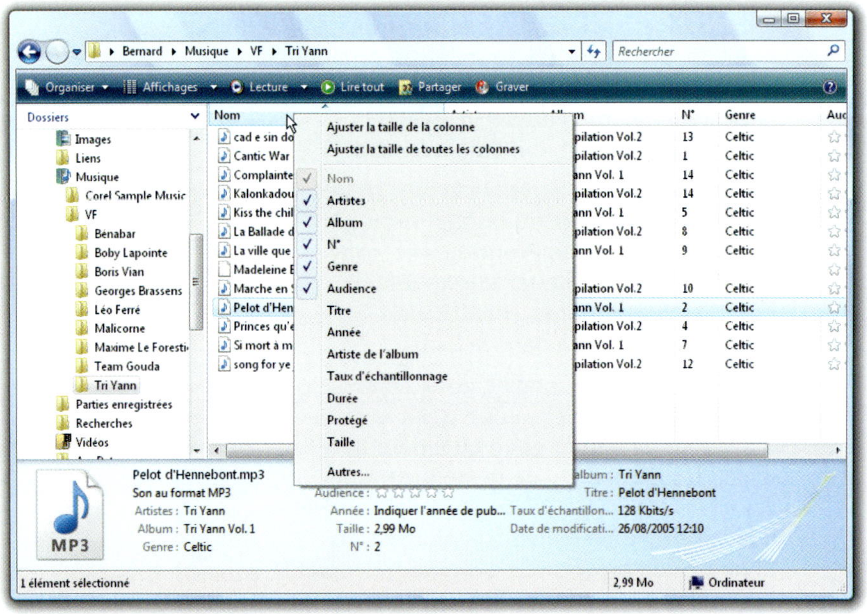

Figure 4.9 : Cliquez du bouton droit sur l'en-tête d'une colonne. Une fenêtre permet de sélectionner les détails des fichiers à faire apparaître dans le dossier.

- Pour changer l'affichage des fichiers dans un dossier, cliquez sur la flèche jouxtant le bouton Affichages, dans la barre d'outils. Le menu ainsi déployé propose sept manières de montrer les fichiers : Très grandes icônes, Grandes icônes, Icônes moyennes, Petites icônes, Liste, Détails et Mosaïques. Essayez-les et faites votre choix. Notez que Vista mémorise votre choix pour chaque dossier.

- Bien que les informations supplémentaires puissent être appréciables, elles occupent de la place au détriment du nombre de fichiers affichés dans la fenêtre. N'afficher que le nom des fichiers est souvent une meilleure option. C'est seulement lorsque vous voudrez en savoir plus sur un fichier ou un dossier que vous essayerez l'astuce qui suit.

TRUC

- Si vous êtes lassé du menu Trier par, cliquez sur l'en-tête en haut de chaque colonne. Cliquez sur Taille, par exemple, pour placer rapidement les fichiers les plus volumineux en haut de la liste. Cliquez sur Date de modification pour trier les fichiers selon la date de modification la plus récente (NdT : cliquer une seconde fois inverse l'ordre de tri).

NOTE TECHNIQUE

Les attributs d'un fichier

Windows affecte à chaque fichier des sortes commutateurs informatiques appelés "attributs". Il examine leur état avant d'ouvrir un fichier. Pour connaître les attributs d'un fichier, cliquez dessus du bouton droit et choisissez Propriétés. Voici ceux que vous découvrirez :

- Lecture seule : Lorsque cet attribut est actif, un fichier ne peut être que lu. Il ne peut être ni supprimé ni modifié de quelque manière que ce soit.
- Fichier caché : Activer cet attribut rend le fichier invisible lors des opérations normales.

Cliquer sur le bouton Avancé donne accès à d'autres commutateurs :

- Le fichier est prêt à être archivé : Certains logiciels de sauvegarde examinent cet attribut pour savoir si ce fichier a déjà été sauvegardé. Si c'est le cas, l'attribut est inactif.
- Autoriser l'indexation de ce fichier pour la recherche rapide : Normalement actif, ce paramètre indique à Windows qu'il peut autoriser son service d'indexation à prendre note du fichier et de son contenu.
- Compresser le contenu pour minimiser l'espace disque nécessaire : Disponible sur la plupart des ordinateurs récents, ce paramètre autorise Windows à comprimer les fichiers afin de gagner de la place. Attention toutefois, car la décompression ralentit parfois le chargement du fichier.
- Crypter le contenu pour sécuriser les données : Ce commutateur active un moyen beaucoup trop compliqué de protection du fichier par un mot de passe. Ignorez-le.

Deuxième partie

Travailler avec les programmes et les fichiers

Dans cette partie...

Vous venez de faire connaissance avec Vista et d'apprendre les bases de son utilisation, notamment cliquer çà et là.

Dans cette partie du livre, vous serez enfin productif. C'est ici que vous apprendrez à démarrer des programmes, à ouvrir des fichiers, à créer et enregistrer les vôtres, et imprimer vos œuvres. Vous saurez aussi tout sur les incontournables commandes Couper, Copier et Coller.

Et si des fichiers prennent soudainement la clé des champs – c'est dans leur nature –, le Chapitre 6 vous expliquera comment lancer une recherche à leurs trousses et les ramener au bercail.

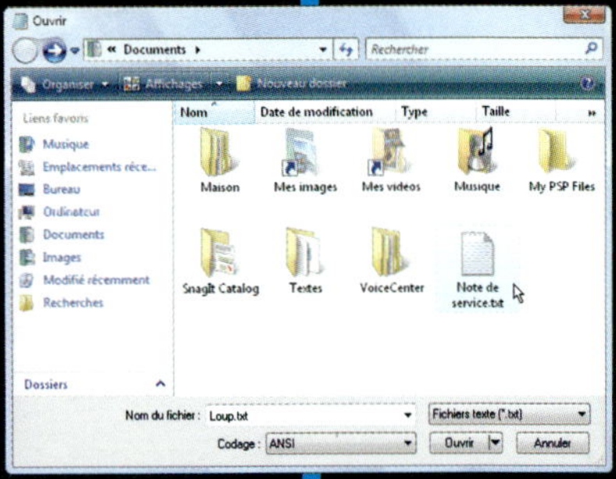

Chapitre 5

Programmes et documents

Dans ce chapitre :

- Ouvrir un programme ou un document.
- Changer le programme qui ouvre un document.
- Créer un raccourci.
- Couper ou copier, et coller.

Dans Windows, le programmes – ou logiciels – sont vos outils. Ils vous permettent de calculer, d'écrire et d'abattre des vaisseaux spatiaux. En revanche, les documents sont ce que vous créez à l'aide d'un programme : une feuille de calcul révélant que vous vivez au-dessus de vos moyens, une lettre à l'eau de rose, les scores de vos jeux.

Démarrer un programme

Cliquer sur le bouton Démarrer déploie le menu Démarrer, qui est la rampe de lancement de vos programmes. Le menu Démarrer est remarquablement intuitif. Par exemple, si Vista s'aperçoit que vous gravez beaucoup de DVD, le menu Démarrer place l'icône du programme DVD Maker en bonne place dans la liste, comme l'illustre la Figure 5.1.

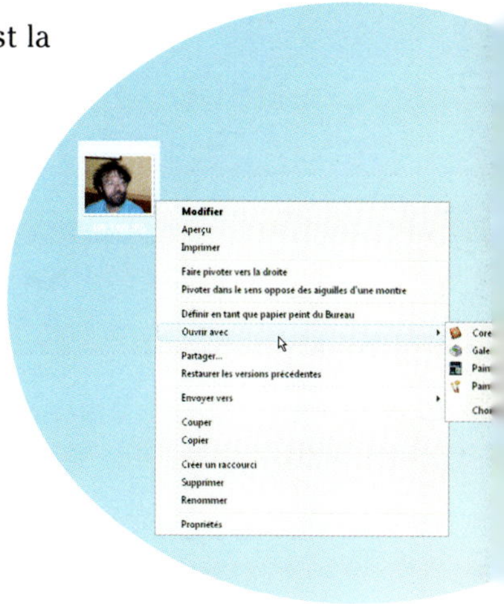

Votre programme favori n'est pas visible dans le menu Démarrer ? Cliquez sur Tous les programmes, en bas du menu. Il propose une liste exhaustive de tous les programmes installés dans l'ordinateur, dûment répertoriés. Le programme n'est toujours pas visible ? Il se trouve sans aucun doute dans l'un des dossiers de Tous les programmes. Cliquez sur l'un ou l'autre de ces dossiers pour le découvrir (NdT : Ces dossiers portent souvent le nom de l'éditeur du programme).

Après avoir repéré le programme, cliquez sur son nom. Il s'ouvre sur le Bureau, prêt à servir.

Si le programme ne figure pas dans le menu Démarrer, Windows Vista propose plusieurs moyens de l'ouvrir, dont ceux-ci :

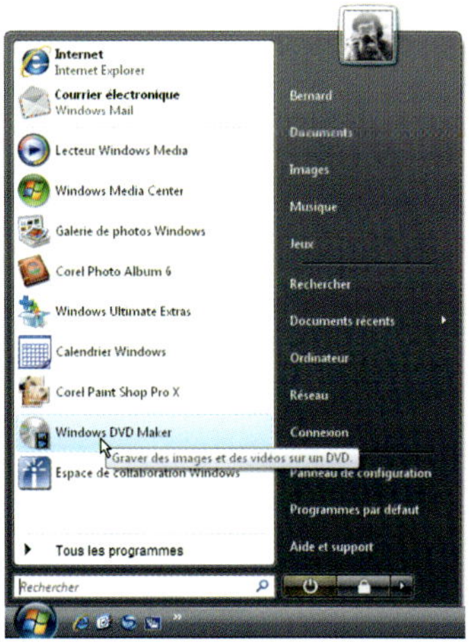

Figure 5.1 : Cliquez sur le bouton Démarrer puis sur le programme à ouvrir.

- Ouvrez le dossier Documents, dans le menu Démarrer, et double-cliquez sur le fichier sur lequel vous comptez travailler. Le programme approprié démarre et ouvre le fichier en question.
- Double-cliquez sur un raccourci du programme. Les raccourcis, souvent placés sur le Bureau, sont des boutons très commodes pour démarrer des programmes ou ouvrir des fichiers. Ils sont décrits en détails à la section "Prendre un raccourci", plus loin dans ce chapitre.
- Si l'icône du programme se trouve dans la barre d'outils Lancement rapide – elle jouxte le menu Démarrer –, cliquez dessus et le programme entre en action (la barre d'outils Lancement rapide est décrite au Chapitre 2).
- Cliquez du bouton droit sur le Bureau, choisissez Nouveau et sélectionnez le type de document à créer. Windows démarrera le programme approprié.
- Tapez le nom du programme dans le champ Rechercher, en bas du menu Démarrer, et appuyez sur Entrée.

Il existe encore d'autres moyens de démarrer un programme, mais ceux-ci sont les plus pratiques. Le menu Démarrer est décrit plus en détail au Chapitre 2.

Ouvrir un document

Windows Vista adore tout ce qui est normalisé. La preuve ? Tous les programmes chargent les documents – souvent appelés "fichiers" – et les ouvrent de la même manière :

1. **Cliquez sur l'option Fichier, dans la barre de menus située en haut de n'importe quel programme.**

   Pas de barre de menus ? Appuyez sur Alt pour la faire apparaître.

2. **Dans le menu Fichier, choisissez Ouvrir.**

   La boîte de dialogue Ouvrir, que montre la Figure 5.2, suscite une impression de déjà-vu, et pour cause : elle ressemble et se comporte comme le dossier Documents décrit au Chapitre 4.

Il y a cependant une grande différence : cette fois, le dossier ne montre que les fichiers que le programme est capable d'ouvrir. Il exclut tous les autres.

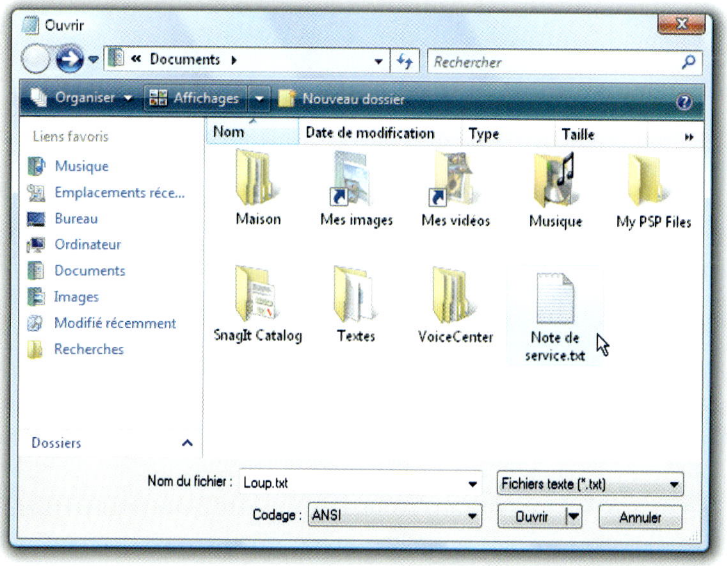

Figure 5.2 : Double-cliquez sur le nom du fichier à ouvrir.

3. **Vous avez vu la liste de documents dans la boîte de dialogue Ouvrir, à la Figure 5.2 ? Cliquez sur le document désiré puis cliquez sur le bouton Ouvrir.**

   Le programme ouvre le fichier et affiche son contenu.

Cette technique d'ouverture d'un fichier fonctionne avec n'importe quel programme, qu'il soit édité par Microsoft, un autre éditeur ou programmé par le boutonneux féru d'informatique au coin de la rue.

TRUC

- Pour aller plus vite, double-cliquez sur le nom du fichier désiré. Il est aussitôt ouvert, la boîte de dialogue Ouvrir se fermant toute seule.
- Si le fichier désiré ne figure pas dans la liste, commencez à parcourir le disque dur avec les boutons visibles à gauche, dans la Figure 5.2. Par exemple, cliquez sur le dossier Documents pour voir les fichiers qui y sont stockés. Cliquez sur Récemment modifiés pour voir les fichiers que vous avez utilisés ces derniers jours. Dès que vous avez repéré le fichier désiré, double-cliquez dessus.
- Chaque fois que vous ouvrez un fichier et que vous le modifiez, même rien qu'en appuyant sur la barre Espace par mégarde, Windows Vista présume que vous aviez une bonne raison de le faire. C'est pourquoi, si vous tentez de fermer le fichier, Vista vous demande s'il faut enregistrer la modification. Si vos

modifications l'ont été à bon escient, cliquez sur Oui. Mais si vous avez semé la pagaille ou ouvert un mauvais fichier, cliquez sur Non ou sur Annuler.

TRUC

- Tous ces boutons et icônes en haut et à gauche de la boîte de dialogue Ouvrir vous intriguent ? Immobilisez la souris sur l'un d'eux et une info-bulle vous renseignera.

Enregistrer un document

Enregistrer signifie que vous inscrivez votre travail sur la surface magnétique d'un disque dur ou sur tout autre support afin de le conserver. Tant qu'un travail n'est pas enregistré, il réside dans la mémoire vive de l'ordinateur, qui est vidée dès que l'ordinateur est éteint. Vous devez spécifiquement indiquer à l'ordinateur d'enregistrer votre travail en lieu sûr.

Fort heureusement, Microsoft a imposé que la même commande Enregistrer apparaisse dans tous les programmes de Windows Vista, quel qu'en soit le programmeur ou l'éditeur. Cliquez sur Fichier, dans la barre de menus, choisissez Enregistrer et mettez votre travail en lieu sûr dans le dossier Documents afin de le reprendre ultérieurement.

Quand vous enregistrez pour la première fois, Windows Vista demande d'indiquer le nom du fichier. Efforcez-vous d'être descriptif et de n'utiliser que des lettres, des chiffres et des espaces (NdT : tiret, apostrophe, parenthèses et caractères accentués ou à cédille sont toutefois admis). N'essayez pas d'utiliser un des caractères interdits, décrits au Chapitre 4, car Vista refuserait le nom.

- Choisissez toujours un nom descriptif pour vos fichiers. Vista octroie 255 caractères, c'est-à-dire plus qu'il n'en faut. Un fichier nommé *Rapport Juin* ou *Prévision des ventes* sera plus facile à retrouver qu'un fichier laconiquement nommé *Lettre*.

N'OUBLIEZ PAS

- Vous pouvez enregistrer un fichier dans n'importe quel dossier, sur un CD voire dans une carte mémoire. Mais c'est en les enregistrant dans le dossier Documents que vous le retrouverez le plus facilement. Ne vous privez néanmoins pas d'enregistrer un deuxième exemplaire sur un CD, comme sauvegarde.
- La plupart des programmes peuvent enregistrer des fichiers directement sur un CD : choisissez Enregistrer, dans le menu Fichier, puis sélectionnez le graveur de CD. Insérez un CD dans le lecteur, et c'est parti !

TRUC

- Si vous travaillez sur quelque chose d'important – c'est presque toujours le cas –, utilisez la commande Enregistrer toutes les quelques minutes. Ou mieux, appuyez sur les touches Ctrl+S (touche Ctrl enfoncée, appuyez brièvement sur S). La première fois, le programme demandera d'indiquer le nom et l'emplacement du fichier, mais par la suite, le processus sera quasiment instantané.

Quelle est la différence entre Enregistrer et Enregistrer sous ?

Enregistrer sous quoi ? La table ? Le tapis ? Que nenni, bonnes gens ! La commande Enregistrer permet d'enregistrer un fichier sous un autre nom et/ou à un autre emplacement.

Supposons que le fichier Ode à Tina se trouve dans le dossier Documents et que vous désiriez modifier quelques phrases. Vous désirez enregistrer cette modification, mais sans perdre la version originale. Pour conserver les deux versions de cette impérissable littérature, vous choisirez Enregistrer sous, et vous renommerez le fichier Ode à Tina - Ajouts.

Lors d'un premier enregistrement, les commandes Enregistrer et Enregistrer sous sont identiques : les deux vous invitent à nommer le fichier et à choisir son emplacement.

Choisir le programme qui ouvre un fichier

Le plus souvent, Windows Vista sait quel programme il doit utiliser pour ouvrir tel ou tel fichier. Double-cliquez sur un fichier, et Vista démarre le programme, charge le fichier et l'ouvre dedans. Mais quand Vista ne s'en sort plus, c'est à vous de jouer.

Les deux prochaines sections expliquent ce qu'il faut faire lorsqu'un fichier n'est pas ouvert par le programme prévu, ou pire, si aucun programme n'est censé l'ouvrir.

Si la notion d'association de fichiers – terme qui évoque l'association de malfaiteurs – vous intrigue, ne manquez pas de lire l'encadré qui aborde cet épineux sujet.

NOTE TECHNIQUE

L'association (sans but lucratif) de fichiers

Tous les programmes ajoutent une sorte de code secret – appelé "extension de fichier" – au nom des fichiers qu'ils créent. Cette extension identifie la nature du fichier : quand vous double-cliquez sur un fichier, Windows Vista s'enquiert de son extension pour savoir à quel programme elle est liée. Par exemple, le Bloc-notes ajoute l'extension `.txt` (abrégé de "texte") à tous les fichiers qu'il crée : l'extension `.txt` est associée au Bloc-notes.

Normalement, Windows Vista n'affiche pas les extensions, tenant ainsi l'utilisateur lambda à l'écart des subtilités de Windows, officiellement pour plus de sécurité. En effet, si l'extension est modifiée pour une raison ou pour une autre, Windows n'ouvrira plus le fichier comme prévu.

Procédez comme suit si vous tenez absolument à voir ces mystérieuses extensions :

1. **Dans un dossier, cliquez sur le bouton Organiser et, dans le menu déroulant, choisissez Folder and Search Options.**

   La boîte de dialogue Options des dossiers apparaît.

2. **Cliquez sur l'onglet Affichage, puis cliquez dans la case Masquer les extensions des fichiers dont le type est connu.**

   La case est décochée.

3. Cliquez sur le bouton OK.

Les extensions de fichiers sont à présent affichées.

Notez que si deux fichiers de différentes origines ont la même extension, ils seront ouverts par le même programme. Maintenant que vous avez vu les extensions, masquez-les de nouveau en cochant la case Masquer les extensions des fichiers dont le type est connu.

Conclusion ? Ne modifiez jamais l'extension d'un fichier à moins de savoir exactement ce que vous faites. Autrement, Vista se tromperait de programme ou ne saurait plus lequel utiliser.

Mon fichier s'ouvre dans un autre programme !

Double-cliquer sur un fichier lance le programme approprié, généralement celui qui a servi à créer le document en question. Mais parfois, le programme qui apparaît n'est pas le bon. C'est fréquent avec les lecteurs de média, qui s'approprient constamment et sans vergogne les associations avec les fichiers audio et vidéo.

Voici comment rétablir le bon programme lorsqu'un fichier s'ouvre dans un autre programme :

1. **Cliquez du bouton droit sur le fichier qui pose problème et, dans le menu contextuel, choisissez Ouvrir avec.**

   Comme le montre la Figure 5.3, Windows propose quelques-uns des programmes que vous aviez précédemment utilisés pour ouvrir ce type de fichier.

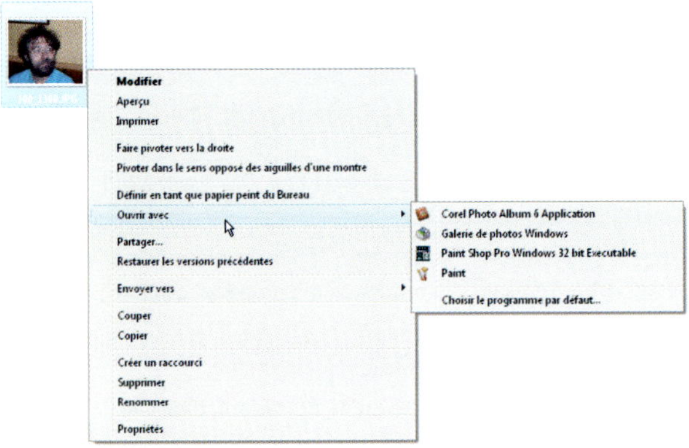

Figure 5.3 : Cliquez sur le programme qui doit ouvrir le fichier.

L'option Ouvrir avec ne figure pas dans le menu ? Choisissez alors Ouvrir. Vista affiche la fenêtre Ouvrir avec, représentée à la Figure 5.5, un peu plus loin.

2. **Cliquez sur Choisir le programme par défaut et sélectionnez celui qui doit ouvrir le fichier.**

   La fenêtre Ouvrir avec, que montre la Figure 5.4, répertorie beaucoup plus de programmes. Si votre programme favori s'y trouve, vous pourriez double-cliquer dessus pour ouvrir immédiatement le fichier. Mais cela n'empêcherait pas le problème de se reproduire. La prochaine étape règle cette difficulté.

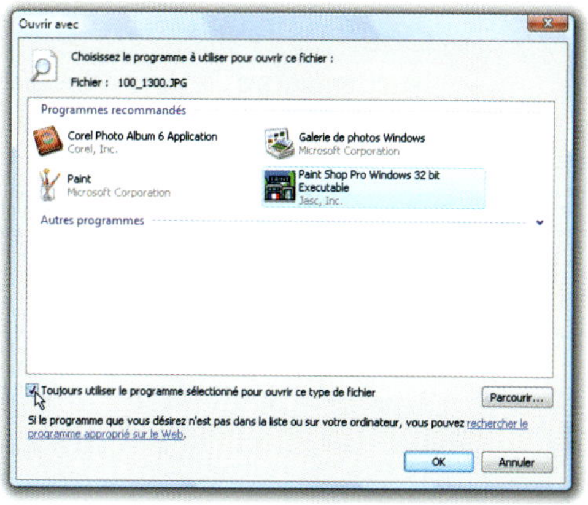

Figure 5.4 : Choisissez le programme à utiliser et cochez la case en bas à gauche.

TRUC

   Si votre programme favori n'est nulle part mentionné, vous devrez le chercher vous-même. Cliquez sur le bouton Parcourir et naviguez jusque dans le dossier contenant le programme à utiliser (un conseil : immobilisez le pointeur de la souris sur les dossiers, et Windows listera quelques-uns des fichiers et programmes qui s'y trouvent).

3. **Cochez la case Toujours utiliser ce programme pour ouvrir ce type de fichier. Cliquez ensuite sur OK.**

   Cocher cette case crée une association. Par exemple choisir Paint Shop Pro et cocher la case précitée oblige Windows à toujours ouvrir Paint Shop Pro chaque fois que vous double-cliquez sur ce type de fichier.

TRUC

- Parfois, vous voudrez alterner entre deux programmes lorsque vous travaillez sur un même document. Pour ce faire, cliquez du bouton droit sur le document, choisissez Ouvrir avec puis sélectionnez le programme dont vous avez besoin à ce moment-là.
- Il est parfois impossible de faire en sorte que votre programme favori ouvre un fichier particulier tout simplement parce que le programme ne sait pas quoi faire. Par exemple, le Lecteur Windows Media lit les vidéos, sauf quand elles sont au format QuickTime, développé par Apple. La seule solution consiste alors à installer QuickTime (`www.apple.com/fr/quicktime/`) et à l'utiliser pour ouvrir ce type de vidéo.
- Pas moyen de trouver un programme pour ouvrir ce satané fichier ? Dans ce cas, vous lirez avec intérêt la prochaine section.

Aucun programme n'ouvre mon fichier !

Il est énervant de voir plusieurs programmes s'évincer les uns les autres pour ouvrir un type de fichier, mais c'est encore pire quand aucun programme ne parvient à le faire. Double-cliquer sur le fichier affiche l'ésotérique message d'erreur de la Figure 5.5.

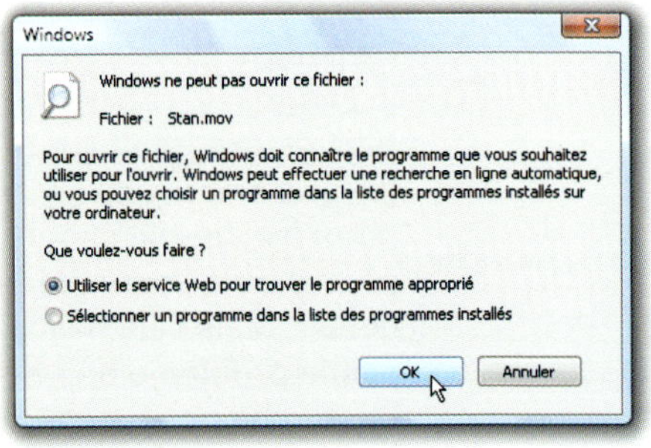

Figure 5.5 : Parfois, Windows est incapable d'ouvrir un fichier.

Si vous savez quel programme ouvre ce type de fichier, choisissez la seconde option : Sélectionner le programme dans la liste des programmes installés. Cette action fait apparaître la familière fenêtre de la Figure 5.4, permettant de choisir un programme et cliquer sur OK pour ouvrir le fichier.

Mais si vous n'avez pas la moindre idée du programme qui pourrait ouvrir le mystérieux fichier, choisissez l'option Utiliser le service Web pour trouver le programme approprié, puis cliquez sur OK. Windows écume l'Internet à la recherche du programme idoine. Avec un peu de chance, Internet affiche un site Web de Microsoft. Là, Microsoft identifie le fichier, décrit son type de contenu et suggère un site Web d'où vous pourrez télécharger le programme approprié. Cette opération implique le téléchargement et l'installation du programme, après avoir vérifié son innocuité avec un logiciel antivirus. Après quoi le problème est résolu.

Parfois, Microsoft vous envoie directement vers un site Web, comme celui de la Figure 5.6, d'où vous pourrez télécharger le programme qui ouvre votre fichier.

- À la Figure 5.6, Microsoft a identifié un fichier vidéo QuickTime, édité par Apple – un concurrent de Microsoft – que le Lecteur Windows Media ne peut pas ouvrir. Pas rancunier, Microsoft vous envoie néanmoins au site Web de QuickTime, où vous pouvez télécharger et installer le lecteur QuickTime pour Windows.
- Quand vous visitez un site Web afin de télécharger un programme suggéré, comme QuickTime ou RealPlayer, deux versions sont parfois proposées : l'une gratuite, l'autre appelée Professionnelle – car ça en jette – mais payante. La version gratuite répond souvent à vos besoins ; donc, commencez par elle.
- Si vous ne trouvez aucun programme capable d'ouvrir le fichier, vous êtes bien embêté... Il ne vous reste plus qu'à contacter la personne qui vous l'a remis en lui demandant avec quel programme il faut l'ouvrir. Dans le pire des cas, vous devrez l'acheter (NdT : mais il existe, sur le Web, des visionneuses souvent gratuites pour des milliers de types de fichiers).

Figure 5.6 : Windows vous aide parfois à trouver le programme qui ouvrira un fichier orphelin.

Prendre un raccourci

Certains éléments sont profondément enfouis dans votre ordinateur. Si vous en avez assez de parcourir l'arborescence des dossiers à la recherche d'un programme, lecteur, document, voire un site Web, créez un raccourci. C'est une petite icône qui pointe vers l'inavouable objet de votre désir, auquel vous accédez d'un seul clic.

Un raccourci n'étant tout bonnement qu'un bouton indépendant qui démarre quelque chose, vous pouvez déplacer, supprimer ou copier les raccourcis sans que l'original en pâtisse. Ils sont sûrs, commodes et faciles à créer. Il est impossible de les confondre avec des originaux grâce à la petite flèche dans leur coin inférieur gauche, visible ici sur le raccourci du jeu FreeCell.

Voici quelques instructions expliquant comment créer ces irremplaçables raccourcis :

- **Dossiers ou documents :** Cliquez du bouton droit sur le dossier ou le document, choisissez Envoyer vers et sélectionnez l'option Bureau (créer un raccourci). Après son apparition sur le Bureau, faites-le glisser où bon vous semble.
- **Sites Web :** Vous avez remarqué la petite icône qui précède l'adresse du site Web dans la Barre d'adresse d'Internet Explorer ? Faites-la glisser et déposez-la

sur le Bureau ou ailleurs (décalez légèrement la fenêtre d'Internet Explorer vers l'extérieur afin d'avoir de la place pour votre manipulation). Vous pouvez aussi placer les sites Web intéressants parmi vos Favoris.

- **N'importe quoi dans le menu Démarrer :** Cliquez du bouton droit sur une icône du menu Démarrer et choisissez Copier. Cliquez ensuite du bouton droit là où le raccourci doit apparaître et choisissez Coller le raccourci.
- **Presque n'importe quoi :** Le bouton droit de la souris enfoncé, faites glisser un objet jusqu'à un autre emplacement. Le bouton relâché, choisissez l'option Créer les raccourcis ici.
- **Panneau de configuration :** Vous avez découvert un paramètre particulièrement intéressant dans le Panneau de configuration, qui est la plaque tournante de Windows Vista ? Tirez l'utile icône jusque sur le Bureau, jusque sur un dossier du Volet de navigation ou n'importe où ailleurs, et l'icône est aussitôt convertie en raccourci.
- **Lecteurs de disque :** Ouvrez Ordinateur, dans le menu Démarrer. Cliquez du bouton droit sur le lecteur désiré et choisissez Créer un raccourci. Windows le place sur le Bureau.

Voici quelques astuces supplémentaires :

TRUC

- Pour graver rapidement des CD, placez un raccourci du graveur sur le Bureau. Il suffira ainsi de glisser et déposer les fichiers sur l'icône du raccourci. Insérez un CD vierge, confirmez les paramètres et la gravure commence.

ATTENTION

- Vous pouvez librement déplacer des raccourcis de ci de là, mais ne déplacez jamais les éléments qu'ils démarrent. Autrement, le raccourci ne les retrouverait plus, obligeant Windows à parcourir le disque dur à leur recherche, souvent en vain.

NOTE TECHNIQUE

- Vous voulez connaître le programme que démarre un raccourci ? Cliquez dessus du bouton droit et choisissez Open File Location (si l'option est proposée). Le raccourci vous mène promptement vers son seigneur et maître.

L'incontournable guide du Couper, Copier et Coller

Windows Vista a emprunté à l'école maternelle les petits ciseaux à bouts ronds et le pot de colle à papier. Enfin, leur version informatique... Vous pouvez électroniquement couper ou copier, puis coller, quasiment tout ce que vous voulez, et tout cela avec la plus grande facilité.

Les programmes de Windows sont conçus pour travailler ensemble et partager des données, ce qui permet par exemple de placer très facilement le plan d'un quartier, préalablement numérisé avec un scanner, sur le carton d'invitation créé avec WordPad. Vous pouvez déplacer des fichiers en les coupant ou en les copiant, et en les collant ensuite à un autre emplacement. Rien n'est plus simple, dans un traitement de texte, que de couper un paragraphe et le coller ailleurs.

Avec Windows Vista, toutes ces opérations s'effectuent sans peine parmi les fenêtres ouvertes.

Ne considérez par le Copier et le Coller comme des broutilles. Copier le nom et l'adresse d'un contact est moins fastidieux que les taper dans la lettre. Et si quelqu'un vous envoie une adresse Internet à rallonge, il sera plus sûr – et là encore moins fastidieux – de la copier et la coller dans la Barre d'adresse d'Internet Explorer. Il est aussi très facile de copier la plupart des éléments d'une page Web, au grand dam des photographes professionnels.

Le couper-coller facile

En accord avec le Département "Lâche-moi la grappe avec ces ennuyeux détails", voici, en trois étapes, comment couper, copier et coller :

1. **Sélectionnez l'élément à couper ou à coller : quelques mots, un fichier, une adresse Web ou n'importe quoi d'autre.**
2. **Cliquez du bouton droit dans la sélection et choisissez Couper ou Copier, dans le menu, selon vos besoins.**

   Utilisez Couper lorsque vous désirez déplacer un élément, et Copier lorsque vous voulez le dupliquer en laissant l'original intact.

   Les raccourcis clavier sont : Ctrl+X pour Couper, Ctrl+C pour Copier.
3. **Cliquez du bouton droit sur l'élément de destination et choisissez Coller.**

   Le raccourci clavier de Coller est Ctrl+V.

Les trois prochaines sections détaillent ces actions.

Sélectionner les éléments à couper ou à copier

Avant de trimballer des éléments ailleurs, vous devez indiquer à Windows Vista desquels il s'agit. Le meilleur moyen est de les sélectionner à la souris. Il suffit généralement de cliquer dessus, ce qui met les éléments en surbrillance.

- **Sélectionner du texte dans un document, un site Web ou une feuille de calcul :** Placez le pointeur de la souris au début des données à sélectionner puis cliquez et maintenez le bouton enfoncé. Tirez ensuite la souris jusqu'à l'autre bout des données. Cette action surligne – met en surbrillance – tout ce qui se trouvait entre le clic et l'endroit où vous avez libéré le bouton, comme l'illustre la Figure 5.7.

  Soyez prudent après avoir sélectionné du texte. Si vous appuyez accidentellement sur une touche, le *b* par exemple, Windows remplace toute la sélection par la lettre *b*. Pour corriger cette bourde, choisissez Annuler, dans le menu Édition ou mieux, appuyez sur Ctrl+Z, qui est le raccourci de cette commande.

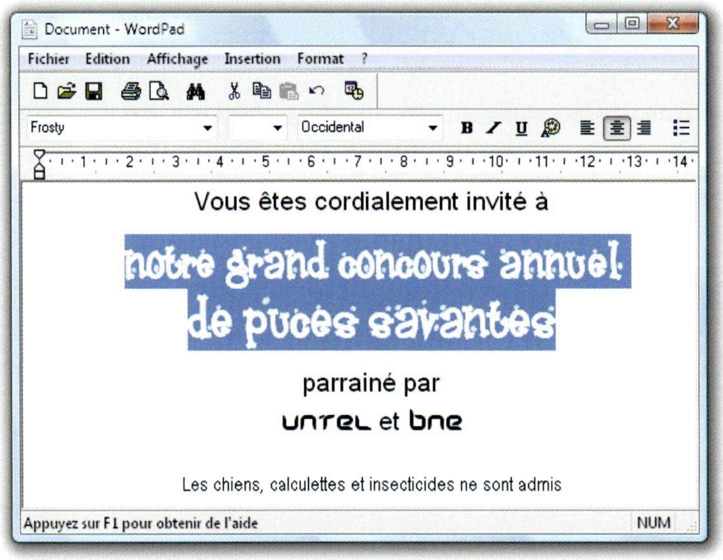

Figure 5.7 : Windows surligne le texte sélectionné – il le met en surbrillance – avec une autre couleur pour mieux le mettre en évidence.

- **Pour sélectionner un fichier ou un dossier :** Cliquez dessus pour le sélectionner. Procédez comme suit pour sélectionner plusieurs éléments :
  - **S'il s'agit d'une plage de fichiers :** Cliquez sur le premier de la série, maintenez la touche Majuscule enfoncée et cliquez sur le dernier. Windows sélectionne le premier élément, le dernier et tous ceux qui se trouvent entre.
  - **Si les fichiers sont éparpillés :** Maintenez la touche Ctrl enfoncée tout en cliquant sur les fichiers et les dossiers à sélectionner.

  Les éléments étant sélectionnés, la prochaine section explique comment les couper ou les copier.

N'OUBLIEZ PAS

- Après avoir sélectionné quelque chose, ne tardez pas à le couper ou à le copier. Car si vous cliquez distraitement ailleurs, votre sélection disparaît, vous obligeant à la refaire entièrement.
- Appuyez sur la touche Suppr pour supprimer un élément sélectionné, qu'il s'agisse d'un fichier, d'un paragraphe, d'une photo, etc.

TRUC

Sélectionner des lettres, des mots, des paragraphes et plus encore

Quand vous travaillez sur des mots, dans Windows Vista, ces raccourcis vous aideront à sélectionner rapidement des données :

- Pour sélectionner une seule lettre ou caractère, cliquez juste avant. Ensuite, la touche Majuscule enfoncée, appuyez sur la touche fléchée Droite. Maintenez-la enfoncée pour sélectionner davantage de texte.
- Pour ne sélectionner qu'un mot, double-cliquez dessus. Le mot est surligné. La plupart des traitements de texte permettent de déplacer un ou plusieurs mots sélectionnés par un glisser-déposer.
- Pour sélectionner une seule ligne de texte, cliquez dans la marge, à la hauteur de la ligne. Le bouton de la souris enfoncé, tirez vers le haut ou vers le bas pour ajouter d'autres lignes à la sélection. Vous pouvez aussi ajouter des lignes en appuyant, touche Majuscule enfoncée, sur le touches fléchées Haut et Bas.
- Pour sélectionner un paragraphe, double-cliquez dans sa marge gauche. Le bouton enfoncé, déplacez la souris vers le haut ou vers le bas pour ajouter d'autres paragraphes à la sélection.
- Pour sélectionner la totalité d'un document, appuyez sur les touches Ctrl+A. Ou alors, choisissez Sélectionner tout, dans le menu Édition.

Couper ou coller une sélection

Après avoir sélectionné des données, vous pouvez commencer à les manipuler, notamment les couper ou les copier, voire les supprimer en appuyant sur la touche Suppr.

N'OUBLIEZ PAS

Après avoir sélectionné un élément, cliquez dessus du bouton droit. Dans le menu contextuel, choisissez Couper ou Copier, selon vos besoins, comme le montre la Figure 5.8. Ensuite, cliquez dans la destination et choisissez Coller.

Les options Couper et Coller sont fondamentalement différentes. Laquelle choisir ?

- **Choisissez Couper pour déplacer des données.** Cette commande supprime les données sélectionnées, mais elles ne sont pas perdues. Windows les conserve en effet dans une fenêtre cachée de Windows Vista, le Presse-papiers.

  TRUC

  Vous pouvez couper et coller des fichiers entiers dans différents dossiers. Quand vous coupez un fichier dans un dossier, l'icône du fichier s'assombrit jusqu'à ce que vous l'ayez collé (la faire disparaître serait trop stressant). Vous changez d'avis au cours de la manipulation ? Appuyez sur la touche Échap et l'icône redevient normale.

- **Choisissez Copier pour dupliquer des données.** Lorsque vous utilisez cette commande, rien ne semble se passer à l'écran, car les données originales subsistent. Elles n'en sont pas moins copiées dans le Presse-papiers.

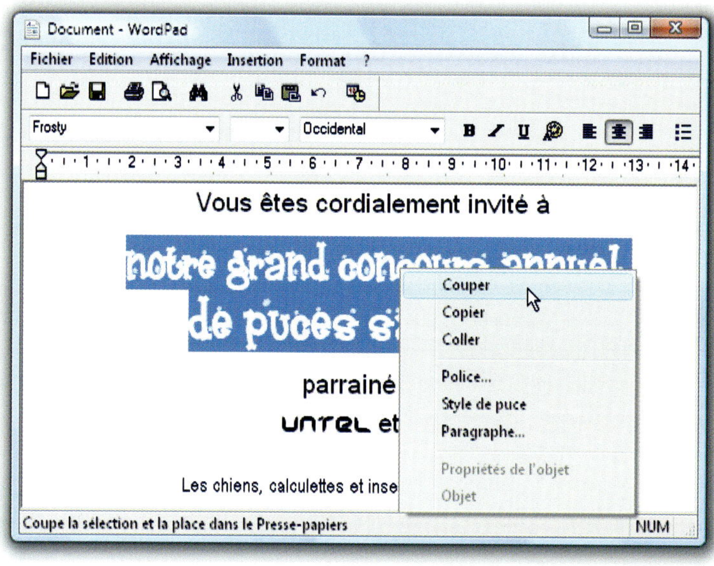

Figure 5.8 : Pour déplacer une sélection, cliquez dedans du bouton droit et choisissez Couper.

Pour copier l'image du Bureau de Vista dans le Presse-papiers, c'est-à-dire la totalité de l'écran, appuyez sur la touche Impr.écran (le nom peut parfois différer). Vous pourrez ensuite coller l'image où bon vous semble. NdT : pour ne copier que la fenêtre active, appuyez sur Alt+Impr.écran.

Coller les données

Les données coupées ou copiées, qui résident à présent dans le Presse-papiers de Vista, sont prêtes à être collées à presque n'importe quel emplacement.

Coller est une opération simple :

1. **Ouvrez la fenêtre de destination et cliquez là où les données doivent apparaître.**
2. **Cliquez du bouton droit et, dans le menu déroulant, choisissez Coller.**

   Et hop ! Les éléments que vous aviez coupés ou copiés apparaissent.

Ou alors, si vous voulez coller un fichier sur le Bureau, cliquez du bouton droit sur le Bureau et choisissez Coller. L'icône du fichier apparaît là où vous avez cliqué.

- La commande Coller insère une copie des données résidant dans le Presse-papiers. Elles y restent, prêtes à être collées ailleurs autant de fois que vous le désirez.
- La barre d'outils de nombreux programmes contient des boutons Couper, Copier et Coller, comme le montre la Figure 5.9.

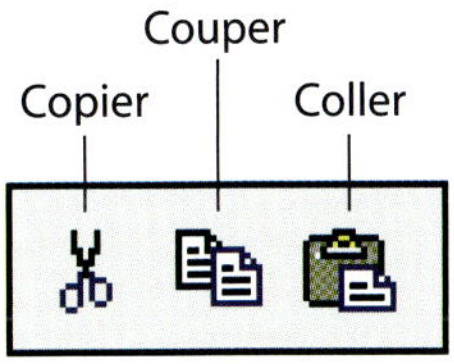

Figure 5.9 : Les boutons Couper, Copier et Coller.

Annuler des actions

Windows propose une foule de manières d'exécuter une même action, mais quatre seulement pour accéder à la commande Annuler et corriger ainsi vos bourdes :

- La touche Ctrl enfoncée, appuyez sur Z. La dernière action est annulée. Si le programme comporte un bouton Rétablir, vous pouvez annuler une annulation.
- La touche Alt enfoncée, appuyez sur la touche Retour arrière. Vista fait marche arrière et récupère ce que vous venez de supprimer.
- Cliquez sur Édition et, dans le menu, choisissez Annuler. La dernière commande est aussitôt annulée.
- La touche Alt enfoncée, appuyez sur la touche E (comme Édition) puis A (comme Annuler). La dernière action est annulée.

Ne vous compliquez pas la vie à apprendre toutes ces techniques. Retenez par exemple Ctrl+Z et oubliez toutes les autres.

Chapitre 6

Vite perdu, plus vite retrouvé

Dans ce chapitre :

- Retrouver des fenêtres et des fichiers égarés.
- Retrouver des programmes, des courriers électroniques, des morceaux de musique et des documents.
- Trouver d'autres ordinateurs sur un réseau.
- Enregistrer les recherches communes.

Tôt ou tard, Vista vous laissera dans la perplexité : "Ce fichier était là il y a une seconde. Où a-t-il bien pu se fourrer ?" Si Vista se met à vous faire des cachotteries, ce chapitre vous expliquera où chercher et comment mettre fin à son jeu idiot.

Retrouver les fenêtres cachées sur le Bureau

Windows Vista ressemble plus à un pique-notes qu'à un bureau. Chaque fois que vous ouvrez une nouvelle fenêtre, c'est comme si vous placiez une autre note sur la pique. La fenêtre du dessus est facile à lire, mais atteindre l'une de celles d'en dessous est plus compliqué. Si une petite partie dépasse, il suffit de cliquer dessus pour la mettre au premier plan.

Quand une fenêtre est complètement recouverte par d'autres, recherchez-la dans la Barre des tâches, en bas de l'écran (si elle ne veut pas se montrer, appuyez sur la touche Windows). Cliquez sur le nom de la fenêtre et la voilà qui émerge du tas. La Barre des tâches est décrite au Chapitre 2.

Toujours introuvable ? Essayez la remarquable nouvelle vue en 3D de Vista (voir Figure 6.1), où les fenêtres semblent léviter dans l'espace virtuel. La touche Windows enfoncée, appuyez plusieurs fois sur Tab, ou actionnez la molette de la souris pour placer tour à tour chaque fenêtre au premier plan (NdT : pour faire défiler les fenêtres à rebours, maintenez aussi la touche Majuscule enfoncée). Lorsque la fenêtre désirée apparaît, relâchez la touche Windows.

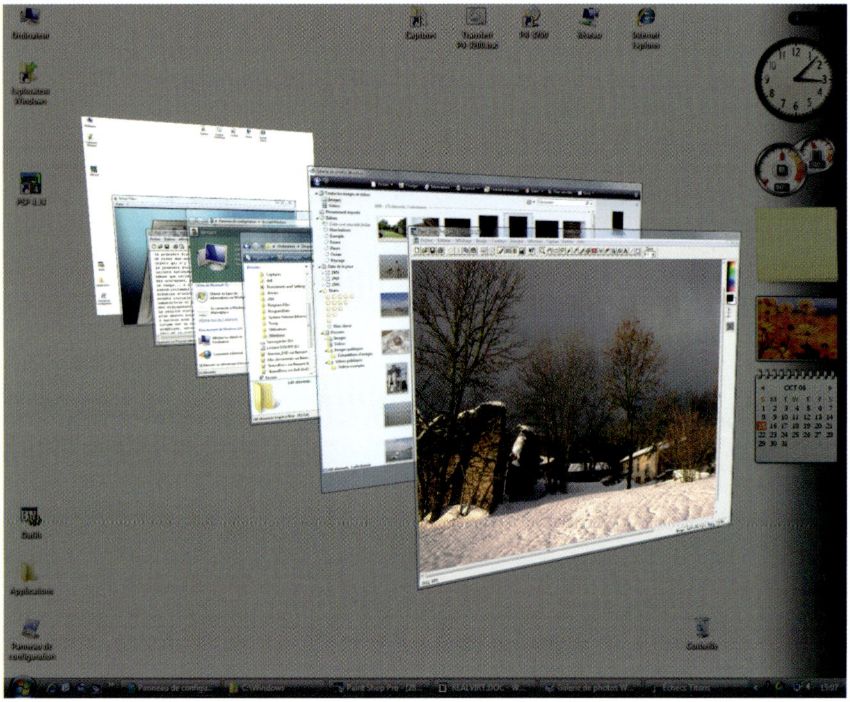

Figure 6.1 : La touche Windows enfoncée, appuyez répétitivement sur Tab pour parcourir les fenêtres. Relâchez la touche Windows pour déposer la fenêtre au premier plan sur le Bureau.

Si votre PC n'est pas capable de gérer l'affichage en 3D de Vista, faute d'une carte graphique suffisamment puissante, maintenez la touche Alt enfoncée et appuyez sur Tab pour bénéficier de l'ancienne technique en deux dimensions, qui fonctionne tout aussi bien, voire mieux. Relâchez la touche Alt pour placer la fenêtre sélectionnée sur le Bureau.

Si vous êtes sûr qu'une fenêtre est ouverte mais qu'elle reste introuvable, répartissez-les toutes sur le Bureau. Pour ce faire, cliquez du bouton droit sur la Barre des tâches et, dans le menu, choisissez Afficher les fenêtres côte à côte. C'est la solution de dernier recours, mais qui peut vous faire retrouver la fenêtre égarée.

Localiser un programme, un courrier électronique, un morceau de musique, un document, etc.

Trouver une information sur l'Internet n'excède guère quelques minutes, même si la recherche doit porter sur des milliards de pages dispersées dans des milliers d'ordinateurs de par le monde. En revanche, retrouver un document dans votre PC peut s'avérer beaucoup plus ardu, voire vain.

Pour résoudre ces problèmes de recherche, Vista s'est inspiré des moteurs de recherche comme celui de Google, et il crée un index des principaux fichiers de votre PC. Pour trouver un fichier égaré, ouvrez le menu Démarrer et cliquez dans le champ Rechercher, en bas du panneau.

Tapez les premières lettres d'un mot, d'un nom ou d'une phrase figurant dans le fichier recherché. Dès que vous commencez à taper, le menu Démarrer propose une liste d'occurrences. Chaque lettre tapée affine la recherche. Après en avoir saisi suffisamment, le document perdu se retrouve en haut de la liste, d'où vous pouvez l'ouvrir d'un double-clic.

Par exemple, taper **Boby** dans le champ Rechercher du menu Démarrer affiche tous les morceaux de Boby Lapointe stockés dans le PC (Figure 6.2).

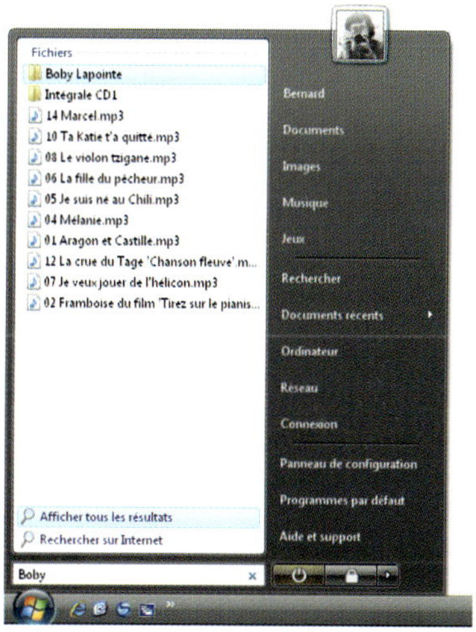

Figure 6.2 : Vista localise les fichiers en plaçant les meilleures occurrences en tête de liste.

Lorsque vous avez repéré le fichier qui vous intéresse, cliquez sur son nom, dans le menu Démarrer, pour l'ouvrir. Ou alors, cliquez dessus du bouton droit et, dans le menu, choisissez Ouvrir l'emplacement du fichier pour accéder au dossier où le fichier se cachait.

- Vista indexe tous les fichiers qui se trouvent dans les dossiers Documents, Images, Musique et Vidéos, d'où l'importance de stocker vos fichiers dans ces emplacements. Notez que Vista n'autorise pas la recherche parmi les fichiers des autres comptes d'utilisateurs.
- L'indexation prend en compte tous les fichiers placés sur le Bureau, les fichiers récemment supprimés qui se morfondent dans la Corbeille, les coordonnées de vos contacts et tous les courriers électroniques. Vista indexe aussi tous les fichiers partagés du dossier Public, auquel d'autres PC du réseau ont accès.

TRUC

- Si vous cherchez un mot très courant et que Vista trouve de ce fait une infinité de fichiers, restreignez la recherche en tapant une courte phrase : Boby Lapointe écouté mardi soir. Plus vous tapez de lettres, plus vous avez de chances de réduire la recherche à un fichier particulier.
- Lors d'une recherche de fichier, tapez toujours un mot à partir de la première lettre. Si vous tapez **pointe**, Vista trouvera des occurrences comme pointes, pointer, pointeur, mais pas Lapointe, même si la chaîne de caractères "pointe" fait partie de son nom.
- Le champ Rechercher ignore les majuscules. Pour lui, **Puce** et **puce** sont le même insecte.
- Si Vista découvre plus d'occurrences qu'il peut en afficher dans le petit menu Démarrer, cliquez sur Afficher tous les résultats, juste au-dessus du champ Rechercher. Vous accédez ainsi à la fonction Recherche avancée.
- Vous voulez rechercher sur l'Internet plutôt que sur le PC ? Après avoir tapé vos mots, cliquez sur Rechercher sur Internet, juste au-dessus du champ Rechercher. Vista transmet votre requête au moteur de recherche défini dans Internet Explorer.

Quand la recherche ne donne rien

Un jour ou l'autre, votre fidèle outil de recherche ne trouvera rien. Face à une liste vide, ces conseils vous aideront peut-être à retrouver ce qui lui avait échappé.

- Vérifiez l'orthographe. Vista est incapable de deviner qu'en tapant "acceuil", vous pensiez à "accueil". Une faute de frappe compromet toujours une recherche.
- Recourez à la recherche avancée. Le champ Rechercher du menu Démarrer est simple et rapide. Mais s'il ne trouve rien, utilisez plutôt la commande Rechercher du menu Démarrer. Elle ouvre une fenêtre truffée d'options assez trapues. Décrites à la section " Demander à Vista de mieux chercher ", la fenêtre Rechercher peut sauver la mise en cas d'urgence.
- Etendez l'indexation. Les recherches de Vista s'effectuent normalement dans le dossier de votre compte d'utilisateur, qui contient les dossiers Documents, Images et Musique, ainsi que vos courriers électroniques et les sites Web téléchargés. Mais si vous avez stocké des fichiers ailleurs, sur un disque dur externe par exemple, ou dans une clé USB, Vista ne les trouvera pas, à moins que vous lui demandiez d'y aller voir.
- Reconstruisez l'index. Des fichiers sont constamment déplacés, entrés ou sortis du PC. L'index de Vista s'efforce de rester à jour mais parfois, il ne sait plus ce qui est quoi. Pour rétablir un index sain, demandez à Vista de reconstruire l'index, une tâche expliquée à la section "Affiner les recherches de Vista". Bien que cette reconstruction s'effectue en tâche de fond, pendant que vous travaillez, il lui faut plusieurs heures pour être menée à bien. Pour plus d'efficacité, démarrez la réindexation le soir, en laissant le PC allumé toute la nuit.

Retrouver un fichier manquant dans un dossier

Le champ Rechercher du menu Démarrer explore minutieusement l'index tout entier. Mais c'est exagéré lorsque vous ne recherchez un fichier égaré que dans un seul dossier. Pour vous aider lorsqu'un fichier est perdu dans un océan d'autres fichiers, Vista a placé un champ Rechercher en haut à droite de chaque dossier. Ce champ n'examine que le dossier courant.

Pour trouver un fichier perdu dans un dossier, cliquez dans le champ Rechercher du dossier et tapez quelques lettres ou mots qui se trouvent dans le fichier. Le filtrage des fichiers commence dès la frappe de la première lettre. La recherche se restreint ensuite jusqu'à ce que ne soient affichés que les quelques dossiers parmi lesquels se trouve, avec un peu de chance, celui que vous recherchez.

Quand une recherche dans un dossier trouve de trop nombreuses occurrences, il reste un autre moyen de la réduire : les en-têtes de colonnes, lorsque l'affichage est en mode Détails, comme à la Figure 6.3. La première colonne, Nom, répertorie les noms de fichiers. Les autres colonnes fournissent des détails plus spécifiques.

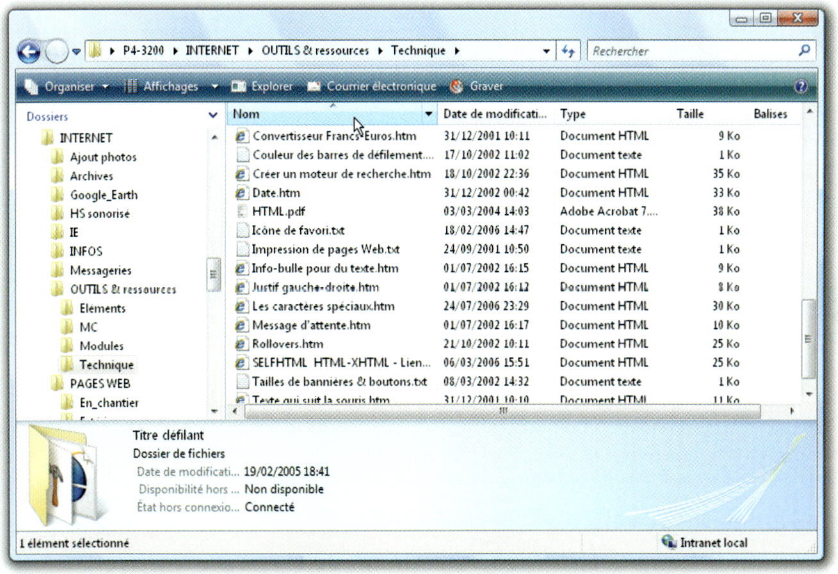

Figure 6.3 : L'affichage en mode Détails permet de trier les fichiers par nom ou par un autre critère, ce qui facilite les recherches.

Vous avez remarqué les en-têtes de colonnes Nom, Date de modification et Type ? Cliquez sur l'un d'eux pour trier les fichiers selon les critères suivants :

- **Nom :** Vous connaissez les premières lettres du nom du fichier ? Cliquez sur cet en-tête pour trier les fichiers alphabétiquement, puis parcourez la liste. Cliquez de nouveau sur Nom pour inverser l'ordre du tri.

- **Date de modification :** Cliquez sur cet en-tête si vous vous souvenez vaguement de la date à laquelle vous avez modifié le document pour la dernière fois. Les fichiers les plus récents sont ainsi placés en haut de la liste. Cliquer de nouveau sur Date de modification inverse l'ordre, un bon moyen pour retrouver des fichiers anciens.
- **Type :** Cet en-tête trie les fichiers selon leur contenu. Toutes les photos sont regroupées, et aussi tous les documents textuels. Commode pour retrouver les quelques photos perdues parmi une quantité de fichiers de texte.
- **Auteur :** Microsoft Word, Excel et d'autres programmes intègrent votre nom d'utilisateur aux fichiers que vous créez. Cliquez sur cet en-tête pour trier les fichiers par auteur.
- **Balise :** Vista permet souvent d'ajouter des balises à des documents. Ajouter une balise "Photos de fromages qui puent" à cette série qui fleure bon le munster coulant permettra de récupérer les photos, soit en tapant l'intitulé de leur balise, soit en triant les fichiers d'un dossier par balises.

Que les fichiers soient affichés sous forme de miniatures, d'icônes ou par leur nom, les en-têtes de colonne offrent toujours un moyen commode de les trier rapidement.

TRUC

Les dossiers affichent généralement cinq colonnes de détails, mais vous pouvez en ajouter d'autres. En fait, des fichiers peuvent être triés par nombre de mots, durée des morceaux, dimensions des photos, dates de création et beaucoup d'autres critères. Pour en voir la liste, cliquez du bouton droit sur un en-tête et, dans le menu déroulant, choisissez Autres. La boîte de dialogue Choisir les détails apparaît. Cochez les cases des détails à faire apparaître dans les fenêtres des dossiers.

Tri approfondi

Lorsqu'un dossier est affiché en mode Détails, comme à la Figure 6.3, le nom des fichiers figure dans une colonne, les colonnes de détails se trouvant à droite. Vous pouvez trier le contenu d'un dossier en cliquant sur l'en-tête de l'une des colonnes : Nom, Date de modification, Auteur, etc. Mais Vista est capable de trier selon bien d'autres critères, comme vous le constatez en cliquant sur la petite flèche pointant vers le bas, à droite de chaque nom de colonne.

Cliquez sur la petite flèche de Date de modification, par exemple, et un calendrier se déploie. Cliquez sur une date et le dossier n'affiche que les fichiers modifiés ce jour-là, filtrant tous les autres. Sous le calendrier, des cases permettent de ne voir que les fichiers créés Aujourd'hui, Hier, La semaine dernière, Plus tôt ce mois, Plus tôt cette année ou encore, Il y a longtemps.

De même, cliquer sur la flèche à côté de Auteur déploie une liste des auteurs de chacun des documents du fichier. Cochez les cases des auteurs dont vous voulez voir les fichiers, et Vista filtre tous les autres.

Cacher ainsi des fichiers n'est pas sans risque, car il est facile d'oublier qu'un filtrage est en cours. Une coche, à côté de l'en-tête d'une colonne, le signale toutefois. Pour désactiver le filtrage et voir tous les fichiers du dossier, cliquez sur la coche et examinez le menu déroulant. Cette action décoche les cases et supprime le filtrage.

Trier, regrouper et empiler des fichiers

Trier les fichiers par nom, date de modification ou type, comme nous venons de le voir, est suffisant pour beaucoup de gens. Mais à l'intention des pinailleurs, Vista propose aussi deux autres moyens d'organiser les fichiers : en les regroupant et en les empilant. Quelle est la différence ?

L'empilement est comparable aux bacs à courrier des bureaux. Dans l'un, vous déposez les lettres du jour sur une pile, dans un autre s'empilent les lettres de la semaine dernière. Ou encore, l'un contient toutes les factures impayées, un autre des relevés bancaires.

Vista fait à peu près de même quand vous choisissez d'empiler les fichiers par dates de modification, comme à la Figure 6.4. Le travail en cours est placé dans une pile, celui du mois précédent dans une autre. Ou encore, vous pouvez empiler par Type afin de séparer les feuilles de calcul des courriers.

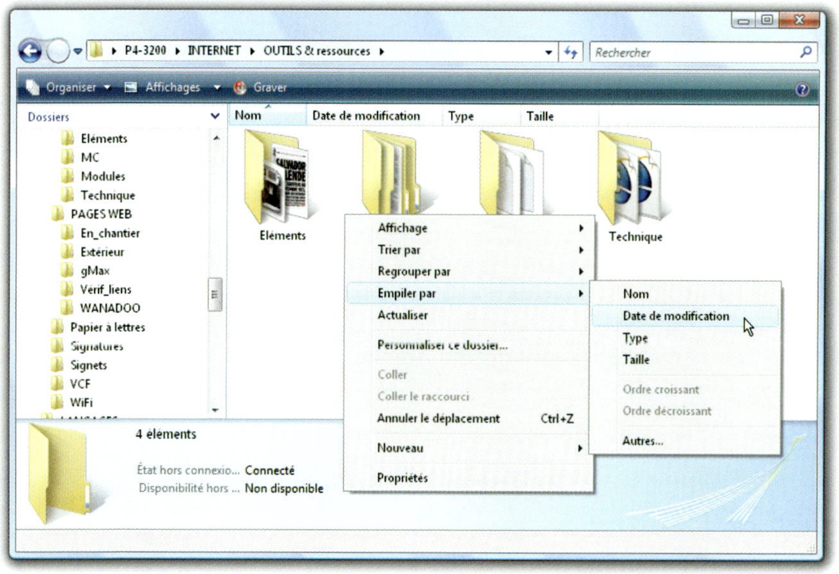

Figure 6.4 : Pour bien classer vos documents, cliquez du bouton droit dans une partie vide d'un dossier et choisissez Empiler par.

La fonction Regrouper se charge elle aussi de réunir des éléments similaires. Mais, au lieu d'en faire de hautes piles, Vista les répartit à plat, les éléments similaires se trouvant côte à côte. Regrouper des éléments par date de modification, comme à la Figure 6.5, réunit les fichiers par date, avec une étiquette pour chaque groupe : La semaine dernière, Plus tôt ce mois, Plus tôt cette année, etc.

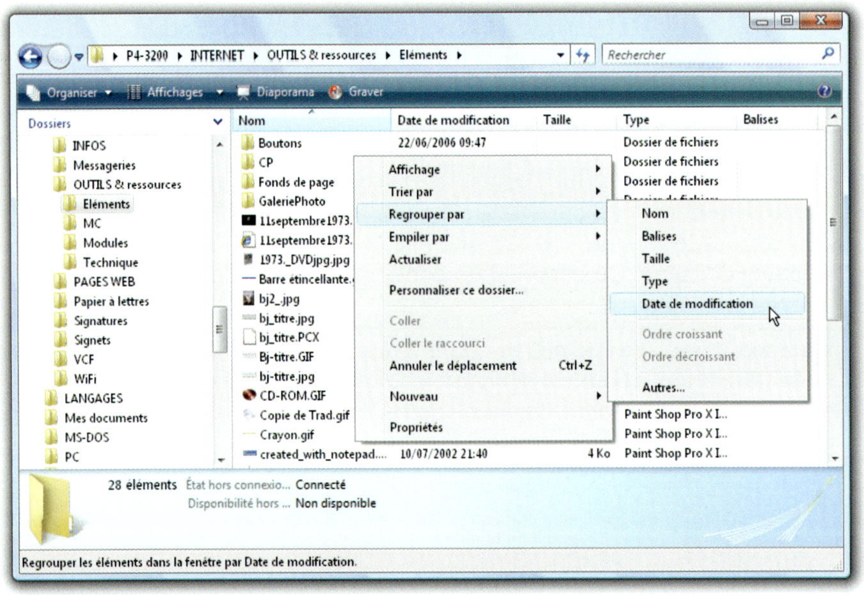

Figure 6.5 : Pour réunir des fichiers similaires, cliquez du bouton droit dans une partie vide d'un dossier et choisissez Regrouper par.

TRUC

Pour empiler ou grouper vos fichiers, cliquez du bouton droit dans un dossier et, dans le menu contextuel, choisissez, soit l'option Regrouper par, soit l'option Empiler par. Veillez à bien cliquer dans une partie vide, ce qui n'est pas toujours facile quand un dossier est bien rempli. Pour dégrouper ou désempiler, procédez de même, mais en choisissant l'option Aucun.

Il est aussi possible de grouper ou d'empiler en appuyant sur la touche Alt, en cliquant sur le menu Affichage et en choisissant Regrouper par, ou Empiler par.

Retrouver des photos égarées

Windows Vista indexe vos courriers du premier au dernier mot, mais il est incapable de faire la différence entre une photo de la tour Eiffel et celle d'un bébé à la plage. Lorsqu'il s'agit d'identifier une photo, tout dépend de vous. Les quatre conseils qui suivent facilitent la tâche :

- **Ajoutez des balises à vos photos :** Quand vous connectez votre appareil photo numérique au PC, Vista propose aimablement de transférer les photos. Au cours de la copie, Vista vous demande de leur ajouter une balise. C'est le moment d'introduire quelques mots qui les décrivent. Vista indexe les balises, ce qui facilite les recherches ultérieures.

- **Stockez les séries de prises de vue dans des dossiers séparés.** Le programme d'importation de photos de Vista crée automatiquement un nouveau dossier pour chaque série de photos, selon la date courante et la balise choisie. Mais si vous utilisez un autre logiciel pour transférer vos photos, veillez à créer un dossier pour chaque journée ou série, et nommez-le judicieusement : Soirée sushi, Planches de Deauville ou Cueillette de champignons.

NOTE TECHNIQUE

- **Triez par date.** Vous venez de dénicher un dossier bourré à craquer de photos en tous genres ? Voici une façon rapide de vous y retrouver : cliquez plusieurs fois sur Affichages, dans la barre de menus, jusqu'à ce que les fichiers se transforment en miniatures. Cliquez ensuite du bouton droit dans une partie vide du dossier et choisissez Trier par, et sélectionnez, soit Date de modification, soit Date de la prise de vue. Dans les deux cas, les photos sont classées par ordre chronologique, ce qui met fin à la pagaille ambiante.
- **Renommez les photos :** Au lieu de laisser vos photos de vacances aux Seychelles nommées DSCM1045, DSCM1046 et ainsi de suite, donnez-leur un nom plus parlant. Sélectionnez tous les fichiers du dossier en appuyant sur les touches Ctrl+A. Cliquez ensuite du bouton droit dans la première image, choisissez Renommer et tapez **Seychelles**. Windows les renommera Seychelles, Seychelles (2), Seychelles (3) et ainsi de suite.

Appliquer ces quatre règles simples évitera que votre photothèque devienne un fâcheux fouillis de fichiers.

N'OUBLIEZ PAS

Veillez à sauvegarder vos photos numériques en effectuant des copies – les originaux restant dans l'ordinateur – sur un disque dur externe, des CD, des DVD ou tout autre support, comme l'explique le Chapitre 9. Autrement, si vous ne sauvegardez rien, vos précieuses archives familiales seront à la merci du moindre crash de disque dur.

Trouver d'autres ordinateurs sur un réseau

Un réseau est un groupe d'ordinateurs reliés entre eux, permettant de partager ainsi des fichiers, une imprimante ou la connexion Internet. Beaucoup de gens utilisent un réseau quotidiennement sans même le savoir : lorsque vous relevez vos courriers électroniques, le PC se connecte à un autre ordinateur afin d'y télécharger les messages en attente.

Le plus souvent, vous n'avez pas à vous soucier des autres PC du réseau. Mais, si vous voulez trouver un PC connecté, pour y chercher des fichiers, par exemple, Vista se fera une joie de vous aider.

Pour trouver un PC sur le réseau, choisissez Réseau dans le menu Démarrer. Vista montre tous ceux qui sont reliés à votre propre PC (Figure 6.6). Double-cliquez sur le nom d'un ordinateur et parcourez les fichiers qui s'y trouvent.

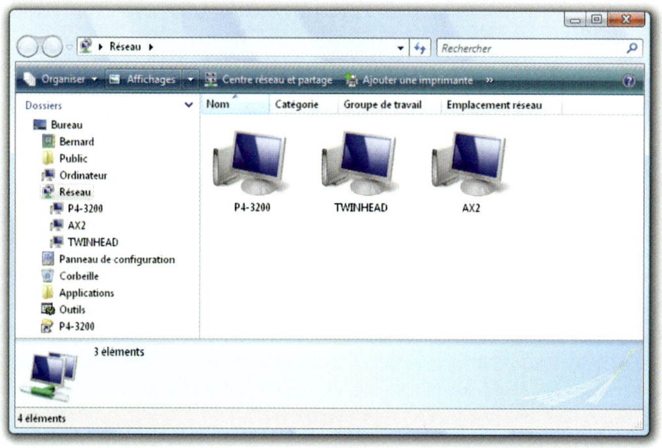

Figure 6.6 : Pour trouver les ordinateurs reliés à votre PC, cliquez sur Réseau, dans le menu Démarrer.

Trouver des informations sur l'Internet

Si Vista ne trouve pas une information dans l'ordinateur, demandez-lui d'aller voir sur l'Internet. Bien que vous puissiez utiliser Internet Explorer, vous irez plus vite avec le champ Rechercher, dans le menu Démarrer. Cliquez dedans, tapez quelques mots, puis cliquez sur Rechercher sur Internet, juste au-dessus du champ.

Vista transmet votre requête au moteur de recherche habituellement utilisé par le champ Rechercher d'Internet Explorer.

Enregistrer les recherches

Si vous lancez fréquemment une même recherche, vous gagnerez du temps en l'enregistrant. Ceci fait, Vista la mémorise et y ajoute automatiquement, au fur et à mesure de leur création, les nouveaux éléments répondant aux critères.

Cliquez sur le nom d'une recherche enregistrée, et elle s'ouvre comme n'importe quel autre dossier, montrant ce qui a été trouvé. A titre d'exemple, cliquez sur le mot Rechercher qui se trouve dans le Volet de navigation de chaque dossier. Vista affiche dedans quelques recherches enregistrées vous permettant de retrouver les fichiers que vous avez récemment modifiés.

Pour enregistrer une recherche, cliquez sur le bouton Enregistrer la recherche, en haut de la fenêtre de recherche. Nommez votre recherche puis cliquez sur Enregistrer.

Une recherche enregistrée n'a plus lieu d'être ? Cliquez du bouton droit sur son nom et choisissez Supprimer. Notez que cette action ne supprime que la recherche, pas les fichiers sur laquelle elle porte.

Demander à Vista de mieux chercher

Le champ Rechercher du menu Démarrer est remarquable pour la plupart des requêtes. Il est simple et plutôt rapide. Alors, en quoi la commande Rechercher, elle aussi dans le menu Démarrer, diffère-t-elle du champ Rechercher ?

Eh bien, la commande Rechercher est plus efficace lorsque le champ Rechercher a trouvé trop de résultats. Par exemple, une recherche sur "glace" peut trouver des recettes de dessert, des articles sur la climatologie, des photos de voyage ou de vacance, et une phénoménale quantité de sites Web, etc.

Pour restreindre ces résultats, cliquer sur la commande Rechercher, dans le menu Démarrer, ouvre le dossier Rechercher. Il arbore un champ Rechercher standard, dans le coin supérieur droit, mais aussi une rangée de boutons en haut : Tous, Courrier électronique, Document, Image et Musique. Chaque bouton agit comme un filtre qui réduit la portée de la recherche.

Tapez la recherche dans le champ Rechercher – **glace**, par exemple – pour voir tous les fichiers où il en est question. Cliquez ensuite sur les boutons pour limiter les résultats. Cliquez sur le bouton Courrier électronique pour ne rechercher ce mot que dans votre messagerie, ou sur Image pour n'obtenir que des photos dont la balise contient le mot "glace".

Recourir à la commande Rechercher n'est justifié que si la quantité de fichiers trouvés est très élevée. Dans ce cas, vous l'apprécierez.

Chapitre 7

Faire bonne impression

Dans ce chapitre :

- Imprimer des fichiers, des enveloppes et des pages Web.
- Régler les paramètres d'impression.
- Installer des polices.
- Résoudre les problèmes d'impression.

Il vous arrivera parfois d'extraire des données de leur univers virtuel afin de les coucher sur un support plus tangible : une feuille de papier.

Ce chapitre est consacré à l'impression (pas celle que vous produisez, mais celle que vous faites, ou inversement). Vous apprendrez comment faire tenir un document sur une feuille sans qu'il soit tronqué.

Imprimer vos œuvres

Windows Vista connaît une bonne demi-douzaine de façons d'envoyer votre travail à l'imprimante. Voici les plus connues :

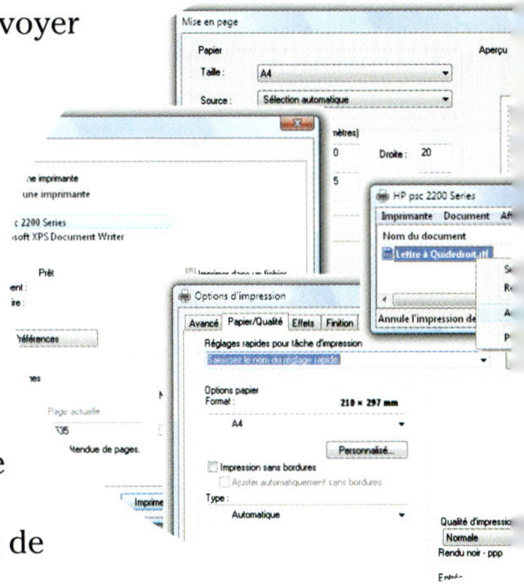

- Choisissez l'option Imprimer, dans le menu Fichier.
- Cliquez du bouton droit sur l'icône d'un document et choisissez Imprimer.
- Cliquez sur le bouton Imprimer, dans la barre d'outils d'un programme.
- Faites glisser l'icône d'un document et déposez-la sur l'icône de l'imprimante.

Si une boîte de dialogue apparaît, cliquez sur OK, et Vista envoie aussitôt la page à l'imprimante. Pour peu que l'imprimante soit allumée et contienne de l'encre et du papier, Windows se charge de tout en tâche de fond, pendant que vous continuez à travailler.

Si la page n'est pas bien imprimée – texte tronqué, caractères grisâtres... –, vous devrez modifier les paramètres d'impression ou changer de qualité de papier, comme l'expliquent les sections qui suivent.

- Si une page de l'aide de Windows vous paraît utile, cliquez dessus du bouton droit et choisissez Imprimer. Ou alors, cliquez sur l'icône Imprimer, si vous en voyez une.
- Pour accéder rapidement à l'imprimante, cliquez du bouton droit sur son icône et choisissez Créer un raccourci. Cliquez sur Oui pour confirmer et Vista place le raccourci de l'imprimante sur le Bureau. Pour imprimer, il suffit désormais de déposer l'icône du document sur l'icône de l'imprimante. Vous trouverez une icône de l'imprimante en ouvrant le Panneau de configuration, dans le menu Démarrer, et en choisissant Imprimantes, à la rubrique Matériel et audio.
- Pour imprimer rapidement un lot de documents, sélectionnez toutes les icônes. Cliquez ensuite du bouton droit dans la sélection et choisissez Imprimer. Vista les envoie tous à l'imprimante, d'où ils émergeront les uns après les autres.
- Vous n'avez pas encore installé d'imprimante ? Allez au Chapitre 8 où j'explique comment faire.

Examiner la page avant de l'imprimer

Pour beaucoup, l'impression relève du mystère : ils cliquent sur Imprimer, et s'interrogent avec une pointe d'anxiété sur ce que la grosse boîte qui ronronne leur sortira. Avec un peu de chance – et du gros sel jeté par-dessus l'épaule gauche –, la page est bien imprimée. Autrement, une feuille aura été gâchée (sans parler du sel).

L'option Aperçu avant impression, qui figure dans le menu Fichier de la plupart des programmes, permet de vérifier la mise en page. Elle affiche le travail en cours en tenant compte des paramètres d'impression, montrant ainsi le document tel qu'il sera imprimé. L'aperçu avant impression est commode pour repérer des problèmes de marge, des tailles de caractères mal choisies et autres défauts typographiques.

L'aperçu avant impression varie d'un programme à un autre, certains étant plus précis que d'autres. Mais tous montrent assez fidèlement ce que sera l'impression.

Si l'aperçu vous convient, cliquez sur le bouton Imprimer, en haut de la boîte de dialogue. Mais si quelque chose ne va pas, cliquez sur le bouton Fermer pour revenir à votre travail et effectuer les corrections qui s'imposent.

Configurer la mise en page

En théorie, Windows affiche toujours votre travail tel qu'il sera imprimé. C'est ce que les Anglo-Saxons appellent WYSIWYG (*What You See Is What You Get,* "ce que vous voyez est ce que vous obtiendrez", poétiquement traduit par "tel écran, tél écrit" (et tel est vision). Si ce que vous imprimez diffère sensiblement de ce qui était affiché, un petit tour dans la boîte de dialogue Mise en page s'impose (Figure 7.1).

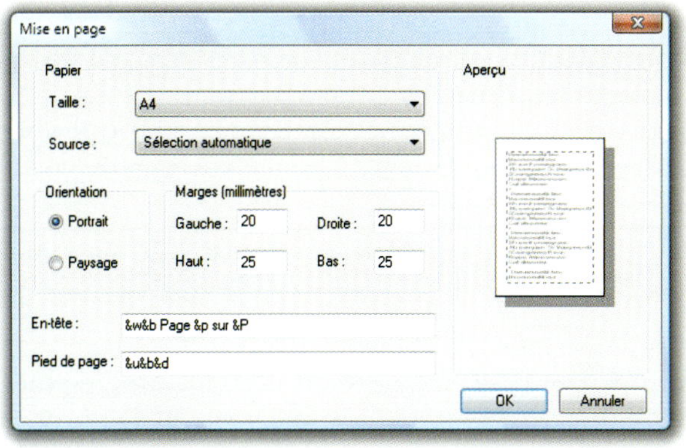

Figure 7.1 : Choisissez l'option Mise en page, dans le menu Fichier d'un programme, pour peaufiner le positionnement de votre travail dans la feuille de papier.

L'option Mise en page, qui figure dans le menu Fichier de la plupart des programmes, sert à peaufiner le positionnement du document dans la page. La boîte de dialogue n'est pas la même d'un programme à un autre, mais le principe général ne change guère. Voici les paramètres les plus courants et à quoi ils servent :

- **Taille :** Indique au programme le format du papier actuellement utilisé. Laissez cette option sur A4 afin d'utiliser les feuilles normalisées, ou choisissez un autre format (A3, A5, Enveloppe...) le cas échéant. Reportez-vous éventuellement à l'encadré "Imprimer des enveloppes sans finir timbré".
- **Source :** Choisissez Sélection automatique ou Bac, à moins que vous possédiez une de ces imprimantes haut de gamme alimentées par plusieurs bacs de feuilles de divers formats. Quelques imprimantes proposent une option Feuille à feuille, où vous devez manuellement introduire chaque feuille.
- **En-tête** et **Pied de page :** Vous tapez un code spécial, dans ces zones, pour indiquer à l'imprimante ce qu'elle doit y placer : numéro de page, date et heure, nom et/ou chemin du fichier... Par exemple, à la Figure 7.1, le code `&u&b&d`, dans le pied de page, imprime l'adresse Web de la page en bas à gauche ainsi que la date en bas à droite.

  TRUC — Malheureusement, tous les programmes n'utilisent pas les mêmes codes de mise en page. Si un bouton en forme de point d'interrogation se trouve en haut à droite de la boîte de dialogue, cliquez dessus puis dans une zone En-tête ou Pied de page pour en savoir plus. Pas de bouton d'aide ? Appuyez sur la touche F1 et faites une recherche sur Mise en page dans le système d'aide.
- **Orientation :** Laissez cette option sur Portrait pour imprimer des pages en hauteur, mais choisissez Paysage si vous préférez imprimer en largeur. Cette option est commode pour les tableaux (notez qu'il n'est pas nécessaire d'introduire le papier de côté, dans une imprimante à large laize).

- **Marges :** Réduisez les marges pour faire tenir plus de texte dans une feuille. Il faut parfois les régler lorsqu'un document a été créé sur un autre ordinateur.
- **Imprimante :** Si plusieurs imprimantes ont été installées dans l'ordinateur ou sur le réseau, cliquez sur ce bouton pour sélectionner celle que vous désirez utiliser. Cliquez aussi ici pour modifier ses paramètres, une tâche abordée à la prochaine section.

Après avoir configuré les paramètres utiles, cliquez sur OK pour les mémoriser. Et revoyez une dernière fois l'aperçu avant impression pour vous assurer que tout est correct.

TRUC

Pour trouver la boîte de dialogue Mise en page dans certains programmes, dont Internet Explorer, cliquez sur la petite flèche près de l'icône de l'imprimante et choisissez Mise en page, dans le menu.

Imprimer des enveloppes sans finir timbré

Bien qu'il soit très facile de cliquer sur l'option Enveloppe, dans la boîte de dialogue Mise en page, imprimer l'adresse au bon endroit est extraordinairement difficile. Sur certains modèles d'imprimantes, les enveloppes doivent être introduites à l'endroit, sur d'autres il faut les présenter à l'envers. Si vous n'avez plus le manuel de l'imprimante, le meilleur moyen de trouver le bon sens – si ces mots en ont encore un – est de faire des essais.

Après avoir trouvé comment introduire les enveloppes, mettez un pense-bête sur l'imprimante (l'utilisateur est oublieux) indiquant le sens à respecter.

Si l'impression d'enveloppes est vraiment un calvaire, essayez les étiquettes. Achetez celles de la marque Avery puis téléchargez un logiciel d'impression gratuit (`www.avery.fr/fr1/index.jsp`). Compatible avec Microsoft Word – PC et Mac –, il affiche des petits rectangles de la taille des étiquettes dans une page. Tapez les adresses dedans, insérez une feuille d'étiquettes dans l'imprimante, et Word sortira une planche d'autocollants parfaitement présentés. Il n'est même plus nécessaire de les humecter sur la truffe du chien.

Ou alors, faites vous faire un tampon en caoutchouc à vos nom et adresse. C'est plus rapide que l'imprimante et les autocollants.

Régler les paramètres d'impression

Quand vous choisissez Imprimer, dans le menu Fichier d'un programme, Windows vous offre une dernière chance de peaufiner la page. La boîte de dialogue de la Figure 7.2 permet de diriger l'impression vers n'importe quelle imprimante installée dans l'ordinateur ou sur le réseau. Pendant que vous y êtes, il est encore possible de régler les paramètres d'impression, choisir la qualité du papier et sélectionner les pages à imprimer.

Vous trouverez très certainement ces paramètres dans la boîte de dialogue :

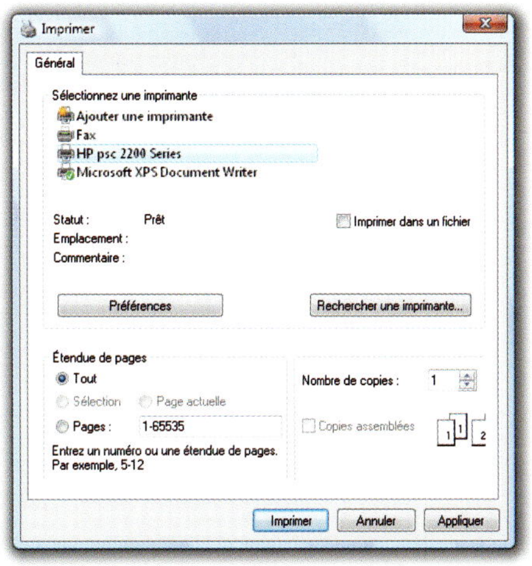

Figure 7.2 : La boîte de dialogue Imprimer permet de choisir l'imprimante et de la paramétrer.

- **Sélectionnez une imprimante :** Ignorez cette option si vous n'avez qu'une seule imprimante, car Windows la sélectionne automatiquement. Mais si l'ordinateur accède à plusieurs imprimantes, c'est ici que vous en choisirez une.

  TRUC

  L'imprimante que vous risquez de trouver, nommée Microsoft XPS Document Writer, envoie votre travail dans un fichier au format particulier, généralement pour être utilisé par un imprimeur ou tout autre professionnel de la PAO (Publication Assistée par Ordinateur). Vous n'utiliserez probablement jamais cette imprimante virtuelle.

- **Étendue de pages :** Sélectionnez Tout pour imprimer la totalité du document. Pour n'imprimer qu'une partie des pages, sélectionnez l'option Pages et indiquez celle qu'il faut imprimer. Par exemple, si vous tapez **1-4, 6**, vous imprimez les quatre premières pages d'un document ainsi que la sixième, mais ni la cinquième ni les autres. Si vous avez sélectionné un paragraphe, choisissez Sélection pour n'imprimer que lui. C'est un excellent moyen pour n'imprimer que les parties intéressantes d'une page Web, et non la totalité (qui peut être fort longue).

- **Nombre de copies :** Le plus souvent, les gens n'impriment qu'un exemplaire. Mais s'il vous en faut davantage, c'est ici que vous l'indiquerez. L'option Copies assemblées n'est utilisable que si l'imprimante dispose de cette fonctionnalité, ce qui est rare ; vous devrez trier les feuilles vous-même.

- **Préférences :** Cliquez sur ce bouton pour accéder à la boîte de dialogue de la Figure 7.3, où vous choisissez les options spécifiques à votre modèle d'imprimante. Elle permet notamment de sélectionner différents grammages de papier, de choisir entre l'impression en couleur ou en niveaux de gris, de régler la qualité de l'impression et procéder à des corrections de dernière minute de la mise en page.

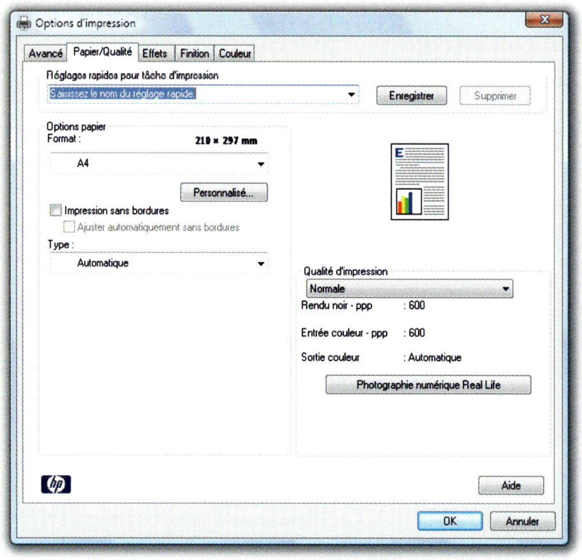

Figure 7.3 : Réglez les paramètres spécifiques à votre imprimante, notamment le type de papier et la qualité d'impression.

Annuler une impression

Pour éliminer le document de la mémoire de l'imprimante, double-cliquez sur son icône, qui se trouve généralement dans la Zone de notification de la Barre des tâches. Vous affichez ainsi la file d'attente visible dans la Figure 7.4. Cliquez du bouton droit sur le document incriminé et choisissez Annuler. Quand vous rallumerez l'imprimante, elle ne continuera plus de sortir ce satané document.

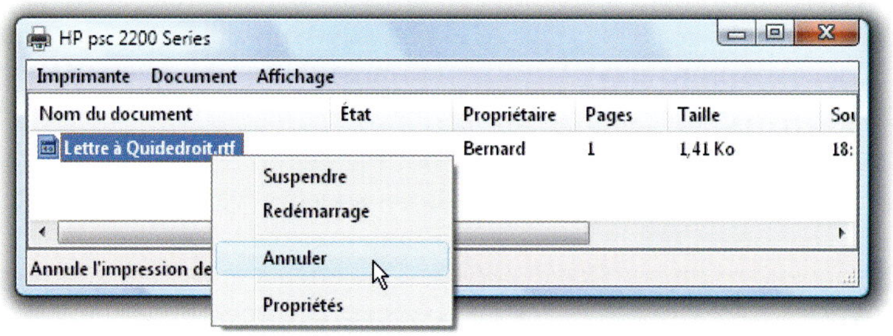

Figure 7.4 : Ôtez un document de la file d'attente pour annuler son impression.

- Si vous ne trouvez pas l'icône de l'imprimante, ouvrez le menu Démarrer, aller dans le Panneau de configuration et choisissez l'icône Imprimantes.
- La file d'attente – appelée aussi "spouleur" – répertorie tous les documents qui attendent patiemment leur tour pour être imprimés. Vous pouvez modifier

l'ordre par des glisser-déposer. En revanche, et en toute logique, rien ne peut être placé avant le document en cours d'impression.

- Si l'imprimante s'arrête en cours d'impression faute de papier, ajoutez-en. Vous devrez appuyer sur un bouton de l'imprimante pour reprendre l'impression. Ou alors, ouvrez la file d'attente, cliquez du bouton droit sur le document et choisissez Redémarrer.

Imprimer une page Web

Quatre solutions sont envisageables pour imprimer correctement des pages Web. Les voici par ordre d'efficacité décroissante :

- **Utilisez l'option Imprimer intégrée à la page Web.** Quelques sites Web proposent une discrète option Imprimer cette page, ou Version texte, ou Optimisé pour l'impression, etc. Elle élimine tout le superflu des pages Web et refait la mise en page en fonction des feuilles de papier. C'est le moyen le plus sûr d'imprimer une page Web.
- **Dans le navigateur Web, choisissez Fichier puis Imprimer.** Au bout de 15 ans, certains concepteurs de pages Web ont enfin compris que des visiteurs impriment leurs pages. Ils se sont donc débrouillés pour qu'elles se remettent d'elles-mêmes en forme lors de l'impression.
- **Copier la partie qui vous intéresse et la coller dans WordPad.** Sélectionnez le texte désiré, copiez-le et collez-le dans WordPad ou n'importe quel traitement de texte. Profitez-en pour supprimer les éléments indésirables ou superflus. Réglez les marges et imprimez tout ou une partie seulement. Le Chapitre 5 explique comment copier et coller.
- **Copier la totalité de la page Web et la coller dans un traitement de texte.** C'est beaucoup de travail, mais cela fonctionne. Choisissez Sélectionner tout, dans le menu Édition d'Internet Explorer. Choisissez ensuite Copier – qui est dans le même menu – ou appuyez sur Ctrl+C. Ouvrez ensuite Microsoft Word ou un autre traitement de texte haut de gamme, et collez-y le document. En coupant les éléments indésirables et en remettant les paragraphes en forme, vous obtiendrez un document parfaitement imprimable.

Installer de nouvelles polices

La police change l'apparence des caractères, suggérant le ton général d'un écrit. Windows Vista est livré avec près de 300 polices, assez faciles à voir.

Pour voir toutes les polices installées, ouvrez le Panneau de configuration à partir du menu Démarrer, cliquez sur Affichage classique puis sur l'icône Polices. Windows Vista répertorie toutes les polices par le nom de la police (NdT : qui diffère du nom du fichier de la police). Double-cliquez sur l'icône de l'une d'elles, du Palatino Linotype, à la Figure 7.5, pour la voir. Cliquer sur le bouton imprimer permet d'obtenir une version sur papier.

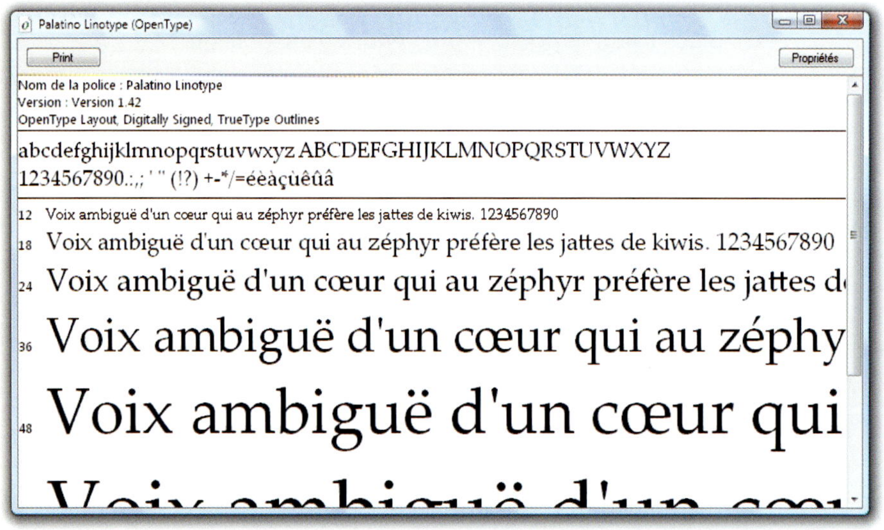

Figure 7.5 : Double-cliquez sur un fichier de police pour afficher la typographie.

Si les polices livrées avec Vista ne vous satisfont pas, vous pouvez en télécharger ou en acheter d'autres et les installer dans l'ordinateur. La plupart des polices vendues sont livrées avec un programme d'installation qui vous épargne de laborieuses manipulations. Mais voici comment procéder si une police n'est pas accompagnée d'un installeur :

1. **Placez la nouvelle police dans le dossier Documents.**

   Bon nombre de polices sont livrées dans un dossier compressé, reconnaissable à sa fermeture Éclair. Si c'est le cas de la vôtre, cliquez sur l'icône du bouton droit, choisissez Extraire tout et laissez l'ordinateur placer son contenu dans le dossier Documents.

   Si vous prévoyez d'installer de nombreuses polices, créez un dossier Polices dans le dossier Documents, et faites-y transiter les fichiers que vous extrayez.

2. **Cliquez du bouton droit dans une police extraite ou téléchargée et choisissez Installer.**

   L'icône d'une police téléchargée ressemble à l'une de celles visibles dans la marge. Quand vous choisissez Installer, Vista ajoute la police dans la zone Polices du Panneau de configuration, où elle est accessible à tous les programmes.

   Pour supprimer des polices indésirables, cliquez sur leur nom, dans le Panneau de configuration, et choisissez Supprimer.

Ne supprimez jamais une police livrée avec Windows Vista. Ne supprimez que celles que vous avez installées. La suppression de certaines polices utilisées par l'interface de Windows viderait les menus de leur texte, ce qui rendrait Windows encore plus difficile à utiliser.

Si vous êtes tenté de télécharger des polices depuis l'Internet, sachez que Windows Vista gère les polices de type TrueType, OpenType et PostScript. Mais si vous vous sentez l'âme d'un typographe, achetez un logiciel de gestion de polices. Enfin, soumettez tous les fichiers téléchargés à un antivirus.

Résoudre les problèmes d'impression

Si un document refuse d'être imprimé, assurez-vous que l'imprimante est allumée, son cordon branché à la prise, et qu'elle est connectée à l'ordinateur.

Si c'est le cas, branchez-la à différentes prises électriques en l'allumant et en vérifiant si le témoin d'allumage est éclairé. Si ce n'est pas le cas, l'alimentation de l'imprimante est sans doute morte.

Il est souvent moins cher de racheter une imprimante que de la faire réparer. Si vous tenez à la vôtre, faites établir un devis de réparation avant de vous en débarrasser.

Vérifiez ces points si le témoin d'allumage réagit :

- Assurez-vous qu'un papier n'a pas bourré le mécanisme d'entraînement. Une traction régulière vient généralement à bout d'un bourrage. Certaines imprimantes ont une trappe prévue à cette fin. Sinon, ouvrir et fermer le couvercle décoince parfois le papier.
- Y a-t-il encore de l'encre dans la cartouche, ou du toner dans l'imprimante Laser ? Essayez d'imprimer une page de test : ouvrez le menu Démarrer et, dans le Panneau de configuration, choisissez Imprimantes. Cliquez du bouton droit sur l'icône, choisissez Propriétés et cliquez sur le bouton Imprimer une page de test. Vous saurez si l'ordinateur et l'imprimante parviennent à communiquer.
- Procédez à la mise à jour du pilote de l'imprimante, un petit programme qui facilite la communication entre Vista et les périphériques. Allez sur le site Web du fabricant, téléchargez le pilote le plus récent pour votre modèle d'imprimante, puis installez-le en double-cliquant dessus.

Voici pour finir deux conseils qui contribueront à protéger votre imprimante et ses cartouches :

- Éteignez l'imprimante quand vous ne l'utilisez pas. Autrement, la chaleur qu'elle dégage risque de dessécher l'encre de la cartouche, réduisant sa durée de vie.
- Ne débranchez jamais une imprimante par sa prise pour l'éteindre. Utilisez toujours le bouton marche/arrêt. L'imprimante peut ainsi ramener la ou les cartouches à leur position de repos, évitant qu'elles sèchent ou se bouchent.

Choisir le bon papier

Si vous vous êtes arrêté un jour au rayon des papiers pour imprimantes, vous avez sans doute été étonné de la variété du choix. Parfois, l'usage du papier est clairement indiqué mais souvent, les caractéristiques sont sibyllines. Voici quelques indications :

- Le grammage : Il indique le poids d'une feuille de un mètre carré. Celui d'un papier de bonne tenue doit être d'au moins 80 grammes. Un papier trop épais (au-delà de 120 ou 130 grammes) risque non seulement de bourrer dans l'imprimante, mais il coûte aussi plus cher en frais postaux.
- Le papier pour imprimante à jet d'encre : Le dessus est traité pour que l'encre ne diffuse pas et produise un lettrage bien net. Veillez à l'insérer de manière que le côté traité soit encré, et non le dessous, ce qui réduirait la qualité de l'impression.
- Le papier pour photocopie : Il est traité pour accrocher les pigments de toner et résister à la température élevée de ces équipements. La technologie des photocopieuses et des imprimantes à laser étant la même, le papier pour photocopies convient aussi aux imprimantes laser.
- Le papier pour photos : D'un grammage élevé et ayant reçu une couche de résine – ce qui justifie son prix relativement élevé –, le papier photo est réservé aux tirages. Quand vous l'insérez dans l'imprimante, veillez à ce que l'impression se fasse du côté brillant. Certains papiers sont équipés d'un petit carton qui facilite le cheminement parmi les rouleaux d'entraînement.
- Etiquettes : Il en existe à toutes les tailles. Attention au risque de décollement lorsque la feuille se contorsionne à l'intérieur de l'imprimante. Vérifiez, dans le manuel, si les planches d'étiquettes sont acceptées ou non.
- Transparents : Ce sont des feuilles en plastique spéciales, à séchage rapide, résistant à la fois aux contraintes mécaniques de l'imprimante et à la chaleur des rétroprojecteurs.

Avant tout achat, assurez-vous que le papier – surtout les papiers spéciaux – soit spécifiquement conçu pour votre type d'imprimante.

Utilisation d'un pilote

Dans les exemples précédents, nous avons utilisé le pilote générique de Windows Vista pour sélectionner les options d'impression. En fonction du type d'imprimante que vous utilisez, vous aurez des options supplémentaires dans votre boîte de dialogue qui se trouve alors souvent divisée en onglets, comme nous allons le voir. Da   ns la section qui suit, nous utilisons un pilote HP destiné à une imprimante couleur laser. En fonction de votre imprimante, certaines options ne seront pas disponibles, en revanche, vous en aurez peut-être d'autres.

1. **Ouvrez votre logiciel de traitement de texte, par exemple Word.**

   Si vous n'avez pas encore de logiciel de traitement de texte, vous pouvez utilisez WorPad pour réaliser cette exemple.

2. **Ouvrez le menu fichier et sélectionnez imprimer pour afficher la boîte de dialogue de la Figure 7.6.**
3. **Cliquez sur le bouton Propriétés.**

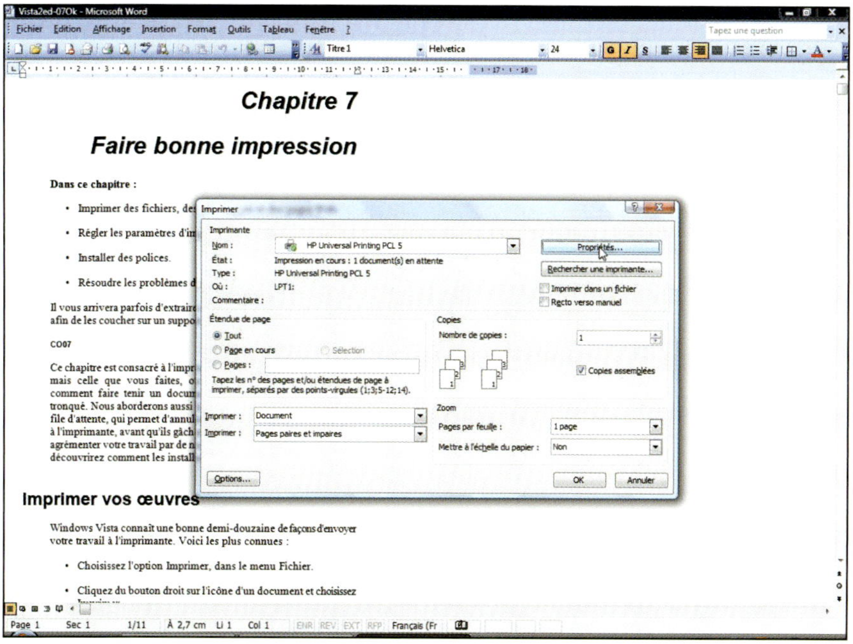

Figure 7.6 : La boîte de dialogue Imprimer.

La boîte de dialogue de la Figure 7.7 s'affiche. Dans cette boîte de dialogue le premier onglet Avancé est activé. A partir de cet onglet, vous pouvez chosisr le nombre d'exemplaires à imprimer, gérer les couleurs, etc.

Cliquez sur l'onglet Raccourcis pour afficher l'onglet de la Figure 7.8. Dans cet onglet, utiliser les paramètres d'impression par défaut, ceux du constructeur, entrer vos propres paramètres ou choisir Impression écologique, option qui permet d'imprimer en recto verso. Vous sélectionnez également dans cette fenêtre le format du papier, le type d'alimentation et l'orientation, Portrait ou Paysage.

Cliquez sur l'onglet Papier/Qualité pour afficher la fenêtre de la Figure 7.9. Dans cet onglet on sélectionne le format du papier, son type et également la qualité d'impression dans la zone de liste déroulante Qualité d'impression.

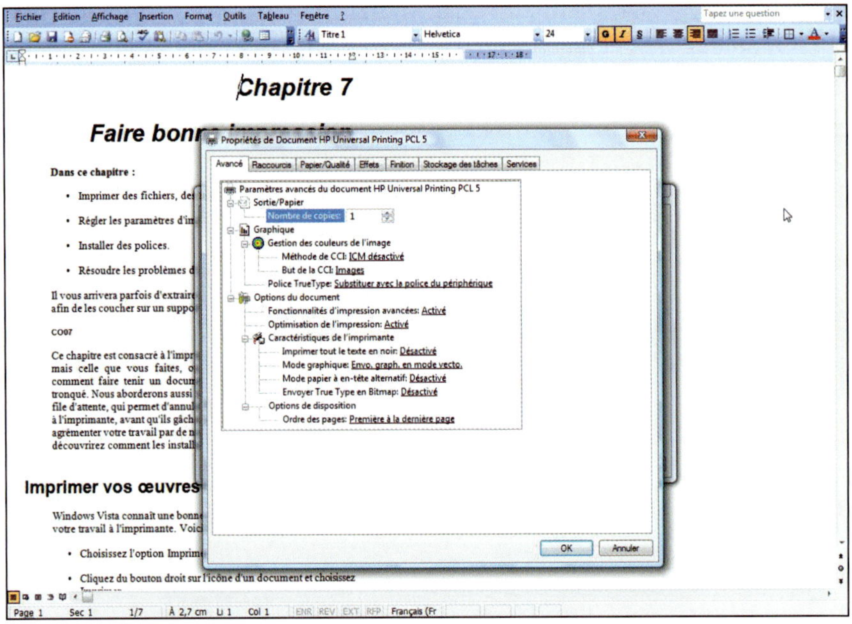

Figure 7. 7 : L'onglet Avancé.

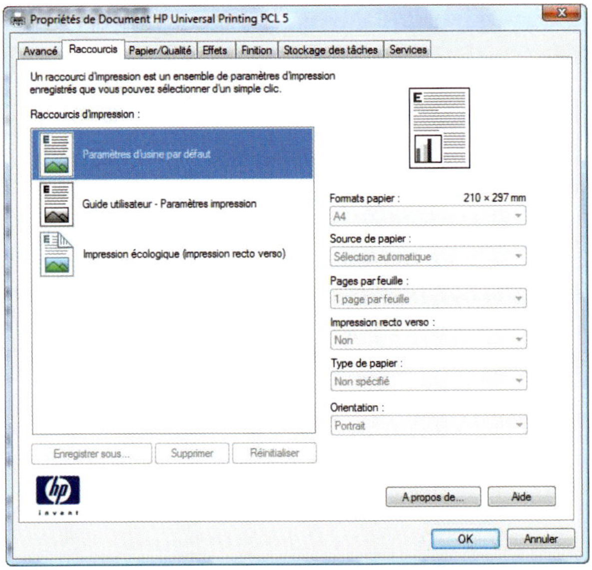

Figure 7. 8 : L'onglet Raccourcis.

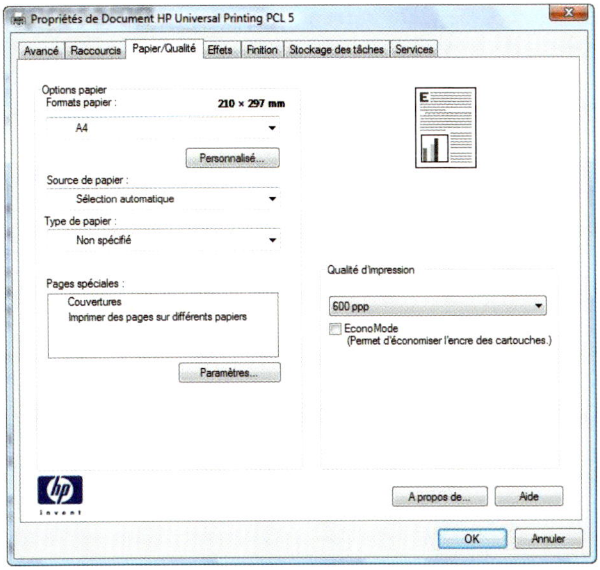

Figure 7. 9 : L'onglet Papier/Qualité.

Cliquez sur l'onglet Effets, Figure 7.10. Dans cet onglet, vous pouvez définir un taux de réduction ou d'agrandissement pour votre document. Dans la zone de liste déroulante Filigranes vous pouvez demander l'impression en filigranes d'un commentaire, par exemple Brouillon ou Copie.

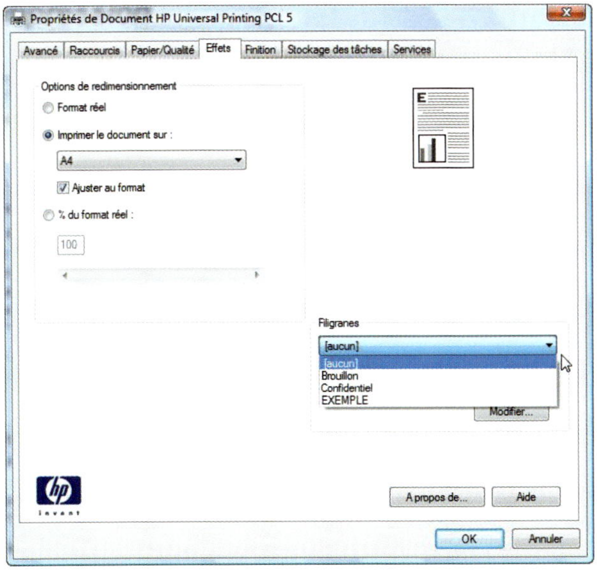

Figure 7. 10 : L'onglet Effets.

Cliquez sur l'onglet Finition, Figure 7.11. Dans ce nouvel onglet, l'utilisateur gère les paramètres d'impression en recto verso.

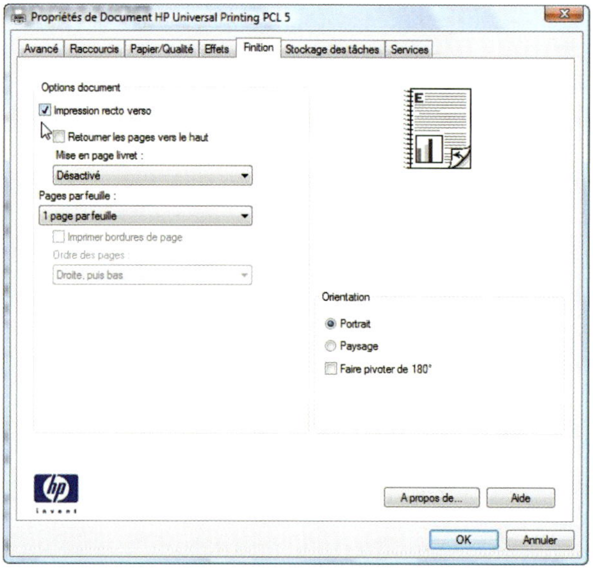

Figure 7. 11 : L'onglet Finition.

Troisième partie

Personnaliser Vista et le mettre à jour

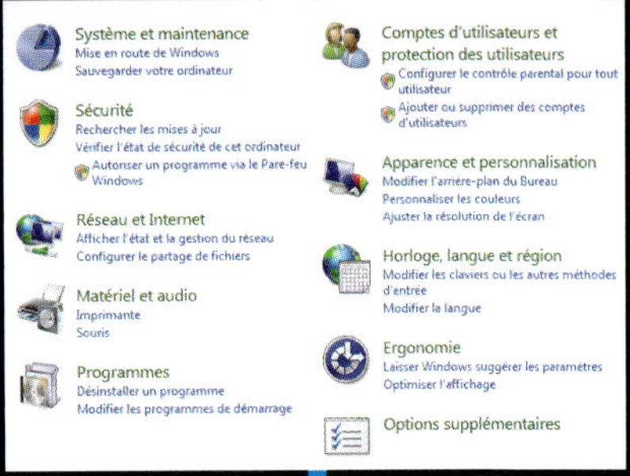

Dans cette partie...

Quand votre vie change, vous voulez que Windows Vista change aussi. C'est de cela qu'il est question ici. Vous découvrirez le Panneau de configuration entièrement revu qui permet de modifier une kyrielle de paramètres.

Le Chapitre 9 explique comment maintenir l'ordinateur au mieux de sa bonne forme et effectuer des sauvegardes. S'il est partagé avec d'autres, vous découvrirez comment créer des comptes d'utilisateurs pour chacun, tout en vous réservant le droit de décider qui peut faire quoi.

Enfin, si vous êtes tenté d'acheter un deuxième, un troisième, un quatrième voire un cinquième ordinateur, un chapitre vous expliquera comment créer un réseau domestique permettant de partager la connexion Internet, l'imprimante et les fichiers.

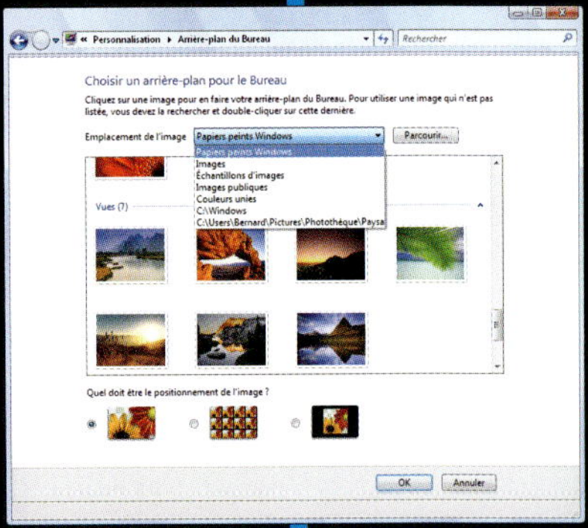

Chapitre 8

Personnaliser Windows Vista avec le Panneau de configuration

Dans ce chapitre :

- Personnaliser le Panneau de configuration.
- Modifier l'apparence de Vista.
- Changer de mode vidéo.
- Installer ou supprimer des programmes.
- Régler la souris.
- Régler automatiquement la date et l'heure de l'ordinateur.

Le Panneau de configuration de Vista se trouve en toute logique dans le menu Démarrer.

Vous trouverez dans ce panneau des dizaines de boutons et d'options permettant de personnaliser l'apparence, l'utilisation et l'impression générale de Windows. Ce chapitre présente les boutons et glissières que vous pouvez régler, et vous signale aussi ceux auxquels il vaut mieux ne pas toucher.

Certains paramètres ne peuvent être modifiés que par un utilisateur ayant les privilèges d'Administrateur. C'est généralement le propriétaire de l'ordinateur : peut-être vous, peut-être quelqu'un qui se trouve à l'autre bout du pays...

Trouver la bonne option dans le Panneau de configuration

Ouvrez le Panneau de configuration de Vista, et vous pourrez passer une bonne semaine à cliquer sur des icônes et des options. En affichage classique, il héberge plus d'une cinquantaine d'icônes, dont certaines donnent accès à des boîtes de dialogue contenant plus d'une vingtaine de paramètres et tâches.

Pour vous éviter une pénible errance à la recherche de la bonne option, le Panneau de configuration peut être affiché par catégories, comme le montre la Figure 8.1.

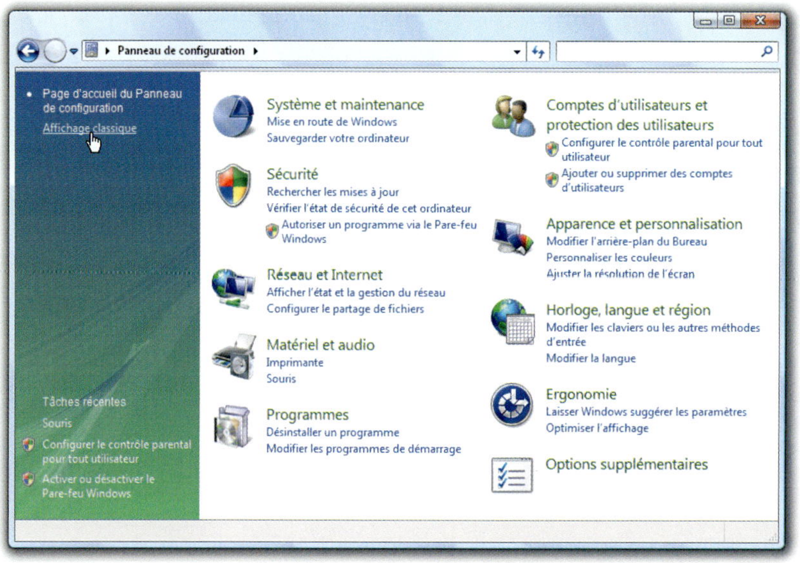

Figure 8.1 : Les paramètres sont plus faciles à localiser lorsqu'ils sont regroupés par catégories.

Sous chaque nom de catégorie se trouvent des liens vers les sujets principaux. Par exemple, après avoir cliqué sur l'icône de la catégorie Sécurité, vous accédez à d'autres liens permettant notamment de télécharger les dernières mises à jour de sécurité ou de vérifier l'état de la sécurité de Windows.

Les anciens de Windows XP, familiarisés avec les icônes du Panneau de configuration, peuvent opter pour l'affichage Classique (c'est le lien pointé du doigt dans la Figure 8.1). Cette présentation présente toutes les icônes à la fois, comme le révèle la Figure 8.2.

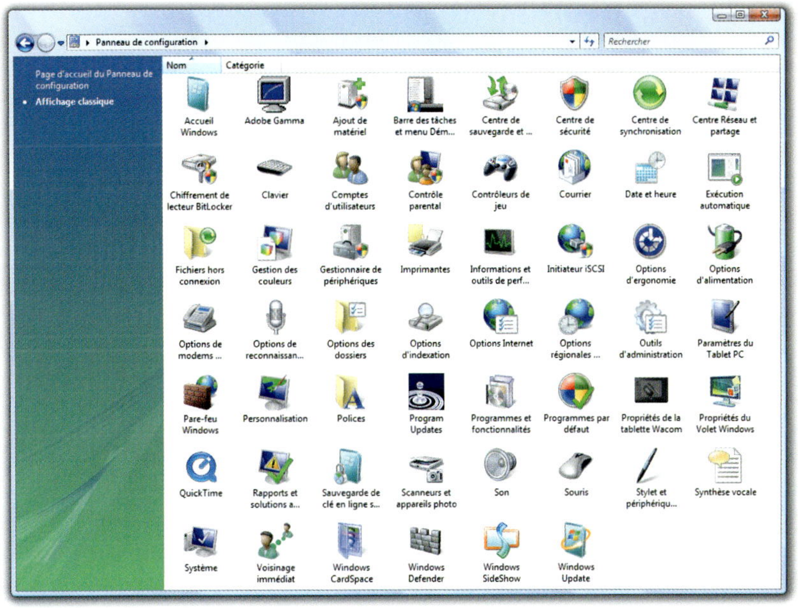

Figure 8.2 : Conçue pour les utilisateurs de Windows expérimentés, l'affichage Classique du Panneau de configuration montre la totalité des icônes.

Ne vous inquiétez pas si votre Panneau de configuration diffère quelque peu de celui de la Figure 8.2. Différents programmes, accessoires et modèles d'ordinateurs y ajoutent souvent leurs propres icônes. Les différentes versions de Vista, décrites au Chapitre 1, omettent ou ajoutent également des icônes.

Immobilisez le pointeur de la souris sur une catégorie ou une icône du Panneau de configuration, et Vista explique longuement son usage.

Le Panneau de configuration réunit tous les principaux commutateurs de Vista dans un seul emplacement, mais ce n'est pas le seul endroit permettant de modifier les paramètres de Vista. Vous pouvez accéder à la plupart d'entre eux en cliquant du bouton droit sur l'élément à modifier, qu'il s'agisse du Bureau, du menu Démarrer ou d'un dossier, en choisissant Propriétés, dans le menu contextuel.

Le reste de ce chapitre est consacré aux catégories du Panneau de configuration visibles dans la Figure 8.1, aux raisons pour lesquelles vous vous abstiendrez d'en visiter certaines, et aux raccourcis permettant d'accéder directement aux paramètres désirés.

Système et maintenance

Comme d'une Ford Mustang des années 1960, Windows Vista nécessite occasionnellement de la maintenance. En fait, un peu de maintenance peut faire tellement mieux tourner Vista que le meilleur du Chapitre 9 est consacré à ce sujet.

Ce chapitre explique comment accélérer Windows, libérer de la place sur le disque dur, sauvegarder vos données et créer un filet de sécurité appelé Restauration du système.

À l'instar de la plupart des catégories du Panneau de configuration, la partie Système et maintenance est truffée d'options. Pour vous y retrouver plus aisément, double-cliquez sur la barre de menus afin que le panneau couvre tout l'écran. Au besoin, faites défiler la fenêtre pour découvrir les icônes qui se cachent en bas.

Comptes d'utilisateurs et protection des utilisateurs

Le Chapitre 10 explique comment créer des comptes séparés pour tous ceux qui utilisent l'ordinateur. Ceci permet de limiter les risques encourus par Windows et vos fichiers.

Voici un rappel, si vous ne tenez pas à lire le Chapitre 10 dès maintenant : choisissez le Panneau de configuration, dans le menu Démarrer puis, dans la zone Comptes d'utilisateurs et protection des utilisateurs, cliquez sur Ajouter ou supprimer des comptes d'utilisateurs.

Vous accédez ainsi à la page des comptes d'utilisateurs, où vous pouvez en créer, modifier ceux qui existent, y compris leur mot de passe et leur image.

La catégorie Comptes d'utilisateurs et protection des utilisateurs comporte aussi un lien vers la partie Sécurité, où vous pouvez définir le contrôle parental.

Apparence et personnalisation

L'une des catégories les plus populaires, Apparence et personnalisation, permet de modifier le look de Vista de diverses manières. Ouvrez cette catégorie pour découvrir les six icônes suivantes :

- **Personnalisation :** Pour beaucoup de gens, cette icône est un vrai terrain de jeu. Choisissez-la pour placer une nouvelle image ou une photo numérique sur le Bureau, choisir l'écran de veille qui démarrera quand vous vous éloignez du PC, changer la couleur des cadres de Windows, et aussi la résolution d'écran du moniteur, s'il le permet (ceux des écrans plats est optimisée pour une seule résolution). C'est un bon moyen d'afficher plus d'informations.

- **Barre des tâches et menu Démarrer :** Vous voulez remplacer l'image en haut du menu Démarrer par un portrait de vous ? Vous voulez personnaliser la Barre des tâches en bas de l'écran ? Ces deux sujets ont été couverts au Chapitre 2.

- **Centre Options d'ergonomie :** Conçues pour venir en aide aux handicapées, ces options facilitent l'usage de Windows par les malvoyants, les malentendants et les personnes souffrant d'autres handicaps physiques. Une section est consacrée plus loin à ces paramètres.
- **Options de dossiers :** Principalement mises en œuvre par les utilisateurs expérimentés, cette zone permet de configurer subtilement l'aspect et le comportement des dossiers.
- **Polices :** C'est ici que vous installez les nouvelles polices qui agrémenteront vos textes. L'installation et l'usage des polices sont décrits au Chapitre 7, consacré à l'impression.
- **Propriétés du Volet Windows :** Cette catégorie permet d'ajouter des gadgets au Volet Windows, une nouveauté de Vista. Ces éléments sont décrits au Chapitre 2, mais voici néanmoins une astuce : vous pouvez ajouter des miniprogrammes en cliquant du bouton droit dans le Volet Windows et en choisissant Ajouter des gadgets.

Dans les quelques sections à venir, nous verrons quelles sont, dans ces catégories, les tâches que vous effectuerez le plus souvent.

Changer l'arrière-plan du Bureau

L'arrière-plan, parfois appelé aussi "papier peint", est une image de fond couvrant le Bureau. Procédez comme suit pour la changer :

TRUC

Cliquer du bouton droit sur le Bureau, choisir Personnaliser et sélectionner Arrière-plan du Bureau vous mène directement à l'Étape 3.

1. **Cliquez sur le menu Démarrer, choisissez Panneau de configuration et trouvez la catégorie Apparence et personnalisation.**
2. **Dans la section Personnalisation, choisissez Modifier l'arrière-plan du Bureau.**

   La fenêtre de la Figure 8.3 apparaît.
3. **Cliquez sur une nouvelle image pour en faire l'arrière-plan.**

   Veillez à cliquer sur le menu déroulant, visible dans la Figure 8.3, pour voir toutes les photos, textures, peintures et atmosphères légères offertes par Vista. Cliquez sur Parcourir pour farfouiller dans des dossiers non répertoriés dans le menu. N'hésitez pas à chercher parmi vos propres photos.

   NOTE TECHNIQUE

   Les fichiers d'arrière-plan peuvent être au format BMP, GIF, JPEG, DIB ou PNG. Autrement dit, vous pouvez utiliser presque n'importe quelle photo provenant de l'Internet ou d'un appareil photo numérique (NdT : on notera cependant l'absence du format TIFF produit par les scanneurs et de nombreux appareils photo haut de gamme).

   Quand vous cliquez sur une nouvelle image, Vista la place aussitôt sur le Bureau. Si elle vous plaît, passez à l'Étape 5.

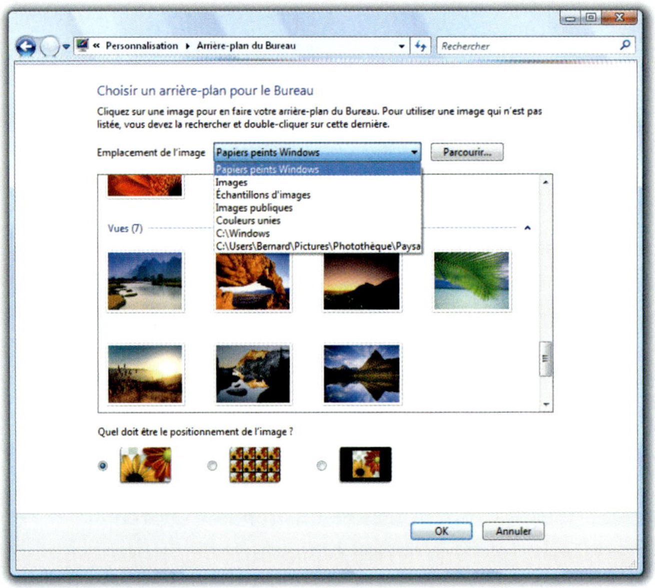

Figure 8.3 : Cliquez sur le menu déroulant pour trouver d'autres images à placer comme arrière-plan sur le Bureau.

4. **Décidez si l'image doit être étirée, répétée ou centrée.**

   Toutes les images ne sont pas à la taille de l'écran. Une image de petites dimensions doit être, soit étirée pour remplir tout l'espace, soit répétée à la manière des timbres-poste sur une feuille de timbres neufs. Si l'étirement ou la répétition sont disgracieux, centrez l'image en laissant du vide autour.

5. **Cliquez sur OK pour enregistrer l'image actuellement utilisée comme arrière-plan.**

Choisir un écran de veille

Windows est livré avec plusieurs écrans de veille. Procédez comme suit pour en essayer un :

TRUC

Cliquer du bouton droit sur le Bureau, choisir Personnaliser puis Écran de veille vous mène directement à l'Étape 3.

1. **Cliquez sur le menu Démarrer, choisissez Panneau de configuration et trouvez la catégorie Apparence et personnalisation.**

   La catégorie choisie apparaît.

2. **Dans la zone Personnalisation, choisissez Modifier l'écran de veille.**

   La boîte de dialogue Paramètres de l'écran de veille apparaît.

3. **Cliquez sur la flèche pointée vers le bas et sélectionnez un écran de veille.**

   Après avoir choisi un écran de veille, cliquez sur le bouton Aperçu pour voir son effet en plein écran. Visionnez-en autant que vous le désirez avant d'en choisir un.

   N'oubliez pas de cliquer sur le bouton Paramètres, car la plupart des écrans de veille offrent des options. Vous pouvez par exemple régler la vitesse du diaporama et le sens du déplacement des photos à travers l'écran.

4. **Au besoin, renforcez la sécurité en cochant la case À la reprise, afficher l'écran de reprise de session.**

   Ce système de sécurité évite aux intrus de fouiller dans votre ordinateur pendant que vous êtes à la machine à café. Dès que l'écran de veille cesse, Windows demande en effet le mot de passe (les mots de passe sont expliqués au Chapitre 10).

5. **Après avoir paramétré l'écran de veille, cliquez sur OK.**

Pour prolonger efficacement la vie de votre moniteur et faire aussi des économies d'électricité, abandonnez les écrans de veille et, à l'Étape 3, cliquez plutôt sur Modifier les paramètres d'alimentation. La fenêtre qui apparaît permet de régler Vista pour qu'il éteigne le moniteur après une durée d'inactivité que vous aurez paramétrée.

Modifier le thème de l'ordinateur

Les thèmes sont simplement des ensembles de paramètres. Vous pouvez par exemple enregistrer l'écran de veille et l'arrière-plan du Bureau dans un thème, ce qui permet de passer rapidement de la présentation d'origine de Vista à la vôtre et inversement.

Si vous n'avez pas créé vos propres thèmes, vous n'en trouverez pas beaucoup dans Windows Vista. Pour en essayer un, cliquez du bouton droit sur le Bureau, choisissez Personnaliser puis Thème. La boîte de dialogue de la Figure 8.4 apparaît.

Windows Vista liste les quelques thèmes donnés en cadeau et propose une option permettant de créer les vôtres. Cliquez sur l'un des thèmes suivants pour voir l'effet dans la fenêtre d'aperçu visible à la Figure 8.4 :

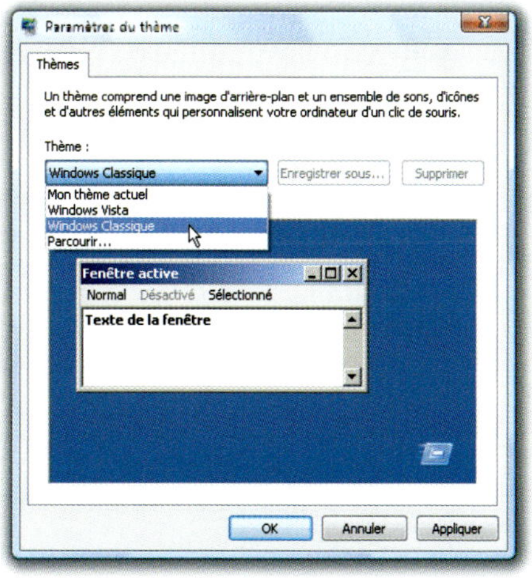

Figure 8.4 : Choisissez un thème prédéfini pour changer l'apparence et les sons de Windows.

- **Mon thème actuel :** Si vous vous êtes mélangé les pinceaux en modifiant les paramètres d'apparence – mais que vous ne les avez pas encore enregistrés – choisir cette commande rétablit le dernier thème enregistré.
- **Windows Vista :** Ce paramètre rétablit le thème "d'usine" de Vista, celui qui était installé en tout premier.
- **Windows Classique :** Les nostalgiques des vénérables PC tournant sous Windows 98 opteront pour ce thème au *look* rétro.
- **Parcourir :** Cliquez ici pour récupérer un thème que vous avez enregistré dans un dossier spécifique. Vista les stocke normalement dans le dossier Program Files.

Choisissez n'importe quel thème, et Vista enfile aussitôt ses nouveaux habits. Pour voir l'effet d'un thème présent dans la liste, cliquez dessus et regardez la fenêtre Aperçu.

Au lieu d'opter pour les thèmes prédéfinis de Vista, créez les vôtres en modifiant l'arrière-plan, les couleurs, l'écran de veille et autres éléments graphiques ou sonores. Enregistrez ensuite le thème en cliquant sur le bouton Enregistrer sous, puis nommez-le.

- Après un certain temps, on a vite fait le tour des outils de base pour créer des thèmes. Si vous êtes vraiment intéressé par la création de thèmes pour Windows, optez pour un programme comme WindowBlinds (`www.windowsblinds.net`). Vous pouvez télécharger des thèmes vraiment spectaculaires créés par les utilisateurs de ce logiciel sur le site WinCustomize (`www.wincustomize.com`).
- Avant de télécharger des thèmes sur le Web ou les obtenir en pièce jointe, assurez-vous d'avoir installé un antivirus et qu'il est à jour. Les virus sont souvent propagés par des thèmes.
- Pour changer rapidement de thèmes, cliquez du bouton droit sur le Bureau et choisissez Personnaliser. Dans la zone Personnalisation du Panneau de configuration, cliquez sur Thème et choisissez-en un.

Modifier la résolution de l'écran

Paramètre souvent mésestimé, la résolution de l'écran détermine la quantité d'informations susceptibles d'être affichées en une seule fois. L'augmenter permet d'afficher davantage d'éléments, mais en plus petit, tandis que la réduire affiche les éléments en plus gros, mais aussi en moins grand nombre.

Procédez comme suit pour trouver la résolution la plus confortable (NdT : si vous possédez un écran plat, consultez son manuel car beaucoup n'acceptent qu'une seule résolution) :

1. **Dans le menu Démarrer, choisissez Panneau de configuration puis la catégorie Apparence et personnalisation.**

   La zone Apparence et personnalisation répertorie les différentes manières de modifier la présentation de Vista.

2. Dans la zone Personnalisation, choisissez Ajuster la résolution de l'écran.

La boîte de dialogue Paramètres d'affichage apparaît (Figure 8.5).

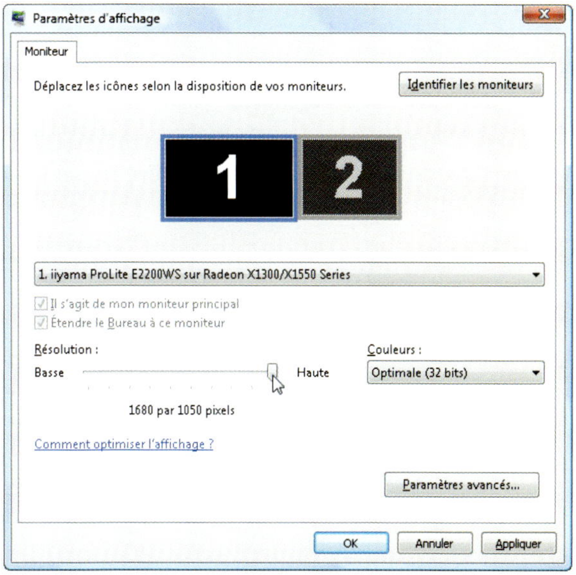

Figure 8.5 : Selon la résolution de l'écran, Windows affichera plus ou moins d'informations.

3. Modifiez le nombre de couleurs affichées, si vous le désirez.

Vista permet de choisir parmi plusieurs options, dans le menu Couleurs.

Pour admirer vos photos dans toute leur splendeur, assurez-vous que Vista affiche le nombre le plus élevé de couleurs. En mode 32 bits, les images sont affichées en plus de 16,7 millions de couleurs et des transparences. En mode moyen (16 bits), 65 535 couleurs seulement sont affichées, d'où une différence très sensible du rendu.

4. Pour changer la résolution d'écran, actionnez le curseur de la glissière Résolution.

Observez le petit aperçu de l'écran, pendant que vous actionnez la souris. Il montre les proportions de l'écran. Sachez aussi que plus vous tirez vers la droite, plus vous affichez d'éléments à l'écran, mais en contrepartie, ils sont plus petits.

Il n'y a pas de bon ou de mauvais choix, mais un conseil s'impose : la plupart des sites Web ne tiennent pas dans un écran en 640 × 480 pixels. Une résolution de 800 × 600 est meilleure, et 1024 × 768 conviendra à tous les sites Web que vous visiterez. De nombreux écrans plats offrent une résolution de 1280 × 1024 et plus.

5. **Testez ce que donnent les modifications en cliquant sur le bouton Appliquer.**

   TRUC

   Quand Vista passe à une nouvelle résolution, il vous accorde un délai de 15 secondes pour approuver la modification. En effet, si l'écran devient tout noir, plus aucun bouton n'est visible. Si passé ce délai vous n'avez pas cliqué, Vista rétablit la résolution antérieure.

6. **Cliquez sur OK afin de mémoriser vos réglages.**

   Après avoir défini le nombre le plus élevé de couleurs et une résolution confortable, vous ne reviendrez sans doute plus dans cette boîte de dialogue. À moins que vous branchiez un second écran, comme il est expliqué dans l'encadré.

Étendre votre espace de travail avec un second moniteur

Vous avez un deuxième écran chez vous, provenant peut-être d'un PC mis au rebut ? Connectez-le à votre ordinateur et vous disposerez d'un espace de travail plus vaste, s'étendant sur les deux écrans. Vous pourrez ainsi afficher une encyclopédie en ligne dans l'un tandis que vous tapez votre texte dans l'autre.

Pour bénéficier de cet avantage, la carte graphique de votre PC doit être équipée de deux ports, qui doivent être du même type que ceux de votre moniteur (NdT : ou d'un seul port double, divisible grâce à un câble en "Y"), des détails techniques que vous trouverez dans mon livre PC Mise à niveau et dépannage Pour les Nuls, édité aux Editions First.

Modifier les connexions de réseau et Internet

Normalement, Windows Vista accède automatiquement à l'Internet et à d'autres PC. Établissez une connexion à l'Internet, et Vista commence aussitôt à glaner des informations sur le Web. Reliez-le à un autre PC, et Vista s'efforce de créer un réseau.

Mais si Vista ne parvient pas se débrouiller seul, vous devrez recourir à la catégorie Réseau et Internet du Panneau de configuration.

Le Chapitre 11 est entièrement consacré à la mise en réseau.

Régler la date, l'heure, la langue et les options régionales

Microsoft a surtout conçu ces paramètres pour les possesseurs d'ordinateurs portables qui voyagent beaucoup et changent fréquemment de fuseau horaire. Autrement, vous ne réglerez ces paramètres qu'une seule fois, au moment de la configuration initiale de l'ordinateur. Ce dernier mémorise la date et l'heure même lorsque l'ordinateur est éteint, grâce à une petite pile bouton située sur la carte-mère.

Pour accéder à tous ces paramètres, cliquez sur le bouton Démarrer, choisissez le Panneau de configuration puis cliquez dans la catégorie Horloge, langue et région. Elle est divisée en deux parties : Date et heure, et Options régionales et linguistiques. Vous y effectuerez les tâches suivantes :

- **Date et heure :** Vous y réglez ces paramètres. Cliquer sur l'horloge, dans la barre des tâches, et choisir Modifier les paramètres de la date et de l'heure, accède à la même boîte de dialogue.
- **Options régionales et linguistiques :** Vous voyagez au Brésil ? Cliquez sur cette option et, dans le menu déroulant Format actuel, choisissez Portugais (Brésil). Windows applique la langue de ce pays, le symbole monétaire du real, et le format de date. Pendant que vous y êtes – dans la boîte de dialogue, pas au Brésil –, cliquez sur l'onglet Emplacement et choisissez Brésil.

  Les polyglottes modifient souvent les options régionales et linguistiques pour obtenir les caractères typographiques des différentes langues. Parfois, il est nécessaire d'installer une autre police – c'est par exemple le cas pour l'amharique, la langue officielle éthiopienne –, une opération expliquée au Chapitre 7.

Matériel et audio

La catégorie Matériel et audio contient une foule d'icônes en tous genres, comme le montre la Figure 8.6. C'est une débauche de commutateurs qui contrôlent le matériel composant votre PC : la souris, le clavier, l'imprimante, les enceintes, le téléphone, le scanner, l'appareil photo numérique, le contrôleur de jeu, et pour vous qui avez une âme d'artiste, la tablette graphique et son stylet.

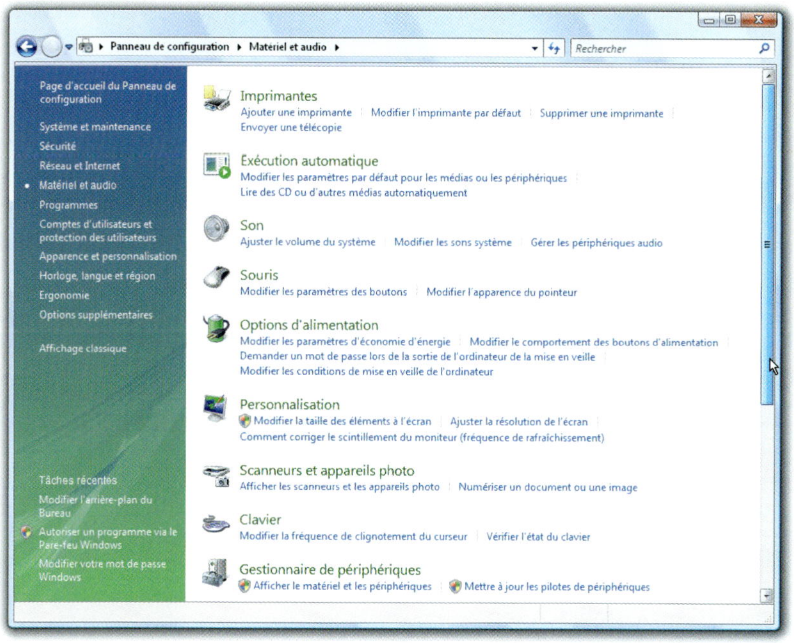

Figure 8.6 : La catégorie Matériel et audio est bien fournie.

Vous ne vous attarderez guère ici, en tout cas pas en passant par le Panneau de configuration, car la plupart des paramètres apparaissent ailleurs, à portée d'un clic du bouton droit qui vous mènera directement aux paramètres désirés.

Que vous arriviez à ces pages par le Panneau de configuration ou par un raccourci, cette section explique les meilleures raisons de s'y intéresser.

Régler le volume et le son

La zone Son permet d'ajuster le volume du PC et aussi de connecter jusqu'à sept enceintes et caissons de basses, une fonctionnalité appréciée par les inconditionnels du jeu massivement multijoueur World of Warcraft.

Pour baisser le volume du PC, cliquez sur le petit haut-parleur près de l'horloge et tirez le curseur vers le bas (Figure 8.7). Pas de petite icône de haut-parleur dans la Barre des tâches ? Rétablissez-la en cliquant du bouton droit sur l'horloge, choisissez Propriétés et cochez la case Volume.

Pour rendre le PC muet, cliquez sur le bouton en forme de haut-parleur, sous la glissière. Cliquer de nouveau dessus pour ravoir du son.

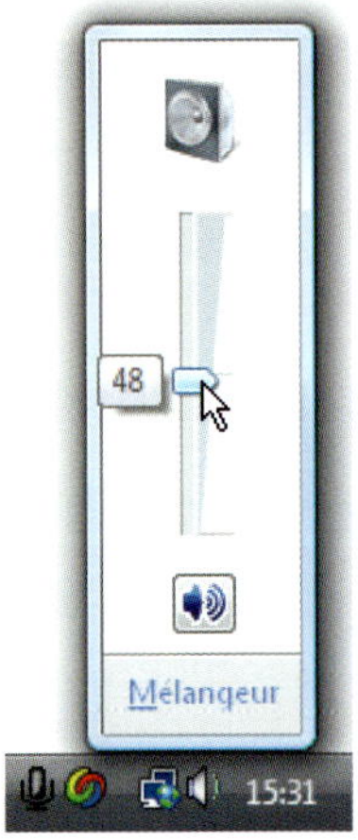

Figure 8.7 : Cliquez sur l'icône en forme de haut-parleur puis actionnez le curseur afin de régler le volume sonore.

Vista surenchérit sur Windows XP en permettant de régler le volume différemment pour différents programmes. Vous pouvez atténuer les détonations dans le jeu Démineur et augmenter le son de Windows Mail afin de bien entendre les notifications d'arrivée de courrier. Procédez comme suit pour régler le volume des programmes :

Double-cliquer sur le petit haut-parleur, dans la Barre des tâches, vous amène directement à l'Étape 3.

1. **Choisissez Panneau de configuration, dans le menu Démarrer, puis Matériel et audio.**

   La zone Matériel et audio, montrée à la Figure 8.6, affiche ses outils.

2. **Trouvez l'icône Son puis cliquez sur Ajuster le volume du système.**

   La boîte Mélangeur de volume (Figure 8.8) apparaît.

3. **Réglez les volumes à l'aide des glissières.**

   Fermez le Mélangeur de volumes en cliquant sur le bouton "X", en haut à droite.

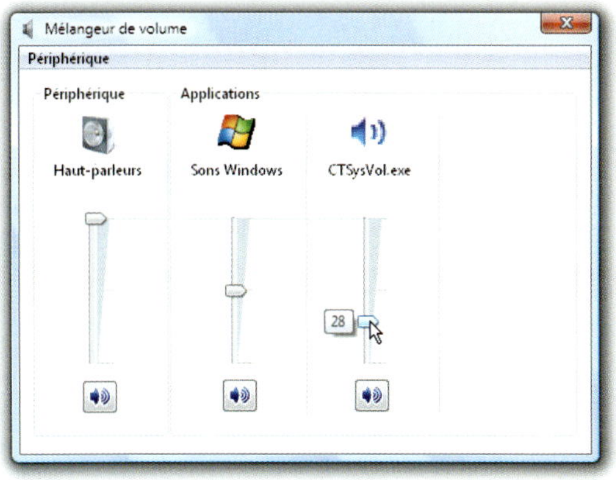

Figure 8.8 : Baissez le volume des programmes sans affecter les autres.

Installer ou configurer les enceintes

La plupart des PC ne sont livrés qu'avec une paire d'enceintes, mais certains en ont quatre et les PC utilisés pour le home cinéma ou pour les jeux peuvent en avoir jusqu'à huit. Pour s'accommoder de cette diversité de configurations, Vista est doté d'une zone de configuration des haut-parleurs, complète avec un test audio.

Si vous installez de nouvelles enceintes, ou si vous n'êtes pas sûr que les anciennes fonctionnent, suivez ces étapes afin de les mettre correctement en liaison avec Vista :

TRUC

Cliquez du bouton droit sur l'icône Volume, dans la Barre des tâches, et choisissez Périphériques de lecture pour passer directement à l'Étape 2.

1. **Cliquez sur le bouton Démarrer, choisissez Panneau de configuration et sélectionnez la catégorie Matériel et audio.**

   La familière catégorie Matériel et audio de la Figure 8.6 apparaît.

2. **Dans la zone Son, choisissez Gérer les périphériques audio.**

   La boîte de dialogue Son apparaît, ouverte sur l'onglet Lecture qui liste vos haut-parleurs.

3. **Cliquez sur votre haut-parleur ou sur l'icône des enceintes, puis cliquez sur Configurer.**

   La boîte de dialogue Configurer les haut-parleurs apparaît (Figure 8.9).

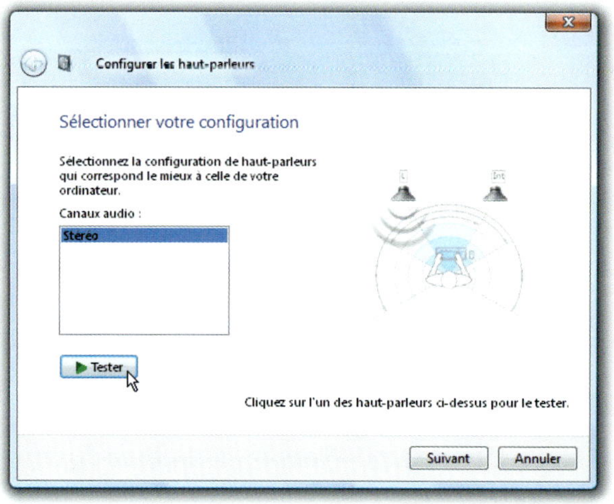

Figure 8.9 : Cliquez sur Tester pour écouter chacune de vos enceintes.

4. **Cliquez sur le bouton Test, ajustez les paramètres du haut-parleur puis cliquez sur Suivant.**

   Vista vous propose de sélectionner les haut-parleurs les uns après les autres et de les tester selon leur emplacement, ce qui permet de les vérifier selon l'emplacement qu'ils occupent.

5. **Réglez tous les autres périphériques audio puis cliquez quand vous aurez terminé.**

Vérifiez aussi le volume sonore des enceintes en cliquant sur l'onglet Enregistrement, à l'Étape 2, et aussi sur les autres onglets pour découvrir d'autres paramètres.

Ajouter une imprimante

Les fabricants d'imprimantes n'ont jamais réussi à se mettre d'accord sur la manière dont une imprimante doit être installée :

- Certains fabricants préconisent de simplement brancher l'imprimante, en insérant la petite prise rectangulaire dans un port USB. Allumez-la ensuite, et Vista la reconnaît aussitôt et la fait sienne. Assurez-vous que la cartouche d'encre et le papier sont en place, et vous pouvez imprimer.
- D'autres fabricants préconisent d'installer les logiciels de l'imprimante avant de la connecter à l'ordinateur. Autrement, elle ne fonctionnerait pas.

Le seul moyen de savoir comment procéder est de consulter le manuel de l'imprimante.

Si votre imprimante n'est pas accompagnée d'un logiciel d'installation, placez d'abord la ou les cartouches et le papier, puis procédez comme suit :

1. **Vista étant en service, connectez l'imprimante au PC et allumez-la.**

   Si le connecteur de l'imprimante est une petite prise rectangulaire, l'imprimante est de type USB, ce qui est le cas de presque tous les modèles actuels. Vista affichera un message confirmant que l'installation de l'imprimante est réussie, mais appliquez néanmoins les étapes suivantes afin de la tester.

   Si la prise de votre imprimante est un gros connecteur trapézoïdal à deux rangées de broches, sa connexion est de type "parallèle", appelée aussi LPT en jargon informatique. Branchez-la au port Imprimante de l'ordinateur (NdT : les PC récents sont souvent dépourvus de ce port aujourd'hui désuet).

2. **Dans le menu démarrer, choisissez Panneau de configuration.**

   Le Panneau de configuration affiche les catégories de paramétrages.

3. **Ouvrez la catégorie Matériel et audio et choisissez Imprimantes.**

   La fenêtre Imprimante apparaît. Elle montre l'icône de toutes les imprimantes reliées à l'ordinateur. Si votre imprimante USB figure dans la fenêtre, cliquez dessus du bouton droit, choisissez Propriétés puis cliquez sur le bouton Imprimer une page de test. Si elle sort correctement, le test est terminé. Si le nom de l'imprimante n'apparaît pas dans la fenêtre, continuez à l'Étape 4.

   Vista affiche une imprimante Microsoft XPS Document Writer qui n'en est pas vraiment une. Elle produit un fichier spécial, qui ressemble à un fichier PDF d'Adobe, qui exige un logiciel spécial pour être visionné et imprimé. Vista visionne et imprime des fichiers XPS, ce qui n'était pas le cas de Windows XP, qui exigeait le téléchargement et l'installation d'une visionneuse XPS depuis le site de Microsoft.

4. **Dans la barre d'outils de la fenêtre, cliquez sur le bouton Ajouter une imprimante.**

   Dans la fenêtre Ajouter une imprimante, choisissez Ajouter une imprimante locale (si vous installez une imprimante de réseau, reportez-vous au Chapitre 11).

5. **Choisissez le type de port par lequel l'imprimante est connectée puis cliquez sur Suivant.**

   Choisissez LPT1 si la connexion est de type Parallèle (connecteur trapézoïdal à deux rangées de broches). Si l'imprimante est de type USB, cliquez sur Annuler, installez son logiciel puis recommencez. Elle n'a pas de logiciel ? Téléchargez-le depuis le site Web du fabricant.

6. **Choisissez le port de l'imprimante et cliquez sur Suivant.**

   Quand Vista demandera quel port choisir, sélectionnez LPT1.

7. **Sélectionnez le fabricant et le modèle de l'imprimante, puis cliquez sur Suivant.**

   Dans la boîte de dialogue Ajouter une imprimante, la liste des fabricants se trouve à gauche, leurs modèles d'imprimantes à droite (Vista en reconnaît des centaines).

Vista peut demander d'insérer le CD approprié. Vous ne l'avez pas ? Cliquez sur le bouton Windows Update : Vista se connecte à l'Internet pour trouver le logiciel de cette imprimante.

Après un moment, une nouvelle liste d'imprimantes apparaît. Imprimez la page de test comme le suggère Vista.

Et voilà ! En principe, votre imprimante devrait fonctionner à merveille. Si ce n'est pas le cas, vous trouverez quelques conseils et dépannages au Chapitre 7.

TRUC

Si plusieurs imprimantes sont connectées à l'ordinateur, cliquez du bouton droit sur l'icône de celle que vous utilisez le plus fréquemment et, dans le menu, choisissez Définir comme imprimante par défaut. Windows Vista l'utilisera systématiquement, à moins que vous lui en indiquiez une autre.

- Pour supprimer une imprimante inutilisée, cliquez du bouton droit sur son nom et, dans le menu, choisissez Supprimer. Cette imprimante ne figurera plus dans la liste des imprimantes disponibles, dans la fenêtre Imprimer des différents programmes. Si Vista propose de désinstaller les pilotes et logiciels de l'imprimante, cliquez sur Oui, sauf si vous envisagez de réinstaller cette imprimante ultérieurement.
- Les options d'impression peuvent être modifiées à partir de beaucoup de programmes. Choisissez Fichier dans la barre de menus puis l'option Mise en page ou Imprimer. A partir de là, vous accéderez généralement à la même boîte de dialogue que celle du Panneau de configuration. Vous pourrez modifier le format du papier, l'orientation et choisir les types de graphisme.
- Pour partager rapidement une imprimante sur le réseau, cliquez sur son icône du bouton droit et choisissez Partager. Cochez la case Partager cette imprimante puis cliquez sur OK. L'installation de cette imprimante est maintenant proposée sur tous les ordinateurs du réseau.

NOTE TECHNIQUE

Installer ou paramétrer d'autres éléments

La zone Matériel et audio du Panneau de configuration contient des éléments attachés à la plupart des PC : la souris, le clavier, un scanner, un appareil photo numérique, une manette de jeu, voire un téléphone. Cliquez sur le nom d'un élément afin de le paramétrer.

Le reste de cette section explique comment ajuster la plupart de ces équipements.

TRUC

Pour atteindre ces diverses zones, choisissez Panneau de configuration, dans le menu Démarrer, puis Matériel et audio. Cliquez ensuite sur la zone à paramétrer.

Souris

Vous trouverez de nombreux réglages d'une souris à deux boutons. Certains sont un peu futiles, comme le changement du pointeur.

Les gauchers pourront permuter les boutons en cochant la case Permuter les boutons principal et secondaire. Le changement est immédiat, avant même d'avoir cliqué sur Appliquer.

Ceux qui manquent de dextérité règleront la rapidité du double-clic. Testez la vitesse actuelle en double-cliquant sur la représentation d'un dossier. S'il s'ouvre, les paramètres sont parfaits. Sinon, réduisez la rapidité du double-clic à l'aide de la glissière.

Les possesseurs de souris à boutons supplémentaires ou sans fil trouveront des paramètres supplémentaires.

Scanneurs et appareils photo

Cliquez ici pour voir les scanneurs et/ou appareils photos actuellement installés. Ou, pour en installer de nouveaux, connectez-les et allumez-les. Windows Vista les reconnaît presque tous par leur nom. Si d'aventure ce n'était pas le cas, voici comment faire :

1. **Dans le menu Démarrer, cliquez sur Panneau de configuration et choisissez Matériel et audio.**

2. **Cliquez sur l'icône Scanneurs et appareils photo.**

   La fenêtre Scanneurs et appareils photo apparaît, montrant tous les scanneurs et appareils détectés par Vista.

3. **Cliquez sur le bouton Ajouter un périphérique, puis sur Suivant.**

   Vista démarre l'assistant Installation de scanneur et d'appareil photo.

4. **Choisissez le fabricant et le modèle puis cliquez sur Suivant.**

   Cliquez sur le nom du fabricant à gauche et sur le nom du modèle à droite.

5. **Nommez votre scanneur ou votre appareil photo, cliquez sur Suivant puis sur Finir.**

   Tapez un nom pour identifier votre périphérique, ou conservez celui qui est suggéré. Si le scanneur ou l'appareil photo est branché, Windows devrait le reconnaître et placer une icône pour ce matériel dans la zone Ordinateur et dans la zone Scanneurs et appareils photo du Panneau de configuration.

L'installation d'un scanneur ou d'un appareil photo un peu ancien n'est malheureusement pas toujours aussi simple. Si Windows n'accepte pas spontanément votre équipement, utilisez le logiciel d'installation qui était livré avec. Il devrait fonctionner (NdT : rien n'est moins sûr, car Vista refuse parfois de lancer des logiciels qui testent la version de Windows ; dans ce cas, allez sur le site du fabricant pour télécharger la mise à jour), mais vous ne pourrez pas utiliser le logiciel de transfert d'images intégré à Vista.

Clavier

Si le clavier n'est pas connecté ou en panne, votre ordinateur le signalera dès l'allumage. Si vous voyez s'afficher le message Erreur de clavier – Windows ne le trouvera pas davantage –, le moment est venu d'en acheter un autre. Il sera aussitôt reconnu.

Si votre clavier est doté de boutons supplémentaires, comme Web/Démarrage, Courrier, Calendrier, Fichiers..., vous devez installer le logiciel du clavier pour que ces boutons fonctionnent. Les claviers sans fil exigent presque tous l'installation de leur logiciel.

N'entrez dans cette zone que pour des réglages mineurs du clavier, comme la vitesse de rééééépétition de la frappe.

Options de modem et téléphonie

Vous modifierez rarement ces options de modem et de téléphonie, sauf si vous possédez un ordinateur portable et changez souvent de zone téléphonique. Si tel est votre cas, cliquez sur Configurer les règles de numérotation et ajoutez vos nouveaux sites d'appel et indicatifs téléphoniques régionaux.

Windows enregistre toutes ces informations. Ainsi, lorsque vous revenez à tel ou tel endroit, sélectionnez le site d'appel correspondant afin de ne pas avoir à tout reconfigurer.

Contrôleur de jeu

Windows Vista reconnaît la plupart des nouveaux contrôleurs de jeu comme les manettes, pads, manches et palonniers pour la simulation de vol et autres équipements ludiques. Cliquez dans cette zone pour régler leur sensibilité et leur comportement.

Ajouter de nouveaux périphériques

Dès que vous connectez un périphérique au port USB du PC, qu'il s'agisse d'un iPod, d'un appareil photo ou d'un scanneur, Vista le reconnaît presque toujours et permet de l'utiliser aussitôt. Mais s'il ne le reconnaît pas, faites appel à l'Assistant Ajout de matériel :

1. **Choisissez Panneau de configuration, dans le menu Démarrer et cliquez sur Affichage classique.**

   Comme le montre la Figure 8.2 au début de ce chapitre, l'affichage classique montre toutes les icônes. C'est la voie royale vers l'Assistant Ajout de matériel.

2. **Double-cliquez sur l'icône Ajout de matériel, cliquez sur Continuer (dans la boîte d'alerte, si elle apparaît) puis sur Suivant afin que l'assistant puisse rechercher et installer automatiquement le matériel.**

   L'Assistant Ajout de matériel présente à Windows tous les périphériques connectés à l'ordinateur, si Vista les reconnaît.

Voici où cela se corse :

- **Si Windows localise le nouveau matériel,** cliquez sur son nom dans la liste, cliquez sur Terminer et suivez les instructions restantes de l'assistant.
- **Si l'assistant ne localise pas le matériel,** cliquez sur Suivant et suivez les instructions. Avec un peu de chance, le nom du périphérique figure dans la liste. Cliquez dessus pour que Windows l'installe.

Mais si Windows ne parvient pas à le localiser automatiquement, vous devrez contacter le fabricant et demander un pilote – un petit programme qui permet à Vista de prendre en charge un équipement – conçu pour Windows Vista. Ils sont souvent téléchargeables depuis le site Web des fabricants. Certains sont livrés avec le logiciel d'installation. La chasse aux pilotes.

Ajouter ou supprimer des programmes

Que vous ayez acquis un nouveau programme ou que vous désiriez vous débarrasser d'un, c'est à la catégorie Programmes du Panneau de configuration que vous confierez la tâche. Cliquez sur l'icône. Dans la nouvelle fenêtre, la catégorie Programmes et fonctionnalités répertorie tous les programmes actuellement installés, comme le montre la Figure 8.10. Cliquez sur celui que vous désirez supprimer ou modifier.

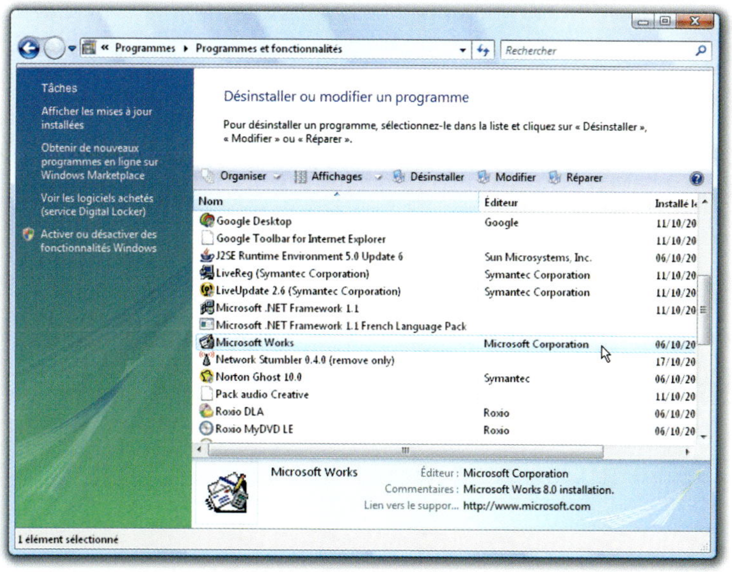

Figure 8.10 : La fenêtre Désinstaller ou modifier un programme permet de supprimer un programme.

La prochaine section explique comment supprimer ou modifier un programme, et comment en installer un nouveau.

Supprimer ou modifier des programmes

Procédez comme suit pour supprimer un programme ou modifier ses paramètres :

1. **Choisissez Panneau de configuration, dans le menu Démarrer et, dans la zone Programmes, choisissez Désinstaller un programme.**

   La fenêtre Désinstaller ou modifier un programme, similaire à celle de la Figure 8.10, apparaît. Elle répertorie les programmes actuellement installés, leur éditeur, leur taille sur le disque dur ainsi que la date d'installation.

2. **Cliquez sur le programme à supprimer puis cliquez sur le bouton Désinstaller, Modifier ou Réparer.**

   Le bouton Désinstaller est toujours présent sur la barre de menus. Les deux autres boutons, Modifier et Réparer, n'apparaissent que pour certains programmes. S'ils sont affichés, cliquez dessus. Vista tente alors de réparer le programme ou de modifier certains de ses composants. Il arrive que ces commandes corrigent un dysfonctionnement, mais vous aurez souvent besoin du CD d'origine.

3. **Vista demande si vous êtes sûr : cliquez sur Oui.**

   Vista démarre le programme de désinstallation associé au logiciel à supprimer, ou parfois, supprime le programme sans autre forme de procès, redémarrant l'ordinateur si c'est nécessaire.

   Une fois supprimé, un programme l'est définitivement ; il ne transite pas par une corbeille. C'est pourquoi, veillez à toujours posséder son CD d'installation, pour le cas où vous désireriez le réinstaller.

ATTENTION

Utilisez toujours la fenêtre Désinstaller ou modifier un programme lorsque vous vous débarrassez d'un logiciel. Se contenter de placer ses dossiers dans la Corbeille n'est ni suffisant ni à faire. Procéder ainsi provoque presque immanquablement une instabilité du système qui envoie en retour d'affreux messages d'erreurs.

Ajouter un programme

Vous n'aurez peut-être jamais à utiliser cette fonction, car de nos jours, presque tous les programmes s'installent d'eux-mêmes sitôt que leur CD a été inséré dans le lecteur. Si vous ne savez pas si un programme a bien été installé, cliquez sur le bouton Démarrer et cherchez dans la liste Tous les programmes. S'il s'y trouve, c'est que tout s'est déroulé normalement.

Si un programme ne s'installe pas spontanément, voici quelques conseils qui vous aideront :

- Vous devez disposer d'un compte d'Administrateur pour installer des programmes. C'est généralement le cas du possesseur de l'ordinateur. Ceci empêche les enfants et ceux qui possèdent un compte limité ou Invité d'installer des programmes n'importe comment. Les comptes d'utilisateurs sont expliqués au Chapitre 10.

- Vous avez téléchargé un programme ? Vista le stocke généralement dans le dossier Downloads, accessible en cliquant sur votre nom d'utilisateur, dans le menu Démarrer. Double-cliquez sur le nom du programme téléchargé pour l'installer.
- Beaucoup de programmes nouvellement installés veulent placer un raccourci sur le Bureau, dans le menu Démarrer et dans le menu Lancement rapide. Refusez toutes ces propositions hormis celle du menu Démarrer. Tous ces raccourcis finissent en effet par encombrer l'écran, rendant la recherche d'un programme difficile et fastidieuse. Vous pouvez supprimer sans problème ces raccourcis superflus en cliquant dessus du bouton droit et en choisissant Supprimer.
- TRUC Il est vivement recommandé de créer un point de restauration avant d'installer un nouveau programme (les points de restauration sont décrits au Chapitre 9). Ainsi, si le nouveau programme se détraque, vous pourrez utiliser la fonction de restauration du système pour rétablir l'ordinateur tel qu'il était avant l'installation du fauteur de troubles.

Quand un programme est dépourvu de logiciel d'installation...

Des programmes, notamment ceux de petite taille téléchargés depuis l'Internet, sont parfois dépourvus d'un installeur. Si vous en avez téléchargé un, créez un nouveau dossier à son intention et placez-y le fichier téléchargé (non sans l'avoir préalablement analysé avec l'antivirus). Double-cliquez ensuite sur le fichier du programme ; c'est souvent celui dont l'icône est la plus sophistiquée. L'une de ces deux choses peut se produire :

- Le programme démarre tout simplement : Cela signifie qu'il n'est pas nécessaire de l'installer. Tirez son icône jusque sur le bouton Démarrer et déposez-le afin de l'ajouter au menu Démarrer. Pour désinstaller le programme, cliquez dessus du bouton droit et choisissez Supprimer. Ce type de programme apparaît très rarement dans la liste de la fenêtre Désinstaller ou modifier un programme.
- Le programme s'installe de lui-même : Cela signifie que c'est fait. Le programme d'installation a été lancé, vous épargnant tout problème. Pour désinstaller le programme, utilisez la commande de désinstallation du Panneau de configuration.

Si le programme se trouve dans un dossier compressé, reconnaissable à sa fermeture Éclair, une autre étape est nécessaire. Cliquez du bouton droit dans le dossier compressé – ou "zippé", en jargon informatique –, choisissez Extraire tout, puis cliquez sur Extraire. Windows décompresse le contenu du dossier et le place dans un nouveau dossier dont le nom est généralement celui du programme. Vous pouvez à présent démarrer le programme directement ou, s'il a un installeur, le démarrer. Les dossiers compressés sont décrits au Chapitre 4.

Ajouter ou supprimer des éléments de Vista

Vous pouvez aussi vous défaire des parties de Windows Vista dont vous n'avez que faire, les jeux par exemple, si vous voulez empêcher vos employés d'y jouer.

Suivez ces étapes pour connaître les parties de Vista que vous pouvez ôter :

1. **Cliquez sur le menu Démarrer, choisissez Panneau de configuration et cliquez sur l'icône Programmes.**
2. **Dans la zone Programmes et fonctionnalités choisissez Activer ou désactiver des fonctionnalités Windows. Cliquez au besoin sur Continuer.**

   Windows ouvre une fenêtre répertoriant toutes ses fonctionnalités. Celles qui sont cochées sont déjà installées, celles qui ne le sont pas ne sont évidemment pas installées. Si une case est remplie (ni vide ni cochée) cela signifie qu'une partie seulement des composants est installée. Cliquez sur le bouton avec un signe "+" pour afficher tous ces composants et savoir lesquels sont installés et lesquels ne le sont pas.
3. **Pour ajouter un composant, cliquez dans sa case vide. Pour un ôter un, l'ensemble des jeux par exemple, décochez la case Jeux.**
4. **Cliquez sur le bouton OK.**

   Windows Vista ajoute et/ou supprime le ou les programmes. Le DVD de Vista vous sera peut-être demandé.

Choisir le programme par défaut

Microsoft permet aux fabricants de remplacer Internet Explorer, le Lecteur Windows Media, Outlook Express et Windows Messenger par des programmes d'autres éditeurs. C'est ainsi que votre nouvel ordinateur peut être équipé du navigateur Mozilla Firefox, à la place d'Internet Explorer. Sur certains PC, les deux sont installés.

Quand plusieurs programmes peuvent effectuer une même tâche – ouvrir un lien Web, par exemple –, Vista doit savoir lequel il doit lancer. C'est là que le choix du programme par défaut s'impose. Pour cela, ouvrez le Panneau de configuration depuis le menu Démarrer, choisissez Programmes, sélectionnez Programmes par défaut et cliquez sur Choisissez vos programmes par défaut.

Dans la fenêtre éponyme, les programmes sont répertoriés à gauche. Cliquez sur celui que vous utilisez le plus fréquemment puis choisissez Définir ce programme comme programme par défaut. Faites de même pour d'autres programmes de la liste puis cliquez sur OK.

Modifier Vista pour les handicapés

Windows peut être d'un abord difficile pour beaucoup de gens, mais pour d'autres s'ajoute un handicap physique. Le panneau Ergonomie a été conçu pour les aider et leur faciliter l'usage de Windows Vista.

Procédez comme suit pour modifier les paramètres de Vista :

1. **Cliquez sur le menu Démarrer, choisissez Panneau de configuration et cliquez sur l'icône Ergonomie et choisissez Centre Options d'ergonomie.**

   La fenêtre de la Figure 8.11 apparaît.

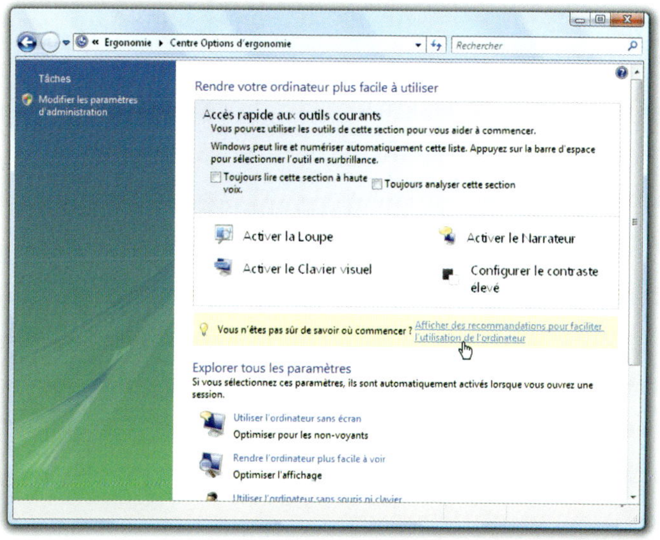

Figure 8.11 : La zone Centre Options d'ergonomie contient de nombreux paramètres susceptibles de faciliter l'usage de Windows par les handicapés physiques.

2. **Cliquez sur le lien Afficher les recommandations pour faciliter l'usage de l'ordinateur.**

   Cette option est pointée du doigt à la Figure 8.11. Windows pose une série de questions permettant d'évaluer les paramétrages nécessaires. Ensuite, Vista les applique et c'est tout.

   Les changements de Vista ne sont pas satisfaisants ? Passez à l'Étape 3.

3. **Effectuez les changements manuellement.**

   La fenêtre Centre Options d'ergonomie contient des commutateurs qui facilitent l'utilisation du clavier, de la souris, de l'écran et du son :

   - **Activer la loupe :** Conçue pour ceux qui ont une mauvaise acuité visuelle, cette option grossit l'écran autour du pointeur de la souris.

- **Activer le narrateur :** Une voix féminine lit le texte affiché à l'écran.
- **Activer le clavier visuel :** Affiche un clavier cliquable en bas de l'écran, permettant d'écrire en n'utilisant que la souris.
- **Configurer le contraste élevé :** Ce paramètre atténue considérablement les couleurs, mais permet aux malvoyants de mieux distinguer le contenu de l'écran et le pointeur.

Choisissez n'importe laquelle de ces options, qui devient immédiatement active. Fermez la fenêtre associée à la fonction si l'option d'ergonomie complique les choses au lieu de les arranger.

Si vous n'êtes toujours pas satisfait, passez à l'Étape 4.

4. **Choisissez un paramètre spécifique dans la zone Explorer tous les paramètres.**

   C'est ici que Vista passe aux choses sérieuses, en permettant d'optimiser Vista pour :

   - Les aveugles et les malvoyants.
   - Utiliser un autre périphérique que la souris ou le clavier.
   - Permettre le réglage de la sensibilité du clavier et de la souris afin de compenser la limitation des mouvements.
   - Activer des alertes visuelles à la place des notifications sonores.
   - Faciliter la concentration sur les zones de lecture et d'écriture.

   Certains centres pour handicapés disposent de logiciels et d'une assistance qui aident à tirer parti de ces modifications.

Les options pour ordinateurs portables

La zone PC mobile, visible uniquement sur les ordinateurs portables, permet de régler des paramètres que les utilisateurs nomades connaissent bien : la luminosité de l'écran, le réglage du volume sonore, l'économie de la batterie, la vérification du signal d'un réseau sans fil et la configuration d'affichages externes ou de projecteurs.

Les options supplémentaires

Quand Windows Vista est tout beau tout neuf, cette zone est vide. Mais au fur et à mesure que vous installerez d'autres logiciels ou équipements, comme une tablette graphique ou le module Quicktime, elle se remplira d'icônes supplémentaires, comme le montre la Figure 8.12.

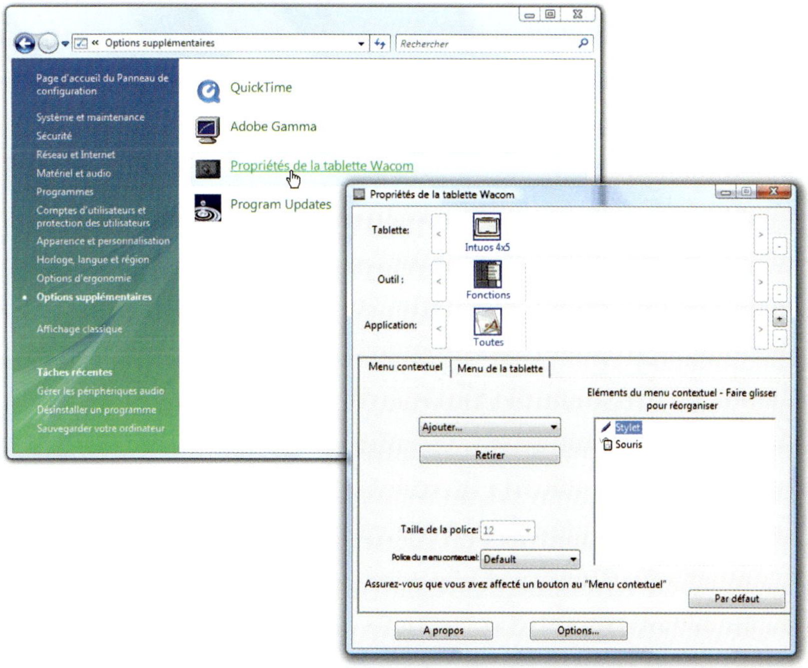

Figure 8.12 : Les nouveaux équipements apparaissent dans la zone Options supplémentaires du Panneau de configuration.

Notez que si vous avez opté pour l'affichage classique du Panneau de configuration, les icônes des options supplémentaires seront placées (dans l'ordre alphabétique) parmi celles qui se trouvent habituellement dans le Panneau de configuration.

Chapitre 9

Éviter que Vista plante

Dans ce chapitre :

- Créer un point de restauration.
- Sauvegarder les données de l'ordinateur.
- Libérer de l'espace sur le disque dur.
- Faire que l'ordinateur tourne plus vite.
- Rechercher et installer un nouveau pilote.

Dans ce chapitre, chaque section décrit une tâche relativement facile et indispensable pour que Windows tourne au mieux. Il n'est pas nécessaire de faire appel à un passionné d'informatique car la plus grande partie de cet entretien s'effectue avec les outils de maintenance intégrés à Windows – comme le programme Nettoyage de disque pour libérer de l'espace dans un disque dur encombré.

Vous apprendrez aussi à venir à bout de l'ennuyeux et sempiternel problème de "mauvais" pilote.

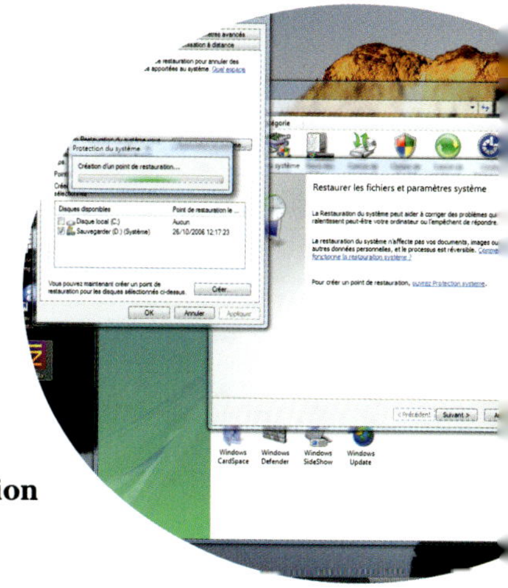

Créer un point de restauration

Quand votre ordinateur est mal en point, le programme Restauration du système,permet de remonter dans le temps jusqu'à une époque où l'ordinateur se portait comme un charme. Bien qu'il crée automatiquement des points de restauration, rien ne vous empêche de créer les vôtres. Un point de restauration permet de revenir à un point où votre ordinateur fonctionnait sans problème.

1. **Dans le menu Démarrer, cliquez sur Tous les programmes, Accessoires, Outils système puis Restauration du système.**

   La fenêtre Restauration du système apparaît.

2. **Cliquez sur le lien Ouvrez Protection système et cliquez sur le bouton Créer.**

   Située en bas à droite de la fenêtre Restauration du système, l'option Ouvrez Protection système donne accès à la page Propriétés système.

3. **Cliquez sur Créer, nommez le nouveau point de restauration puis cliquez sur Créer afin de l'enregistrer.**

   Windows Vista crée un point de restauration portant ce nom, vous laissant avec une tapée de fenêtres à fermer.

Régler Vista avec les outils de maintenance

Vista contient toute une panoplie d'outils destinés à le faire tourner le mieux possible. Plusieurs sont lancés automatiquement, limitant votre intervention à vérifier des commutateurs qui doivent être sur Activé. D'autres vous préparent à échapper au pire – la perte de vos données – en sauvegardant vos fichiers. Pour voir ces outils, cliquez sur le menu Démarrer, choisissez le Panneau de configuration et sélectionnez la catégorie Système et maintenance.

Voici les outils auxquels vous recourrez le plus souvent :

- **Centre de sauvegarde et de restauration :** Windows Vista est livré avec un programme de sauvegarde peu commode. Mais comme il est livré avec, vous n'avez aucune excuse de ne pas sauvegarder vos fichiers. Tout disque dur finit par tomber en panne, anéantissant tout ce qui s'y trouvait.
- **Système :** Les petits génies du support technique y font des incursions. La zone Système contient votre version de Vista, la puissance de votre PC et l'état du réseau, et aussi un indice de performance Windows.
- **Windows Update :** Ces outils permettent à Microsoft de greffer des mises à jour et des correctifs de sécurité sur votre PC, par une connexion Internet, ce qui est généralement une bonne chose. C'est là aussi que vous pouvez désactiver Windows Update, si vous le jugez utile.
- **Options d'alimentation :** Vous ne savez pas quelle est la différence entre la veille, la veille prolongée et l'arrêt ? Le Chapitre 2 l'explique. Cette partie vous laisse choisir le degré de léthargie de votre PC quand vous appuyez sur le bouton Arrêt (ou, pour les possesseurs d'ordinateurs portables, quand ils referment l'écran).
- **Outils d'administration :** L'un d'eux est particulièrement utile car il permet de libérer de l'espace dans le disque dur en éliminant tout ce qui ne sert plus à rien.

Toutes ces tâches seront décrites plus en détail dans les cinq prochaines sections de ce chapitre.

Sauvegarder les fichiers

Le programme de sauvegarde de Vista se distingue des autres en ce sens qu'il est à la fois très basique et malcommode à utiliser. Mais, si vous avez plus de temps que d'argent, c'est à lui que vous confierez la sauvegarde de fichiers importants. Si vous préférez un programme plus convivial, faites un tour dans une boutique informatique.

Trois ingrédients sont nécessaires pour utiliser le programme de sauvegarde de Vista :

- **Un graveur de CD ou de DVD, ou un disque dur externe :** Le programme de sauvegarde de Vista grave aussi bien des CD que des DVD, mais rien ne vaut un disque dur externe. Il suffit de le brancher sur le port USB 2.0 ou FireWire, et Vista le reconnaît instantanément.
- **Un compte d'Administrateur :** Vous devez avoir ouvert une session comme administrateur. Les comptes d'utilisateurs et les mots de passe sont expliqués au Chapitre 10.
- **Le programme de sauvegarde de Vista :** Il est livré avec toutes les versions de Windows Vista. Il ne fonctionne hélas pas automatiquement dans la version Édition Familiale Basique. Vous devez penser à le démarrer tous les soirs.

Ces trois éléments étant réunis, effectuez ces étapes afin que votre ordinateur sauvegarde vos fichiers automatiquement tous les mois (bien), toutes les semaines (c'est mieux) ou toutes les nuit (c'est parfait) :

1. **Ouvrez le Centre de sauvegarde et de restauration de Vista.**

   Cliquez sur le bouton Démarrer, choisissez Panneau de configuration, sélectionnez la catégorie Système et maintenance puis cliquez sur Centre de sauvegarde et de restauration.

2. **Cliquez sur le bouton Sauvegarder les fichiers.**

   Si vous utilisez la version Édition intégrale ou Entreprise, le Centre de sauvegarde et de restauration propose deux moyens légèrement différents de sauvegarder le PC, décrits chacun dans l'encadré. Mais là, vous cliquez sur le bouton Sauvegarder les fichiers.

   Le programme demande fort judicieusement où vous désirez sauvegarder les fichiers.

3. **Choisissez l'emplacement de la sauvegarde puis cliquez sur Suivant.**

   Vista est capable de sauvegarder sur presque tous les supports : CD, DVD, clé USB, disque dur externe et même sur un lecteur se trouvant sur un autre ordinateur du réseau (voir Chapitre 11).

   Bien que le choix dépende de la quantité de données à sauvegarder, la meilleure solution reste le disque dur externe, connecté à un port USB ou FireWire, permettant des sauvegardes à l'improviste.

Si vous n'en avez pas, les CD et DVD sont une bonne solution.

NOTE TECHNIQUE

Si vous tentez de sauvegarder sur le disque d'un autre ordinateur du réseau, Vista exigera que vous ayez un compte Administrateur et un mot de passe sur l'ordinateur distant.

Si Vista demande quel disque local il faut inclure dans la sauvegarde, choisissez Disque local C: (Système).

4. **Choisissez les types de fichiers à sauvegarder puis cliquez sur Suivant.**

Bien que Vista laisse le choix des types de fichiers à sauvegarder, comme le montre la Figure 9.1, il les sélectionne en fait tous. Si vous avez de bonnes raisons de ne pas sauvegarder certains d'entre eux, décochez-les dans la liste.

Si vous ne décochez aucune case, Vista sauvegarde tous les fichiers de tous les comptes d'utilisateurs du PC.

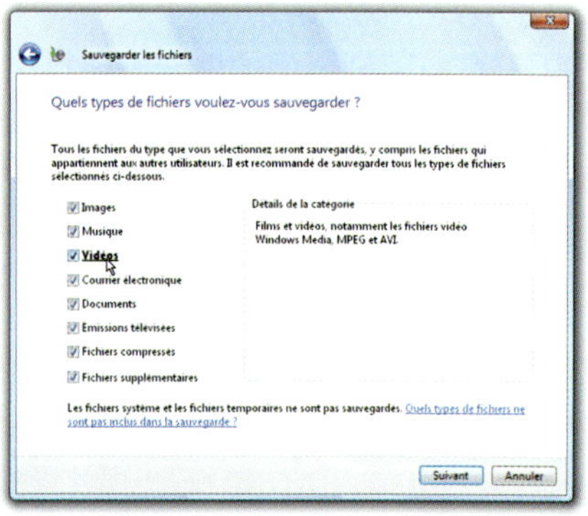

Figure 9.1 : Choisissez les types de fichiers à sauvegarder.

En revanche, Vista ne sauvegarde pas les programmes. Mais, comme vous avez sans doute bien rangé leurs disques d'installation, il vous suffira de les réutiliser au besoin.

NOTE TECHNIQUE

Vista sauvegarde tous les dossiers et fichiers de chaque compte d'utilisateur. Pour être plus précis, il s'agit du dossier `C:\Utilisateurs` et de tous ses sous-dossiers.

5. **Choisissez l'intervalle entre les sauvegardes, puis cliquez sur le bouton Enregistrer les paramètres et démarrer la sauvegarde.**

Choisissez entre la sauvegarde mensuelle, hebdomadaire (Figure 9.2) ou quotidienne, ainsi que l'heure où elle doit se produire. Vous pouvez choisir une heure où vous travaillez sur le PC, mais l'opération ralentit l'ordinateur.

TRUC

Pour plus de commodité, choisissez une sauvegarde quotidienne aux petites heures du matin. Si vous éteignez le PC le soir, choisissez un moment dans la journée.

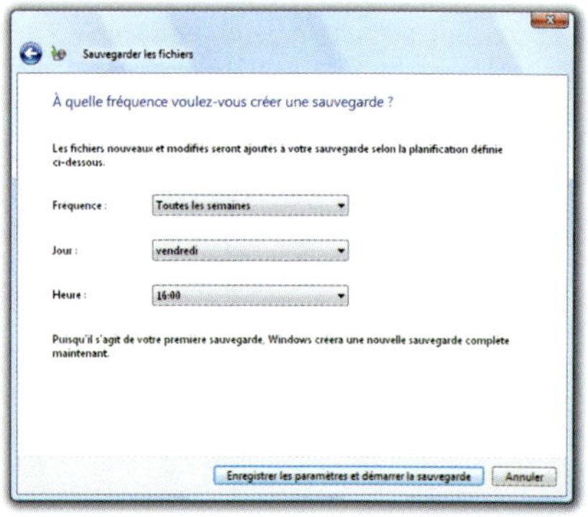

Figure 9.2 : Choisissez la fréquence, le jour et l'heure des sauvegardes automatiques.

Après avoir cliqué sur le bouton Enregistrer les paramètres et démarrer la sauvegarde, Vista commence immédiatement à transférer des données, même si aucune sauvegarde n'a été planifiée. C'est parce que le très vigilant Vista tient à ce que tout soit mis en lieu sûr maintenant, sans tarder, avant qu'un incident se produise.

6. **Restaurez quelques fichiers afin de tester la qualité de la sauvegarde.**

   Vérifiez que tout s'est bien déroulé. Répétez la première étape, mais choisissez Restaurer les fichiers. Suivez les indications de Vista jusqu'à ce que vous puissiez parcourir la liste des fichiers sauvegardés. Restaurez l'un d'eux en vous assurant qu'il est copié à son emplacement initial.

   Le programme de sauvegarde de l' Édition Familiale Basique ne peut pas être planifié. Si vous possédez cette version, vous devrez vous rappeler de sauvegarder vos fichiers au moins une fois par semaine.

- Pour que la sauvegarde se produise chaque nuit, l'ordinateur doit rester allumé ; en revanche, l'écran peut être éteint. Mon ordinateur tourne 24 heures sur 24, car la plupart des PC consomment moins de courant qu'une ampoule.
- Vista enregistre la sauvegarde dans un dossier nommé Vista, à l'emplacement choisi à l'Étape 3. Ne le déplacez pas car Vista serait incapable de le retrouver lors des restaurations.
- Après la première sauvegarde, Vista ne sauvegarde plus que les fichiers qui ont été modifiés depuis la dernière sauvegarde. Ne soyez pas surpris si les sauvegardes subséquentes sont beaucoup plus rapides ou exigent moins de CD ou de DVD. Éventuellement, Vista vous avisera que le moment est venu d'une sauvegarde complète qui, elle, est plus longue.

Faut-il sauvegarder l'intégralité du PC ?

Le Centre de sauvegarde et de restauration propose deux manières de sauvegarder le PC, très différentes l'une de l'autre :

- Sauvegarder les fichiers : C'est l'option choisie par la plupart des gens, et la seule disponible dans Vista Édition Familiale et dans Vista Édition Familiale Basique. Tous les fichiers sont réunis dans un dossier géant qui, au besoin, peut être réparti sur plusieurs CD ou DVD. Cette option permet de restaurer tout ou partie des dossiers et des fichiers.
- Sauvegarder l'ordinateur : Disponible seulement dans les versions Entreprise et Édition intégrale, cette option créé une "image" de la totalité du disque dur et la place dans un fichier géant, tout comme avec la technique "dossiers et fichiers". La différence réside dans le fait que la sauvegarde intégrale ne permet pas de restaurer quelques dossiers ou fichiers spécifiques, mais seulement la totalité de l'ordinateur, en écrasant tous les fichiers créés depuis la sauvegarde.

La sauvegarde de l'ordinateur est commode pour un nouveau PC, ou un PC que vous avez laborieusement configuré à votre manière. Vous disposez ainsi d'une base sûre que vous pourrez réinstaller en cas d'incident majeur. Mais pour la plupart des utilisateurs, c'est la sauvegarde des fichiers qui est la solution la plus souple et la plus commode.

Trouvez des informations techniques sur l'ordinateur

Pour savoir ce que Vista a dans les tripes, ouvrez le Panneau de configuration, choisissez Système et maintenance, puis Système. La fenêtre que montre la Figure 9.3 est une fiche technique pleine d'enseignements. Elle mentionne en effet :

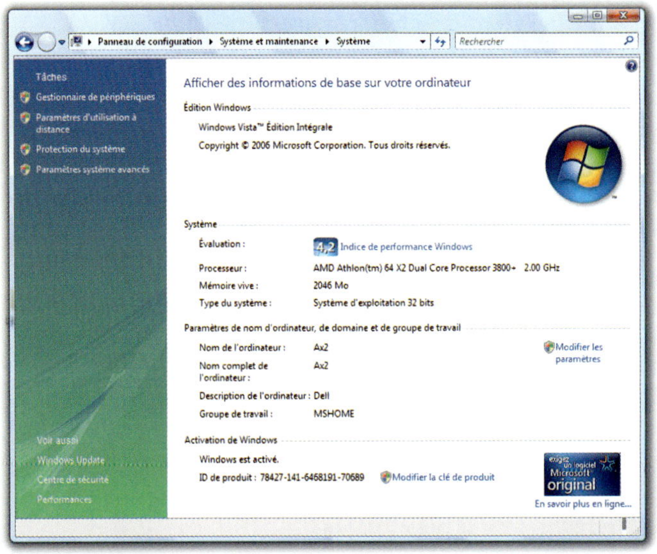

Figure 9.3 : Cliquer sur l'icône Système affiche les spécifications techniques de votre ordinateur.

- **La version de Windows :** Vista est décliné en plusieurs versions. Si vous devez travailler avec un ordinateur que vous ne connaissez pas, vous apprendrez ici laquelle est installée.
- **Le système :** Vista évalue les performances du PC et attribue un indice de performance de 1 (malingre) à 5 (costaud). Le type du microprocesseur est également mentionné ici, de même que la quantité de mémoire vive.
- **Le nom de l'ordinateur et le groupe de travail :** Ces informations sont indispensables pour connecter l'ordinateur à un réseau local.
- **Activation de Windows :** Pour éviter qu'un exemplaire de Vista soit installé sur plusieurs ordinateurs à la fois, Microsoft exige qu'il soit activé, ce qui l'associe à un seul et unique PC.

Le volet de gauche donne accès à quelques tâches plus avancées que vous apprécierez sans doute quand le PC fait des siennes :

- **Gestionnaire de périphériques :** Il recense tous les éléments matériels de votre PC, mais en termes assez techniques. Les éléments précédés d'un point d'exclamation posent problème. Double-cliquez dessus et choisissez Diagnostiquer.

- **Paramètres d'utilisation à distance :** Rarement utilisé, ce paramétrage compliqué autorise quelqu'un à contrôler votre PC au travers de l'Internet, généralement pour corriger un problème. Si vous connaissez l'une de ces personnes secourables, laissez-la vous expliquer par téléphone ou par un courrier électronique ce qu'il faut faire.
- **Protection du système :** Cette option sert à créer des points de restauration, décrits à la première section de ce chapitre, et à restaurer l'un d'eux afin de ramener l'ordinateur à un moment où il fonctionnait sans problème.
- **Paramètres système avancés :** Les techniciens professionnels passent beaucoup de temps ici. Les autres passent leur chemin.

La plupart des éléments de la zone Système de Vista sont assez compliqués. N'y touchez pas si vous n'êtes pas sûr de ce que vous faites, ou si quelqu'un du support technique ne vous a pas demandé de modifier un paramètre. Pour en avoir un aperçu, lisez l'encadré consacré au réglage des effets visuels de Vista.

NOTE TECHNIQUE

Accélérer le PC en atténuant les effets visuels

Tout en moulinant des chiffres en coulisses, Windows Vista tente d'en mettre plein la vue par des effets visuels : les menus et les fenêtres s'ouvrent et se ferment en douceur, une ombre esthétique borde les cadres et le pointeur de la souris. Si la carte graphique du PC est suffisamment musclée, le cadre des fenêtres est transparent, permettant de distinguer ce qu'il y a dessous.

Tous ces effets exigent des calculs graphiques qui réduisent quelque peu Vista. Pour privilégier les performances, allez dans le Panneau de configuration, choisissez la catégorie Système et maintenance, puis Système et, dans le volet de gauche, cliquez sur Paramètres système avancés. Dans la boîte de dialogue Propriétés système, cliquez sur l'onglet Paramètres avancés. A la rubrique Performances, cliquez sur le bouton Paramètres.

Pour que le PC mouline aussi vite que possible, activez l'option Ajuster afin d'obtenir les meilleures performances. Windows se passe de tous les effets graphiques et revient à un affichage plus classique, pour ne pas dire désuet, qui imite Windows 98. Pour revenir à un affichage plus flatteur mais plus lent, choisissez l'option Laisser Windows choisir la meilleure configuration pour mon ordinateur.

Libérer de l'espace sur le disque dur

Vista occupe plus de place sur le disque dur – une bonne dizaine de giga-octets – que n'importe quelle autre version de Windows. S'il est très rempli et que des programmes se plaignent de ne pas avoir assez de place, cette manipulation leur en fera :

1. **Cliquez sur le bouton Démarrer, choisissez Panneau de configuration, puis la catégorie Système et maintenance. Ensuite, à la rubrique Outils d'administration, cliquez sur Libérer de l'espace disque.**

   Vista demande s'il faut supprimer uniquement vos fichiers superflus ou ceux de tous les comptes d'utilisateurs.

2. **Choisissez l'option Les fichiers de tous les utilisateurs.**

   Cette étape vide la Corbeille et élimine les fichiers inutiles – notamment des fichiers temporaires générés par divers programmes – de tous les comptes d'utilisateurs.

   Si le PC demande quel disque il doit nettoyer, choisissez le premier de la liste, C:, puis cliquez sur OK.

3. **Vérifiez tous les éléments puis cliquez sur OK.**

   Vista présente la fenêtre Nettoyage de disque dur de la Figure 9.4. Cochez toutes les cases et cliquez sur OK. Quand vous sélectionnez l'intitulé d'une case, la rubrique Description, dans la partie inférieure de la fenêtre, explique ce que vous supprimerez.

4. **Cliquez sur Supprimer les fichiers, lorsque Vista vous demandera confirmation.**

   Vista vide ensuite la Corbeille, détruit les fichiers laissés dans l'ordinateur par des pages Web et supprime bien d'autres scories abandonnées dans le disque dur par divers programmes.

Figure 9.4 : Veillez à cocher toutes les cases.

TRUC

Pour obtenir un raccourci vers le nettoyeur de disque, cliquez sur le bouton Démarrer et tapez Nettoyeur de disque dans le champ Rechercher.

Ajouter des fonctions au bouton d'alimentation

Normalement, un appui prolongé sur le bouton marche-arrêt de votre PC l'éteint, que Vista soit prêt ou non. C'est pourquoi vous devez systématiquement quitter Vista avec son propre bouton, que vous trouvez en bas à droite du menu Démarrer, après avoir cliqué sur le petit bouton fléché à coté de l'icône en forme de cadenas. Vista se prépare alors à la fermeture.

Pour éviter de malmener Vista par une extinction intempestive, reprogrammez le bouton marche-arrêt de votre ordinateur portable ou de bureau de manière à ce qu'il n'éteigne pas le PC. Faites qu'il le mette en veille, le nouveau mode d'économie d'énergie de Vista.

Pour modifier le comportement du bouton marche-arrêt, choisissez Démarrer, Panneau de configuration, et sélectionnez la catégorie Système et maintenance. Choisissez Options d'alimentation. La fenêtre qui apparaît propose plusieurs configurations d'alimentation.

Dans le volet de gauche, cliquez sur Choisir l'action des boutons d'alimentation. Vous pouvez faire en sorte que les boutons d'alimentation et de mise en veille mettent l'ordinateur en veille, en veille prolongée, l'arrêtent, ou ne fassent rien (la différence entre la veille et la veille prolongée est décrite au Chapitre 2).

Pour plus de sécurité, cliquez sur Exiger un mot de passe afin que quiconque réveille le PC doive entrer un mot de passe pour accéder à vos données.

Pour accéder rapidement à cette fenêtre, tapez **Options d'alimentation** dans le champ Rechercher du menu Démarrer. Les possesseurs d'ordinateur portable trouveront une option supplémentaire permettant de modifier son comportement lorsqu'ils referment l'écran.

Configurer des périphériques rétifs (choisir un pilote)

Windows est doté d'une kyrielle de pilotes, ces petits programmes qui permettent à Windows de communiquer avec les périphériques que vous connectez à l'ordinateur. Normalement, Vista reconnaît un nouveau matériel, qui fonctionne aussitôt. Parfois, Vista fait une incursion sur l'Internet afin d'y récupérer quelques instructions avant de finir l'installation.

Mais de temps en temps, vous installez un périphérique qui est, soit trop nouveau pour Vista, qui n'a pas encore le pilote approprié, soit trop vieux pour que Vista ait cru bon de s'embarrasser d'un pilote hors d'âge. Ou alors, un équipement relié au PC fonctionne mal, et le Centre d'accueil de Vista couine qu'il faut un nouveau pilote.

Si Vista ne reconnaît ni n'installe automatiquement un nouveau périphérique qui vient d'être connecté, et cela même après avoir redémarré le PC, essayez ce qui suit :

1. **Visitez le site Web du fabricant et téléchargez le plus récent pilote pour Windows Vista.**

   L'adresse du site d'un fabricant figure souvent sur l'emballage, dans le manuel ou dans le CD d'installation. Si vous ne le trouvez pas, recherchez le nom du fabricant sur Google (`www.google.fr`) et localisez son site Web.

   NdT : Sur un emballage, l'adresse Web d'un fabricant est souvent celle de la maison mère, et le site est en anglais. Essayez l'adresse avec une extension `.fr` (exemple : `www.netgear.fr` au lieu de `www.netgear.com`) pour accéder directement au site francophone. Cette astuce fonctionne souvent mais pas toujours.

   Le site ne propose aucun pilote pour Vista ? Essayez avec celui pour Windows XP ou Windows 2000, car ils conviennent souvent (et n'oubliez pas de soumettre *tous* les fichiers téléchargés à l'antivirus).

2. **Exécutez le programme d'installation du pilote.**

   Parfois, double-cliquer sur le fichier téléchargé démarre le programme d'installation, qui se charge de tout. Dans ce cas, vous en avez fini. Autrement, passez à l'Étape 3.

Si le fichier téléchargé arbore une fermeture Éclair, cliquez dessus du bouton droit et choisissez Extraire tout afin de décompresser son contenu dans un nouveau dossier. Ce dernier porte le même nom que le fichier décompressé, ce qui permet de le localiser plus facilement.

3. **Dans le Panneau de configuration, choisissez Matériel et audio puis sélectionnez Gestionnaire de périphériques.**

   Le Gestionnaire de périphériques contient l'inventaire de tous les éléments matériels à l'intérieur de l'ordinateur ou qui sont connectés.

4. **Cliquez sur Action, dans la barre de menus du Gestionnaire de périphériques, et choisissez Ajouter un matériel hérité.**

   L'Assistant Ajout de matériel vous guide à travers les étapes de l'installation de votre nouveau périphérique et, au besoin, installe le nouveau pilote.

   Évitez les problèmes en procédant à la mise à jour du pilote. Celui qui était dans l'emballage est peut-être déjà ancien. Visitez le site Web du fabricant et téléchargez la dernière version. Il est possible qu'il corrige des problèmes signalés par les premiers utilisateurs.

Chapitre 10

Partager l'ordinateur en famille

Dans ce chapitre :

- Les comptes d'utilisateurs.
- Configurer, supprimer ou modifier des comptes d'utilisateurs.
- Se connecter à l'écran d'accueil.
- Passer rapidement d'un utilisateur à un autre.
- Les mots de passe.

L'un des points les plus cruciaux de la sécurité est de permettre à plusieurs personnes d'utiliser un même ordinateur sans que les uns puissent farfouiller dans les fichiers des autres.

Comment ? En attribuant à chacun un compte d'utilisateur qui sépare nettement l'actuel utilisateur de l'ordinateur de ceux qui y ont aussi accès. Quand quelqu'un ouvre une session avec son propre compte d'utilisateur, l'ordinateur affiche un Vista fait sur mesure : il retrouve son Bureau avec son arrière-plan personnalisé, ses icônes, ses programmes et bien sûr ses fichiers, mais sans pouvoir accéder aux éléments d'autrui.

Les bons comptes font les bons utilisateurs

Windows Vista exige la création d'un compte d'utilisateur pour toutes les personnes utilisant votre PC. Il existe trois sortes de comptes : Administrateur, Standard et Invité. Lorsqu'il s'installe devant l'ordinateur, un utilisateur clique sur son nom de compte, comme à la Figure 10.1.

Figure 10.1 : Dans Windows Vista, l'utilisateur clique sur son compte pour accéder à sa zone de travail.

L'intérêt de ces différents types de comptes est que chacun permet ou ne permet pas d'effectuer telle ou telle tâche. Si l'ordinateur était un vaste appartement, le compte Administrateur serait le propriétaire, chaque compte Standard un locataire, et le compte Invité quelqu'un qui voudrait utiliser la salle de bains. Voici l'équivalent de ce petit monde dans l'univers informatique :

- **Administrateur :** Le compte Administrateur contrôle la totalité de l'ordinateur, décidant qui utilise quoi et ce que chacun a le droit d'en faire. C'est généralement le propriétaire de l'ordinateur qui bénéficie de ce droit absolu. Il octroie les comptes à chacun des membres de la famille et use de son droit régalien pour décider selon son bon plaisir ce que chacun a l'insigne privilège de pouvoir faire.

- **Standard :** Les possesseurs d'un compte Standard peuvent utiliser largement l'ordinateur, mais sans pouvoir le modifier significativement. Ils ne peuvent pas installer des programmes, mais peuvent les exécuter. Dans Windows XP, ces comptes Standard s'appelaient des "comptes limités".
- **Visiteur :** Les visiteurs peuvent utiliser l'ordinateur, mais ils ne sont pas reconnus par leur nom. Un compte Visiteur ressemble à un compte Standard, mais sans confidentialité : quiconque ouvre une session Visiteur trouve le Bureau tel que le prédécesseur l'a laissé en sortant.

Voici comment les comptes sont généralement répartis :

- Dans une famille, les parents détiennent généralement un compte Administrateur, les enfants des comptes Standard et la baby-sitter ouvre une session avec le compte Invité.
- Dans une collectivité ou une colocation, le propriétaire détient le compte Administrateur, et les autres personnes ont un compte Standard ou Invité, selon le degré de confiance qui leur est accordé (et le désordre qu'ils ont laissé dans la cuisine).

Pour éviter que quelqu'un d'autre ouvre une session avec votre compte d'utilisateur, vous devez le protéger par un mot de passe. Cette formalité est décrite à la section "Mot de passe et sécurité", plus loin dans ce chapitre.

S'octroyer un compte Standard

Lorsqu'un programme malveillant parvient à s'introduire dans l'ordinateur, et que la session est ouverte avec un compte Administrateur, ce logiciel bénéficie de tous vos pouvoirs. C'est dangereux car un compte d'administrateur permet de supprimer quasiment n'importe quoi. C'est pourquoi Microsoft suggère de créer deux comptes pour vous-même : l'un Administrateur, l'autre Standard. C'est ce dernier que vous utiliserez pour votre travail quotidien.

En procédant ainsi, Vista vous traite comme n'importe quel utilisateur Standard. Si une activité nuisible s'engage dans l'ordinateur, Vista demande de taper le mot de passe d'un compte Administrateur. Si vous le faites, Vista autorise l'exécution de cette activité. Mais si cette demande d'exécution est inattendue, vous saurez qu'elle est suspecte et vous réagirez en conséquence.

Ce deuxième compte peut certes être une gêne, mais bien faible comparée à la sécurité accrue qu'il apporte.

Configurer ou modifier des comptes d'utilisateurs

En tant que citoyens de seconde zone, les possesseurs de comptes Standard manquent de pouvoir. Ils peuvent exécuter des programmes et modifier l'image de leur compte, par exemple, voire changer leur mot de passe. Mais ce sont les Administrateurs qui détiennent le véritable pouvoir : ils peuvent créer ou supprimer n'importe quel compte, interdisant effectivement à quelqu'un d'utiliser l'ordinateur (voilà pourquoi il ne faut jamais se brouiller avec l'administrateur d'un ordinateur).

En tant qu'Administrateur, vous créerez des comptes d'utilisateurs Standard pour tous ceux avec qui vous partagez l'ordinateur. Ils sont suffisamment puissants pour que l'on ne vienne pas vous enquiquiner à tout boutt de champ, tout en empêchant la suppression accidentelle de fichiers importants et la pagaille que quelqu'un pourrait semer dans l'ordinateur.

Procédez comme suit pour ajouter un autre compte au PC ou modifier un compte existant :

1. **Cliquez sur le bouton Démarrer, choisissez Panneau de configuration et, dans la zone Comptes d'utilisateurs ct protection des utilisateurs, choisissez Ajouter ou supprimer des comptes d'utilisateurs.**

   La fenêtre de la Figure 10.2 apparaît.

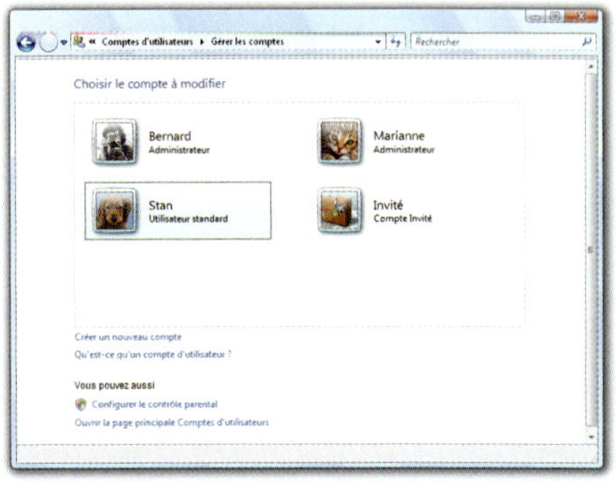

Figure 10.2 : Le gestionnaire de comptes sert à créer ou modifier des comptes d'utilisateurs.

2. **Créez un nouveau compte, si vous le désirez.**

   Après avoir cliqué sur Créer un nouveau compte, Windows vous laisse choisir entre un compte Standard ou Administrateur.

   Choisissez Standard, sauf si vous avez de bonnes raisons de créer un autre compte Administrateur. Tapez le nom du compte puis cliquez sur Créer un compte pour terminer.

   Passez à l'Étape 3 si vous désirez modifier un compte d'utilisateur.

3. **Cliquez sur le compte que vous désirez modifier.**

   Cliquez, soit sur le nom du compte, soit sur sa photo. La page qu'affiche ensuite Vista permet de :

   - **Modifier le nom du compte :** C'est le moment de corriger un coquille ou une faute d'orthographe, ou de choisir un pseudonyme.
   - **Créer un mot de passe :** Chaque compte d'utilisateur devrait en avoir un afin d'éviter qu'il soit squatté par quelqu'un d'autre. C'est ici que vous pouvez le créer ou le modifier.
   - **Supprimer le mot de passe :** Vous ne devriez pas utiliser cette option, mais elle a le mérite d'exister.
   - **Modifier l'image :** N'importe quel possesseur de n'importe quel type de compte peut modifier la photo. Il n'est donc pas nécessaire de le faire dès maintenant.
   - **Configurer le contrôle parental :** Le contrôle parental permet de restreindre les activités sur un compte. Vous apprenez quels programmes ont été utilisés par le détenteur du compte et quels sites Web il a visité, listés par date et heure.
   - **Modifier le type de compte :** Allez en ce lieu pour promouvoir un utilisateur Standard méritant en Administrateur tout puissant (la flagornerie est parfois payante), ou rétrogradez un Administrateur véreux en utilisateur lambda, c'est-à-dire Standard.

- **Supprimer le compte :** N'utilisez surtout pas cette fonction inconsidérément, car la suppression d'un compte entraînerait la disparition de tous les fichiers de son détenteur. Même la Restauration du système serait incapable de les récupérer.
- **Gérer un autre compte :** Enregistrez les modifications que vous venez de faire et commencez à modifier le compte de quelqu'un d'autre.

4. **Les modifications terminées, fermez la fenêtre en cliquant sur le petit "X", en haut à droite.**

   Les modifications sont immédiatement prises en compte.

Passer rapidement d'un utilisateur à un autre

Appelée "changement rapide d'utilisateur", la permutation entre les utilisateurs est des plus faciles. La touche Windows enfoncée – elle se trouve entre les touches Ctrl et Alt –, appuyez sur la touche L. Le bouton Changer d'utilisateur apparaît immédiatement, permettant de passer la main à quelqu'un d'autre.

Lorsque cette personne a terminé, elle ferme sa session normalement, en cliquant sur la petite flèche près du bouton Arrêt, dans le menu Démarrer, et en choisissant Fermer la session.

- Avec toutes ces permutations, vous finissez par vous demander dans quel compte vous vous trouvez. Pour le savoir, ouvrez le menu Démarrer : le nom du détenteur du compte figure en haut à droite. De plus, dans l'écran d'ouverture de Vista, la mention Session ouverte figure sous l'image de chaque utilisateur actuellement connecté.
- Ne redémarrez pas le PC pendant que d'autres personnes ont ouvert des sessions, faute de quoi elles perdraient tout leur travail en cours. Vista vous prévient de ce risque, donnant une chance aux autres utilisateurs de sauvegarder leurs fichiers.
- La permutation entre les utilisateurs est aussi possible en cliquant sur le bouton Démarrer, puis sur la petite flèche à droite du cadenas, et en choisissant enfin l'option Changer d'utilisateur.
- Si vous désirez modifier un paramètre de sécurité pendant que votre enfant est sur l'ordinateur, il n'est pas nécessaire d'activer un compte Administrateur. Modifiez directement le paramètre et, à l'instar de ce qui se serait produit si votre enfant l'avait fait, Vista demande un mot de passe. Tapez celui d'un Administrateur et Vista vous permet de changer la configuration, exactement comme si vous aviez ouvert une session sous votre nom.
- La fonction Changement rapide d'utilisateur ralentit les ordinateurs qui manquent de mémoire. Évitez-la si votre PC rame lorsque plusieurs comptes sont ouverts. N'ouvrez qu'un seul compte à la fois, en demandant à la personne qui l'utilise de le fermer lorsqu'elle cesse de travailler sur l'ordinateur.

Les servitudes des comptes Standard

Les détenteurs de compte Standard accèdent librement à leurs propres fichiers. Mais ils ne peuvent rien faire qui affecterait les autres utilisateurs, comme supprimer des programmes ou modifier des paramètres de l'ordinateur, ni même régler l'horloge. S'ils essayent, Vista gèle l'écran, exigeant un mot de passe d'Administrateur. C'est alors qu'un administrateur doit se déranger – jamais tranquille... – pour accéder à la demande.

Bien que certaines personnes apprécient ce surcroît de sécurité, d'autres ont l'impression d'être inféodés à leur PC. Il existe diverses manières de rendre Vista moins exigeant. Aucune n'est malheureusement la panacée :

- Accordez un compte Administrateur à tout le monde : Cette promotion autorise tout le monde à taper le mot de passe que demande l'écran d'alerte. C'est extrêmement risqué car n'importe qui peut faire n'importe quoi, y compris supprimer des comptes d'utilisateurs et tous les fichiers personnels qu'ils contiennent.
- Désactiver le contrôle du compte d'utilisateur : Choisissez cette option et Vista cesse d'être aux petits soins. Il n'affiche plus le panneau de demande de permission et ne s'occupe plus de la sécurité.
- Faire avec : Vous pouvez considérer que les incessantes interventions des écrans sécuritaires de Vista sont le prix à payer pour vivre à peu près tranquille dans ce qui est devenu une véritable jungle informatique. Définissez vous-même le degré de confort et de sécurité.

Si vous avez désactivé le contrôle du compte d'utilisateur et que vous désirez le rétablir, ouvrez le Panneau de configuration, choisissez la catégorie Comptes d'utilisateurs et protection des utilisateurs, puis Comptes d'utilisateurs et enfin, Activer ou désactiver le contrôle des comptes d'utilisateurs.

Modifier l'image d'un compte d'utilisateur

Pour changer l'image d'un compte, cliquez sur le bouton Démarrer puis sur photo, tout en haut du panneau. Dans la fenêtre qui apparaît, choisissez l'option Modifier votre photo. Vista permet de choisir dans la modeste photothèque que montre la Figure 10.3.

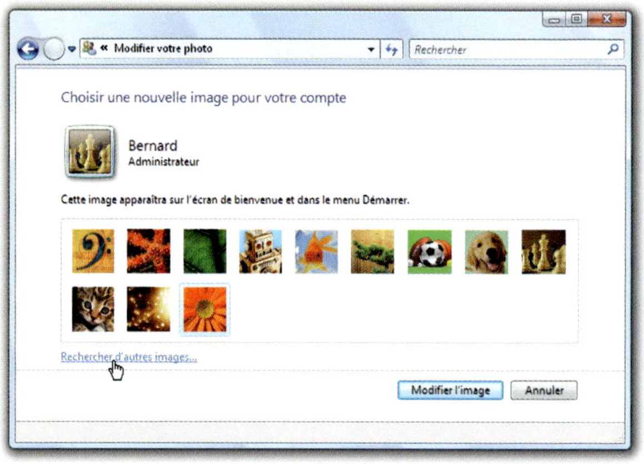

Figure 10.3 : Vista propose ces photos comme images de compte, mais vous pouvez utiliser les vôtres.

Pour utiliser une photo qui ne figure pas dans la photothèque, cliquez sur le lien Rechercher d'autres images. La fenêtre qui s'ouvre est celle du dossier Images, que Vista utilise notamment pour stocker les photos transférées depuis votre appareil photo numérique. Double-cliquez sur une photo qui vous plaît et Vista la colle aussitôt dans le petit cadre en haut du menu Démarrer.

Vous désirez une image qui se trouve dans votre appareil photo ou provenant du scanneur ? Voici quelques options supplémentaires :

- Vous pouvez récupérer n'importe quelle image sur l'Internet et l'enregistrer dans votre dossier Images pour en faire une image de compte.
- Ne vous inquiétez pas si l'image est trop grande ou trop petite. Vista la met automatiquement à la taille d'un timbre-poste afin qu'elle tienne dans le cadre (NdT : En revanche, veillez à ce qu'elle soit carrée, sinon le redimensionnement la déformera).
- Tous les utilisateurs, quel que soit leur type de compte – Administrateur, Standard ou Invité – peuvent modifier l'image de leur compte. C'est même une des rares choses qu'un compte Invité puisse changer.

Mot de passe et sécurité

Rien ne sert d'avoir un compte d'utilisateur s'il n'est pas protégé par un mot de passe. Autrement, n'importe qui pourrait profiter d'un moment où vous n'êtes pas là pour fouiller dans l'ordinateur.

Les comptes Administrateurs se doivent d'avoir un mot de passe. Autrement, il serait non seulement possible de fouiller dans l'ordinateur, mais aussi d'y causer des dégâts irrémédiables. A l'apparition du panneau de permission, il suffirait d'appuyer sur Entrée pour que le loup soit dans la bergerie.

Voici comment créer ou modifier un mot de passe :

1. **Ouvrez le menu Démarrer, choisissez Panneau de configuration puis sélectionnez Comptes d'utilisateurs et protection des utilisateurs.**

   La fenêtre des comptes d'utilisateur s'ouvre.

2. **Choisissez Modifier votre mot de passe Windows.**

   Ceux qui n'ont pas encore créé de mot de passe doivent, à la place, choisir Créer un mot de passe pour votre compte.

3. **Choisissez un mot de passe facile à retenir et tapez-le dans le champ Nouveau mot de passe (Figure 10.4). Retapez-le dans le champ Confirmer le nouveau mot de passe. C'est un moyen de détecter une éventuelle faute de frappe.**

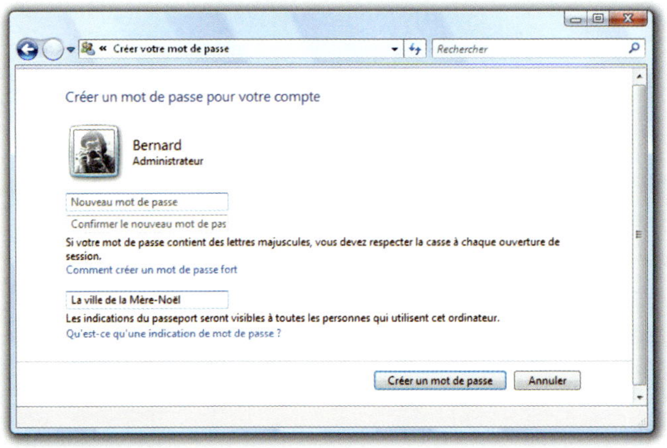

Figure 10.4 : Tapez votre mot de passe.

La modification d'un mot de passe s'effectue un peu différemment : la fenêtre affiche un champ Mot de passe actuel dans lequel vous devez, en toute logique, taper d'abord le mot de passe existant.

Vous trouverez un pcu plus loin des conseils pour créer de mots de passe sûrs.

4. **Dans le champ Entrez une indication de mot de passe, tapez un indice qui vous permettra de retrouver le mot de passe si vous l'avez oublié.**

   Veillez à ce qu'il ne soit compréhensible que par vous seul. Ne choisissez pas "Ma couleur de cheveux". Au travail, vous pouvez choisir "La marque de croquettes du chat" ou "Mon metteur en scène préféré". A domicile, choisissez quelque chose que vous seul connaissez, et surtout pas les enfants. N'hésitez pas à modifier le mot de passe de temps en temps. Vous en apprendrez plus sur les mots de passe au Chapitre 2.

5. **De retour dans la fenêtre des comptes d'utilisateurs, cliquez sur Créer un disque de réinitialisation de mot de passe, dans le volet gauche.**

   Ce disque peut être créé sur une disquette, dans une carte mémoire ou dans une clé USB.

Si vous oubliez le mot de passe, le disque de réinitialisation de mot de passe sera votre clé. Windows Vista vous autorisera à choisir un nouveau mot de passe. Mettez le disque en lieu sûr car quiconque le trouve aura accès à votre compte.

NOTE TECHNIQUE : La création du disque de réinitialisation de mot de passe ne formate pas le support et ne supprime aucune donnée qui s'y trouverait. Il ajoute uniquement un fichier nommé `userkey.psw` que Vista utilise pour réinitialiser votre mot de passe.

TRUC

Voici quelques conseils pour créer de meilleurs mots de passe :

- Mélanger des lettres, des chiffres et des symboles et optez pour une longueur de 7 à 14 caractères. N'utilisez jamais votre nom ou votre nom d'utilisateur. C'est la première chose que les filous essaient lorsqu'ils tentent de s'introduire dans l'ordinateur.
- Ne choisissez pas un nom commun comme "ornithorynque". Pensez à un mot qui ne figure pas dans un dictionnaire. Combinez deux mots pour en faire un troisième (c'est ce que l'on appelle des "mots-valise"). NdT : Ou alors, utilisez un mot dans une langue rare comme l'amharique, le malayalam, le tagalog ou le suisse-allemand du canton d'Appenzell.
- Les majuscules et les minuscules sont différenciées. *PopCorn* n'est pas la même chose que *popcorn*.

Chapitre 11

Relier des ordinateurs en réseau

Dans ce chapitre :

- Choisir entre un réseau filaire et un réseau sans fil.
- Acheter et installer le matériel.
- Configurer un réseau domestique.
- Relier deux ordinateurs rapidement et facilement.
- Partager une connexion Internet, des fichiers et des imprimantes.
- Localiser les autres ordinateurs sur un réseau.
- Dépanner un réseau.

L'achat d'un deuxième ordinateur pose un problème nouveau : comment deux PC peuvent-ils partager la même connexion Internet et la même imprimante ? Et comment faire migrer les fichiers de l'ancien vers le nouveau PC ?

Ce chapitre explique différentes manières de relier un groupuscule d'ordinateurs. Mais soyez prévenus : ce domaine est assez compliqué. Ne vous y aventurez pas sans avoir des droits d'Administrateur, un minimum de culture informatique et les nerfs assez solides, car il peut se passer un certain temps avant que tout fonctionne enfin.

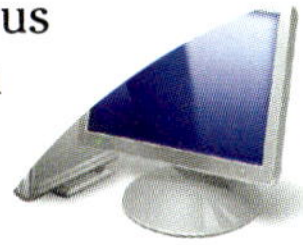

Les composants d'un réseau

Un réseau est un groupe d'ordinateurs reliés entre eux afin qu'ils puissent partager des données. Qu'ils soient d'une grande simplicité ou horriblement compliqués, tous les réseaux ont trois éléments en commun :

- **Une interface de réseau :** Chaque ordinateur d'un réseau doit être équipé de sa propre interface de réseau. Il en existe de deux types : si le réseau est filaire, il s'agit d'une carte de réseau équipée d'une prise pour le câble (sur beaucoup d'ordinateurs

de bureau et tous les portables, l'interface est intégrée à la carte mère). S'il s'agit d'un réseau sans fil, cette interface peut être une carte, voire une clé USB, qui sert d'émetteur-récepteur. Il est possible de créer un réseau filaire et sans fil car les deux technologies font bon ménage.

- **Un routeur :** Quand vous ne reliez que deux ordinateurs, chacun est capable d'échanger des données avec l'autre. En revanche, dès qu'ils sont plus nombreux, il leur faut une sorte de plaque tournante : le routeur. Chaque ordinateur est relié à un boîtier qui aiguille les données vers l'ordinateur auquel elles sont destinées.
- **Des câbles ou des émetteurs-récepteurs :** Les données sont acheminées, soit par des câbles de réseau, soit par une liaison hertzienne.

Après avoir connecté les ordinateurs entre eux par des câbles, une liaison sans fil, ou les deux à la fois, Windows Vista se mêle de la partie. S'il est dans ses bons jours, il établit aussitôt les échanges et tout communique. La plupart des réseaux informatiques sont en étoile, comme le montre la Figure 11.1.

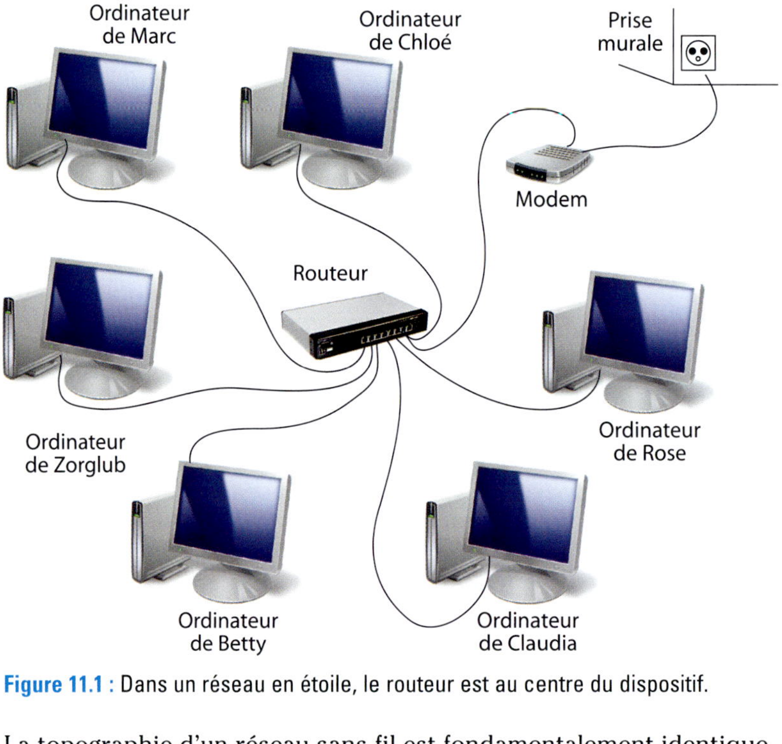

Figure 11.1 : Dans un réseau en étoile, le routeur est au centre du dispositif.

La topographie d'un réseau sans fil est fondamentalement identique, mais sans les câbles. Il est possible de mêler un réseau filaire à un réseau Wi-Fi, comme dans la Figure 11.2. Beaucoup de routeurs sont hybrides, à la fois filaires et sans fil, permettant de relier les ordinateurs aussi bien par des câbles Ethernet que par des liaisons hertziennes.

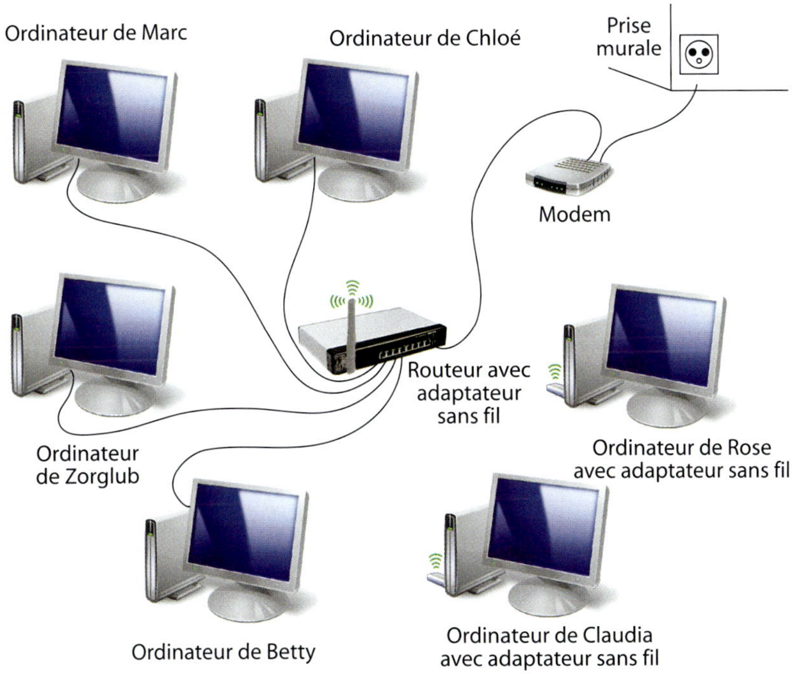

Figure 11.2 : L'ajout d'un routeur sans fil et d'adaptateurs de réseau sans fil (cartes ou USB) permet de créer un réseau hybride filaire/Wi-Fi.

Que choisir ? Filaire ou sans fil ?

Aujourd'hui, le mot Wi-Fi – abrégé de Wireless Fidelity – est entré dans le langage courant. Le Wi-Fi a mis fin en grande partie aux fouillis de câbles qui dégoulinaient de la table de l'ordinateur pour se répandre dans toute la maison et dans lesquels on se prenait les pieds. Le réseau sans fil est plus discret et plus élégant. Il repose sur des adaptateurs, en réalité des émetteurs-récepteurs qui convertissent les données en ondes radio à très haute fréquence et inversement.

L'inconvénient du Wi-Fi est l'atténuation du signal selon la distance et les obstacles. Plus elle est importante, plus le débit est ralenti. Si les ondes radio doivent franchir plus de deux murs, les ordinateurs risquent de ne pas pouvoir communiquer. Les réseaux sans fil sont aussi plus longs à réaliser car il faut configurer beaucoup plus de paramètres.

Les réseaux filaires ont un débit supérieur, sont plus efficaces et moins onéreux. Mais s'il n'est pas question qu'un câble traverse le salon et la salle de bains, le Wi-Fi est la meilleure solution. Rappelez-vous que les réseaux filaires et sans fil peuvent coexister.

Pour qu'un réseau sans fil puisse accéder à l'Internet, le routeur doit être équipé d'un point d'accès sans fil incorporé.

Configurer un petit réseau

Trêve de bavardage, voyons comment configurer, étape par étape, un petit réseau peu onéreux. Les sections qui suivent expliquent comment acheter les trois éléments d'un réseau – adaptateurs de réseau, câbles et routeur – pour que l'information puisse circuler entre tous les ordinateurs.

TRUC

Vous trouverez des instructions plus détaillées sur la mise en réseau dans mon livre *PC Mise à niveau et dépannage Pour les Nuls* (NdT : Et aussi dans *Les Réseaux Pour les Nuls* de Doug Lowe, et dans *Créer un réseau sans fil Pour les Nuls,* de Danny Briere, Walter R. Bruce III et Pat Hurley).

Le moyen le plus facile de relier des ordinateurs

Peut-être voudrez-vous seulement relier deux ordinateurs rapidement et facilement afin de transférer des données de l'un à l'autre. Si tous deux sont équipés d'un port FireWire – c'est le cas de beaucoup d'ordinateurs portables – la configuration est très simple : reliez-les par un câble FireWire, et le réseau est prêt à fonctionner, car Vista détecte aussitôt la connexion.

Pas de port FireWire ? Achetez alors deux cartes réseau (les PC récents sont équipés d'origine d'une prise pour le réseau) ainsi qu'un câble de réseau croisé, qui est une variante du câble Ethernet. Assurez-vous au moment de l'achat que le câble est bien croisé (c'est écrit en clair sur l'emballage), car avec un câble droit, la connexion ne pourrait pas s'établir. Reliez les deux ordinateurs et Vista se charge de les faire communiquer. Si l'un des ordinateurs accède à l'Internet, l'autre devrait également bénéficier de la connexion Internet.

Pour connecter deux ordinateurs équipés d'adaptateurs de réseau sans fil, laissez Vista établir la liaison en mode Had-hoc, sur le même canal, avec le même nom de groupe et le même type de sécurité et de mot de passe. Attention : tout cela est compliqué.

Acheter les éléments du réseau

Entrez dans une boutique d'informatique et ressortez-en avec, dans votre besace, les éléments ci-dessous, et vous serez paré pour créer le réseau :

Des câbles Fast Ethernet ou 100BaseT : Achetez un câble pour chaque ordinateur non équipé du Wi-Fi. Exigez du câble Ethernet, dont les prises ressemblent à celles du téléphone, mais un peu plus grosses (les connecteurs de téléphone sont de type RJ-11, ceux du câble Ethernet de type RJ-45). Les câbles Ethernet sont aussi appelés Cat-5 (de catégorie 5) ou TPE (*Twisted Pair Ethernet,* paire torsadée Ethernet). Leur dénomination comporte parfois aussi un chiffre qui quantifie leur débit maximal : 10, 100 ou 1 000. Dans le doute, achetez du câble Fast Ethernet ou 100BaseT.

Quelques immeubles sont précâblés, avec des prises de réseau aux murs, ce qui évite de devoir tirer des câbles à travers les pièces. Si vos ordinateurs sont trop éloignés pour envisager le câble, achetez du matériel Wi-Fi, décrit un peu plus loin.

Des adaptateurs réseau : Chaque ordinateur du réseau doit être équipé d'une carte réseau interne ou externe. Sur les ordinateurs récents et bon nombre de portables, la carte est intégrée, avec en plus des fonctionnalités Wi-Fi, ce qui permet de se connecter à n'importe quel réseau, filaire ou non.

Si vous devez acheter des cartes réseau, vérifiez que :

- La carte réseau est équipée d'un connecteur Ethernet 10/100. Elle peut se brancher à un port USB ou être insérée dans un emplacement libre à l'intérieur du PC.
- L'emballage indique qu'elle est Plug and play ("branchez, ça marche") et compatible Windows Vista.

Le routeur : Beaucoup de routeurs sont aujourd'hui Wi-Fi et certains intègrent même un modem. Votre achat dépendra de votre connexion Internet et des cartes réseau :

- Les bénéficiaires d'une connexion à haut débit doivent acheter un routeur (Figure 11.3) équipé de suffisamment de ports pour tous les ordinateurs du réseau. Si vous avez besoin d'une connexion sans fil, peut-être pour vous installer à l'extérieur avec votre portable, achetez un routeur doté d'un accès sans fil. Ceux qui se connectent en bas débit feront une économie en achetant un commutateur, beaucoup moins cher, équipé lui aussi de suffisamment de ports pour tous les ordinateurs. Un commutateur fonctionne exactement comme un routeur, sauf qu'il n'a pas de prise permettant d'y brancher un modem à haut débit (NdT : Il est toutefois possible de brancher le modem ADSL ou câble au port USB d'un des ordinateurs, et brancher la totalité du parc d'ordinateur au commutateur. Cette configuration est efficace et très bon marché.

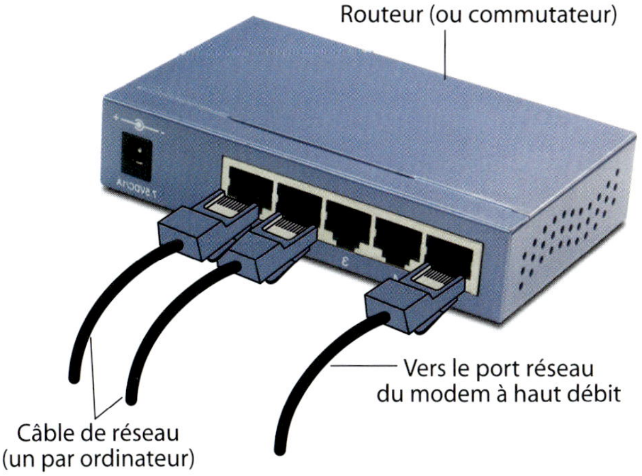

Figure 11.3 : Le routeur ou le commutateur doit comporter suffisamment de ports pour chaque câble relié à un ordinateur. Si c'est un routeur, comme sur l'illustration, il doit aussi avoir un port réservé au modem.

- Si tout ou une partie de vos ordinateurs communiquent sans fil, assurez-vous que le routeur possède des capacités Wi-Fi. Si vous utilisez un commutateur, reliez-le à un point d'accès. Ce dernier peut desservir simultanément des dizaines d'ordinateurs Wi-Fi à la fois.
- Acheter la même marque de routeurs Wi-Fi et d'adaptateur de réseau Wi-Fi facilite leur configuration.

Voilà pour la liste d'achat. Il ne vous reste plus qu'à vous précipiter à la boutique informatique.

Installer un réseau filaire

Après avoir acheté les éléments du réseau, vous devrez les relier entre eux. Windows Vista devrait reconnaître automatiquement les nouvelles cartes réseau et les faire joyeusement communiquer :

1. **Éteignez et débranchez tous les ordinateurs de votre futur réseau.**

   Débranchez-les aussi de la prise électrique.

2. **Débranchez tous les périphériques de tous les ordinateurs : moniteurs, imprimantes, modems...**

3. **Installez des adaptateurs de réseau.**

   Insérez les adaptateurs USB dans les ports USB des ordinateurs. Si vous avez acheté des cartes réseau, ôtez le capot de chaque ordinateur puis insérez chaque carte dans le connecteur approprié. Si votre environnement est chargé en électricité statique, touchez le châssis de l'ordinateur afin de la décharger.

4. **Remontez les capots des ordinateurs puis tirez des câbles entre le routeur (ou le commutateur) et chaque ordinateur.**

   A moins d'utiliser des adaptateurs sans fil, vous devrez tirer des fils à travers la pièce, en les faisant passer sous les tapis ou contourner les portes. La plupart des routeurs doivent aussi être branchés sur le secteur.

5. **Les abonnés à l'Internet à haut débit doivent brancher leur modem à la prise WAN du routeur.**

   Sur les routeurs, le port WAN (*Wide Area Network,* réseau étendu) est réservé au modem. Les ordinateurs se branchent sur les ports LAN (*Local Area Network,* réseau local), qui sont numérotés.

   Les utilisateurs qui se connectent en bas débit peuvent laisser leur modem téléphonique branché à l'ordinateur. Lorsque ce dernier sera allumé et connecté, tous les autres ordinateurs auront accès à l'Internet.

6. **Allumez tous les ordinateurs et leurs périphériques.**

   Rallumez les ordinateurs, les écrans, imprimantes, modems, etc.

7. **Sélectionnez un emplacement pour le réseau.**

Lorsqu'au démarrage Vista détecte le nouvel équipement de réseau, il demande de préciser son emplacement : au domicile, sur le lieu de travail ou dans un lieu public. Vista adapte automatiquement le niveau de sécurité à l'environnement choisi : sûr chez soi ou au bureau, moins sûr en public.

Si tout se passe bien, Vista établit aussitôt la communication. Si l'adaptateur de réseau était livré avec un CD d'installation, insérez-le maintenant (si l'installation ne démarre pas automatiquement, double-cliquez sur le fichier Setup pour la lancer).

Si au contraire tout ne s'est pas bien passé, vous avez sans doute besoin d'un nouveau pilote pour l'adaptateur de réseau, une tâche expliquée au Chapitre 9.

Vista se débrouille très bien avec les ordinateurs du réseau. Après les avoir correctement connectés et redémarrés, il y a de fortes chances qu'ils communiquent désormais tous entre eux. Autrement, redémarrez-les.

Gardez ces quelques recommandations à l'esprit lorsque vous configurez votre réseau :

- Windows Vista partage automatiquement un document avec tous les PC du réseau : le dossier Public ainsi que les sous-dossiers qu'il contient. Tout fichier que vous placez dedans est disponible à tous les utilisateurs de votre PC et aussi à tous ceux sur le réseau. Le partage des fichiers, dossiers, imprimantes et autres éléments est expliqué plus loin dans ce chapitre, à la section "On partage tout."

- Dans Windows XP, le dossier partagé s'appelait "Documents partagés". Dans Vista, il se nomme "Public", mais les deux ont le même usage : fournir un emplacement accessible à tous les autres utilisateurs, sur le réseau.
- Cliquez sur le menu Démarrer et choisissez Réseau pour voir tous les autres ordinateurs du réseau (Figure 11.4).

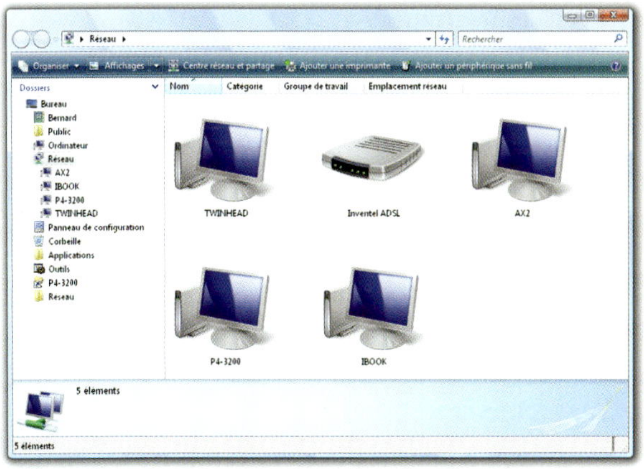

Figure 11.4 : Tous les ordinateurs de ce réseau hybride (filaire et Wi-Fi) et de surcroît hétérogène (trois PC et un iBook d'Apple) sont visibles.

- Si les PC ne communiquent pas entre eux, assurez-vous que tous utilisent le même nom de groupe, comme l'explique l'encadré "Noms de groupe et Windows XP".

NOTE TECHNIQUE

Noms de groupe et Windows XP

Le nom d'un réseau est appelé "nom de groupe" et, pour quelque obscure raison, Microsoft utilise des noms différents dans les diverses versions de Windows, d'où des problèmes lorsque vous mettez des ordinateurs sous XP et sous Vista en réseau.

Sous Windows XP, les PC utilisent par défaut le nom de groupe MSHOME. Mais sous Vista, c'est le nom de groupe WORKGROUP qui est utilisé. Le résultat ? Placez ces ordinateurs dans un même réseau, et ils seront incapables de se reconnaître. Les PC du groupe MSHOME chercheront en vain ceux du groupe WORKGROUP et réciproquement.

La seule solution consiste à leur donner à tous un même nom de groupe, en procédant ainsi :

1. **Sur un PC sous Vista, cliquez sur le bouton Démarrer, cliquez du bouton droit sur Ordinateur puis choisissez Propriétés.**

   Les informations de base de l'ordinateur apparaissent.

2. **Dans le volet de gauche, cliquez sur Paramètres système avancés.**

   La boîte de dialogue Propriétés du système s'ouvre sur l'onglet Nom de l'ordinateur.

3. **Cliquez sur le bouton Modifier.**

   La boîte de dialogue Modification du nom ou du domaine de l'ordinateur apparaît.

4. **Sous l'option Groupe de travail, remplacez WORKGROUP par MSHOME.**

   L'ordinateur sous Vista rejoint ainsi le même groupe que les autres ordinateurs sous Windows XP.

   Vous pouvez aussi faire l'inverse : renommer WORKGROUP le groupe d'appartenance des ordinateurs sous XP. La procédure est identique, sauf qu'il faut cliquer du bouton droit sur Poste de travail au lieu de Ordinateur, à l'Étape 1, puis cliquer sur l'onglet Nom de l'ordinateur.

   Une recommandation : ne confondez pas le nom de l'ordinateur avec le nom du groupe. Ce sont deux notions fondamentalement différentes.

5. **Cliquez sur OK pour fermer les fenêtres et, lorsque cela vous le sera demandé, cliquez sur le bouton Redémarrer maintenant.**

   Répétez ces étapes pour tous les ordinateurs du réseau en veillant à ce qu'ils aient tous un même nom de groupe.

Se connecter en Wi-Fi

La création d'un réseau domestique sans fil s'effectue en deux phases :

- La première consiste à configurer le point d'accès ou le routeur qui enverra les données vers les PC et en recevra d'eux.
- La seconde est la configuration de Vista sur chacun des PC afin qu'ils puissent détecter le signal puis échanger des informations.

Cette section est consacrée à ces deux délicates tâches.

Configurer un point d'accès ou un routeur sans fil

Le Wi-Fi apporte le même confort que la téléphonie sans fil, mais il est autrement plus compliqué à configurer qu'une connexion filaire. Il s'agit en effet de configurer des petits émetteurs-récepteurs radio branchés à votre ordinateur. Vous devez vous soucier de la force du signal hertzien, trouver le signal approprié et aussi entrer des mots de passe afin d'éviter les gens du voisinage de s'introduire dans votre réseau.

Le transmetteur sans fil, connu sous le nom de WAP (*Wireless Access Point,* point d'accès sans fil), est soit intégré au routeur, soit connecté à l'un de ses ports. Les diverses marques d'équipement sans fil ont hélas développé chacune leur propre programme d'installation, de sorte qu'il est impossible de proposer des instructions étape par étape pour configurer un routeur en particulier.

Toutefois, les logiciels d'installation ont en commun ces trois paramètres :

- **Un nom de réseau :** Ce nom appelé SSID (*Service Set Identifier,* identifiant de l'ensemble des services) identifie votre réseau. Choisissez-en un facile à retenir. Par la suite, lorsque vous vous connecterez au réseau sans fil avec l'un des ordinateurs, c'est ce nom que vous sélectionnerez. Si plusieurs SSID sont affichés, les autres sont sans doute ceux de voisins disposant eux aussi d'un réseau sans fil.

  NdT : Les équipements de réseau sans fil sont vendus avec un SSID par défaut, par exemple WANADOO-0123 pour la Livebox ou NETGEAR pour les routeurs de cette marque. Tous les acheteurs d'un même équipement auront donc le même nom de réseau, ce qui peut poser problème lorsqu'ils sont voisins et à portée les uns des autres. C'est pourquoi il est vivement recommandé de toujours personnaliser le SSID de votre réseau.

- **L'infrastructure :** C'est l'une des deux options systématiquement proposées, et que vous devez choisir. L'autre s'appelle Ad-hoc.
- **La sécurité :** Cette option crypte les données envoyées dans les airs. Activez-la en utilisant les paramètres recommandés.

Certains routeurs sont équipés d'un programme d'installation qui permet de modifier ces paramètres. D'autres contiennent un programme incorporé auquel vous accédez avec le navigateur Web de Windows.

Notez sur un bout de papier les trois paramètres que nous venons de citer, car vous devrez les entrer dans les différents ordinateurs du réseau sans fil, une tâche décrite dans la prochaine section.

Paramétrer Vista pour la connexion sans fil

Après avoir configuré le routeur ou le point d'accès pour qu'ils émettent des signaux, vous devez indiquer à Vista comment il peut les recevoir.

Voici comment faire pour vous connecter à un réseau sans fil, que ce soit d'un lieu public (un cybercafé, un hôtel, un aéroport...) ou chez soi :

1. **Activez l'adaptateur réseau, si nécessaire.**

   Sur de nombreux ordinateurs portables, l'adaptateur Wi-Fi est inactif afin d'économiser la batterie. Pour ce faire, cliquez sur le bouton Démarrer, ouvrez le Panneau de configuration, choisissez PC mobile et, dans le Centre de mobilité, cliquez sur le bouton Activation sans fil. Il ne se passe rien ? Dans ce cas, vous devrez étudier attentivement le manuel.

2. **Dans le menu Démarrer, choisissez Connexion.**

   Windows montre tous les réseaux sans fil qui se trouvent à portée et indique la force de leur signal (Figure 11.5). Ne vous étonnez pas de voir plusieurs réseaux en même temps.

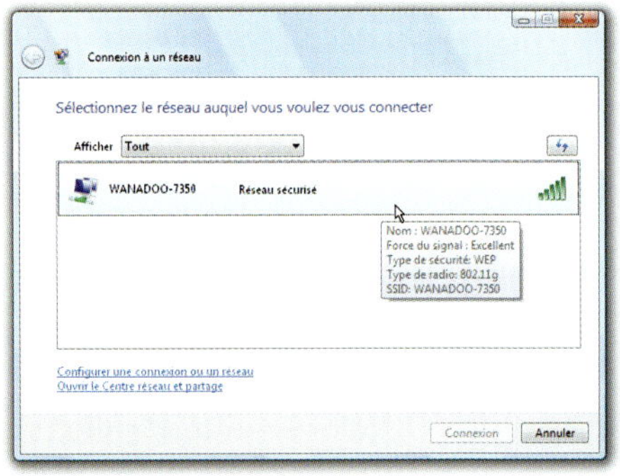

Figure 11.5 : Vista a repéré un réseau à portée de l'ordinateur. Il affiche son nom (le SSID), indique si le réseau est sécurisé et montre la force du signal.

   Au moment de se connecter à un réseau sans fil, Vista affiche trois paramètres :

   - **Le nom du réseau :** C'est, comme nous l'avons expliqué précédemment, son SSID. Comme plusieurs réseaux sans fil peuvent émettre dans une même zone et s'interpénétrer, leur SSID permet de les différencier. Choisissez le SSID de votre routeur ou de votre point d'accès ou, en voyage, celui du réseau sans fil du cybercafé ou de l'hôtel.

   - **Sécurité :** Les réseaux apparaissant avec la mention "Réseau non sécurisé" n'exigent pas de mot de passe. Cela signifie que vous pouvez vous y connecter et surfer aussitôt sur le Web gratuitement, même si vous ne savez pas à qui peut bien appartenir ce réseau. Sans mot de passe, un réseau est ouvert à n'importe qui. Les réseaux non sécurisés sont parfaits pour une incursion rapide sur le Web, mais ne sont pas du tout sûrs pour des achats en ligne. Un réseau sécurisé est en revanche plus sûr car le mot de passe filtre tous les importuns.

   - **Force du signal :** Ce système à barre est comparable à l'indicateur de la qualité de réception d'un téléphone mobile : plus les barres sont nombreuses, plus le signal est fort. Si deux barres ou moins sont affichées, la connexion est terriblement sporadique.

NOTE TECHNIQUE

Pour revenir à une étape précédente, cliquez sur le bouton fléché Précédent, en haut à gauche de la fenêtre.

3. **Connectez-vous au réseau de votre choix en cliquant sur son nom puis sur Connexion.**

   Si vous avez repéré le nom (ou SSID) de votre réseau, cliquez dessus puis sur Connecter. Sinon, passez à l'Étape 6.

4. **Choisissez si vous vous connectez depuis la Maison, le Travail, ou un Lieu public.**

   Au moment de vous connecter, Vista demande si vous vous connectez de chez vous, sur votre lieu de travail ou depuis un lieu public afin de sélectionner le niveau de sécurité approprié, qui est respectivement moyen, fort ou renforcé.

   Si vous vous connectez à un réseau non sécurisé, sans mot de passe, Vista vous prévient de cette particularité. Cliquez sur Connexion et vous voilà en ligne.

   Mais si vous vous connectez à un réseau sécurisé, Vista exige un mot de passe, comme il l'est expliqué à la prochaine section.

5. **Entrez un mot de passe s'il est exigé, puis cliquez sur Connexion.**

   Lorsque vous tentez de vous connecter à une connexion sans fil sécurisée, Vista affiche la boîte de dialogue de la Figure 11.6, où Vista demande le mot de passe.

   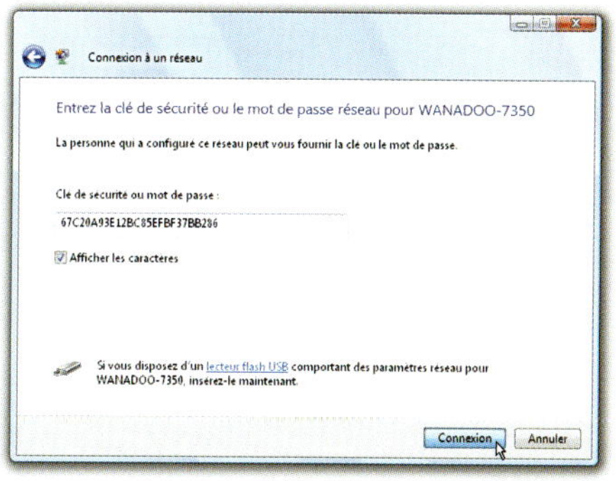

   Figure 11.6 : Entrez le mot de passe du réseau puis cliquez sur Connexion.

   Ce mot de passe est celui que vous avez entré dans le routeur en configurant votre réseau sans fil.

   Si vous vous connectez au réseau sans fil d'un lieu public, il est possible que la connexion soit payante. Dans ce cas, préparez votre carte bancaire.

   Le nom du réseau sans fil n'est pas affiché ? Passez à l'Étape 6.

6. **Connectez-vous à un réseau non listé.**

   Si le nom de votre réseau sans fil n'apparaît pas, cela peut être pour deux causes :

   - **Un signal trop faible :** A l'instar des stations de radio et des émetteurs de téléphones mobiles, les réseaux sans fil ont une portée limitée. En terrain libre, sans obstacle, le signal Wi-Fi porte à une centaine de mètres, mais en intérieur, les murs, planchers et plafonds réduisent sensiblement la zone couverte. Dans ce cas, essayez de rapprocher l'ordinateur du point d'accès ou du routeur sans fil. Essayez différents emplacements en cliquant chaque fois sur le bouton Actualiser jusqu'à ce que le réseau apparaisse.

- **Il est masqué :** Pour des raisons de sécurité, certains réseaux sans fil apparaissent avec la mention Sans nom. Cela signifie que vous devez connaître le nom réel du réseau et le taper pour pouvoir vous y connecter. Si vous pensez que c'est là votre problème, passez à l'Étape suivante.

7. **Cliquez sur un réseau sans fil nommé Sans nom puis cliquez sur Connexion.**

   Lorsqu'il vous le sera demandé, entrez le nom du réseau – son SSID – et, si exigé, le mot de passe. Après avoir obtenu ces deux informations, Vista ouvre la connexion.

Une fois connectés, les autres ordinateurs du réseau peuvent tous accéder à l'Internet. Si vous rencontrez toujours des problèmes de connexion, voici quelques conseils qui pourront s'avérer utiles :

- Quand Vista ne parvient pas à établir la connexion au réseau sans fil, il propose deux choix : Diagnostiquer la connexion ou Se connecter à un autre réseau. Ces deux messages peuvent se traduire par : "Rapprochez-vous du point d'accès ou du routeur sans fil."
- Si vous ne parvenez pas vous connecter au réseau désiré, essayez plutôt avec un réseau non sécurisé. Il est parfait pour surfer sur le Web tant que vous ne divulguez pas de renseignements confidentiels (mot de passe, numéro de carte bancaire ou autres informations sensibles).
- À moins de lui avoir spécifié le contraire, Vista mémorise le nom et le mot de passe des réseaux auxquels vous avez réussi à vous connecter précédemment, vous épargnant ainsi la corvée de les taper à nouveau. Le PC s'y reconnectera automatiquement chaque fois qu'il est à portée.
- Les téléphones sans fil et les fours à micro-ondes ont tendance à interférer avec les réseaux sans fil. Évitez que le téléphone sans fil se trouve à proximité du PC et ne réchauffez pas votre quiche lorraine pendant que vous surfez sur le Web.
- Si vous tenez à en savoir plus sur les réseaux, je vous recommande la lecture de mon livre *PC Mise à niveau et dépannage Pour les Nuls* (NdT : Et *Les Réseaux Pour les Nuls* et *Créer un réseau sans fil Pour les Nuls,* déjà cités dans ce chapitre).

On partage tout

Même après avoir configuré votre réseau, Vista ne vous permettra pas encore de voir les ordinateurs connectés au réseau ou leurs fichiers. Rien d'étonnant à cela, car une autre mesure de sécurité empêche les ordinateurs de communiquer ou de partager des fichiers sur votre réseau privé. Voici comment rendre Vista un peu moins porté sur la sécurité :

1. **Cliquez sur le bouton Démarrer et choisissez Réseau.**

   Vous verrez sûrement les icônes de tous les ordinateurs connectés au réseau (reportez-vous à la Figure 11.4, précédemment). Pour vous connecter à l'un d'eux, double-cliquez sur son nom ou sur son icône. Vous risquez toutefois d'accéder aux fichiers qui sont sur votre PC, mais à aucun des autres PC tournant sous Vista. Pour voir ces fichiers, passez à l'étape suivante.

TRUC

Vous ne voyez aucun des autres PC sous Windows XP du réseau ? Corrigez ce problème en vous reportant à l'encadré "Noms de groupe et Windows XP", précédemment dans ce chapitre.

2. **Cliquez sur le bouton Centre réseau et partage.**

   Ce bouton, visible dans la barre d'outils de la Figure 11.4, vous amène à la fenêtre du Centre réseau et partage (Figure 11.7).

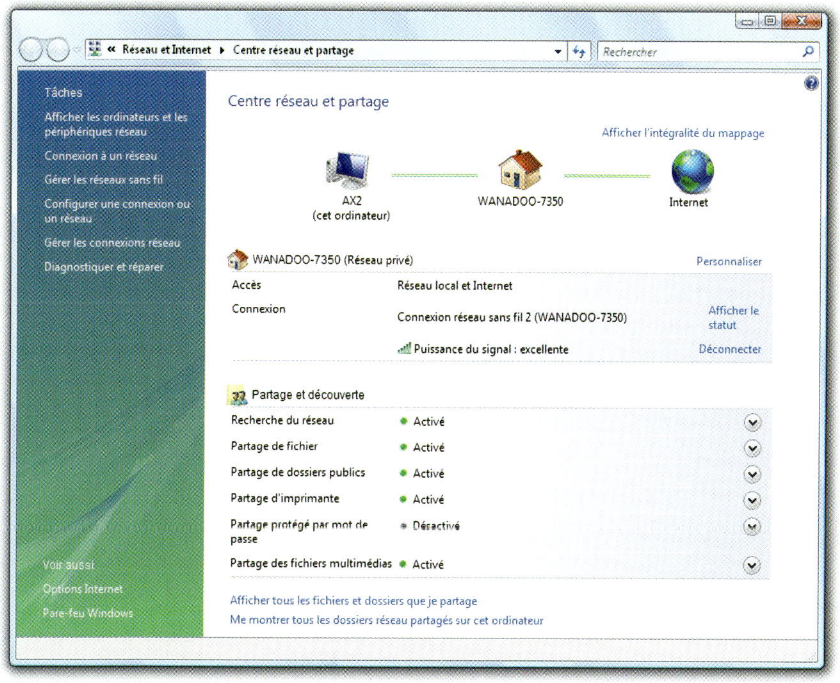

Figure 11.7 : Cliquez sur le bouton Démarrer, puis sur Réseau, puis sur le bouton Centre réseau et partage, pour examiner la connexion au réseau.

3. **Activez l'option Partage de dossiers publics puis cliquez sur le bouton Appliquer.**

   Cliquez sur le mot Désactivé et Vista déroule une liste de paramètres à appliquer (voir Figure 11.8). Si vous désirez partager des fichiers, choisissez l'option Activer le partage afin que toute personne avec un accès réseau puisse ouvrir, modifier et créer des fichiers.

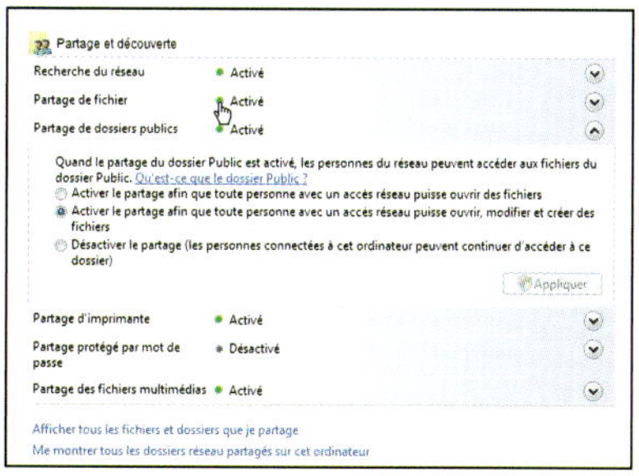

Figure 11.8 : Les paramètres de partage du dossier Public et de ses sous-dossiers.

Désormais, le dossier Public est accessible par toutes les personnes connectées au réseau. Elles peuvent ouvrir ou modifier des fichiers et en déposer. Pour permettre à ces personnes de copier dans leur PC les fichiers qui se trouvent dans votre dossier Public, choisissez l'option Activer le partage afin que toute personne avec un accès réseau puisse ouvrir des fichiers.

4. **Désactivez le Partage protégé par mot de passe et cliquez sur Appliquer.**

   Il y a là un dernier obstacle : lorsque quelqu'un, sur le réseau, essaie de voir ce qui se trouve dans le dossier Public d'un PC, il doit entrer le nom et le mot de passe d'un compte ouvert sur ce PC. Le nom d'utilisateur et le mot de passe du PC d'où accède cette personne ne sont pas acceptés.

   Bien que ces mesures sécurisent beaucoup le PC, c'est sans doute en faire trop pour un PC familial. Pour les ôter, cliquez sur Activé, à droite de Partage de dossiers publics. Dans le menu de la Figure 11.8, choisissez Désactiver le partage.

5. **Déposez dans le dossier Public de votre PC les fichiers et dossiers à partager.**

   Le plus dur est de trouver ce satané dossier Public que Vista a enfoui dans les profondeurs de son arborescence. Pour le trouver, cliquez sur le bouton Démarrage et choisissez un dossier (Documents fera très bien l'affaire). Ensuite, cliquez sur le mot Dossier, dans la barre de volet bleu clair, en bas à gauche de la fenêtre, pour afficher l'arborescence des dossiers. Parcourez-la ensuite pour trouver le dossier Public, puis cliquez dessus. Son contenu est alors affiché dans le volet de droite.

Si votre PC ne peut voir les autres ordinateurs, ou ces derniers ne peuvent voir votre PC, vérifiez les points suivants :

- Éteignez tous les PC, le routeur et le modem à haut débit. Rallumez ensuite, dans l'ordre suivant et avec un intervalle d'une trentaine de secondes entre chacun d'eux : le modem, puis le routeur, puis chacun des ordinateurs.
- Revoyez toutes les étapes, en vous assurant que le Partage de dossiers publics est activé, et le Partage protégé par mot de passe désactivé.
- Assurez-vous que tous les ordinateurs ont le même nom de groupe (reportez-vous à l'encadré "Noms de groupe et Windows XP", précédemment dans ce chapitre).

ATTENTION

Pas de Corbeille pour les PC distants

Normalement, tout ce que vous supprimez dans votre PC se retrouve dans la Corbeille, laissant une possibilité de récupérer tel ou tel fichier ou dossier. Mais cela n'est pas le cas lorsque vous travaillez dans le dossier Public ou dans l'un de ses sous-dossiers. Ce que vous supprimez est aussitôt définitivement détruit, sans aucune chance de pouvoir le récupérer. Pensez-y.

Partager une imprimante sur le réseau

Beaucoup de foyers ou de bureaux ont plusieurs ordinateurs, mais une seule imprimante. Afin que tout le monde puisse en profiter, partagez-la en appliquant cette procédure sur l'ordinateur sous Vista auquel l'imprimante est connectée et allumée :

1. **Cliquez sur le bouton Démarrer, choisissez Réseau puis, dans la barre d'outils, cliquez sur Centre réseau et partage.**

   Le Centre réseau et partage apparaît (reportez-vous à la Figure 11.7).

2. **Activez le Partage d'imprimante et cliquez sur Appliquer.**

   A la catégorie Partage d'imprimante, cliquez sur le bouton Désactivé afin de déployer le menu. Choisissez l'option Activer le partage d'imprimante puis cliquez sur Appliquer.

Il faut à présent indiquer aux autres ordinateurs du réseau qu'ils peuvent accéder à l'imprimante :

1. **Cliquez sur le bouton Démarrer, choisissez Panneau de configuration et, dans la catégorie Matériel et audio, choisissez Imprimante.**

   La fenêtre Imprimante contient une icône pour chaque imprimante installée (ignorez l'imprimante Microsoft XPS Documents Writer, car ce n'est pas une véritable imprimante).

2. **Cliquez sur le bouton Ajouter une imprimante.**

   La fenêtre du même nom s'ouvre.

3. **Choisissez Ajouter une imprimante réseau, sans fil ou Bluetooth, puis cliquez sur Suivant.**

   Le PC parcourt le réseau à la recherche d'autres imprimantes à partager. Dès qu'il en a trouvé une, cliquez sur son nom puis sur Suivant afin de l'installer. S'il n'en trouve pas, passez à l'Étape 4.

4. **Choisissez L'imprimante recherchée ne figure pas dans la liste puis cliquez sur Parcourir.**

   Cliquer sur Parcourir affiche la liste des ordinateurs du réseau. Double-cliquez sur celui auquel l'imprimante est connectée et Vista affiche son nom.

5. **Double-cliquez sur l'icône de l'imprimante partagée puis cliquez sur Suivant.**

   Vista se connecte à l'imprimante en réseau. Vous devrez peut-être installer son logiciel avant de pouvoir l'utiliser.

Est-il risqué de visiter indûment un ordinateur du réseau ?

Les gens vous disent généralement où se trouvent les fichiers sur le réseau. Mais si personne ne vous a renseigné, ne vous gênez pas pour revêtir votre casque de spéléologue et explorer le dédale des dossiers des ordinateurs distants. Pour ce faire, choisissez Réseau, dans le menu Démarrer. Vous avez des scrupules à entrer dans l'ordinateur d'autrui ? Pas de problème car Windows Vista vous laissera rarement jeter un coup d'œil dans les parties de l'ordinateur distant où vous n'êtes pas censé aller.

En fait, Vista est si maniaque, question sécurité, qu'il vous empêche parfois même de voir ce à quoi vous devriez avoir accès. Si vous tentez d'ouvrir un dossier protégé, vous aurez simplement droit à un message d'accès refusé. Il n'y a ni sirène, ni pitbull ni videur.

Si vous vous retrouvez dans un dossier où vous n'avez manifestement pas à être – celui du coupeur de tête chargé de votre évaluation –, faites-en la remarque à l'administrateur, mais avec beaucoup de tact (autrement, couic !).

Dépanner le réseau

Le paramétrage est la partie la plus ardue de la mise en réseau. Après que les ordinateurs se soient reconnus mutuellement, et connectés à l'Internet, soit directement, soit au travers d'un autre ordinateur, le réseau tourne sans problème. Sauf quand il s'en présente un... Dans ce cas, voici quelques pistes :

- Assurez-vous que le nom de groupe de chaque ordinateur du réseau est le même. Cliquez du bouton droit sur Ordinateur, dans le menu Démarrer, et choisissez Propriétés. Dans le volet gauche, choisissez Paramètres système avancés, cliquez sur le bouton Modifier puis vérifiez le nom dans Groupe de travail.
- Éteignez chaque ordinateur (proprement, avec l'option Arrêt du menu Démarrer). Vérifiez les câbles. Si vous n'utilisez pas de routeur, allumez l'ordinateur connecté à l'Internet. Lorsque la connexion Internet est établie, allumez un autre ordinateur, puis un autre.
- Au besoin, demandez à Windows Vista de vérifier puis réparer la connexion. Dans le menu Démarrer, choisissez Panneau de configuration et sélectionnez Réseau et Internet. Cliquez sur Centre réseau et partage et, dans le volet de gauche, cliquez sur Gérer les connexions réseau. Cliquez du bouton droit sur celle qui ne fonctionne pas et choisissez Diagnostiquer.
- Dans le menu Démarrer, choisissez Aide et support puis tapez **Dépannage réseau** dans le champ Rechercher de l'aide. Windows est doté de nombreux outils de diagnostic et de réparation du réseau qui vous seront proposés dans l'aide en ligne.

Quatrième partie

À l'aide !

Dans cette partie...

Windows Vista est capable de faire des centaines de choses de dizaines de manières. Ce qui signifie que plusieurs milliers de choses peuvent se détraquer à un moment ou à un autre.

Certains problèmes sont faciles à corriger, à condition bien sûr de savoir comment. Par exemple, un clic mal placé dans le Bureau et hop ! Toutes les icônes disparaissent soudain. Un clic bien placé les ramène heureusement.

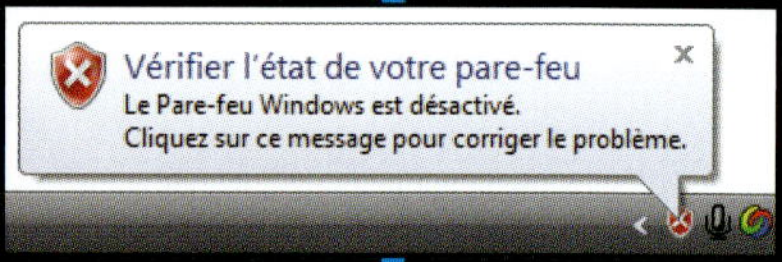

D'autres problèmes sont beaucoup plus complexes, exigeant le recours à un spécialiste pour diagnostiquer le mal, y remédier et vous envoyer la facture en conséquence.

Cette partie du livre vous aide à faire la part des choses entre les gros problèmes et les petits pépins. Vous apprendrez à réparer quelques dysfonctionnements en quelques clics.

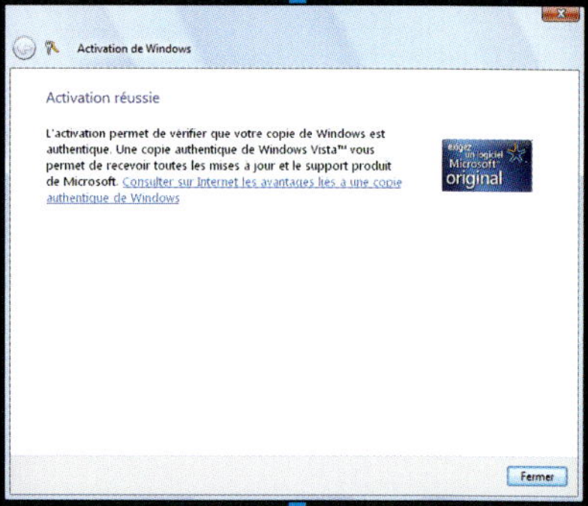

Chapitre 12

Rien que des misères

Dans ce chapitre :

- Désactiver les écrans de permission de Vista.
- Récupérer les versions antérieures des dossiers et fichiers supprimés.
- Récupérer un mot de passe oublié.
- Remettre la souris au pas.
- Ne pas se laisser faire par des icônes et des fichiers évanescents, des menus cachés et des écrans gelés.

Il y a des jours comme ça où rien ne va. L'ordinateur gronde comme le chien qui attend sa gamelle, ou alors Vista se traîne. À d'autres moments il se détraque pour de bon : des programmes se bloquent, des menus ne se rétractent plus ou alors, à peine allumé, Vista affiche un message d'erreur peu amène.

Beaucoup de ces problèmes qui paraissent graves sont résolus assez simplement. Peut-être trouverez-vous la solution au vôtre dans ces pages.

Vista demande sans cesse la permission !

En ce qui concerne la sécurité, Windows XP était assez facile à vivre. Pour peu que vous possédiez un compte Administrateur – c'était le cas de la plupart des gens – il ne se faisait pas remarquer. En revanche, les détenteurs de comptes plus restreints, comme Limité ou Invité, étaient souvent invités à s'adresser à l'administrateur de l'ordinateur.

Mais avec Vista, même les comptes Administrateurs sont harcelés par des messages, souvent pour les actions les plus inoffensives. Plus sécurisé – voire sécuritaire – que XP, Vista a tendance à élever murs et barbelés à tous moments. Chaque utilisateur a fait connaissance avec l'agaçant message "Windows a besoin de votre autorisation pour continuer".

Les détenteurs d'un compte Standard voient s'afficher un message légèrement différent qui leur demande de s'adresser au détenteur d'un compte Administrateur afin qu'il tape un mot de passe.

Lassés par les incessantes apparitions de ce message, les gens finissent par cliquer sur Continuer sans même y réfléchir, au risque de donner leur accord pour l'intrusion d'un malfaisant espiogiciel dans leur ordinateur.

Quand Vista demande une permission, vous devez systématiquement vous interroger sur sa pertinence. Cette demande résulte-t-elle d'une action de ma part ? Si oui, cliquez sur Continuer, permettant à Vista d'exécuter la commande. Mais si le message tombe comme un cheveu dans la soupe, alors que vous n'avez rien fait de spécial, cliquez sur Annuler. Vous empêcherez ainsi des cochoncetés de s'introduire dans votre PC.

Retour dans le futur avec la Restauration du système

Quand Windows est bien mal en point, ne serait-il pas agréable de revenir en arrière, à une époque où il fonctionnait parfaitement ? À l'instar de XP, Windows Vista est doté d'une fonction de voyage dans le temps : la Restauration du système.

En voici le principe : de temps en temps, Windows prend une sorte d'instantané, appelé "point de restauration", qui mémorise les paramètres les plus importants et les enregistre en notant la date. Quand votre ordinateur fait des siennes, demandez à la Restauration du système de revenir à un point de restauration où tout allait bien.

La Restauration du système n'efface aucun de vos fichiers ni aucun de vos courriers électroniques. En revanche, il faudra peut-être réinstaller certains logiciels installés entre-temps. La Restauration du système est réversible : vous pouvez annuler le dernier point de restauration ou en essayer un autre.

Procédez comme suit pour renvoyer le système à un point de restauration antérieur :

1. **Enregistrez tous les fichiers ouverts, fermez tous les programmes et chargez la Restauration du système.**

   Choisissez Démarrer, puis Tous les programmes et baladez-vous dans les menus : Accessoires, Outils système et enfin Restauration du système. Cliquez dessus.

2. **Cliquez sur Suivant pour appliquer la Restauration recommandée.**

   Windows XP vous proposait de déterminer vous-même le point de restauration à appliquer. En revanche, Vista présume que vous avez démarré cette commande parce que quelque chose vient de se produire. C'est pourquoi il recommande le point de restauration le plus récent.

Si vous démarrez cette étape une seconde fois, parce que le point de restauration recommandé par Vista n'a pas réussi à rétablir la situation, cliquez sur le bouton Choisir un autre point de restauration, puis sur Suivant. Vous accéderez ainsi à la liste des derniers points de restauration, classés par dates. Choisissez celui d'une date où l'ordinateur ne posait aucun problème.

3. **Assurez-vous vraiment que tous les fichiers ouverts ont été enregistrés puis cliquez sur Terminer.**

   L'ordinateur grommelle un moment – il a horreur d'être rattrapé par son passé, mais c'est vous son seigneur et maître – puis il redémarre en utilisant les paramètres d'antan qui, espérons-le, ramèneront l'ordinateur à de meilleurs sentiments.

Si actuellement votre ordinateur tourne à merveille, ne manquez pas de créer vous-même un point de restauration : à l'Étape 2, cliquez sur le lien Ouvrez protection système. Dans la fenêtre Propriétés système, cliquez sur le bouton Créer, tout en bas.

Donnez un nom évocateur à ce point de restauration, comme "Juste avant d'installer FSX" (les connaisseurs auront reconnu Flight Simulator X). Vous saurez ainsi quel point de restauration choisir si les choses – l'ordinateur... – tournent mal.

Voici quelques recommandations :

- Avant d'installer un programme ou un nouvel équipement informatique, commencez par créer un point de restauration, pour le cas où l'installation tournerait au désastre. De même créez un point de restauration après coup, lorsque vous vous êtes assuré que tout fonctionne bien. Revenir à ce point préservera ainsi ce qui a été correctement installé (la création de points de restauration est expliquée au Chapitre 9).
- Plusieurs points de restauration peuvent être enregistrés, selon la taille du disque dur. Vous devriez avoir de la place pour une dizaine de points. Vista supprime les plus anciens afin de libérer de la place pour les nouveaux. C'est pourquoi vous avez intérêt à en créer fréquemment.
- Si vous restaurez l'ordinateur à un point antérieur à l'installation de tel ou tel matériel ou logiciel, ces derniers risquent de ne pas fonctionner correctement. Dans ce cas, réinstallez-les. De même, comme l'explique l'encadré "Supprimer des points de restauration infectés", veillez à supprimer les points de restauration existants si votre ordinateur a contracté un virus. L'activation d'un point de restauration vérolé peut en effet réinfecter l'ordinateur.

Supprimer des points de restauration infectés

Si un virus s'est introduit dans l'ordinateur, supprimez tous les points de restauration avant de le désinfecter avec un antivirus. Voici ce qu'il faut faire :

1. **Cliquez sur Démarrer, puis cliquez du bouton droit sur Ordinateur et choisissez Propriétés.**
2. **Dans le volet des tâches, à gauche, cliquez sur Protection du système.**
3. **À la rubrique Points de restauration automatiques, décochez toutes les cases qui s'y trouvent.**
4. **Dans la boîte d'alerte qui vous prévient que tous les points de restauration seront supprimés, cliquez sur le bouton Désactiver la restauration du système.**
5. **Cliquez sur OK pour fermer la fenêtre et redémarrez l'ordinateur.**
6. **Après la mise à jour de l'antivirus avec les dernières définitions de virus, lancez une analyse et une désinfection de tout l'ordinateur.**
7. **L'ordinateur étant sain, répétez les Étapes 1 à 3, sauf qu'à l'Étape 3, vous cocherez la case Disque local (C:) (Système). Cliquez sur OK.**

Ceci fait, créez un nouveau point de restauration nommé "Après désinfection". Vous disposerez ainsi d'un point de restauration sûr, à l'avenir.

Récupérer des fichiers faussés ou supprimés

Quiconque utilise un ordinateur a un jour connu l'horreur des nombreuses heures de travail fichues en l'air, parce que des fichiers ont été supprimés par mégarde, ou que d'autres ont été modifiés pour les améliorer, mais qu'en fait, l'intervention n'a fait qu'y semer la pagaille.

La restauration du système ne sera ici d'aucun secours, car elle mémorise les paramètres du PC, mais pas les fichiers. Vista offre toutefois, non seulement le moyen de récupérer des fichiers perdus, mais aussi de restaurer leurs anciennes versions, deux fonctionnalités décrites dans cette section.

Récupérer des fichiers supprimés par mégarde

Vista ne supprime pas réellement un fichier, mais si vous avez commandé de le faire. Il le place dans la Corbeille, qui est un dossier système particulier représenté sur le Bureau par une icône. Ouvrez la Corbeille, et vous y trouverez tout ce que vous avez supprimé ces dernières semaines. Cliquez sur le fichier à récupérer puis, dans la barre d'outils de la Corbeille, cliquez sur le bouton Restaurer cet élément. Il retourne aussitôt là où il était auparavant.

La Corbeille est évoquée au Chapitre 2.

Récupérer des versions précédentes de fichiers et de dossiers

Ne vous est-il jamais arrivé de modifier un fichier, l'enregistrer et vous rendre compte que l'original était bien meilleur ? Vous n'avez jamais eu envie de reprendre à zéro un document que vous aviez commencé à modifier en début de semaine ? Une nouvelle fonctionnalité de Vista permet de récupérer des documents qui, voici quelque temps, pouvaient être considérés comme perdus.

Vista inventorie à présent ce qui se trouve relégué dans ses oubliettes, et vous offre de quoi leur mettre le grappin dessus et les ramener au grand jour.

Pour découvrir et récupérer une ancienne version d'un de vos fichiers, cliquez du bouton droit dessus et choisissez Restaurer les versions précédentes. Dans la fenêtre qui apparaît, Vista répertorie toutes les versions antérieures disponibles, comme le montre la Figure 12.1.

Vista liste les versions précédentes, ce qui nous amène à la grande question : laquelle choisir ? Pour jeter un rapide coup d'œil sur une version antérieure, cliquez sur son nom puis sur Ouvrir. Vous verrez alors si le fichier que vous avez extrait des insondables profondeurs infernales de Vista est le bon.

Si cette version récupérée s'avère meilleure que l'actuelle version, cliquez sur le bouton Restaurer. Vista vous prévient que la restauration de l'ancien fichier supprimera le fichier existant. Après que vous avez approuvé la suppression, Vista le remplace par la version restaurée.

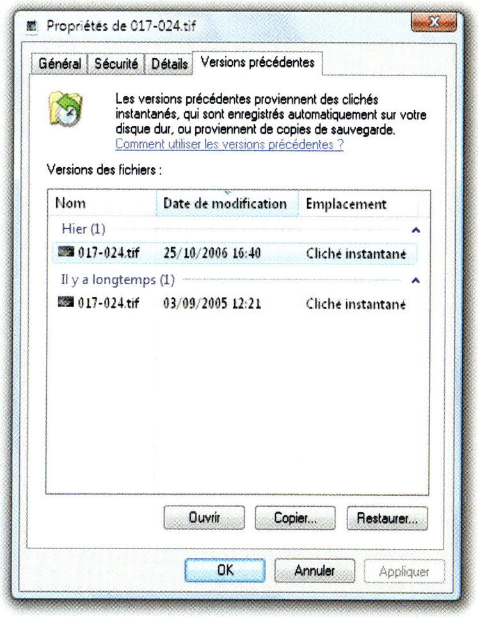

Figure 12.1 : Vista mémorise les versions précédentes de vos fichiers. En cas d'incident, vous pouvez les récupérer.

TRUC

Si vous n'êtes pas certain que l'ancienne version est meilleure que la nouvelle, une solution sûre consiste à cliquer plutôt sur le bouton Copier. Vista vous permettra de placer la version restaurée dans un autre dossier ; vous pourrez ainsi comparer les deux avant de choisir lequel vous garderez.

Mot de passe oublié ?

Si Vista refuse obstinément votre mot de passe au moment d'ouvrir une session, vous ne vous retrouvez pas pour autant sur le paillasson de l'ordinateur. Vérifier ces points avant de pousser un long hululement de désespoir :

- **Vérifiez la touche de verrouillage des majuscules :** Les mots de passe de Vista sont sensibles à la casse. Ce terme d'imprimerie ne signifie pas que les caractères sont en verre, mais que la différence est faite entre les majuscules et les minuscules. De ce fait, "LaisseMoiPasser" et "laissemoipasser" sont deux mots de passe différents. Si le témoin de verrouillage des majuscules est allumé, appuyez sur la touche de verrouillage afin de la désactiver, puis tapez de nouveau le mot de passe.
- **Utilisez le disque réinitialisation de mot de passe :** La création de ce disque est expliquée au Chapitre 10. Si vous ne vous souvenez plus de votre mot de passe, insérez ce disque et Vista vous laissera rentrer dans votre compte d'utilisateur, où vous pourrez promptement recréer un mot de passe plus facile à retenir (et n'oubliez pas de créer un nouveau disque de réinitialisation).
- **Laisser un autre utilisateur réinitialiser votre mot de passe :** Quiconque possède un compte Administrateur sur le PC peut réinitialiser votre mot de passe. Demandez à cette personne ("À moi Comte, deux mots !") d'ouvrir le Panneau de configuration, de choisir la catégorie Comptes d'utilisateurs et protection des utilisateurs et de cliquer sur Comptes d'utilisateurs. Là, il cliquera sur le lien Gérer un autre compte, cliquera sur le nom de votre compte et choisira Supprimer le mot de passe, vous permettant ainsi d'ouvrir une session.

Si aucune de ces options ne fonctionne, vous n'êtes malheureusement pas sorti de l'auberge (et encore moins entré dans l'ordinateur). Comparez la valeur de vos données au coût facturé par un spécialiste de la récupération des mots de passe (NdT : d'où l'intérêt des sauvegardes : si tout a été mis à l'abri, de préférence quotidiennement, vous envisagerez une réinstallation complète de Vista).

Mon dossier (ou le Bureau) n'affiche pas tous les fichiers

Quand vous ouvrez un dossier – et le Bureau en est un – vous vous attendez à voir tout ce qu'il contient. Mais s'il manque des éléments, voire tous les éléments, vérifiez ces deux points avant de déprimer grave :

- **Utilisez l'outil Rechercher :** Dès que vous tapez quelque chose dans le champ Rechercher, en haut à droite de chaque dossier, Vista affiche tout ce qui correspond à la saisie en filtrant tout le reste. Si un dossier n'affiche pas tout ce qu'il est censé contenir, assurez-vous que le champ Rechercher est vide.

- **Assurez-vous que le Bureau ne masque pas tout :** Vista s'efforce toujours de présenter un écran net, bien rangé. Et comme certaines personnes aiment un Bureau vide, Vista se fait un plaisir de s'en charger. Mais ce n'est pas pour autant qu'il range tout le fatras là où il devrait être. Il se contente seulement de tout ôter de la vue. Pour être sûr que rien dans votre Bureau n'est caché, cliquez dessus du bouton droit et, dans le menu, choisissez Affichage. Si l'option Afficher les icônes du Bureau n'est pas cochée, choisissez-la afin que Vista la coche.

Si tout est vraiment parti d'un dossier, tentez de récupérer une version antérieure de ce dossier à l'aide de la manipulation expliquée dans la section "Récupérer des versions précédentes de fichiers et de dossiers", précédemment dans ce chapitre. Car Vista ne mémorise pas seulement les anciennes versions des fichiers, mais aussi les vies antérieures des dossiers.

Ma souris ne va pas bien

Parfois, la souris ne fonctionne pas très bien. D'autres fois, son pointeur saute à l'écran comme une puce en folie. Voici quelques points à vérifier :

- Si le pointeur de la souris n'apparaît pas après le démarrage de Windows, assurez-vous qu'elle est branchée au port USB de l'ordinateur. Si votre souris est ancienne, et qu'elle se branche sur un port PS/2 circulaire, vous devrez redémarrer le PC pour redonner vie au mulot.
- Pour redémarrer le PC lorsque la souris ne fonctionne pas, vous devrez le faire au clavier : enfoncez simultanément les touches Ctrl, Alt et Suppr. Appuyez ensuite sur la touche Tab jusqu'à ce que le petit bouton fléché, en bas à droite, soit illuminé. Appuyez sur Entrée pour déployer le menu, remontez jusqu'à l'option Arrêter à l'aide de la touche Flèche haut et appuyez sur Entrée. Le PC redémarre.
- Si le pointeur est visible mais qu'il ne bouge pas, c'est peut-être parce que Windows confond la marque de la souris avec une autre. Vous pouvez obliger Vista à reconnaître la bonne souris en suivant les instructions pour l'ajout de matériel, à Étape 11. Si votre souris est sans fil, vérifiez l'état de la pile.
- Un pointeur erratique est révélateur d'une souris encrassée. Reportez-vous au Chapitre 9 pour savoir comment la nettoyer.
- Si la souris fonctionnait bien mais que maintenant, les boutons semblent inversés, c'est probablement parce que quelqu'un – un gaucher – les a permutés dans le Panneau de configuration. Rouvrez ce panneau, trouvez les paramètres de la souris et changez sa configuration. Le réglage de la souris pour les gauchers est expliqué au Chapitre 8.
- NdT : Si vous n'avez pas installé le logiciel livré avec certaines souris, Vista installe un pilote de souris générique. Il en résulte parfois des effets curieux, comme le défilement à toute allure parmi toutes les options d'un menu. Pour calmer le rongeur fou, appuyez sur la touche Tab et le défilement s'arrête aussitôt sur une option.

Mes doubles-clics sont maintenant des clics simples

Dans son effort pour faciliter la vie de l'utilisateur, Windows Vista permet aux gens de choisir si un dossier ou un fichier doit être ouvert par un double-clic ou par un clic simple.

Voici comment ce choix s'effectue :

1. **Ouvrez un dossier (n'importe lequel ; le dossier Documents, dans le menu Démarrer convient très bien).**
2. **Cliquez sur le bouton Organiser et choisissez Options des dossiers et de recherche.**
3. **Choisissez votre préférence de clic dans la rubrique Cliquer sur les éléments de la manière suivante.**
4. **Cliquez sur OK afin d'enregistrer votre préférence.**

TRUC

Pour rétablir le double-clic et d'autres comportements standards de Vista, cliquez simplement sur le bouton Paramètres par défaut, dans la boîte de dialogue Options de dossiers.

Mon programme est bloqué !

Il arrive qu'un programme se bloque, ne laissant aucune possibilité de cliquer sur le bouton Fermer. La manipulation suivante extirpera le programme de la mémoire vive de l'ordinateur et le fera disparaître de l'écran :

1. **Enfoncez simultanément les trois touches Ctrl, Alt et Suppr.**

   Cet ensemble de touches rappelle Vista à l'ordre lorsqu'il navigue sur des flots déchaînés. Mais s'il ne réagit pas, il ne reste plus qu'une seule solution : la force brute. Maintenez le bouton d'allumage du PC enfoncé pendant cinq à six secondes, et il s'éteint. Attendez quelques secondes, le temps de laisser les courants de fuite disparaître et le disque dur s'arrêter complètement, puis redémarrez le PC pour si Vista est de meilleure humeur.

2. **Si Vista a réagi aux trois touches, choisissez Ouvrir le gestionnaire de tâches.**

   Les autres options permettent de verrouiller l'ordinateur – une mesure de sécurité lorsque vous quittez le bureau pour la pause café –, de changer d'utilisateur, de fermer la session ou de modifier le mot de passe.

3. **Au besoin, cliquez sur l'onglet Applications, puis sur le nom du programme bloqué.**
4. **Cliquez sur le bouton Fin de tâche et Windows Vista chasse le programme rétif.**

Si l'ordinateur a du mal à se remettre de ce traitement, jouez la prudence en le redémarrant à partir du menu Démarrer.

Utiliser des vieux programmes avec Vista

Beaucoup de programmeurs conçoivent leur programme en fonction d'une version spécifique de Windows. Quand une nouvelle version voit le jour quelques années plus tard, certains programmes ne s'accommodent pas de ce nouvel environnement et refusent de fonctionner.

Si un ancien programme ou jeu vidéo refuse de fonctionner sous Windows Vista, rien n'est peut-être perdu si le mode de compatibilité veut bien vous aider. Il fait croire au programme récalcitrant qu'il tourne sous son environnement favori, c'est-à-dire l'ancienne version de Windows.

Procédez comme suit si un ancien logiciel renâcle à être installé sous Windows Vista :

1. **Cliquez du bouton droit sur l'icône du programme (NdT : celle du logiciel lui-même, pas sur une icône de raccourci) et choisissez Propriétés.**
2. **Dans la boîte de dialogue Propriétés, cliquez sur l'onglet Compatibilité.**
3. **À la rubrique Mode de compatibilité, cochez la case Exécuter ce programme en mode de compatibilité pour.**
4. **Sélectionnez le programme dans la liste déroulante, comme le montre la Figure 12.2.**

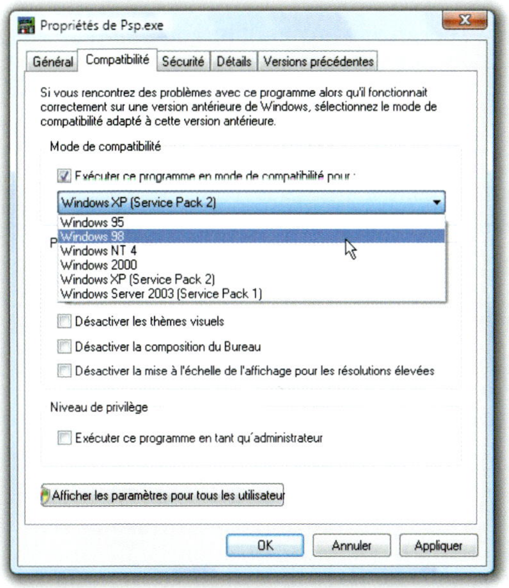

Figure 12.2 : Un mode de compatibilité sert à faire croire à un ancien programme qu'il tourne sous une ancienne version de Windows.

Vérifiez sur le disque d'installation, sur le manuel, voire sur l'Internet, à quelle version de Windows le programme était destiné.

5. **Cliquez sur OK puis démarrez le programme pour voir s'il s'exécute normalement.**

Les menus sont introuvables

Un brin facétieux, Vista cache les menus auxquels les utilisateurs étaient habitués depuis des années. Pour les faire apparaître, appuyez sur la touche Alt. Pour que Vista les affiche en permanence, cliquez sur le bouton Organiser, choisissez Options des dossiers et de recherche, cliquez sur l'onglet Affichage et cochez la case Toujours afficher les menus.

Mon ordinateur est planté

De temps en temps, Windows rend son tablier et prend le chemin des écoliers, laissant l'ordinateur bloqué ou, en jargon informatique, "planté". Il ne se passe plus rien, les clics n'ont plus aucun effet, ni d'ailleurs l'appui sur quelque touche que ce soit. Ou alors, pire, il réagit par un bip à chaque appui sur une touche. Pour un beau plantage, c'est un beau plantage.

Quand plus rien ne se produit à l'écran, hormis peut-être le pointeur de la souris qui consent à bouger, essayez ces trois manipulations dans l'ordre suivant :

- **Solution 1 :** Appuyez deux fois sur la touche Échap.

  Ça marche rarement, mais sait-on jamais...

- **Solution 2 :** Appuyez simultanément sur les touches Ctrl, Alt et Suppr, et choisissez Ouvrir le gestionnaire de tâches.

  Avec un peu de chances, le Gestionnaire s'ouvre. Il répertorie sous l'onglet Programmes tous les programmes en cours, y compris ceux qui ne répondent plus. Cliquez sur le nom de celui qui fait des misères puis sur le bouton Fin de tâche. Tout le travail non enregistré est perdu, mais vous vous y attendiez. Ou alors, si vous voulez quitter le Gestionnaire de tâches sans rien faire, appuyez sur Échap pour retourner dans Windows.

  Si la situation n'est toujours pas débloquée, appuyez de nouveau sur Ctrl+Alt+Suppr mais cette fois, cliquez à proximité du petit bouton rouge, en bas à droite de l'écran, très exactement sur la flèche (comme dans la marge). L'ordinateur devrait s'arrêter et redémarrer, puis tourner – espérons-le – dans de meilleures conditions.

- **Solution 3 :** Si la solution précédente est sans effet, appuyez sur le bouton de réinitialisation de l'ordinateur, s'il en possède un. Si la boîte de dialogue Éteindre apparaît, choisissez Redémarrer.

- **Solution 4 :** Si même le bouton de réinitialisation ne donne rien (beaucoup d'ordinateurs n'en ont plus), éteignez le PC en sur le bouton de mise en marche. Cette action affiche généralement la boîte de dialogue Éteindre, où vous cliquerez sur Redémarrer.
- **Solution 5 :** En maintenant le bouton d'arrêt de l'ordinateur pendant quelques secondes, il finit souvent par redémarrer.

L'imprimante ne fonctionne pas bien

En cas de dysfonctionnement de l'imprimante, commencez par le plus évident : vérifier si elle est branchée à la prise électrique. Incroyable mais vrai, cette étape résout la moitié des problèmes d'imprimantes. Ensuite, assurez-vous que le câble d'imprimante est suffisamment enfoncé aussi bien du côté de l'imprimante que de celui de l'ordinateur. Vérifiez enfin s'il y a suffisamment de papier dans l'imprimante et s'il n'y a pas de bourrage.

Essayez ensuite d'imprimer à partir de différents programmes comme le Bloc-notes ou WordPad, pour voir si le problème réside au niveau de l'imprimante, de Vista ou d'un logiciel. Ces tests devraient permettre de découvrir le fauteur de troubles.

TRUC

Pour un test rapide de l'imprimante, cliquez sur le bouton Démarrer, sur Panneau de configuration, puis sélectionnez la catégorie Matériel et audio. Cliquez du bouton droit sur l'icône de l'imprimante, choisissez Propriétés puis cliquez sur le bouton Imprimer une page de test. Si l'imprimante sort une jolie page de test, c'est sans doute le logiciel qui a un problème, pas l'imprimante ni Windows Vista.

Vous trouverez plus d'informations sur les imprimantes, y compris leur dépannage, au Chapitre 7.

Chapitre 13

Des messages étranges et inattendus

Dans ce chapitre :

- Quelques messages de sécurité.
- Quelques messages d'interdiction.

Dans la vie courante, la plupart des messages d'erreur sont faciles à comprendre. Si l'horloge du magnétoscope clignote, cela signifie qu'elle n'a pas été mise à l'heure. Un couinement dans la voiture, quand une porte est ouverte, indique que les phares sont encore allumés. Le regard noir d'une épouse laisse à penser qu'un anniversaire a été oublié (mais comment se souvenir de tout ?).

Les messages d'erreurs de Windows, eux, semblent avoir été écrits par des technocrates obtus. Ils décrivent rarement la cause du problème et surtout, ne proposent pas grand-chose pour le résoudre.

Dans ce chapitre, nous ferons le tour de quelques messages courants.

L'activation de Windows

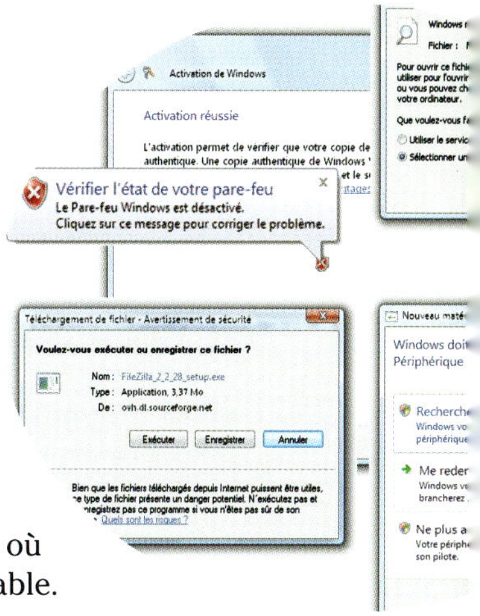

Quand vous utiliserez votre exemplaire de Vista nouvellement installé, il est probable que vous voyez apparaître de temps en temps un message décomptant les jours qu'il vous reste pour activer Vista. L'activation est un enregistrement fait auprès de Microsoft, soit en ligne par le Web, soit, si vous n'avez pas de connexion Internet, en téléphonant à Microsoft ou en lui écrivant. Il sert à éviter les copies illicites en associant, dans la banque de données de Microsoft, chaque exemplaire de Vista à un seul et unique ordinateur.

Si l'activation n'est pas faite dans les délais – deux semaines environ – Vista s'arrête de fonctionner. Pour certains ordinateurs où le logiciel est préinstallé par le fabricant, elle n'est pas indispensable.

Lorsque l'activation vient d'être faite, Vista affiche le message de la Figure 13.1.

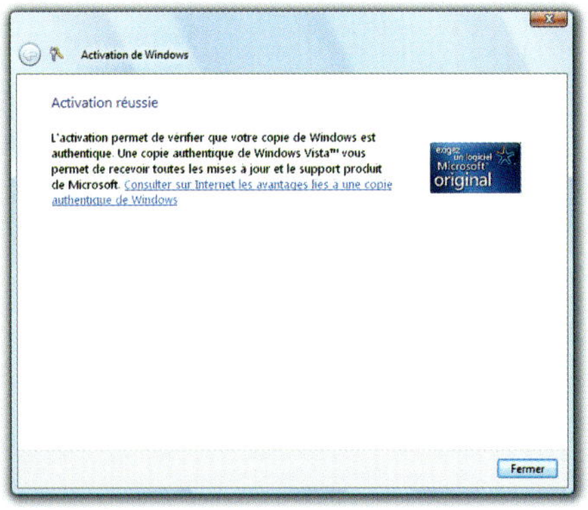

Figure 13.1 : Votre exemplaire de Vista a été déclaré à Microsoft.

Vérifiez la sécurité de votre ordinateur

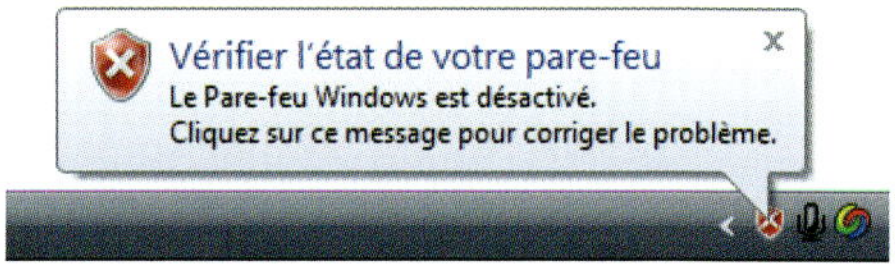

Figure 13.2 : Un problème de sécurité mérite votre attention.

Signification : La Figure 13.2 apparaît lorsque Vista détecte une sécurité insuffisante.

Cause probable : Le pare-feu n'est pas activé. Un message similaire apparaît aussi lorsque le logiciel antivirus ne fonctionne pas, ou quand le programme Windows Defender ou Windows Update est désactivé, ou encore si les paramètres de sécurité d'Internet Explorer sont trop faibles, ou si le Contrôle des comptes d'utilisateurs – la fonction qui affiche les incessantes demandes de permissions – est arrêté.

Solution : Cliquez dans le phylactère pour prendre connaissance des détails du problème. Si le phylactère a déjà disparu, cliquez sur l'icône qui subsiste dans la zone de notification. Windows expose le problème et propose des solutions.

Voulez-vous installer (ou exécuter) ce fichier ?

Signification : Êtes-vous sûr que le fichier est dépourvu de virus, d'espiogiciels et autres parasites nuisibles ?

Cause probable : Vous êtes sur le point de télécharger un logiciel ou de l'ouvrir et de l'exécuter directement depuis son site.

Solution : Si vous êtes sûr que le fichier est sain – notamment parce qu'il provient du site d'un éditeur réputé, internationalement connu, ou que vous connaissez bien –, cliquez sur Enregistrer et stockez-le sur votre disque dur. Analysez-le ensuite avec un antivirus (on n'est jamais trop sûr)) puis exécutez-le depuis votre PC. Ou, si vous avez une confiance absolue – un redoutable défaut sur le Web – cliquez sur Ouvrir pour l'exécuter directement depuis son site. Au moindre doute, cliquez sur Annuler.

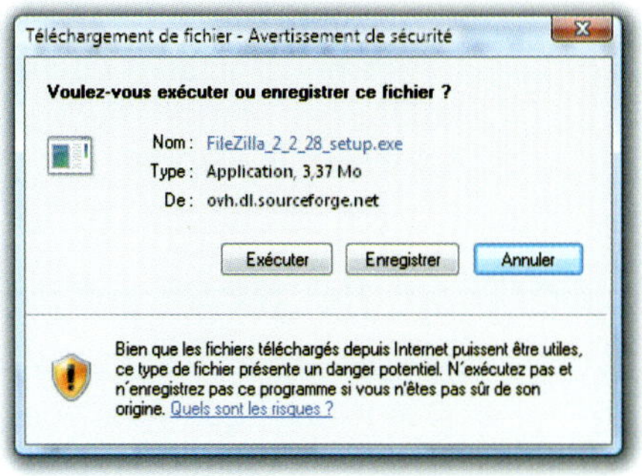

Figure 13.3 : Ce logiciel est-il sûr ?

Voulez-vous enregistrer les modifications ?

Signification : Le travail en cours n'est pas enregistré.

Cause probable : Vous tentez de quitter un programme, de fermer la session ou de redémarrer le PC alors que vous n'avez pas enregistré ce que vous étiez en train de faire.

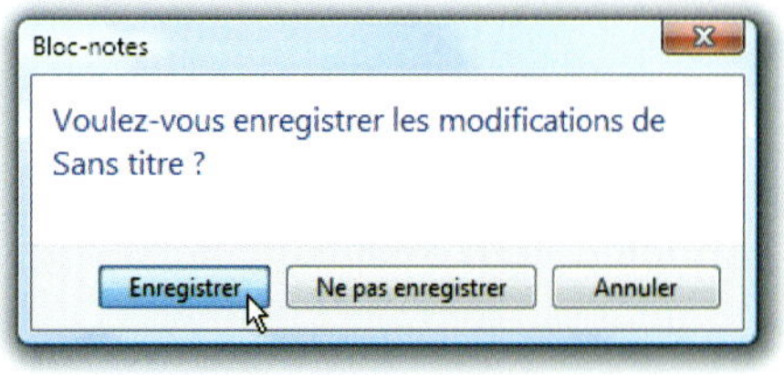

Figure 13.4 : Vous ne voulez quand même pas perdre le travail que vous venez de faire ?

Solution : Le nom du programme incriminé, le Bloc-notes en l'occurrence, figure dans la barre de titre. Trouvez-le sur le Bureau, ou cliquez sur son nom dans la Barre des tâches s'il a été réduit, et enregistrez votre travail. Vous êtes vraiment très très pressé de finir et d'éteindre l'ordinateur ? Appuyez sur Ctrl+S et l'enregistrement sera fait. En revanche, si le travail n'a pas du tout été enregistré depuis que vous avez ouvert le programme, vous verrez apparaître la boîte de dialogue Enregistrer sous.

Installation de matériel

Signification : Vista vient de détecter du matériel.

Cause probable : Vous venez de brancher un nouvel équipement dans un des ports USB de l'ordinateur.

Solution : Demandez toujours de rechercher un pilote. Sans lui, le matériel ne fonctionnerait pas ou mal. Si Vista n'en trouve pas un, vous devrez l'installer manuellement, une tâche un peu ingrate expliquée au Chapitre 9

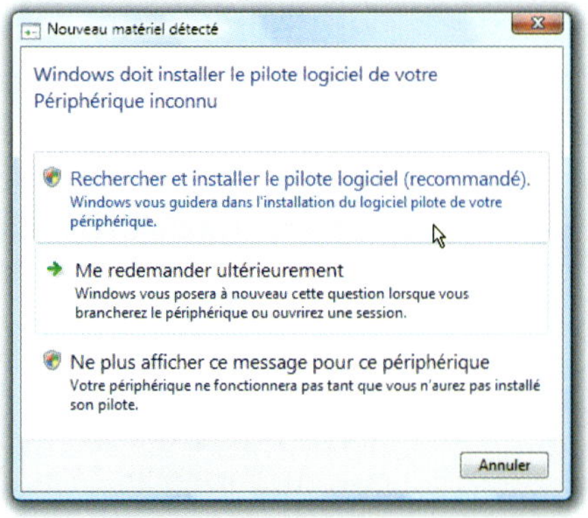

Figure 13.5 : Y a-t-il un pilote dans les parages ?

Dans certains cas, Vista possède un exemplaire du pilote – souvent générique – et l'installe automatiquement, sans afficher cette boîte de dialogue. Il signale néanmoins par une info-bulle dans la zone de notification que le périphérique est en cours d'installation.

L'éditeur ne peut pas être vérifié

Signification : Windows ne peut pas vérifier si le logiciel que vous vous apprêtez à installer a réellement été créé par l'éditeur dont il se prévaut.

Cause probable : Le système de signature numérique de Microsoft est une sorte d'étiquette. Windows compare la signature du logiciel avec celle de l'éditeur supposé. Si elles concordent, c'est parfait. Sinon prudence car le logiciel peut tenter de vous leurrer. Le plus souvent le message de la Figure 13.6 apparaît tout simplement parce que l'éditeur n'a que faire du système de signature numérique, laissant Windows dans l'expectative.

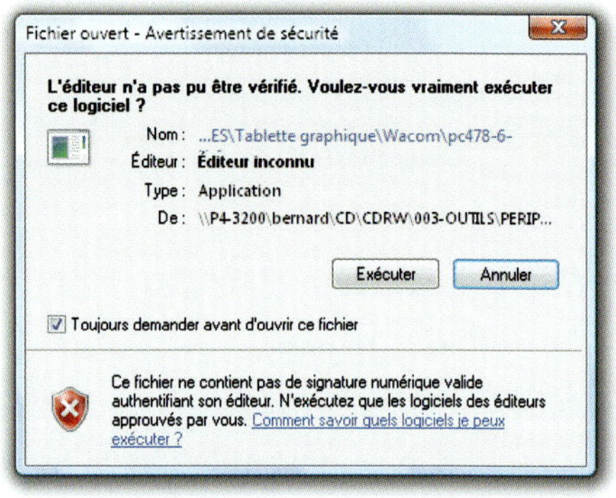

Figure 13.6 : Vista ne connaît pas cet éditeur de logiciels.

Solution : Les petits éditeurs ne s'encombrent pas de la signature numérique en raison des délais de test, de la part de Microsoft, et de la redevance à payer. Si ce message mentionne un éditeur honorable, il y a peu de risque. Mais s'il apparaît alors que vous voulez installer un logiciel d'un éditeur très connu, qui signe sans doute numériquement ses produits, méfiance. Le logiciel essaie peut-être de vous tromper.

Windows ne parvient pas à ouvrir ce fichier

Signification : Ce message apparaît lorsque Windows ne sait pas avec quel programme il doit ouvrir le fichier.

Cause probable : Windows se base sur l'extension du fichier – les caractères après le point – pour identifier le programme auquel il est associé. Par exemple quand un fichier a une extension `.txt` (comme "texte") Windows sait qu'il doit l'ouvrir avec le Bloc-notes. Mais si une extension n'a pas été associée à un programme, Windows ne sait pas que faire.

Figure 13.7 : Windows ne sait pas du tout avec quel logiciel il doit ouvrir ce fichier.

Solution : Si vous savez quel programme a créé le mystérieux fichier, choisissez l'option Sélectionner un programme dans la Liste des programmes installés, et sélectionnez le programme en question. Cochez ensuite la case Toujours utiliser ce programme pour ouvrir ce type de fichier.

Si vous avez un doute, choisissez l'option Utiliser le service Web pour trouver le programme approprié. Windows cherchera sur l'Internet et suggérera plusieurs logiciels qui lui semblent appropriés. L'association des fichiers aux programmes est exposée au Chapitre 5.

Vous n'avez pas le droit d'accéder à ce dossier

Signification : Vista vous interdit de voir ce que contient le dossier que vous tentez d'ouvrir. Le nom du dossier, en l'occurrence Local Settings "paramètres locaux", un dossier système de Windows, est mentionné dans la barre de titre.

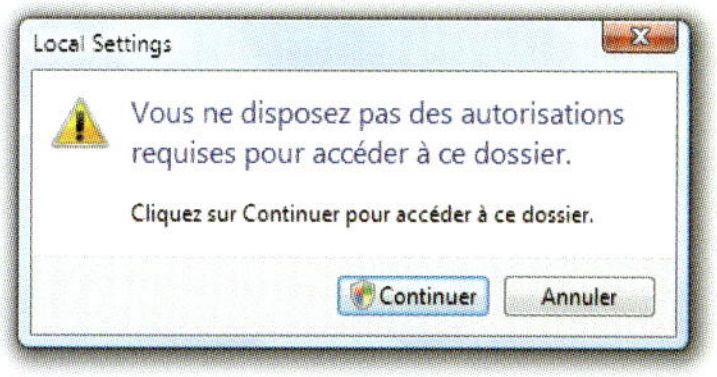

Figure 13.8 : Seuls les administrateurs ont le droit d'ouvrir ce dossier.

Causes probables : Le propriétaire de l'ordinateur ne vous a pas donné la permission. Ou encore, comme ici, le système de protection de Vista monte la garde.

Solution : Seul un utilisateur ayant un compte Administrateur – généralement le propriétaire de l'ordinateur – peut octroyer l'accès à certains dossiers.

Livre II
Internet

Première partie

Bienvenue dans le cybermonde !

"Je ne comprends pas ce qui se passe, j'ai juste tapé bulles dans la zone de recherche !?"

Dans cette partie...

À chaque instant, il se passe quelque chose sur Internet. Mais comme c'est un monde plein d'ordinateurs, rien n'y est jamais simple. Commençons par voir ce qu'est Internet et comment il est devenu ce qu'il est. Vous découvrirez ce qui s'y passe, ce que les internautes y font et en quoi cela peut vous intéresser. Nous aborderons également l'utilisation d'Internet dans le cadre privé, y compris l'usage que les enfants peuvent en faire. Vous verrez également comment vous protéger gratuitement en installant une suite logicielle de sécurité Internet (plus connue sous le nom anglais de *Internet Security*). Qui que vous soyez, femme ou homme, actif ou retraité, ce chapitre démythifie un univers qui impressionne le néophyte tout en l'attirant.

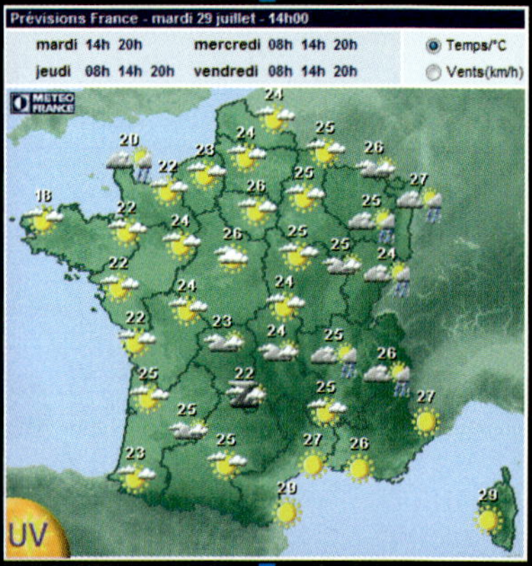

Chapitre 1

Le Net, qu'est-ce que c'est ?

Dans ce chapitre :

- Qu'est-ce qu'Internet, au fond ?
- Qu'est-ce qu'un réseau ?
- Quel est l'intérêt d'Internet ?
- Internet est-il un lieu sûr ?

Qu'est-ce qu'Internet ? La réponse à cette intéressante question – merci de me l'avoir posée – dépend de votre interlocuteur. Internet, le Web et les technologies sur lesquelles ils reposent, changent si vite qu'il est bien difficile de se tenir au courant de tout. Dans ce chapitre, nous commencerons par le commencement, vous apprendre ce que sont Internet et le Web, et comment ils ont évolué durant ces dernières années.

C'est bien joli tout ça mais Internet, c'est quoi au juste ?

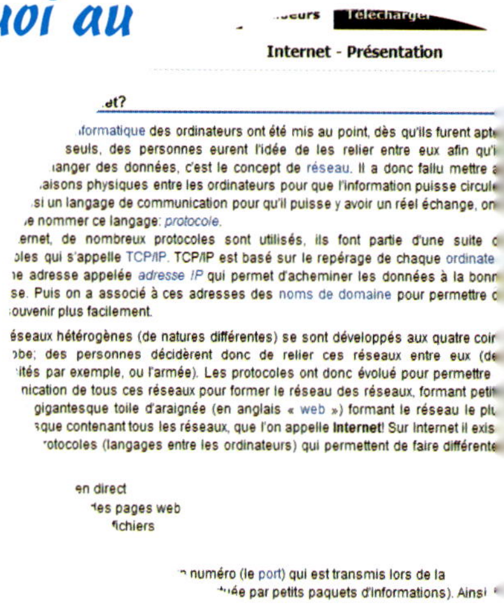

La Figure 1.1 donne une idée de ce qu'est Internet. Décevant n'est-ce pas ? Rassurez-vous, cette austérité n'est qu'apparente, et vous aurez tôt fait de comprendre les mille et une merveilleuses choses que vous pouvez y lire, y contempler, y écouter, y partager, en deux mots : y découvrir.

Internet est un réseau de réseaux (une interconnexion de réseaux, *inter-network* en anglais : le plus grand réseau mondial d'ordinateurs). "Ah ? Et un réseau, qu'est-ce que c'est ?" me demanderez-vous. Même si vous pensez connaître la réponse, lisez donc les deux paragraphes qui suivent. Comme ça, nous serons sûrs de parler la même langue.

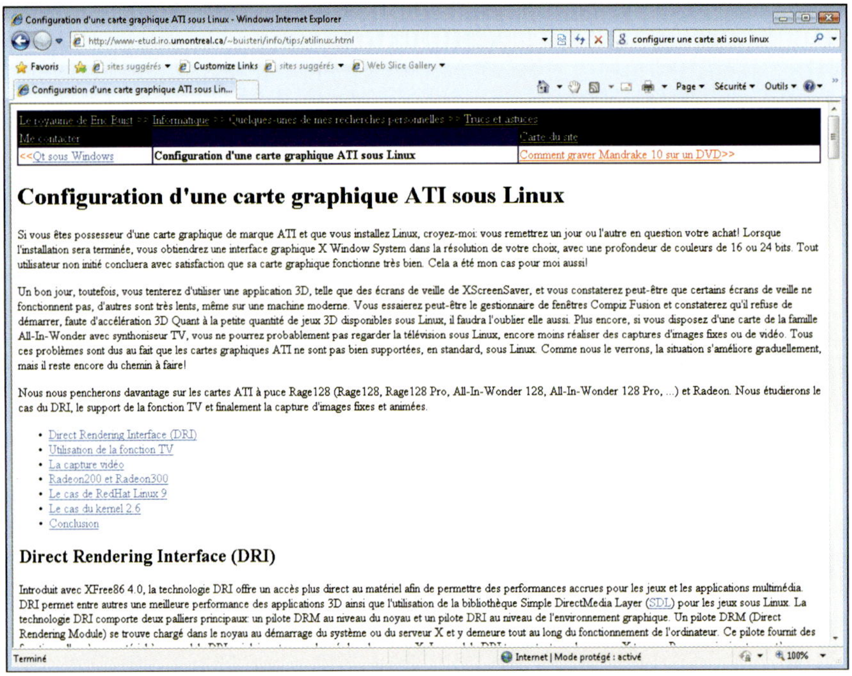

Figure 1.1 : Mais non, Internet ne se limite pas à l'austérité d'un site technique !

Un *réseau* d'ordinateurs est un ensemble d'ordinateurs connectés les uns aux autres. On peut comparer un réseau d'ordinateurs à un réseau d'émetteurs de télévision ou de radio. Radio Classique, par exemple, dispose d'émetteurs locaux un peu partout en France, dont les fréquences se répartissent sur la bande FM – Paris, c'est 101.10 –, qui diffusent tous le même programme. France 3 a des réémetteurs régionaux qui, à l'exception de décrochages ponctuels, diffusent, eux aussi, les mêmes films, émissions et autres. Il en va de même pour la TNT, la télévision numérique terrestre.

En fait, Internet n'est pas vraiment un réseau : c'est un réseau de réseaux, tous sur un pied d'égalité. Ces réseaux vont des réseaux nationaux, comme RENATER en France, JANET en Angleterre et AT&T aux États-Unis, à celui que le petit Julien a construit dans son garage en reliant deux vieux PC qu'il a achetés aux puces, en passant par le réseau local de l'entreprise qui interconnecte des dizaines, voire des milliers de machines situées dans le même immeuble ou dans des filiales, ou encore par la technologie Wi-Fi qui permet à des ordinateurs distants de moins de cent mètres de communiquer entre eux sans fil. Les universités sont depuis longtemps connectées à Internet, et c'est aujourd'hui le cas de beaucoup d'écoles, de collèges et de lycées.

WEB

Si vous disposez déjà d'une connexion à Internet et que vous savez utiliser Internet Explorer par exemple, visitez le site (ou plutôt la page) Web `www.afnic.fr/actu/stats`, illustrée Figure 1.2, pour connaître un grand nombre de chiffres concernant Internet.

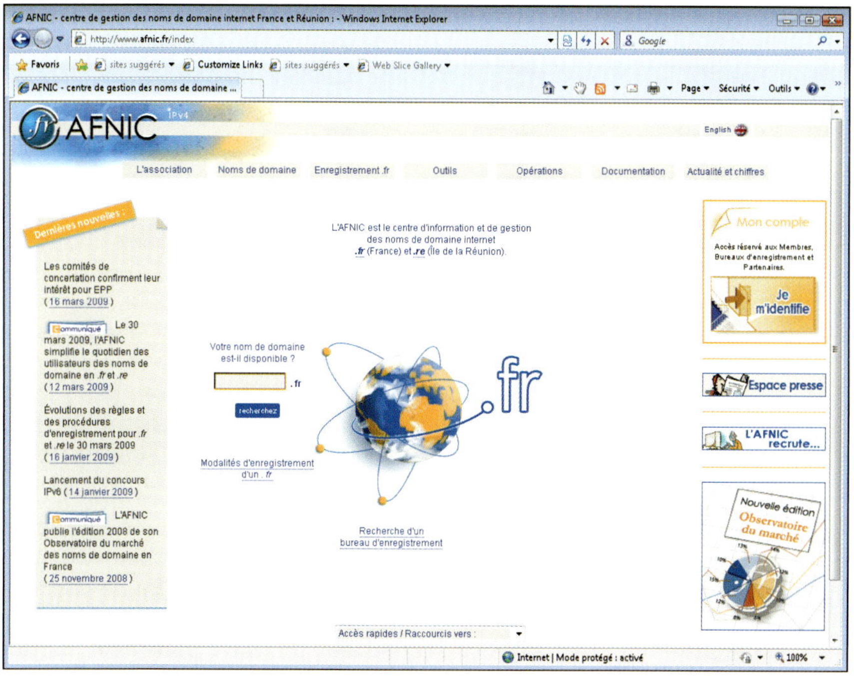

Figure 1.2 : Le site de l'AFNIC.

Posez ça par terre, on va trier !

Tout ça reste bien vague. Ne pourrait-on pas être un peu plus... pratique ? Vous avez sans doute remarqué que de plus en plus de gens échangent maintenant, non plus leurs *coordonnées* (adresse postale, numéro de téléphone), mais leurs *adresses électroniques*. L'adresse des sites Web fleurit à l'arrière des camions de livraison et sur les voitures d'entreprise. Les gens sont aujourd'hui branchés dans tous les sens du terme. Vous avez même entendu votre voisin ou votre voisine célibataire jurer avoir rencontré le grand amour sur Internet. Vous en entendrez certains affirmer qu'ils ne sortent plus de chez eux et qu'ils font tout par Internet : les courses, leur loto, leur PMU, qu'ils y écoutent la radio, y font leur revue de presse, y regardent la télévision... STOP !!!! Parlent-ils bien du même "réseau de réseaux" ? Oui, et de plus encore.

Internet est un nouveau moyen de communication qui affecte notre existence au même titre que le téléphone et la télévision. Si vous vous servez d'un téléphone, que vous écrivez du courrier, que vous lisez un journal ou un magazine, que vous vous adonnez aux jeux vidéo ou au travail, Internet changera radicalement votre perception du monde, et peut-être même votre façon de penser.

Aujourd'hui, lorsque les gens évoquent Internet, ils parlent de ce qu'ils y font, de ce qu'ils y trouvent et des personnes qu'ils y ont rencontrées. Les possibilités d'Internet évoluent si rapidement que nous ne saurions en donner une liste exhaustive dans ce chapitre (en fait, il faudrait plusieurs livres plus épais que celui-ci). Nous n'aborderons donc que quelques aspects d'Internet :

- **Le courrier électronique** (*e-mail,* "mél", ou "courriel")**.** C'est sans doute le service le plus largement utilisé. Il permet de correspondre avec des gens partout dans le monde. Vous l'utilisez comme vous utilisiez hier le fax, les services de coursiers, le téléphone ou le courrier postal : pour travailler, bavarder, échanger des recettes de cuisine, parler d'amour, colporter des ragots, et pourquoi pas se cultiver, à vous de choisir... Il existe aussi des listes de diffusion permettant d'envoyer le même message, en même temps, à un groupe de personnes partageant le même centre d'intérêt. Des serveurs de courrier ou serveurs de *mail*, des programmes répondant automatiquement aux messages *e-mail*, permettent de recevoir toutes sortes d'informations.

- Le ***World Wide Web*** (le Web, en abrégé, ou à la rigueur la *Toile*). Ces gens-là prétendent surfer sur le Net ? Cela signifie tout simplement que vos interlocuteurs se branchent sur (attention le jargon !) des *sites informatiques de type multimédia interconnectés afin de constituer une hyperbase de données mondiale.* En fait, les gens parlent plus du Web que du Net. Est-ce la même chose ? Techniquement, non. Mais ça l'est devenu à l'usage pour de nombreuses personnes. Nous vous dirons la vérité, toute la vérité, rien que la vérité (pour cette année), au Chapitre 6.

  Le Web, contrairement à d'autres services Internet plus anciens, propose du texte, des images, du son, de la vidéo, des animations, des programmes, des jeux, *etc.*, tout ce que vous pouvez désirer ou presque. Et tout cela à portée de souris. Le taux de croissance du Web est supérieur à tout ce que vous pouvez imaginer. De nouveaux sites apparaissent à chaque instant. Aujourd'hui, on parle de centaines de millions, et les statistiques indiquent que ce nombre double en quelques mois.

  Le programme qui permet de parcourir le Web est appelé *navigateur* (nos cousins du Québec affectionnant particulièrement les termes de *butineur* ou d'*explorateur*). Les navigateurs les plus répandus sont Firefox et Internet Explorer 8 (de Microsoft) illustré à la Figure 1.3. Il existe aussi Opera et Netscape mais, bien que ce dernier ait connu son heure de gloire à la fin du siècle dernier, ces navigateurs ne sont plus très répandus. Pour plus de détails, consultez le Chapitre 6.

- **Les conversations en ligne** ou *chat* (prononcez "tchate")**.** Avec un ordinateur et une connexion Internet, les gens peuvent communiquer d'un point du globe à l'autre pour discuter de n'importe quel sujet. Pour cela, ils "entrent" dans des salons de conversation virtuels (*chat rooms*) dans lesquels se trouvent déjà leurs interlocuteurs, que ce soit grâce aux moyens proposés par des services en ligne ou à une technique particulière appelée IRC (*Internet Relay Chat,* conversations relayées par Internet).

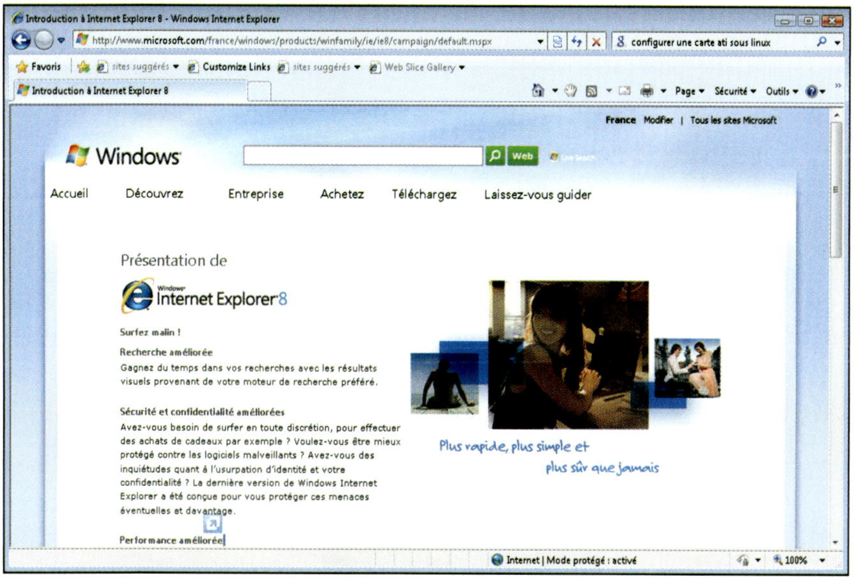

Figure 1.3 : Un exemple de navigateur : La toute récente version 8 d'Internet Explorer !

- **La messagerie instantanée.** À l'aide de programmes installés sur votre ordinateur et celui de votre interlocuteur, vous entamerez une conversation en un clin d'œil. Les programmes de messagerie instantanée comme Windows Messenger (votre fils ou votre fille vous a probablement déjà bassiné avec MSN... c'est pareil !), Yahoo! Messenger, AOL Messagerie instantanée (AIM, c'est-à-dire *AOL Instant Messenger*), et tout autre serveur de *chat* de votre fournisseur d'accès Internet, permettent l'envoi de messages qui apparaissent sur l'écran du destinataire.
- **Les blogs.** Sorte d'extension de la page Web personnelle, à l'origine, le *blog*, comprenez *weblog*, "journal Web" était un journal intime publié sur le Web (bonjour la confidentialité quand on sait que des millions d'internautes peuvent y accéder). Désormais, les blogs prennent davantage l'aspect d'un forum personnel où un internaute lance un sujet sur lequel tous les autres réagissent. Il peut s'agir d'actualités, de jeux vidéo, de Formule 1, d'éducation, ou tout autre thème qui vous tient à cœur. La Figure 1.4 présente un blog du journal *Le Monde* (tout abonné au célèbre quotidien journal peut d'ailleurs créer son propre blog, hébergé par le journal).
- **Les sites communautaires.** Ces sites d'un nouveau genre ont pour noms Skyrock Network, MySpace, Badoo, ou encore Facebook, Wikipédia et YouTube. Ce sont des sites dont le contenu est créé par les internautes qui s'y inscrivent. Ils sont basés sur le principe du partage des connaissances. C'est ainsi que tout le monde peut développer un super réseau social. La Figure 1.5 montre la page d'accueil de Facebook.

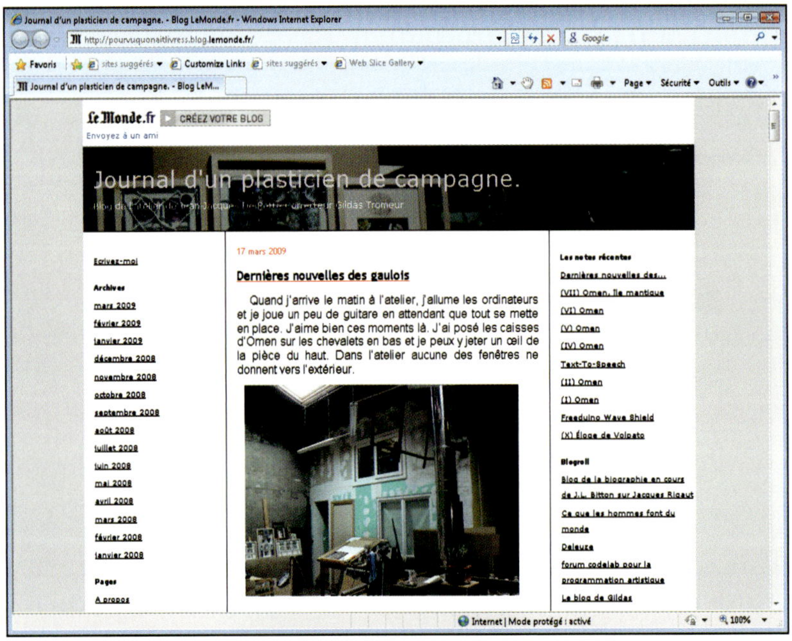

Figure 1.4 : Un exemple de blog. Finalement, ce n'est pas si différent d'un site Web.

Il existe aussi des utilisations plus prosaïques d'Internet. En voici quelques-unes tirées de notre expérience personnelle.

- Lorsque nous nous sommes lancés dans la rédaction de ce livre, nous avons posté sur le Web des appels au peuple pour compléter notre documentation. Nous avons reçu des réponses d'un peu partout dans le monde, et la plupart de ceux qui nous ont répondu sont devenus des amis. Nous savons chez qui aller lorsque nous voyageons à l'étranger.
- Nous recevons tous les jours des messages du monde entier, envoyés par des lecteurs de nos livres *Pour les Nuls*. Souvent, c'est le tout premier message qu'ils envoient par Internet !
- Internet est une des meilleures sources de logiciels. Lorsque nous voulons tester un nouveau logiciel, il ne nous faut que quelques minutes pour nous en procurer un exemplaire pour Mac ou PC (nous avons ici plusieurs PC sous Windows et un Mac). Et presque tous les programmes que l'on trouve sur le Net sont gratuits ou sont des *sharewares* (logiciels contributifs) dont le prix défie toute concurrence.
- Internet est également intéressant en local et en régional. Lorsque John a voulu vendre son minibus toujours utilisable mais fatigué, une annonce sur un site de vente de proximité lui a permis de trouver un acheteur en deux jours. Le mari de Margy a vendu rapidement son ordinateur en publiant un message dans un forum Usenet consacré à l'informatique. Carol se renseigne sur les séances de cinéma et les événements culturels.

Figure 1.5 : La page d'accueil de Facebook

En quoi ce média diffère-t-il des autres ?

Internet est différent des autres médias que nous connaissons. On y côtoie des gens de tous les âges et de tous les pays qui y échangent librement leurs idées, leurs histoires, leurs données, leurs opinions et leurs produits.

Tout le monde peut y accéder

Internet est sans doute le moyen de communication le plus ouvert de la planète. Des milliers d'ordinateurs en dispensent des informations et des fichiers à tous ceux qui disposent d'un ordinateur personnel et une ligne téléphonique RTC ou raccordée au réseau ADSL. L'usage d'Internet n'est cependant pas gratuit, car il faut – sous une forme ou une autre – payer pour s'y raccorder, à la durée avec un modem classique, ou par un abonnement pour une connexion à haut débit. Si vous ne disposez pas d'un accès Internet dans votre entreprise, votre école ou tout autre lieu, vous devrez recourir aux bons offices d'un fournisseur d'accès (FAI), intermédiaire obligé entre vous et le Net. Au Chapitre 4, nous verrons ce qu'est le haut débit et tenterons de soulever le mystère qui plane sur les vitesses de connexion, les tarifs, la téléphonie gratuite, la télévision par Internet et le fameux dégroupage total qui permet de se passer des services de France Télécom, l'opérateur historique en France.

Les avantages du Net

Internet est autour de vous, de moi, de nous. Si vous n'avez pas pris le train en marche, vous risquez d'accuser rapidement un certain retard, car tout va extrêmement vite. Les nouveautés sortent sur Internet avant même d'être réellement disponibles. Dans de telles circonstances, les laissés-pour-compte du cyberespace – excusez l'expression – vont bel et bien rester sur le carreau (ou sur la touche, c'est pareil).

Voici quelques-uns des usages les plus fréquents d'Internet :

- **Recherche d'informations :** Les sites Web sont riches en informations, la plupart gratuites. Cela va des formulaires de déclaration d'impôts que vous pouvez remplir en ligne, aux offres d'emploi et autres annonces immobilières en passant par les recettes de cuisine ; des décisions de la Cour de justice de l'Union européenne aux catalogues de bibliothèques, en passant par des textes divers et variés, des photos, des logiciels en tout genre (jeux, systèmes d'exploitation, utilitaires, *etc.*). Il est possible de consulter la météo du monde entier, les horaires des séances de cinéma et même l'heure de fin des cours. Vous trouverez tout sur le Net !

  Des outils spéciaux, connus sous le nom de *moteurs de recherche*, *répertoires* et *index*, aident à trouver des informations sur le Web. Un grand nombre de personnes essaient de créer le moteur de recherche le plus rapide, le plus intelligent et l'index Web le plus complet. Nous parlerons de l'outil le plus complet, Google (voir la Figure 1.6), pour vous permettre d'en comprendre les principes, et peut-être même de gagner un peu d'argent avec. Comme nous l'avons mentionné dans l'introduction de ce livre, lorsque vous rencontrez une icône Web en marge, c'est que nous décrivons à cet endroit des ressources auxquelles vous accéderez sur Internet (habituellement le Web).

- **Recherche de personnes :** Si vous avez perdu la trace de votre ami(e) d'enfance, vous avez maintenant une chance de le ou la retrouver. Vous pouvez utiliser à cette fin un des nombreux services de recherche pour consulter tous les annuaires téléphoniques ou écumer les sites d'anciens des écoles et lycées (`http://copainsdavant.linternaute.com/`). Cependant, ne fondez pas trop d'espoir comme nous le verrons au Chapitre 8.

- **Recherche d'adresses de commerces et de prestataires de services :** De nouveaux types d'annuaires vous permettent de trouver une entreprise en faisant une recherche par type d'activité. Vous pouvez spécifier l'indicatif téléphonique ou le code postal. De nombreuses personnes s'en servent pour trouver des objets rares. Une de nos amies nous a raconté sa recherche d'un pendentif en patte d'ours qui l'a conduite jusqu'à une entreprise basée en Alaska, qui avait ce qu'elle cherchait. En France, le site `www.pagesjaunes.fr` (qui propose également un lien vers les pages blanches) remplace l'annuaire de France Télécom et le Minitel (Figure 1.7). Les résultats obtenus sont illustrés par des photos, proposent des liens vers les sites Web d'entreprises ou de magasins et permettent de consulter un itinéraire d'accès.

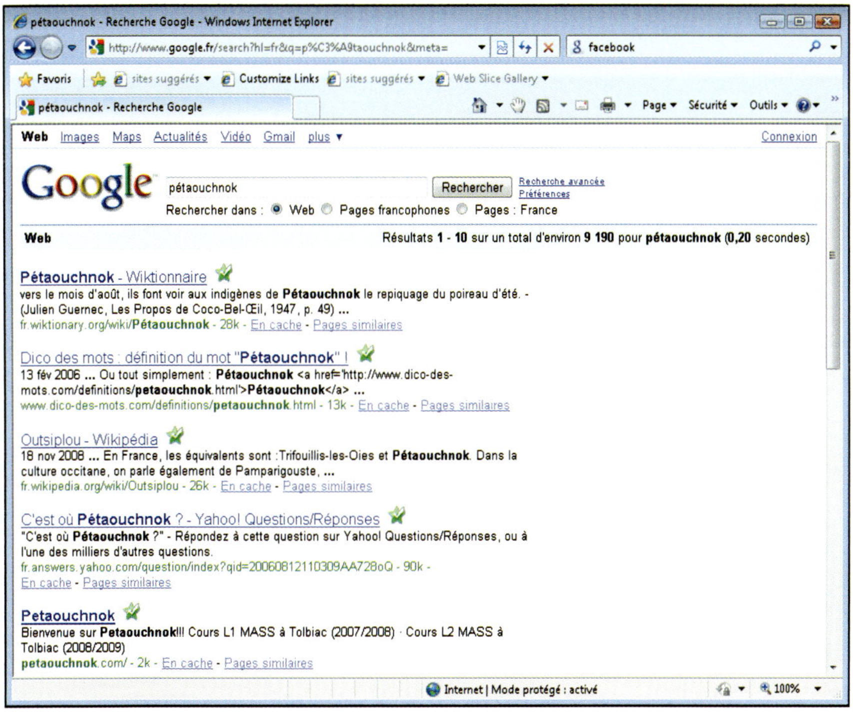

Figure 1.6 : Le moteur de recherche, l'arme absolue de votre soif de connaissance. Difficile de le prendre à défaut car il a réponse à tout.

- **Recherche :** Les scientifiques échangent leurs travaux. Les cabinets d'avocats ont découvert qu'une grande partie des informations qu'ils payaient une fortune se trouvait sur le Net. Les investisseurs immobiliers utilisent des données démographiques associées à des statistiques de chômage pour savoir où ils peuvent créer des commerces avec un maximum de chances de réussite. Sous couvert de veille technique ou scientifique, les entreprises "espionnent" sans vergogne leurs concurrents sur le Net. Les gouvernements font de même mais avec des moyens d'"écoute" autrement plus efficaces.
- **Enseignement :** Des enseignants intègrent, dans leurs projets pédagogiques, un échange avec des classes du monde entier. Les étudiants font des recherches à l'aide de leur ordinateur familial. Certaines encyclopédies sont en ligne (pas toujours gratuitement). Les étudiants éloignés de leur famille communiquent avec celle-ci par le courrier électronique ou mieux, grâce à la téléphonie par Internet, ce qui diminue considérablement leurs frais de téléphone.

Figure 1.7 : Composez le 818 188, oh puis zut, je ne sais plus ! Autant aller sur pagesjaunes.fr.

- **Achat et vente d'objets :** Sur Internet, vous pouvez tout acheter, des livres aux voitures en passant par des vêtements. Faites un grand nettoyage dans vos placards et tiroirs en vendant vos vieilleries sur eBay, PriceMinister (Figure 1.8), ou encore 2xmoinscher (pour ne citer qu'eux).
- **Voyages :** La plupart des agences de voyages utilisent le Web pour informer leurs clients de leurs voyages organisés ou des vols secs dont ils disposent. On y trouve aussi des informations météorologiques, des horaires de train et les heures d'ouverture des musées. Le site de la SNCF permet d'imprimer les billets en ligne et propose sur certains trains des prix extrêmement bas. Idem pour les billets d'avion où il y a toujours des bons plans sur Internet, et notamment auprès des compagnies discount.
- **Intranet :** Quésaco ? Les entreprises ont compris qu'Internet est réellement utile. Avec l'Intranet, elles utilisent la messagerie électronique en interne et en externe pour communiquer avec les employés, les clients et autres relations d'affaires. De nombreuses sociétés utilisent des pages Web uniquement en interne pour diffuser des informations au personnel, leur permettre de déclarer les notes de frais et les heures de présence, ou encore pour commander des fournitures. L'Intranet, qui est en quelque sorte un Internet réservé à l'entreprise, contribue à réduire la paperasserie.

Figure 1.8 : Marre des vides greniers ? Vendez sur le net !

- **Marketing et vente :** Les éditeurs de logiciels vendent leurs produits et proposent des mises à jour sur le Net. Même des bouquets de fleurs peuvent être commandés en ligne ! Les ventes de livres et de disques par correspondance permettent de choisir à domicile, sans avoir à se déranger. On peut se procurer ainsi des DVD de zone 1 (en principe réservés aux États-Unis) dont la vente est interdite en France. Mais attention aux éventuels frais de douane ! On se rend compte aujourd'hui que posséder un ordinateur sans connexion Internet rend difficiles les mises à jour de Windows et empêche le téléchargement des correctifs nécessaires à bon nombre de programmes.
- **Jeux et bavardage :** Les jeux multi-utilisateurs basés sur Internet, absorberont tout votre temps libre, au risque d'en perdre le sommeil. Vous vous confronterez à d'autres joueurs répartis dans le monde entier. Le Web propose quantité de jeux, y compris des jeux traditionnels comme le bridge, les échecs, les dames, *etc*.
- **Amour :** Le Net pousse aussi à la romance. Les sites pour célibataires et les agences matrimoniales fleurissent un peu partout, tant il est vrai que la solitude est un marché porteur. La Figure 1.9 présente la page d'accueil d'un des sites de rencontre les plus connus : meetic.

Figure 1.9 : Et si vous refaisiez votre vie grâce à Internet ?!

- **Santé :** Patients et médecins se tiennent au courant des derniers progrès de la médecine, les malades partagent leur expérience et se réconfortent mutuellement. Personnellement, je connais quelqu'un qui, atteint d'une grave maladie, a réussi à entrer en contact avec un spécialiste de sa pathologie grâce à un groupe de discussion sur le Web, regroupant des cas identiques au sien.
- **Investissements :** Les achats et ventes d'actions se font couramment sur Internet. Certaines entreprises ont pignon sur le Web et y vendent directement leurs actions. Les investisseurs sont à la recherche de nouvelles occasions de faire fortune et les jeunes entreprises dynamiques à la recherche de capitaux.
- **Organisation de manifestations :** Pour les organisateurs de conférences et de salons commerciaux, le Web est un excellent moyen de diffuser leurs informations, de contacter les services de communication et d'enregistrer les inscriptions des participants. Les informations diffusées sont toujours à jour et les frais postaux considérablement réduits.
- **Organisations sans but lucratif :** Les associations utilisent abondamment le Web pour communiquer entre elles et préparer leurs actions.

Quelques idées sur la sécurité et la confidentialité

Internet est un lieu étrange. D'une certaine façon, il est totalement anonyme, et d'une autre, il ne l'est pas du tout. Autrefois, les gens adoptaient des noms d'utilisateurs plus ou moins proches de leur véritable identité, ce qui avait un côté sympathique.

Mais aujourd'hui, ces noms d'utilisateurs attribués aux internautes par leur fournisseur d'accès sont générés par des logiciels. Pire, ils sont formés d'un arrangement aléatoire de chiffres et de lettres, d'où une regrettable dépersonnalisation.

Sur Internet, vous pourrez cependant souvent choisir un pseudonyme plus approprié à votre personnalité. Les moins imaginatifs, ou ceux qui ne veulent pas d'un pseudo plus ou moins ridicule, choisissent leur prénom suivi le l'initiale du nom de famille, ou le numéro de leur département de résidence ou de leur âge. Voici quelques raisons parfaitement légitimes d'utiliser un pseudo :

- Vous exercez une profession bien spécifique (médecin, par exemple) et vous voulez participer à un forum de discussion sans avoir à donner de consultation gratuite.
- Vous voulez parler d'un problème personnel, sans que votre entourage puisse se douter que c'est de vous qu'il s'agit.
- Vous faites du commerce sur le Net et vous utilisez aussi votre nom d'utilisateur à des fins personnelles, mais vous ne souhaitez pas que les deux activités soient confondues.

ATTENTION

Un petit avertissement cependant à tous ceux qui envisageraient d'exploiter la nature anonyme du Net : il est techniquement possible de remonter à la source de la plupart des actions effectuées sur le Net. Si vous commencez à abuser du Net, vous découvrirez que vous n'êtes pas si anonyme que cela. En cas de délit (pédocriminalité, piratage...) les spécialistes informatiques de la police et de la gendarmerie sauront remonter jusqu'à vous. Il suffit de lire les faits divers ou la page judiciaire pour s'en convaincre.

Sécurité d'abord

L'anonymat d'Internet étant illusoire, nous vous recommandons de ne jamais utiliser votre nom complet et encore moins de fournir vos coordonnées, nom, adresse et numéro de téléphone, à un étranger, *a fortiori* sur le Net. Ne faites jamais confiance à qui que ce soit prétendant faire partie de l'assistance technique de votre fournisseur d'accès ou à tout autre organisme vous demandant votre mot de passe. Aucune entité légale ni bancaire ne vous demandera jamais votre mot de passe ou un code. Méfiez-vous également des organismes et commerçants qui pourraient se servir de vos coordonnées personnelles pour vous inonder de publicités.

Des internautes connaissent parfois de pénibles désillusions avec leur âme sœur du Net dès lors qu'il s'agit de se confronter à la réalité. D'autres, au contraire, ont plus de chance. Le mariage à la suite d'une rencontre en ligne est devenu chose courante qui n'étonne plus personne. Voici cependant quelques conseils si vous projetez une rencontre physique avec une personne rencontrée sur le Net :

- Conversez au téléphone avant de convenir d'un véritable rendez-vous. Si un détail vous intrigue, ou pire vous inquiète (le ton de la voix, la manière de s'exprimer, le tour que prend la conversation...), ne donnez pas suite.

- Si vous êtes une femme, convenez d'un rendez-vous dans un endroit public, un café ou une brasserie. Jamais dans un parc peu fréquenté ou un lieu mal éclairé.

ATTENTION

- Parents, ne laissez jamais un mineur converser sans surveillance sur Internet ! Les maniaques usent et abusent du Net pour extirper des renseignements aussi vagues que le nom d'une ville, celui d'un sport pratiqué, le jour d'un entraînement sportif, qu'ils sauront exploiter le moment venu. Il est important de sensibiliser les enfants aux problèmes d'Internet, leur dévoiler les pièges et surtout contrôler leurs conversations (on peut les enregistrer automatiquement avec certaines messageries instantanées comme MSN). Conseillez-leur d'utiliser un nouveau pseudonyme à chaque connexion. Vous mesurez mal les risques ? Connectez-vous à un *chat* pour adolescents et faites-vous passer pour une gamine de 13 ans. Vous comprendrez très vite !

Le Net est un endroit merveilleux qui permet d'agrandir le cercle de ses relations, mais où la candeur et la naïveté peuvent se payer très cher.

Chapitre 2

Ces choses qui vous veulent du mal : Virus, espiogiciels, spams et autres saletés

Dans ce chapitre :

- Protéger votre vie privée.
- Comment les virus infectent votre ordinateur.
- Se prévenir contre l'installation de programmes à votre insu (*espiogiciels*).
- Juguler l'invasion des courriers non sollicités.
- Protéger votre navigation sur le Web et celle de votre famille.
- L'antivirus et la sécurité Internet en pratique.

Internet fait désormais partie de notre quotidien. Nous aimerions affirmer que toutes les critiques négatives d'Internet ne sont qu'une vaste campagne d'intoxication, mais ce n'est, hélas, pas le cas. Le succès d'Internet et sa technologie ont attiré des truands de tous acabits qui en veulent à nos sous. Dans certains pays, la fraude sur Internet est une véritable économie parallèle.

Internet n'est heureusement pas qu'un lieu de tous les dangers, de toutes les arnaques. C'est comme se promener dans une grande ville : un minimum de prudence s'impose, ce qui n'empêche pas de profiter de tous ses attraits.

Que peut-on savoir de vous ?

Les nouvelles technologies nous rendent certes de grands services mais elles contribuent aussi à nous espionner. Nous sommes surveillés, à tel point qu'il est aujourd'hui possible de reconstituer la journée d'une personne à partir de ses transactions. Tout participe à cette surveillance que n'aurait pas renié le célèbre

Big Brother inventé par Georges Orwell : les cartes bancaires, les téléphones mobiles, les cartes de fidélité électroniques, le GPS, et bien sûr Internet. Dès que l'ordinateur est connecté, vous êtes surveillé. Le plus souvent, ce suivi n'est effectué que pour des raisons purement techniques, sans incidence sur votre vie, mais parfois elles peuvent être détournées pour des raisons lucratives ou, dans certains états, politiques.

La pêche aux gogos, ou hameçonnage

L'*hameçonnage* (ou *phising,* contraction de *phreaking,* piratage du réseau téléphonique et de *fishing,* pêche) est une nouvelle forme de délit sur Internet, dont chacun peut être victime. Il est heureusement facile à déjouer tant la ficelle est grosse et l'hameçon visible.

Qu'est-ce que l'hameçonnage ?

Vous trouvez dans votre courrier électronique un message comme celui-ci (voir Figure 2.1), envoyé à des millions d'internautes en espérant que dans la masse, il y ait quelques clients des banques en question et parmi eux, quelques-uns assez naïfs ou inconséquents pour cliquer un des liens. Voici la traduction de cette prose :

```
Cher membre de [liste des banques]
Ce courrier électronique vous a été envoyé par notre serveur de banque pour
vérifier les adresses de courrier électronique. Vous devez achever la procédure
en cliquant sur le lien ci-dessous afin d'obtenir dans une petite fenêtre les
détails pour l'accès en ligne à [liste des banques]. Ceci est fait pour votre
protection, car certains de nos membres n'ont plus accès à leurs adresses de
courrier électronique et que nous devons les vérifier. Pour vérifier votre
adresse de messagerie, cliquez sur le lien ci-dessous.
Si vous avez un compte [banque] : [lien]
```

Figure 2.1 : Méfiance lorsque ce genre de message échoue dans votre messagerie.

Ce genre de courrier est souvent envoyé avec un en-tête reproduisant exactement le logo de l'établissement financier, voire la mise en page de son site, et il peut être en français. Les raisons invoquées pour cliquer le lien sont très variées mais reposent toujours sur une vérification. Parfois, pour paniquer le client, le message signale que, faute d'avoir cliqué le lien, le compte bancaire sera annulé et les sommes perdues.

Si vous cliquez un des liens, vous arrivez sur une page Web imitant parfaitement celle de la banque. Dès que vous avez saisi votre nom d'utilisateur et votre mot de passe, une autre page à l'aspect tout aussi officiel s'affiche. Elle vous invite à entrer votre numéro de carte bancaire, un PIN (c'est-à-dire un numéro d'identification personnel, *Personal Identification Number*), une adresse de facturation, le détail de votre compte, votre numéro de sécurité sociale, voire le code confidentiel de votre carte bancaire. Cette page frauduleuse est suffisamment intelligente pour refuser un numéro de carte bancaire non valide. Si vous communiquez toutes les informations demandées et que vous cliquez le bouton Suivant ou Poursuivre, une page affiche un message indiquant que vous êtes déconnecté du site. Et maintenant ? C'est aux fraudeurs de jouer, et sans perdre de temps. Ils utiliseront les informations dans un jour, mais peut-être aussi plus tard. Ils paieront leurs achats avec votre numéro de carte bancaire.

Ne mordez pas à l'hameçon !

Tôt ou tard, vous recevrez un message parfaitement bien orthographié, plus vrai que nature, dont vous serez tenté de suivre les recommandations. Ne vous laissez pas piéger. Suivez plutôt ces quelques conseils :

- Des courriers contenant des liens renvoyant vers une page Web demandant des informations aussi confidentielles que votre numéro de carte bancaire sont assurément frauduleux.
- Si le courrier électronique provient d'une société dont vous n'avez jamais entendu parler, ignorez-le et supprimez-le aussitôt.
- S'il prétend émaner d'une société où vous avez ouvert un compte, allez sur son site Web officiel en tapant son adresse directement dans votre navigateur Web (jamais en cliquant le lien affiché dans le courrier électronique). Une fois sur le site, cliquez le lien Mon compte. Si la connexion au compte se solde par un échec, envoyez une copie du message au service clients du site, ou mieux téléphonez à l'établissement.

Notez que Windows Mail est capable de détecter les tentatives d'hameçonnage. Dans la boîte de réception, l'objet du message est affiché en rouge et en gras et un panneau signale que le message est douteux. Par la suite, lorsque vous cliquez sur ce même message, un bandeau rouge rappelle qu'il est peut-être frauduleux.

L'usurpation d'adresse est une autre technique délictueuse qui se développe rapidement. Elle consiste à afficher une adresse dans la barre d'adresse de votre navigateur Web alors que vous êtes en réalité sur un autre site. Certains navigateurs Web n'affichent que l'adresse principale d'un site. Ils ne paraissent donc pas fallacieux. Les adeptes de l'hameçonnage profitent de cette fonctionnalité. Les meilleurs navigateurs comme Firefox et Internet Explorer 8 protègent l'internaute contre les sites Web usurpés. Internet Explorer 8 propose une fonction appelée Filtage InPrivate. Lorsque vous l'activez, elle demande à Internet Explorer de ne pas stocker de données sur votre session de navigation actuelle. Ceci évite qu'un site Web utilise des données comme les précédents sites que vous avez visités et ce que vous avez regardé sur le Web. Pour que cela fonctionne, Internet Explorer ouvre une nouvelle fenêtre qui rend totalement privée votre navigation sur le Web. En revanche, si vous ouvrez une autre fenêtre Internet Explorer, vous ne serez pas protégé dans ladite fenêtre. La Figure 2.2 montre la boîte de dialogue de paramétrage du Filtrage InPrivate d'Internet Explorer 8.

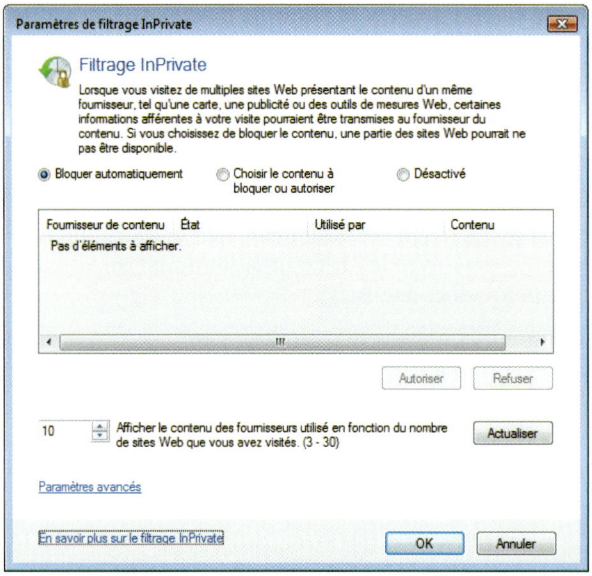

Figure 2.2 : Internet Explorer 8 n'a pas tort d'être aussi méfiant.

La règle de sécurité fondamentale est simple : il ne faut jamais, je dis bien **jamais,** tapez des mots de passe, des numéros de carte bancaire, ou toute autre information personnelle sur une page Web à laquelle vous avez accédé par un clic sur un lien situé dans un courrier électronique.

Ces petites choses qui vous traquent

D'abord lieu de liberté et de gratuité où régnait un certain esprit libertaire, le Web – la partie grand public d'Internet – a rapidement suscité la convoitise des marchands : une zone de chalandise à l'échelle planétaire ne pouvait les laisser indifférents.

Les cookies peuvent vous vouloir du bien

Lorsque vous naviguez sur le Web, certains sites ont besoin de vous identifier afin de vous connecter en tant qu'utilisateur de ce site. Cette identification n'est pas forcément dommageable ou à visée commerciale. Elle évite parfois d'avoir à saisir plusieurs fois votre mot de passe et nom d'utilisateur pour accéder à certaines pages. Les éléments informatiques qui permettent ce suivi sont des petits fichiers de texte appelés *cookies* (rien à voir avec les gâteaux) que le serveur du site installe dans votre ordinateur. Ils contiennent l'adresse du site Web ainsi que des codes d'identification. En règle générale, les *cookies* ne comportent pas d'informations personnelles ou de nature dangereuse. Ils sont uniquement là pour faciliter la navigation dans des sites spécifiques.

Les internautes sont très partagés sur les *cookies*. Certains ne s'en soucient pas, pour d'autres se sont des nuisances. À vous de juger. Contrairement aux rumeurs, les *cookies* ne divulguent pas les informations stockées dans votre ordinateur. Ils ne collectent que des informations que vous avez sciemment communiquées. Internet Explorer et Firefox permettent de savoir si des *cookies* ont été stockés dans votre ordinateur et en assurent la gestion. Nous y reviendrons plus loin dans cet ouvrage.

Googlez-vous !

Aujourd'hui, il est assez facile de trouver des données sur les sujets qui vous intéressent. Certains d'entre vous ne tarderont pas à créer leur propre site Web, à participer à des groupes de discussion, à s'inscrire à des lettres de diffusion, ou encore à créer leur propre blog. L'important est de savoir si tout ce que vous publiez sur Internet va être facilement accessible au reste de la planète. Peut-être même existe-t-il déjà des données vous concernant sans que vous le sachiez ! Alors, effectuez une recherche sur vous-même en bon détective privé du Web. Allez sur le moteur de recherche Google à l'adresse `www.google.fr`. Dans le champ de saisie du texte, entrez votre nom entre guillemets et cliquez le bouton Recherche Google (Figure 2.3). Vous découvrirez peut-être que vous êtes répertorié sur le site d'un ancien élève de la même classe que vous, il y a dix, vingt ou trente ans.

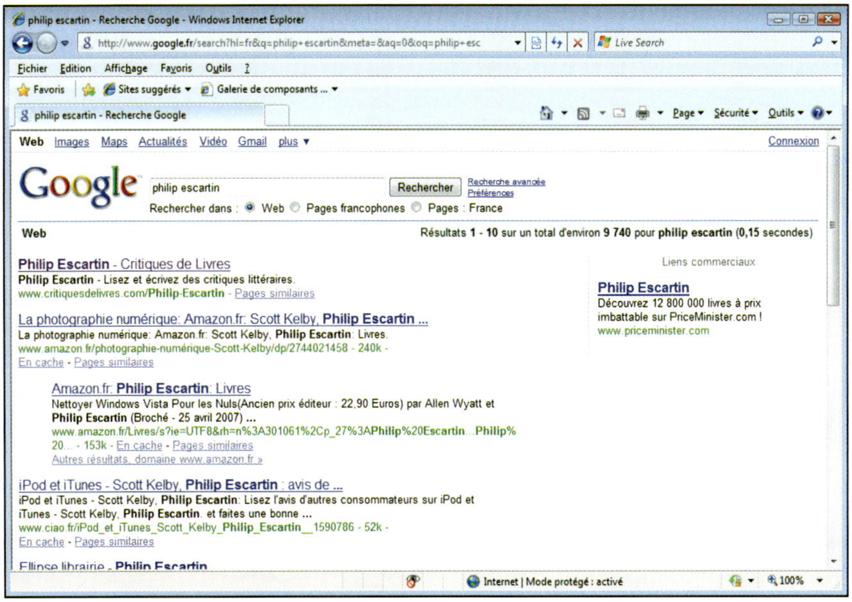

Figure 2.3 : Pas possible que je sois aussi célèbre !

Comment peut-on prendre le contrôle de votre PC ?

Internet est idéal pour télécharger des logiciels que vous installerez dans votre ordinateur. C'est génial ! Plus besoin d'attendre, notamment pour mettre à jour le pilote d'un périphérique ou accéder à la dernière version d'un logiciel. Il est toutefois possible que des programmes soient installés à votre insu dans votre ordinateur. Ils s'introduisent notamment au travers du courrier ou de votre navigateur Web.

Les virus arrivent par courrier électronique

Les virus informatiques sont des programmes qui se transmettent d'un ordinateur à un autre. L'infection se produit par l'intermédiaire de n'importe quel système de communication, comme un réseau, des disquettes, et même une liaison infrarouge. Cela fait bien longtemps que les virus écument le Web. À l'origine, ils se trouvaient dans des fichiers programme que les internautes téléchargeaient *via* un logiciel de transfert de fichiers ou leur navigateur Web. Aujourd'hui, les virus sont principalement diffusés par courrier électronique, sous forme de pièces jointes ou par la messagerie instantanée.

En revanche, un message sans pièce jointe ne peut pas transporter de virus. Ce n'est que du texte, rien de plus. Mais se passer de pièces jointes réduit considérablement l'intérêt du courrier électronique.

Comment agissent les virus ?

Un virus conçu pour le Web commence par localiser le carnet d'adresses. Il s'auto-expédie ensuite vers chacun des contacts qu'il trouve dans le carnet afin de les infecter à leur tour. Ce premier forfait accompli, il exécute la mission pour laquelle il a été réellement créé. Il mémorisera par exemple toutes les séquences de touches du clavier sur lesquelles vous appuyez (y compris vos mots de passe) afin de les transmettre à son seigneur et maître, qui en fera assurément un usage répréhensible. Il peut également lancer une attaque sur des cibles spécifiques ou aléatoirement choisies tandis que vous surfez sur le Web. Il peut aussi transformer votre PC en PC zombie qui envoie ou relaie à votre insu des millions de spams. Si votre ordinateur se comporte étrangement, révèle une lenteur anormale, il est probablement infecté par un ou plusieurs virus.

Que faire contre les virus ?

Ne paniquez pas à l'idée que des virus puissent sévir par courrier électronique. Il suffit d'installer un programme antivirus pour être à l'abri de leurs méfaits. Vous trouverez des versions gratuites de certains antivirus, moins performantes que leurs versions payantes, mais se présentant comme un premier barrage contre les virus.

WEB

Connectez-vous au site `www.grisoft.com` et téléchargez AVG Free Edition, un antivirus gratuit des plus corrects. Cependant, n'oubliez pas que sa version payante bénéficie de technologies avancées, notamment au niveau de la mise à jour de son moteur. Si AVG vous séduit, connectez-vous au site français à `www.avgfrance.com`

(Figure 2.4). À notre connaissance, la version gratuite de cet antivirus n'est pas téléchargeable depuis le site français.

Figure 2.4 : Un antivirus est indispensable.

Les vers viennent du Net

Un *ver* est comme un virus, sauf qu'il ne se transmet pas par courrier électronique. Il s'introduit dans votre machine directement par la connexion Internet. Pour y pénétrer, il lui faut une porte d'accès. Ces portes sont des canaux spéciaux appelés ports d'entrée/sortie (rien à voir avec les ports USB, parallèle, série ou autres...) Ces ports, qui sont numérotés, sont autant d'ouvertures vers un réseau local ou vers Internet. Les vers savent les détecter et s'y introduire en moins d'une minute.

Pour limiter cette invasion, vous devez mettre Windows régulièrement à jour. Ces correctifs comblent les failles de sécurité par lesquelles les vers s'introduisent. Cependant, ces mises à jour ne s'installent pas en moins d'une minute. Je vous encourage donc vivement à utiliser une connexion Internet protégée par un pare-feu logiciel (Windows en possède un) ou matériel (boîtier installé entre le modem et l'ordinateur). Les routeurs placés entre un réseau local et Internet sont équipés d'un pare-feu. Vérifiez que c'est bien le cas du vôtre, si vous en possédez un.

Les espiogiciels proviennent des sites Web

Un *espiogiciel* (c'est-à-dire un *logiciel espion*) est un virus un peu particulier. Ils arrivent dans l'ordinateur par téléchargement depuis votre navigateur Web. Il suffit, sur un site, de cliquer par curiosité un lien pour lancer le téléchargement et l'installation d'un espiogiciel.

Que font les espiogiciels ?

L'espiogiciel mémorise ce que vous saisissez au clavier et même ce sur quoi vous cliquez. L'ensemble des informations ainsi collectées est envoyé à votre insu vers des destinataires peu scrupuleux. Le plus connu des espiogiciels est le logiciel publicitaire. Une fois installé dans l'ordinateur, il vous assaille de fenêtres publicitaires qui surgissent chaque fois que vous activez votre navigateur Web. Ces fenêtres sont parfois appelées *popups*.

Note : Bien sûr, ces publicités sont assez faciles à bloquer ou du moins à limiter. Des navigateurs comme Internet Explorer sont dotés d'un bloqueur de publicités intempestives qu'il faut activer comme à la Figure 2.5.

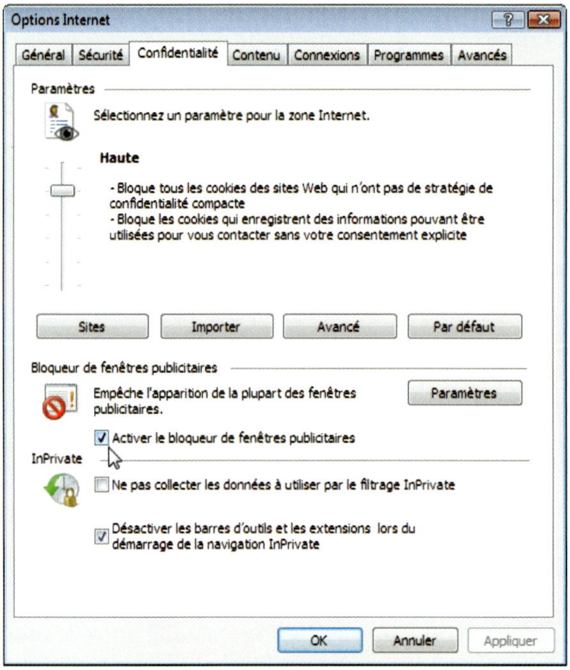

Figure 2.5 : Activer le bloqueur de fenêtres publicitaire d'Internet Explorer 8.

Les espiogiciels sont également capables d'envoyer des courriers indésirables, ou *spams,* depuis votre ordinateur.

Empêcher l'installation d'un espiogiciel

La gratuité de certains programmes découverts sur des sites Web ou reçus par courrier électronique, n'oblige pas à les installer. La tentation est cependant forte de télécharger à outrance n'importe quoi et n'importe comment : un économiseur d'écran par-ci, une barre d'outils par-là, des icônes rigolotes (*émoticônes* ou *smileys*), et bien d'autres babioles qui sont souvent de véritables nids à espiogiciels. De plus, ces programmes accaparent les ressources de l'ordinateur, le rendant de ce fait moins performant. Si vous avez un doute sur un programme gratuit qui vous tente, renseignez-vous à son sujet sur Internet (tapez son nom dans Google et recherchez sur les sites francophones, c'est souvent édifiant).

Se protéger des espiogiciels

Les espiogiciels sont des programmes très difficiles à désinstaller. Donc, avant d'en arriver à des extrêmes, évitez purement et simplement leur installation.
Pour bloquer un espiogiciel, il suffit d'être attentif aux éléments sur lesquels vous cliquez. Installez également un programme anti-espiogiciels comme Spybot dont l'interface est illustrée à la Figure 2.6 et lancez régulièrement l'analyse de votre ordinateur afin de déloger ces logiciels de votre machine. Vous en saurez davantage au Chapitre 4.

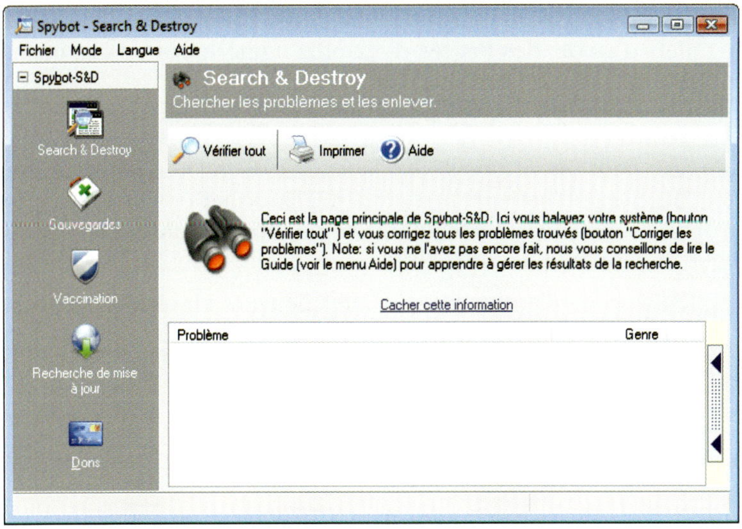

Figure 2.6 : Un logiciel gratuit et efficace. Installé ici Spybot.

Le logiciel publicitaire : un espiogiciel comme les autres

Le logiciel publicitaire est un type de logiciel très controversé que de nombreuses personnes assimilent à un espiogiciel. Il s'installe souvent comme une fonction d'un programme distribué gratuitement et surveille ensuite votre activité sur l'ordinateur, diffusant des publicités très ciblées, même lorsque vous exécutez d'autres programmes. Pour les détracteurs du logiciel publicitaire, il est intolérable d'installer des programmes à l'insu du consommateur dans le seul but de faire monter sa fièvre acheteuse. Ils réclament une loi interdisant cette pratique, dénonçant le logiciel publicitaire comme un parasite. Les défenseurs du logiciel publicitaire – en général ceux qui les suscitent – soutiennent qu'il permet à des petites entreprises de faire connaître leur activité. La connaître est une chose, cependant l'apprécier en est une autre.

Les popups

Les *popups,* ces fenêtres qui s'ouvrent inopportunément et envahissent votre espace de travail lors de vos pérégrinations sur le Web, sont l'invention la plus exécrable de ces dernières années. Cette irruption abusive se produit soit quand vous cliquez un lien hypertexte, soit lorsque vous fermez une fenêtre de votre navigateur Web. Bien souvent, elles délivrent des messages publicitaires, notamment pour des offres de crédit, des billets d'avion, des tirages de photos numériques ou des mises sur des casinos en ligne.

Plusieurs mécanismes déclenchent l'ouverture de *popups* :

- Un site Web peut ouvrir une nouvelle fenêtre de votre navigateur Web. Parfois, elle affiche une publicité, d'autres fois des informations dénuées d'intérêt. Dans des circonstances particulières, le popup est utile à l'internaute car il lui explique comment utiliser le site.
- Les espiogiciels ou d'autres programmes peuvent afficher des *popups*.

Heureusement, comme vous le découvrirez au Chapitre 7, les navigateurs Web comportent des fonctions de contrôle de ces fameux popups.

Spam, pourriel, polluriel...

Les spams sont des millions de copies d'un même message envoyées à autant de millions d'internautes, ou de groupes de discussion, de bulletins d'information, et même de messageries instantanées. Généralement, le message de ces mails est pauvre : comment devenir riche en un rien de temps, comment hypertrophier telle ou telle partie de son anatomie que l'on estime peu avantagée par la nature (il y en a pour les hommes et pour les dames), comment frimer avec une montre de prestige, évidemment contrefaite, acheter des médicaments au risque de mettre sa santé en péril...

En quoi les spams sont-ils si mauvais ?

Auprès de certains fournisseurs d'accès à Internet (FAI), le dépassement du volume de la boîte aux lettres entraîne une surtaxe. AOL indique par exemple qu'une bonne moitié des mails entrants sont des spams et qu'il en coûte entre 2 et 20 dollars par mois et par internaute. Un filtre antispam peut être souscrit auprès de votre FAI, mais le filtrage n'est pas totalement sûr : vous pourriez perdre des courriers importants considérés par erreur comme des spams (ce que l'on appelle des faux négatifs) et voir quand même arriver des courriers indésirables (les faux positifs).

Que faire contre les spams ?

Pas grand-chose... Les filtres empêchent bon nombre de spams d'arriver jusqu'à vous, mais pas les *spammers* de les envoyer. Pour savoir comment mettre en œuvre un filtre antispam comme à la Figure 2.7.

Figure 2.7 : Un filtre antispam tierce partie contrôle les messages entrants et sortants dans votre messagerie.

Quel est le mot de passe ?

Sur Internet, vous serez souvent, très souvent, amené à saisir des mots de passe. Voici quelques conseils émanant des experts en sécurité informatique :

- Créez des mots de passe aléatoires, longs et compliqués de manière que personne ne puisse en découvrir la logique donc le contenu. N'utilisez jamais un mot du dictionnaire, encore moins un nom se rapportant à votre entourage (un prénom, le nom du chien ou du chat...). Faites un savant mixage de lettres et de chiffres.
- N'utilisez jamais le même mot de passe pour tous vos comptes.
- Mémorisez vos mots de passe. Ne les inscrivez nulle part.
- Changez régulièrement vos mots de passe.

L'approche la plus intelligente pour créer des mots de passe consiste à les définir selon l'importance des informations à sauvegarder. Sur des sites où vous consultez simplement des informations générales, sans saisie de données personnelles, les mots de passe peuvent être simples, voire simplistes, et faciles à retenir. En revanche, pour des sites plus sensibles, comme des sites d'achats ou des sites bancaires, vous devez créer des mots de passe complexes ne répondant à aucune logique. Si vous craignez d'oublier un mot de passe compliqué, inscrivez-le dans un carnet que vous cacherez en lieu sûr.

Sortez couverts sur le Web

Avec tous ces virus, espiogiciels, hameçonnage, *popups* et spams, Internet ne peut apparaître que comme un lieu de tous les dangers. Il suffit pourtant d'un peu de vigilance pour vagabonder en toute sécurité sur le Web. Voici quelques bonnes attitudes :

- **Soyez toujours sur vos gardes.** Personne en Afrique ne partagera avec vous les 25 millions d'euros ou de dollars ayant appartenu à un dictateur sanguinaire, qu'un courrier électronique vous propose de faire transiter par votre compte bancaire. Et pourtant, de nombreux pigeons y ont laissé des plumes (convoiter de l'argent sale n'est jamais payant).
- **Mettez vos programmes à jour.** Les correctifs des systèmes d'exploitation, y compris Windows Vista, comblent de nombreuses failles de sécurité. Il suffit de se connecter au site Microsoft Windows Update illustré à la Figure 2.8. Le système d'exploitation est aussitôt analysé et les mises à jour proposées. Windows Vista effectue automatiquement ces mises à jour lorsque le PC est connecté, sans que l'utilisateur ait à intervenir.

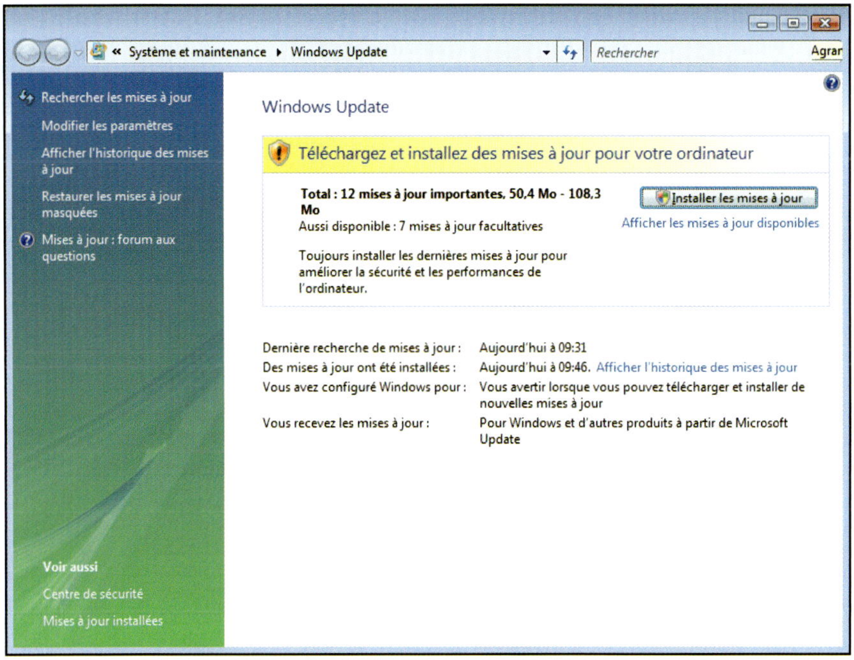

Figure 2.8 : Une première précaution consiste à mettre Windows à jour.

- **Activez un pare-feu.** Par défaut, le pare-feu de Windows Vista est actif. Le routeur d'un réseau intègre souvent un pare-feu bien plus puissant, donc plus difficile à contourner par les logiciels malfaisants (espiogiciels et logiciels publicitaires), que celui de Windows. Vous en saurez plus à ce sujet au Chapitre 5.
- **Installez des antivirus et anti-espiogiciels fréquemment mis à jour.** D'excellents antivirus ne coûtent guère plus de 40 euros, et de nombreux programmes anti-espiogiciels sont gratuits. La fin de chapitre explique comment télécharger et installer un système de sécurité Internet gratuit.

  WEB

  Savez-vous que beaucoup de gens croient qu'un antivirus est installé une fois pour toutes et qu'il protège à tout jamais leur ordinateur contre les infections ? Ce n'est évidemment pas le cas : la mise à jour des définitions de virus doit être effectuée plusieurs fois par semaine (quotidiennement serait l'idéal). De même, vous devez lancer régulièrement une analyse complète de l'ordinateur pour détecter et détruire d'éventuels virus qui auraient pu s'y introduire. (Voir la dernière section de ce chapitre.)
- **N'ouvrez jamais une pièce jointe d'un message électronique sauf si vous en connaissez l'expéditeur et qu'il vous a dûment informé que cet envoi comporte une pièce jointe.** En cas de doute, envoyez une demande de confirmation à l'expéditeur.

- **Dans un courrier électronique, ne cliquez un lien que si vous savez exactement vers quel site il va vous conduire.** Si vous cliquez et que le site demande la saisie d'un mot de passe, d'un numéro de carte bancaire, ou le nom de votre chien, fermez la fenêtre de votre navigateur Web. Ne communiquez jamais la moindre information à des sites auxquels vous accédez par un clic sur un lien contenu dans un message.
- **Créez des mots de passe compliqués et ne les communiquez à personne.** Ne faites aucune confiance à cette belle blonde aux formes généreuses qui, se faisant passer pour une collaboratrice très compétente, n'est en réalité qu'un agent d'une puissance étrangère cherchant à s'emparer de votre mot de passe pour aller dépenser tout votre argent sur des sites marchands dont les promotions lui ont déjà coûté un interdit bancaire.
- **Communiquez !** Ne gardez pas ces conseils pour vous. Au contraire, développez une politique d'information dans votre entourage afin que chacun comprenne bien les règles à suivre.

Les bons plans pour se protéger

Lorsque vous achetez un nouvel ordinateur prêt à l'emploi, comme ceux que vous trouvez dans les rayons informatiques des grandes surfaces ou des grands magasins, tout y est fait pour que vous puissiez surfer sur le Web en toute sécurité. Je veux dire ici qu'un système de protection Internet vous est proposé gratuitement. Mais est-il aussi gratuit que cela ? La réponse est "non". En effet, vous disposez généralement d'une version d'essai souvent limitée à 3 mois et parfois à 1 an. Vous devenez alors un accro de cette protection en qui vous avez une entière confiance, et lorsqu'au bout de la période d'essai le programme vous demande d'acheter la version complète avec renouvellement de la licence d'exploitation, vous cédez à cette facilité. Vous êtes totalement libre (et heureusement) de répondre favorablement à cette invitation. Toutefois, êtes-vous certain que ce système de protection Internet est assez puissant ? Voici ce dont vous avez besoin pour surfer en toute sécurité :

- Un **antivirus**, un système d'analyse en temps réel (ou pas) qui scanne tous vos dossiers et vos fichiers pour y déceler des virus capable de faire des dégâts dans votre ordinateur.
- Un **pare-feu**, c'est-à-dire un système logiciel (et parfois matériel), surveille ce qui tente d'entrer et de sortir de votre ordinateur. Selon son paramétrage, des messages donnent des informations sur les tentatives d'intrusion.
- Un **antispyware**, c'est-à-dire un programme qui protège votre ordinateur contre les espiogiciels, les adwares, et autres malwares, c'est-à-dire des petits programmes qui s'exécutent à votre insu pour surveiller votre comportement, et délivrer des informations confidentielles à des personnes mal intentionnées.

- Un **antispam**, c'est-à-dire un logiciel entièrement dédié à l'identification des spams (publicité et autres applications allant dans ce sens), et qui vous avertit des tentatives d'hameçonnage (phishing).
- Un **anti-rootkit** qui permet de localiser des programmes cherchant à exploiter les failles de sécurité de votre système en installant des portes dérobées facilitant leur intrusion dans votre ordinateur. Une fois un rootkit installé dans votre ordinateur, le pirate peut y revenir en toute facilité car la porte qu'il a forcé est désormais ouverte sans que vous le sachiez.
- Un **scanner d'e-mail** permet à l'antivirus et à d'autres composants de votre système de protection d'analyser le contenu de vos messages électroniques entrants et sortants.
- Un **scanner de lien** qui bloque les sites Web dangereux et qui vérifie l'absence de menaces des liens proposés par les moteurs de recherche les plus connus (dont Google).
- Un **bouclier Web** qui vérifie la sécurité du trafic sur le réseau. Il identifie des menaces éventuelles et interdit les connexions à risque.
- Un **bouclier résident** travaille en tâche de fond, c'est-à-dire sans que vous vous en rendiez compte. Son rôle est d'analyser tous les fichiers sur lesquels vous travaillez. Ceci est très utile en bureautique où des suites logicielles comme Microsoft Office connaissent de nombreuses faille de sécurité.

Pour obtenir toutes ces protections, vous disposez de deux possibilités :

- Utiliser un programme différent pour chaque protection avec le risque qu'ils ne communiquent pas correctement entre eux. Par exemple, l'antispam agira-t-il en temps réel avec l'antivirus provenant d'un autre éditeur de logiciels ?
- Utiliser une suite dite *Internet Security* qui propose toutes ces fonctionnalités dans un seul programme comme celui illustré à la Figure 2.9.

Le choix n'est pas toujours facile, et avant d'être confronté à de gros problèmes informatiques, la plupart des utilisateurs trouvent scandaleux le fait qu'il faille payer pour se protéger. Sachez que ce n'est pas une obligation. Vous pouvez vous protéger gratuitement, même si le niveau de sécurité proposé n'est pas aussi élevé que celui des programmes de sécurité Internet payants.

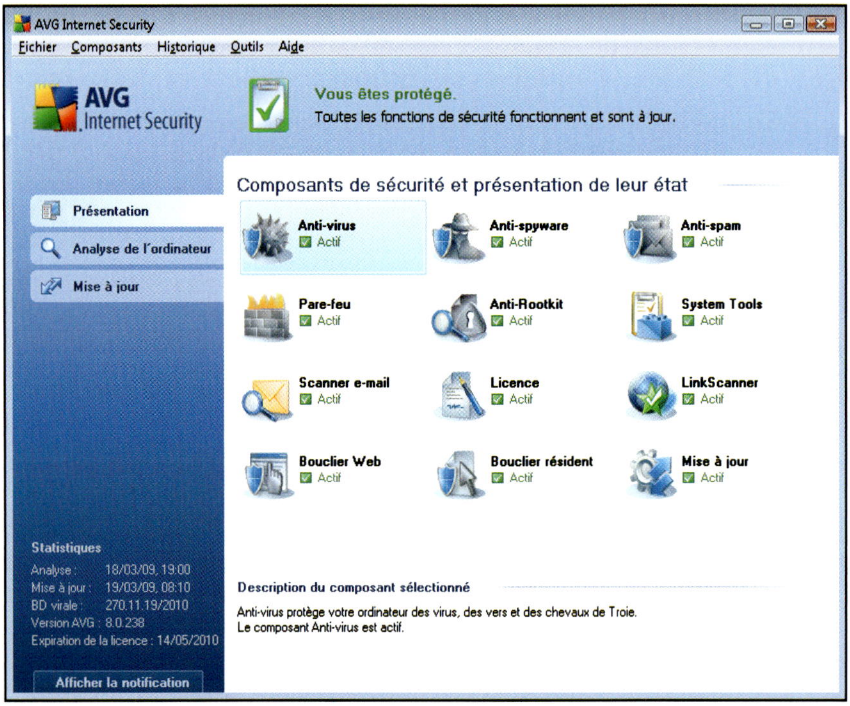

Figure 2.9 : Un programme de sécurité Internet comme AVG Internet Security propose l'ensemble des logiciels de protection dont vous avez besoin. Ce n'est pas le seul bien entendu.

Sécuriser gratuitement votre ordinateur

La gratuité existe sur Internet, mais oui ! C'est même la raison d'être du Web, raison d'être qui en a pris un coup dans la figure avec l'avènement de l'e-commerce. Pourtant, il reste possible de protéger son ordinateur gratuitement.

TRUC

Vous y procéderez notamment après expiration de la période d'essai de l'antivirus ou du système de sécurité Internet installé par défaut sur l'ordinateur que vous avez récemment acheté.

Pour illustrer mon propos je suis obligé de choisir un éditeur de logiciel spécifique. Mon dévolu s'est porté sur AVG, mais rien ne vous empêche d'en chercher un autre dans les adresses utiles communiquées à la fin de ce chapitre. J'ai choisi AVG car la société Grisoft (éditeur de cet antivirus) fut l'une des premières à proposer un antivirus gratuit très efficace.

Télécharger et installer un système de sécurité gratuit

N'oubliez pas que vous êtes sur le Web. Or qui dit Web dit obligation de savoir télécharger des programmes pour les utiliser,.je vous invite à en comprendre le fonctionnement dès cette section. N'oubliez pas : de l'installation d'un système de sécurité Internet dépend votre vie d'internaute. (Oui, je sais, j'ai tendance à exagérer... mais peut-être pas tant que cela finalement !)

Pour télécharger un programme, il faut se rendre sur le site Web de son éditeur, en l'occurrence AVG.

Vous pouvez aller sans problème sur le site Web d'un autre éditeur qui vous aura été recommandé par un ami. Je n'ai pas d'intérêts privés dans la société Grisoft !

Voici comment télécharger et installer un système de protection Internet gratuit, mais performant :

1. **Ouvrez Internet Explorer (ou votre navigateur Web préféré comme Firefox).**
2. **Dans la barre d'adresses d'Internet Explorer, tapez** `http://gratuit.avg.fr/`**, et appuyez sur la touche Entrée.**

   Vous accédez à la page de sélection des différents programmes proposés par AVG comme le montre la Figure 2.10.

Figure 2.10 : Le choix de la version gratuite se fait ici.

3. **Cliquez sur le bouton Téléchargement de la section Protection simplifiée gratuite.**

   Vous accédez à une page qui compare les fonctionnalités des différentes versions des produits AVG. Vous notez que la version gratuite propose :

   - Un antivirus
   - Un antipsyware
   - Une fonction safe search qui identifie les pages dangereuses suite à une recherche effectuée dans un moteur de recherche.

4. **En bas de la colonne AVG Free, cliquez sur le bouton Télécharger.**
5. **Dans la nouvelle page qui apparaît, contentez-vous de cliquer sur le lien Télécharger AVG Free 8.5 (serveur AVG).**
6. **Si Internet Explorer affiche un message demandant la permission d'ouvrir un contenu Web, cliquez sur le bouton Autoriser.**
7. **Dans la boîte de dialogue Téléchargement de fichier illustrée à la Figure 2.11, cliquez sur Enregistrer le fichier.**

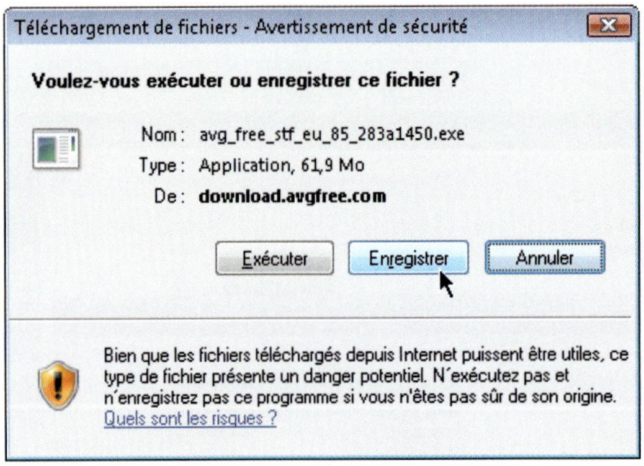

Figure 2.11 : Enregistrez le fichier d'installation de votre système de protection Internet.

NOTE TECHNIQUE

Il est recommandé d'enregistrer le fichier plutôt que de l'exécuter. En effet, Exécuter n'enregistre pas le fichier sur votre disque dur. Le téléchargement se fait dans un espace de stockage temporaire. Une fois le téléchargement terminé, Windows démarre l'installation. Le problème est que si l'installation tourne mal, vous serez obligé de répéter la procédure ci-dessus pour effectuer un nouveau téléchargement. (Bien entendu vous pourriez partir en quête de ce fichier temporaire, mais comme vous n'êtes pas un gourou de l'informatique, vous en expliquer ici le principe serait une pure perte de temps et source de confusion). En enregistrant le fichier sur votre disque dur, vous pourrez le retrouver sans aucun problème et relancer l'installation du programme si cela s'avère nécessaire.

8. **Dans la boîte de dialogue Enregistrer sous, utilisez la section Dossier pour localiser le disque dur et/ou le dossier dans lequel vous désirez enregistrer le fichier.**

   Soyez très organisé. Créez si possible un dossier dans lequel vous stockerez tout ce que vous téléchargez sur Internet. Par exemple, sur un de vos disques durs (de préférence autre que le disque système C:), créez un dossier Mes téléchargements, et dans ce dossier ajoutez un sous-dossier Antivirus ou Internet Security. Vous placerez dans ce sous-dossier tous les programmes de sécurité que vous téléchargerez depuis Internet.

9. **Une fois la destination du fichier sélectionnée, cliquez sur Enregistrer.**

   Le téléchargement est assez long car le fichier pèse dans les 60 Mo. Il ne vous reste plus qu'à installer ce programme fraîchement téléchargé.

10. **Dans la boîte de dialogue Téléchargement terminé illustré à la Figure 2.12, cliquez sur le bouton Ouvrir le dossier.**

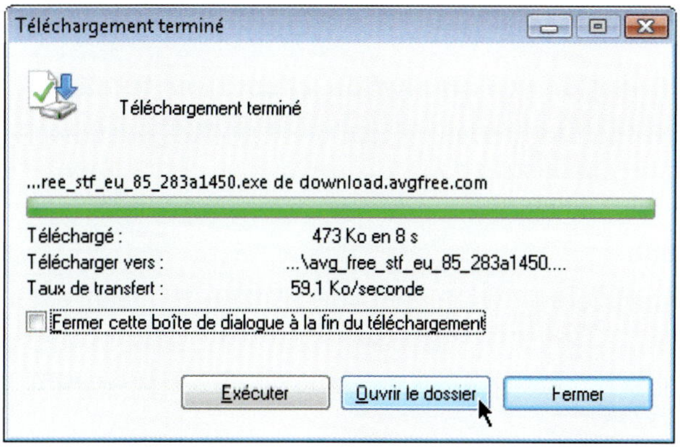

Figure 2.12 : Pour retrouver immédiatement le fichier téléchargé, cliquez sur ce bouton.

   Cette action ouvre l'Explorateur Windows. Le fichier est sélectionné.

11. **Comme le fichier est sélectionné, appuyez sur Entrée ou double-cliquez dessus pour en lancer l'exécution.**

12. **Dans la boîte de dialogue de demande d'autorisation d'exécuter le programme, cliquez sur continuer.**

   Après décompression des éléments téléchargés, la première étape dite Bienvenue, apparaît. Vous êtes dans l'assistant d'installation.

13. **Dans le menu local Choisissez la langue d'installation, sélectionnez Français (du moins je le suppose). Cliquez sur Suivant.**

14. **Prenez connaissance du message d'avertissement, et cliquez sur Oui.**

   Si vous cliquez sur Je refuse, l'assistant se ferme et votre ordinateur se retrouve sans aucune protection.

15. **Lisez le contrat de licence et cliquez sur Oui.**

    Si vous cliquez sur Je refuse, l'assistant se ferme et votre ordinateur se retrouve sans aucune protection.

16. **Dans la sélection du type d'installation, laissez le choix par défaut et cliquez sur Suivant.**

17. **Activez votre licence AVG Free par un clic sur Suivant.**

18. **Comme vous n'avez pas le choix du dossier de destination, c'est-à-dire d'installation du programme, cliquez sur Suivant.**

19. **Dans l'étape de sélection des composants, laissez les cases cochées par défaut, et cliquez sur Suivant.**

20. **Ensuite, AVG vous demande d'installer ou non la barre d'outils de sécurité AVG. Ne décochez pas cette option, et cliquez sur Suivant.**

    La barre de sécurité AVG est essentielle. Elle surveille l'activité des sites Web que vous visitez ou envisagez de visiter afin de vous avertir de dangers potentiels.

21. **Dans l'étape Confirmation de l'installation, cliquez sur Terminer.**

    Pour s'installer, AVG doit fermer un certain nombre d'applications dont il vous communique la liste. Enregistrez tous vos travaux en cours pour ne pas perdre vos dernières modifications.

22. **Cliquez sur Suivant.**

    Les applications spécifiées se ferment et l'installation commence. Elle demande quelques minutes.

23 **Comme le montre la Figure 2.13, un message confirme la réussite de l'installation. Cliquez sur OK.**

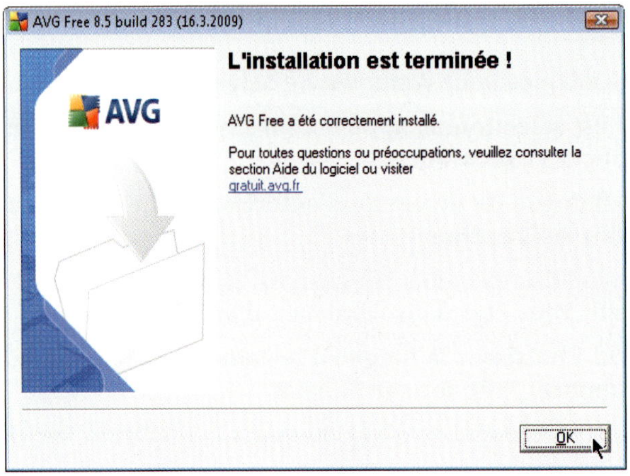

Figure 2.13 : Bravo ! Votre ordinateur est presque protégé !

A peine cette installation validée par votre clic sur OK, que AVG vous invite à configurer votre système de protection. De grâce, ne remettez pas cette opération à plus tard.

Paramétrer votre système de protection

Un système de sécurité Internet ne peut pas tout connaître de vos habitudes. Il est même très restrictif au niveau de ses autorisations par défaut puisque son objectif est de vous protéger coûte que coûte tel le plus dévoué des gardes du corps.

Pour être immédiatement opérationnel, un système comme AVG (ou un autre) lance une procédure de configuration, dont la première étape est illustrée à la Figure 2.14.

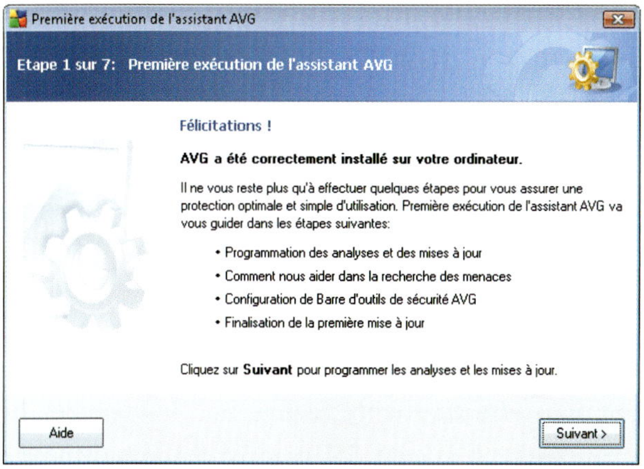

Figure 2.14 : Installer c'est bien, paramétrer c'est encore mieux !

Pour configurer votre programme de sécurité Internet :

1. **Dans la première étape de l'assistant de configuration, cliquez sur le bouton Suivant.**
2. **Définissez ensuite la périodicité des mises à jour automatiques.**

   Vous constaterez que le programme propose une périodicité par défaut recommandée. (En l'occurrence toutes les 4 heures pour AVG.) Qu'est-ce que cela signifie ? Tout simplement que le programme va interroger le site Web AVG pour savoir si de nouvelles mises à jour sont disponibles, et notamment celles des définitions de virus. A vous de choisir la périodicité. Certains programmes vous permettent de modifier les heures séparant deux vérifications.
3. **Indiquez l'heure à laquelle AVG (ou votre système de sécurité personnel) doit lancer une analyse de votre système.**

   L'analyse est primordiale. C'est elle qui va déloger les virus et autres spywares installés à votre insu sur votre ordinateur. Vous devez effectuer une analyse tous les jours. Donc, ne touchez pas à l'option Activer l'analyse quotidienne, comme le montre la Figure 2.15.

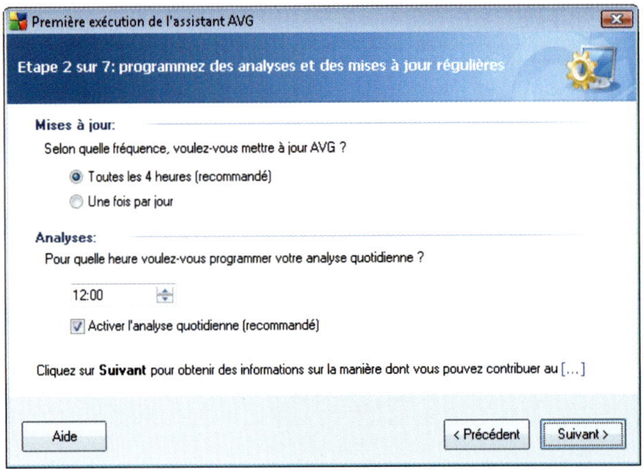

Figure 2.15 : En matière de protection votre salut dépend en grande partie d'une analyse quotidienne.

4. **Cliquez sur Suivant. Si vous désirez aider AVG à répertorier les sites dangereux, cochez la case Oui. Cliquez sur Suivant.**
5. **Choisissez ou non d'utiliser Yahoo! comme moteur de recherche et cliquez sur Suivant.**
6. **Dans la cinquième étape de la configuration, AVG propose de télécharger les dernières mises à jour du programme, et notamment les menaces de sécurité. Cliquez sur Suivant pour effectuer cette recherche. Ne l'ignorez surtout pas !**

   Extraordinaire ces antivirus ! Il se peut que le programme refuse de mettre à jour indiquant que votre ordinateur doit préalablement être redémarré.
7. **Cliquez sur Terminer !**
8. **Cliquez sur Oui pour redémarrer votre ordinateur et entériner vos paramètres.**

   ATTENTION — Avant de cliquer sur ce bouton, enregistrez tous vos travaux en cours sous peine de perdre vos dernières modifications.

Une fois redémarré, votre ordinateur est protégé. Une icône de votre système de sécurité s'affiche dans la zone de notification de la Barre des tâches de Windows. Toutefois, il est recommandé de procéder à une mise à jour immédiate de votre antivirus, comme cela est expliqué dans la prochaine section.

TRUC — Généralement, lorsque le système de sécurité Internet n'est pas à jour, une icône de danger ou d'interdiction apparaît sur celle du programme affiché dans la zone de notification.

Mettre à jour votre antivirus et/ou votre programme de sécurité Internet

Savez-vous que certaines personnes pensent qu'un antivirus (et autres programmes de ce type) s'installe une fois pour toutes, et que l'on est protégé pour la vie ? C'est un peu comme si vous utilisiez toujours le même préservatif pour vous protéger du SIDA ! Pour une raison évidente de pérennité de votre protection, vous devez mettre à jour votre programme de sécurité. Cette mise à jour sera dans un premier temps manuelle, puis vous apprendrez à l'automatiser de manière à ne plus être obligé de penser à effectuer cette mise à jour.

Mise à jour manuelle

La mise à jour manuelle d'un programme de sécurité Internet est simple à réaliser. La procédure ci-dessous se base sur AVG mais elle vaut pour n'importe quelle application de ce type :

1. **Dans la zone de notification de Windows, double-cliquez sur l'icône symbolisant votre programme de sécurité Internet.**

   Si vous ne voyez pas cette icône, cliquez sur le petit chevron gauche afin d'afficher les icônes de tous les programmes résidents. Une autre possibilité consiste à double-cliquer sur le raccourci de votre programme affiché sur le bureau. Enfin, vous pouvez cliquez sur Démarrer/Tous les programmes/AVG Free 8.5/AVG Free User Interface.

2. **Dans la partie de gauche de l'interface, cliquez sur Mise à jour comme à la Figure 2.16.**

   AVG (ou votre système personnel) vérifie directement sur le site de l'éditeur du programme la présence de nouvelles mises à jour. S'il en trouve, il ouvre une boîte de dialogue vous précisant la nature de la mise à jour et vous invitant à l'installer comme à la Figure 2.17.

3. **Cliquez sur le bouton Mettre à jour.**

   AVG télécharge les fichiers de mise à jour et procède à leur installation.

4. **Un message vous avertit que la mise à jour s'est correctement déroulée. Cliquez sur Fermer.**

Vous n'allez pas répéter cette procédure quotidiennement, voire plusieurs fois par jour. Pour cette raison, nous vous invitions à paramétrer une mise à jour automatique.

N'oubliez pas que dans l'ensemble des procédures présentées ici, vous avez activé la mise à jour automatique. Vous pouvez donc vous passer de lire la prochaine section. Toutefois, si vous suivez les prochaines étapes, vous pourrez déterminer beaucoup plus précisément la périodicité de votre mise à jour.

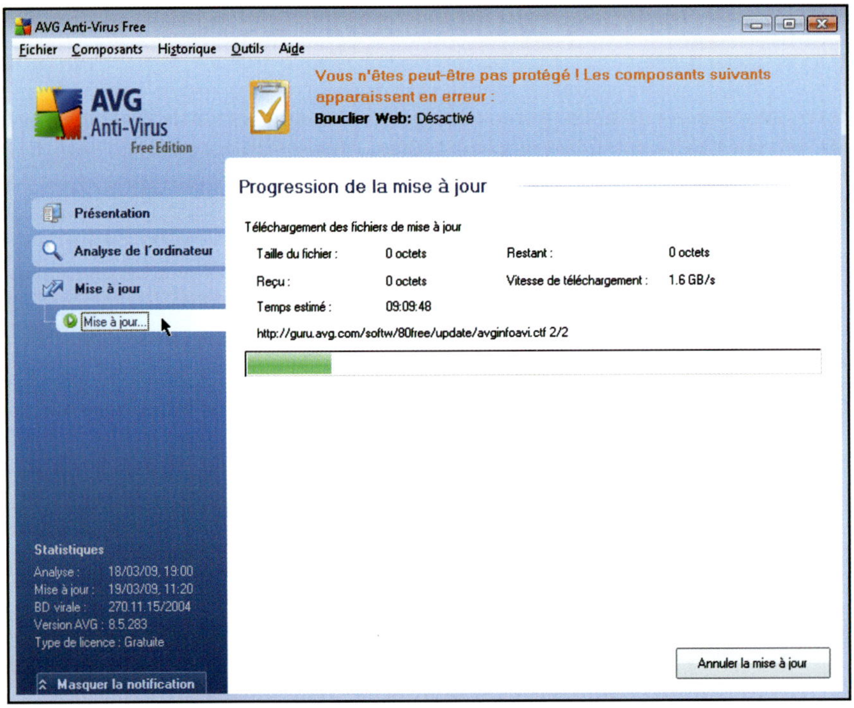

Figure 2.16 : Mise à jour manuelle de votre système de protection Internet.

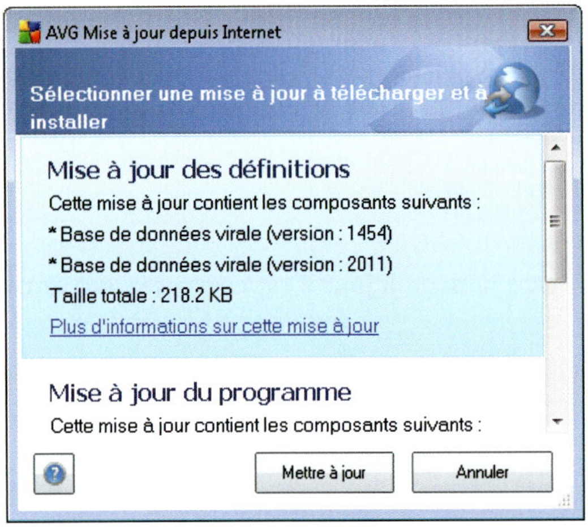

Figure 2.17 : Téléchargez les mises à jour disponibles.

Mise à jour automatique

Cela va sans dire mais ça va mieux en le disant, la mise à jour automatique a cela d'intéressant qu'elle est automatique ! (Comme je suis autosatisfait de mes lapalissades aussi transcendantes que celle visant à affirmer que "un quart d'heure avant sa mort il était encore vivant".) Voici comment configurer l'automatisme de la mise à jour de votre système de sécurité Internet :

1. **Double-cliquez sur l'icône de votre application affichée dans la zone de notification de Windows.**
2. **Dans l'interface utilisateur d'AVG, cliquez sur Composants/Mise à jour.**

   Le volet droit d'AVG affiche les options de mises à jour comme à la Figure 2.18.

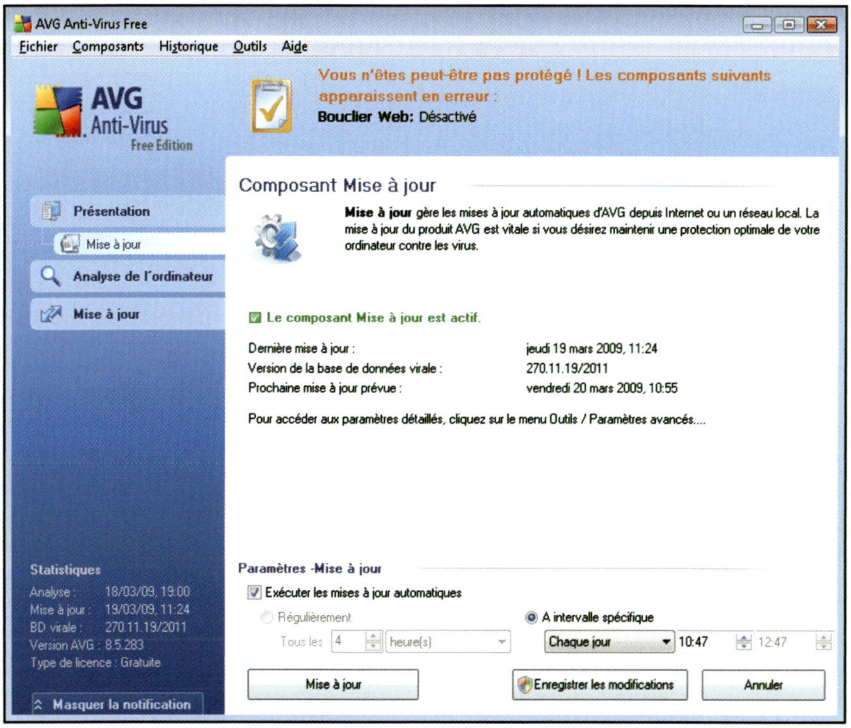

Figure 2.18 : Automatiser les mises à jour.

3. **Dans la partie inférieure de l'interface, cochez l'option Exécuter les mises à jour automatiques.**
4. **Dans la section A intervalle spécifique indiquez l'heure à laquelle la vérification de la présence de mises à jour doit être réalisée par le programme.**

   TRUC

   Indiquez un horaire où vous êtes sûr que votre ordinateur est allumé, et que vous êtes bien sous Windows, sinon cela ne sert strictement à rien.

5. **Cliquez sur Enregistrer les modifications.**

   Puis éventuellement sur Continuer si un message demande confirmation de votre action.

Vous voici protégé, mis à jour, en un mot comme en cent : SECURISE ! Mais, cette protection est-elle suffisante ? Vous devez bien avoir au fond de vous la réponse : Non, car pourquoi existerait-il des versions payantes de ces programmes de protection Internet ? Voyons alors l'intérêt de passer à une version payante de votre système de sécurité.

TRUC

Une protection gratuite permet d'attendre que vous disposiez des moyens d'acheter la licence d'un produit plus performant comme AVG Internet Security.

Pourquoi et comment évoluer vers un système de sécurité payant ?

Evoluer vers une version payante est souvent salutaire. Il faut parfois un gros problème avec Internet et ses malfaisants pour comprendre que la gratuité a ses limites, même sur le Web.

Voici ce dont vous bénéficiez en plus lorsque vous passez d'une version gratuite à une version payante d'un programme de sécurité Internet :

- Une protection contre les menaces cachées qui transmettent des contenus malveillants.
- Un antispam plus performant capable de détecter la grande majorité des risques transmis par les courriers électroniques, et notamment l'hameçonnage (phishing), les accès frauduleux à votre ordinateur, et le spamming (abondance de courriels publicitaires en tous genres).
- Un pare-feu qui bloque les pirates de l'Internet et les virus qui sévissent sur le Web.
- Un filtrage de vos téléchargements pour éliminer tout fichier (et notamment les exécutables) contenant des virus et autres spywares.
- Une protection dans l'utilisation de vos messageries instantanées comme la plus célèbre qu'est MSN.
- Une fonction de navigation sécurisée dans les résultats affichés par un moteur de recherche. Vous irez ou n'irez pas en toute confiance sur les sites trouvés par ces moteurs.
- Une protection en temps réel contre les pages Web infectées.
- Une assistante internationale gratuite 7 jours sur 7.

Comprenez que les avantages sont multiples et ce quel que soit le programme que vous avez choisi.

Pour passer à une version complète, reprenons le cas d'AVG Internet Security Free Edition, c'est-à-dire la version gratuite d'une suite bien plus aboutie :

1. **Ouvrez l'interface d'AVG comme expliqué dans les précédentes sections.**

   En bas de l'interface, un message vous vante les bienfaits de la version payante. Il vous suffit de cliquer sur le lien de mise à jour immédiate. Sinon :

2. **Cliquez sur Aide/Acheter maintenant.**

   Comme le montre la Figure 2.19, Internet Explorer s'ouvre et affiche la page de commande d'une version payante d'AVG.

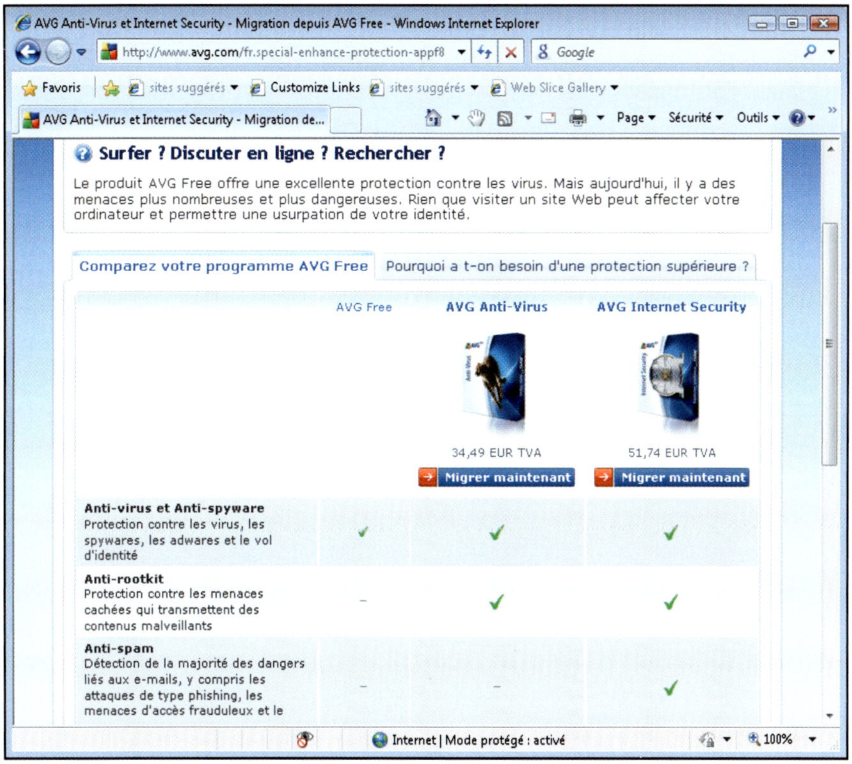

Figure 2.19 : Migrez vers une version complète de votre suite sécuritaire.

3. **Comme vous visez une protection contre tous les dangers du Net, cliquez sur le bouton Migrer maintenant de AVG Internet Security.**

   Faites chauffer la carte bancaire.

4. **Suivez les différentes étapes de l'achat.**

   TRUC

   Si vous craignez l'achat direct sur Internet, consultez les chapitres de la quatrième partie de ce livre.

Les adresses utiles

Voici un certain nombre de sites Web que vous pouvez visiter pour trouver des informations ou des programmes sur Internet et sa sécurité.

- 01.Net à http://www.01net.com/telecharger/windows/Securite/
- AVG à http://www.avg.com/fr.1.
- Bitfender à http://www.bitdefender.fr/scan_fr/scan8/ie.html
- Kapersky à http://www.kaspersky.com/fr/
- McAffee à http://www.boutique-mcafee.com/internet-security
- Radins.com à http://www.radins.com/gratuits/logiciels/antivirus/
- Secuser.com à http://www.secuser.com/outils/antivirus.htm
- Symantec à http://www.symantec.com/fr/fr/index.jsp.
- Trend Micro à http://fr.trendmicro.com/fr/home/
- Zebulon à http://www.zebulon.fr/outils/antivirus/antivirus-en-ligne.php

Chapitre 3

Les enfants et le Net

Dans ce chapitre :

- Conseils aux parents.
- Listes de messagerie et sites Web pour enfants.
- Aide aux parents et aux enfants en difficulté.
- Internet à l'école et l'école sur le Net.
- Protéger ses enfants.

Des millions d'enfants surfant sur le Net, une petite discussion sur l'Internet familial s'impose. Bien évidemment, si cela ne vous concerne pas, n'hésitez pas à passer au Chapitre 4.

Et si on causait un peu ?

Aujourd'hui, et il suffit que je regarde ma fille pour cela, ce sont surtout les enfants qui se servent de la connexion Internet familiale. Aussi, dans ce chapitre, c'est à vous, les enfants, que nous nous adressons. Nous continuons de penser qu'il est préférable que vos parents aient un mot à dire sur ce que vous faites en ligne mais ne nous le cachons pas : ils n'en savent pas grand-chose. Et si cette fois vous les éduquiez en les incitant à vous protéger sur le Net ? Nous nous adressons donc aux enfants, en ajoutant quelques commentaires à l'attention des parents, au cas où ils liraient ces pages.

Qu'y a-t-il pour vous ?

Les enfants sont souvent les premiers à découvrir les innombrables aspects intéressants d'Internet car :

- Il fournit des informations sur d'innombrables sujets, ce qui aide à la rédaction d'exposés pour l'école, et à se forger une opinion sur des sujets sensibles.
- C'est un bon moyen de papoter avec les amis tout en restant à la maison.
- C'est un lieu de prédilection pour chercher et trouver de la musique et des vidéos.
- Il permet de rencontrer des gens et découvrir de nouvelles cultures.
- Il facilite la lecture, l'écriture, les recherches et l'apprentissage des langues étrangères.
- Il peut aider les familles dans bien des domaines.
- Il offre un nouveau moyen d'expression artistique.

Voici quelques activités en ligne classées en quatre catégories : trop cool, pas mal, pas terrible et vraiment naze.

Moyens trop bien d'utiliser Internet

Vous impressionnerez vos parents en utilisant Internet pour les activités suivantes :

- Effectuer des recherches pour les devoirs : Internet est un incroyable moyen de repousser les murs de l'école. Le Net peut vous connecter à d'autres écoles, bibliothèques, ressources de recherche, musées et autres entités. Vous pouvez visiter le Louvre sur `www.louvre.fr` (Figure 3.1) ou contempler une impressionnante photo panoramique à 360° de la cité de Pétra à l'adresse `http://www.panoramas.dk/fullscreen2/full24.html` (Figure 3.2), observer des tritons dans leur habitat, écouter de nouveaux morceaux et vous faire de nouveaux amis.
- **Évaluer les informations :** Au cours de vos recherches, vous tomberez sur des informations rédigées par le spécialiste mondial du sujet tout aussi bien que par un illuminé, des écoliers ou un véritable nul se prenant pour un génie. Certains sites Web au contenu haineux ou dépravé doivent être évités. Attention aussi aux canulars et rumeurs qui circulent abondamment sur le Web. Un site les répertorie à l'adresse `www.hoaxbuster.com/`. Vous y trouverez tous les canulars en vogue sur le Net et vous pourrez aussi soumettre le contenu d'un de vos courriers au moteur de recherche de ce site pour savoir si le curieux message que vous venez de recevoir en est un.

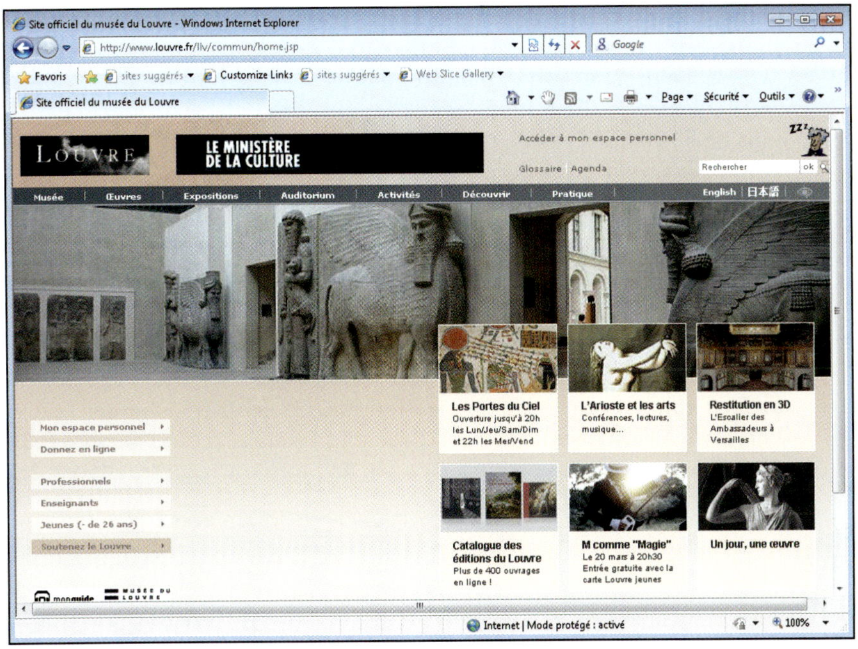

Figure 3.1 : Le Louvre, en direct de Paris.

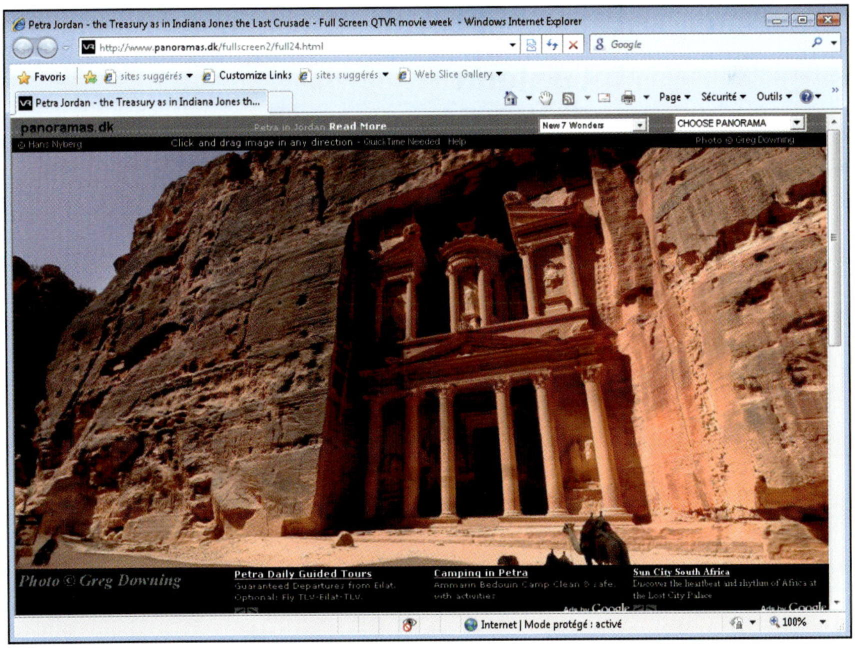

Figure 3.2 : Ce panorama orientable utilise la technique QTVR (QuickTime Virtual Reality).

- **Se faire des *e-amis* à l'étranger :** Les projets d'école, comme Global Schoolhouse, proposent à des enfants du monde entier de travailler en équipe sur divers projets. Le premier projet d'apprentissage a attiré plus de 10 000 élèves de 360 écoles dans 30 pays différents. Depuis, des cyberfêtes annuelles ont réuni plus de 500 000 élèves de centaines d'écoles dans au moins 37 pays ! Pour en savoir plus, visitez le site Web Global Schoolhouse, `www.globalschoolhouse.org`, où vous pourrez aussi vous inscrire à un grand nombre de listes de messagerie.
- **Pratiquer des langues étrangères :** Vous pouvez vous rendre dans des salons de *chat* pour pratiquer votre allemand, anglais, espagnol, portugais, russe, japonais ou même l'espéranto (rien pour le volapük ?).
- **Télécharger légalement de la musique :** Les sites commerciaux consacrés à la musique sont légion sur Internet. Qui n'a jamais entendu parler d'iTunes, un logiciel conçu pour le Mac mais dont vous pouvez télécharger une version pour Windows à l'adresse `www.apple.com/fr/itunes/store/` (Figure 3.3) ? Il vous donnera accès au magasin iTunes Music Store où vous trouverez des titres et des albums à des prix très réduits.

Figure 3.3 : Téléchargez gratuitement iTunes, mais payez votre musique !

TRUC

Attention ! iTunes Store n'est pas le seul magasin de musique en ligne. Certes il est étroitement lié à l'utilisation des iPod et autres iPhone, mais rien ne vous oblige à acheter de la musique ou des films sur iTunes Store. Vous en saurez plus à ce sujet en lisant le Chapitre 9.

- **Contribuer à une encyclopédie géante :** Wikipédia, que vous découvrirez à l'adresse `http://fr.wikipedia.org/wiki/Accueil`, est une encyclopédie en ligne gratuite à laquelle chacun peut contribuer (ce qui est à la fois son point fort, mais aussi son point faible, le risque d'erreur n'étant pas négligeable). C'est un excellent outil de recherche. Il permet de centraliser les résultats de vos recherches pendant que vous en effectuez d'autres. Vous avez également la possibilité d'enrichir le contenu de certains articles. De plus, une équipe de rédacteurs et d'éditeurs maintiennent constamment ce site à jour, et rien ne vous empêche de les rejoindre.
- **Créer son propre site Web :** Une page Web peut être sérieuse ou marrante, cela ne tient qu'à vous. Placez-y des articles ou des dessins que votre famille et vos amis pourront admirer.
- **Créer un blog :** D'abord journal personnel, mais aussi lieu d'échange entre l'auteur du blog et ceux qui réagissent à ses propos, le blog est le moyen le plus simple et le plus rapide de regrouper une communauté d'idées, d'échanges, voire de contestations. Un blog répond désormais à une thématique, alors qu'autrefois il était le prolongement, en ligne, des journaux personnels. Nouvelle liberté d'expression, la dérive de certains blogs incite les FAI à une certaine prudence car en ce domaine, c'est la législation de la presse qui est appliquée : gare aux propos diffamants ou tombant sous le coup de la loi, car cette dernière est sans pitié (*Dura Lex sed Lex,* comme on dit du côté de Petibonum).

Moyens moyens d'employer le Net

Voici quelques idées que vos parents peuvent considérer comme une perte de temps, mais on ne peut être sérieux tout le temps. S'ils font des difficultés, demandez-leur les fichiers journaux consignant le temps qu'ils passent sur le Web. Il n'y en a pas mais ils ne le savent pas.

- **Jouer :** De nombreux jeux tant traditionnels (comme les échecs, le bridge, les dames, *etc.*) que vidéo permettent de se mesurer à d'autres joueurs sur Internet.
- **Échanger des messages instantanés avec vos amis :** La messagerie instantanée (et principalement MSN en France) est devenue le moyen cool pour être en contact – instantanément. Attention toutefois aux tarés de tous poils qui pointent leur sale museau dans les messageries d'adolescents pour assouvir leurs bas instincts. Surveillance parentale obligatoire car les médiateurs ne peuvent pas tout contrôler !
- **Communiquer par visiophone :** Des logiciels comme Yahoo! Messenger, Windows Messenger, AIM ou Skype permettent de voir vos amis tout en leur parlant (peu recommandé les jours où vous vous êtes coiffé avec un pétard).

- **Acheter (et vendre) :** Le shopping sur Internet ressemble au shopping en galerie commerciale, sauf que c'est toujours ouvert, que le parking est gratuit, et qu'il peut se dérouler dans un autre pays. Le Chapitre 10 vous fera entrer dans ce temple virtuel de la consommation bien réelle.
- **Pratiquer les jeux de rôle :** De nombreux sites Internet vous permettent d'incarner un personnage de roman de science-fiction de récit fantastique.

Moyens pas cools d'employer le Net

Ne vous laissez pas tenter par ces comportements qui ne peuvent que vous attirer des ennuis :

- **Plagier :** Le plagiat consiste à vous approprier le travail d'un autre (ses textes, ses photos, sa musique...). Le plagiat à partir d'Internet est aussi incorrect que le plagiat d'un livre et beaucoup plus facile à détecter par les enseignants.
- **Tricher :** Utiliser un logiciel de traduction pour faire vos devoirs n'est pas bon non plus. Non seulement ils sont approximatifs (pour ne pas dire nuls) mais en plus, vous vous ferez prendre, alors épargnez-vous l'humiliation !
- **En révéler trop sur vous-même :** Lorsque vous "chattez" sur le Net avec des personnes que vous ne connaissez pas, il est tentant de donner des informations susceptibles de vous identifier, vous ou votre famille, mais c'est risqué. Des questions à première vue innocentes ne le sont pas tant que cela. Nous y reviendrons en détail plus loin dans ce chapitre. Même révéler votre adresse e-mail peut déclencher la réception de courriers dont vous vous passeriez certainement.
- **Échanger des musiques et des vidéos commerciales :** Il est devenu très facile d'acheter de la musique en ligne. De ce fait, l'adhésion aux réseaux P2P dans le seul but d'échanger, en toute illégalité, musiques et vidéos ne trouve plus aucune excuse. Ces comportements illégaux sont sévèrement punis par la loi, qui n'a pas fini de faire des exemples. Un artiste vit de sa création. Spolié de ses revenus, il sera vite découragé et n'aura plus les moyens de créer.
- **Visiter des sites pornographiques et d'incitation à la haine :** C'est le côté obscur de la Force, je veux dire, du Web. Il faut avoir une bien piètre opinion de soi et des autres pour mettre les pieds là dedans (et en plus, ça pue et ça colle aux godasses). C'est tout sauf une image d'amour. Méfiez-vous, à votre âge on est fragile face à la puissance de certaines représentations.
- **Se faire passer pour quelqu'un d'autre :** Le pseudonyme évite d'utiliser son vrai nom, ce qui ne vous autorise toutefois pas à prétendre que vous êtes Britney Spears, en quête de nouveaux musiciens, ou une nouvelle star à la recherche d'une fiancée. D'ailleurs, qui vous croira ?
- **Intervenir dans les salons de chat (miaou !) pour adultes :** Cela peut vous attirer de gros ennuis, ainsi qu'aux membres du salon.

- **Laisser Internet envahir votre existence :** Si la seule chose qui vous intéresse après les cours est de vous scotcher à votre ordinateur pour surfer sur le Web, il est peut-être temps de vous interroger sur vous-même. Il y a eu une vie avant Internet, il y aura une vie après Internet, et il y a une vie malgré Internet. Profitez de la vraie vie car après – c'est-à-dire bientôt – il sera trop tard.

ATTENTION

Idées vraiment nazes (eh ! ça s'fait pas !)

Voici quelques idées à ne jamais, jamais envisager. Nous insistons.

- **Rencontrer en personne des e-amis sans le dire à vos parents :** Si vous rencontrez en ligne quelqu'un d'intéressant et que vous voulez le rencontrer en personne, ce n'est pas un problème en soi. Mais prenez des précautions ! Tout d'abord, dites-le à vos parents et décidez avec eux de la marche à suivre. Ensuite, ne rencontrez jamais dans un lieu privé quelqu'un que vous avez contacté en ligne : donnez toujours vos rendez-vous dans un lieu public, un café par exemple. Enfin, venez accompagné(e) (de préférence de vos parents).
- **Tomber dans l'illégalité :** Internet paraît totalement anonyme mais ne l'est pas. En cas de délit, la police peut accéder aux journaux de connexion Internet auprès de votre fournisseur d'accès à Internet (FAI) et découvrir qui était connecté tel jour à telle heure, avec tel modem et telle adresse numérique Internet (IP). Elle remonte une piste virtuelle avec autant de flair qu'un chien policier.
- **S'introduire dans les ordinateurs d'autrui ou programmer des virus :** Certes, cela exige de bonnes connaissances en informatique, mais ne vous mettra pas à l'abri des poursuites si vous êtes découvert. Le petit génie du piratage ne fait plus l'admiration des foules, il en subit la vindicte.

Internet pour les tout-petits

Selon nous, Internet convient plutôt aux enfants un peu plus âgés (à partir de dix ans), mais ce n'est pas une limite absolue. Quoique, là encore, nous pensons que le temps passé par vos enfants sur le Net doit être contrôlé. Il n'est pas bon de laisser un enfant devant un écran toute la journée, que ce soit celui d'un ordinateur ou celui d'une télévision.

WEB

Les enfants doivent pouvoir communiquer. L'écran est souvent un refuge, la fuite d'un mal-être qui ne favorise pas la sociabilité. Bien au contraire, cette attitude aurait plutôt tendance à accentuer les difficultés. Voici quelques conseils :

- Consignez les durées passées devant l'écran pendant une semaine et comparez avec tout ce que vous auriez pu faire de plus marrant pendant ce temps.
- Trouvez un loisir qui ne soit pas électronique. Intégrez une équipe de sport. Montez un groupe. Faites de l'art.
- Prévoyez au moins une journée par semaine sans l'ordinateur.
- Prenez vos repas en commun et conversez.

Surf sécurisé

Les enfants sont candides et confiants. Ils révèlent beaucoup d'eux-mêmes sans s'en rendre compte. Ils citeront par exemple le nom de l'équipe de foot de leur ville. Ils parleront d'un enseignant qu'ils détestent. Ils dévoileront la profession de leurs parents. De telles informations peuvent être distillées au long de nombreux messages, sur des semaines ou des mois. Ces bribes d'information qui semblent sans importance permettent à une personne déterminée de localiser peu à peu un enfant. Faites très attention à ce que vous dites en ligne lorsque vous "chattez" dans un salon, sur une messagerie instantanée ou par courrier électronique. Méfiez-vous des étrangers qui semblent en savoir long sur vous. Ils affirmeront par exemple qu'ils sont un ami de vos parents à qui l'on a demandé de venir vous chercher après l'école, ou de venir prendre un paquet à la maison. Ne partez jamais avec un étranger, ne le laissez jamais entrer dans la maison.

TRUC

Un site à visiter absolument si vous avez des enfants : Internet sans Crainte (`www.internetsanscrainte.fr`) explique tout ce qu'il faut savoir pour les protéger sur Internet (Figure 3.4).

Figure 3.4 : Ce site vous aide à mieux protéger vos enfants sur Internet.

Internet pour les étudiants

Internet est un outil remarquable pour les étudiants, qui peuvent non seulement se documenter sur d'innombrables sujets, mais aussi échanger des informations.

- De nombreuses universités proposent à leurs étudiants et à leur personnel des accès Internet gratuits ou à très bas prix. Certaines facultés et grandes écoles proposent des sites sur lesquels professeurs et étudiants peuvent partager et mettre à jour des fiches de renseignements ou des cours, ce qui est généralement fort apprécié (finis, les "polycops" délavés et illisibles).
- Internet, et plus particulièrement le courrier électronique et la téléphonie, est un très bon moyen pour les parents et leurs enfants de conserver le contact pendant les études de ces derniers dans une autre ville ou un autre pays.
- C'est un moyen de communication plus économique que le téléphone, et le courrier peut facilement circuler entre tous les membres de la famille.

Classe virtuelle ?

Avec la puissance d'Internet, vous n'avez même plus à être présent en classe pour suivre des cours. Vous trouverez en ligne des cours sur la plupart des sujets. Dans certains cas, le Net *est* l'université.

WEB

Le répertoire des universités

La plupart des écoles et des universités ont aujourd'hui leur site Web sur le Net. Si vous cherchez une université, vous pouvez faire le tour d'une dizaine de campus en une soirée sur Internet. La visite des sites des universités est un bon moyen de découvrir la personnalité de chaque institution et de trouver quelqu'un avec des intérêts similaires aux vôtres avec lequel vous pourrez correspondre de façon électronique. Pour une liste des sites créés par les universités françaises, par exemple, vous pouvez consulter la page Web `http://www.amue.fr/presentation/sites-des-universites/` de l'Agence de mutualisation des universités et établissements (Figure 3.5). N'hésitez pas à visiter ce site qui contient une multitude d'informations et d'autres liens utiles dans le domaine éducatif.

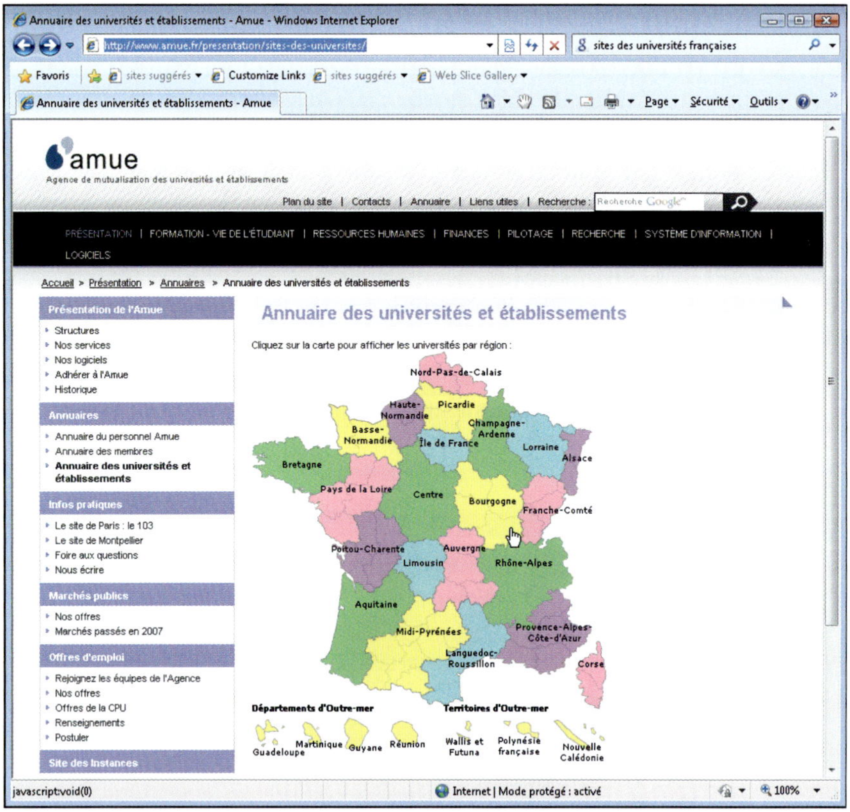

Figure 3.5 : Cliquez sur la région dont vous désirez connaître les universités et accéder à leur site Web.

Revenir à l'école

Il existe dans le monde entier des écoles qui offrent des enseignements en ligne. Si le cours est sur le Net, il importe peu que l'école soit de l'autre côté de la rue ou de l'océan (sauf pour des raisons de langue). Pour en savoir plus, visitez `www.formasup.education.fr/index.php` (Figure 3.6).

Figure 3.6 : Formez-vous sur Internet.

Vendez, vendez, vendez !

Tout internaute finit par se rendre compte que pour les sites marchands, avant d'être un internaute, il est un consommateur potentiel. Les jeunes, particulièrement ceux des familles de revenus moyens à supérieurs, sont considérés comme un marché des plus lucratifs, et le Net est devenu un des moyens privilégiés pour le conquérir.

Séduire les enfants dans le but de vendre à papa et maman n'est pas nouveau : il suffit de regarder la télévision.

Les publicitaires ont conçu des logiciels permettant de mieux cibler et séduire les enfants, par l'intermédiaire notamment de leurs personnages de dessin animé favoris. La CNIL (Commission Nationale de l'Informatique et des Libertés, `www.cnil.fr`) surveille la situation de près.

Qui est en ligne ?

Un grand nombre d'enfants – et des adultes – créent des sites Web sur eux et leur famille. C'est sympa, mais nous encourageons fortement les familles qui utilisent le Net pour des raisons personnelles (à distinguer des gens qui utilisent le Net pour des raisons professionnelles) à ne pas employer leur vrai nom ou tout au moins pas complet. Nous conseillons également de ne jamais indiquer vos adresses, numéro de téléphone, numéro de sécurité sociale ou mots de passe à ceux qui demandent ce genre d'information en ligne ou hors ligne. Ce conseil est particulièrement valable lorsque vous recevez des demandes d'information émanant de personnes qui revendiquent une position d'autorité, par exemple des messages instantanés émanant soi-disant de l'assistance technique du fournisseur d'accès.

TRUC

Les gens réellement investis d'une autorité ne demandent **jamais** ce genre de renseignements.

Plus que jamais, les enfants doivent développer une capacité critique. Ils doivent être capables d'évaluer ce qu'ils lisent et voient, particulièrement sur le Web.

C'est regrettable, mais nous avons reçu ces derniers temps beaucoup de spams. Cette situation risque d'empirer jusqu'à ce que les lois américaines et d'autres pays contre les courriels non sollicités (pourriels) soient vraiment efficaces (en France, le *spamming* est interdit, ce qui n'empêche pas le déferlement de pourriels provenant de l'étranger, notamment des États-Unis).

Le choix du consommateur

Les parents payent pour les services en ligne. Aussi les prestataires soucieux de rester compétitifs fournissent-ils des fonctions pour aider les parents à contrôler l'accès à Internet. AOL, par exemple, permet aux parents de bloquer l'accès aux salons de "chat" non appropriés pour les enfants et de restreindre l'accès aux forums et groupes de discussions en se basant sur des mots-clés choisis. Le contrôle parental n'est pas facturé en plus.

Internet Explorer bloque systématiquement les fenêtres *popups*, mais laisse à l'utilisateur la possibilité de les voir quand même (Figure 3.7). Les *popups* sont ces fenêtres qui s'ouvrent instantanément sans que vous fassiez quoi que ce soit. Souvent, elles délivrent des publicités, ce qui n'est pas trop grave, mais parfois un contenu pornographique. Protégez vos enfants contre cette pollution en ne désactivant pas le système de blocage des *popups*.

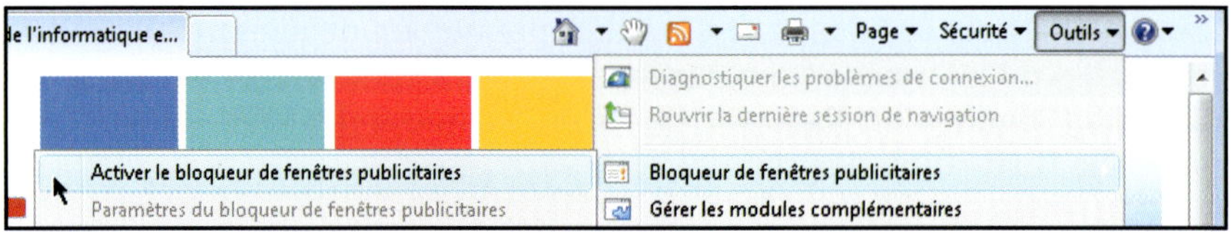

Figure 3.7 : Internet Explorer 8 bloque toujours les popups, sauf si vous l'autorisez à les afficher, et seulement pour la session en cours.

Logiciels sentinelles

Un nombre grandissant de logiciels aident les parents à restreindre l'accès au Net ou à en contrôler l'utilisation. Si vous choisissez d'utiliser l'un de ces systèmes, sachez qu'ils ne peuvent en aucun cas se substituer à votre propre attention : ils filtrent les informations en fonction de mots-clés et de listes prédéfinies par les auteurs du programme, et dont vous ne connaissez pas exactement les critères. De plus, l'idée que vous vous faites de ce qui est approprié ou non pour votre enfant peut être très différente de la leur. Dans la dernière section de ce chapitre, vous apprendrez à mettre en œuvre le système de contrôle parental de Windows Vista. (Et oui, il en existe un !). Vous verrez également comment enregistrer les conversations MSN de vos chères têtes blondes. Que dites-vous ? "Big Brother Is Watching You ?" Ne me dites pas que vous en doutiez !

Le Net à la maison, pour les parents aussi

Le Net modifie de bien des façons notre mode de vie. Si vous êtes à la recherche d'un logement, vous pouvez directement prospecter de chez vous en visitant les sites Web des agences immobilières, simuler des prêts, consulter la météo de votre nouveau lieu de résidence et rechercher un nouvel emploi. Dès votre arrivée dans votre nouvelle demeure, vous pourrez même la décorer avec toutes sortes de meubles dénichés sur le Net ou y trouver les entrepreneurs qui viendront la repeindre, la réparer et vous livrer les stères de bois pour l'hiver.

Internet peut également vous aider à faire vos comptes. Vous pouvez télécharger des logiciels de comptabilité très performants ou même les utiliser directement sur le Web si vous ne tenez pas à les installer sur votre ordinateur. Vous pouvez calculer et déclarer vos impôts en ligne et obtenir des conseils pour remplir votre déclaration, sans avoir à perdre des heures au téléphone ou vous déplacer jusqu'à votre centre des impôts. La plupart des banques ont développé un système de consultation et de téléchargement des relevés de compte en ligne. Votre budget ne sera plus jamais pris au dépourvu. Si vous possédez plusieurs comptes, rien ne vous empêche de réaliser des virements d'un compte à l'autre, l'ordre étant passé à la banque par simple connexion Internet sécurisée.

Le Net à l'école

En quelques années, Internet s'est tranquillement (aux États-Unis) ou péniblement (en France) frayé un chemin dans la plupart des établissements scolaires, même si nous n'en voyons pas vraiment l'intérêt pour les plus petits.

Certaines écoles se servent de logiciels pour filtrer l'accès à Internet des enfants. Il existe divers systèmes de filtrage, à des prix variables et de différents niveaux de difficulté d'installation, qui promettent de filtrer le Web pour bloquer l'accès aux sites inappropriés et dangereux. C'est alléchant mais de nombreux jeunes sont suffisamment doués pour trouver les moyens de contourner les règles et les logiciels conçus pour les "protéger". Certaines institutions fonctionnent bien sur la base d'un contrat signé avec l'élève. Ce contrat détaille explicitement les usages admis et non admissibles du système. L'élève qui enfreint son contrat perd son accès à Internet ou ses privilèges informatiques.

Utilisé efficacement, Internet est une incroyable ressource éducative. Exploité de façon inappropriée, c'est une terrible perte de temps et d'argent. La différence tient dans la recherche et l'organisation.

Les bons plans pour protéger ses enfants

Pendant de nombreuses années, contrôler Internet avec les possibilités d'un système d'exploitation comme Windows, n'était pas chose facile. En effet, plus on élevait le niveau des paramètres de sécurité d'Internet Explorer, et plus il devenait difficile de surfer confortablement. Très vite, tout le monde revenait à un niveau relativement faible, ouvrant la porte à tous les excès bien connus du Web, dont les fameux popups (fenêtres intempestives) délivrant trop souvent un contenu pornographique, ou des informations erronées prétendant que votre ordinateur se trouvait face à un danger imminent.

Si vous possédez Windows Vista, vous pouvez protéger vos enfants contre les problèmes liés à Internet :

- Gérer la façon dont vos enfants utilisent l'ordinateur.
- Limiter l'accès de vos enfants à Internet.
- Limiter les jours et les heures auxquels ils peuvent se connecter à votre (ou à leur) ordinateur.
- Contrôler les jeux auxquels ils peuvent jouer.
- Gérer les programmes qu'ils peuvent exécuter.

Activer et configurer le contrôle parental sous Windows Vista

TRUC

Peu d'utilisateurs de Windows Vista savent qu'il existe un système de contrôle parental qui peut être configuré sur chaque session d'utilisateur. Ainsi, en fonction de l'âge de vos enfants, vous définirez un niveau de contrôle approprié. En effet, les besoins et la protection de votre fils de 9 ans ne sont pas les mêmes que ceux de votre fille de 14 ans.

Pour mettre en place le contrôle parental de Windows Vista, commencez par créer un compte d'utilisateur, puis définissez les options du contrôle :

1. **Cliquez sur Démarrer/Panneau de configuration.**
2. **Dans le Panneau de configuration, localisez la rubrique Comptes d'utilisateur et protection des utilisateurs.**

3. **Cliquez sur le lien Configurer le contrôle parental pour un utilisateur, comme à la Figure 3.8.**

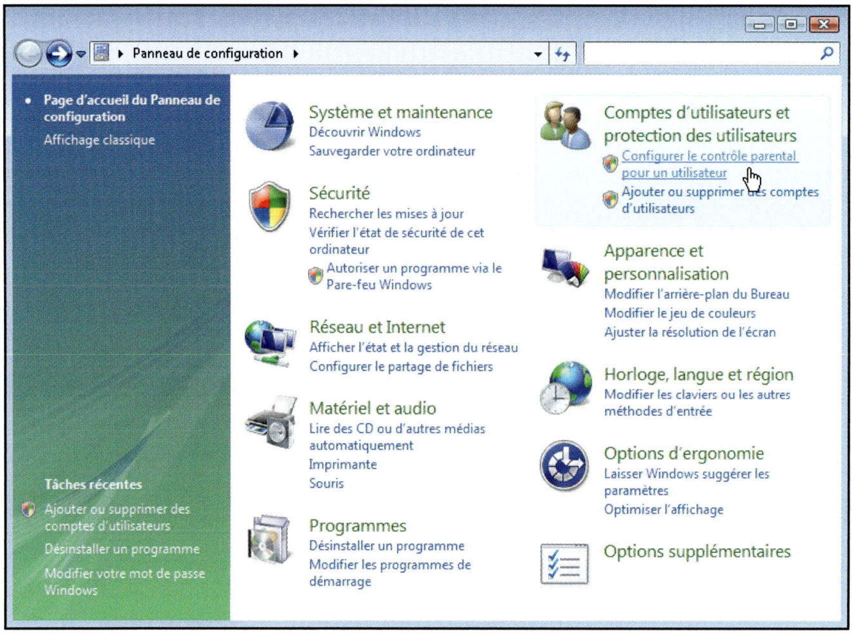

Figure 3.8 : La création d'un compte et son contrôle parental commencent ici.

4. **Si Windows Vista demande confirmation de votre action, cliquez sur le bouton Continuer.**

   La fenêtre Contrôle parental apparaît.

5. **Si aucun compte n'a été créé pour votre enfant, cliquez sur le lien Créer un compte d'utilisateur, comme à la Figure 3.9.**

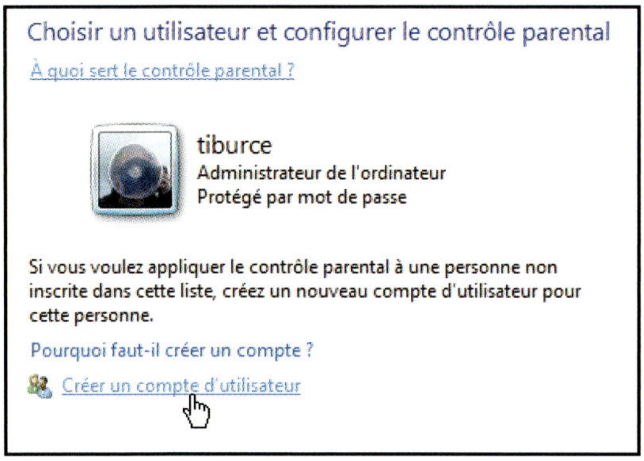

Figure 3.9 : Le contrôle parental s'exerce sur des comptes d'utilisateurs.

6. Dans la fenêtre Créer un nouvel utilisateur, entrez le nom de l'utilisateur de ce compte.

Comme il s'agit de votre enfant, demandez-lui son avis. En règle générale, le prénom suffit, mais peut-être souhaite-t-il un pseudo qui déchire ! Peu importe, car cette information reste dans votre ordinateur, personne n'en aura jamais connaissance.

Décochez la case L'utilisateur doit définir un mot de passe à la prochaine ouverture de session. En effet, vous êtes là pour contrôler. Il ne faudrait pas que votre enfant donne un mot de passe vous empêchant d'accéder à son compte, non pas forcément pour le surveiller, mais aussi pour effectuer des opérations de maintenance sur sa session. En revanche, protégez votre session personnelle avec un mot de passe si vous ne l'avez pas encore fait !

7. Cliquez sur le bouton Créer un compte.

Vous accédez à une fenêtre très importante, Contrôles utilisateur, illustrée à la Figure 3.10.

Par défaut, le contrôle parental est désactivé !

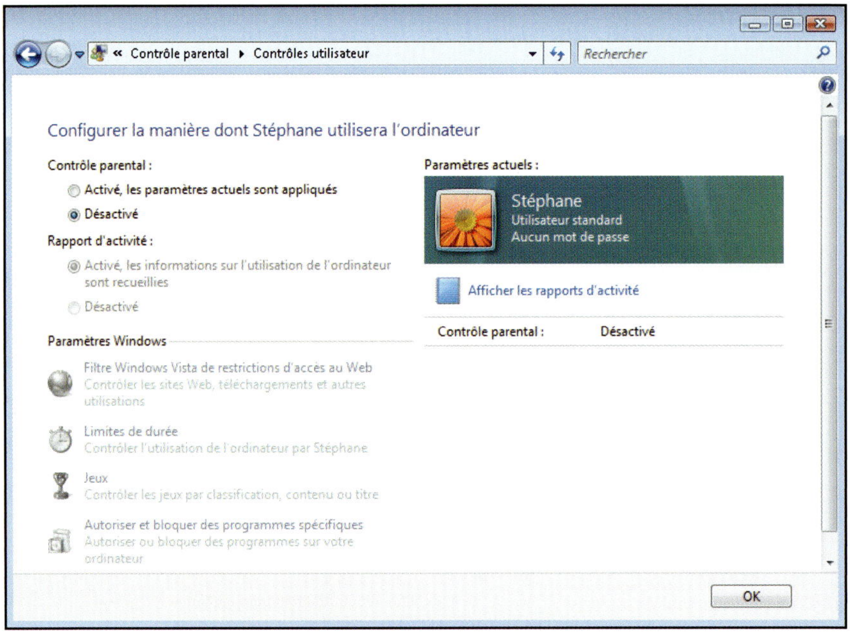

Figure 3.10 : Le contrôle parental s'active ici.

8. **Cliquez sur le bouton radio Activé, les paramètres actuels sont appliqués.**

   Immédiatement, tout un ensemble d'options deviennent accessibles.

   C'est maintenant que vous allez passer pour le méchant parent qui surveille le gentil petit enfant qui se croit à l'abri de tout et capable de bien gérer les choses les plus violentes qui risquent de lui tomber sous les yeux. Mais voilà, un enfant reste un enfant, et même s'il est important d'avoir des jardins secrets, vous n'en restez pas moins ses parents soucieux de sa sécurité sur Internet.

   Ceci étant dit, vous pouvez parfaitement définir ce contrôle parental à son insu puisque vous effectuez le contrôle depuis votre compte d'administrateur et pas depuis son compte d'utilisateur. Toutefois, si certains sites deviennent inaccessibles du jour au lendemain, je crains que votre enfant ne se doute de quelque chose.

9. **Dans la section Rapport d'activité, laissez actif l'option Activé, les informations sur l'utilisation de l'ordinateur sont recueillies.**

   Quézako ? Il s'agit tout simplement de demander à Windows d'enregistrer toutes les actions de votre enfant sur le Web. Il suffira de cliquer sur Afficher le rapport d'activité pour savoir exactement ce qu'il s'est passé tel jour à telle heure comme à la Figure 3.11.

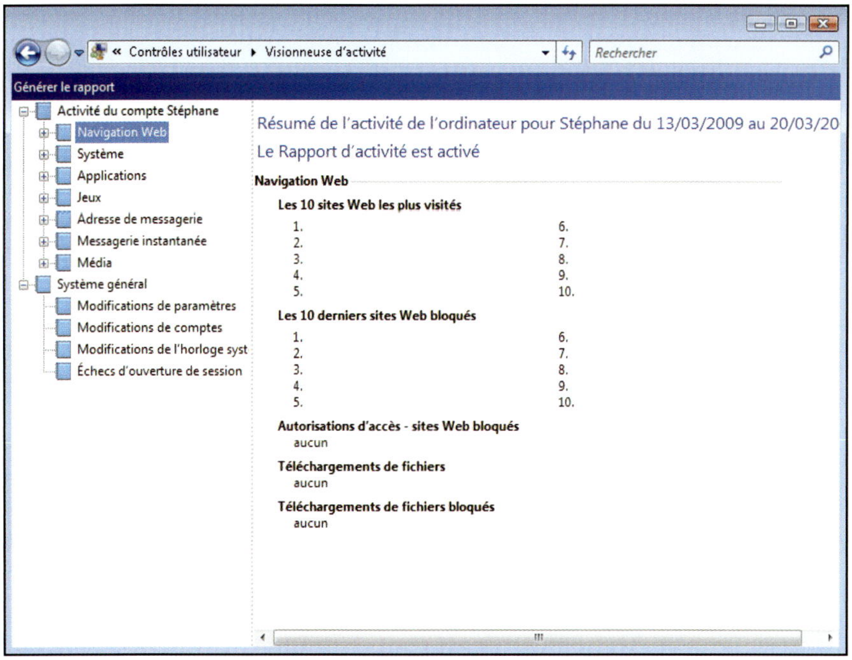

Figure 3.11 : Le rapport d'activités, élément essentiel du contrôle parental.

10. Voici ce que vous pouvez configurer dans la section Paramètres Windows :

- **Filtre Windows Vista de restriction d'accès au Web.** Contient des options sur les sites Web que votre enfant aura ou non le droit de visiter. Ce contrôle peut être manuel ou automatique.

  Manuel. Pour effectuer un contrôle manuel, activez l'option Autoriser uniquement les sites Web de la liste verte. Un contrôle manuel est plus sûr mais très contraignant. En effet, vous devez cliquer sur le lien Modifier la liste verte et rouge. Comme vous pouvez le supposer, le vert est la couleur de l'autorisation, et le rouge celle de l'interdiction. Dans la fenêtre Autoriser ou bloquer des sites spécifiques, vous indiquez les adresses des sites que vous autorisez. Votre enfant ne pourra aller que sur ces sites. Tapez l'adresse Internet du site, comme `www.efirst.com` (rien à craindre c'est le site de mon éditeur !!!), puis cliquez sur le bouton Autoriser. Cette adresse apparaît dans la liste des sites Web autorisés. S'il y a des sites particuliers auxquels vous ne voulez pas que votre enfant accède, tapez leur adresse comme précédemment, et cliquez sur le bouton Bloquer. Cette fois, les sites sont ajoutés à la liste Sites Web bloqués. Pour que votre enfant n'accède qu'aux sites appartenant à la catégorie des URL (adresses Internet) autorisés, ne décochez pas la case Autoriser uniquement les sites Web de la liste verte.

  Automatique. Pour un contrôle automatique, c'est-à-dire plus souple, décochez la case Autoriser uniquement les sites Web de la liste verte. Ensuite dans la rubrique Bloquer automatiquement le contenu Web, choisissez un niveau de restriction des accès : Haut, Moyen, Aucun, ou Personnalisé. Pour une sécurité optimum, choisissez **Haut**. Dans ce cas, seuls les sites approuvés pour les enfants leur seront accessibles. **Moyen** empêche l'accès aux sites dont le contenu n'est pas classé, ainsi que ceux montrant un contenu pornographique, pour adultes, utilisant un langage haineux, traitant de la drogue et des armes. **Aucun**... ben autant ne pas créer de contrôle parental dans ce cas ! **Personnalisé** permet l'entrée aux rubriques dont vous désirez interdire l'accès (Figure 3.12). Elle permet de définir un niveau de protection en fonction de l'âge de vos enfants et de votre tolérance. C'est une manière aussi de prendre vos responsabilités.

  Vous pouvez également activer l'option Bloquer les téléchargements de fichier. Ceci peut s'avérer très difficile à gérer car vos enfants téléchargent musique et vidéo sur Internet. Dès lors que vous définissez des règles d'accès draconiennes, il y a peu de risques pour qu'ils téléchargent des fichiers depuis des sites que vous avez justement condamnés.

- **Limite de durée :** Lorsque vous cliquez sur ce lien, vous accédez à la fenêtre Restrictions de temps. Elle permet de définir les jours et les heures auxquels votre enfant ne pourra pas accéder à l'ordinateur. Le principe est très simple. Cliquez dans les cases des jours et des heures où l'enfant n'a pas le droit d'accéder à votre PC. Le plus simple consiste à faire glisser le pointeur de la souris sur toutes les cellules de la grille comme si vous interdisiez totalement l'utilisation de cet ordinateur. La grille devient entièrement bleue. Ensuite, cliquez sur les cases correspondant aux plages horaires où l'enfant pourra accéder à l'ordinateur donc à Internet. Ces plages apparaissent en blanc. La Figure 3.13 est un exemple de plages autorisées sur la semaine pendant les périodes scolaires.

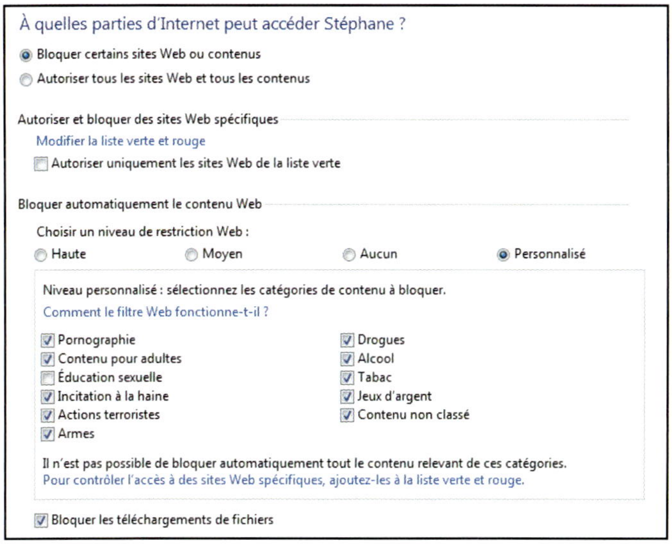

Figure 3.12 : Avec un contrôle personnalisé, vous prenez vos responsabilités. La machine ne se substitue pas à votre autorité.

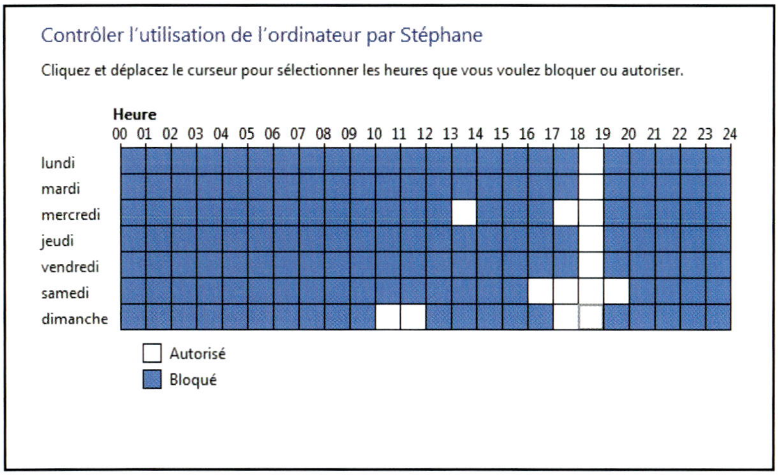

Figure 3.13 : A vous de décider quand votre enfant pourra utiliser l'ordinateur !

- **Jeux :** Lorsque vous cliquez sur ce lien, vous accédez à la fenêtre Contrôles de jeux. Elle permet de déterminer si votre enfant peut ou non jouer à des jeux sur Internet, et d'en définir le type. Pour que votre enfant puisse jouer, activez le bouton radio Oui. Ensuite cliquez sur le lien Définir la classification des jeux. Vous accédez à la fenêtre Restrictions des jeux (Figure 3.14). Pour un contrôle optimal, activez l'option Bloquer les jeux sans classification. Ainsi, tout jeu non classé sur le Web ne sera pas accessible à votre enfant. Vous courez (et lui aussi) moins de risques. Ensuite, indiquez la classification de jeux qui convient à l'enfant. Là, tout dépend de son âge ou de votre niveau d'appréciation des jeux qui lui conviennent ou pas. Une fois les restrictions définies cliquez sur OK.

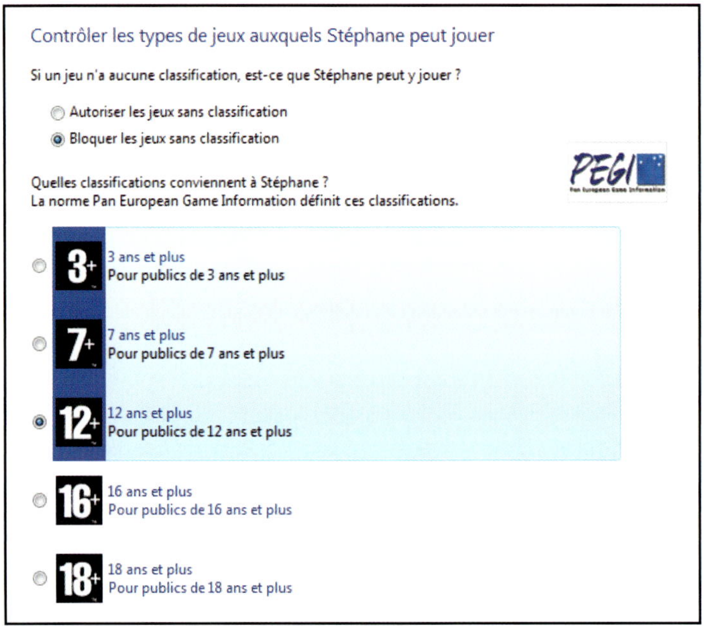

Figure 3.14 : Les jeux Internet auxquels votre enfant pourra jouer.

- **Autoriser et bloquer des programmes spécifiques :** Pour éviter que votre enfant utilise certains programmes, ce lien affiche la fenêtre Restrictions des applications. Activez l'option *<nom d'utilisateur>* peut uniquement utiliser les programmes que j'autorise. Windows dresse la liste de tous les programmes présents sur votre ordinateur. Dans la liste des programmes installés, cochez les applications que votre enfant pourra utiliser. Si un programme spécifique ou installé après avoir défini ces autorisations ne figure pas dans la liste, localisez-le par un clic sur le bouton Parcourir.

Une fois l'ensemble du contrôle parental configuré vous disposez d'une fenêtre semblable à celle de la Figure 3.15. Elle résume le niveau du contrôle parental pour l'utilisateur dont vous venez de personnaliser le compte.

TRUC

Pour exercer votre contrôle parental, accédez à votre ordinateur en utilisant votre compte d'utilisateur (administrateur) personnel. Accédez ensuite à la gestion des comptes des utilisateurs via le Panneau de configuration. Cliquez sur le lien Afficher les rapports d'activités. Vous seul saurez que vous savez ! (C'est joli joli de tirer dans le dos de vos enfants !)

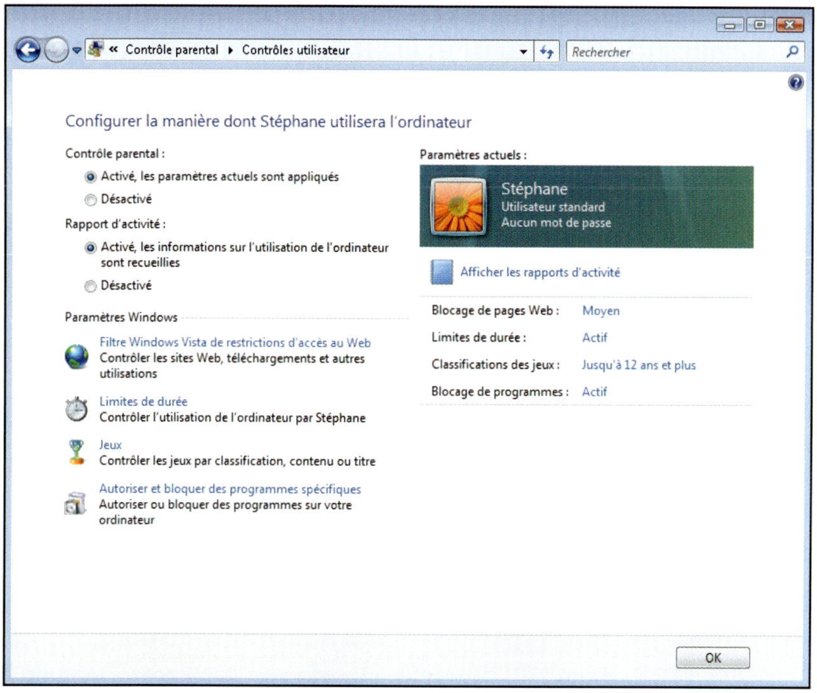

Figure 3.15 : Le contrôle parental défini pour le jeune Stéphane.

Mais au-delà du contrôle parental, qu'y a-t-il de plus important si ce n'est le rapport de confiance qui existe entre vous et vos enfants. Ce rapport, jamais une machine ne pourra le remplacer. Et c'est probablement grâce à cette confiance réciproque que vos enfants comprendront que vous mettez en œuvre un contrôle parental.

TRUC

Si vous jugez insuffisant, restrictif, lourd et j'en passe le contrôle parental de Windows Vista, rien ne vous empêche d'acheter un programme développé par une société tierce dont vous trouverez les coordonnées dans la section "Les adresses utiles" à la fin de ce chapitre.

Il existe une activité sensible pour laquelle vos enfants ne supportent pas l'idée de contrôle. Je veux parler de la messagerie instantanée, et plus particulièrement de Windows Live Messenger, c'est-à-dire le fameux, célèbre, incontournable, la plus grande invention de tous les temps : MSN !

Contrôler les conversations MSN

La messagerie instantanée est probablement la plus grosse activité de vos enfants sur le Web. Il faut les comprendre ! C'est un moment unique et confidentiel que de partager des propos super passionnants sur la nouvelle coupe de cheveux de Kevin que la courte récréation ne leur a pas permis d'analyser dans tous ses détails... c'est vrai qu'il est trop beau ce Kevin !

Pourtant, et malgré le système louable mis en place par Microsoft, votre enfant ne peut entrer en communication qu'avec des interlocuteurs qu'il autorise, donc qu'il connaît a priori. Mais voilà, les "adresses MSN" circulent très vite entre ados, et un jour il se peut que votre enfant converse avec un(e) inconnu(e). Sans jouer les moralisateurs puritains extrémistes, pouvoir accéder à une conversation peut s'avérer utile pour découvrir certains dialogues, mais aussi pour disculper votre enfant sur, notamment, les propos infamants qu'il aurait tenus sur la coupe de cheveux de Kevin.

Pour contrôler une conversation MSN (ou d'un autre programme de messagerie, car il n'y a pas que Microsoft sur la planète ado), vous avez deux possibilité :

- Le rapport d'activité du contrôle parental de Windows Vista.
- L'historique des conversations de MSN.

Rapport d'activité

Le rapport d'activité est celui qui est généré par le contrôle parental défini dans la précédente section. Il permet non seulement d'afficher la liste des sites Web auxquels votre enfant a accédé, mais également au contenu des conversations qu'il a tenues avec sa messagerie instantanée. Voici comment procéder :

1. **Depuis votre compte d'utilisateur, cliquez sur Démarrer/Panneau de configuration.**
2. **Cliquez sur Comptes d'utilisateur et protection des utilisateurs.**
3. **Cliquez sur le lien Afficher les rapports d'activités.**

   Le cas échéant, cliquez sur Continuer pour accéder à ce rapport.
4. **Dans la colonne Générer le rapport, cliquez sur le signe + situé à gauche de Activité du compte <nom d'utilisateur>.**
5. **Faites de même pour la rubrique Messagerie instantanée.**
6. **Dans la liste qui apparaît, cliquez sur Conversions.**

   Le volet de gauche affiche la date, le compte, le nom d'hôte, les participants, l'adresse IP de l'hôte, le nom du client, sa version, et son statut. Impressionnant non ?

TRUC

Vous pouvez même connaître les conversations audio, vidéo, les échanges de fichiers et de liens, les messages SMS... en un mot comme en cent : TOUT !

Si vous ne souhaitez pas définir un contrôle parental mais uniquement surveiller, en cas d'extrême nécessité, le contenu d'une conversation MSN, voyons comment procéder.

Contrôler une conversation MSN

Ce contrôle se fait directement par l'application Windows Live Messenger. Pour cela, il faut activer l'historique des conversations, et indiquer un emplacement de stockage du fichier. Voici comment procéder :

1. **Démarrez Windows Live Messenger (MSN comme disent les jeunes).**
2. **Cliquez sur Outils/Options.**
3. **Dans la boîte de dialogue Options, cliquez sur la rubrique Message.**
4. **Dans la partie droite de la boîte de dialogue, localisez la section Historique de conversation, et cochez l'option Conserver automatiquement un historique de mes conversations, comme à la Figure 3.16.**

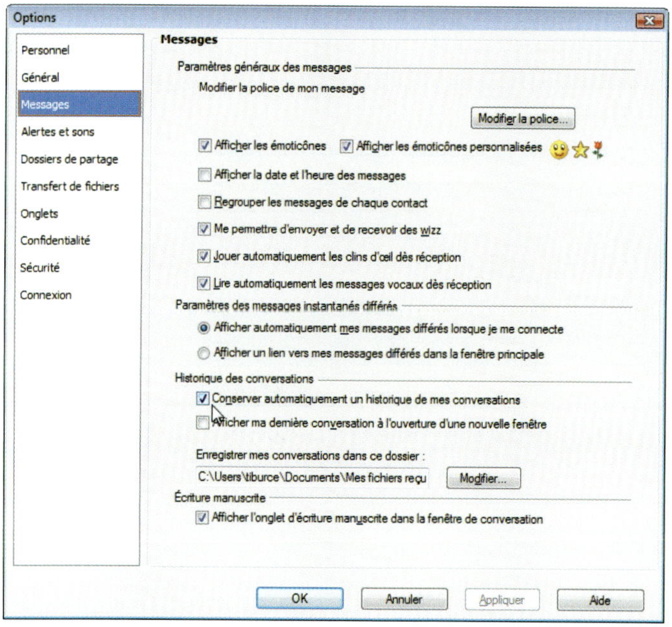

Figure 3.16 : Enregistrer les conversations tenues avec Windows Live Messenger.

TRUC

Par défaut, les conversations sont enregistrées dans le sous-dossier Mes fichiers reçus du dossier Documents.

5. **(Facultatif) Cliquez sur le bouton Modifier pour spécifier un autre emplacement de stockage du fichier des conversations.**

6. **Cliquez sur OK.**

   Voilà, toutes les conversations MSN sont alors enregistrées à l'emplacement indiqué.

7. **Pour lire une conversation, ouvrez Windows Live Messenger.**
8. **Cliquez sur Fichier/Ouvrir le dossier des fichiers reçus.**
9. **Dans la boîte de dialogue qui apparaît, localisez la date de votre conversation, et double-cliquez sur l'icône du dossier.**
10. **Double-cliquez ensuite sur le dossier Historique.**
11. **Double-cliquez sur le nom de la personne avec qui vous avez conversé.**

    La conversation s'affiche dans Internet Explorer comme à la Figure 3.17.

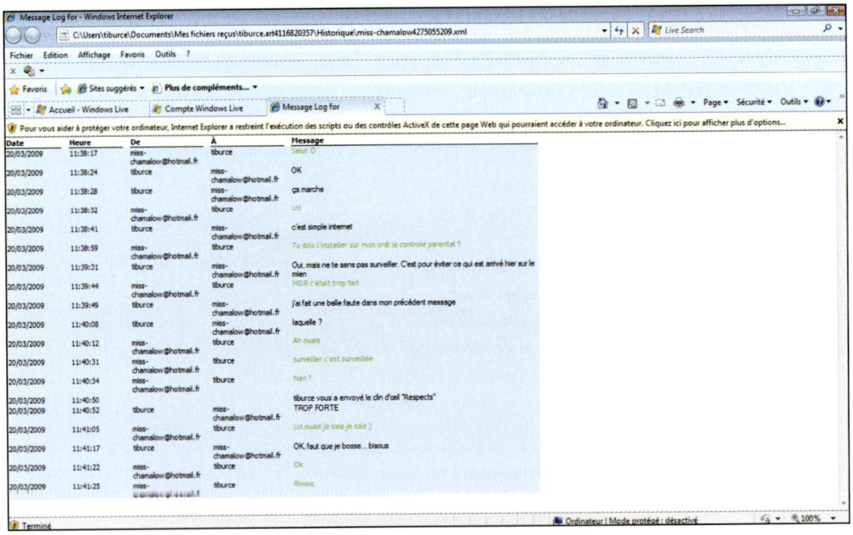

Figure 3.17 : Facile de relire toute une conversation tenue dans Windows Live Messenger !

Les adresses utiles

Quelques adresses pour se cultiver :

- Wikipédia à `http://fr.wikipedia.org/wiki/Accueil`
- Encarta à `http://fr.encarta.msn.com/`
- Larousse à `http://www.larousse.fr/encyclopedie/`
- Quid à `http://www.quid.fr/`

Quelques dictionnaires en ligne :

- Médiadico à http://dictionnaire.tv5.org/
- L'internaute à http://www.linternaute.com/dictionnaire/fr/
- Le dictionnaire à http://www.le-dictionnaire.com/
- Synonyme à http://synonymes.memodata.com/

Des jeux éducatifs en ligne :

- iéducatif à http://www.ieducatif.fr/
- JeuxGratuits à http://www.jeuxgratuits.net/
- BioKdo à http://www.biokdo.com/
- Sitacados à http://www.sitacados.com/sites-jeux-gratuits-pour-enfants.html

Contrôle parental :

- Tout sur le contrôle parental à http://www.controle-parental.net/
- Don't see à http://www.cestfacile.org/controle-parental.htm
- Contrôle parental dans Windows Live (MSN) à http://www.windowslive.fr/controleparental/
- Informations sur le contrôle parental à http://www.e-enfance.org/
- Programme gratuit à http://www.rooki.fr/
- Programmes payants :

  http://controle-parental.xooloo.net/

  http://www.profiltechnology.com/fr/familles/

  http://store.norman.com/store/norman/fr_FR/Content/pbPage.parentalcontrol_fr/Currency.EUR

  http://www.momsaysno.fr/index.php

Deuxième partie

Internet, me voilà !

"Avec mon logiciel de retouche, je me suis permis d'effacer quelques grosses taches entre les nuages. Inutile de me remercier."

Dans cette partie...

Une fois que vous serez prêt, dans quelle direction irez-vous ? La plus grande difficulté dans l'utilisation d'Internet, c'est probablement de réussir à s'y connecter, ensuite, il suffit de cliquer de-ci de-là. Dans cette partie, nous vous expliquons quel type de service Internet vous convient le mieux et nous vous aidons à établir une connexion en vous donnant des instructions spécifiques aux systèmes d'exploitation les plus courants. Nous vous prodiguons également des conseils avisés sur le haut débit et le Wi-Fi (le fameux sans fil).

Google France

Chapitre 4

Surfer sur le Net : quels sont vos besoins ?

Dans ce chapitre :

- Notre configuration préférée : le routeur.
- Rester en vie avec des pare-feu, des antivirus et des anti-espiogiciels.
- Les types d'accès.
- Accès bas débit et accès haut débit.
- Choix des fournisseurs d'accès.
- Les offres haut débit.
- Logiciels nécessaires.

Bon, alors, comment rejoindre Internet ? La réponse est : "Ça dépend." Internet n'est pas un simple réseau, c'est un conglomérat de centaines de milliers de réseaux distincts mais reliés ensemble et ayant chacun ses propres règles et procédures. Vous pouvez accéder au Net *via* n'importe lequel d'entre eux. Les lecteurs des précédentes éditions de ce livre nous ont suppliés de détailler, étape par étape, comment il fallait procéder. Nous vous donnerons des explications, chaque fois que nous le pourrons.

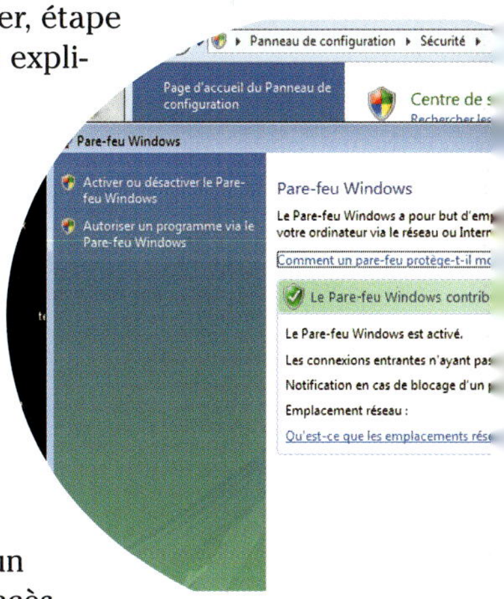

Un modem, dites-vous ?

Un *modem* (MOdulateur-DEModulateur) est un dispositif qui relie votre ordinateur à la ligne téléphonique ou au câble. À moins que votre ordinateur se trouve dans un bureau équipé d'une connexion directe à Internet, vous aurez besoin d'un modem adapté à la connexion Internet que vous utiliserez : un modem traditionnel (Figure 4.1) pour une connexion par le réseau téléphonique commuté (RTC, en clair, la ligne téléphonique que vous utilisez pour converser), un modem câble pour un abonnement Internet par le câble ou un modem ADSL pour un accès

ADSL haut débit. Enfin, une dernière solution propice au partage d'une connexion haut débit consiste à utiliser un modem-routeur équipé de la technologie Wi-Fi. Ainsi, chez vous, tous les ordinateurs, quel que soit leur emplacement, et même si vous possédez un PC et un Mac, pourront se connecter à Internet grâce à cette liaison sans fil très performante. Vous en saurez plus à ce sujet au Chapitre 5.

Figure 4.1 : Un modem RTC standard.

TRUC

Si vous choisissez un accès Internet ADSL ou câble (décrit au chapitre suivant), le prestataire Internet vous fournira ou vous louera le modem. En revanche, pour une connexion téléphonique, c'est à vous de vous le procurer (vérifiez d'abord si l'ordinateur n'est pas déjà équipé d'un modem : s'il comporte une prise téléphonique – à ne pas confondre avec la prise de réseau un peu plus grande – il est inutile d'en acheter un).

TRUC

Revenons un instant sur le haut débit. Lorsque vous souscrivez à une des offres que nous étudions un peu plus loin dans ce chapitre, vous recevez un boîtier ressemblant à un décodeur de télévision (Figure 4.2) qui permet :

- De vous connecter à Internet au débit proposé par tel ou tel fournisseur d'accès. En effet, maintenant que certaines connexions affichent une vitesse supérieure à 20 Mbps (débit très théorique délivré seulement à proximité d'un répartiteur téléphonique), n'envisagez pas de vous connecter à AOL haut débit avec la Freebox de chez Free, ou à Free haut débit avec la Livebox d'Orange. Quoi qu'il en soit, pourquoi chercher un modem ailleurs alors que le fournisseur d'accès propose celui qui est le plus approprié à son offre ?

Figure 4.2 : Un "modem" haut débit peut ressembler à cela.

- De créer un réseau domestique Wi-Fi permettant à plusieurs ordinateurs de se connecter à Internet sans abonnement supplémentaire et d'échanger des données avec les fonctions de routeur.
- De téléphoner par Internet gratuitement en local et en national, et parfois en international, avec des fonctions de messagerie vocale. Nous verrons également que dans certaines régions françaises bénéficiant du dégroupage total, il est possible de résilier son contrat auprès de France Télécom pour ne plus payer d'abonnement à cet opérateur. L'abonnement ADSL comprend alors le téléphone illimité, et vous ne dépensez pas un centime de plus... sauf si vous appelez des numéros spéciaux (ceux en 800 et apparentés) ou des téléphones mobiles.
- De recevoir la télévision numérique par ADSL. La prise péritel du boîtier ADSL est reliée à celle du téléviseur. Cette fonctionnalité techniquement en progrès permet de choisir à la carte. Plus d'abonnement à des bouquets dont une partie des chaînes ne vous intéresse pas. Vous ne payez que pour les chaînes que vous désirez voir. Toutefois, les deux grands de la télévision satellitaire que sont Canalsat et TPS, proposent leurs bouquets *via* ADSL. Orange a récemment développé son propre bouquet TV réservé à ses abonnés.
- D'utiliser le boîtier comme modem-routeur. Il suffit d'insérer une carte PCMCIA dans le boîtier, puis des adaptateurs Wi-Fi dans vos PC pour que tous les ordinateurs du foyer se connectent à Internet *via* une seule connexion haut débit. Tous les fournisseurs d'accès Internet n'offrent pas cette option pourtant appréciable.

Les box ADSL

Une box ADSL est un appareil fourni par un fournisseur d'accès à Internet comme Orange, Free ou Neuf à ses abonnés ADSL. Ce boîtier sert à la base de modem ADSL et de routeur Ethernet et Wi-Fi. Les opérateurs offrent également la possibilité à leurs abonnés de recevoir certains bouquets de programmes télé ainsi que de la vidéo à la demande (location de films sur le Net). Souvent, l'abonnement comprend également une offre de téléphonie (VoIP) qui permet à l'utilisateur de téléphoner gratuitement vers des lignes fixes. Ces dispositifs sont livrés avec un CD d'installation qui vous guide pas à pas dans la configuration de votre connexion.

La Figure 4.3 montre la Livebox d'Orange et la Figure 4.4 la Freebox de Free

Figure 4.3 : La Livebox d'orange.

Figure 4.4 : La Freebox de Free (boîtier ADSL à gauche boîtier HD à droite).

La clé USB 3G

La clé USB 3G se comporte comme un modem mais elle utilise le réseau GSM pour se connecter sur le Net. La partie modem de la clé est compatible avec les technologies 2G (GPRS/EDGE) et 3G+ (UMTS/HSDPA).

Cette clé permet, une fois connectée à un ordinateur, qu'il soit portable ou de bureau, de surfer sur Internet et d'utiliser une messagerie électronique n'importe où du moment que le réseau GSM SFR est disponible. C'est une solution intéressante pour tous ceux qui se déplacent beaucoup et qui ont besoin d'avoir un accès quasi permanent à Internet, sans avoir besoin de rechercher un point d'accès Wi-Fi.

Les fournisseurs d'accès

Deux choix sont possibles pour vous connecter à Internet, trois avec un peu de chance :

- **Choix 1 : s'abonner à un service en ligne.** Appelé aussi "fournisseur de contenu", comme AOL. Ces services paraissent plus faciles à utiliser pour le néophyte et les informations qu'ils proposent sont présentées d'une manière plus organisée. Mais tous ne procurent pas un accès à l'ensemble des ressources d'Internet, et vous devez utiliser leur logiciel pour vous connecter.
- **Choix 2 : s'abonner à un fournisseur d'accès Internet (FAI).** Il ne propose que l'accès à l'ensemble des ressources d'Internet, sans plus. Vous pouvez néanmoins accéder à leur site portail, c'est-à-dire une page Web contenant des informations concernant la majorité des domaines de la vie courante (journaux, météo, astrologie, e-commerce, *etc.*) comme le montre la Figure 4.5. Pour utiliser ce compte, vous avez besoin d'un programme de connexion à distance (fourni avec votre système d'exploitation), d'un logiciel de messagerie et d'un navigateur Web (nous expliquerons tous ces termes un peu plus loin dans ce chapitre). Aujourd'hui, la plupart des FAI proposent des programmes de connexion automatisés, sous la forme de kit de connexion.

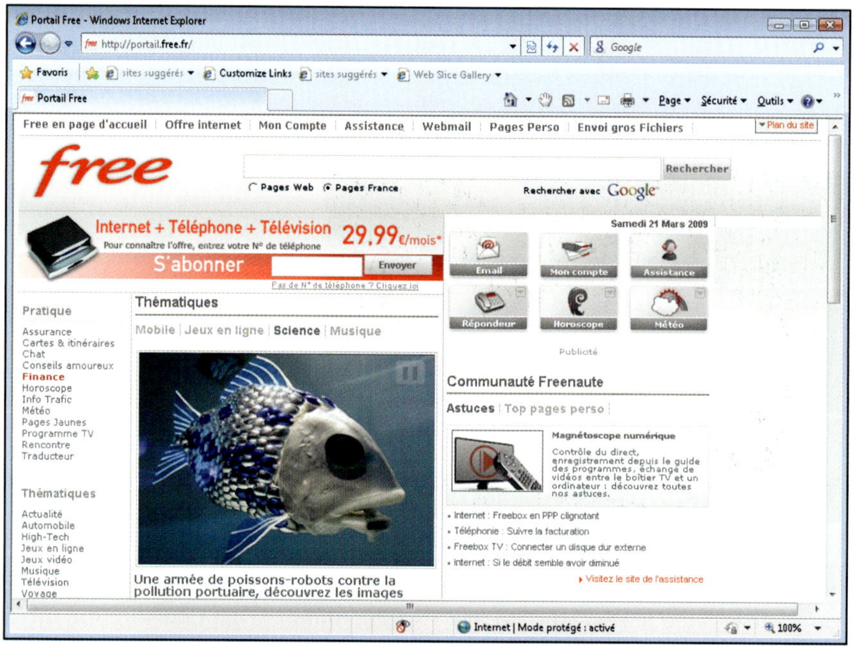

Figure 4.5 : La page d'accueil d'un fournisseur d'accès Internet.

- **Choix 3 : optez pour une connexion haut débit du type ADSL ou câble.** L'ADSL permet de faire passer simultanément des données et de la voix sur une ligne téléphonique, et le câble (disponible seulement dans les grandes villes bénéficiant de la télédistribution par câble) n'est pas disponible sur tout le territoire national. Si l'accès Internet par le câble télévision est disponible dans votre ville, il suffit d'appeler le câblo-opérateur pour prendre rendez-vous avec un technicien qui se chargera de l'installation. Finis alors les aléas de la connexion : vous êtes connecté en permanence sans plomber votre facture de téléphone et sans bloquer votre ligne téléphonique.

L'Internet nomade

Pouvoir se connecter en déplacement est parfois difficile. Une possibilité consiste à brancher votre modem sur la prise téléphonique de l'hôtel et à composer le numéro de votre prestataire Internet. Vérifiez auprès de ce dernier si cela reste possible partout au prix d'un appel local ou si cela est compris dans votre forfait. De même, si vous allez à l'étranger, voyez avec votre prestataire s'il propose une formule. De nombreux hôtels d'affaires haut de gamme fournissent l'accès haut débit à Internet. Votre ordinateur doit disposer d'un port réseau (Ethernet). La connexion coûte environ dix euros par jour.

La majorité des nouveaux portables sont équipés Wi-Fi, c'est-à-dire l'Ethernet radio sans fil. Si le vôtre ne l'est pas, vous pouvez acheter un adaptateur Wi-Fi à brancher dans un des emplacements sur le côté de l'ordinateur. Les points d'accès Wi-Fi (*hotspots* en anglais), où vous captez le signal radio et pouvez vous connecter au Net, se répandent dans les cybercafés, les hôtels et les immeubles de bureaux. Vous pouvez allumer votre PC, capter un signal Wi-Fi et naviguer sur le Net.

Si vous voulez surfer tout en vous déplaçant, équipez votre portable d'un modem *cellulaire,* un modem qui fonctionne comme un téléphone portable. Les modems cellulaires, plutôt chers et lents, ne remplacent pas une connexion classique. Ils sont cependant pratiques pour se connecter depuis n'importe quel endroit (même en faisant du pédalo au milieu d'un lac) afin d'envoyer ou de recevoir des pièces jointes peu volumineuses, comme l'itinéraire à suivre pour aller vers le port à pédalos de l'autre côté du lac.

Les connexions à haut débit

Pour profiter confortablement de l'Internet et ses attraits (animations, son, vidéo, télévision, téléphonie illimitée...), le haut débit s'impose en raison de sa *bande passante* élevée qui permet de transférer beaucoup plus de données dans un même intervalle de temps.

Il vous faudra une carte réseau

La connexion haut débit à Internet nécessite un modem spécial fourni par le FAI. Il se branche sur l'ordinateur par le biais d'une carte réseau ou d'un port USB.

La majorité des nouveaux ordinateurs est fournie avec une *carte réseau* intégrée qui peut également être utilisée pour connecter l'ordinateur à un réseau local. Les cartes réseau (ou *adaptateurs réseau*, *adaptateurs Ethernet*) disposent d'un *connecteur RJ-45* qui ressemble à la mini prise du téléphone, mais en plus grosse (Figure 4.6).

Figure 4.6 : Une carte réseau typique avec son connecteur RJ-45.

Les nouveaux ordinateurs sont aussi équipés en standard d'au moins deux ports USB. Ils servent à connecter toutes sortes d'équipements à votre ordinateur, de la souris à l'imprimante, en passant par des disques durs ou des graveurs de DVD (un port USB se présente sous la forme d'un petit trou rectangulaire).

Les offres haut débit

Internet est désormais fait pour ceux qui surfent en haut débit, comme le prouve la débauche d'images, d'effets spéciaux, de vidéo et autre contenu multimédia que les modems téléphoniques téléchargent laborieusement. Si ce n'est déjà fait, vous avez intérêt à opter pour le haut débit si :

- Vos durées de connexion dépassent allègrement le forfait auquel vous avez souscrit.
- Vos besoins en téléchargements (musique, vidéo, images, *etc.*) sont importants.
- Vous désirez un affichage rapide, voire instantané, des pages Web.
- Vous souhaitez ne plus payer de communications téléphoniques pour converser souvent avec un correspondant à l'autre bout du pays.
- Vous désirez recevoir des chaînes de télévision que vous avez sélectionnées, et non un bouquet.
- Vous désirez que plusieurs personnes dans votre foyer puissent surfer simultanément sur Internet, chacun de leur ordinateur, pendant que la grande sœur téléphone et que le petit dernier regarde ses dessins animés (ne rêvons pas. À l'heure actuelle, ce cas de figure est encore illusoire car la bande passante finit par être fort réduite sur chaque ordinateur, mais nul doute que l'on y parviendra un jour).
- Vous travaillez à domicile et désirez communiquer par Internet.

En revanche, si vous souhaitez uniquement envoyer des courriers et n'effectuer que rarement des recherches approfondies sur le Web, ni profiter de la téléphonie gratuite parce que le montant de vos factures est largement inférieur à 30 euros par mois, une connexion RTC suffira, et même sans souscrire le moindre forfait en optant pour le paiement à la minute.

Connexions par câble

Comme nous l'avons dit plus haut, Internet est également accessible par le câble. Ce type de service n'est disponible que dans les grandes villes possédant un réseau câblé.

La tarification varie de 20 à 60 euros par mois pour une connexion illimitée, avec un débit de 1 à 20 Mo. La politique antérieure qui consistait à limiter le forfait à une certaine quantité d'information transférée, au-delà de laquelle un supplément devait être versé au prestataire de services, semble avoir été totalement abandonnée.

L'ADSL

L'ADSL (*Asymmetric Digital Subscriber Line,* ligne asymétrique d'abonné numérique) transmet simultanément des données en haut débit et la voix par une même ligne téléphonique. Ainsi, vous ne bloquez pas votre ligne téléphonique lorsque vous êtes sur le Net. Le débit théorique dépend de la distance qui sépare l'abonné du sous-répartiteur local, et il décroît lorsque cette distance augmente. Théoriquement, il peut atteindre dans le meilleur des cas plus de 20 Mbps dans le sens descendant (en réception).

TRUC

Dans les zones urbaines, le raccordement à l'ADSL ne pose pas de problème pour peu que France Télécom y ait établi un point d'accès. Il n'en va pas de même dans les zones rurales (ou même dans la grande couronne parisienne) où certains abonnés peuvent se situer dans des zones à faible densité de population, éloignées du répartiteur France Télécom. Avant d'accepter votre demande de raccordement, France Télécom effectuera un essai de la qualité technique de votre ligne et, si le résultat ne permet pas de garantir le débit spécifié pour la formule à laquelle vous souscrivez, votre demande sera refusée. Il ne vous restera plus qu'à espérer qu'un répartiteur soit installé plus près de chez vous ou que la qualité de votre ligne soit améliorée, ce qui peut prendre un certain temps.

TRUC

Être connecté en permanence à Internet n'implique pas que vous ne paierez plus vos communications téléphoniques locales. Ces dernières vous seront facturées tous les deux mois, comme à l'accoutumée, la téléphonie gratuite par Internet, *via* votre modem ADSL, étant une offre qui s'ajoute à l'abonnement et aux appels effectués avec un téléphone conventionnel. Cependant, dans l'offre de certains FAI, tout est compris !

TRUC

Lorsque le dégroupage total de votre ligne est possible, vous n'êtes plus obligé d'avoir un abonnement à France Télécom ce qui permet de faire une économie mensuelle substantielle. (Voir plus loin dans ce chapitre.)

La technique

En même temps que le modem ou le boîtier ADSL, vous recevrez un ou plusieurs filtres qui se présentent sous la forme d'une prise gigogne à brancher sur la prise de téléphone murale. Elle possède une grande prise en "T" dans laquelle vous brancherez le téléphone classique et une autre prise plus petite, de type RJ-41, où vous brancherez la mini prise téléphonique du modem. Si votre habitation est truffée de prises de téléphone, sachez que l'installation ne peut supporter plus de trois filtres. Au-delà, il faut faire intervenir un technicien. En ce qui concerne l'équipement, les formules peuvent varier. La Livebox d'Orange accepte la plupart des téléphones sans fil récents, tandis que les boîtes AOLbox + AOLphone sont équipées d'un combiné téléphonique sans fil intégré.

L'ADSL aujourd'hui

Le nombre d'abonnés à l'ADSL s'est considérablement accru, de même que le débit. Ce dernier varie d'un fournisseur d'accès à un autre, et d'un utilisateur à un autre, mais aussi selon diverses contraintes techniques :

- Une connexion ADSL classique repose sur un modem ADSL à 512 Kbps ou plus. Vous surferez sur Internet, téléchargerez des fichiers et échangerez des courriers. En revanche, pour bénéficier des offres complémentaires (téléphonie, télévision...) un boîtier spécial est nécessaire.
- Une connexion ADSL avec un boîtier dont le nom varie en fonction du fournisseur d'accès : *FreeBox* chez Free, *Livebox* chez Orange, *Neuf Box* chez Neuf Télécom, ou encore *Alicebox* chez Alice (qui n'est autre de Free désormais). Dans ce cas, vous pouvez, en fonction des services offerts, surfer sur Internet, télécharger des fichiers, échanger des courriers, mais aussi téléphoner gratuitement (moyennant un forfait supplémentaire) et recevoir des chaînes de télévision numérique. La vitesse de connexion peut théoriquement dépasser 20 Mbps.

L'ADSL n'est effectif que si vous êtes raccordé au réseau ADSL. La demande de raccordement est transmise à France Télécom par le fournisseur d'accès auprès duquel vous avez souscrit l'abonnement à l'ADSL. Pour savoir si vous êtes connecté, il suffit de laisser brancher en permanence le modem ou le boîtier. Une fois le raccordement effectif, la synchronisation ADSL s'opère automatiquement et s'affiche sous forme d'un voyant vert, ou de l'affichage de l'heure sur certains boîtiers. En fonction de votre boîtier ou de votre modem, la synchronisation ADSL prendra d'autres formes.

Quand êtes-vous connecté ?

La réponse dépend là encore du type de connexion ADSL.

Avec un modem ADSL, c'est-à-dire des connexions dépassant rarement les 1024 Kbps, la connexion s'effectue comme avec un modem RTC. Vous devez lancer votre navigateur ou votre programme de connexion. Il compose un numéro de téléphone qui permet alors de vous connecter au réseau ADSL. À partir de cet instant, comme le prix de votre forfait entend une connexion illimitée, rien ne vous oblige à vous déconnecter. En d'autres termes, restez connecté 24h/24. La déconnexion ne se fera qu'au moment où vous éteindrez votre ordinateur.

Avec les nouveaux boîtiers qui envahissent maintenant le marché, vous vous connectez à une vitesse allant de 512 Kbps à plus de 20 Mbps, en fonction de la qualité de votre ligne et des services de votre FAI. En général, vous êtes connecté au réseau ADSL en permanence, même ordinateur éteint. Bien sûr, celui-ci devra être allumé pour surfer sur le Net mais, en revanche, vous n'avez pas besoin de le mettre en marche pour téléphoner ou regarder la télévision par l'intermédiaire de ce boîtier.

Les déconnexions intempestives ne sont pas rares. En effet, le réseau ADSL subit de nombreuses opérations de maintenance et de mise à niveau. Une déconnexion par jour n'a rien d'exceptionnel. Dans ce cas, si vous utilisez un modem ADSL classique, relancez la procédure de numérotation pour rétablir la connexion. Avec un boîtier ADSL, la connexion se rétablit automatiquement (sur la Livebox, il faut demander expressément la reconnexion automatique dans les Préférences). Si ce n'est pas le cas au bout de quelques heures, débranchez l'alimentation électrique de votre boîtier et rebranchez-la quelques secondes plus tard, ou appuyez sur le bouton de réinitialisation. Ces actions relancent la procédure de synchronisation du boîtier avec le réseau ADSL, rétablissant ainsi la connexion. Des déconnexions trop fréquentes peuvent provenir de :

- L'absence de filtres ADSL sur la totalité des prises téléphoniques auxquelles sont raccordées un téléphone.
- Un filtre ADSL défectueux.
- Un boîtier ou modem ADSL défectueux.

Le dégroupage

La totalité du réseau téléphonique français appartient à l'opérateur "historique" France Télécom. Il est donc difficilement envisageable, notamment pour une question de coût et de délais, qu'un autre opérateur installe un réseau téléphonique concurrent. Toutefois, par décision européenne, France Télécom ne peut plus jouir de son monopole sur l'utilisation de son propre réseau et doit donc louer une partie de ses infrastructures à d'autres opérateurs qui y installeront leurs équipements et pourront offrir des services concurrentiels, brisant ainsi le monopole sur la téléphonie et, par conséquent, sur Internet. C'est cette cession d'une partie du réseau qui est appelée *dégroupage*.

Un dégroupage peut être partiel ou total.

Le dégroupage partiel

Sur une ligne téléphonique, les fréquences basses transmettent la voix et les fréquences hautes les données. Ces deux types d'informations transitent simultanément par la même ligne téléphonique. C'est pourquoi vous pouvez au même moment surfer en haut débit et téléphoner.

Le dégroupage partiel donne accès à un autre opérateur que France Télécom, à la bande des fréquences hautes (c'est-à-dire non vocales). Comme il s'agit d'une opération technique "bon marché", les nouveaux FAI peuvent proposer et gérer toute la connexion ADSL. Par conséquent, vous surfez sur Internet par le biais d'un forfait souscrit auprès d'un FAI ou d'un service en ligne haut débit, avec la possibilité de téléphoner sans recourir directement à France Télécom. On parle de *téléphonie gratuite* en plus de l'accès Internet haut débit. Toutefois, dans ce genre de configuration, France Télécom continue à gérer le réseau téléphonique. Il est donc impossible de résilier son abonnement auprès de l'opérateur historique. De nombreux utilisateurs pestent car ils sont obligés de rester abonnés à France

Télécom alors qu'ils ne lui paient plus aucune communication. On peut dire, par exemple, qu'un utilisateur de Free qui dispose de la Freebox paie un abonnement de 29,90 euros pour surfer sur Internet et téléphoner gratuitement, abonnement auquel s'ajoute celui de France Télécom. On obtient la coquette somme de 43 euros par mois. Mais, on ne peut pas faire autrement tant que notre ligne téléphonique n'est pas éligible pour passer à état autrement plus intéressant pour le consommateur : le dégroupage total.

Le dégroupage total

Le dégroupage total, comme son nom le laisse supposer, donne à un opérateur autre que France Télécom la possibilité de gérer tous les aspects d'une ligne téléphonique. Le client ne dépend plus du tout de France Télécom.

Les conséquences pratiques d'un dégroupage total

Le dégroupage total permet de résilier l'abonnement auprès de France Télécom, c'est-à-dire économiser environ 13 euros par mois auxquels s'ajoute le prix des communications locales et nationales. Désormais, vous ne pouvez plus téléphoner que par l'intermédiaire du matériel fourni par votre FAI, c'est-à-dire le boiter de connexion ADSL sur lequel est raccordé votre téléphone. Vous disposez d'un nouveau numéro commençant par 08 ou 09, mais certains FAI proposent la portabilité du numéro. Grâce à elle, vos correspondants continuent à vous téléphoner en composant le numéro qui vous a été attribué par France Télécom. Lorsque votre ligne est totalement dégroupée, tout correspondant qui vous appelle, quelle que soit sa zone géographique en France, ne paie que le prix d'une communication locale. De plus, la plupart des FAI permettent de téléphoner gratuitement vers les 25 pays de l'Union européenne (voir la liste des pays et les tarifs sur le site du fournisseur d'accès).

Voici les opérateurs qui se lancent dans le dégroupage total. Si, à terme, vous ne désirez plus dépendre de France Télécom et souhaitez ne payer qu'un seul forfait pour surfer sur Internet et téléphoner sans limite, il est plus judicieux de vous diriger vers eux :

- **SFR Neufbox.** Très actif en matière de dégroupage, SFR équipe de nombreux répartiteurs dans toutes les grandes villes de France. SFR propose Internet haut débit 20 méga, la téléphonie illimitée en France, vers les pays de l'Union européenne et quelques autres pays du monde, la télévision et une connexion modem-routeur Wi-Fi, le tout grâce à son boîtier Neuf Box. (Voir le Tableau comparatif 4.1 en fin de section.)
- **Cegetel.** Il n'est entré sur le marché de l'ADSL grand public que depuis janvier 2004. (Voir le Tableau comparatif 4.1 en fin de section.)

- **Free.** Immédiatement présent sur le dégroupage partiel et total, Free ne propose ses offres ADSL qu'à ses clients finaux. Malgré un réseau dégroupé moins important, mais qui ne cesse de progresser, Free est l'opérateur le plus innovant. Ses offres sont claires. Un seul prix et toutes les possibilités : Internet haut débit à 28 Mbps. À cela s'ajoute la télévision numérique, la téléphonie gratuite vers les fixes de 97 pays, par le biais de son boîtier Freebox qui fait également office de routeur. (Voir le Tableau comparatif 4.1 en fin de section.)
- **Bouygues Télécom.** Arrivé récemment sur le marché du haut débit fixe, Bouygues propose sa Bbox avec deux offres. Internet seul et la totale dont des heures gratuites vers tous les mobiles.

TRUC

Avant de souscrire à une offre comprenant la téléphonie gratuite, renseignez-vous pour savoir si votre ligne passera ou non en dégroupage total. Lui seul permet de résilier votre abonnement auprès de France Télécom pour éviter de payer tous les mois 13 euros à fonds perdus.

TRUC

Pour accéder au dégroupage total, il suffit de le demander au FAI. Normalement, il s'occupe d'en avertir France Télécom. Auprès d'un prestataire comme Free, ma demande de dégroupage total a été effective deux jours après la réception de mon courrier par le FAI. France Télécom a confirmé par lettre la résiliation de mon abonnement. Désormais, tout en conservant mon ancien numéro de téléphone, je surfe en ADSL, je téléphone et je peux regarder la télévision pour la somme forfaitaire de 29,90 euros. Finis les 26 euros d'abonnement bimestriel !

Où trouver un fournisseur d'accès ?

- Consultez les magazines informatiques spécialisés dans Internet (par exemple *.Net)*. Outre de nombreuses publicités, vous y trouverez parfois des tableaux comparatifs.
- Demandez à vos amis ayant un accès Internet quel fournisseur d'accès ils utilisent et quel est le degré de leur satisfaction.
- Le site Web `http://www.abonnement-adsl.biz/` (Figure 4.7) propose des tableaux régulièrement mis à jour détaillant les différents modes de connexion à Internet. Mais il n'intéressera évidemment que ceux qui sont déjà pourvus d'une connexion Internet et désirent en changer.

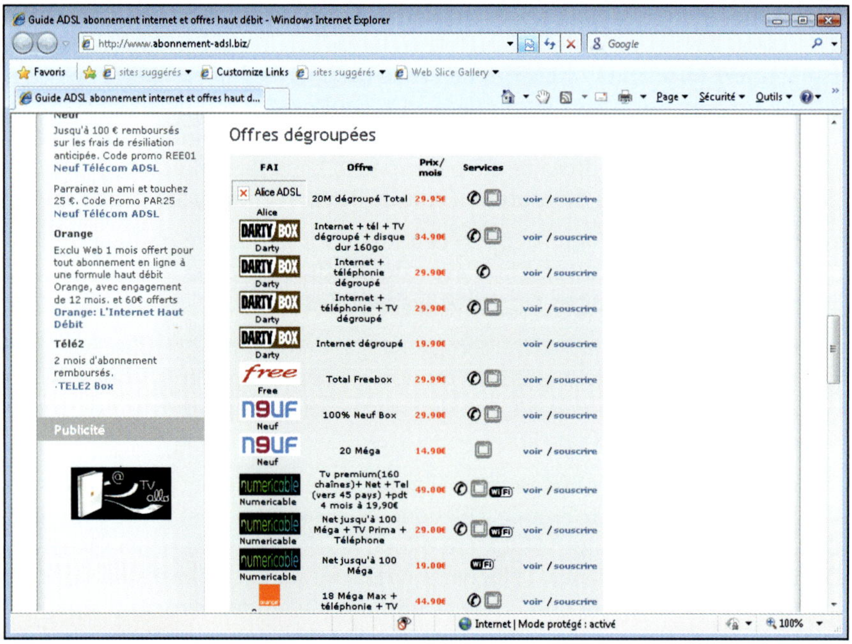

Figure 4.7 : Un site de comparaison des offres haut débit.

La souscription à un abonnement

Tous les fournisseurs d'accès ont un numéro de téléphone que vous pouvez appeler pour avoir des précisions sur leur offre. Vous pouvez ainsi poser toutes les questions qui vous viennent à l'esprit, ce qui peut s'avérer utile, surtout si vous êtes nouveau venu à Internet. Parmi ces questions, renseignez-vous sur le ou les logiciels qui vous seront fournis. Si les réponses que vous obtenez ne vous paraissent pas convaincantes ou que votre interlocuteur semble avoir d'autres choses plus importantes à faire qu'à vous renseigner, essayez un autre fournisseur. C'est une solution possible mais ce n'est pas la meilleure, car vos interlocuteurs seront des commerciaux et non des techniciens. Soit ils ne seront pas capables de répondre à des questions trop précises, soit ils inventeront…

Si vous avez déjà de l'expérience, que vous préférez "parler" avec une machine, que vous possédez déjà l'équipement de base nécessaire ou qu'un de vos amis vous permet d'utiliser à cette fin son installation, connectez-vous sur le serveur Web de votre fournisseur (presque toujours indiqué dans sa publicité). Vous pourrez ainsi avoir un maximum de détails ou bien constater le flou de son offre. Dans ce cas, vous avez compris ce qu'il vous reste à faire.

Nous allons, sous forme de tableau, récapituler les offres ADSL dites modernes, c'est-à-dire celles qui incluent au moins la téléphonie. Pour les autres, connectez-vous au site Web d'un FAI.

Tableau 4.1 : Les offres ADSL avec téléphonie et autres services.

FAI	*Vitesse de connexion*	*Téléphonie*	*Télévision*	*Routeur*	*Dégroupage total*	*Prix*	*Site*
free	28 méga en zones dégroupées	Oui	Oui (plus abonnement à des chaînes thématiques)	Oui	Oui	29,99 €	http://adsl.free.fr/
orange	1, 8, ou 18 méga	Oui avec abonnement supplémentaire sauf pack illimité et la Livebox (3 €/mois)	Oui	Oui	Non	4 offres allant de 24,90 à 41,90 €	www.orange.fr
Alice (Free)	28 méga	Oui	Oui	Oui	Oui	29,95 €	www.aliceadsl.fr/.
DARTY BOX	20 méga	Oui (vers 40 destinations internationales)	Oui	Oui	Oui	29,90 €	www.dartybox.com.
SFR (NeufBox et ex Télé2)	20 méga	Oui (vers 90 destinations internationales)	Oui	Oui	Oui	29,90 €	http://adsl.sfr.fr/adsl/.
Bouygues Telecom	20 méga	Oui (65 destinations)	Oui	Oui	Oui	29,90 € (offre totale) ou 19,90 € (Internet seul)	http://www.bouyguestelecom.fr/

Les fournisseurs d'accès ont pris l'habitude d'afficher et de vendre les vitesses de connexion les plus rapides. Vous devez impérativement aller sur leur site Web pour savoir si la région où vous habitez fait partie des zones dégroupées, donc les plus rapides. Si ce n'est pas le cas, ça le deviendra sans doute un jour. Mais, en attendant, vous surferez à des vitesses bien moindres, par exemple 1024 Ko/s au lieu de 20 Mo/s.

Vérifiez toujours les points suivants :

- Le raccordement au réseau ADSL est-il gratuit ?
- Y a-t-il des frais de déconnexion en cas de résiliation ?
- Le modem est-il ou non fourni sans surcoût ?
- La téléphonie est-elle incluse dans l'abonnement ?
- Le routeur est-il intégré ou faut-il ajouter une carte au boîtier ? À quel prix ?
- Un accès bas débit illimité est-il proposé en cas de panne du réseau ou de votre matériel ? C'est ce qu'offre Free en plus de son haut débit par la Freebox. Vous disposez d'un numéro spécialement dédié à votre ligne téléphonique qui permet de vous connecter en bas débit avec un modem traditionnel en cas de panne de votre Freebox. Rien ne vous empêche alors de connecter simultanément une machine en haut débit et une autre en bas débit. Vous ne payez rien ! Bien évidemment, si vous êtes en dégroupage total, dans la mesure où vous n'avez plus de ligne téléphonique classique, l'offre bas débit gratuite ne vous sert à rien !

Surfer oui, mais en toute sécurité !

Avec toutes ces propositions, vous allez bien finir par vous connecter à Internet. Toutefois, dès que le modem sera correctement installé et la communication Internet établie, patientez un peu avant de foncer tête baissée dans l'antre du monstre. Vous devez vous protéger, car s'il y a bien un lieu virtuel aussi dangereux que le réel, c'est Internet où il est impératif de sortir couvert. Vous devez vous préserver des virus et des espiogiciels présentés au Chapitre 2.

Y'a le feu à la baraque !

Un *pare-feu* est une barrière dressée entre votre (ou vos) ordinateur(s) et Internet. Dans les grosses entreprises, le pare-feu est un ordinateur dédié à une seule tâche : surveiller le trafic entrant et sortant pour déceler les tentatives d'intrusions en tout genre. À la maison ou au bureau, vous avez deux possibilités :

- Utiliser le pare-feu intégré de Windows Vista. Pour savoir s'il est opérationnel sous Windows Vista, cliquez Démarrer/Panneau de configuration. Cliquez sur Sécurité puis sur Pare-feu Windows. Si dans la boîte de dialogue éponyme vous notez que le pare-feu est désactivé, cliquez sur Modifier les paramètres du pare-feu. Activez alors le bouton radio Activé (recommandé), comme à la Figure 4.8.

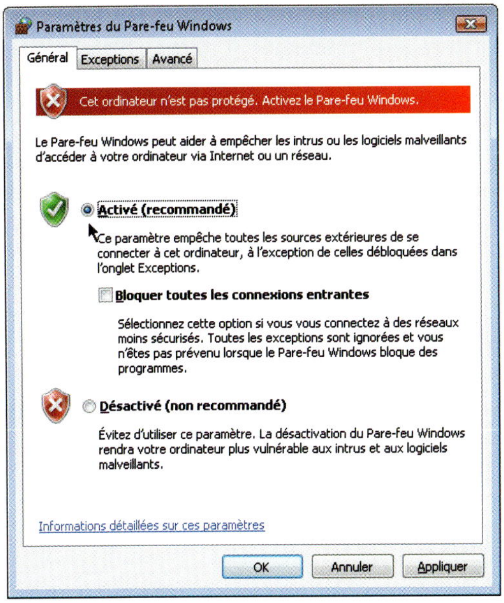

Figure 4.8 : Vérifiez que le pare-feu de Windows Vista est actif.

Cliquez OK pour quitter la boîte de dialogue Paramètres du Pare-feu Windows.

Si vous ne voyez pas l'icône en question, cliquez le lien Page d'accueil du Panneau de configuration en haut à gauche du Panneau de configuration.

Dès que le pare-feu de Windows Vista est opérationnel, vous disposez d'une première protection contre les pirates du Web. Toutefois, cela ne dispense pas de mettre Windows à jour *via* Windows Update.

- Vous pouvez également utiliser un *routeur*, c'est-à-dire un petit périphérique externe qui s'installe entre votre ordinateur et votre modem. Souvent, le modem lui-même fait office de routeur, ce qui évite d'en acheter un quand il vous est fourni par votre FAI. Le routeur contient en général un logiciel pare-feu qui est sans arrêt en activité. Pour plus d'informations sur l'utilisation des routeurs et la connexion de plusieurs ordinateurs, consultez le Chapitre 5.

Nous recommandons l'utilisation d'un routeur. Il permettra à plusieurs ordinateurs installés chez vous d'accéder simultanément au Web. De plus, si vous consultez bien les offres haut débit que nous détaillons un peu plus haut dans ce chapitre, vous constaterez que de plus en plus de fournisseurs d'accès proposent un modem ADLS de type routeur, et généralement Wi-Fi.

Un brin d'immunité

Les *virus* sont de petits programmes qui arrivent par le courrier électronique ou nichés dans des logiciels que vous téléchargez. Immédiatement installés dans votre ordinateur, ils s'adonnent à leur malfaisante besogne, comme nous le mentionnions au Chapitre 2. Un logiciel antivirus est indispensable. Il devra être régulièrement mis à jour.

Il existe de nombreux logiciels antivirus. Les deux programmes les plus utilisés sont McAfee VirusScan, que vous pouvez télécharger à l'adresse `www.mcafee.fr`, et Norton Antivirus que vous découvrirez sur le site `www.symantec.fr`. Bien que très puissants, ces antivirus sont la cible des infections les plus virulentes car ils sont fortement présents dans l'univers informatique. Ainsi, certains virus commencent par s'attaquer au logiciel antivirus et tentent de le désactiver, pour ensuite infecter un maximum de fichiers. Si vous craignez de telles attaques, optez pour des solutions parallèles comme l'excellent AVG Anti-Virus que vous trouverez sur le site `www.avgfrance.com`. Il existe une version gratuite dont nous expliquons le téléchargement et l'installation à la fin du Chapitre 3. Opter pour la version payante est plus sûr. Les éditeurs d'antivirus proposent de plus en plus de solutions complètes, c'est-à-dire un antivirus qui fait office de pare-feu et d'anti-espiogiciel.

Les espions sont parmi nous !

Un espiogiciel est un programme qui s'installe dans votre ordinateur pour épier tous vos faits et gestes, comme nous l'avons expliqué au Chapitre 2. Il existe de nombreux logiciels anti-espiogiciels, souvent gratuits, qui permettent d'empêcher leur installation et de déloger ceux qui sont déjà en place. Néanmoins, il n'existe pas un seul programme anti-espiogiciel capable de les identifier tous. Pour cette raison, je recommande d'utiliser deux ou trois logiciels de ce type.

Voici les plus connus :

- **Spybot Search & Destroy** téléchargeable sur `www.spybot.info/fr/index.html` dans de nombreuses langues dont le français.

  De nombreux programmes gratuits se nomment sans scrupule "spybot". Par conséquent, n'utilisez pas un moteur de recherche comme Google pour trouver un anti-espiogiciel.

- **Ad-Aware SE Personal** que vous pouvez télécharger sur le site `http://www.adaware--se.com`.

Notre configuration Internet modèle

Vous savez certainement que les auteurs et le traducteur de ce livre utilisent Internet. Et vous vous demandez quel type de connexion ils privilégient ? Pour nous tous, voici la configuration Internet de rêve :

- Un ordinateur (sous système Windows, Mac ou Linux).
- Une connexion Internet ADSL ou câble, c'est-à-dire du haut débit !
- Un routeur, disposant d'un pare-feu, installé entre vos ordinateurs et Internet, sachant que certains modems font également office de routeurs.

Chapitre 5

Partager votre connexion Internet

Dans ce chapitre :

- Faire communiquer tous vos ordinateurs sans utiliser de câbles.
- Connecter votre ordinateur portable à la maison et en voyage.

Vous n'avez pas besoin de souscrire un abonnement auprès d'un fournisseur d'accès Internet (FAI) pour chacun de vos ordinateurs. Il suffit de les raccorder à un réseau – soit avec des câbles spéciaux, soit par un système sans fil, soit par courant porteur (CPL) – et de les configurer pour qu'ils partagent le même modem et accéder ainsi au Net les uns indépendamment des autres. Ce chapitre explique comment établir ces deux types de réseau.

Créez d'abord un réseau local

Les réseaux locaux (ou réseau local) existent en deux variétés : avec et sans fil. Un réseau à fil est dit *câblé*. Dans ce cas, un câble part de chaque ordinateur et se raccorde à un boîtier central. Le réseau sans fil, lui, utilise des signaux radio et non pas des câbles. Si tous vos ordinateurs sont dans la même pièce, préférez le réseau câblé ; en revanche, s'ils sont dans des pièces distantes, voire certains à l'étage et d'autres au rez-de-chaussée, il est plus facile de créer un réseau sans fil, certes légèrement plus lent. Il est possible de combiner les deux systèmes. Beaucoup de routeurs sans fil disposent de prises pour des câbles, permettant ainsi de relier physiquement des ordinateurs.

Au centre : le concentrateur ou le routeur

Pour créer un réseau, vous avez besoin d'un boîtier spécifique qui permet de connecter les ordinateurs entre eux au réseau local. Ce boîtier peut prendre plusieurs formes :

- Un *concentrateur* (Figure 5.1), c'est-à-dire une espèce de boîte à peine plus grande qu'un annuaire, équipé de prises spécifiques pour recevoir les câbles réseau et pour servir de point de connexion au réseau. C'est lui qui connecte tous les ordinateurs du réseau local.

Figure 5.1 : Un concentrateur et ses cartes réseau.

- Un *commutateur (*Figure 5.2), qui est un type plus sophistiqué de concentrateur car il accélère la vitesse du réseau.

Figure 5.2 : Un commutateur.

- Un *point d'accès* (Figure 5.3), qui est un concentrateur sans fil. Il dispose d'une ou deux antennes radio à la place de prises.

Figure 5.3 : Un point d'accès.

- Un *routeur* (Figure 5.4) est comme un concentrateur qui facilite l'accès à Internet et qui dispose de fonctionnalités comme un pare-feu (voir le Chapitre 4). De plus en plus de modems font aujourd'hui office de routeurs.

Figure 5.4 : Un routeur.

Nous recommandons l'utilisation d'un routeur car il protège efficacement le réseau des tentatives d'intrusion. Il existe des routeurs avec ou sans fil. La version à câbles dispose de nombreuses prises selon le nombre d'ordinateurs que vous devez y connecter. En règle générale, les routeurs sans fil n'ont qu'une seule prise destinée à recevoir le câble du modem, et une antenne pour communiquer avec les ordinateurs du réseau. Certains modèles sont à la fois à câble et sans fil, permettant de relier directement les ordinateurs se trouvant à proximité. L'avantage ? Le débit d'une liaison par câble est autrement plus élevé que celui d'une liaison sans fil.

Question légitime de votre part : "Mais quid de ma *Box* ?". En effet, vous avez probablement souscrit à l'offre haut débit d'un des prestataires mentionnés au Chapitre 4. Vous avez alors reçu une Freebox, une Neufbox, et autre Bbox. Devez-vous investir dans un routeur pour créer votre réseau local et ainsi permettre à tous les ordinateurs de la famille d'accéder à Internet ? Non ! Ces *Box* ont généralement des fonctions de routeur. Par exemple, la Freebox permet de créer un réseau Wi-Fi, mais aussi de connecter directement des ordinateurs à ses prises Ethernet, ce qui permet de créer un réseau CPL si vous ne souhaitez pas recourir au Wi-Fi.

Configurer un routeur

Les routeurs sont livrés avec un câble de type *Ethernet*. Il permet d'y raccorder le modem. Un câble Ethernet est équipé à chaque extrémité d'une prise RJ-45 qui ressemble à celle du téléphone, mais en plus gros et avec huit minuscules connecteurs au lieu de six.

Bien entendu, vous n'avez pas à vous soucier de raccorder votre *Box* à un routeur si celle-ci joue également le rôle de routeur, ce qui devrait d'ailleurs être le cas.

Configurer un routeur pour des connexions ADSL exigeant un nom d'utilisateur et un mot de passe

La plupart du temps, le routeur accepte toutes les demandes de connexions. Mais parfois, une connexion ADSL exige un nom d'utilisateur et un mot de passe que vous devez indiquer au routeur.

Les instructions de configuration des routeurs sont génériques ; autrement dit, elles se ressemblent toutes. Elles peuvent cependant varier sur quelques points de détail, d'où l'intérêt de se fier au manuel. Par conséquent, tout ce que nous expliquons ici vaut pour l'activation de la fonction routeur de votre *Box*.

La configuration d'un routeur s'effectue avec le navigateur Web de votre ordinateur. Comme un routeur ne possède ni écran ni interface, vous devez passer par un ordinateur connecté au routeur afin d'effectuer sa configuration. Même si vous installez un réseau sans fil, la configuration initiale est plus simple si l'ordinateur est connecté par câble à la prise Ethernet du routeur, car il sait aussitôt avec quelle machine il communique. Suivez ces étapes :

1. **Éteignez le routeur et l'ordinateur.**
2. **Branchez le câble Ethernet dans la prise réseau de votre ordinateur et insérez l'autre extrémité dans la prise Ethernet du routeur.**

   En cas de doute, reportez-vous au manuel du routeur.
3. **Allumez le routeur, puis l'ordinateur.**

4. Démarrez le navigateur Web et saisissez l'adresse du routeur dans la barre d'adresse du logiciel. Vous affichez alors la page d'accueil du routeur, avec ses paramètres de configuration.

Habituellement, l'adresse est `192.168.0.1` (c'est-à-dire une des adresses réservées aux utilisateurs d'un réseau local). Si l'adresse Web ne fonctionne pas, consultez la documentation livrée avec le routeur.

5. Si la page de configuration du routeur exige un mot de passe, consultez le manuel livré avec celui-ci et saisissez-le.

Vous accédez à votre routeur, comme à la Figure 5.5. Parfois, l'accès aux commandes de configuration est direct, parfois vous devrez les découvrir parmi les diverses pages proposées.

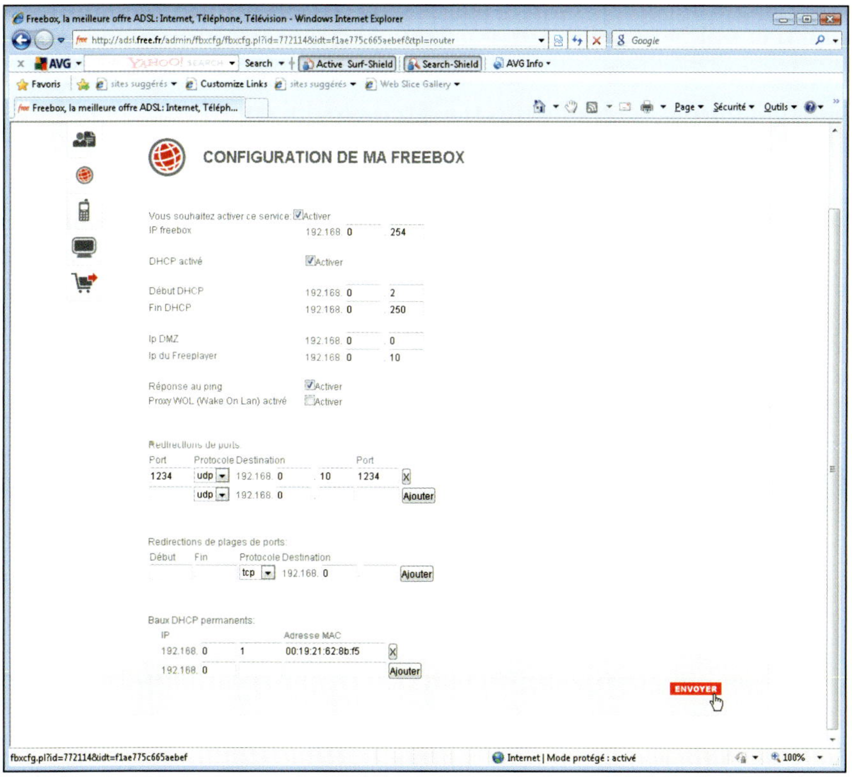

Figure 5.5 : Le navigateur Web permet d'accéder aux paramètres de votre routeur. Ici, la page d'activation de la fonctionnalité routeur d'une Freebox.

6. Si vous disposez d'une connexion haut débit qui exige un nom d'utilisateur et un mot de passe, cherchez le champ où vous devez les saisir.

Suivez les instructions figurant dans le manuel du routeur ou cliquez les onglets et/ou les liens jusqu'à ce que vous les trouviez. Sur beaucoup d'équipement d'importation, ces termes sont restés en anglais : *Username* pour le nom d'utilisateur, *Password* pour le mot de passe.

7. **Au besoin, cliquez le bouton Enregistrer (*save*), Terminé (*Done*), Envoyer, ou OK pour valider ces informations.**

   Sur certains équipements, ces commandes de fin ne sont pas proposées.

Désormais, votre routeur sait comment se connecter à votre compte ADSL.

Connecter votre réseau local au modem

Raccordez le routeur à votre modem câble ou ADSL (sauf dans le cas d'un modem-routeur, comme la Freebox, puisque ces deux équipements sont fusionnés). Allumez le modem si ce n'est déjà fait, redémarrez le routeur et vérifiez que vous parvenez à surfer sur le Web. En cas d'échec, vérifiez le câble du modem, assurez-vous que la connexion Internet a bien reconnu votre nom d'utilisateur et votre mot de passe.

Raccorder vos ordinateurs au réseau local

Une fois le routeur configuré, le réseau local ne peut être créé qu'avec des câbles s'il s'agit d'un réseau filaire, ou des adaptateurs CPL si vous optez pour le courant porteur. Un réseau local filaire ou CPL utilise des câbles Ethernet que vous trouverez dans toutes les boutiques de fournitures informatiques, électriques, électroniques, voire au rayon informatique des grandes surfaces ou de certains magasins multimédias. À chaque extrémité d'un câble Ethernet se trouve une prise RJ-45 qui ressemble à un gros connecteur téléphonique. Vous aurez besoin d'un câble pour chaque ordinateur à relier au réseau, plus un autre pour la liaison avec le modem (Figure 5.6).

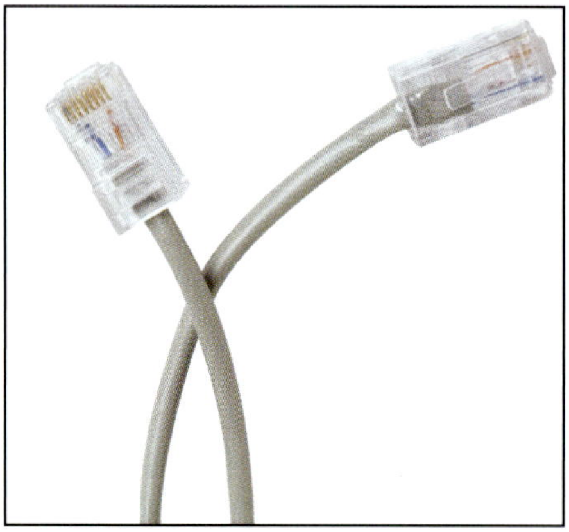

Figure 5.6 : Un câble Ethernet.

La création d'un réseau local avec Windows Vista est extrêmement simple :

1. **Éteignez et débranchez tous les ordinateurs de votre futur réseau.**

   Débranchez-les aussi de la prise électrique.

2. **Débranchez tous les périphériques de tous les ordinateurs : moniteurs, imprimantes, modems...**

4. **Tirez des câbles entre le routeur et chaque ordinateur.**

5. **Si vous êtes abonnés à l'Internet à haut débit, branchez le modem à la prise WAN (*Wide Area Network,* réseau étendu) du routeur.**

   Sur les routeurs, le port WAN est réservé au modem. Les ordinateurs se branchent sur les ports LAN, qui sont numérotés. Le choix d'un port numéroté est libre.

   Les utilisateurs qui se connectent en bas débit peuvent laisser leur modem téléphonique branché à l'ordinateur. Lorsque par la suite ce dernier sera allumé et connecté, tous les autres ordinateurs auront accès à Internet.

6. **Allumez tous les ordinateurs et leurs périphériques.**

   Rallumez les ordinateurs, les écrans, imprimantes, modems, *etc.*

7. **Sélectionnez un emplacement pour le réseau.**

   Lorsqu'au démarrage Vista détecte le nouvel équipement de réseau, il demande de préciser son emplacement : Maison, Travail ou Lieu public. Vista adapte automatiquement le niveau de sécurité à l'environnement choisi : il est considéré comme sûr chez soi ou au bureau, mais moins sûr en public (chambre d'hôtel, cybercafé...).

   C'est tout. Le réseau est installé et les ordinateurs communiquent entre eux et peuvent se connecter à Internet.

Si le réseau n'a pas été établi, redémarrez les ordinateurs.

Si vous connectez un Mac à votre réseau local, celui-ci l'identifiera probablement sans que vous ayez à lever le petit doigt. Si vous devez ou voulez configurer votre connexion réseau sous Mac OS X, cliquez le menu Apple/Préférences Système. Dans la fenêtre éponyme, cliquez Réseau. Dans la liste Afficher, choisissez Ethernet intégré, puis cliquez le bouton TCP/IP.

TRUC

Avec une *Box* qui joue le rôle de routeur, vous reliez directement votre ordinateur à la *Box* via un câble Ethernet. En effet, la plupart des ordinateurs récents disposent d'un adaptateur réseau Ethernet installé sur leur carte mère. Dès lors, l'ordinateur est reconnu sur le réseau, et vous pouvez immédiatement surfer sur le Web.

À bas les câbles ! Vive le Wi-Fi

Si vos ordinateurs sont répartis à plusieurs endroits de votre habitation, par exemple à un étage et au rez-de-chaussée, il n'est pas très aisé de tirer des câbles dans toute la maison pour créer un réseau local. Un réseau sans fil au standard Wi-Fi – le plus répandu actuellement – s'impose.

De nombreux ordinateurs portables intègrent des fonctionnalités Wi-Fi. Si ce n'est pas le cas, vous devrez ajouter un adaptateur Wi-Fi sous la forme d'une carte PCI interne, d'une sorte de clé USB, ou encore d'une carte PC *Card*. Les constructeurs d'équipement Wi-Fi ont fait un effort remarquable pour standardiser ce protocole de communication, ce qui est une très bonne chose pour le consommateur. Si le protocole semble donc bien établi, le point sensible du Wi-Fi est de savoir jusqu'à quelle distance du routeur les ordinateurs peuvent capter un signal suffisamment fort pour être en liaison avec le réseau, et par conséquent pour accéder à Internet. Seuls les systèmes équipés d'une antenne directionnelle pourront se trouver assez loin du routeur. Théoriquement, la portée du signal Wi-Fi est d'une centaine de mètres sans obstacle entre le routeur et l'ordinateur, mais dans une habitation, cette distance est beaucoup plus réduite. Murs, cloisons, bibliothèque bourrée de livres et autres obstacles font barrage aux rayons hertziens. La portée n'excède alors guère vingt ou trente mètres et le débit maximal de 54 Mbps est considérablement réduit.

Mais, sauf si vous habitez un grand château aux ailes et dépendances très éloignées, il serait vraiment très étonnant que tous les ordinateurs présents dans votre modeste chaumière ne puissent profiter du réseau sans fil.

TRUC

Si vous utilisez une *Box*, celle de Free par exemple, vous devez préalablement activer les fonctionnalités Wi-Fi exactement comme vous activez celle du routeur, c'est-à-dire sur votre compte Free haut débit. Aucun adaptateur Wi-Fi n'est nécessaire sur votre Box. En revanche, il faudra en équiper vos ordinateurs de bureau. Contrairement aux portables, il est rare que le Wi-Fi soit intégré dans les ordinateurs de bureau.

Définir un mot de passe

Il serait singulier et même inquiétant qu'un individu se promène dans votre maison et se connecte à votre réseau sans fil. Non, on ne rentre pas chez vous comme dans un moulin ! Oui, mais il est assez facile d'y entrer autrement. Imaginez quelqu'un, avec un ordinateur portable, stationné dans sa voiture non loin de chez vous. Son adaptateur Wi-Fi recherche la présence de réseau Wi-Fi. Pas de chance, il tombe sur le vôtre ! Il utilisera votre connexion sans fil, et vous aurez bien du mal à vous en apercevoir. Sauf si vous voyez votre imprimante se mettre en marche toute seule et si des fichiers, importants ou non, deviennent introuvables là où vous les aviez stockés sur votre disque dur. La fragilité du Wi-Fi impose de sérieuses précautions.

La plus sûre est l'adoption d'un mot de passe crypté au format *WEP*. On parle de clé WEP (*Wired Equivalent Privacy,* confidentialité équivalente au filaire). Cette clé est un code alphanumérique codé sur 64 ou 128 bits. Pour éviter qu'un pirate puisse facilement craquer votre clé WEP, choisissez le codage sur 128 bits. Certes, cela vous fait entrer une clé de vingt-six caractères, mais plus elle est longue, plus elle est sûre, ou du moins réputée telle. Chaque ordinateur devra utiliser cette clé WEP lors de son premier accès au réseau Wi-Fi.

Des équipements Wi-Fi plus sécurisés utilisent un mot de passe de type *WPA* (*Wi-Fi Protected Access*). Si vos matériels le permettent, utilisez une clé WPA plutôt que WEP, car la longueur d'une clé WPA n'est pas limitée.

Nous verrons dans la prochaine section comment définir une clé.

Créer la connexion Wi-Fi

Voici comment créer un réseau Wi-Fi :

1. **Activez l'adaptateur réseau, si nécessaire.**

   Sur de nombreux ordinateurs potables, l'adaptateur Wi-Fi est inactif afin d'économiser la batterie. Pour ce faire, cliquez le bouton Démarrer, ouvrez le Panneau de configuration, choisissez PC mobile, le Centre de mobilité et cliquez le bouton Activation sans fil. Il ne se passe rien ? Dans ce cas, étudiez attentivement le manuel.

   Sur un ordinateur de bureau, vous devez connecter l'adaptateur à un port USB et installer le pilote qui va permettre à votre ordinateur d'utiliser le Wi-Fi présent dans votre maison. Reportez-vous au manuel d'installation de votre adaptateur Wi-Fi. Un adaptateur Wi-Fi qui se connecte à une prise USB de votre ordinateur ressemble à celui illustré à la Figure 5.7.

Figure 5.7 : Un adaptateur Wi-Fi USB permet à un ordinateur de bureau de se connecter à votre réseau local sans fil.

2. **Dans le menu Démarrer, choisissez Connexion.**

   Windows montre tous les réseaux sans fil qui se trouvent à portée et indique la force de leur signal (Figure 5.8). Ne vous étonnez pas de voir plusieurs réseaux en même temps, car ceux des proches voisins sont aussi détectés. Pour le moment, le réseau se réduit à votre seul routeur servant de point d'accès Wi-Fi.

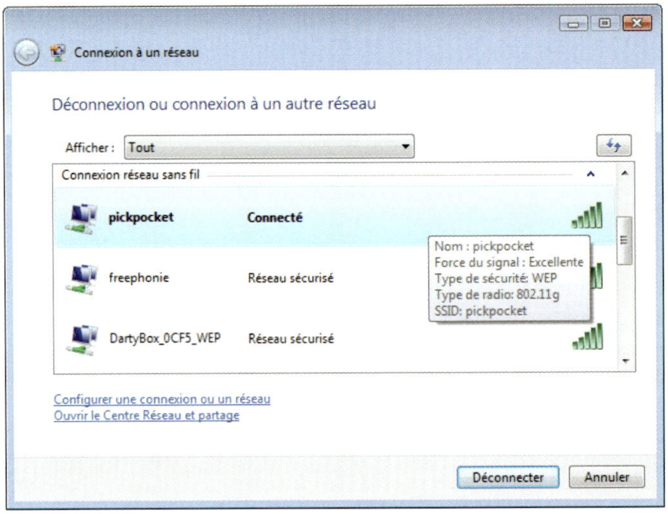

Figure 5.8 : Vista a repéré un point d'accès (le routeur) à portée de l'ordinateur. Il affiche son nom, indique si le réseau est sécurisé et évalue la force du signal.

Au moment de se connecter à un réseau sans fil, Vista affiche trois paramètres :

- **Le nom du point d'accès (qui est l'embryon du réseau) :** Comme plusieurs réseaux sans fil peuvent émettre dans une même zone et s'interpénétrer, leur nom permet de les différencier. Choisissez celui de votre routeur.
- **Sécurité :** Les réseaux apparaissant avec la mention "Réseau non sécurisé" n'exigent pas de mot de passe. Cela signifie que vous pouvez vous y connecter et surfer aussitôt sur le Web gratuitement, même si vous ne savez pas à qui peut bien appartenir ce réseau. Sans mot de passe, un réseau est ouvert à n'importe qui. Les réseaux non sécurisés sont parfaits pour une incursion rapide sur le Web, mais ne sont pas du tout sûrs pour des achats en ligne. Un réseau sécurisé est en revanche plus sûr car le mot de passe filtre tous les importuns.
- **Force du signal :** Ce système à barre est comparable à l'indicateur de la qualité de réception d'un téléphone mobile : plus les barres sont nombreuses, plus le signal est fort. Si deux barres ou moins sont affichées, la connexion est terriblement sporadique.

3. **Connectez-vous au routeur en cliquant son nom puis sur Connexion.**

   Si vous avez repéré le nom de votre routeur, cliquez dessus puis sur Connecter. Sinon, passez à l'Étape 6.

4. **Choisissez si vous vous connectez depuis la Maison, le Travail, ou un Lieu public.**

   Au moment de vous connecter, Vista demande si vous vous connectez de chez vous, sur votre lieu de travail ou depuis un lieu public afin de sélectionner le niveau de sécurité approprié, qui est respectivement Moyen, Fort ou Renforcé.

   Si vous vous connectez à un routeur (réseau) non sécurisé, sans mot de passe, Vista vous prévient de cette particularité. Cliquez Connexion et vous voilà en ligne.

   Mais si vous vous connectez à un routeur (réseau) sécurisé, Vista exige un mot de passe, comme il l'est expliqué à la prochaine section.

5. **Entrez un mot de passe, puis cliquez Connexion.**

   Lorsque vous tentez de vous connecter à une connexion sans fil sécurisée, Vista affiche la boîte de dialogue où il demande la clé WEP ou WAP.

   La clé WEP vous a généralement été fournie avec votre équipement, mais vous pouvez en changer en accédant à la page de configuration du routeur (reportez-vous à la section "Configurer un routeur", précédemment dans ce chapitre) et en recherchant les options de sécurité.

   Le nom du réseau sans fil n'est pas affiché ? Passez à l'Étape 6.

6. **Connectez-vous au routeur.**

   Si le nom du routeur n'apparaît pas, c'est peut-être parce que le signal est trop faible. À l'instar des stations de radio et des émetteurs de téléphones mobiles, les réseaux sans fil ont une portée limitée. En terrain libre, sans obstacle, le signal Wi-Fi porte à une centaine de mètres, mais en intérieur, les murs, planchers et plafonds réduisent sensiblement la zone couverte. Dans ce cas, essayez de rapprocher l'ordinateur du point d'accès ou du routeur sans fil. Essayez différents emplacements en cliquant chaque fois sur le bouton Actualiser jusqu'à ce le réseau apparaisse.

   Lorsqu'il vous le sera demandé, entrez le nom du routeur et, si exigé, le mot de passe. Après avoir obtenu ces deux informations, Vista ouvre la connexion. Le réseau sans fil est créé.

Une fois connectés, les autres ordinateurs du réseau peuvent tous accéder à l'Internet et partager leurs ressources (fichiers, imprimante...).

Utiliser un ordinateur portable chez vous et ailleurs

Le seul avantage d'un ordinateur portable est de l'emmener avec vous pour travailler. Cependant, aujourd'hui, je ne vois pas l'intérêt de se trimbaler un portable si vous n'avez même pas la possibilité de consulter vos courriels dix-sept fois par jour. Si vous avez configuré votre ordinateur portable pour la connexion Wi-Fi de votre domicile, comme cela est expliqué dans la précédente section, vous n'aurez aucun mal à comprendre comment utiliser cette fonctionnalité en voyage.

À la maison et au bureau

Le nombre d'ordinateurs portables présents dans les foyers se multiplie à la vitesse grand V, même chez ceux qui n'en ont pas besoin. Le succès d'une connexion réseau dépend de votre portable, mais également du réseau mis en œuvre chez vous ou au bureau. En général, voici comment devraient fonctionner les diverses configurations :

- Si la maison et le bureau ont un réseau câblé, votre ordinateur fonctionnera par simple raccordement physique à ce réseau. Si cela ne marche pas au bureau, demandez-en la raison à l'administrateur réseau de votre société.
- Si des fichiers et des imprimantes sont partagés au bureau et pas à la maison, ou inversement, Windows ne saurait les trouver dans les deux endroits. En revanche, rien ne vous empêchera d'aller sur Internet. Ce sont deux choses totalement indépendantes.
- Si le réseau de votre domicile et du bureau est sans fil, ou si l'un est câblé et l'autre pas, créez une configuration pour chacun d'eux comme cela est expliqué plus avant dans ce chapitre. Votre PC portable sera alors identifié sur les deux réseaux.

ATTENTION

Espion es-tu là ?

Nous savons qu'en matière de Wi-Fi, les clés WEP assurent une grande sécurisation de votre système. Pour entrer chez vous, il faut quand même être rudement gonflé et super balèze. En revanche, l'intérêt du Wi-Fi nomade, c'est-à-dire réservé aux ordinateurs portables, connaît de véritables problèmes de sécurité. Par exemple, qu'en est-il si vous accédez au point Wi-Fi de tel aéroport ou de tel hôtel ? Ces réseaux Wi-Fi n'ont en effet aucune clé WEP, car ils perdraient tout leur intérêt qui est précisément de permettre aux voyageurs de se connecter au Net sans contrainte. Partout, dans ces circonstances, vous pouvez être victime d'un espion, d'un hacker (pirate) qui pénètre votre système et y prend tout ce qui l'intéresse.

Heureusement, quelques précautions rudimentaires vous préserveront de bien des dangers. Lorsque vous visitez des sites Web, vérifiez que chaque site où vous saisissez un mot de passe, ou tout autre type d'informations privées, utilise un système de cryptage SSL. Pour en être certain, assurez-vous que l'adresse commence par https:// et que la barre d'état du navigateur affiche l'icône d'un cadenas. Si le site ne propose pas ce cryptage, abandonnez l'opération et attendez d'être rentré à la maison. Pour obtenir quelques conseils sur la sécurité liée au programme de mails, consultez la section "Le problème du mail" en fin de chapitre.

Un peu de Wi-Fi avec mon soda

Il n'y a pas si longtemps, lorsque vous alliez dans un café, vous commandiez... eh bien un café justement, ou un soda, une bière, un apéritif, enfin de quoi vous rincer le gosier. Aujourd'hui, vous pouvez demander en plus d'une boisson, un accès Wi-Fi ! "Garçon un Wi-Fi s'il vous plaît !", "Et un cappuccino, deux cafés, un thé, un Wi-Fi, et deux croissants !" Encore faut-il que vous ayez sous la main votre ordinateur portable, fabuleuse machine du travailleur itinérant. Même si cela reste marginal en France, les points d'accès Wi-Fi ne devraient pas tarder à se développer à grande vitesse.

L'utilisation d'un point d'accès Wi-Fi dans ce genre d'établissement tient uniquement à la politique de son responsable. Ainsi, l'accès Wi-Fi est souvent gratuit pour le consommateur. Dans ce cas, vous commandez votre soda, vous allumez votre portable, cliquez Démarrer/Connexions. Dans la liste des réseaux Wi-Fi disponibles, vous devez voir celui du café en question. Cliquez dessus, puis sur le bouton Connecter. C'est bon !

TRUC

De nombreux portables disposent d'un bouton de connexion direct au réseau Wi-Fi. Appuyez dessus pour lancer une procédure d'analyse des réseaux sans fil existants dans votre voisinage. Dès que l'ordinateur portable détecte des réseaux, il les affiche. Connectez-vous au réseau voulu en saisissant la clé WEP ou WPA.

Dans d'autres lieux moins sympathiques, vous devez payer pour profiter du point d'accès Wi-Fi. Cela ajoute à la connexion une étape supplémentaire qui est celle de sortir votre porte-monnaie. Une fois connecté, votre navigateur Web affichera la page d'accueil du point d'accès payant qui, en général, vous explique comment régler votre temps de connexion.

Une méthode plus commune consiste à souscrire un abonnement supplémentaire auprès d'un prestataire qui gère des points d'accès Wi-Fi un peu partout sur le territoire français. Mais le *nec plus ultra* est quand même l'accès gratuit depuis les cafés. Pour en savoir plus sur cette gratuité, consultez le site `www.hotcafe.fr/fr/index.php`.

Le problème du courrier électronique

Les points d'accès Wi-Fi des cafés, des hôtels, des gares et des aéroports sont très pratiques mais sont loin d'être privés. Ceci est un vrai problème lorsque vous envoyez et recevez du courrier électronique qui doit rester confidentiel. Or, votre ordinateur doit envoyer votre nom d'utilisateur et votre mot de passe sur Internet pour pouvoir vous connecter au serveur de courrier de votre FAI.

Le plus simple est de lire le courrier directement sur le site de votre fournisseur d'accès. Presque tous permettent d'accéder à un service de messagerie ou en ouvrant leur page Web (`www.orange.fr` par exemple), en cliquant un lien Messagerie et en vous identifiant ensuite avec votre nom d'utilisateur et votre mot de passe (ceux de la messagerie, pas ceux qui ouvrent la connexion Internet).

Troisième partie

Webmania

"Un peu trop rapide la navigation !"

Dans cette partie...

Aucun doute sur ce point : le Web est l'endroit le plus populaire d'Internet. Il a d'ailleurs pris un tel essor ces dernières années que le grand public a tendance à l'assimiler à Internet. Nous vous expliquons ici ce qu'est *exactement* le Web et comment en tirer parti. Nous vous donnons également de bonnes astuces pour trouver plus facilement ce que vous y cherchez.

Chapitre 6

Le monde merveilleux et farfelu du Web

Dans ce chapitre :

- Pointer, cliquer, parcourir, surfer et autres connaissances de base.
- Introduction à Internet Explorer 8 et à Firefox 3.
- Installer un autre navigateur qu'Internet Explorer.

Ce chapitre explique ce qu'est le Web, d'où il vient et comment installer et utiliser les navigateurs Firefox et Internet Explorer 8. Vous apprendrez à employer votre navigateur Web pour afficher des pages Web. Si vous êtes déjà un habitué du Net et que vous avez opté pour Firefox ou Internet Explorer, passez directement au Chapitre 7.

La navigation

Maintenant que vous savez tout sur le Web, vous voulez le découvrir. Pour ce faire, il vous faut un *navigateur*, le logiciel qui récupère les pages Web et les affiche sur votre écran. Si vous avez Windows 95 ou plus (98, 2000, NT, Me, XP ou Vista), un Mac ou un autre ordinateur offrant un accès à Internet, il en est déjà équipé. Par ailleurs, si vous avez installé le logiciel Internet remis par votre fournisseur d'accès à Internet (FAI), vous en avez aussi un.

Voici les navigateurs les plus connus :

- **Internet Explorer (IE)** est le navigateur que Microsoft fournit avec chaque version de Windows depuis Windows 98. Il en est aujourd'hui à la version 8 (Figure 6.1) arrivée dans le monde cyber en date du 23 mars 2009... un peu après le printemps. Windows Vista est accompagné de Windows Mail, un logiciel de messagerie.

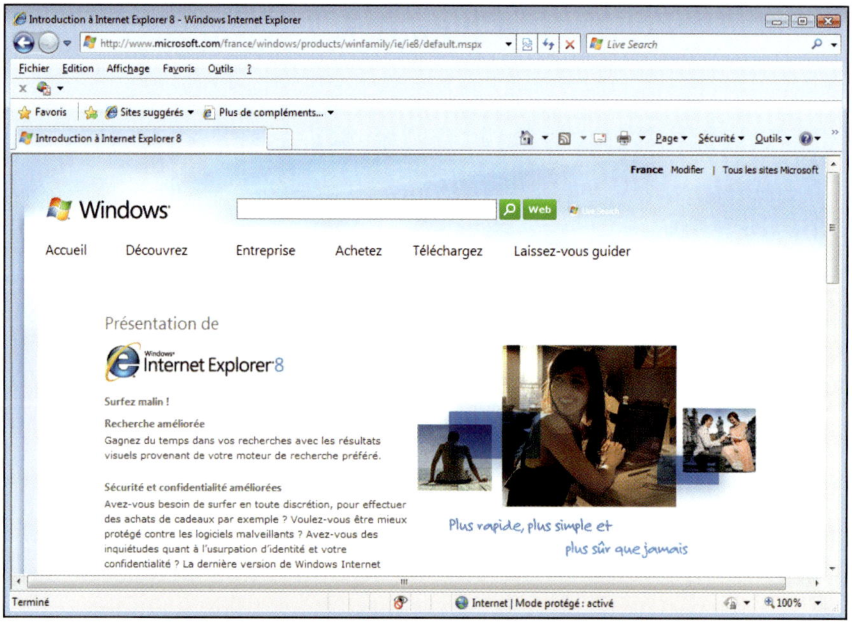

Figure 6.1 : Internet Explorer 8 est utilisé par 53 % des internautes du monde entier.

- **Firefox** est un navigateur développé en *open source* (source ouverte, c'est-à-dire sans cesse améliorée par une communauté de programmeurs à laquelle toute personne compétente peut se joindre) que vous trouverez à `http://www.mozilla-europe.org/fr/products/firefox/` (Figure 6.2). C'était à l'origine un hybride du meilleur de Mozilla et du meilleur de Netscape et il existe en versions Windows, Mac, et Linux. Firefox est moins visé par les espiogiciels. Reportez-vous à l'encadré "Pourquoi opter pour Firefox ?" pour savoir ce que nous pensons exactement d'Internet Explorer et de Firefox.

Surfer avec votre navigateur

Lorsque vous ouvrez Internet Explorer 8, vous obtenez un écran comme celui de la Figure 6.3. De nombreux FAI font en sorte que votre navigateur affiche leur page d'accueil, Internet Explorer affiche une page Microsoft et Firefox la page Mozilla, jusqu'à ce que vous choisissiez une autre page d'accueil.

NOTE TECHNIQUE

Toutefois, si vous installez Firefox bien après Internet Explorer, le programme d'installation demande s'il doit ou non importer les Favoris et *cookies* utilisés dans Internet Explorer. À vous de décider du bien-fondé de votre réponse affirmative ou négative.

Figure 6.2 : Firefox, dans sa version 3, est un navigateur Web de plus en plus utilisé.

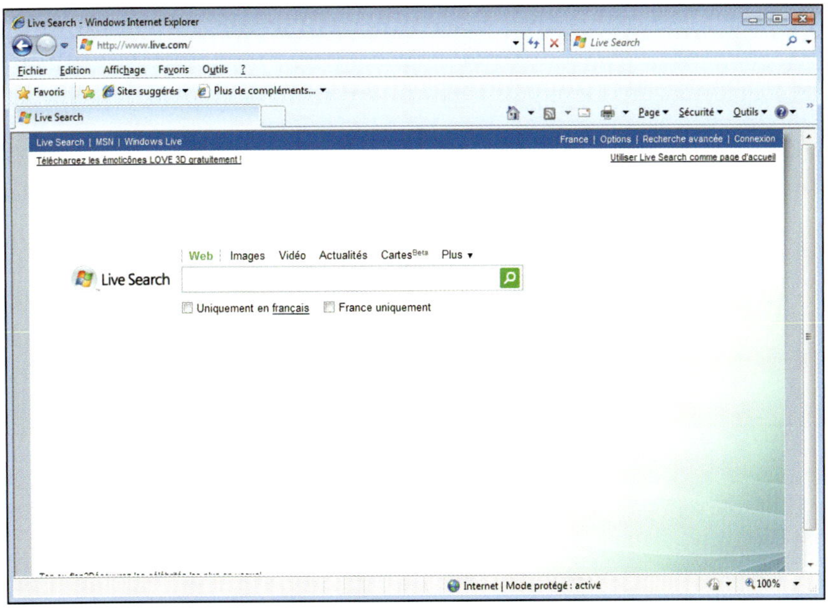

Figure 6.3 : Le nouvel Internet Explorer 8 !

En haut de la fenêtre, on trouve un ensemble de boutons et la barre de navigation, ou barre d'adresse, qui contient l'URL (l'adresse) de la page actuellement visitée (Figure 6.4).

Figure 6.4 : Les outils de navigation d'Internet Explorer 8.

La plus grande partie de la fenêtre du navigateur est occupée par la page Web consultée. C'est quand même ce à quoi est censé servir un navigateur ! Les boutons, barres et menus servent à trouver votre chemin sur le Web et à réaliser des actions comme imprimer et enregistrer des pages.

Petite exploration

Pour aller d'une page à une autre sur le Web, il suffit de cliquer un lien. À l'écran, il peut apparaître comme une image, un mot ou une suite de mots affichés dans une autre couleur que le texte normal (en bleu, le plus souvent) et souligné. Si vous n'êtes pas certain que ce soit bien un lien, observez le pointeur de la souris : de flèche, il se change en main lorsqu'il est placé sur un lien.

Arrière toute !

TRUC

Les navigateurs n'ont pas la mémoire courte : ils se souviennent du chemin qu'ils ont parcouru et, en particulier, de la dernière page affichée. Si celle que vous venez d'afficher ne vous plaît pas et que vous souhaitiez revenir à la précédente, cliquez tout simplement l'icône la plus à gauche de la rangée supérieure, celle qui porte une flèche tournée vers la gauche. Vous pouvez également passer par le clavier : appuyez sur la touche fléchée pointant vers la gauche tout en maintenant enfoncée la touche Alt (celle qui se trouve à gauche de la barre d'espacement).

Parfois, en cliquant un lien, la page atteinte s'ouvre dans une nouvelle fenêtre du navigateur Web. En effet, que ce soit Internet Explorer, Firefox ou tout autre navigateur, chacun peut afficher plusieurs pages simultanément. Lorsqu'un lien s'ouvre dans une nouvelle fenêtre, le bouton Précédent ou Reculer d'une page n'est pas accessible.

Où aller ?

On appelle *page d'accueil* la page Web principale d'un site Web. La page d'accueil est comparable à la page de couverture d'un magazine : elle donne une idée de ce que vous trouverez dans le site. Voici comment accéder à une page d'accueil :

1. **Cliquez dans la zone de saisie de l'adresse, située en haut de la fenêtre de navigation (Figure 6.5).**

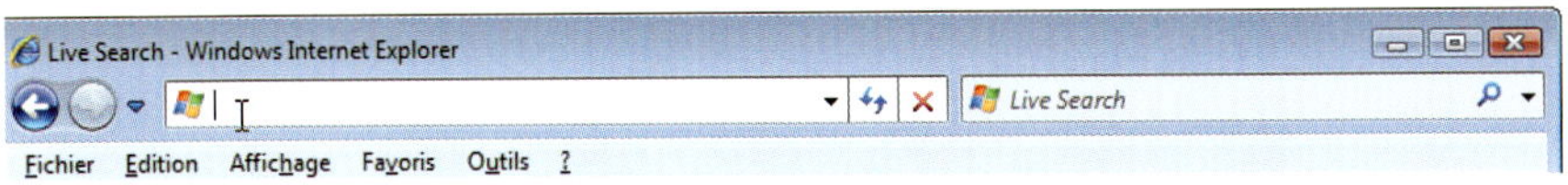

Figure 6.5 : Saisissez ici l'adresse du site Web à visiter.

2. **Saisissez l'URL de la page que vous voulez atteindre.**

   Exemple : `http://www.efirst.com`. En général, vous pouvez vous contenter de taper `www.efirst.com` (et même, lorsque le site se termine par `.com`, en tapant `efirst` et en appuyant ensuite sur Ctrl+Entrée).

3. **Appuyez sur Entrée.**

Si l'URL de la page que vous désirez charger figure dans un courrier électronique, un message lu sur un forum ou dans un traitement de texte, vous pouvez la transférer dans la boîte de saisie de votre fenêtre de navigation au moyen d'un classique copier/coller, ce qui vous évite de la retaper avec les risques d'erreur que cela implique :

1. **Sélectionnez l'URL que vous souhaitez copier.**

   En général, en la balayant du pointeur de votre souris, tout en maintenant enfoncée la touche Maj.

2. **Appuyez sur Ctrl+C (cmd+C sur Mac) pour copier la chaîne de caractères dans le Presse-papiers.**

3. **Cliquez dans le champ de saisie d'adresse du navigateur.**

4. **Appuyez sur Ctrl+V (cmd+V sur Mac) pour coller le contenu du Presse-papiers et appuyez sur Entrée.**

De nombreux autres logiciels de courrier font mieux encore : ils interprètent automatiquement les URL placées dans leurs messages e-mail de sorte que, lorsque vous passez le pointeur de la souris sur une adresse que vous avez reçue, celui-ci se change en main. Il suffit alors de cliquer ou de double-cliquer pour démarrer le navigateur et afficher la page Web correspondante.

De malfaisants personnages, auteurs de pages Web frauduleuses, peuvent facilement créer des courriers contenant des URL qui, lorsque vous cliquez dessus, n'envoient pas du tout là où vous pensiez aller. Bien évidemment, vous ne vous rendez compte de rien. Méfiez-vous des messages dont l'origine semble suspecte. Par exemple, si vous recevez un message émanant soi-disant de votre banque, ne cliquez pas le lien proposé. En effet, vous risquez de tomber sur une fausse page identique à celle du site Web de votre banque. On vous demande votre nom d'utilisateur, votre mot de passe et votre numéro de compte bancaire. (Consultez le Chapitre 2 pour plus d'informations sur cette technique appelée *hameçonnage*.) Rendez-vous toujours sur le site de votre banque en saisissant son adresse dans la barre d'adresse de votre navigateur Web, mais jamais en cliquant un lien figurant dans un courrier.

Par où commencer ?

Nous en apprendrons davantage au Chapitre 8 sur l'art de rechercher des informations ou des fichiers sur le Web, mais, pour l'instant, voici un bon moyen de mettre le pied à l'étrier : allez à la page de Yahoo! France (Figure 6.6) en tapant :

```
http://www.yahoo.fr
```

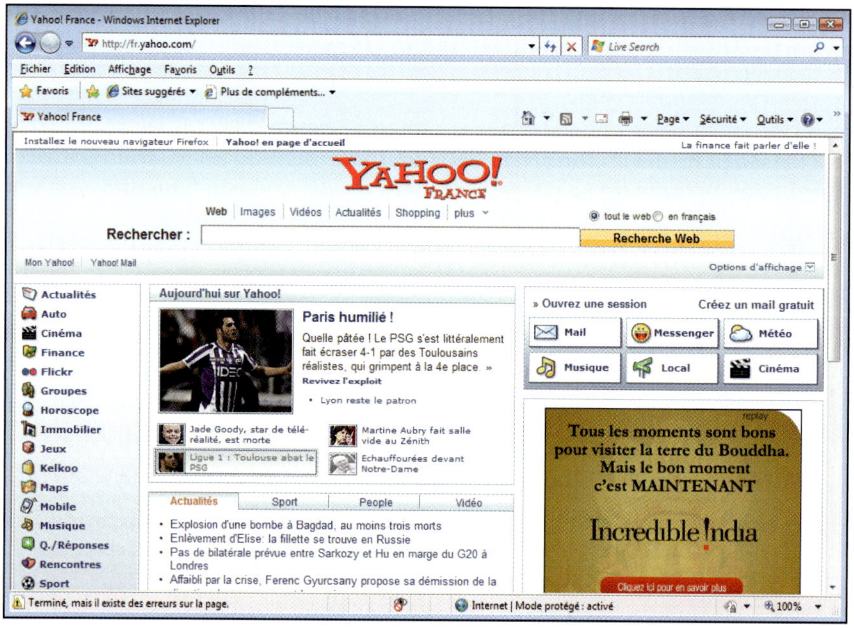

Figure 6.6 : Accédez à la page d'accueil de Yahoo!.

Vous êtes aussitôt transporté sur Yahoo! car Internet Explorer 8 est bien plus rapide que ne le sont les anciennes versions de ce navigateur. Dans le domaine de la rapidité d'affichage des pages Web, Internet Explorer a rattrapé son retard sur Firefox. Sur la page de Yahoo! vous trouvez un répertoire contenant des millions d'adresses de pages Web classées par sujets. En fouinant çà et là, vous allez trouver sans aucun doute quelque chose d'intéressant.

Cette page est bizarre

Il arrive qu'une page Web soit abîmée ou que vous l'interrompiez (en cliquant le bouton Arrêter dans la barre d'outils ou en appuyant sur la touche Echap). Pour indiquer à votre navigateur de recharger le contenu de la page : dans Firefox, cliquez le bouton Actualiser ou appuyez sur Ctrl+R ; dans Internet Explorer 8, cliquez également le bouton Actualiser (icône ci-contre) ou appuyez sur F5.

Avec Internet Explorer 8, si une page ne s'affiche pas, vous pouvez essayer de cliquer sur le bouton de compatibilité qui permet à des sites anciens de s'afficher correctement.

Sortez-moi de là !

Tôt ou tard, il va bien falloir que vous vous arrêtiez de surfer sur le Web, ne serait-ce que pour aller manger ou satisfaire quelque besoin naturel. Vous fermez votre navigateur exactement comme vous quittez tout programme Mac ou Windows : vous choisissez la commande Fichier/Quitter (Fichier/Fermer avec Internet Explorer, bizarrement) ou appuyez sur la combinaison Alt+F4. Sous Windows, vous pouvez également cliquer le bouton de fermeture (X) placé dans le coin supérieur droit de la fenêtre d'affichage.

Comment se procurer et installer un navigateur

Un navigateur est sans aucun doute déjà installé sur votre machine. Tous les navigateurs récents se ressemblent tellement que nous vous suggérons de garder celui qui s'y trouve, pour l'instant, du moins. Si vous n'avez pas de chance, vous n'avez pas de navigateur ou un vieux modèle que vous devez mettre à jour pour bénéficier des fonctions récentes exploitées dans les pages Web. Si vous utilisez une version de Firefox antérieure à la 2 ou d'Internet Explorer antérieure à la 8.0, vous risquez de passer à côté de nombreuses nouvelles fonctionnalités. Heureusement, les navigateurs ne sont pas difficiles à obtenir et à installer, et la plupart sont gratuits.

TRUC

De nouvelles versions de Firefox et d'Internet Explorer paraissent régulièrement. Elles corrigent les *bugs* des versions précédentes et comblent aussi certaines failles de sécurité qui permettent aux pirates de s'introduire dans les systèmes informatiques. À cet égard, Internet Explorer 8.0 est beaucoup plus sécurisé, performant, confidentiel, et pratique que l'était la version 7.0.

Comment se procurer un navigateur ?

Pour obtenir ou mettre à jour Firefox, allez à l'adresse `http://www.mozilla-europe.org/fr/products/firefox/`. Pour Internet Explorer, rendez-vous à `http://www.microsoft.com/france/windows/products/winfamily/ie/ie8/default.mspx`. (Figure 6.7.)

TRUC

Lors d'une mise à jour d'une version antérieure du navigateur vers une plus récente, l'ancienne version sera remplacée par la nouvelle. Le programme d'installation conservera vos réglages et signets ou Favoris.

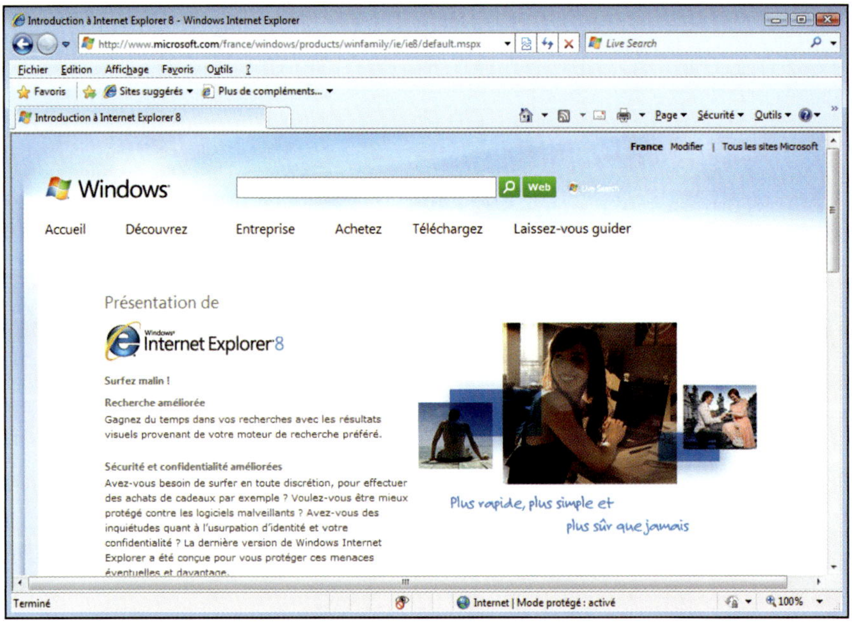

Figure 6.7 : Téléchargez Internet Explorer 8 !

La première fois que vous ouvrez le navigateur

Pour ouvrir votre nouveau navigateur, cliquez son icône, ou sélectionnez-le dans le menu Démarrer de Windows Vista.

TRUC

Si vous installez Firefox en plus d'Internet Explorer, vous êtes invité à importer tous vos paramètres Internet Explorer (ou de tout autre navigateur Web que vous utilisiez avant lui). Cela est important si vous avez réuni une impressionnante liste de Favoris que vous désirez retrouver dans Firefox.

Navigation sécurisée avec Internet Explorer 8

Une des nouvelles fonctions les plus intéressantes d'Internet Explorer 8 est la possibilité de naviguer sans laisser d'informations personnelles sur le Web.

Voici comment utiliser la fonction InPrivate d'Internet Explorer 8 :

1. **Démarrez Internet Explorer.**

   La page d'accueil définie par défaut apparaît.

2. **Cliquez sur Outils/Navigation InPrivate, comme le montre la Figure 6.8.**

   Ce choix ouvre une nouvelle fenêtre d'Internet Explorer expliquant en quoi consiste InPrivate comme le montre la Figure 6.9.

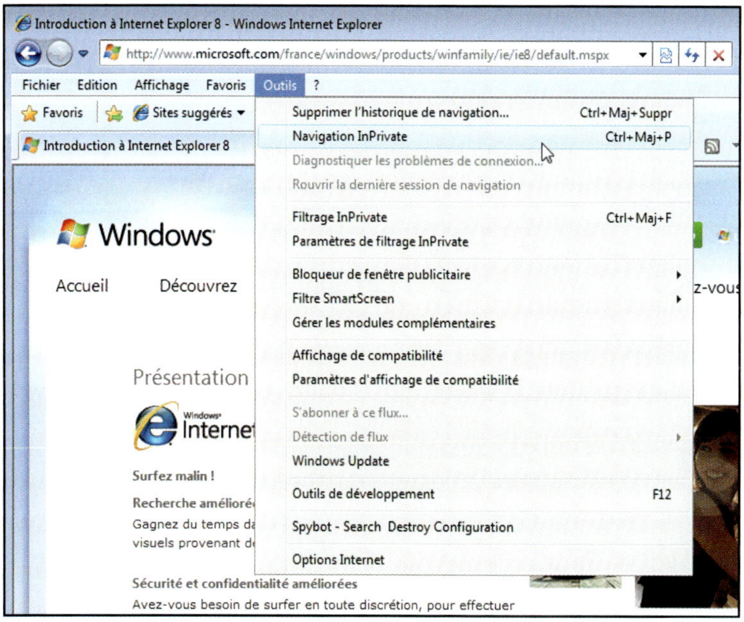

Figure 6.8 : Navigation InPrivate d'Internet Explorer 8.

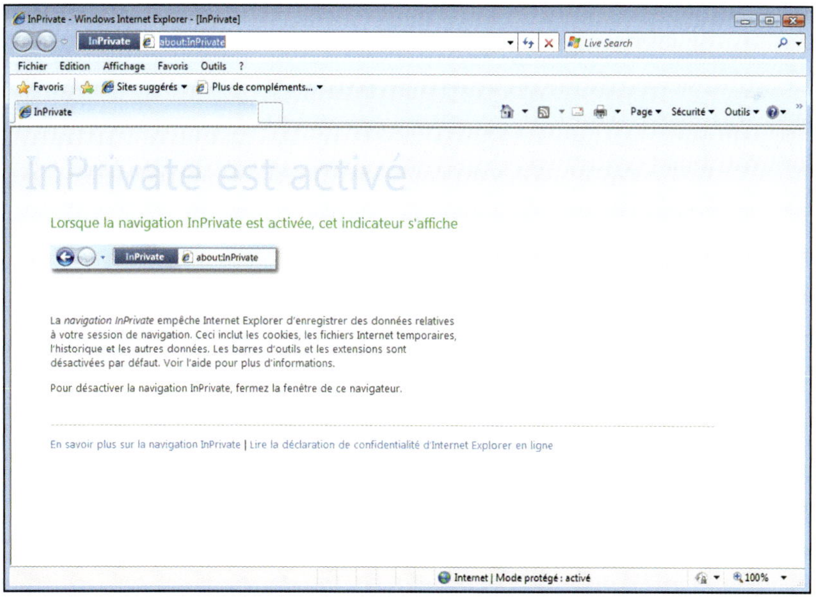

Figure 6.9 : Internet Explorer 8 en mode de navigation privée.

Comme vous le constatez, rien de ce qui vous concerne n'apparaît sur le Web lors d'une navigation en mode InPrivate. Internet Explorer empêche l'enregistrement de :

- cookies.
- fichiers Internet temporaires.
- historique.
- autres données personnelles.

3. **Dans la barre d'adresses, tapez l'URL que vous désirez visiter, et appuyez sur Entrée.**

   La navigation se déroule tout à fait normalement. La seule et importante différence est que tout site que vous visitez et pour lequel vous avez antérieurement saisi des données personnelles vous obligera à les taper de nouveau. Ce sera le cas des sites marchand qui gardent souvent en mémoire votre nom d'utilisateur et votre mot de passe pour accélérer vos achats sur Internet.

4. **Pour sortir du mode InPrivate, il suffit de fermer cette fenêtre spéciale d'Internet Explorer 8.**

Chapitre 7

La navigation autour du Web

Dans ce chapitre :

- Enregistrer et imprimer des pages Web.
- Demander au navigateur de mémoriser les noms d'utilisateur et les mots de passe.
- Naviguer dans plusieurs fenêtres à la fois.
- Afficher des pages Web dans des onglets.
- Marquer vos pages préférées.
- Contrôler les *cookies*.
- Arrêter les *popups*.

Vous avez appris au Chapitre 6 ce qu'est un navigateur Web. Vous apprendrez à présent à exploiter quelques fonctionnalités telles que l'impression des pages Web, l'affichage simultané de plusieurs pages et la mémorisation des pages que vous visitez régulièrement. Vous devez également apprendre à gérer les espiogiciels, une menace Internet détaillée au Chapitre 2.

Imprimer des pages Web

Aux premières années du Web, toutes les pages affichaient une commande d'impression qui ne fonctionnait pas ! On pensait à l'époque que l'internaute ne souhaitait consulter les informations qu'en ligne.

Or, de nombreux internautes aiment se constituer des dossiers complets à titre privé, professionnel, ou encore dans le cadre de leurs études. Aujourd'hui, l'impression du contenu d'une page Web est très simple à réaliser.

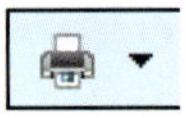

Soit vous cliquez le bouton Imprimer cette page (ou Imprimer), soit vous invoquez Fichier/Imprimer. Le navigateur doit effectuer une nouvelle mise en page du contenu Web afin de le rendre présentable sur un format A4. Ceci demande un peu de temps. Une barre de progression permet de savoir où vous en êtes de cette impression.

Si vous cliquez sur l'icône d'impression de la barre d'outils d'Internet Explorer 8, la page Web est directement imprimée. En revanche, si vous exécutez la commande Imprimer du menu Fichier, vous accédez à la boîte de dialogue Imprimer où vous paramétrerez votre impression.

Sous Internet Explorer 8, vous pouvez cliquer sur la petite flèche située à droite de l'icône de l'imprimante. Dans le menu local qui apparaît, choisissez Imprimer pour ouvrir la boîte de dialogue éponyme, Aperçu avec impression pour prévisualiser précisément ce que vous allez imprimer, ou Mise en page pour choisir ce qui sera ou non imprimé.

Remplir des formulaires

Dans une page Web, un *formulaire* est une page remplie de champs de saisie, de cases à cocher, de boutons radio, de listes qui permettent de communiquer des informations à un site Web lorsque vous cliquez le bouton Envoyer. La Figure 7.1 présente un formulaire type.

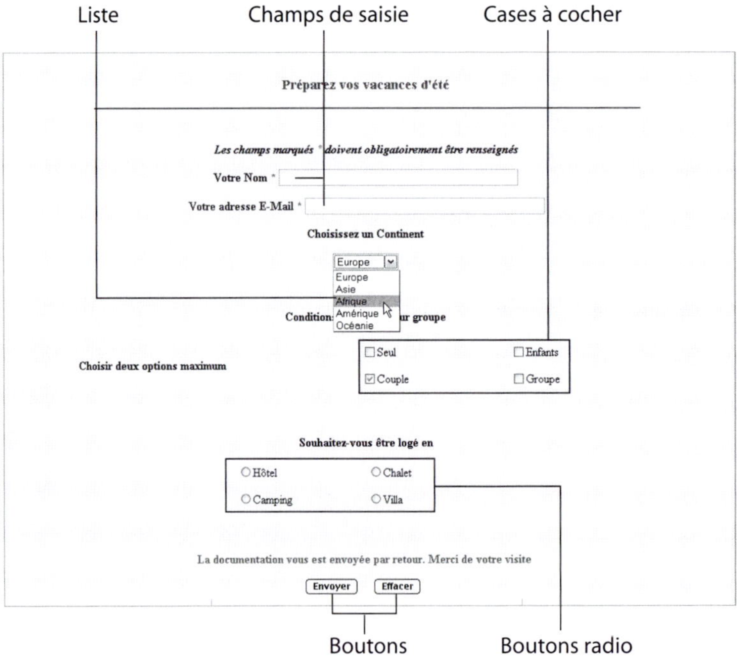

Figure 7.1 : Remplissez des formulaires.

Les *champs de saisie* permettent de taper des informations comme votre nom, votre courriel ou encore votre adresse postale. Les petits carrés sont des *cases à cocher*. Elles permettent de choisir plusieurs options (ou réponses) proposées. En revanche, les petits cercles sont des boutons d'option souvent appelés *boutons radio*. Dès que vous en activez un, les autres du même groupe ne peuvent plus l'être, contrairement aux *cases* permettant les choix multiples. Les formulaires contiennent également des *listes* dont les différentes natures permettent d'effectuer un ou plusieurs choix.

Les formulaires ont également des boutons. Ils sont généralement au nombre de deux : l'un pour envoyer, donc valider le formulaire, et l'autre pour l'annuler. Parfois, vous en verrez un troisième qui permet de purger le contenu afin de recommencer la saisie des informations.

Certaines pages Web comportent un *champ de recherche*. Cela permet d'effectuer une recherche d'informations sur un site en saisissant un mot-clé. Par exemple, la page Web de Google, à l'adresse `www.google.fr` et à la Figure 7.2, n'en a qu'un seul dans lequel vous tapez l'objet de la recherche. Pour trouver des sites Web consacrés au cinéma, saisissez simplement "cinéma" et cliquez le bouton Recherche Google. Une liste des sites sur le cinéma s'affichera dans le reste de la page.

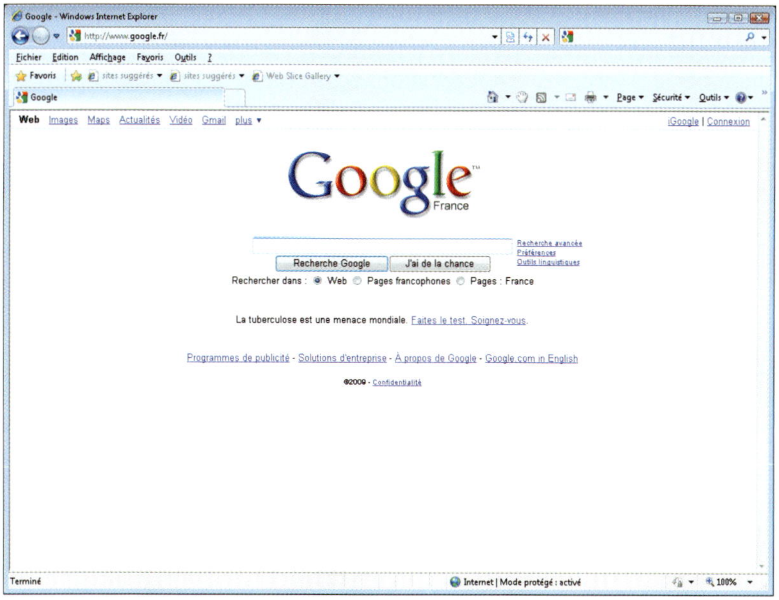

Figure 7.2 : La page d'accueil du célèbre moteur de recherche Google.

Les pages Web sécurisées

Lorsque vous remplissez un formulaire en ligne, vous êtes amené à communiquer des informations confidentielles, votre numéro de carte bancaire, par exemple. Heureusement, les pages Web savent crypter les données que vous envoyez et que vous recevez d'un *serveur Web sécurisé*.

L'icône d'un petit cadenas affichée à droite de l'adresse, dans la page de navigation, indique que toutes les transactions effectuées à partir de cette page sont cryptées. Si ce fameux petit cadenas est ouvert ou absent, cela signifie que la page n'est pas cryptée. Dans Firefox, le cadenas figure en bas à droite et l'URL est surlignée en jaune.

Le remplissage des formulaires s'effectue presque toujours dans une page Web sécurisée. Ceci évite tout détournement des informations par les cyberdélinquants. Le cryptage des données saisies est sécurisant, mais il suffit de lire le Chapitre 2 pour savoir que les vrais dangers d'Internet se situent ailleurs.

Comme expliqué au précédent chapitre, Internet Explorer 8 permet de surfer en mode InPrivate, c'est-à-dire un mode dans lequel aucune donnée personnelle n'est transmise aux sites Web. Pour cela, il suffit de cliquer sur Outil/Navigation InPrivate. Internet Explorer ouvre une nouvelle fenêtre comme celle de la Figure 7.3. Pour quitter le mode InPrivate, il suffit de fermer cette fenêtre. Pour savoir si vous êtes dans une fenêtre d'Internet Explorer affichée en mode InPrivate, regardez si cette mention figure à gauche de la barre d'adresses.

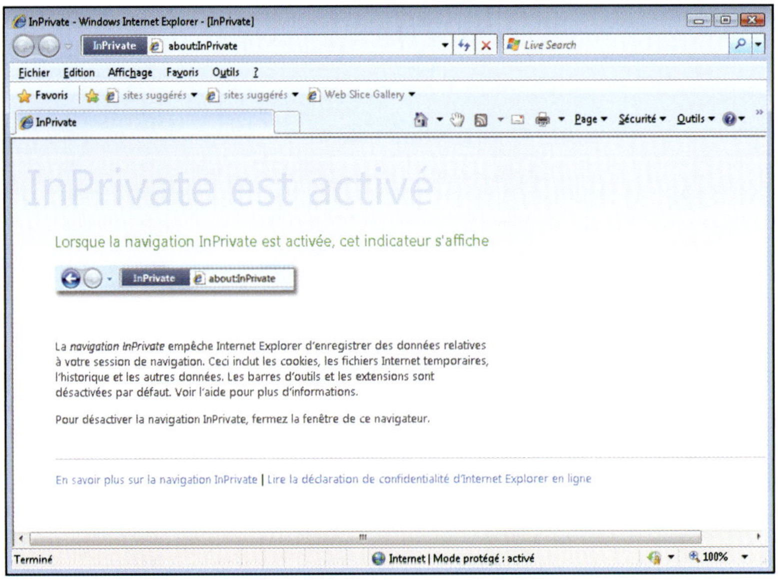

Figure 7.3 : Naviguer incognito avec le mode InPrivate d'Internet Explorer 8.

Laisser votre navigateur gérer vos mots de passe

De nombreux sites Web demandent la saisie d'un nom d'utilisateur et d'un mot de passe. Par exemple, lorsque vous achetez quelque chose sur un site Web, vous ouvrez généralement un compte qui stocke votre adresse de facturation et de livraison. Cela permet de régler vos achats plus rapidement. Pour accéder à ce compte, vous devez systématiquement saisir votre nom d'utilisateur et votre mot de passe. Comme vous avez probablement défini des quantités industrielles de mots de passe, il est parfois salutaire de demander à votre navigateur Web de les conserver en mémoire.

Firefox et Internet Explorer savent mémoriser les noms d'utilisateur et les mots de passe. Cependant, cette fonction pratique peut s'avérer dangereuse si d'autres personnes utilisent votre ordinateur dans un lieu public comme une bibliothèque ou un cybercafé. En revanche, si vous êtes seul à accéder à votre ordinateur, vous pouvez demander au navigateur de mémoriser certains de vos noms d'utilisateur et de vos mots de passe.

Lorsque vous accédez à une page Web qui requiert ces deux informations, votre navigateur affiche un message, comme celui d'Internet Explorer 8 représenté à la Figure 7.4. Cliquez Oui si vous désirez ne pas avoir à saisir le mot de passe lors de votre prochaine visite. Avec Firefox, vous disposez d'un bouton Jamais pour ce site (Figure 7.5). Si vous cliquez dessus, la cause est entendue. Vous serez systématiquement obligé de saisir le mot de passe pour ce site spécifique. Si vous répondez Non, aucune mise en mémoire n'est faite, mais le message s'affichera de nouveau lorsque vous reviendrez sur le site.

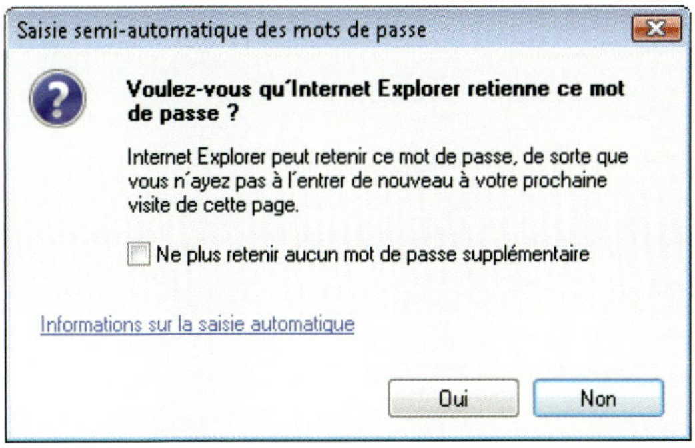

Figure 7.4 : Internet Explorer peut stocker les mots de passe saisis sur les sites Web.

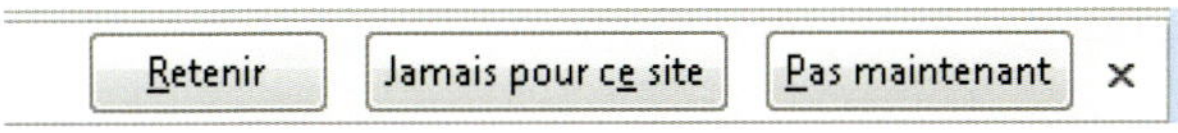

Figure 7.5 : Firefox peut stocker les mots de passe saisis sur les sites Web.

Voici comment contrôler la manière dont les mots de passe sont stockés par Internet Explorer 8 :

1. **Cliquez Outils/Options Internet.**
2. **Cliquez sur l'onglet Contenu.**
3. **Dans la section Saisie semi-automatique, cliquez sur le bouton Paramètres.**

   Vous affichez la boîte de dialogue Paramètres de la saisie automatique illustrée à la Figure 7.6.

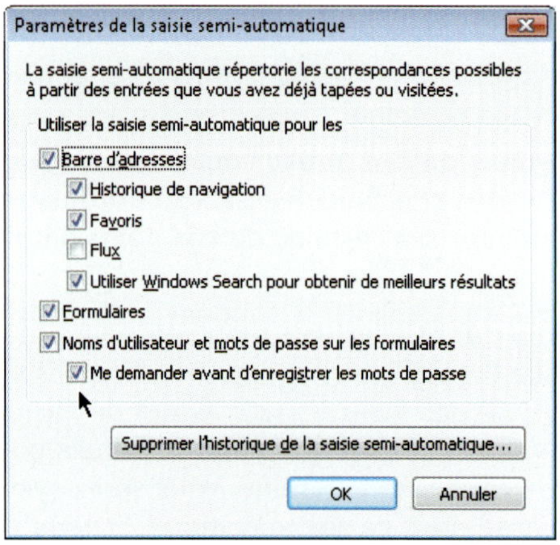

Figure 7.6 : Gérez la manière dont Internet Explorer doit stocker vos mots de passe.

4. **Selon votre préférence, cochez ou décochez la case Me demander avant d'enregistrer les mots de passe.**

   Voici les options disponibles :

   - Si vous décochez l'option Me demander avant d'enregistrer les mots de passe, cette fonction est désactivée. Cochez la case pour la réactiver. Les mots de passe seront automatiquement enregistrés.
   - Cliquez le bouton Supprimer l'historique de la saisie semi-automatique pour éventuellement supprimer des noms d'utilisateur et des mots de passe qu'Internet Explorer 8 aurait mémorisés.
   - Décochez la case Noms d'utilisateurs et mots de passe sur les formulaires pour qu'Internet Explorer n'essaie pas de les stocker.

5. **Cliquez OK pour quitter la boîte de dialogue Paramètres de la saisie semi-automatique.**

Des fenêtres ouvertes sur le monde

Firefox et Internet Explorer sont capables de faire plusieurs choses à la fois (c'est ce qu'on appelle du *multitraitement*), et notamment d'afficher plusieurs pages Web simultanément. Lorsque nous cliquons çà et là dans les pages Web, nous aimons bien ouvrir de multiples fenêtres pour retourner rapidement à une page précédente en basculant simplement d'une fenêtre à l'autre, ou mieux, dans des onglets. Dès que vous désirez afficher une nouvelle page, il suffit de l'ouvrir dans un onglet pour la conserver à disposition. Cliquez l'onglet d'une page pour en afficher le contenu.

Des fenêtres un peu partout

Pour ouvrir une nouvelle page dans Internet Explorer ou Firefox, cliquez du bouton droit de la souris un lien et, dans le menu qui surgit, choisissez la commande Ouvrir le lien dans une nouvelle fenêtre. Pour fermer une fenêtre, cliquez sa case de fermeture (représentée par une croix dans le coin supérieur droit) ou appuyez sur Alt+F4. Les souris des Mac – qui sont équipés, eux, du navigateur Safari – n'ont qu'un seul bouton (sauf pour la *Mighty Mouse* dont le clic-droit a été paramétré) : pour ouvrir une nouvelle fenêtre, maintenez le bouton enfoncé jusqu'à ce que s'affiche le menu dynamique, puis sélectionnez la commande appropriée. Vous fermez toutes les fenêtres de votre Mac de la même façon, en cliquant un bouton en haut de la fenêtre.

Vous pouvez également ouvrir une nouvelle fenêtre sans pour autant suivre un autre lien. Pour cela, appuyez sur Ctrl+N ou (après un appui sur Alt) cliquez Fichier/Nouveau/Fenêtre dans Internet Explorer et (sans appui préalable sur une touche) sur Fichier/Nouvelle fenêtre dans Firefox.

TRUC

Dans Firefox et dans Internet Explorer 8, cette commande ne produit pas le même effet. Ainsi, dans Internet Explorer 8, une nouvelle fenêtre va afficher le contenu de la fenêtre actuelle ; dans Firefox, vous partez d'une nouvelle fenêtre affichant la page d'accueil par défaut. Pour ouvrir, dans Internet Explorer 8, une nouvelle fenêtre affichant votre page d'accueil par défaut, vous devez cliquer sur Fichier/Nouvelle session.

Jeux d'onglets

Apparus d'abord dans le méconnu navigateur Opera puis dans Firefox, avant d'être adopté par Internet Explorer 7, les *onglets* contiennent chacun une page Web. La Figure 7.7 montre Internet Explorer 8 avec quatre onglets. Pour afficher une des pages, il suffit de cliquer son onglet en haut de la fenêtre. Cliquez le minuscule onglet vide, à droite de ceux déjà ouverts (ou appuyez sur Ctrl+T), pour créer un nouvel onglet ou sur le X à droite de l'onglet courant pour le supprimer. Les onglets travaillent en *multithread*, c'est-à-dire qu'un chargement peut se dérouler à l'arrière-plan dans un onglet pendant que vous en consultez un autre. Nous trouvons les onglets généralement plus pratiques que les fenêtres. Les deux sont exploitables conjointement ; rien n'empêche d'ouvrir plusieurs fenêtres, chacune pouvant afficher plusieurs onglets.

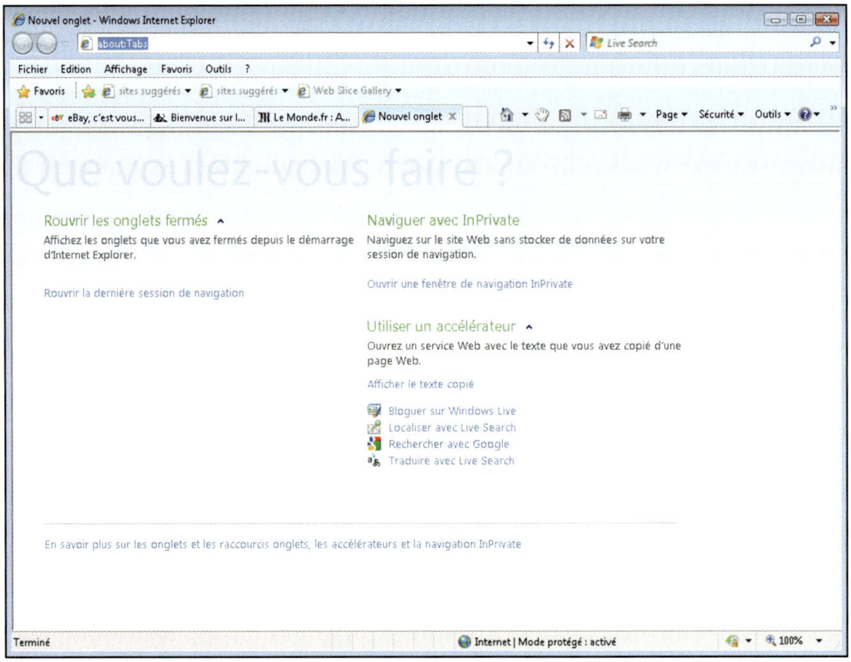

Figure 7.7 : Une fenêtre d'Internet Explorer 8 avec quatre onglets.

Favoris et signets

Il existe quantité de sites passionnants à visiter sur le Web, et vous voudrez revisiter bon nombre d'entre eux. Par bonheur, les programmeurs qui ont conçu les navigateurs ont pensé à un moyen de mémoriser les bonnes adresses, évitant ainsi de devoir noter manuellement des URL parfois compliquées. Ces moyens sont des *signets, marque-pages* ou *favoris*.

Le terme diffère d'un navigateur à un autre mais le principe reste le même. Votre navigateur vous permet d'enrichir votre "carnet d'adresses Web" en y ajoutant l'URL de la page affichée. Quand vous voudrez y revenir, vous n'aurez qu'à parcourir les signets à la recherche du site qui vous intéresse.

Il y a deux façons d'utiliser les signets. L'une consiste à se les représenter comme les entrées d'un menu qui viendrait s'ajouter aux menus de votre navigateur. L'autre est de les considérer comme une page de liens.

Les marque-pages de Firefox

Pour accéder aux signets de Firefox – pardon, aux marque-pages –, cliquez le menu Marque-pages. Pour en ajouter un, correspondant à la page actuellement affichée, cliquez Marquer cette page ou appuyez sur Ctrl+D. Les signets se présentent comme des entrées du menu qui apparaît lorsque vous cliquez le menu Marque-pages (Figure 7.8). Pour atteindre une des pages de la liste, il suffit de cliquer l'entrée correspondante.

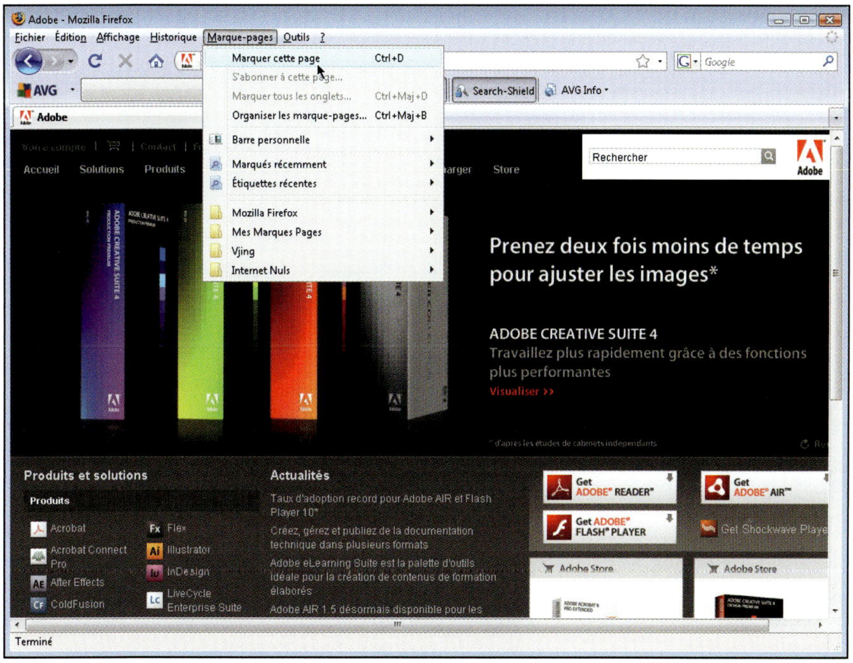

Figure 7.8 : Marquer des pages pour mieux les consulter dans Firefox.

Si vous êtes comme la plupart des surfeurs du Net, votre liste de signets va s'allonger, et bientôt votre écran ne sera plus assez grand pour l'afficher en entier. Il est cependant possible de donner au menu une forme plus manipulable. Choisissez Marque-pages/Organiser les marque-pages pour afficher la fenêtre Bibliothèque (Figure 7.9).

Double-cliquez sur Tous les marque-pages puis sur Menu des marque-pages pour afficher la liste de vos marque-pages. Vous pouvez atteindre la page qu'un signet représente à l'aide d'un double-clic. Cliquez ensuite sur le menu Organiser pour choisir ce que vous voulez réaliser comme action (supprimer, déplacer, etc.).

Lorsque vous avez fini de jouer avec vos signets, cliquez le bouton de fermeture de la fenêtre, ou bien appuyez sur Ctrl+W.

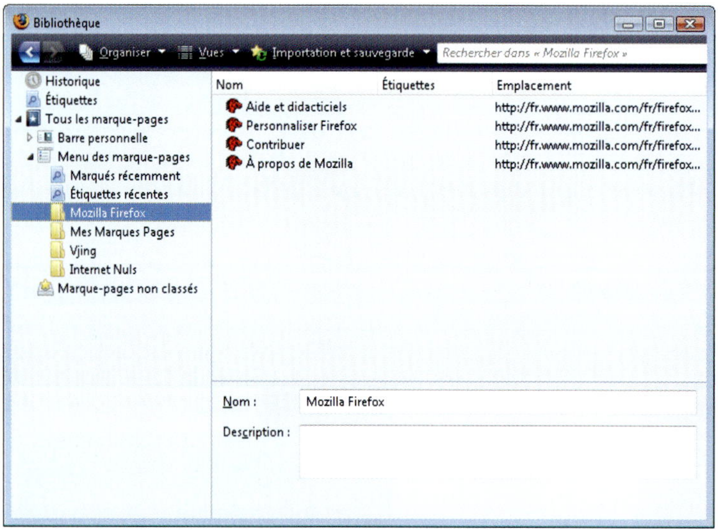

Figure 7.9 : La fenêtre Bibliothèque comporte des commandes pour déplacer, modifier et supprimer ces signets.

Marque-pages en un clic sous Firefox

La Barre personnelle est une rangée de boutons affichée juste au-dessous de la barre d'adresse. Si ce n'est pas le cas, choisissez Affichage/Barre d'outils/Barre personnelle. Cette rangée de boutons donne un accès rapide à un certain nombre de sites Web de Firefox. Il est pratique de les remplacer par vos propres favoris. Lorsque vous organisez vos signets dans la fenêtre Gestionnaire de marque-pages, placez vos sites favoris dans le dossier Barre personnelle ; tous les sites présents dans ce dossier apparaissent systématiquement dans la Barre personnelle. Il est même possible d'ajouter des dossiers et d'y insérer des signets. Nous apprécions beaucoup cette caractéristique de Firefox.

Les favoris d'Internet Explorer

Internet Explorer et Firefox utilisent une technique à peu près semblable, grâce à laquelle vous pouvez enrichir votre liste de Favoris avec l'URL de la page affichée, puis consulter et réorganiser votre dossier Favoris.

Pour ajouter la page actuelle à votre dossier Favoris, appuyez sur la touche Alt et choisissez Favoris/Ajouter aux Favoris. La boîte de dialogue Ajout de Favoris (Figure 7.10) donne la possibilité de voir la page *hors connexion* (c'est-à-dire sans être connecté à Internet). Cochez la case si vous voulez enregistrer la page sur le disque de votre ordinateur (ce que l'on ne fait pas habituellement). Cliquez le bouton Créez dans, si vous voulez placer le nouveau favori dans un dossier de façon à ce qu'il apparaisse dans un sous-menu du menu Favoris.

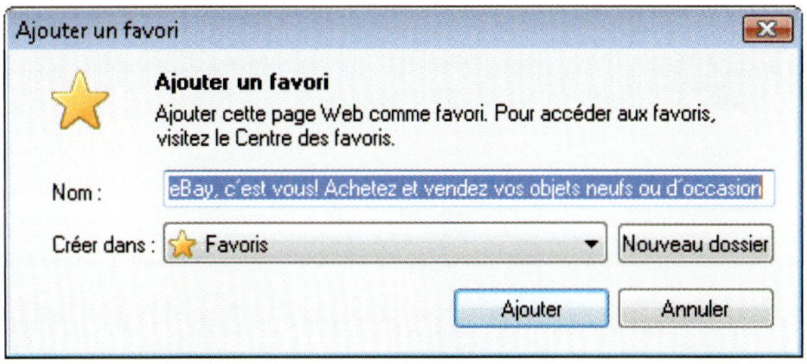

Figure 7.10 : Ajout d'une page Web aux favoris d'Internet Explorer 8.

Internet Explorer propose dans la barre d'outils un bouton Favoris qui affiche les favoris du côté gauche de la fenêtre. Un autre clic sur le bouton Favoris masque la liste. Le raccourci pour afficher cette liste est Ctrl+I. Lorsque les favoris sont affichés, un clic sur un favori suffit pour accéder au site correspondant. Un autre moyen de revenir à un site Web dans les favoris est de dérouler le menu Favoris (appuyez préalablement sur Alt si la barre de menus n'est pas visible).

Pour réorganiser le dossier Favoris, choisissez Favoris/Organiser les Favoris. La fenêtre Organisation des Favoris (Figure 7.11) permet de créer des dossiers pour les favoris, de déplacer les favoris, de les modifier et de les supprimer. Pour voir le contenu d'un dossier, cliquez dessus. Lorsque vous avez fini d'organiser vos favoris, cliquez le bouton Fermer.

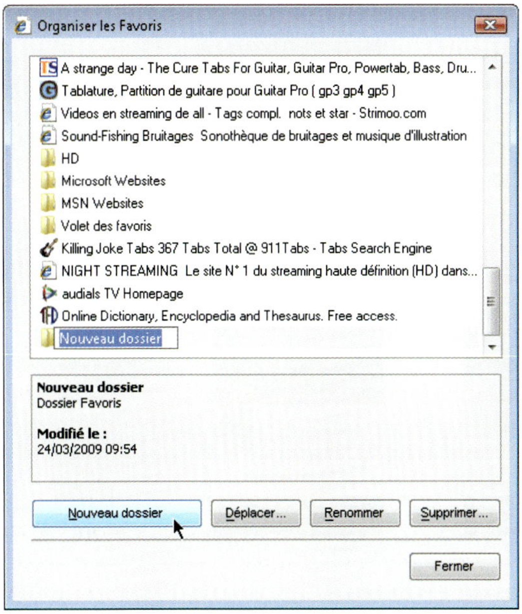

Figure 7.11 : Dans cette fenêtre, organisez les favoris définis dans Internet Explorer 8.

Les dossiers créés dans la fenêtre Organiser les Favoris apparaissent dans le menu Favoris. Les éléments placés dans les dossiers apparaissent dans des sous-menus. Pour revenir à une page Web ajoutée au dossier Favoris, cliquez dessus dans le menu Favoris.

Favoris en un clic sous Internet Explorer

La barre d'outils Volets des favoris apparaît habituellement juste au-dessous ou à droite de la zone Adresse ou de la barre de menus. Si ce n'est pas le cas, appuyez sur la touche Alt et choisissez Affichage/Barres d'outils/Volet des favoris. Pour ajouter un bouton d'accès rapide à un site favori :

1. **Affichez la page Web à laquelle vous désirez accéder en un clic de souris.**

2. **Dans le Volet des favoris, cliquez sur l'icône Ajouter au volet des favoris.**

   Un "bouton" d'accès direct au site apparaît dans le volet des favoris.

3. **Comme le nom du bouton du favori est celui de la page affichée, il est souvent judicieux de lui en assigner un nouveau. Pour cela, faites un clic-droit sur le bouton du favori. Dans le menu contextuel, choisissez Renommer comme à la Figure 7.12.**

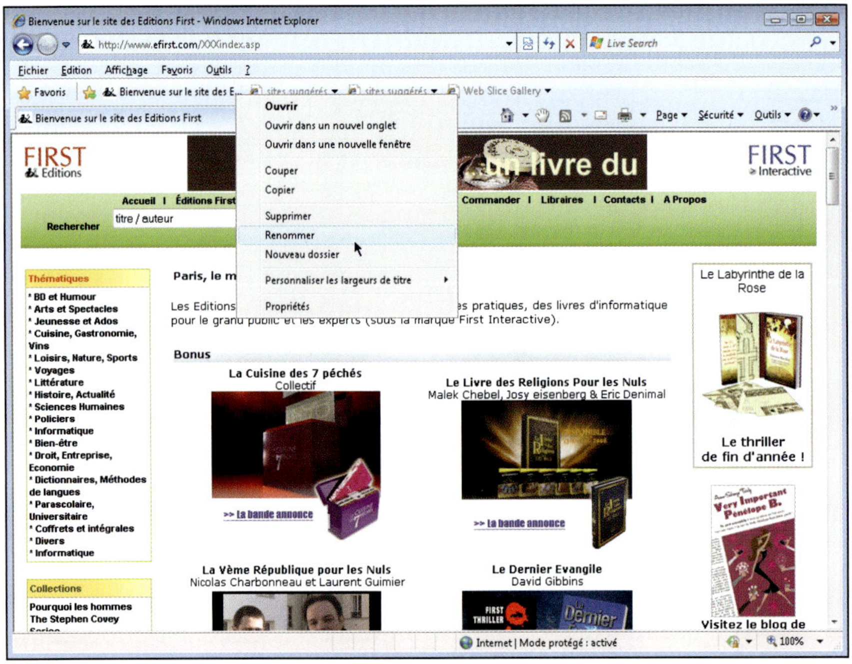

Figure 7.12 : Renommer un favori du volet des favoris.

4. **Dans la boîte de dialogue Renommer, assignez un nouveau nom, et cliquez sur OK.**
5. **Pour supprimer un favori dans le volet des favoris, faites un clic-droit sur son bouton. Dans le menu contextuel, exécutez la commande Supprimer.**
6. **Dans le message demandant confirmation de la suppression, cliquez sur Oui.**

   Si vous vous ravisez, cliquez sur Non bien entendu.

Personnaliser le navigateur

À moins de bénéficier d'une connexion directe en haut débit à Internet, vous passerez beaucoup de temps à attendre que vos pages se chargent. Et, même dans ce cas, tout particulièrement en ce qui concerne les liaisons transatlantiques, les temps d'attente risquent d'être importants en cours de journée. Voici quelques astuces pour accélérer le téléchargement.

D'où partez-vous ?

À l'ouverture du navigateur, une *page d'accueil* s'affiche. Ainsi, Firefox charge systématiquement la page d'accueil de Mozilla, tandis qu'Internet Explorer affiche celle de MSN. Au bout d'une fois ou deux, malgré la beauté manifeste de la page, vous aurez probablement envie de ne pas la voir. Il suffit d'indiquer au navigateur la page qu'il doit afficher à chaque fois que vous l'exécutez.

Dans Firefox : Si vous êtes lassé par la page d'accueil par défaut affichée par Firefox, voici comment indiquer au programme une autre page de démarrage :

1. **Dans le menu Outils, cliquez Options.**

   La fenêtre Options s'affiche.
2. **Assurez-vous que la catégorie Général est ouverte.**

   Sinon, cliquez cette icône. La ligne intitulée Page d'accueil contient l'adresse Web par défaut de la page que Firefox affichera systématiquement au démarrage (Figure 7.13).
3. **Pour démarrer sans page Web, cliquez le bouton fléché à droite du champ Au démarrage de Firefox, et dans le menu, choisissez Afficher une page vide.**
4. **Cliquez OK.**

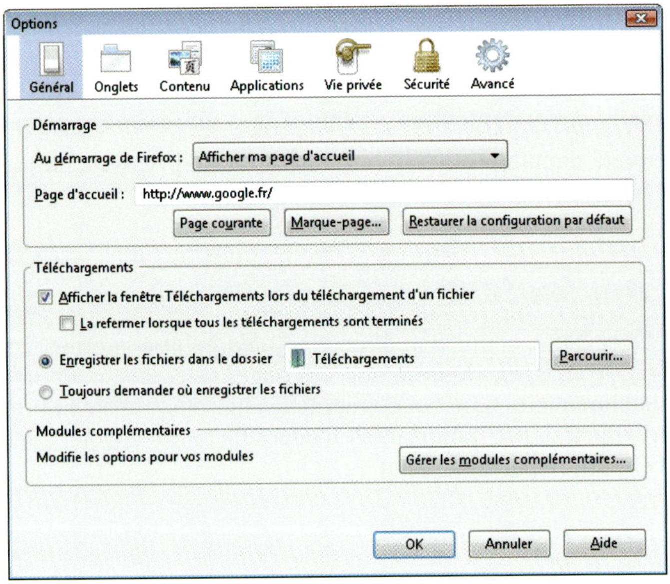

Figure 7.13 : Indiquez dans la fenêtre Options de Firefox le site Web qui s'affichera au démarrage du navigateur.

Dans Internet Explorer : Par défaut, Internet Explorer charge la page d'accueil de MSN, c'est-à-dire le site portail de Microsoft. Vous pouvez cependant spécifier l'adresse d'une autre page ou démarrer avec une page vierge. Suivez ces étapes pour démarrer avec une page vierge au lancement d'Internet Explorer :

1. **Affichez la page Web à utiliser comme page de démarrage.**

   Par exemple, la page Yahoo! ou encore Google, le célèbre moteur de recherche.

2. **Si la barre de menus n'est pas visible, appuyez sur la touche Alt puis cliquez Outils/Options Internet.**

   Vous accédez à la boîte de dialogue Options Internet.

3. **Cliquez l'onglet Général.**

   En réalité, il est probablement déjà sélectionné. Nous précisons cela au cas où vous auriez parcouru les autres onglets.

4. **Dans la section Page de démarrage de la boîte de dialogue, cliquez le bouton Page actuelle (Figure 7.14).**

   L'URL de la page actuelle s'affiche dans la fenêtre le bouton Page vierge.

5. **Cliquez OK.**

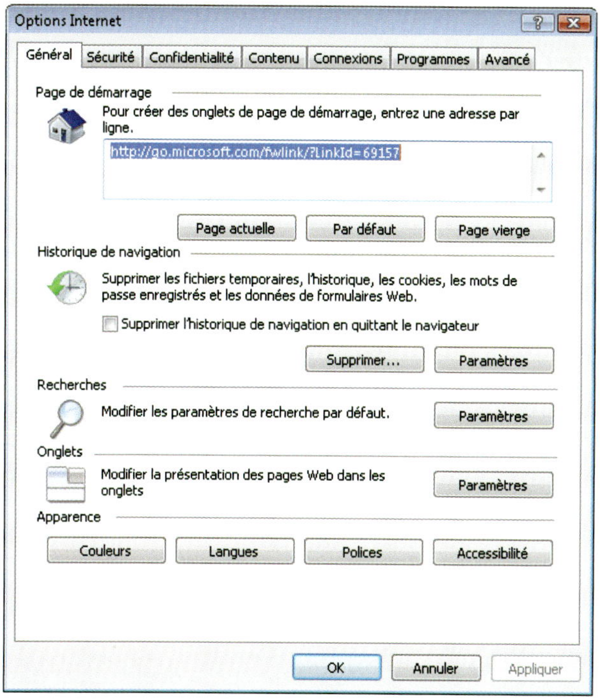

Figure 7.14 : La boîte de dialogue Options Internet permet notamment de définir la page Web affichée au démarrage.

TRUC

Choisissez une page de démarrage contenant peu d'images : en commençant par une page Web qui se charge plus rapidement ou même sans aucune page, vous n'attendrez pas longtemps pour commencer à naviguer.

Personnaliser la barre d'outils

La barre d'outils est la rangée d'icônes qui se situe juste sous les menus du navigateur. Par défaut, le navigateur Web propose les boutons les plus utiles. Cependant, vos habitudes d'internaute démontreront sans doute que certains ne vous servent à rien et qu'en revanche, d'autres vous seraient bien utiles. Heureusement, il est possible de personnaliser les barres d'outils et d'y inclure les boutons qui exécutent les commandes dont vous avez besoin le plus souvent.

Dans Firefox, vous personnalisez une barre d'outils en ouvrant le menu Affichage/Barre d'outils/personnaliser. Cette action ouvre la boîte de dialogue Modification des barres d'outils (Figure 7.15). Il suffit de localiser le bouton correspondant à la commande que vous désirez exécuter et de le glisser-déposer jusqu'à la barre d'outils. Idem pour vous débarrasser d'un bouton inutile. Cliquez dessus dans la barre d'outils de Firefox et, sans relâcher le bouton de la souris, glissez-le puis déposez-le dans la boîte de dialogue Modification des barres d'outils.

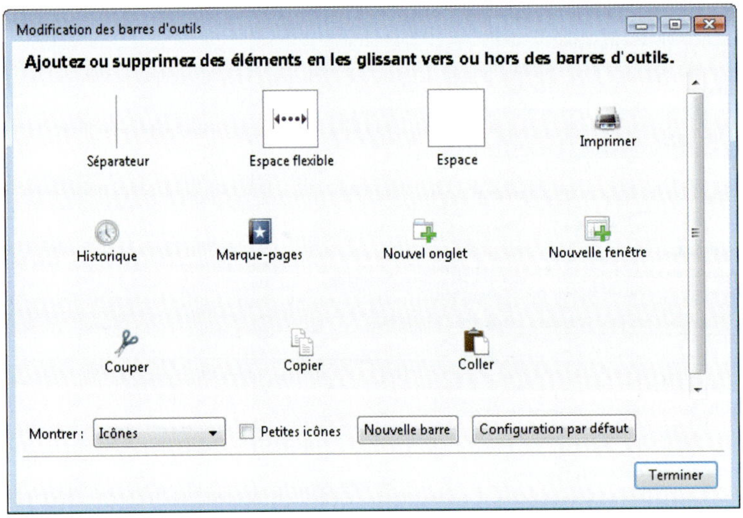

Figure 7.15 : Personnalisation des barres d'outils dans Firefox.

TRUC

Si la barre d'outils de Firefox n'est pas visible, cliquez sur Affichage/Barre d'outils/ Barre personnelle.

Dans Internet Explorer, cliquez avec le bouton droit sur la droite de la barre d'outils pour afficher un menu contextuel, et choisissez Personnaliser puis Ajouter ou supprimer des commandes. Vous accédez ensuite à la boîte de dialogue Personnalisation de la barre d'outils (Figure 7.16). La liste de gauche affiche les boutons disponibles, c'est-à-dire ceux que vous pouvez ajouter à la barre d'outils, et celle de droite ceux situés actuellement sur ladite barre. Pour supprimer un bouton de la barre d'outils, sélectionnez-le dans la liste Boutons de la barre d'outils et cliquez Supprimer. De même, pour enrichir cette barre de nouveaux boutons, sélectionnez-les dans la liste Boutons disponibles et cliquez Ajouter.

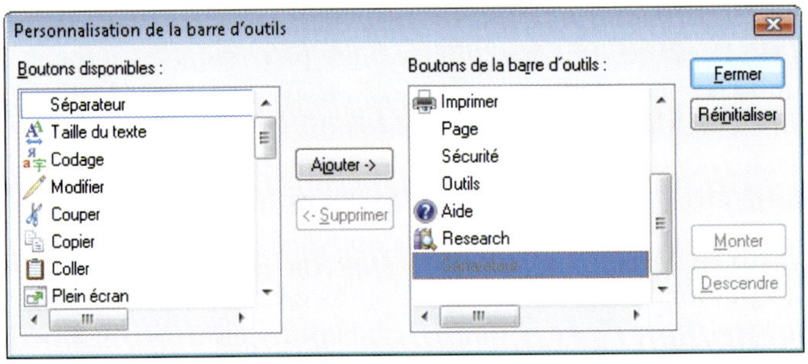

Figure 7.16 : Personnalisation des barres d'outils dans Internet Explorer.

TRUC

Si la barre d'outils d'Internet Explorer 8 n'est pas visible, cliquez sur Affichage/Barre d'outils/Barre de commandes.

TRUC

Si quelqu'un d'autre a utilisé et modifié votre navigateur, vous pouvez facilement rétablir votre présentation préférée :

- **Si toute la partie supérieure du navigateur a disparu**, c'est parce que le navigateur est affiché en mode plein écran. Appuyez sur la touche F11 pour rétablir l'affichage normal.
- **S'il manque des barres d'outils**, appuyez sur Alt puis cliquez Affichage/Barres d'outils. Une barre non cochée n'est jamais affichée. Il suffit alors de cliquer les noms des barres d'outils que vous désirez faire apparaître dans l'interface du navigateur. Une coche s'affiche à gauche du nom de la barre d'outils. Dans Internet Explorer, vous disposez des barres d'outils Boutons standard, Barre d'adresses, Barre de commandes, et Volet des favoris. Dans Firefox, ce sont la Barre de navigation et la Barre personnelle (qui affiche les marque-pages).
- **Si les boutons de votre barre d'outils ne sont pas ceux que vous avez l'habitude d'utiliser**, cliquez du bouton droit de la souris sur la barre d'outils (à l'exception des boutons Précédente, Suivante, Reculer d'une page et Avancer d'une page). Dans le menu contextuel, cliquez Personnaliser. Dans la boîte de dialogue Modification des barres d'outils de Firefox, cliquez le bouton Configuration par défaut. Dans la boîte de dialogue Personnalisation de la barre d'outils d'Internet Explorer, cliquez le bouton Réinitialiser. Ensuite, cliquez le bouton Fermer dans Internet Explorer et le bouton Terminer dans Firefox.

Effacer l'historique

Tous les navigateurs contiennent une fonction d'historique très utile. Près de la boîte dans laquelle vous entrez les URL des pages que vous souhaitez afficher, se trouve une petite flèche pointant vers le bas. Lorsque vous la cliquez, la liste des dernières pages Web affichées apparaît.

Pour afficher l'historique dans un volet indépendant d'Internet Explorer, appuyez sur Alt si la barre de menus n'est pas visible, puis cliquez Affichage/Volet d'exploration/Historique. La liste des sites Web visités s'affiche chronologiquement. Vous pouvez fermer l'historique par un clic sur le bouton de fermeture (X) du volet d'exploration ou du panneau latéral.

TRUC

Une méthode plus rapide d'Internet Explorer consiste à cliquer sur le bouton représentant une étoile et libellé Favoris. Cette action ouvre le volet des favoris. Il suffit alors de cliquer sur l'onglet Historique comme à la Figure 7.17.

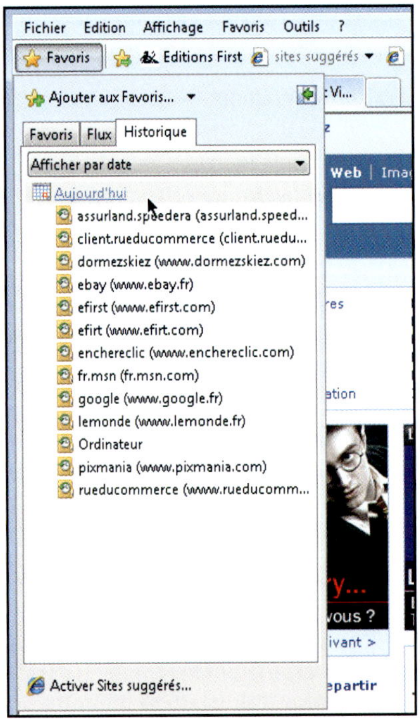

Figure 7.17 : Affichez rapidement votre historique de navigation dans Internet Explorer 8.

Des lecteurs nous ont demandé si ces adresses peuvent être effacées, car certaines sont un peu compromettantes (surtout celles avec des `xxx` dans l'URL, assez *hard*, oups, dures, reoups... Bon, passons...). Comme certaines de ces requêtes semblaient vraiment urgentes, nous leur expliquons comment procéder.

- **Firefox :** Rien de plus simple. Choisissez Outils/Options et cliquez la catégorie Vie privée. Cochez la case Toujours effacer mes informations personnelles à la fermeture de Firefox et cliquez le bouton Nettoyer maintenant (juste au-dessus, le bouton Paramètres permet de définir ce qui doit être effacé et ce qui ne doit pas l'être).
- **Internet Explorer :** Appuyez sur Alt si la barre de menus n'est pas affichée, et choisissez Outils/Options Internet. Sous l'onglet Général, cochez la case Supprimer l'historique de navigation en quittant le navigateur.

Les Web slices d'Internet Explorer 8

Internet Explorer 8 facilite la navigation des internautes en proposant automatiquement des Favoris, des accélérateurs, et des moteurs de recherche. Pour cela, il faut activer la fonction Web slice. Grâce à elle, les sites que vous visitez le plus seront répertoriés par Internet Explorer, et vous pourrez très facilement les ajouter à vos Favoris. Mais, Microsoft vous proposera également des sites à ajouter à vos favoris, à utiliser comme accélérateur ou comme moteur de recherche.

TRUC

Les accélérateurs permettent d'effectuer des tâches comme ouvrir une adresse postale sur un site de localisation ou rechercher la définition d'un mot dans un dictionnaire. Vous pouvez également choisir les services ou les sites Web que les accélérateurs doivent utiliser pour gérer différents types de tâches. Internet Explorer 8 est fourni avec une sélection d'accélérateurs inclus par défaut, mais vous pouvez en ajouter ou en supprimer selon vos besoins.

Voici comment activer et utiliser ces compléments Web :

1. **Cliquez sur Outils/Options Internet.**
2. **Dans la boîte de dialogue éponyme, cliquez sur l'onglet Contenu.**
3. **Dans la section Flux et composants Web Slice, cliquez sur le bouton Paramètres.**
4. **Cochez l'option Activer la découverte de composants Web Slice sur les pages.**
5. **Pour que la liste de ces compléments s'actualise automatiquement, définissez une périodicité de mise à jour en cochant l'option Rechercher automatiquement les mises à jour des flux et des composants Web Slice. Ensuite, Dans le menu local Toutes les, choisissez une périodicité.**
6. **Pour ajouter facilement des sites Web à vos favoris (ou à vos flux RSS), cliquez sur le bouton Favoris, puis sur le lien Voir les sites suggérés.**

   Internet Explorer affiche la lise des sites Web qu'il vous suggère d'ajouter à vos favoris.
7. **Ajoutez tous les sites suggérés en cliquant sur le lien Ajouter Sites suggérés au volet des Favoris.**
8. **Si les suggestions ne vous conviennent pas ou vous paraissent incomplètes, cliquez sur le lien Plus de suggestions.**

Contrôler les cookies

Pour améliorer votre vie en ligne, les éditeurs de navigateur Web ont inventé un type spécial de message qui permet à un site Web de vous reconnaître lorsque vous visitez à nouveau ce site. Ces informations, baptisées *cookies*, sont stockées sur votre propre machine.

En général, les *cookies* ne sont pas dangereux et se révèlent même utiles, comme nous l'expliquons au Chapitre 2. Toutefois, vous pouvez les contrôler aussi bien dans Firefox que dans Internet Explorer. Il existe plusieurs formes de *cookies* :

- ***Cookies* internes :** Ce sont les *cookies* venant directement du serveur qui vous a fourni la page Web actuellement affichée. Ces *cookies* sont utilisés pour se souvenir de vous lorsque vous vous inscrivez comme membre du site.

Le confort, c'est de ne pas avoir à saisir de nouveau, à chaque visite, vos nom d'utilisateur et mot de passe. Vous avez le choix entre Accepter, Bloquer ou Demander, auquel cas il vous sera demandé de choisir. Cette dernière option devient vite fastidieuse si vous tombez sur de nombreux *cookies*. Certains sites stockent plus de trois *cookies* par page.

- ***Cookies* tiers :** De nombreux sites Web font appel à des entreprises spécialisées pour fournir des publicités à leurs pages Web, et ces publicités, tierce partie, placent habituellement des *cookies* dans votre ordinateur afin de collecter des données *marketing*. Les options sont les mêmes que précédemment. Les *cookies* tiers font les choux gras des officines de publicité ; il n'y a aucune raison de les accepter.

Contrôler les cookies dans Firefox

Cliquez Outils/Options, puis affichez le contenu de la catégorie Vie privée. Cliquez l'onglet Cookies. Plusieurs options sont proposées :

- **Accepter les cookies :** Certains ne fonctionnent pas sans *cookie*, notamment les sites de conversation (*chat*) des groupes Yahoo! (`http://fr.groups.yahoo.com/`).
- **Exceptions :** Vous spécifiez ici des sites dont les *cookies* seront bloqués, autorisés ou tous acceptés. Dans le champ Adresse du site Web, saisissez l'URL du site concerné, puis cliquez l'un des trois boutons Bloquer, Autoriser pour la session ou Autoriser.
- **Afficher les cookies :** Liste les *cookies* que Firefox a stockés depuis que vous surfez sur le Net. Vous pouvez également visualiser leur contenu ou supprimer n'importe quel *cookie* de la liste, ou les éliminer tous en cliquant Supprimer tous les cookies.
- **Les conserver jusqu'à :** Vous indiquez à Firefox la période pendant laquelle il va garder les *cookies* : jusqu'à leur expiration (le paramètre habituel), jusqu'à la fermeture de Firefox ou me demander à chaque fois (option très agaçante).

Contrôler les cookies dans Internet Explorer

Si la barre des menus n'est pas affichée, appuyez sur Alt puis cliquez Outils/Options Internet pour afficher la boîte de dialogue Options Internet. Le contrôle des *cookies* se trouve sous l'onglet Confidentialité : cliquez le bouton Avancé pour afficher la boîte de dialogue Paramètres de confidentialité avancés. Par défaut, Internet Explorer gère les *cookies* de manière plutôt agressive, en autorisant l'accès à un *cookie* uniquement aux serveurs que vous avez contactés, et non aux serveurs tiers (serveurs Web autres que celui qui a stocké à l'origine le *cookie* sur votre ordinateur). Ces derniers envoient des publicités et autres *popups*. Vous pouvez choisir de les gérer vous-même en cochant la case Ignorer la gestion automatique des cookies dans la boîte de dialogue Paramètres de confidentialité avancés. Les options sont :

- **Cookies internes :** Vous choisissez d'accepter, de refuser ou que l'on vous demande de choisir. Cette dernière option devient fatigante à la longue.
- **Cookies tierce partie :** Ces *cookies* viennent d'ailleurs, c'est-à-dire pas uniquement du site Web autorisé. Donc, refusez-les !
- **Toujours autoriser les cookies de la session :** Cette option laisse passer tous les *cookies* de session (type de *cookie* utilisé pour pister une unique occurrence de votre visite sur un site Web). Ces *cookies* sont couramment utilisés par des sites d'achats comme Amazon.fr.

Bloquer les fenêtres intempestives

Une des inventions dont nous nous serions bien passé est celle des fenêtres intempestives, ou *popups*, qui surgissent inopportunément sur votre écran (voir le Chapitre 2). Certaines apparaissent immédiatement, d'autres sont masquées par votre fenêtre principale et vous les découvrez en la fermant. Le plus souvent, les *popups* sont des publicités. Vous serez heureux d'apprendre que Firefox et Internet Explorer peuvent bloquer la majorité d'entre eux.

Pas de popups chez Firefox

Cliquez Outils/Options, puis Contenu. Vous y découvrez une option qui bloque les *popups*.

Le blocage des *popups* empêche certains sites Web de fonctionner. En particulier, certains sites d'achats affichent de petites fenêtres dans lesquelles vous devez taper vos informations de carte bancaire, par exemple. Firefox permet d'inclure dans les sites autorisés ceux pour lesquels le blocage ne doit pas s'opérer.

Dès qu'un site tente d'ouvrir un *popup*, un message apparaît en haut de la page Web. Il indique textuellement : "Firefox a empêché ce site d'ouvrir une fenêtre popup." Cliquez le bouton Options de ce bandeau et choisissez l'une des options suivantes :

- **Autoriser les popups pour *nom du site*** place ce site dans la liste des sites dont les *popups* sont autorisés.
- **Modifier les options de blocage de popups** ouvre la boîte de dialogue Sites autorisés. Vous pouvez y modifier la liste des sites pour lesquels l'affichage des *popups* est autorisé.
- **Ne pas afficher ce message lorsque des popups sont bloqués.** Plutôt que d'être prévenu par un tel message lors de la tentative d'affichage de *popups*, une petite icône rouge X apparaît dans le coin inférieur droit de la fenêtre de Firefox. Cliquez-la pour afficher les options de gestion du *popup*.
- **Afficher *adresse de la fenêtre popup*** affiche uniquement le *popup* qui vient d'être bloqué.

Pour fermer le message d'avertissement sans appliquer une option particulière, cliquez le bouton de fermeture X situé dans son coin supérieur droit.

Plus de popups chez Internet Explorer

Les versions récentes d'Internet Explorer intègrent elles aussi un bloqueur de fenêtres intempestives.

Chaque fois qu'un *popup* tente de s'afficher, Internet Explorer affiche un message qui ressemble à celui de Firefox. Cliquez-le pour y trouver des options similaires. Cliquez sur Outils/Bloqueur de fenêtres publicitaires/Activer le bloqueur de fenêtres publicitaires.

Les flux RSS

Un flux RSS (*Really Simple Syndication,* agrégation vraiment simple ou parfois *Rich Site Summary,* sommaire d'un site enrichi), ou fil RSS, est une fonctionnalité récente des navigateurs. Elle permet de diffuser à tout moment les mises à jour et nouvelles des sites d'information, ce qui permet de prendre connaissance de ces changements sans avoir à visiter le site lui-même.

Lorsqu'une page Web propose un abonnement à des flux RSS, l'icône visible en marge devient active dans le navigateur. Cliquer dessus affiche le ou les services auxquels il est possible de s'abonner.

Après avoir choisi une rubrique, une page Web propose de s'abonner – c'est généralement gratuit – au flux RSS. La procédure est des plus simples, puisqu'elle consiste à cliquer le lien S'abonner et créer éventuellement un dossier auquel vous donnerez le nom du site, par exemple *Le Monde*.

Pour prendre connaissance d'un flux RSS dans Internet Explorer, cliquez le bouton Favoris, cliquez le bouton Flux (ou sur l'onglet Flux dans Internet Explorer 8) puis sélectionnez le flux RSS que vous désirez consulter. Cliquez éventuellement le bouton Actualiser ce flux, à droite de celui que vous venez de sélectionner, pour obtenir les informations les plus récentes.

Les flux sélectionnés apparaissent sous forme de liens dans une page Web. Si un flux RSS est constitué de plusieurs rubriques, comme c'est le cas dans l'exemple (rubriques Médias, Sciences, technologies, *etc.* du journal *Le Monde*), chacune est affichée dans un onglet distinct. Cliquez la flèche, à droite de la date et de l'heure, pour accéder à l'article complet.

TRUC

Le volet Windows contient un gadget qui affiche en permanence les flux RSS. Pour ne pas être submergé par un déferlement de nouvelles, cliquez le minuscule bouton en forme de clé plate, en haut à droite du gadget Flux RSS et, dans le menu Afficher ce flux, sélectionnez le flux à afficher.

Chapitre 8

Chercher une aiguille dans une botte de foin (plus facile que chercher une aiguille dans une boîte à aiguilles)

Dans ce chapitre :

- Stratégies de base.
- Trouver des informations sur le Web.
- Recherche de personnes sur le Web.

Internet contient plusieurs types d'index et de répertoires permettant de localiser tout ce que vous pouvez y trouver. Malheureusement, les index tendant à être organisés en fonction du type de service qu'ils procurent et non en fonction de la nature de ce qu'ils référencent, vous trouvez des ressources de type page Web à un endroit, des ressources de type messagerie à un autre, et ainsi de suite. Vous pouvez lancer vos recherches exactement comme vous l'entendez, selon ce que vous cherchez et selon la manière dont vous aimez procéder.

Stratégies de base

Pour rechercher un sujet précis sur le Web, nous commençons toujours avec un des guides du Web (index et répertoires) que nous étudierons dans cette section.

Tous s'utilisent à peu près de la même façon :

1. **Lancez votre navigateur (Firefox, Internet Explorer ou un autre).**
2. **Allez sur votre moteur de recherche préféré, comme Google, illustré à la Figure 8.1.**

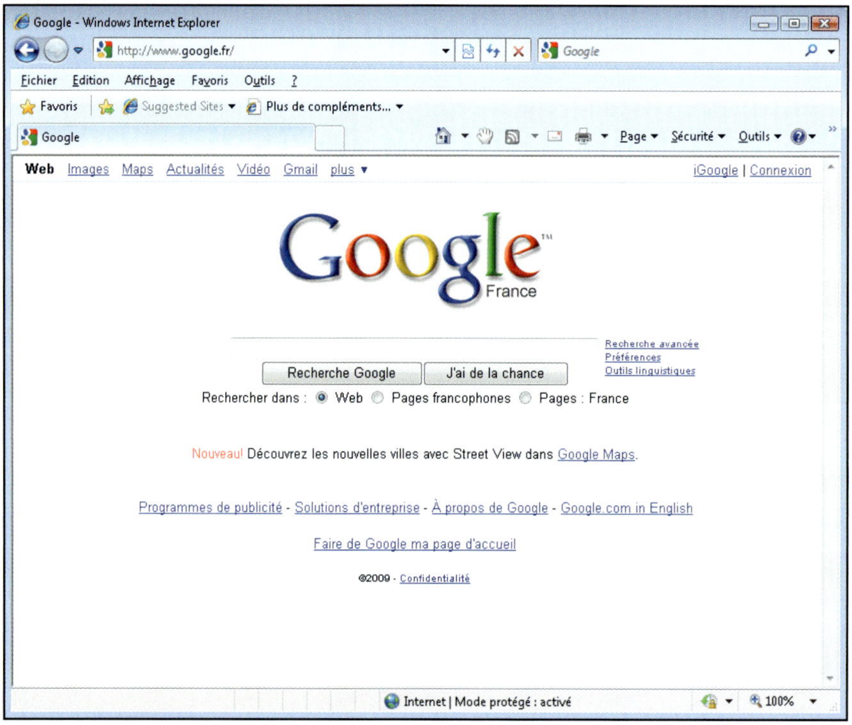

Figure 8.1 : Google affiché dans Internet Explorer 8.

De nombreux navigateurs permettent de définir un moteur de recherche par défaut. Si ce n'est pas le cas, il suffit d'en faire votre page d'accueil. Comme vous allez surtout sur Internet pour rechercher des informations, démarrer sur un moteur de recherche est une excellente idée.

3. **Dans le champ de saisie du moteur, tapez les mots-clés de la recherche puis cliquez le bouton Rechercher (le nom de ce bouton peut varier d'un moteur à un autre).**

   Après un délai plus ou moins long, une page d'index est renvoyée, contenant des liens pointant vers les pages correspondant à vos critères de recherche, comme l'illustre la Figure 8.2.

4. **Affinez et répétez votre recherche jusqu'à ce que vous trouviez quelque chose qui vous convienne.**

   De clic en clic, vous finirez par trouver ce que vous recherchez.

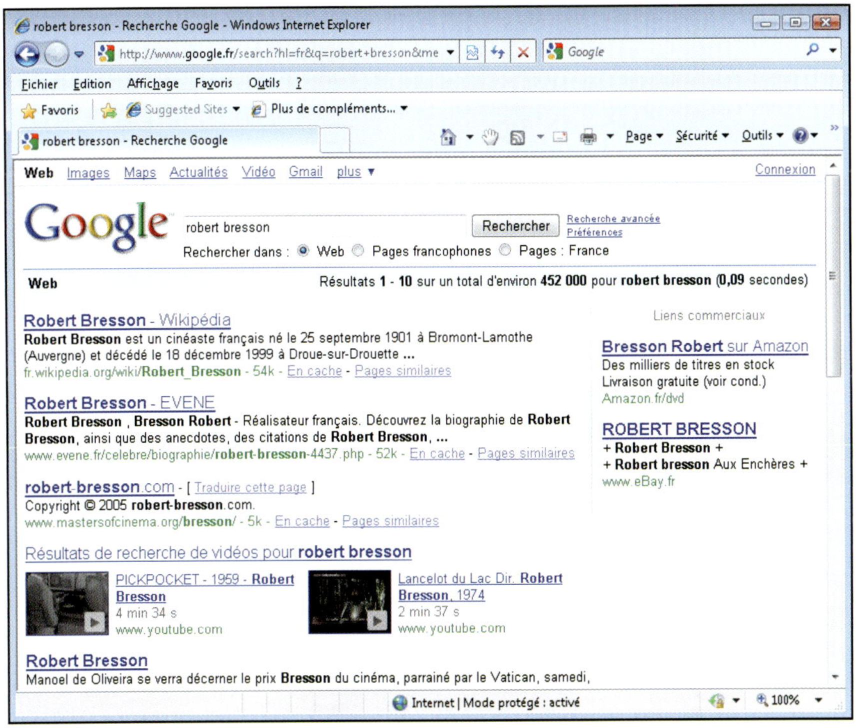

Figure 8.2 : Les résultats d'une recherche sur l'immense réalisateur Robert Bresson.

5. **Si le moteur de recherche retourne des résultats trop aléatoires pour être correctement utilisés et que vous ne trouviez pas de mots-clés pertinents, essayez un répertoire comme** `http://dmoz.org/World/Fran%C3%A7ais/` **ou** `www.yahoo.fr`**.**

   Cliquez le sujet qui vous intéresse. Dans cette approche spécifique d'une recherche sur Internet, partez du général pour arriver au particulier. À chaque clic, la recherche s'affine, et il est rare que vous ne finissiez pas par trouver ce qui vous intéresse.

Passons à la pratique

Tout ce que nous venons de dire est un peu une vue de l'esprit. Concrètement, nous allons vous expliquer comment nous procédons. Nous utiliserons pour cela nos moteurs de recherche favoris : Google, qui est principalement un index, puis ODP et Yahoo!, qui sont des répertoires.

Google, notre index favori

Notre index Web favori est Google (comme vous avez pu le remarquer dans la précédente section). Il dispose de petits robots qui passent leur temps à visiter des pages Web partout sur le Net et à rapporter ce qu'ils y trouvent. Cela produit un énorme index des mots rencontrés dans ces pages ; lorsque vous recherchez quelque chose, il choisit dans l'index les pages contenant les mots que vous avez demandés. Google utilise un système de classement sophistiqué, basé sur le nombre de sites Web qui se font référence les uns les autres, et qui donne le plus souvent des résultats proposant les meilleures pages en premier.

Raison numéro un d'échec de recherche

Ce n'est peut-être finalement pas votre raison numéro un mais c'est en tout cas la nôtre : la mauvaise orthographe d'un des termes de recherche. Vérifiez soigneusement. John note que ses doigts insistent pour taper "Interent", ce qui n'affiche que les pages Web des autres personnes ayant le même défaut. Merci à notre amie Jean Armour Polly pour nous avoir rappelé de parler de ce problème.

L'exploitation de Google ou de tout autre index est un exercice de télépathie. Vous devez deviner les mots figurant dans les pages que vous recherchez. C'est parfois facile – si vous cherchez des produits du terroir, *produits terroir* est un bon jeu de termes de recherche car vous savez le nom de ce que vous recherchez. D'un autre côté, si vous avez oublié quels animaux ont donné l'alerte au Capitole (les oies), il sera assez difficile d'extraire une page d'index utile parce que vous ne savez pas exactement quels mots rechercher. Si vous tentez *animaux capitole*, vous trouverez entre autres des informations sur le club Toulouse Capitole Agility (consacré à l'éducation canine) et sur le cinéma Capitole à Paris.

Maintenant que nous vous avons bien découragé, essayez quelques recherches sur Google. Pointez votre navigateur sur `www.google.fr`. Vous obtenez un écran comme sur la Figure 8.1 plus haut dans ce chapitre.

Saisissez certains termes de recherche. Google trouvera les pages qui répondent le mieux aux critères. Nous avons bien dit "le mieux" pas "exactement". S'il ne peut trouver tous les termes, il trouve les pages qui s'approchent le plus du groupe de mots. Google ignore les mots qui reviennent trop souvent pour être utilisables en tant que termes d'index, comme *et*, *le* et *de* et les termes comme *internet* et *mail* (cependant, il est parfois intéressant d'employer des articles et prépositions). Ces règles peuvent être décourageantes, mais il n'est pourtant pas difficile d'obtenir des résultats utiles de Google. Il suffit de penser à de bons termes de recherche. Essayez notre exemple en tapant **recette des tomates farcies** et en cliquant le bouton Recherche Google. Vous obtenez la réponse présentée à la Figure 8.3.

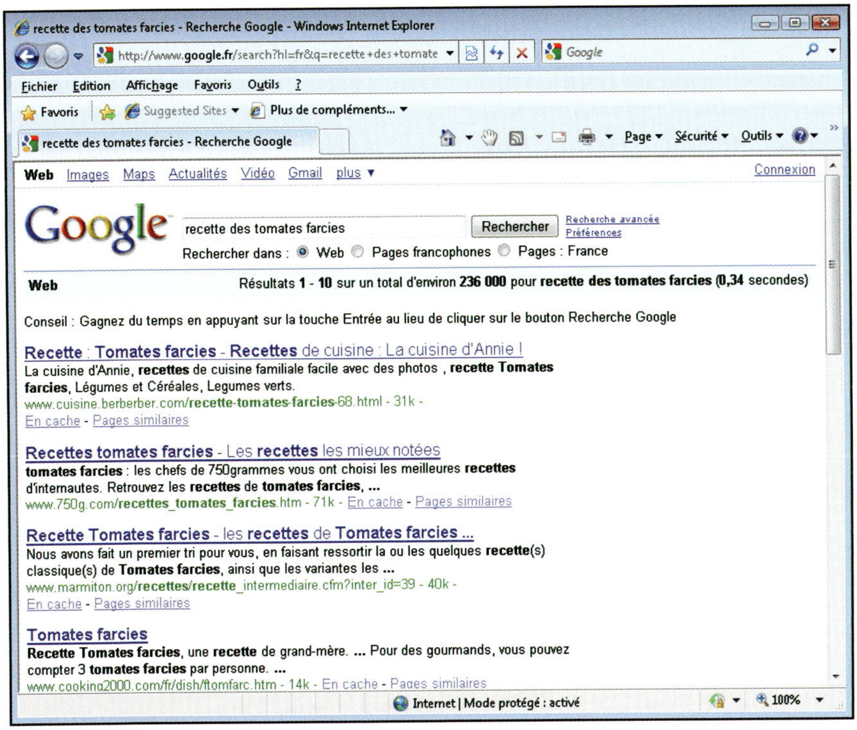

Figure 8.3 : Des pages sur les tomates farcies.

Les résultats que vous trouverez ne seront pas exactement les mêmes que sur la Figure 8.3 car Google aura actualisé sa base de données d'ici là. Google indique avoir trouvé 236 000 occurrences mais, ayant pitié de vous, n'en affiche que 10 à la fois (le nombre d'occurrences affichées simultanément est défini sous le lien Préférences). Bien que ce soit probablement plus que vous en attendiez, consultez au moins deux autres écrans de réponses si le premier écran ne comporte pas ce que vous voulez. Des numéros de page sont visibles en bas de l'interface de Google ; cliquez Suivant pour afficher la page suivante de sites (Figure 8.4). Le bouton J'ai de la chance effectue la recherche et vous mène directement au premier lien, ce qui marche bien lorsque, effectivement, vous êtes chanceux.

TRUC

En bas de la page, vous constatez que Google affiche une section nommée Recherches apparentées à. Cela permet d'affiner rapidement votre recherche en cliquant sur un des liens proposés. Par exemple, dans le cadre des tomates farcies, vous pouvez obtenir des résultats ciblés si vous cliquez sur le lien `tomate farcie viande hachée`.

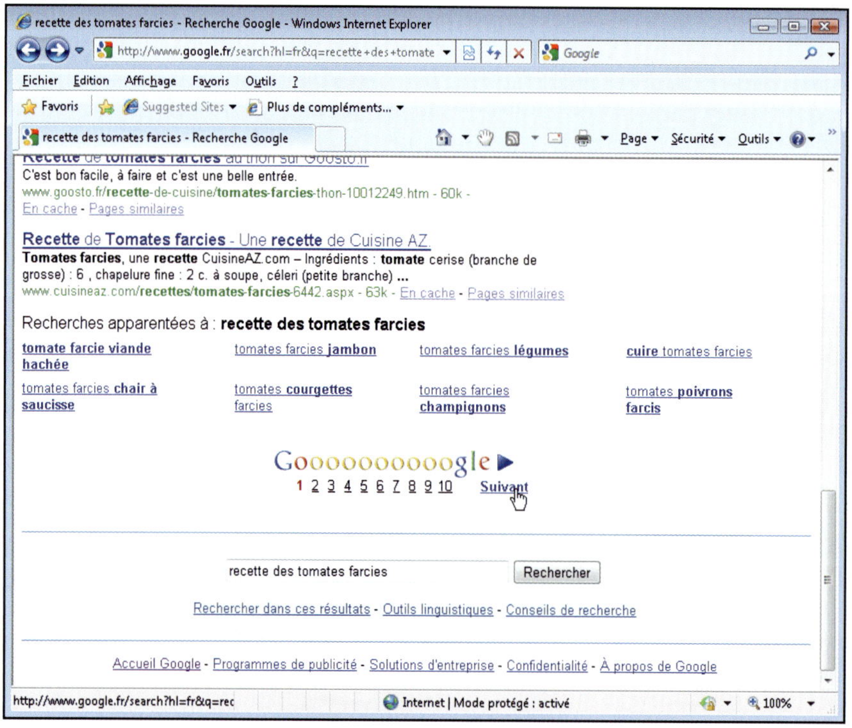

Figure 8.4 : Consultez les autres pages trouvées par Google.

Conseils pratiques pour la recherche sur index

Google facilite l'affinage de votre recherche pour cibler plus exactement ce que vous cherchez. Après chaque recherche, vos termes de recherche apparaissent dans une case en haut de la page pour que vous puissiez les modifier et réessayer. Voici quelques conseils sur la modification des termes :

- Saisissez la plupart des termes de recherche en minuscules. Tapez les noms propres avec une capitale initiale, comme Elvis. Ne tapez pas de mots entièrement en capitales.
- Si plusieurs mots doivent être ensemble, placez-les entre guillemets, comme dans "Elvis Presley".
- Utilisez + et - pour indiquer les mots devant apparaître ou ne pas apparaître, comme +Elvis +Costello -Presley si vous faites une recherche sur l'Elvis moderne, pas l'Elvis classique.
- Pour trouver des fichiers particuliers, comme de la musique MP3 d'un groupe spécifique tel que The Cure, saisissez ceci : index the cure *.mp3. Ceci fonctionne pour n'importe quelle extension de fichier.

Encore plus d'options dans Google

Bien que simple d'utilisation, Google est rempli d'options :

- **Vous pouvez trouver un itinéraire.** Saisissez une adresse et Google vous propose un lien vers un site spécialisé dans les plans et les itinéraires. Vous pouvez saisir le nom d'une personne, un code postal, et même un numéro de téléphone. Par exemple, essayez **202-456-1414**. Les informations sont collectées sur des sources publiques. Par conséquent, vous ne trouverez jamais quelqu'un qui veut rester anonyme (inscrit dans une liste rouge, par exemple). De plus, le premier résultat est celui d'une soustraction. Eh oui ! Google intègre une calculatrice !

  TRUC

  Vous en saurez plus sur les itinéraires au Chapitre 11, "Préparer ses vacances".

- **Vous pouvez trouver des informations par *Usenet*.** *Usenet* est une collection géante de groupes de discussions ou *newsgroups* que l'on trouve sur le Web (Figure 8.5). Pour effectuer une telle recherche dans Google, cliquez le lien Groupes. Si un sujet a été traité il y a vingt ans, vous en trouverez encore des informations grâce à Usenet. C'est également un lieu idéal pour trouver de l'aide pour dépanner un ordinateur. En bref, toute question trouve sa réponse sur Usenet. Pour savoir comment fonctionne Usenet et ce qu'il recouvre, connectez-vous à `www.usenet-fr.net/`.

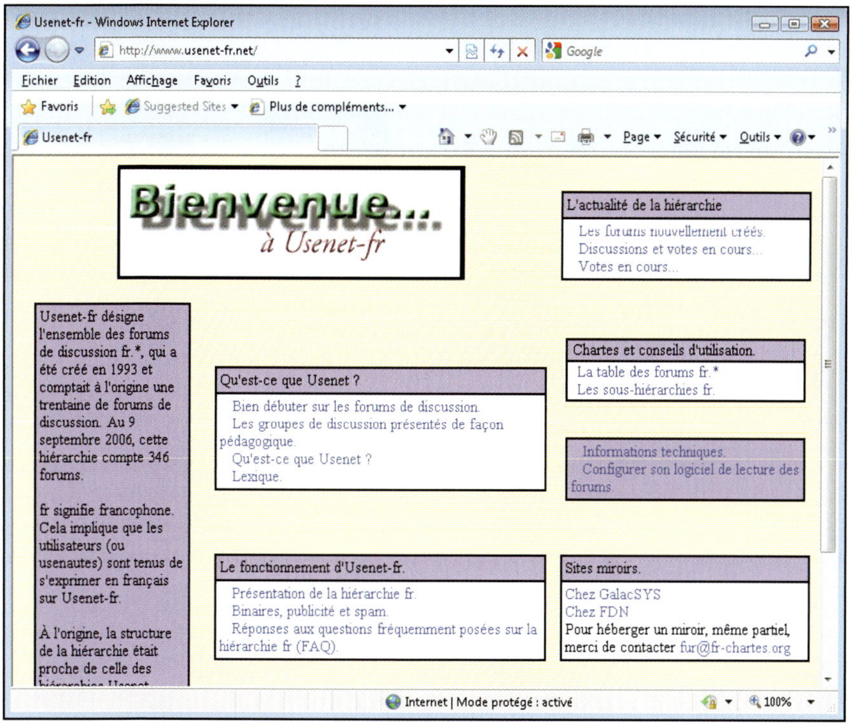

Figure 8.5 : La page d'accueil de la version Française de Usenet.

- **Vous pouvez chercher des images et du texte.** Si vous désirez que votre recherche affiche des images, cliquez simplement le lien Images. Par exemple, avec "tomates farcies", vous obtiendrez de belles photos de tomates farcies, comme le montre la Figure 8.6.

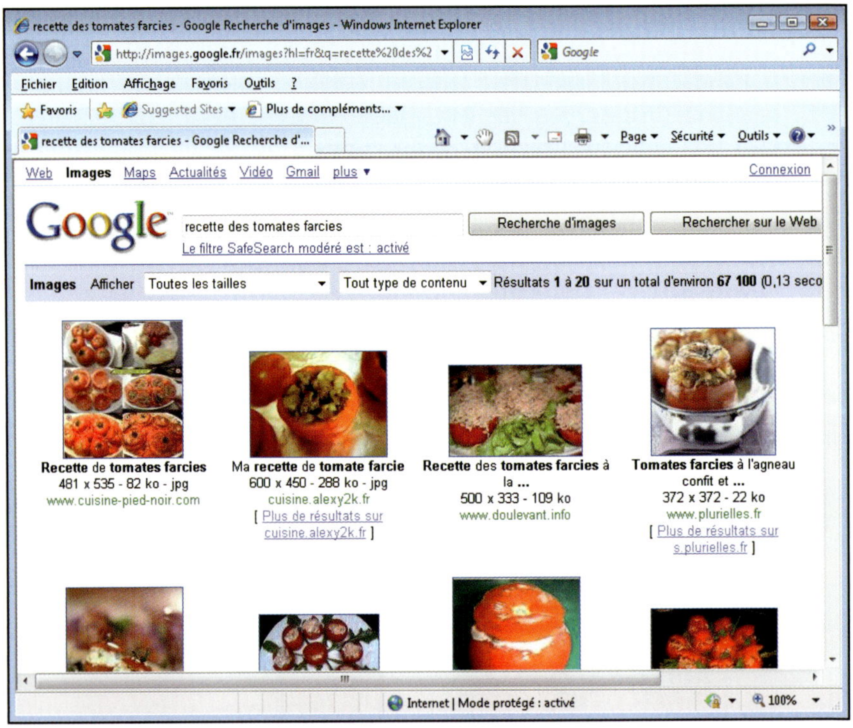

Figure 8.6 : Il est facile de trouver et d'afficher des images sur le sujet de votre recherche.

- **Vous pouvez obtenir des informations.** Pour obtenir des infos, cliquez le lien Actualités. Vous êtes alors dirigé vers `http://news.google.fr/news`. Sachez que, si un sujet d'actualité vous passionne, vous risquez de passer la journée à cliquer les liens qui s'y rapportent.
- **Vous pouvez facilement trouver des documents dans une langue étrangère.** Il n'y a aucun intérêt à chercher des pages dont vous ne savez pas lire le contenu. Cependant, Google peut essayer de les traduire, avec un succès assez mitigé. Cliquez le lien Outils linguistiques. En bas de la page qui apparaît, saisissez l'URL de la page à traduire et cliquez Traduire.
- **Google sait calculer.** Tapez **2+2** et Google vous répond = 4 (il faut au moins un processeur à double ou quadruple cœur pour réussir un calcul aussi compliqué).
- **Google sait convertir.** Il est très facile de convertir des mesures et des monnaies. Par exemple, si vous désirez convertir 15 pouces en centimètres, tapez **15 pouces** dans le champ Rechercher, et cliquez sur le bouton éponyme.

Le premier résultat donné par Google sera **15 pouces = 38,1 centimètres**. Idem pour les monnaies. Si vous désirez convertir 150 dollars en Euros, tapez **150 dollars** dans le champ Rechercher. Comme le montre la Figure 8.7, la conversion est effectuée à titre indicatif, mais reste un bon enseignement. Pour en savoir plus sur les fonctions de conversion de Google, cliquez sur le lien `Plus d'infos sur la conversion des devises`, ou `Plus d'infos sur la fonction calculatrice`.

- **Vous pouvez trouver rapidement des fichiers sur votre ordinateur.** Google permet de télécharger un programme appelé Google Desktop que vous installez sur votre PC. Dès cet instant, Google effectue, sur votre ordinateur, des recherches de fichiers stockés sur vos différents disques durs.

TRUC

L'avantage de cette fonctionnalité est de pouvoir effectuer de telles recherches sans quitter votre navigateur Web. En revanche, n'oubliez pas que Windows Vista propose une fonction similaire. Pour la mettre en œuvre, il suffit de cliquer sur le bouton Démarrer, et de taper immédiatement les premières lettres de l'élément que vous désirez trouver sur votre ordinateur. Ce que vous saisissez s'affiche dans le champ Rechercher situé en bas du menu Démarrer. A chaque nouvelle lettre que vous tapez, ce menu actualise les résultats trouvés. Il ne vous reste plus qu'à cliquer sur l'élément que vous souhaitez utiliser ou exécuter.

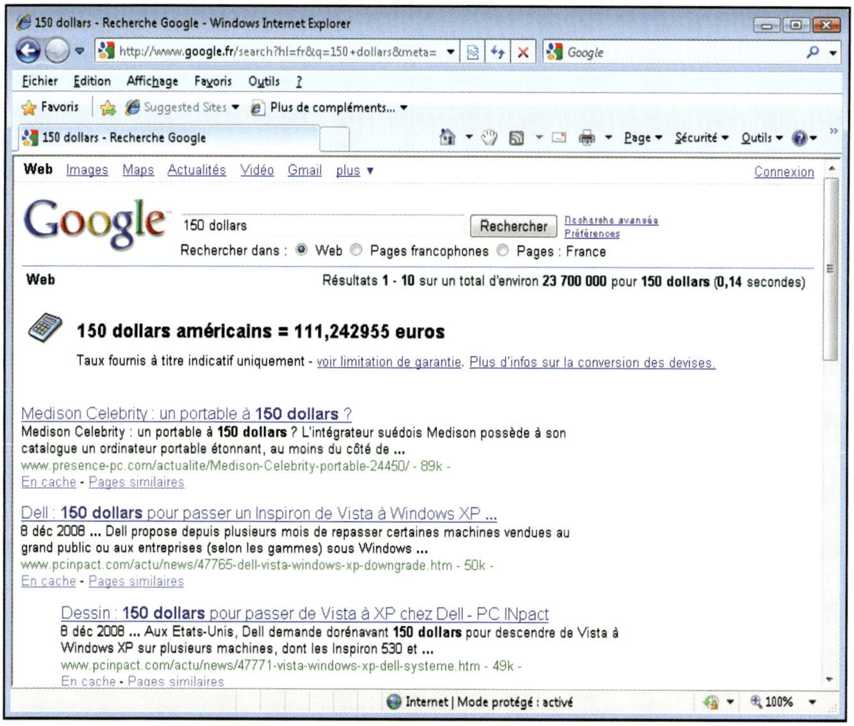

Figure 8.7 : Les talents de convertisseur de Google !

Yahoo!, ancien roi des répertoires

Yahoo! est l'un des moteurs de recherche qui a essaimé dans quelques pays européens, dont la France. Nous utiliserons cette page pour nos exemples. Allez sur `http://fr.search.yahoo.com/`. Vous arrivez sur la page d'accueil de la Figure 8.8. Vous y découvrirez de nombreuses rubriques et sous-catégories. En cliquant l'une d'elles, vous affinerez votre recherche de proche en proche.

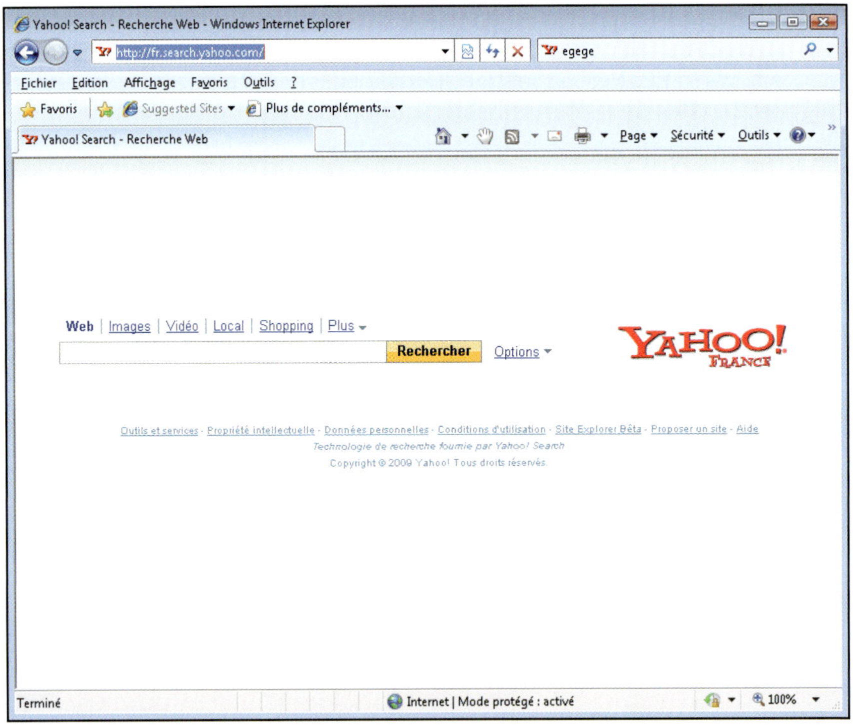

Figure 8.8 : Le moteur de recherche de Yahoo! France.

Rechercher sur Yahoo!

TRUC

Vous pouvez rechercher sur Yahoo! de deux manières différentes. Une des plus rapides évite de taper l'adresse `http://fr.search.yahoo.com/` dans Internet Explorer 8 ou Firefox, puis d'utiliser Yahoo! un peu comme Google. En effet, si vous utilisez un moteur de recherche c'est que vous êtes déjà sur le Web. Regardez attentivement l'interface d'Internet Explorer 8. Que voyez-vous dans son coin supérieur droit ? Réponse : Un champ de recherche qui affiche le nom du moteur de recherche que vous utilisez par défaut, par exemple Google. Si vous désirez effectuer rapidement une recherche, tapez l'objet de votre recherche dans ce champ. Une liste de suggestions apparaît au fur et à mesure que vous saisissez vos lettres. Elles correspondent aux résultats trouvés par Google. Si vous désirez afficher les résultats trouvés par Yahoo!, cliquez simplement sur l'icône Yahoo! Search comme à la Figure 8.9.

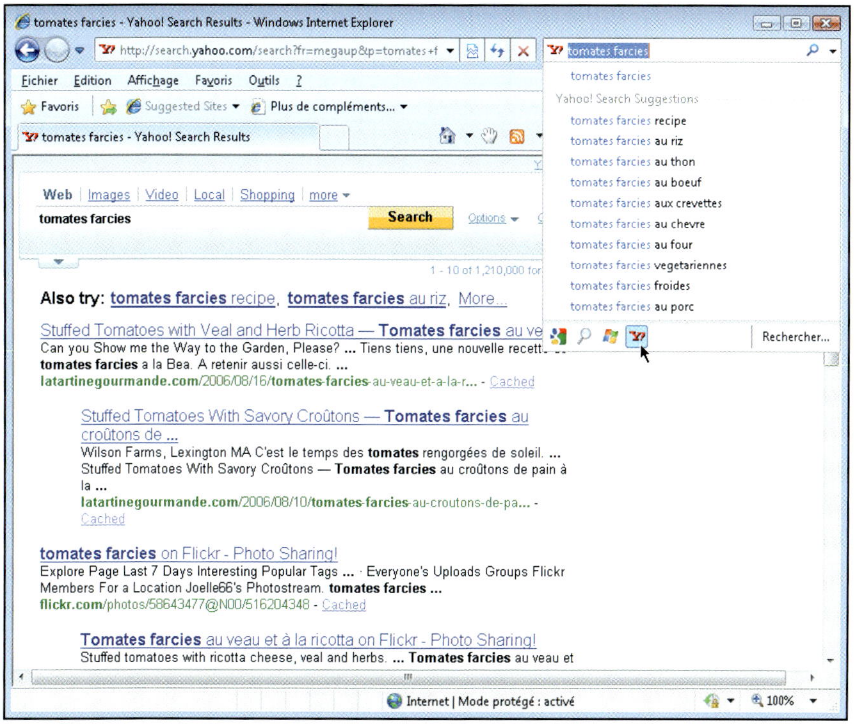

Figure 8.9 : Réaliser facilement vos recherches dans Yahoo! Search depuis Internet Explorer 8.

TRUC Si vous utilisez Firefox, la procédure est sensiblement la même. La seule différence est que vous devez cliquer sur la petite flèche située à droite de l'icône du moteur de recherche utilisé par défaut. Dans le menu local qui apparaît, cliquez sur Yahoo!, comme le montre la Figure 8.10.

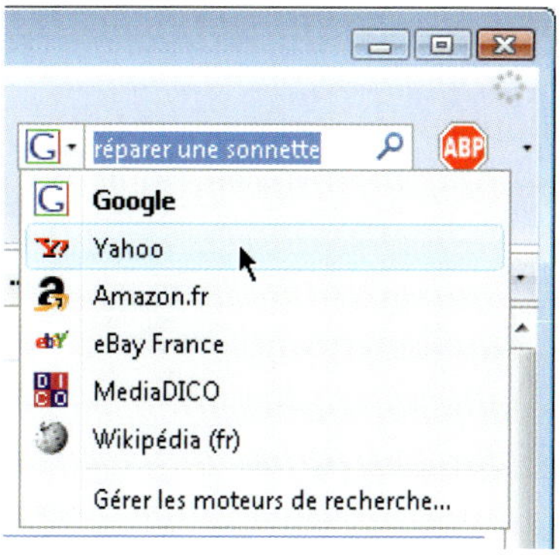

Figure 8.10 : Effectuer une recherche sur Yahoo! avec Firefox.

Si vous y tenez vraiment, tapez `http://fr.search.yahoo.com/` dans la barre de votre navigateur et appuyez sur Entrée. Accéder au moteur de recherche Yahoo! Search n'est utile que pour y définir des préférences de recherches.

Vous pouvez également utiliser Yahoo! Search depuis le portail du site Web Yahoo! à l'adresse `http://fr.yahoo.com/`. Dès que vous cliquez sur le bouton Recherche Web, Yahoo! affiche les résultats obtenus dans Yahoo! Search. L'avantage de Yahoo! Search est de pouvoir cliquer sur la petite flèche située juste en dessous du champ de recherche pour afficher une liste d'autres suggestions (comme le fait Google mais en bas de sa page), tel que vous pouvez le voir à la Figure 8.11.

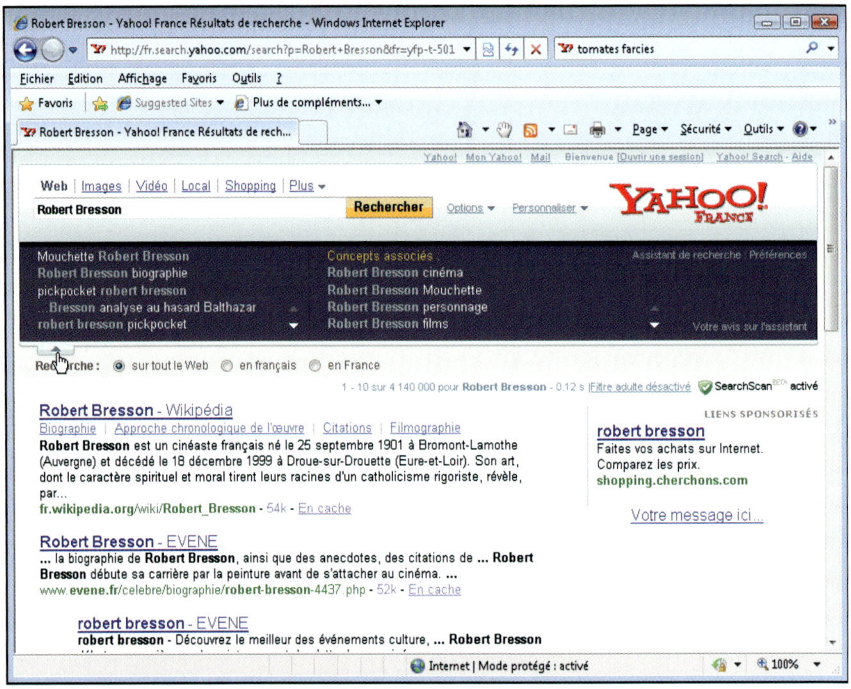

Figure 8.11 : Yahoo! Search, tout comme Google, suggère des recherches.

TRUC

Le blues du 404

Plus souvent qu'à notre tour, lorsque nous cliquons un des liens proposés par Yahoo! ou un de ses concurrents, nous aboutissons à un message du genre "404 not found" (404, pas trouvé). Qu'est-ce que cela signifie ? Tout simplement que la page est inexistante. Les sites et pages Web apparaissent et disparaissent si vite que les moteurs de recherche ont bien du mal à se tenir à jour.

À cet égard, les index automatisés comme ceux de Google et d'AltaVista sont mieux faits que les répertoires du genre de Yahoo! Les systèmes automatisés utilisent des robots logiciels qui visitent et revisitent périodiquement les adresses indexées et notent celles qui n'existent plus. Mais, même ainsi, il peut s'écouler plusieurs mois avant que ces disparitions ne soient repérées et, pendant ce temps-là, il peut se passer bien des choses sur le Web. Google met en cache (stocke) une copie de la plupart des pages visitées : si l'original a disparu, cliquez le lien Cache à la suite d'une entrée d'index Google, vous obtiendrez une copie de la page telle qu'elle était lorsque Google l'a indexée la dernière fois.

- Peu de choses se perdent sur Internet. Grâce au dispositif Wayback Machine, il est possible de retrouver les anciennes versions de certains sites Web. Rendez-vous sur `www.archive.org` et saisissez le lien perdu (adresse Web par exemple) dans le champ Search.
- Parfois, les sites Web connaissent une très légère modification qui entraîne avec elle la migration de certains liens. Si le lien auquel vous ne parvenez pas à accéder semble mort, essayez une version plus courte. Par exemple au lieu de saisir `www.microsoft.com/France/windows/windowsserver2003/ws2000_supportetendu.html`, essayez `www.microsoft.com/France/windows/windowsserver2003`, voire `www.microsoft.com/France/windows/`. Si malgré cela, la page reste introuvable, effectuez une recherche dans Google en saisissant uniquement le nom du fichier. Peut-être en reste-t-il une copie sur un autre site Web.
- Enfin, sachez que parfois vous ne trouvez plus un site car il est en période de maintenance. Cette période tombe souvent un dimanche. Ne vous inquiétez pas ! Le site sera de nouveau opérationnel dans les meilleurs délais.

Pour des faits concrets, essayez d'abord Wikipédia

Wikipédia, `http://fr.wikipedia.org/wiki/Accueil`, est une encyclopédie gratuite sur Internet. En hawaïen, *Wiki* signifie *rapide*. Le projet Wikipédia, qui a démarré en 2001, compte désormais plus de 5 millions d'articles disponibles dans 250 langues. Bien évidemment, vous y trouverez des articles sur les tomates farcies.

Si vous cherchez des scoops, Wikipédia est un excellent lieu d'investigation. Vous y trouverez des titres et des textes d'articles. Dans les articles, les termes soulignés en bleu renvoient vers d'autres articles précisant et développant le terme en question. Beaucoup d'articles ont des liens renvoyant vers des sites Web externes qui proposent encore plus d'informations sur le sujet traité. Les articles sont créés, modifiés et publiés par une équipe de bénévoles qui compte plus de six mille contributeurs.

Tout le monde peut écrire un article sur Wikipédia, ce qui est sa force mais aussi et surtout sa faiblesse. Des modérateurs empêchent la publication d'articles ne respectant pas la déontologie du site, mais il n'y a pas de comité de lecture validant l'exactitude des informations.

Les articles sont censés être purement informatifs. Il ne s'agit donc pas d'adopter une attitude partisane. La neutralité est de mise. Des sujets comme l'avortement, la peine de mort, la religion, la politique internationale sont de nature à créer des débats. Wikipédia ne fait pas autorité comme une œuvre aussi colossale et sérieuse que l'*Encyclopædia Universalis* mais ses articles sont généralement à jour et la quantité d'informations suffisante pour se forger une opinion ou argumenter des discussions.

TRUC

Si vous effectuez une recherche sur un sujet précis dans Google, il y a de grandes chances pour que vous tombiez sur un article publié sur Wikipédia.

Voilà ! Ici se termine notre grande recherche sur les tomates farcies. Il ne me reste plus qu'à aller les cuisiner.

Les autres...

Lorsque vous serez habitué à Yahoo!, Google et ODP, vous souhaiterez sans doute essayer quelques-uns de leurs concurrents.

About.com

www.about.com

About est un répertoire où plusieurs centaines de "guides" semi-professionnels gèrent les rubriques.

AltaVista

www.altavista.com

AltaVista est un index volumineux. Pendant longtemps, il est resté le plus grand, mais il est aujourd'hui dépassé par Google. Il n'a pas la faculté de Google de placer les pages les plus intéressantes en tête de liste mais pour la recherche de sujets particuliers dont vous connaissez déjà des mots-clés, il reste difficile à battre. Il propose également une recherche directe de fichiers MP3 et Audio en général.

Bytedog

www.bytedog.com

Bytedog rassemble les résultats de recherche d'autres moteurs de recherche et les présente sous forme de classement. La réponse met quelques longues secondes à vous parvenir du fait du filtrage des mauvais liens que vous n'aurez donc pas à gérer. Bytedog est un projet mené par deux étudiants de l'université de Waterloo, Ontario, USA.

Recherche Microsoft

www.msn.fr

Pour Microsoft, Google est un ennemi enviable. Le moteur de Microsoft, à savoir MSN, est loin de valoir les autres. Pourtant – et cela est très surprenant – c'est lui qui s'affiche par défaut dans Internet Explorer !

Autres guides du Web

ODP a un répertoire de plusieurs centaines de guides : visitez `dmoz.org/Computers/Internet/Searching/`. Ensuite, cliquez le lien French pour afficher le contenu de la page en français.

Pages Jaunes

www.pagesjaunes.fr

Ces "Pages Jaunes" remplacent notre bon vieil annuaire papier et le Minitel.

Rechercher des personnes

Trouver quelqu'un sur le Net n'est pas aussi facile qu'on pourrait le croire. Tout au moins pour les personnes n'habitant pas les États-Unis. Il existe deux systèmes de recherche de personnes qui se recoupent : ceux qui recherchent des personnes sur le Net, avec adresse e-mail et/ou Web, et ceux qui recherchent des personnes dans la vie réelle avec adresse postale et numéro de téléphone. Pour ce dernier type de recherche, rappelons l'existence du Minitel, consultable à partir d'une interface Minitel sur ordinateur, et le site www.pagesjaunes.fr qui propose aussi la consultation des Pages Blanches de l'annuaire.

Dans la vie réelle

Ces annuaires sont compilés à partir des annuaires papier. Ceux qui ne figurent pas sur ces derniers depuis plusieurs années n'ont aucune chance de se trouver sur les annuaires du Web.

Sur le Net

Comme il n'existe pas de document comparable à un annuaire papier pour les adresses Internet, une telle recherche risque souvent d'être un coup d'épée dans l'eau. Les différents serveurs de recherche utilisent chacun des sources d'informations différentes, ce qui fait que leurs résultats ne se recoupent généralement pas. Aussi, si vous ne trouvez pas la personne recherchée dans l'annuaire utilisé, n'hésitez pas à en essayer un autre, vous aurez peut-être plus de chances.

Pour savoir si quelqu'un a une page Web, recherchez son nom avec Google. Pour connaître l'étendue de votre popularité, vous risquez d'avoir quelques surprises, particulièrement si votre patronyme est répandu ou à connotation historique.

Google, chasseur de têtes

Dans Google, saisissez le nom et l'adresse de quelqu'un. Vous verrez une longue liste s'afficher, mais n'espérez pas forcément y trouver la personne que vous cherchez.

Si vous désirez savoir si quelqu'un a une page Web, utilisez Google ou Yahoo! en saisissant simplement le nom de cette personne. Si vous désirez évaluer votre popularité, tapez votre nom dans les moteurs Google ou Yahoo! Si vous recherchez l'adresse e-mail d'une personne, passez par Google.

Les Pages Blanches

www.pagesblanches.com

Ce n'est qu'une des rubriques du site pagesjaunes.fr.

Le courrier, une fois encore

Les listes de diffusion constituent une autre ressource d'importance. La plupart d'entre elles acceptent volontiers des questions correctement et poliment formulées concernant les sujets qu'elles traitent.

Avec votre navigateur

Microsoft et Mozilla sont arrivés sur le marché des moteurs de recherche. Firefox et Internet Explorer sont des navigateurs qui vous conduisent directement sur leur système de recherche préféré si vous leur en donnez la plus petite occasion. Ces systèmes ne sont pas complètement dépourvus d'intérêt, mais, à moins d'être le genre de personne qui allume la télé et regarde ce qui apparaît à l'écran sans zapper une seule fois, vous préférerez probablement choisir vous-même votre propre moteur de recherche.

Firefox et Safari

Firefox et Safari (le navigateur Web du Mac) disposent d'un champ de recherche qui s'apparente donc à un moteur. Vous y saisissez les mots-clés nécessaires à votre recherche et appuyez sur la touche Entrée. En fait, Firefox et Safari se basent sur Google. Dans Firefox, il suffit de cliquer la petite flèche du champ de recherche (G) pour sélectionner un autre moteur de recherche.

Les sites suggérés d'Internet Explorer 8

Internet Explorer 8 a été conçu pour offrir plus de rapidité et plus de souplesse aux utilisateurs effrénés du Web. Pour cela, Microsoft a créé une fonction appelée Sites suggérés. Elle permet, lorsque vous êtes dans une page, de trouver d'autres pages du même type qui peuvent vous apporter des informations supplémentaires et/ou complémentaires.

Avec cette fonction, vous allez très facilement trouver d'autres moteurs de recherche comme l'explique cette procédure :

1. **Ouvrez Internet Explorer 8, et affichez votre moteur de recherche par défaut, Google comme par hasard.**
2. **Veillez à afficher le Volet des favoris. Si ce n'est pas le cas, cliquez sur Affichage/Barre d'outils/Volet des favoris.**

3. **Cliquez sur le bouton Favoris.**
4. **En bas du volet des favoris cliquez sur le lien Sites suggérés.**

   La page des sites suggérés apparaît. Elle consiste en un ensemble de suggestions basées sur vos goûts et ceux des personnes qui consultent les mêmes sites que vous.
5. **Pour trouver d'autres moteurs de recherche, faites défiler le contenu de cette page.**

   Vous constatez que dans la colonne de gauche figurent les sites que vous avez récemment consultés, et dans la colonne de droite des sites équivalents suggérés par Internet Explorer.
6. **Cliquez sur le site auquel vous désirez accéder.**
7. **Si les suggestions vous semblent insuffisantes, cliquez sur le lien** `Plus de suggestions`.
8. **Ajoutez des sites suggérés à vos favoris par un clic sur le lien** `Ajouter sites suggérés au volet des Favoris`.

   Internet Explorer affiche alors un message vous demandant si vous désirez ajouter cette page des sites suggérés en tant que composant Web slice. Il s'agit d'une portion spécifique d'une page Web à laquelle vous pouvez vous abonner gratuitement afin que son contenu soit automatiquement mis à jour. Ce composant fait alors partie du volet des favoris. Dès que le composant est mis à jour, il s'affiche en gras dans les favoris. C'est une sorte de flux RSS. Il suffit alors de cliquer sur le lien pour consulter le contenu mis à jour.

TRUC

Vous pouvez également ajouter une page Web aux composants suggérés. Ainsi, chaque fois que vous visiterez cette page, il vous suffira de cliquer sur le bouton Sites suggérés d'Internet Explorer pour obtenir une liste de sites connexes. Voici comment procéder :

1. **Affichez la page Web du site qui vous intéresse.**
2. **Dans la barre Volet favoris, cliquez sur le bouton Sites suggérés.**

   Si le site visité est déjà répertorié par Microsoft, des sites équivalents sont alors suggérés. Sinon, Internet Explorer propose de vous abonner au site.
3. **Dans la liste des sites suggérés, cliquez sur celui que vous désirez visiter.**

TRUC

Si le fait de cliquer n'ouvre pas la page Web du site en question dans un nouvel onglet, c'est que son accès est verrouillé pour des questions de sécurité. Pour forcer l'ouverture, appuyez sur la touche Ctrl de votre clavier, et cliquez sur le lien.

Le pari des dix minutes

Notre ami Doug Hacker prétend être capable de trouver la réponse à n'importe quelle question factuelle sur le Net en moins de dix minutes. Carol a voulu vérifier et lui a demandé de retrouver une citation dont elle se souvenait vaguement au sujet d'un album de Duke Ellington dont elle ne pouvait plus se rappeler le titre. Il lui a fallu environ une heure pour retrouver la citation complète, mais avec moins de cinq minutes de son temps à lui. Comment ? Il a d'abord trouvé une liste de diffusion ayant pour sujet Duke Ellington, s'y est abonné et a posé la question. Il n'a fallu que quelques minutes pour que plusieurs abonnés proposent une réponse. Plus vous passerez de temps à apprendre à vous servir du Net et à vous y retrouver, plus vous en gagnerez lorsque vous aurez besoin de trouver quelque chose de précis.

Quatrième partie

Tout ce que vous avez envie de faire sur Internet sans oser le demander

"... et me voici avec Cindy Crawford.
Et là c'est moi avec Madonna et Céline Dion..."

Dans cette partie...

Pour une nouveauté, c'est une nouveauté ! Certes, je ne connais pas tout sur le Web, et il serait prétentieux de prétendre le contraire. Toutefois, il ne me semble pas qu'il existe un ouvrage consacré à Internet qui vous explique concrètement ce que vous allez faire sur la toile (ben oui, l'autre nom du Web). Pour cette raison, je me suis mis au défi de vous apporter des pistes d'exploration en me basant sur quelques observations réalisées dans la vie quotidienne.

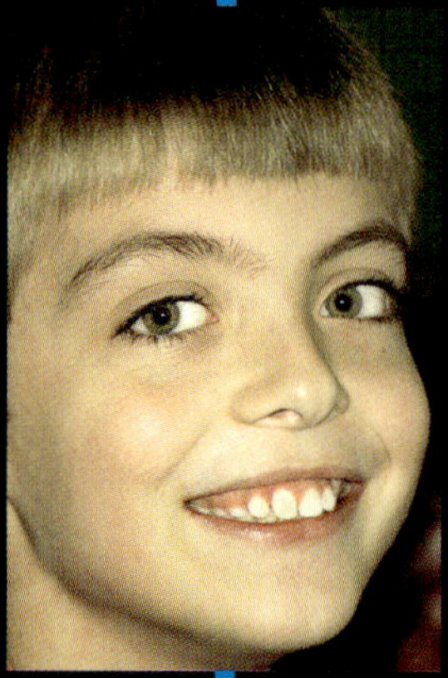

Vous comprenez qu'apprendre ce qu'est Internet et à visiter des sites est une technique qui n'a de valeur que si elle a une véritable utilité. C'est de cette utilité dont il est question tout au long de cette partie.

- Télécharger, acheter, écouter, organiser vos musiques.
- Acheter et vendre tout et n'importe quoi sur des sites qui vendent du neuf, de l'occasion, et même faire vos courses dans des supermarchés virtuels (Chapitre 10).
- Préparer ses vacances en trouvant une location, en faisant son itinéraire, en calculant sa consommation de carburant, et surtout en payant moins cher ses billets de train ou d'avion sans se faire arnaquer (Chapitre 11).
- Se faciliter l'existence en suivant ses comptes au jour le jour à domicile, en transférant de l'argent, en téléchargeant des relevés, et en investissant. Mais aussi en réalisant des paiements aussi réguliers que sont vos factures de gaz et d'électricité, déclarer et payer vos impôts en ligne, et obtenir des documents administratifs en évitant les longues files d'attente ou les interminables échanges de courriers postaux (Chapitre 12).
- Vous cultiver et vous informer en achetant vos billets de concert, musée, cinéma, théâtre, et livres. En visitant virtuellement des musées pour être sûr que cela vaut la peine de vous y rendre en famille (Chapitre 13).

Chapitre 9

Musique sur le Web

Dans ce chapitre :

- Écouter de la musique en surfant.
- Écouter de la musique en vaquant à d'autres activités.
- Achetez et organisez vos musiques avec iTunes et le Lecteur Windows Media.
- Ecoutez toutes les radios.

Il y a 20 ans déjà, les pages Web étaient essentiellement constituées de texte. Il était possible de télécharger des images dans des archives et il existait bien cette chose attirante et inquiétante appelée *World Wide Web* qui mélangeait texte et images mais, dans la majorité des cas, les pages n'affichaient que des mots. Cette restriction tenait au fait que les connexions Internet étaient trop lentes pour supporter les débits de données exigés par des médias plus volumineux.

Désormais, pour la majorité des adeptes d'Internet, ce temps est révolu. Les connexions sont désormais à haut débit et les disques durs des ordinateurs sont si volumineux et si bon marché que tout ordinateur moderne peut largement profiter des dernières technologies du Web. Ainsi, vous pouvez, sans difficulté, écouter la radio et regarder la télévision de tous les pays du monde. Ce chapitre tente de mettre un peu d'ordre dans cette immense contrée d'exploration que sont les médias "en ligne".

Cinq manières d'accéder aux médias (plus une à ne pas utiliser)

Allez, sans exagérer, il y a au moins dix mille programmes et formats différents qui délivrent des images et des sons sur le Web. Heureusement, ils se répartissent dans un nombre limité de catégories : gratuits, en flux continu (*streaming*), loués, achetés, partagés et... volés.

Ne refusez pas les cadeaux

L'approche la plus sympathique consiste à télécharger des médias qui sont gratuitement mis à votre disposition sur les sites Web. Par exemple, si vous faites un tour sur le site de la NASA, à `www.nasa.gov/multimedia`, vous pourrez visualiser de nombreuses vidéos de la navette spatiale. Vous pouvez aussi visiter la base aérospatiale de Kourou à l'adresse `www.esa.int/esaCP/SEM1T81XDYD_France_0.html`. Il en va de même pour la musique que vous trouverez gratuitement en nombre important sur Internet. Il s'agit de morceaux d'artistes inconnus du grand public et/ou qui ont décidé de donner leurs œuvres aux auditeurs. Vous pourrez écouter des choses aussi étonnantes qu'originales sur un site comme `www.erreur404.org/html2/mp3.php3`, illustré à la Figure 9.1.

Figure 9.1 : La gratuité existe sur Internet... nous l'avons rencontrée.

Écoutez et regardez en ligne

La plupart des médias sont diffusés à la demande. Imaginez donc Internet comme un gigantesque *juke-box* audio et vidéo. D'autres médias reprennent les sacro-saints horaires de diffusion audiovisuelle. Par exemple, il est possible d'écouter les radios nationales et périphériques sur Internet, en direct. Vous en saurez davantage à ce sujet en lisant la section "La radio sur Internet", plus loin dans ce chapitre.

Quelles sont les grandes expériences de *streaming* aujourd'hui ? Voici deux éléments de réponses parmi d'autres :

- L'expérience Deezer que nous étudions d'une manière plus détaillée dans une prochaine section. Ce site totalement légal, qui paye des droits aux artistes dont les œuvres sont diffusées sur le site, permet d'écouter des chansons, de regarder des vidéos, d'écouter des radios, de créer des listes de lecture (plays-lists), et bien sûr d'acheter les musiques qui vous intéressent. La page d'accueil de Deezer est illustrée à la Figure 9.2.

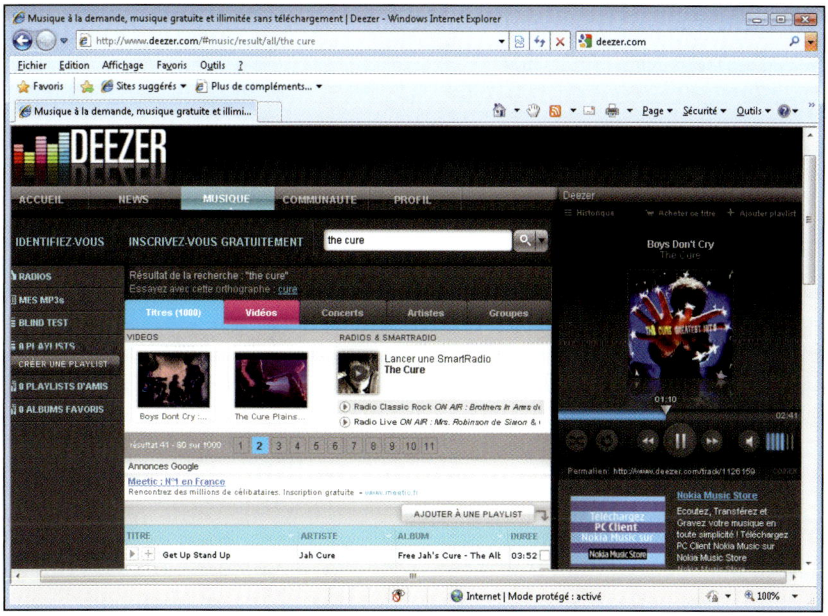

Figure 9.2 : Et si Deezer était le site de musique qui vous manquait ?

- Les sites de streaming vidéo, sont souvent appelés sites de VOD (vidéo à la demande). Ils sont payants ou gratuits, et proposent des films récents et des séries dans des qualités variables. Les meilleures offres sont peu coûteuses et en haute définition. Toutefois, il existe des sites de streaming légaux, dont les responsables payent des droits pour diffuser les films ou des liens vers des films très récents. Sur ces sites, la qualité de l'image laisse parfois à désirer, et le téléchargement en temps réel dans la mémoire cache de votre ordinateur n'est pas toujours régulière.

TRUC

Le streaming est-il illégal ?

P'têt ben qu'oui, p'têt ben qu'non ! Vous savez la lutte que mène l'industrie du cinéma (et du disque) contre le téléchargement illégal de musiques et de vidéos. La question que pose le streaming est celle de savoir s'il est illégal dans la mesure où vous ne téléchargez pas réellement un film ou une musique. Ces médias restent temporairement dans votre ordinateur le temps que vous les regardiez ou les écoutiez en "direct".

La loi a condamné des sites de streaming, mais pour le moment, il n'existe pas de cas où un internaute a été condamné pour avoir regardé un film ou une série en streaming depuis un site a priori illégal. Pourtant, théoriquement, l'internaute risque la même peine qu'en effectuant un téléchargement sur des systèmes P2P (Peer-to-Peer que nous n'évoquerons pas dans ce livre), c'est-à-dire une grosse amende, voire de la prison.

Qui prend les plus gros risques en matière de streaming ? Les sites qui hébergent ces vidéos et ceux qui les y téléchargent, c'est-à-dire qui les mettent à la disposition des spectateurs internautes. Le problème est que ces sites se situent souvent à l'étranger, dans des pays où la législation est bien plus souple qu'en France. Pour le moment, il existe un vrai vide juridique sur le streaming vidéo. Alors que faire ? Je vous conseille simplement d'aller sur des sites où le streaming est légal, c'est-à-dire des sites de VOD (qui diffusent parfois en streaming et/ou qui permettent de télécharger des films moyennant paiement). Enfin, sachez qu'un site comme YouTube serait en tractation avec certaines sociétés de productions et de diffusion cinématographiques pour proposer gratuitement des longs métrages en streaming.

Louez !

La musique est avant tout commerciale. De ce fait, la majorité des sites la vendent moyennant parfois le paiement d'un abonnement mensuel pour écouter une large collection de morceaux enregistrés. C'est ainsi que les choses se passent sur `www.real.com/rhapsody` (Figure 9.3). L'abonnement mensuel donne droit à la consultation d'un catalogue de musiques et de films que vous pouvez consulter avec un lecteur spécifique téléchargeable sur le site. Ce système ne semble pas encore pratiqué en France, mais on en parle beaucoup.

Achetez !

Aujourd'hui, il est devenu très facile d'acheter, à moindre coût, de la musique sur Internet. Que vous utilisiez le Lecteur Windows Media de Microsoft, RealPlayer ou le désormais très à la mode iTunes, vous accédez à un catalogue impressionnant d'albums et de titres téléchargeables pour un prix d'environ 90 centimes d'euros par chanson. Nous détaillons iTunes et le Lecteur Windows Media un peu plus loin dans ce chapitre.

Figure 9.3 : Et si la solution au pillage de la musique se trouvait dans l'abonnement ?

Partagez !

Napster (`www.napster.com`) fut le premier site d'échange de musique en ligne. Il permettait à ses membres d'échanger des fichiers musicaux MP3, gratuitement et en toute impunité. Ce fut le premier système d'échange sur un réseau P2P, c'est-à-dire *peer-to-peer* ou *pair à pair*. Bien évidemment, les gros labels de distribution ne virent pas cela d'un bon œil et, face à la multiplication des réseaux P2P, il est aujourd'hui devenu totalement illégal de télécharger de la musique gratuitement et de mettre à libre disposition en ligne des morceaux et/ou des films dont vous n'êtes pas l'auteur.

Volez ces médias ! (Mais non bien sûr !)

Internet regorge de fichiers piratés, c'est-à-dire mis en ligne sans aucune autorisation des auteurs de l'œuvre qui y est enregistrée. J'en appelle à l'éthique et à la citoyenneté des internautes. Prohibez tout ce qui est illégal ! Les réseaux P2P sont attirants car tout ce qui est illégal est attirant, d'autant plus que, derrière l'écran d'un ordinateur, on se sent malgré tout à l'abri du regard des autres. C'est un leurre. On peut vous localiser facilement.

Des téléchargements littéraires

Il n'y a pas que de la musique ou de la vidéo à télécharger sur Internet. Depuis quelques mois, vous avez la possibilité d'acheter des livres audio. C'est un service absolument génial pour les personnes souffrant de déficiences visuelles. Cependant, les livres ainsi lus par des tierces personnes peuvent également séduire ceux qui n'ont pas le temps d'ouvrir un livre et qui préfèrent s'instruire au volant de leur voiture ou en pratiquant leur jogging quotidien.

La plus importante librairie de ce type se trouve à l'adresse suivante : `www.audible.fr/adfr/store/welcome.jsp` (Figure 9.4). Soit vous souscrivez un abonnement qui vous donne droit à un ou deux titres par mois, soit vous téléchargez vos livres à la carte. Pour "écouter" le livre, il suffit d'utiliser un des lecteurs audio compatibles dont vous trouverez la liste sur le site. Il est bien évidemment possible d'écouter le titre téléchargé avec le lecteur multimédia de votre ordinateur et de le graver sur CD audio. Il existe un plug-in pour iTunes qui permet de copier vos livres sur votre iPod, de même qu'un plug-in pour le Lecteur Windows Media et tous les périphériques qu'il prend en charge.

Vous pouvez tester Audible en téléchargeant gratuitement sept extraits audio.

Figure 9.4 : Ne lisez pas les livres, écoutez-les !

Avec quoi écoutez-vous ?

Avec vos oreilles évidemment ! Oui, mais pour que le son (et l'image) arrivent jusqu'à vos oreilles (et vos yeux), il faut que votre ordinateur soit équipé d'un programme spécial appelé un *lecteur multimédia*. Si vous utilisez Windows, vous disposez en standard du Lecteur Windows Media dont la dernière version porte le numéro 11 (Figure 9.5). Il existe une quantité impressionnante d'autres lecteurs, souvent de bien meilleure qualité que le Lecteur Windows Media, mais avouons que cette version 11 a fait d'énormes progrès, et de plus elle est disponible en standard avec Windows Vista. Généralement, les lecteurs multimédias sont gratuits. Les éditeurs attirent votre attention sur des lecteurs afin de vous vendre, par la suite, une version plus élaborée qui, par exemple, permettra de graver les fichiers audio ou vidéo sur CD et/ou DVD. Bien évidemment, vous n'êtes jamais obligé de faire migrer une version gratuite vers une version payante. Personnellement, j'utilise plusieurs lecteurs (appelés aussi *players*) que je n'ai jamais mis à jour vers une version plus sophistiquée. Les quelques sections qui suivent font le tour d'horizon des lecteurs multimédias les plus répandus.

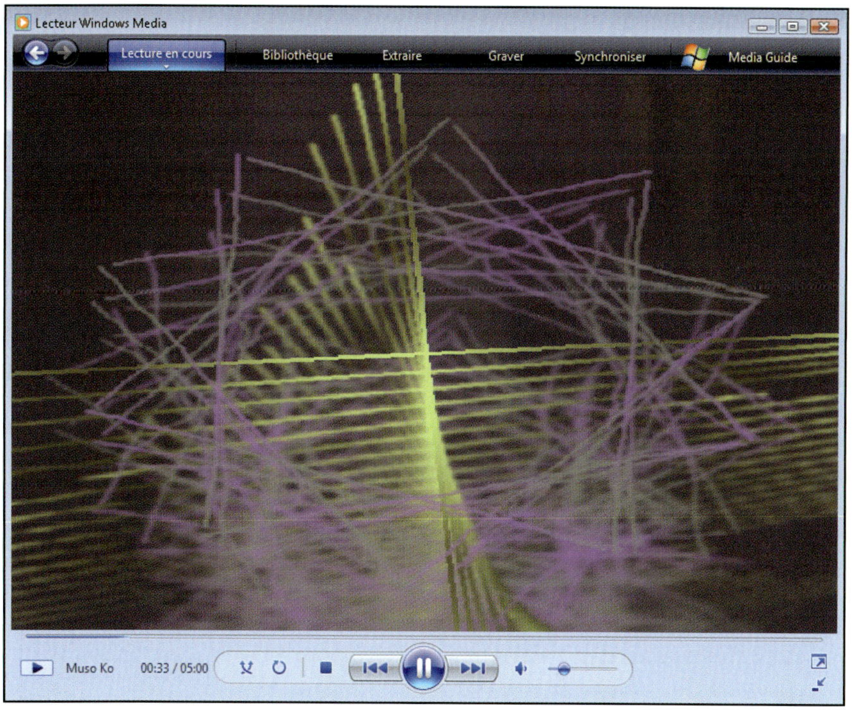

Figure 9.5 : Le Lecteur Windows Media 11 en action.

RealPlayer

`http://france.real.com/realplayer/`

RealPlayer est le lecteur historique du *streaming*, c'est-à-dire de la diffusion en flux continu (en direct et en temps réel) de médias disponibles sur Internet. RealPlayer est gratuit, et vous apercevez son interface à la Figure 9.6. Les fichiers typiquement Real sont au format `.ra` ou `.ram`. Pour les lire, il faut impérativement ce lecteur.

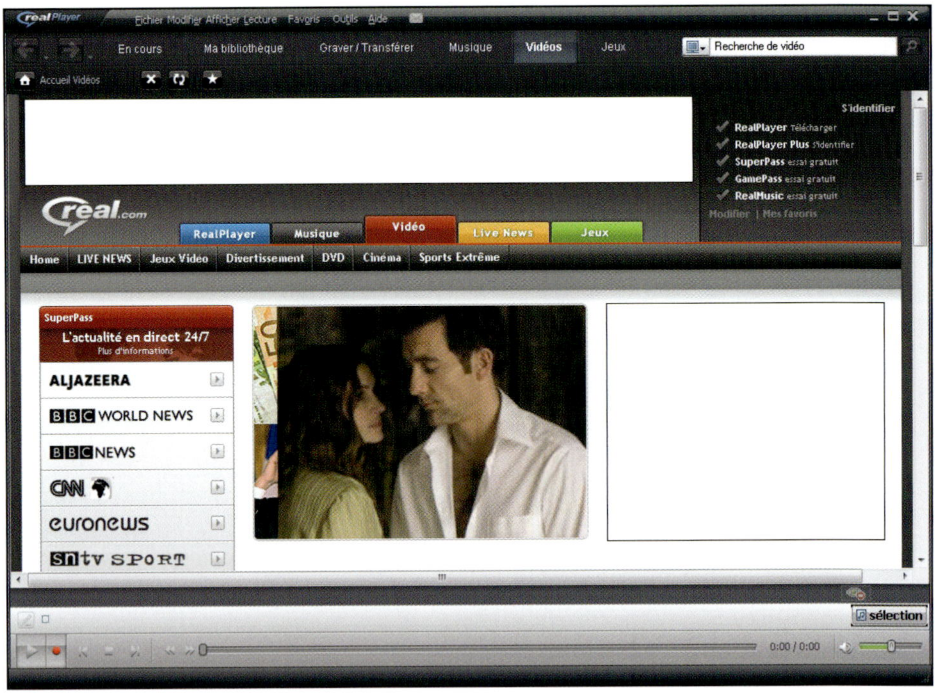

Figure 9.6 : De nombreux fichiers en streaming sont disponibles au format RealPlayer.

Avant d'utiliser ce lecteur multimédia, vous devez le télécharger et l'installer. Force est de constater que l'installation de RealPlayer, version gratuite, est devenue beaucoup plus simple que par le passé, ce qui évite de se laisser piéger par les offres commerciales de la société RealNetworks. Si jamais on vous invite à passer à une autre version de Real Player, de surcroît payante, refusez tout autre téléchargement qui n'est pas gratuit. Une fois installé, ce lecteur va vous assaillir de messages publicitaires. Régulièrement, vous serez sollicité pour passer à la version payante du programme. Ne cédez pas !

Ainsi, par défaut, au moment de choisir la version de RealPlayer à installer, le programme active par défaut RealPlayer Plus qui coûte 24,99 € ! Donc, activez l'option RealPlayer de base !

RealPlayer intègre un navigateur Web qui ouvre un guide multimédia regorgeant de choses à écouter, à regarder, et surtout à acheter. Si vous avez l'âme d'un consommateur outrancier, cédez à ce plaisir, sinon, faites comme moi, entrez dans une résistance farouche pour acheter uniquement ce dont vous avez réellement besoin.

TRUC

Real Player est un lecteur multimédia qui reconnaît un nombre impressionnant de formats de fichiers. C'est aussi un système complet d'accès à des médias directement sur Internet, c'est-à-dire sans ouvrir Internet Explorer 8 ou Firefox.

Lecteur Windows Media

`www.microsoft.com/windows/windowsmedia/fr/default.aspx`

Microsoft a développé son propre format de fichiers audio et vidéo diffusés en temps réel sur Internet, c'est-à-dire en *streaming*. Ce format de fichier ASF (*Advanced Systems Format*) porte l'extension `.asf` ou `.asx`. Bien évidemment, le Lecteur Windows Media prend en charge de nombreux autres formats audio et vidéo, notamment WMA et WMV (les deux formats natifs audio et vidéo de ce lecteur), ainsi que le MP3, et j'en passe.

Le Lecteur Windows Media met également à votre disposition une série de liens directs vers des magasins de vente de musique en ligne, mais aussi vers des radios périphériques et des radios plus confidentielles réparties sur toute la surface de la Terre.

Bien entendu ce lecteur est capable de lire vos CD audio et vos DVD vidéo.

QuickTime

`www.apple.com/fr/quicktime`

Le troisième format de *streaming* (diffusion en temps réel) est QuickTime d'Apple. Ce lecteur est disponible pour Mac et PC. Vous pouvez le télécharger à l'adresse ci-dessus. La dernière version illustrée à la Figure 9.7 porte le numéro 7.6. Vous avez la possibilité de migrer vers QuickTime Pro, une version plus élaborée pour créer vos propres films et qui s'intègre également dans certaines applications multimédias, permettant ainsi d'ajouter de l'interactivité à vos vidéos.

TRUC

Lorsque vous installez QuickTime, vous installez également iTunes.

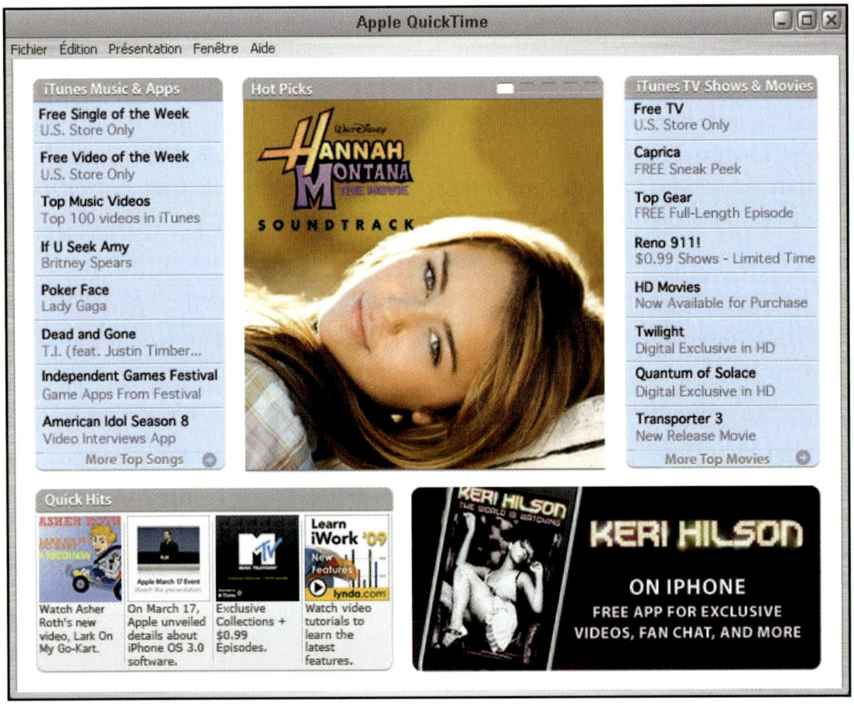

Figure 9.7 : Un excellent lecteur : QuickTime Player.

iTunes

`http://www.apple.com/fr/itunes/`

iTunes est, entre autres, la réponse d'Apple au Lecteur Windows Media de Microsoft. En effet, c'est un peu plus que cela. iTunes vit un parfait amour avec toute la gamme des lecteurs numériques portable iPod. Ce programme permet de gérer vos fichiers MP3 (entre autres), et de synchroniser vos bibliothèques avec celle de votre iPod. Ainsi, vous pouvez facilement avoir sur un iPod la copie conforme de votre audiothèque de bureau.

iTunes peut également diffuser de la vidéo, télécharger des films et des podcasts.

Comme si cela ne suffisait pas à être poings et mains liés avec Apple, vous disposez d'un lien direct avec le magasin de vente de musique en ligne iTunes Store.

L'interface d'iTunes illustrée à la Figure 9.8 sera détaillée plus loin dans ce chapitre.

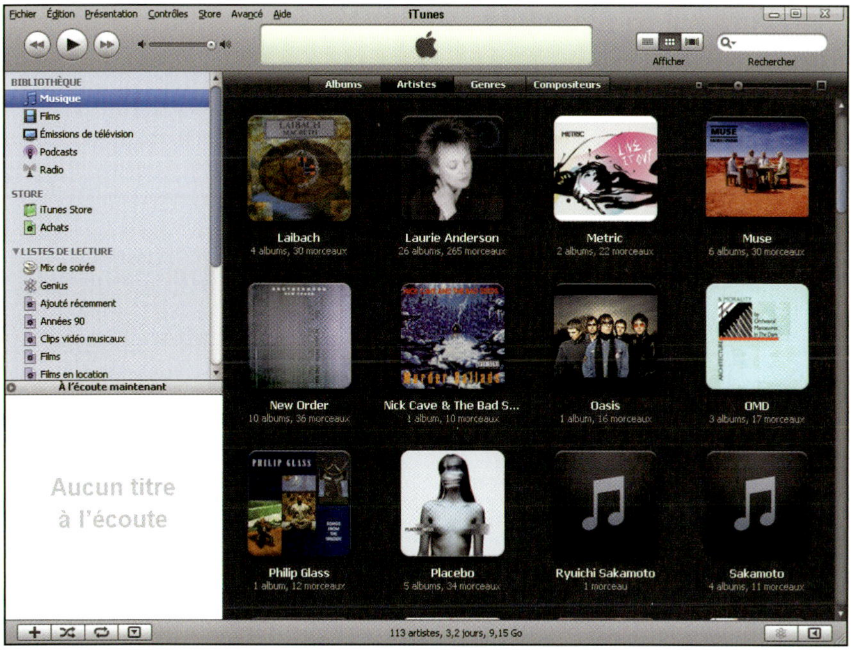

Figure 9.8 : iTunes, le lecteur multimédia développé par Apple.

Un cas à part : Deezer !

Deezer est-il un lecteur multimédia tel que nous l'entendons habituellement ? Non ! C'est pour cela que nous parlons d'un cas à part. En effet, Deezer est une sorte de lecteur multimédia en ligne. Son contenu est alimenté par les professionnels du disque et par les internautes eux-mêmes. Autant vous dire que tout ceci est légal puisque Deezer paye sa contribution de droits d'auteur.

La vocation de Deezer n'est pas mercantile, bien que ce système propose d'acheter ce que vous écoutez. Alors, d'où vient Deezer et que propose-t-il ? Deezer est l'ingénieuse idée de Daniel Marhely et Jonathan Benassaya. Pour ne pas concurrencer la distribution musicale traditionnelle, ils négocient un accord avec les sociétés qui régissent les droits d'auteur en France, c'est-à-dire la SACEM et la SESAM. Grâce à cette initiative, Deezer devient le 22 août 2007 le premier site d'écoute de musique illimité, gratuit, et légal. Aucun style musical n'est mis à l'index, et tous les artistes répertoriés touchent des droits. Mais, la puissance de Deezer tient au fait que ce système de diffusion en ligne est devenu un véritable réseau social. Ainsi, des *deezernautes* font quotidiennement évoluer l'offre gratuite sans pénaliser les artistes.

Le contenu de Deezer

Voici une liste non exhaustive de ce que vous pouvez attendre de Deezer dont la page d'accueil est illustrée à la Figure 9.9 :

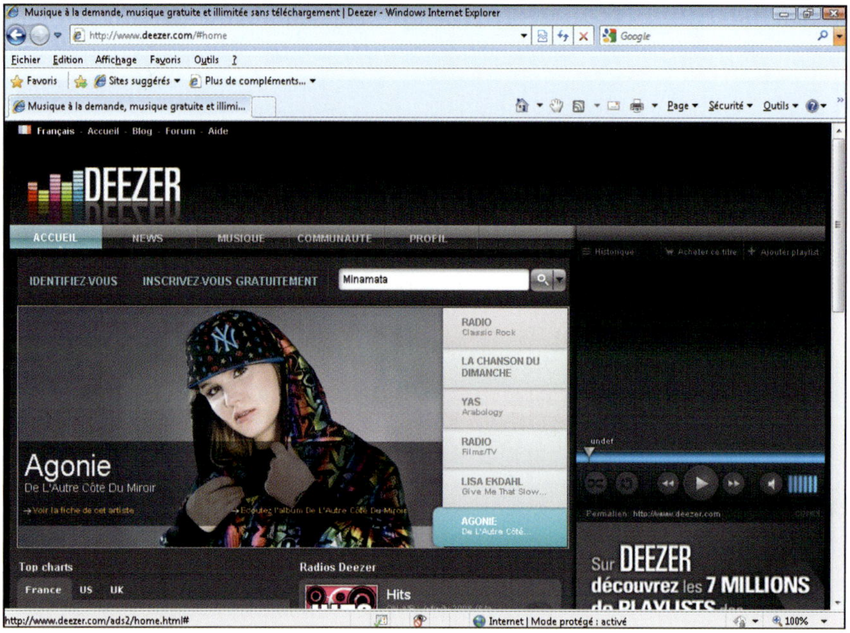

Figure 9.9 : Deezer réconcilie l'industrie du disque et de la vidéo avec la diffusion des œuvres gratuites sur Internet.

- Accéder à près de 4 millions de titres en un clic de souris et sans encombrer votre disque dur.
- Ecouter des radios thématiques.
- Rester informé sur l'actualité des artistes, la sortie des albums, et les titres disponibles.
- Partager ses playlists (listes de lecture) avec ses amis.
- Ecouter toutes les nouveautés.
- Personnaliser son expérience Deezer en développant son propre univers musical et son ambiance sonore.
- Télécharger et stocker ses propres fichiers MP3.
- Regarder des vidéos.

Maintenant que vous avez l'eau à la bouche, comment ça marche cette affaire là ? Lisez les prochaines sections pour ne pas mourir idiot ou ignorant !

S'inscrire gratuitement sur Deezer

Pour profiter de toutes les possibilités de Deezer, vous devez vous y inscrire. La procédure est simple et gratuite. Voici comment faire :

1. **Ouvrez votre navigateur Web, et tapez** `http://www.deezer.com/` **dans sa barre d'adresse.**

   Vous accédez à la version de Deezer correspond à votre pays, en l'occurrence la France.

   Si la page d'accueil de Deezer s'affiche dans une autre langue que le Français, cliquez sur le lien (ou le drapeau) situé en haut à gauche de l'interface. Un ensemble d'autres langues apparaît juste en dessous. Cliquez sur celle dans laquelle vous désirez utiliser Deezer.

2. **Cliquez sur le lien Inscrivez-vous maintenant (Figure 9.10).**

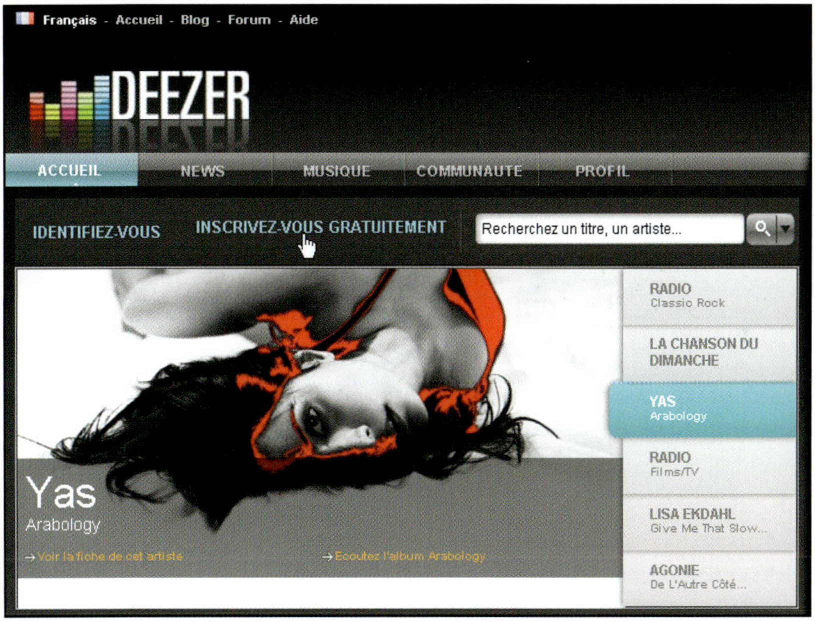

Figure 9.10 : Inscrivez-vous gratuitement pour profiter de toutes les fonctionnalités de Deezer.

   Vous accédez à un formulaire d'inscription assez traditionnel sur Internet. Spécifiez-y les informations suivantes :

   - Votre adresse e-mail.
   - Un mot de passe (que vous confirmerez).
   - Un Pseudo (dont vous vérifierez la disponibilité car en effet il n'y a pas qu'un âne qui s'appelle Martin).

   - Des informations personnelles. (Les noms et prénoms sont facultatifs.)
   - Acceptez ou non de recevoir des offres des partenaires de Deezer en cochant les cases adéquates.

3. **Cliquez sur le bouton Accepter.**

   Félicitations ! Vous voici inscrit. Vous allez recevoir un mail demandant confirmation de votre inscription.

4. **Exécutez Windows Mail, c'est-à-dire le programme de messagerie électronique de Windows Vista, et relevez votre courrier.**

5. **Dans le message expédié par Deezer, cliquez sur le lien de validation de votre inscription.**

   Ce lien est facile à identifier car c'est la seule ligne de texte soulignée en bleue.

   Dès que vous cliquez dessus, votre navigateur Web (ou un onglet) affiche une page de remerciements. Comme le montre la Figure 9.11, il vous suffit de cliquer sur le lien Retour sur Deezer pour commencer à utiliser ce super service.

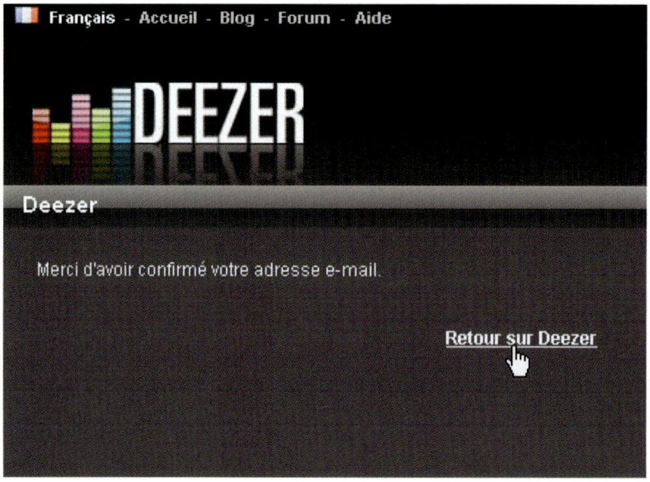

Figure 9.11 : Après confirmation, utilisez Deezer !

TRUC

Si vous ne vous inscrivez pas sur Deezer, vous pouvez tout de même écouter de la musique et regarder des vidéos. En revanche, vous ne pourrez pas créer des playlists, blogguer, ou encore devenir un *deezernaute* et partager vos émotions musicales avec les autres.

Utiliser Deezer

Pour utiliser Deezer il suffit de posséder un navigateur Web, une carte son, et des haut-parleurs. Je serais vraiment étonné que ce ne soit pas votre cas.

Une fois que vous êtes sur Deezer, plusieurs choses s'offrent à vous. Comme vous êtes inscrit, peut-être serait-il intéressant de commencer par définir au mieux votre profil afin d'intégrer le plus sympathiquement possible la communauté des *deezer-nautes*. Ensuite, nous verrons comment écouter de la musique, créer des playlists, et partager vos musiques.

Mettre à jour son profil

Lorsque vous vous êtes inscrit, les informations que vous avez communiquées étaient très succinctes. Dans la mesure où Deezer est à la fois lecteur multimédia en ligne et réseau social d'aficionados de la musique, donnez des renseignements plus précis sur ce que vous êtes et ce que vous aimez. Voici comment procéder :

1. **Accédez à la page d'accueil de Deezer.**
2. **Si nécessaire, cliquez sur le lien Identifiez-vous.**

   Cela paraît logique car je ne vois pas très bien quel profil vous pourriez modifier et préciser. Donc, tapez votre nom d'utilisateur (adresse e-mail) et votre mot de passe.
3. **Cliquez sur Mon profil.**

   Cette rubrique est affichée à gauche ou en haut à droite sur la page d'accueil.

   Vous accédez aux données de votre profil comme le montre la Figure 9.12.

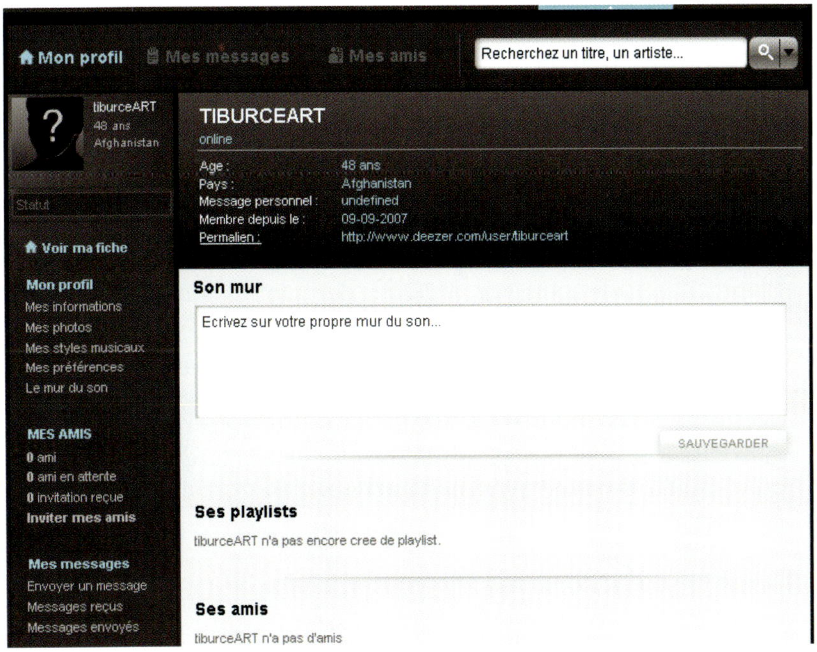

Figure 9.12 : Corrigez et/ou complétez votre profil de Deezernaute.

4. **Pour ajouter une photo, cliquez sur la vignette montrant un portrait et un point d'interrogation.**

   Cette action affiche la section Mes photos. Elle permet de télécharger jusqu'à 10 images parmi lesquelles vous choisirez celle qui s'affichera quand un deezernaute consultera votre profil.

5. **Pour télécharger une image, cliquez sur le lien Ajouter une image.**

6. **Dans la boîte de dialogue Choix du fichier à transférer par www.deezer.com, localisez le disque dur et/ou le dossier contenant votre photo. Sélectionnez le fichier, et cliquez sur Ouvrir.**

   TRUC

   Deezer prend en charge les formats de fichiers JPEG, GIF, PNG, et BMP. Pour accélérer le téléchargement, il est conseillé de préparer une image de petite dimension de manière à transférer un fichier léger. Chaque fichier ne peut pas excéder le poids de 4 Mo, ce qui est déjà énorme pour une photo d'identité.

   TRUC

   Lors d'un essai, nous avons constaté que la vignette de téléchargement mentionnait ERROR. Ne paniquez pas ! Si cela vous arrive, cliquez simplement sur le lien Mes photos de la catégorie Mon profil dans le volet de gauche de Deezer. Les photos téléchargées s'afficheront dans la section "Sélectionner une photo à afficher sur votre profil", ou bien appuyez sur la touche F5 pour recharger la page Web de Deezer.

7. **Dans la section Sélectionner une photo à afficher sur votre profil, cliquez sur celle qui sera visible pour toute personne consultant votre profil.**

8. **Si nécessaire, faites défiler le contenu de la page pour cliquer sur le bouton Sauvegarder.**

   Vous devez obtenir un profil identique à celui de la Figure 9.13 (sauf que vous y verrez vos photos, fort heureusement).

TRUC

Les autres rubriques parlent d'elles-mêmes et sont assez simples à remplir :

- **Mes Informations :** Modifiez ou précisez les informations communiquées à Deezer. Si vous le souhaitez, indiquez des informations privées, et celles que vous acceptez de communiquer à vos amis. Validez vos données par un clic sur le bouton Sauvegarder.
- **Mes styles musicaux :** Donne accès à un volet qui regroupe la quasi-totalité des styles musicaux connus. Il suffit de cocher ceux qui vous intéressent et de faire glisser le petit triangle situé sous les carrés turquoise pour assigner une note, c'est-à-dire une valeur de préférence. Validez par un clic sur le bouton Sauvegarder.
- **Mes préférences :** Un ensemble de cases à cocher permet de définir vos préférences de Deezer. Par exemple, choisissez d'afficher ou non vos styles musicaux, ou encore vos albums ou artistes favoris.
- **Mur du son :** Tapez une citation, une réflexion, enfin tout ce que peut vous inspirer la musique.

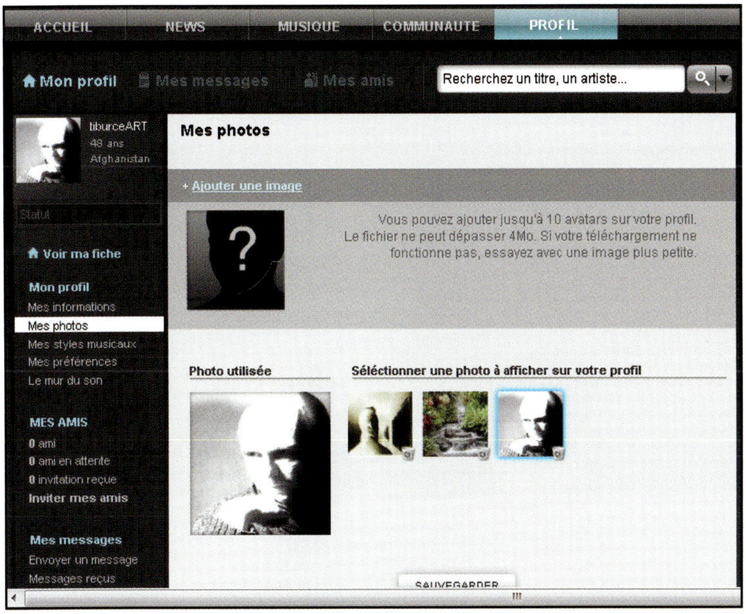

Figure 9.13 : Assignez une photo à votre profil.

Pour les autres catégories comme Mes amis, Mes messages, etc., vous les gérerez lorsque vous serez pleinement intégré à la communauté Deezer, ce qui ne va tarder à vous arriver, croyez-moi.

Bien ! S'inscrire sur Deezer et définir un profil c'est bien joli, mais on est surtout ici pour écouter de la musique.

Ecouter de la musique

L'écoute d'une ou plusieurs chansons sur Deezer est une activité très simple à réaliser. C'est un peu comme mettre une pièce dans un Juke-box et de sélectionner votre titre. La seule différence est que vous n'êtes pas obligé d'aller dans un café, et encore moins de débourser le moindre centime d'euro.

Pour écouter un morceau sur Deezer :

1. **Si ce n'est déjà fait, allez sur** `www.deezer.com`.

   Il n'est pas nécessaire de vous connecter en tant qu'utilisateur enregistré. En effet, l'écoute de musique est "anonyme". En revanche, l'ouverture de votre session d'utilisateur de Deezer sera indispensable pour profiter des autres fonctionnalités du site que vous découvrirez dans les prochaines sections et procédures.

2. **Dans la page d'accueil de Deezer, soit vous cliquez sur Musique, soit vous saisissez directement le nom de l'artiste ou du titre d'une chanson dans le champ libellé Recherchez un titre, un artiste...**

La Figure 9.14 montre que j'effectue une recherche sur le groupe Metric. Dès que j'ai saisi ce nom, une liste de propositions relatives à ce nom apparaît. Cela permet de retrouver des artistes ou des chansons dont vous ne connaissez pas l'intégralité du nom.

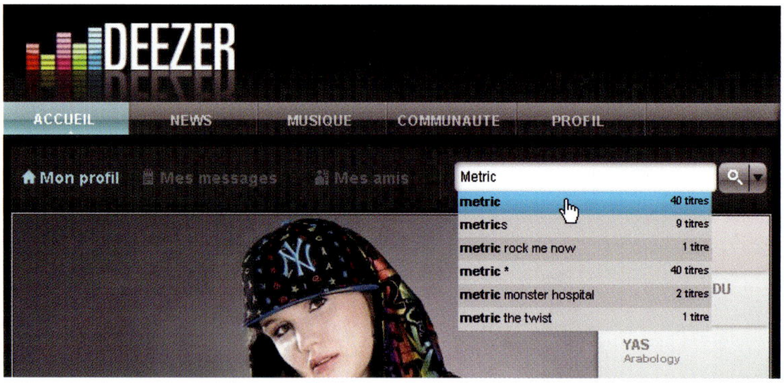

Figure 9.14 : Vous devez indiquer ce que vous souhaitez écouter.

3. **Cliquez sur une des propositions, ou bien appuyez sur Entrée si vous êtes certain du nom ou du titre que vous avez saisi.**

   Deezer affiche la liste de tous les titres trouvés sur le groupe concerné, ou bien toutes les chansons portant un titre identique à celui que vous avez tapé.

4. **Pour écouter directement un des titres de cette liste, faites- en défiler le contenu. Ensuite, dans la colonne Artiste, localisez le nom réel de votre groupe.**

   Par exemple, sur la Figure 9.15, je constate que dans la colonne Artistes, plusieurs groupes ou chanteurs contiennent le nom Metric. Or, je souhaite entendre des morceaux du groupe qui se nomme Metric, point final.

   Pour retrouver plus facilement le groupe précis que vous cherchez dans cette liste, cliquez sur la petite flèche située dans l'en-tête de la colonne Artistes. Alors, les groupes se retrouvent classés par ordre alphabétique.

5. **Une fois le groupe localisé, repérez le titre à écouter dans la colonne Titre.**

6. **Cliquez sur l'icône symbolisant le bouton Lecture situé à gauche du titre.**

   La lecture commence immédiatement dans le lecteur Deezer situé dans le coin supérieur droit de l'interface comme le montre la Figure 9.16.

AJOUTER À UNE PLAYLIST

TITRE	ARTISTE	ALBUM	DUREE
The Void	Metric Noise	Racing Laps Of Distortior	06:31
Bloody Seagull	Metric Noise	Racing Laps Of Distortior	06:44
Flame Effekt	Metric Noise	Racing Laps Of Distortior	04:03
Sick Son	Metric Noise	Racing Laps Of Distortior	04:18
Here She Comes	Metric Noise	Racing Laps Of Distortior	03:29
Wires	Metric Noise	Racing Laps Of Distortior	03:48
On Impact	Metric Noise	Racing Laps Of Distortior	03:04
Spilt Milk (Half Vox)	Metric and Bob Standa	Spilt Milk	06:24
Ionas Sun	Metric Noise	Racing Laps Of Distortior	04:10
Teenage Drunk	Metric Noise	Racing Laps Of Distortior	03:07
Spilt Milk (Dub)	Metric and Bob Standa	Spilt Milk	06:24
Spilt Milk (Vandal Mix)	Metric and Bob Standa	Spilt Milk	06:13
Sore Creations	Metric Noise	Racing Laps Of Distortior	04:07
Mox Jive	Metric Noise	Racing Laps Of Distortior	04:50
Grow Up	Metric	Grow Up And Blow Away	04:13
Hardwire	Metric	Grow Up And Blow Away	04:42
Rock Me Now	Metric	Grow Up And Blow Away	03:52
The Twist	Metric	Grow Up And Blow Away	03:37
On The Sly	Metric	Grow Up And Blow Away	03:58
Soft Rock Star	Metric	Grow Up And Blow Away	04:01
Raw Sugar	Metric	Grow Up And Blow Away	03:38
White Gold	Metric	Grow Up And Blow Away	04:10
London Half Life	Metric	Grow Up And Blow Away	02:10
Soft Rock Star (Jimmy vs. Joe M	Metric	Grow Up And Blow Away	04:24
Empty	Metric	Live It Out	05:55

Figure 9.15 : Localisez le nom de votre groupe.

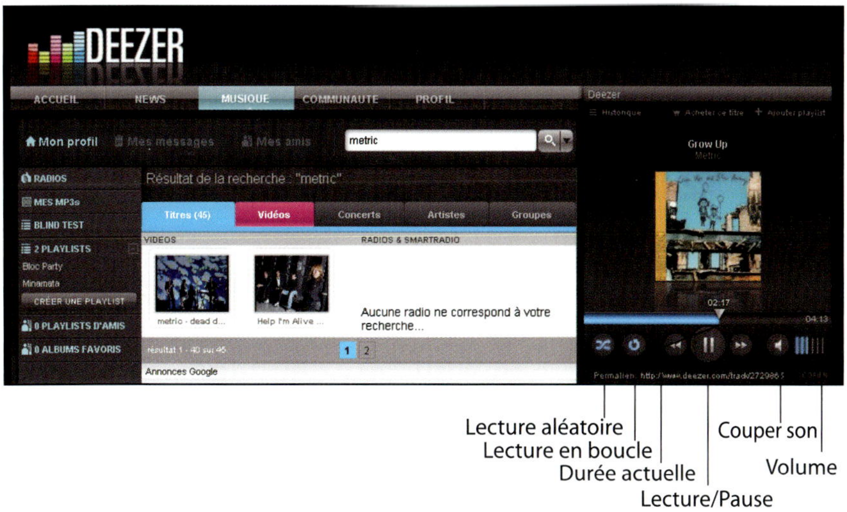

Figure 9.16 : Lecture en cours dans le lecteur Deezer.

Comme de nombreux lecteurs multimédias, Deezer dispose d'un certain nombre de boutons de commandes :

Cliquez sur ce bouton pour lire aléatoirement le contenu d'une playlist. (La création de playlists est expliquée à la prochaine section.)

Cliquez une fois sur ce bouton pour répéter la lecture de la liste de lecture (playlist). Pour quitter cette lecture en boucle, cliquez deux fois sur ce bouton.

Cliquez une seconde fois sur le bouton précédent pour obtenir l'icône ci-contre. Le petit chiffre 1 indique que le morceau en cours de lecture sera répété en boucle jusqu'à ce que vous cliquiez à nouveau sur ce bouton.

Ce bouton permet de lancer la lecture mais aussi de la mettre en pause.

Pour couper le son (mode Muet), cliquez sur l'icône du haut parleur. Pour régler le volume sonore de la chanson en cours de lecture sans toucher au volume de votre système d'exploitation, faites glisser le pointeur de la souris sur les barres verticales bleues. Plus il y a de barres bleues et plus le volume est fort.

7. **Pour changer rapidement de morceau pendant que vous en lisez un, cliquez simplement sur son bouton de lecture dans la colonne Titre.**

Créer des playlists

Deezer emploie le terme de "playlist" que vous rencontrerez sous le nom de *liste de lecture* dans d'autres programmes.

Une playlist consiste en une liste de morceaux que vous pourrez écouter dans l'ordre ou dans le désordre, et surtout qui regroupe des titres que vous retrouverez en un clic de souris. Avec les playlists, vous pouvez :

- Créer une playlist regroupant tous les titres d'un groupe.
- Créer une playlist pour chaque album d'un groupe.
- Créer une playlist qui n'est rien d'autre qu'une compilation de vos morceaux préférés. Cette compilation sera composée des titres d'un seul groupe, de plusieurs groupes, ou de chansons totalement disparates, par exemple pour animer la "boum" organisée par votre fille de 15 ans (mais là je pense qu'elle pourra se débrouiller toute seule, et je dis cela sans minimiser votre capacité à organiser et à surveiller cet événement).

Voyons comment créer une playlist regroupant les titres d'un groupe que vous adorez par-dessus tout. Sachez que cette procédure vaut pour n'importe quel type de liste de lecture que vous désirez créer :

1. **Dans la barre de navigation de Deezer, cliquez sur Musique.**
2. **Dans le volet gauche de Deezer, cliquez sur le bouton Créer une playlist comme à la Figure 9.17.**

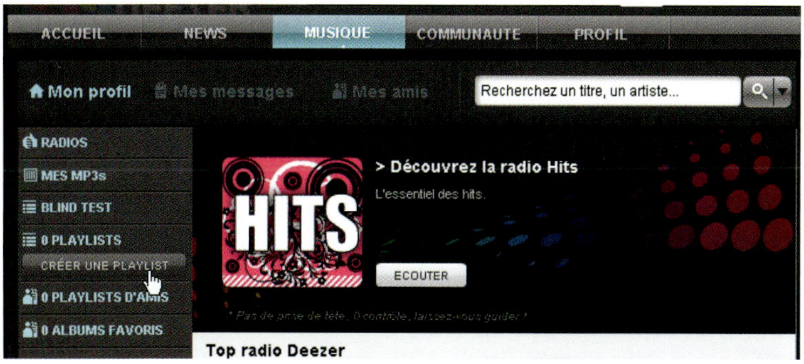

Figure 9.17 : La création d'une playlist commence généralement ici.

Cette action affiche la boîte de dialogue Créer une playlist.

3. **Dans le champ Titre de la playlist de cette boîte de dialogue, tapez le titre de votre playlist.**

   Par exemple, je souhaite créer une liste de lecture du groupe Bloc Party, je tape tout logiquement Bloc Party.

4. **Dans le menu local Style musical, sélectionnez le style de musique dans lequel œuvre le groupe choisi.**

   Ici, j'opte pour Rock (Yeah !).

5. **Spécifiez le statut de la playlist :**

   - **Publique.** Votre liste de lecture sera visible et accessible à tous les utilisateurs de Deezer.
   - **Privée.** La playlist ne sera visible et lisible que par vous-même.
   - **Protégée.** Cette playlist ne sera consultable que par les personnes à qui vous aurez indiqué son lien d'accès.

6. **Dans le champ Description, décrivez le contenu de la playlist. Par exemple, faites une critique, ou expliquez pourquoi cette liste de lecture existe.**

7. **Cliquez sur Valider.**

   Comme le montre la Figure 9.18, la liste de lecture apparaît dans la section Playlists de votre profil Deezer.

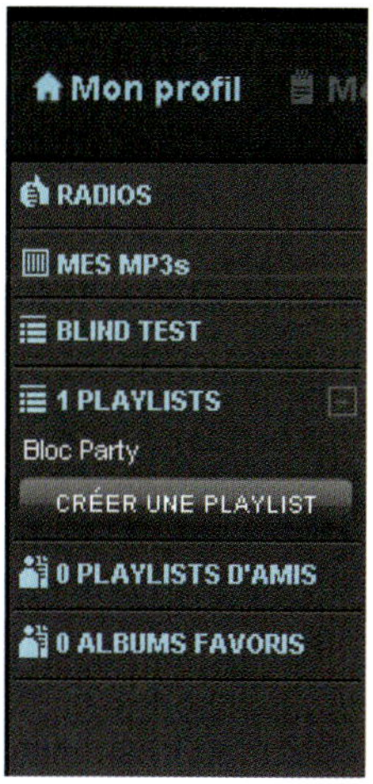

Figure 9.18 : Une playlist est créée, mais elle est vide !

Ajouter des morceaux à une playlist

Une playlist vide ne sert à rien. Dès lors que vous avez créé une liste de lecture pour un groupe particulier, partez en quête de morceaux disponibles sur Deezer.

Pour vous convaincre du contenu d'une liste de lecture, cliquez sur son nom. Et oui ! Si vous n'avez pas ajouté de morceaux, elle est cruellement vide.

1. **Dans le champ Recherchez un titre, un artiste..., tapez le nom du groupe, et cliquez sur la proposition qui se rapproche le plus de votre recherche.**

   En l'occurrence, je saisis Bloc Party, et je clique sur Bloc Party. Deezer affiche tous les titres de ce groupe qu'il a trouvés.

2. **Pour ajouter rapidement des titres à ma liste de lecture, je clique sur la flèche de la colonne Artiste afin de regrouper les titres du groupe Bloc Party.**
3. **Pour trouver rapidement tous les morceaux d'un album de ce groupe, je clique sur la petite flèche située à droite de la colonne Album.**
4. **Cochez les titres que vous désirez ajouter à la playlist.**
5. **Cliquez sur le bouton Ajouter à une playlist.**
6. **Dans la boîte de dialogue qui apparaît, ouvrez le menu local et choisissez la playlist dans laquelle vous désirez ajouter ces titres comme à la Figure 9.19.**

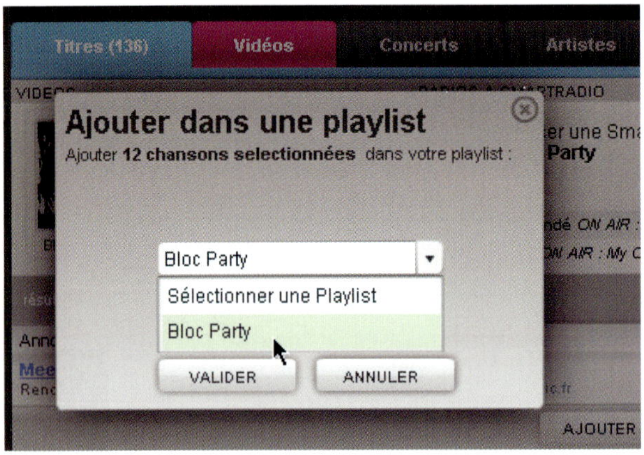

Figure 9.19 : Sélection de la liste de lecture de destination.

7. **Cliquez sur Valider.**
8. **Dans le volet gauche, cliquez sur le nom de votre playlist.**

   La partie centrale de l'interface de Deezer affiche le contenu de la playlist comme à la Figure 9.20.

9. **Pour lire la playlist, cliquez sur le bouton de lecture situé à gauche du titre de cette liste de lecture que vous désirez lire en premier.**

   Une fois la lecture du titre terminé, Deezer passe à celle du titre suivant de cette playlist (et ainsi de suite).

10. **Pour sauter un titre, cliquez sur le bouton ci-contre du lecteur Deezer.**

    Pour revenir au titre précédent, cliquez sur le bouton opposé.

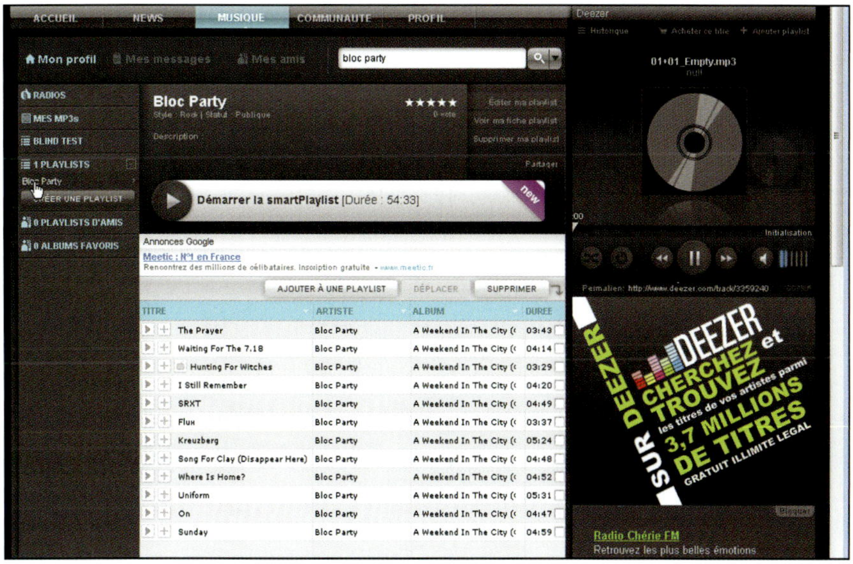

Figure 9.20 : Une première playlist vient d'être constituée.

Que ce soit dans une playlist ou en lecture normale de titre, vous remarquerez parfois la présence de l'icône d'un téléviseur à gauche d'un titre. Cela signifie qu'un clip vidéo est associé au morceau. Pour écouter la chanson tout en visionnant ce clip, cliquez sur l'icône de ce téléviseur. Les images sont diffusées dans le lecteur multimédia de Deezer.

Supprimer des titres d'une playlist

Lorsque vous créez une playlist, vous n'êtes pas à l'abri de commettre une erreur. De plus, au fil des semaines, les goûts peuvent changer, et tel titre que vous trouviez génial le 7 avril, vous semble la pire des soupes le 23 de ce même mois. Voici comment supprimer facilement des titres d'une liste de lecture Deezer :

1. **Affichez le contenu de votre playlist en cliquant sur son nom.**
2. **Dans la liste, cochez les cases situées à droite des morceaux que vous souhaitez supprimer.**
3. **Cliquez sur le bouton Supprimer comme à la Figure 9.21.**

   Cette action est irréversible et aucun message ne vous en demande confirmation !

Figure 9.21 : Supprimer les chansons sélectionnées.

TRUC

Pour supprimer de manière plus sécurisée, cliquez sur le bouton de lecture du titre que vous envisagez d'effacer. Vous constatez alors que la durée est remplacée par une croix. Cliquez sur cette croix. La ligne de ce titre vous pose la question de confiance : "Etes-vous sûr de supprimer ce titre ?" Cliquez sur OUI si vous êtes sûr de vous, ou bien ravisez-vous par un clic sur NON.

Il existe de nombreuses choses à faire avec les playlists comme déplacer des titres dans une autre liste de lecture, en ajouter, mais aussi supprimer purement et simplement une playlist qui ne vous convient plus.

Supprimer une playlist

La suppression d'une playlist a pour conséquence irréversible d'en supprimer tous les titres. Voici comment procéder :

1. **Dans la section Playlists du volet gauche, cliquez sur la liste de lecture que vous envisagez de supprimer.**
2. **Dans la partie centrale de l'interface, cliquez sur Supprimer ma playlist comme à la Figure 9.22.**
3. **Dans le message demandant confirmation, cliquez sur Valider pour entériner la suppression, ou sur Annuler si, finalement, vous désirez la garder, ou si vous avez un doute.**

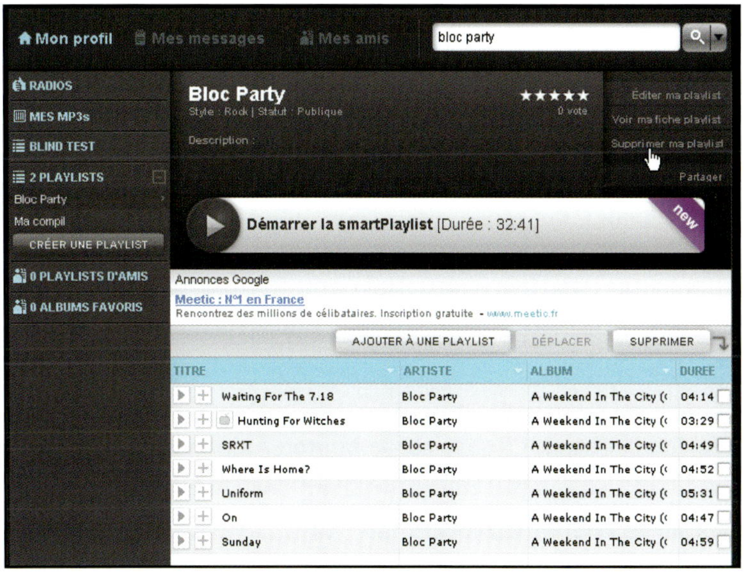

Figure 9.22 : Supprimer la totalité d'une playlist.

Partager vos MP3 favoris sur Deezer

Deezer permet aussi de télécharger vos propres fichiers musicaux MP3. Cela signifie que toutes les musiques à ce format qui sont stockées sur votre disque dur peuvent être téléchargées sur Deezer. A partir de là, vous pourrez écouter votre musique non plus depuis le disque dur et des programmes comme iTunes ou le Lecteur Windows Media, mais directement sur Deezer. Voici quelques réflexions préalables à la description de la copie de vos fichiers MP3 sur Deezer :

- Pourquoi télécharger vos fichiers MP3 sur Deezer alors qu'il est simple de les écouter sur votre ordinateur ? Parce que vous pouvez accéder à Deezer depuis n'importe quel ordinateur du monde entier. D'une certaine manière votre musique est toujours à portée de main où que vous soyez.
- Deezer met à votre disposition un espace de stockage illimité !
- Vous disposez d'une sorte de sauvegarde de vos fichiers MP3.
- Un seul fichier MP3 ne peut pas dépasser les 10 Mo.
- Inconvénient : En cas de connexion Internet défaillante ou de panne de votre ordinateur, vous ne pouvez plus écouter vos fichiers MP3 sur Deezer.
- Malgré la richesse de Deezer, vous n'y trouverez pas tout ! Il est alors intéressant de partager vos musiques avec les autres deezernaute.

Pour télécharger des fichiers MP3 sur Deezer :

1. **Sur Deezer, accédez à votre compte.**
2. **Dans la barre de navigation de Deezer, cliquez sur Musique.**
3. **Dans le volet gauche, cliquez sur Mes MP3s comme à la Figure 9.23.**

Figure 9.23 : Le téléchargement de vos fichiers MP3 commence ici.

4. **Dans le volet central, Cliquez sur le bouton Ajouter mes MP3s.**

   Vous accédez à une petite interface d'ajout de fichiers MP3.

5. **Cliquez sur le bouton Parcourir.**
6. **Dans la boîte de dialogue Choix des fichiers à transférer, localisez le disque dur et/ou le dossier dans lequel sont stockés les fichiers MP3 à transférer.**
7. **Sélectionnez les fichiers à transférer.**

   TRUC

   Pour sélectionner tous les fichiers, appuyez sur Ctrl+A. Pour n'en sélectionner que quelques-uns, appuyez sur la touche Ctrl et, sans la relâcher, cliquez sur les noms des fichiers à transférer.

8. **Cliquez sur le bouton Ouvrir.**

   Le téléchargement commence. Une barre permet de suivre la progression du téléchargement de chaque fichier comme à la Figure 9.24.

9. **Une fois le téléchargement terminé, Deezer affiche un bouton vous invitant à effectuer d'autres téléchargements. Cliquez dessus si vous souhaitez transférer de nouveaux fichiers MP3.**
10. **Pour consulter la liste des fichiers MP3 téléchargés, cliquez sur Mes MP3s dans le volet gauche de Deezer.**

ATTENTION

Lors de ce téléchargement que l'on appelle un *upload*, évitez d'envoyer une masse trop importante de fichiers simultanément. Vous risquez en effet de recevoir un message d'erreur de téléchargement pour certains d'entre eux. En fonction de votre vitesse de connexion à Internet, envoyez vos fichiers par groupe de 5 ou 6.

Vous constatez que Mes MP3s est une sorte de vaste bibliothèque de tous les fichiers MP3 téléchargés. Au bout de quelques mois d'utilisation de Deezer, il peut devenir difficile de retrouver un morceau ou un album spécifique. Sachez qu'il est possible de créer des playlists à partir de vos fichiers MP3. Il suffit de suivre les étapes décrites à la section "Créer des playlists" plus haut dans ce chapitre.

De même, l'ajout et la suppression de fichiers MP3 se déroulent comme l'ajout et la suppression de fichiers directement collectés sur Deezer.

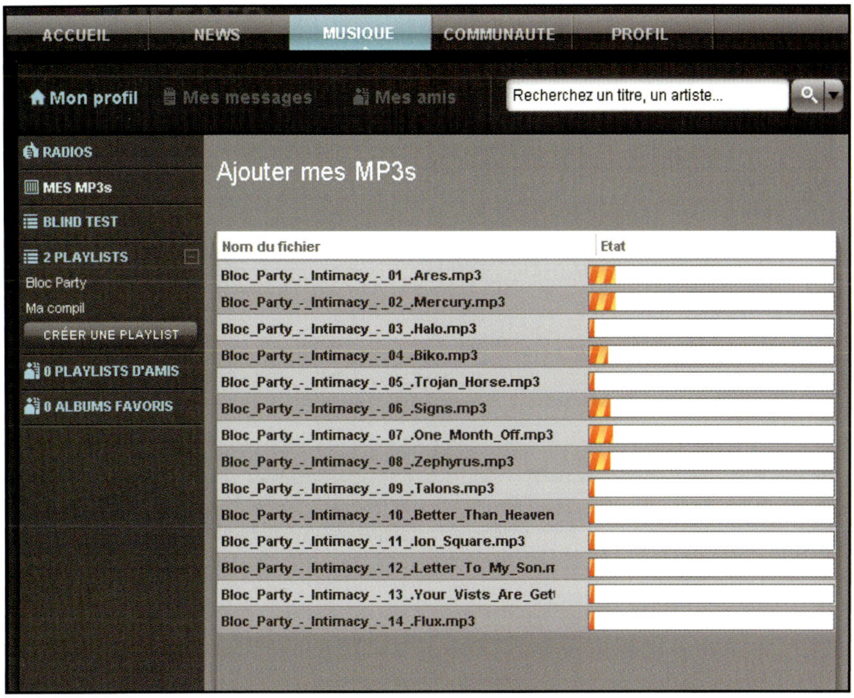

Figure 9.24 : Des fichiers MP3 en cours de téléchargement.

Et la musique stockée sur votre ordinateur dans tout ça ?

Ne nous voilons pas la face. Une des activités les plus importantes du Net est le téléchargement et le partage de fichiers MP3. MP3 signifie *MPEG level 3* et correspond en fait à la couche audio des fichiers vidéo MPEG. Malgré le fait que la musique encodée en MP3 soit fortement compressée, le son reste tout à fait correct et surtout les fichiers ont une taille qui permet d'envisager sereinement leur téléchargement depuis le Web. Il existe de nombreux sites entièrement consacrés à la musique MP3, comme `www.mp3.com` (Figure 9.25) ou encore `www.hotzic.com` (Figure 9.26). Vous pouvez lire les fichiers MP3 avec n'importe quel lecteur multimédia informatique, notamment le Lecteur Windows Media (livré avec Windows), RealPlayer et iTunes (qui intègre les fonctionnalités QuickTime).

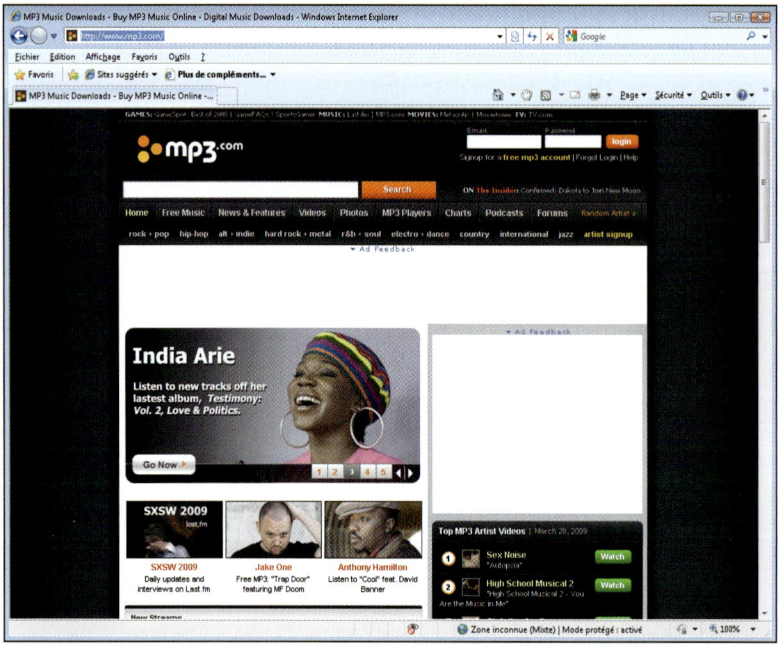

Figure 9.25 : La page d'accueil de mp3.com.

Figure 9.26 : La page d'accueil de hotzic.com.

NOTE TECHNIQUE

Naturellement, Microsoft a développé un format concurrent appelé WMA dont les fichiers portent l'extension `.wma`. Le Lecteur Windows Media est capable d'extraire les pistes de musique de vos CD ou de vos disques durs pour les convertir en WMA ou en MP3 afin de les graver sur un CD. RealPlayer sait également lire les fichiers WMA, car ce lecteur peut presque lire tous les formats.

Les lecteurs multimédias présents dans l'univers du PC tournant sous Windows sont trop nombreux pour que nous les étudions tous. En fait, nous n'allons pas les étudier du tout ! Eh oui, je vous sens très déçu. Toutefois, n'oubliez pas que vous avez entre les mains un livre consacré à Internet et non pas un guide d'utilisation de lecteurs multimédias. Donc, je vais limiter mon propos aux fonctionnalités Internet de ces lecteurs, et notamment au domaine de l'achat de musiques en ligne. Mais, ici encore, le propos doit être restreint car l'ensemble de cet ouvrage ne suffirait pas à traiter de tous ces lecteurs accessibles sous Windows. J'ai choisi de vous parler uniquement d'iTunes et du Lecteur Windows Media. Comme vous faites partie de ces lecteurs qui exigent de comprendre les raisons de mes choix, voici quelques justifications qui, j'espère, sauront vous satisfaire :

- Le Lecteur Windows Media (Figure 9.27) est livré en standard avec Windows Vista. Il est donc opérationnel dès que vous utilisez ce système d'exploitation. Inutile de télécharger et d'installer un autre programme.
- iTunes (Figure 9.28) vous sera indispensable (ou presque) si vous utilisez un iPod Nano, Shuffle, Touch, et autre iPhone. Mais, même sans ces lecteurs mobiles, vous pouvez parfaitement utiliser iTunes pour acheter de la musique en ligne, et organisez vos fichiers.

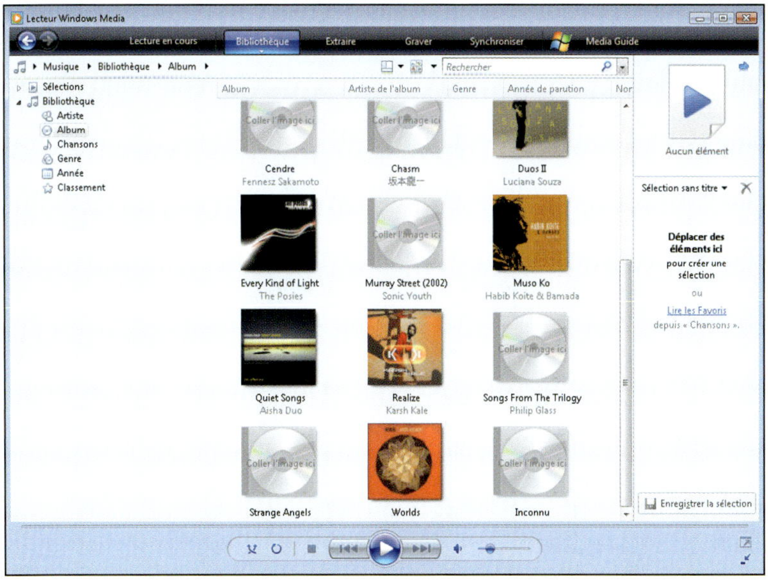

Figure 9.27 : Le Lecteur Windows Media est livré en standard avec Windows.

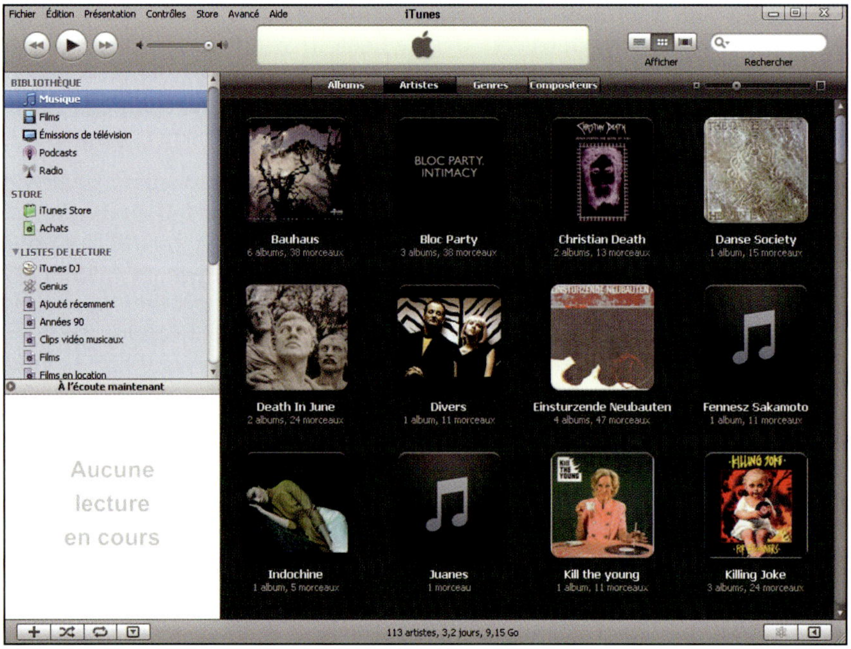

Figure 9.28 : iTunes est le lecteur/organiseur multimédia d'Apple indispensable aux possesseurs d'iPod et d'iPhone.

TRUC

Pour tout connaître des fonctions d'organisation, de transfert vers un lecteur mobile (iPod ou autre), consultez un livre consacré à iTunes et/ou au Lecteur Windows Media.

Télécharger et installer iTunes

Contrairement au Lecteur Windows Media qui est disponible en standard sous toutes les versions de Windows, et notamment celle qui nous intéresse plus particulièrement ici c'est-à-dire Windows Vista, iTunes doit être téléchargé et installé sur votre PC. Ceci peut s'avérer astreignant pour l'utilisateur profane, mais voici les avantages d'une telle procédure :

- iTunes, comme la majorité des lecteurs multimédias, est gratuit. (Ne serait-ce que pour l'essayer, son installation en vaut certainement la peine.)
- iTunes est indispensable (ou presque) pour gérer et synchroniser le contenu multimédia de votre PC avec votre iPod ou votre iPhone.
- iTunes est un super organiseur de fichiers audio MP3 (et autres).
- iTunes est en lien direct avec iTunes Store pour acheter facilement votre musique en ligne et en toute légalité. Il est ensuite très facile d'organiser vos fichiers achetés avec iTunes et de les transférer sur votre iPod.

Pour télécharger et installer iTunes :

1. **Ouvrez votre navigateur Web et tapez l'adresse** `http://www.apple.com/fr/itunes/`**.**

   Vous accédez à la page Web du site Apple consacré aux iPod et à iTunes.

2. **Dans la partie droite de cette page, cliquez sur le bouton Télécharger iTunes, comme à la Figure 9.29.**

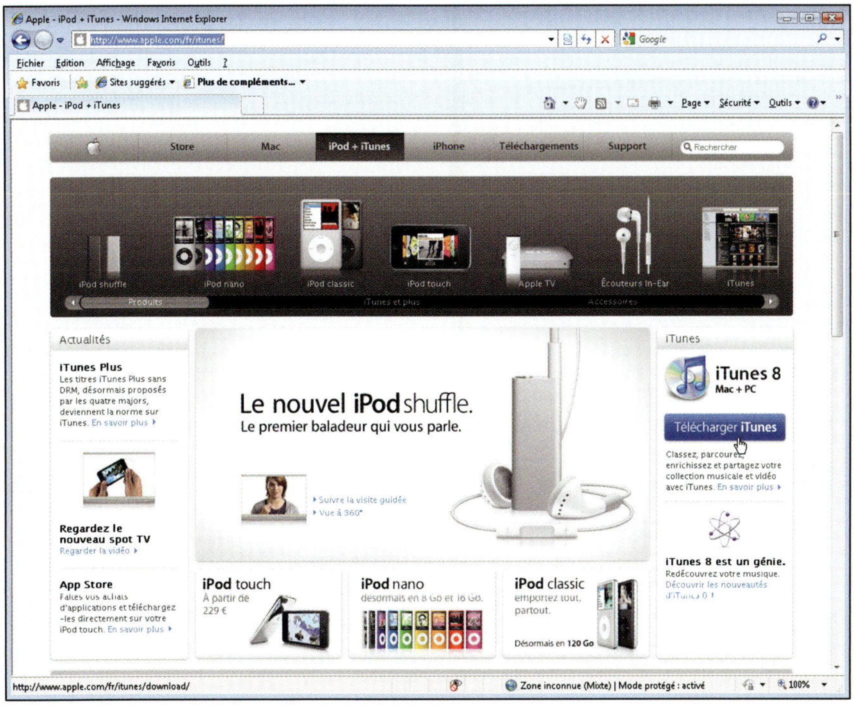

Figure 9.29 : Téléchargez iTunes sur le site Apple.

3. **Dans la nouvelle page qui apparaît, choisissez ou non de recevoir des informations sur iTunes et ses offres spéciales en décochant ou non les options actives par défaut.**

4. **Tapez votre adresse e-mail, et cliquez sur Télécharger.**

   Pour que le téléchargement s'exécute, vous devez désactiver temporairement le bloqueur de fenêtres publicitaires d'Internet Explorer 8. Sinon, le site Apple affichera une page vous remerciant d'avoir téléchargé iTunes, alors qu'en réalité aucun téléchargement de cette application ne s'est déroulé. Pour désactiver le bloqueur de fenêtres, cliquez sur Outils/Bloqueur de fenêtres/Désactiver le bloqueur de fenêtres publicitaires. Si nécessaire recommencez la procédure de téléchargement. N'oubliez surtout pas de réactiver le bloqueur dès que le téléchargement commence.

5. **Dans la boîte de dialogue Téléchargement de fichiers, cliquez sur le bouton Enregistrer.**

   Il est préférable d'enregistrer plutôt que d'exécuter. En effet, la commande Enregistrer de cette boîte de dialogue permet de stocker définitivement le fichier d'installation d'iTunes sur votre disque dur. Ainsi, en cas de problème lors de l'installation de ce programme, vous pourrez en relancer la procédure sans être obligé de télécharger de nouveau ce fichier.

6. **Dans la boîte de dialogue Enregistrer sous, sélectionnez le disque dur et/ou le dossier dans lequel vous désirez enregistrer le fichier d'installation.**

7. **Cliquez sur Enregistrer.**

   Le téléchargement commence. Le fichier étant assez volumineux (pas loin de 70 Mo), l'opération peut prendre quelques minutes en fonction de votre vitesse de connexion à Internet.

   Une fois le téléchargement terminé, installez iTunes comme expliqué à l'étape 8.

8. **Accédez au dossier dans lequel vous avez enregistré le fichier, et double-cliquez dessus.**

   La procédure d'installation va débuter.

9. **Dans la boîte de dialogue qui apparaît, cliquez sur le bouton Exécuter comme à la Figure 9.30.**

Figure 9.30 : Acceptez l'exécution du programme d'installation d'iTunes.

10. **A l'étape Contrat de licence, activez l'option J'accepte..., et cliquez sur Suivant.**

    Si vous refusez, l'installation d'iTunes s'arrête.

11. **Dans les Options d'installation, choisissez ou non d'ajouter des raccourcis d'iTunes et de QuickTime sur votre bureau, et de faire ou non d'iTunes votre lecteur par défaut des fichiers audio. Indiquez la langue d'utilisation d'iTunes (en l'occurrence le français). Ne modifiez pas le dossier d'installation du programme, et cliquez sur Installer.**

12. **A la demande d'autorisation d'installation cliquez sur Autoriser.**

    Comme le montre la Figure 9.31, vous suivez la progression de cette installation.

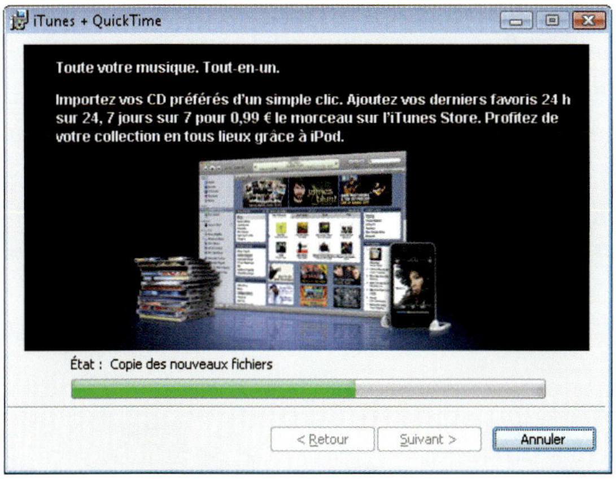

Figure 9.31 : L'installation d'iTunes est en cours.

Une fois l'installation terminée, un écran vous félicite d'avoir su mener à bien cette procédure.

13. **Cliquez sur le bouton Terminer (Figure 9.32).**

    Si vous ne décochez pas la case Ouvrir iTunes..., le programme s'ouvre sous vos yeux ébahis.

Figure 9.32 : Bravo ! Maintenant, lancez iTunes.

Acheter votre musique sur iTunes Store

Comme nous le savons, iTunes est l'œuvre d'Apple. C'est un lecteur qui vous met en relation directe avec iTunes Store, la boutique de vente de musique en ligne. Les utilisateurs de Mac comme ceux de PC peuvent profiter d'iTunes pour acheter des morceaux et les organiser sur leur ordinateur.

Apple pense qu'il est plus pratique pour l'utilisateur de gérer et d'acheter ses musiques dans une même interface. Cette acception de la consommation de la musique fait d'iTunes une réussite en la matière. Donc, si vous acceptez de rester poings et mains liés avec l'offre de musique en ligne légale d'Apple, utilisez son service iTunes Store de la manière suivante :

1. **Dans le volet gauche d'iTunes, localisez la catégorie Store, et cliquez sur iTunes Store.**

   Comme le montre la Figure 9.33, vous accédez au magasin en ligne d'Apple. Bien entendu, vous devez être connecté à Internet sans quoi l'iTunes Store ne vous ouvrira pas ses portes.

Figure 9.33 : Accédez à l'iTunes Store pour faire vos emplettes musicales.

Pour trouver ce que vous désirez acheter, plusieurs options s'offrent à vous.

- Effectuer une recherche sur le nom.
- Effectuer une recherche par catégorie musicale.
- Effectuer une recherche par nouveauté.

TRUC

Pour bien connaître toutes les fonctions d'iTunes en matière de recherche sur iTunes Store, je vous conseille de lire un livre entièrement consacré à cette application.

2. **Si vous connaissez le nom du groupe ou le titre de la chanson qui vous intéresse, tapez-le dans le champ Recherche iTunes Store situé en haut à droite de l'interface d'iTunes.**

   Une liste de propositions apparaît (comme dans Deezer étudié plus haut dans ce chapitre).

3. **Cliquez sur la proposition qui correspond le mieux à votre recherche.**

4. **Dans la nouvelle page d'iTunes Store qui apparaît, localisez l'artiste, son album, ou sa chanson.**

   Par exemple, pour classer les artistes par ordre alphabétique, cliquez sur l'en-tête de colonne Artiste. Si vous préférez un classement par Album, cliquez sur l'en-tête de la colonne Album. (Idem pour toutes les autres colonnes.)

5. **Pour écouter un extrait d'une chanson, cliquez dessus dans la liste des titres affichée dans la partie inférieure d'iTunes, comme à la Figure 9.34.**

Figure 9.34 : Sélectionnez le titre dont vous désirez entendre un extrait.

6. Cliquez sur le bouton de Lecture d'iTunes.

Une méthode plus rapide consiste à double-cliquer sur le titre de la chanson.

7. Si vous désirez acheter le morceau que vous écoutez, cliquez sur le bouton Acheter le morceau situé dans la colonne Prix (Figure 9.35).

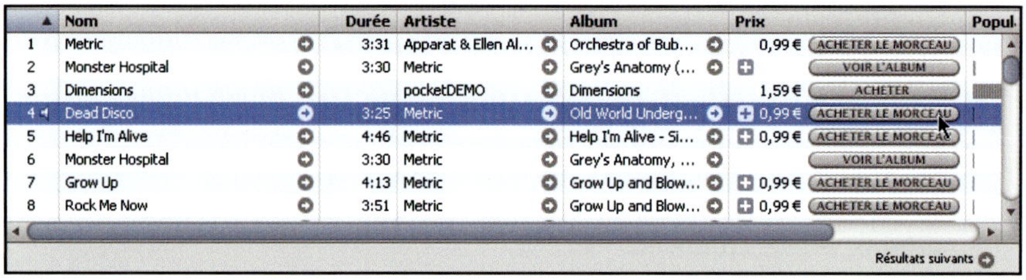

Figure 9.35 : Acheter un titre sur iTunes est aussi simple qu'un clic de souris à condition que vous soyez inscrit sur iTunes.

8. Dans la boîte de dialogue des identifiants, tapez votre identifiant Apple et votre mot de passe.

Si vous possédez un iPod, vous l'avez probablement enregistré auprès d'Apple via iTunes. Lors de cet enregistrement, vous avez indiqué un identifiant Apple (en général votre adresse e-mail), et un mot de passe. Il vous suffit de les saisir de nouveau dans cette boîte de dialogue. Sinon, cliquez sur Créer un nouveau compte, et suivez les instructions qui s'affichent à l'écran.

9. Une fois votre identifiant et votre mot de passe saisis, cliquez sur le bouton Acheter (Figure 9.36).

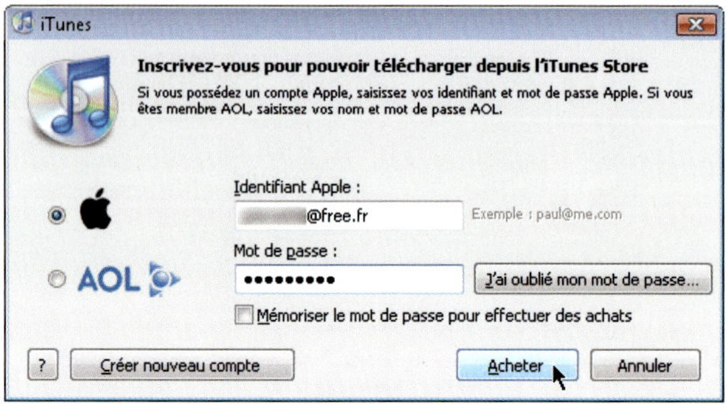

Figure 9.36 : Avec votre identifiant Apple ou Aol et votre mot de passe, l'achat s'effectue par un clic sur le bouton Acheter.

10. Dans le message demandant confirmation de votre achat, cliquez sur Acheter pour procéder au téléchargement ou sur Annuler pour y renoncer.

Lors de la création de votre compte Apple, vous avez indiqué un mode de paiement. Il s'agit généralement d'une carte bancaire. Vous serez donc débité automatiquement par Apple pour votre achat. Alors, par pitié, faites attention que ce paiement virtuel ne vous lance pas dans des dépenses inconsidérées. Même à 0,99 € la chanson, la note risque d'être salée.

Dès que vous achetez, le morceau est automatiquement téléchargé dans le dossier iTunes de votre ordinateur. Il sera disponible dans votre bibliothèque iTunes et donc facilement transférable sur votre iPod (ou sur un autre lecteur portable, en passant tout simplement par l'Explorateur Windows).

L'achat d'un album se déroule de la même façon. La seule différence est que vous devez cliquer sur le bouton Acheter l'album (ou Buy Album).

Acheter votre musique avec le Lecteur Windows Media

Comme nous vous l'avons déjà indiqué, le Lecteur Windows Media est livré en standard avec Windows Vista. En voici les avantages :

- Inutile de télécharger et d'installer le Lecteur Windows Media. Il est opérationnel dès que vous allumez un nouvel ordinateur sur lequel Windows Vista (ou XP) est installé.
- Si le Lecteur Windows Media doit être mis à jour, cette mise à niveau sera automatiquement proposé par la fonction Windows Update de votre système d'exploitation qui veille à ce que vous disposiez des dernières innovations de Windows.
- Vous n'êtes pas obligé de télécharger et d'installer iTunes si vous possédez un lecteur MP3 mobile autre qu'un iPod ou un iPhone.

Mise à jour manuelle du Lecteur Windows Media

Je tiens ici à envisager une hypothèse assez simple : vous possédez Windows XP, mais vous ignorez si vous possédez la dernière version du Lecteur Windows Media. Or, les dernières versions d'un programme offrent de nouvelles fonctionnalités qui, en matière musicale, peuvent s'avérer fort utile pour acheter la musique et la télécharger. Voici comment vérifier la version du Lecteur Windows Media et la mettre à jour :

1. **Sous Windows XP, cliquez sur Démarrer/Tous les programmes/Lecteur Windows Media.**

   Une fois le Lecteur Windows Media ouvert, il se peut qu'aucun menu ne soit visible. Cela empêche alors de connaître la version de cette application.

2. **Pour afficher temporairement la barre de menus du Lecteur Windows Media, appuyez sur Alt. Pour afficher cette barre de manière permanente, appuyez sur Alt. Ensuite, cliquez sur Affichage/Menus classiques (ou appuyez sur Ctrl+M).**

Comme le montre la Figure 9.37, la barre de menus apparaît sous la barre de titre du Lecteur Windows Media.

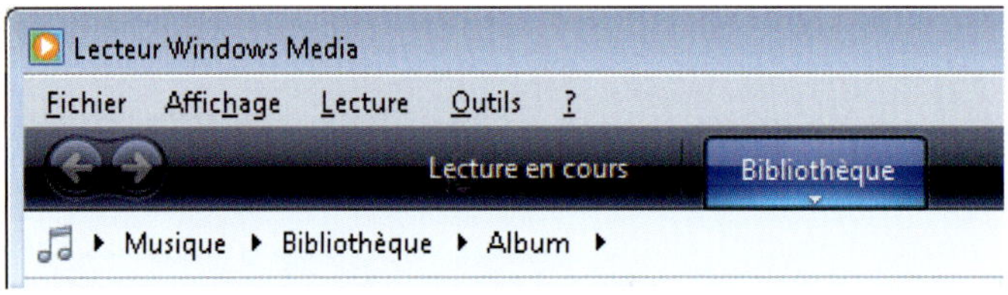

Figure 9.37 : Le Lecteur Windows Media affiché avec une barre de menus.

3. **Cliquez sur Aide (?)/A propos du Lecteur Windows Media.**

   La fenêtre qui apparaît indique le numéro de la version du Lecteur Windows Media dans la section Version. Sur la Figure 9.38, vous constatez que la version est 11.0.6001.7004.

Figure 9.38 : La dernière version en date du Lecteur Windows Media.

   Si vous disposez d'une version antérieure et que Windows Update n'est pas activé sur votre ordinateur, téléchargez la version la plus récente du Lecteur Windows Media comme expliqué à l'étape suivante.

4. **Ouvrez Internet Explorer, et connectez-vous au site** `www.microsoft.com/windows/windowsmedia/fr/default.aspx`**.**

5. **Sur cette page du site Web de Microsoft, cliquez sur Lecteur Windows Media 11 Essayez-le dans Windows Vista.**

   Une mise à niveau n'est nécessaire que si vous possédez Windows XP. En effet, cette version 11 est livrée en standard avec Windows Vista.

6. **Dans le volet gauche, sous la rubrique A la maison, cliquez sur Lecteur Windows Media 11/Pour Windows XP.**

7. Dans la section centrale de la page Web, cliquez sur Télécharger comme à la Figure 9.39.

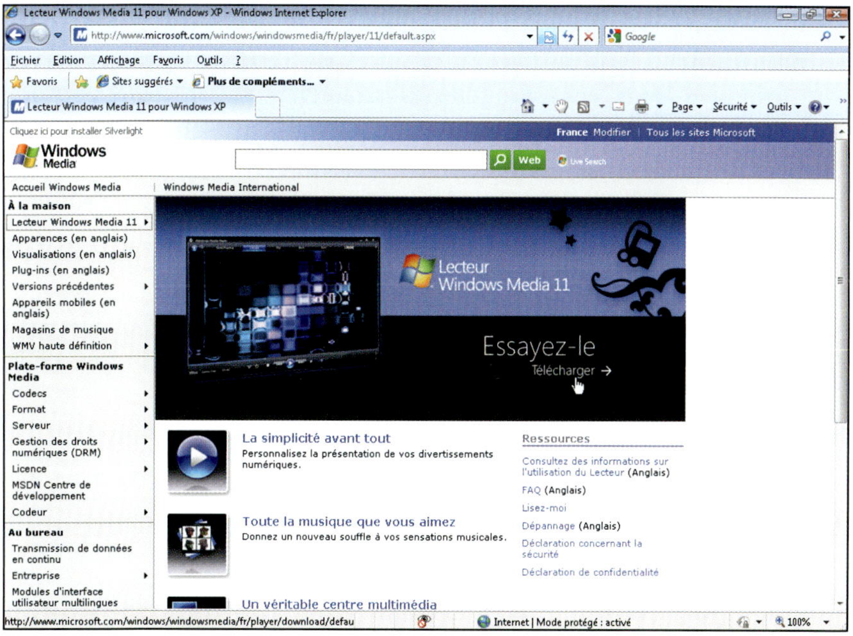

Figure 9.39 : Sous Windows XP, passez à la version 11 du Lecteur Windows Media.

8. En bas à droite de la nouvelle page Web qui s'affiche, cliquez sur le bouton Télécharger.

9. Dans la boîte de dialogue Téléchargement de fichiers, cliquez sur Enregistrer.

TRUC

Comme nous l'avons déjà expliqué, il est préférable d'enregistrer que d'exécuter un fichier téléchargé. En effet, si l'installation se déroule mal nécessitant alors de la réexécuter, le fait d'enregistrer le fichier vous évitera d'en relancer le téléchargement.

10. Dans la boîte de dialogue Enregistrer sous, choisissez le dossier dans lequel vous avez l'habitude de stocker les fichiers que vous téléchargez sur Internet.

11. Cliquez sur le bouton Enregistrer.

Suivez la progression du téléchargement dans boîte de dialogue qui s'affiche.

12. Pendant le téléchargement, décochez l'option Fermer cette boîte de dialogue à la fin du téléchargement.

TRUC

Cela vous permettra d'accéder plus rapidement au fichier téléchargé comme l'explique la prochaine étape.

13. **Une fois le téléchargement terminé, cliquez sur le bouton Ouvrir le dossier.**
14. **Double-cliquez sur le fichier** `wmp11-windowsxp-x86-FR-FR.exe`.
15. **Suivez les instructions d'installation.**

    L'installation peut prendre du temps car la nouvelle version du Lecteur Windows Media conserve tous les paramètres de l'ancienne version de cette application.

Maintenant que nous avons tous la même version du Lecteur Windows Media, voyons comment l'utiliser pour acheter légalement de la musique sur Internet.

J'achète ma musique avec le Lecteur Windows Media

Si vous ne possédez pas un iPod, vous n'avez pas, au niveau d'expérience qu'est le vôtre, de raisons objectives pour utiliser iTunes. De plus, vous n'avez peut-être pas envie d'acheter sur iTunes Store, et ceci même si vous possédez un iPod ou un iPhone.

Voici donc comment acheter de la musique via le Lecteur Windows Media :

1. **Ouvrez le Lecteur Windows Media via Démarrer/Tous les programmes/ Lecteur Windows Media.**
2. **Dans l'interface du Lecteur Windows Media 11, cliquez sur le bouton Media Guide.**
3. **Cliquez sur Parcourir tous les magasins en ligne, comme à la Figure 9.40.**

Figure 9.40 : Sélectionnez cette option pour choisir le magasin dans lequel vous allez acheter votre musique.

Si vous souhaitez acheter rapidement vos chansons, cliquez directement sur Virginmega.fr. Le Lecteur Windows Media se transforme en une sorte de navigateur Web affichant le site d'achat en ligne du magasin Virgin. Pour profiter des services de ce magasin, vous devez en télécharger la version Premium comme cela est expliqué un peu plus loin dans cette procédure.

Si vous respectez l'étape 3, le Lecteur Windows Media affiche les trois boutiques par défaut que propose Microsoft pour acheter vos fichiers musicaux en ligne :

- Faralatino, un site spécialisé dans la musique latine. Vous y trouverez un certain nombre de chansons gratuites que vous pouvez télécharger en toute légalité.
- MSN Music, site d'achat de Microsoft, sorte de concurrent à iTunes Store.
- Virgin Mega Premium, que nous avons évoqué un peu plus haut dans ce chapitre.

Globalement, la procédure d'achat et de téléchargement est sensiblement la même sur ces trois sites.

Si vous ne possédez pas de compte sur MSN Music, il n'est plus possible d'en créer un ! Ce site a en effet fermé ses portes le 17 avril 2009.

4. Par exemple, cliquez sur le logo VirginMega Premium (Figure 9.41).

Figure 9.41 : Pour acheter chez Virgin (attention, ceci n'est pas une incitation).

5. **Dans le message vous demandant confirmation de basculer vers le site Web de Virgin, cliquez sur Oui.**

   Le Lecteur Windows Media joue le rôle d'un navigateur Web exactement comme le fait iTunes. Au bout de quelques secondes vous voici sur VirginMega.fr.

   Vous êtes obligé de procéder à une petite installation. Cliquez sur le bouton Démarrer l'installation puis sur Exécuter. Une fois le téléchargement terminé, cliquez de nouveau sur Exécuter. Suivez la procédure d'installation de VirginMega.Fr Premium. Ce site rend le Lecteur Windows Media compatible avec ses procédures d'achat. L'installation demande un certain temps et quelques clics de votre part.

   Une fois le Lecteur Windows Media compatible avec VirginMega.Fr Premium, inscrivez-vous afin de réaliser vos achats en toute quiétude.

6. **Cliquez sur Inscription.**

   Vous accédez à un formulaire que vous devez remplir le plus précisément et honnêtement possible pour profiter de toutes les fonctionnalités du site d'achat.

7. **Une fois le formulaire rempli, cliquez sur Continuer.**

   Un autre formulaire concerne des données personnelles.

8. **Remplissez le second formulaire et cliquez sur Valider.**

9. **Cliquez sur Accueil.**

   Ce n'est pas plus compliqué pour appartenir à la grande famille de ceux qui achètent sur VirginMega.Fr via le Lecteur Windows Media. Un e-mail vous confirmera votre inscription récapitulant votre nom d'utilisateur et votre mot de passe.

10. **Effectuez vos recherches de titres et d'artistes :**

    - Effectuez une recherche dans les nouveautés proposées par défaut sur le site.
    - Choisissez de consulter les meilleures ventes.
    - Faites votre choix dans les genres affichés en bas de la page Web.
    - Tapez l'objet de votre recherche dans le champ Rechercher situé en haut du Lecteur Windows Media.

    Supposons que je souhaite trouver les titres et albums du groupe Metric.

11. **Pour aller plus vite, je saisis Metric dans le champ Rechercher, et je valide en appuyant sur la touche Entrée.**

    Comme le montre la Figure 9.42, les correspondances de la recherche s'affichent dans la partic inférieure du site.

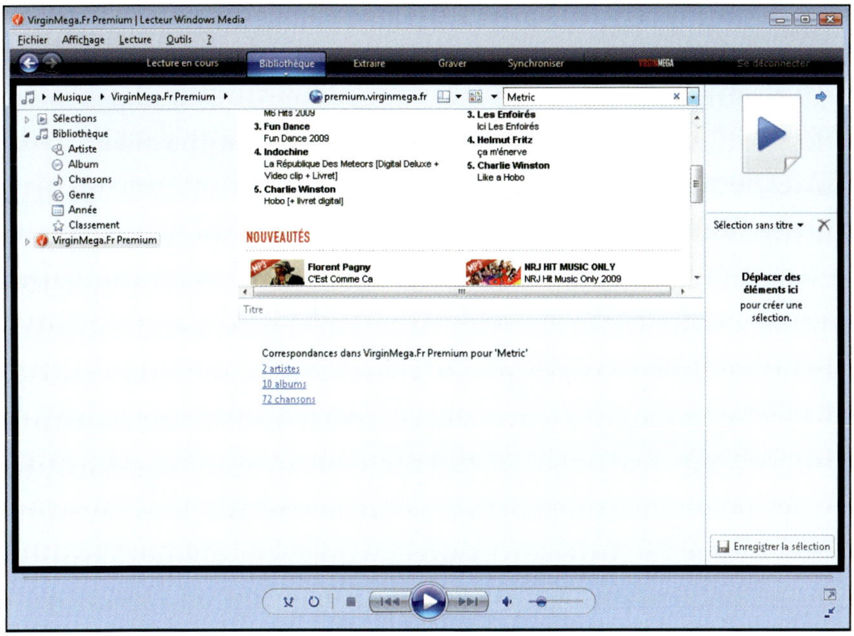

Figure 9.42 : Résultats d'une recherche réalisée sur le site VirginMega.Fr avec le Lecteur Windows Media.

12. **Je clique sur le lien 2 artistes.**

    C'est le seul moyen pour moi de savoir si le Metric que je cherche se trouve bien ici.

13. **Parmi les deux artistes affichés, je double-clic sur l'icône de celui correspondant au groupe convoité.**

    Comme le montre la Figure 9.43, la liste des albums et des titres de ce groupe apparaît.

14. **Pour écouter un extrait d'une chanson, double-cliquez simplement sur son nom.**

15. **Pour acheter un titre qui vous intéresse, cliquez sur le bouton Acheter €0.99. (Figure 9.44)**

    Cela signifie que vous allez payer ce titre 99 centimes d'euros. Le bouton Acheter se transforme en bouton Confirmer.

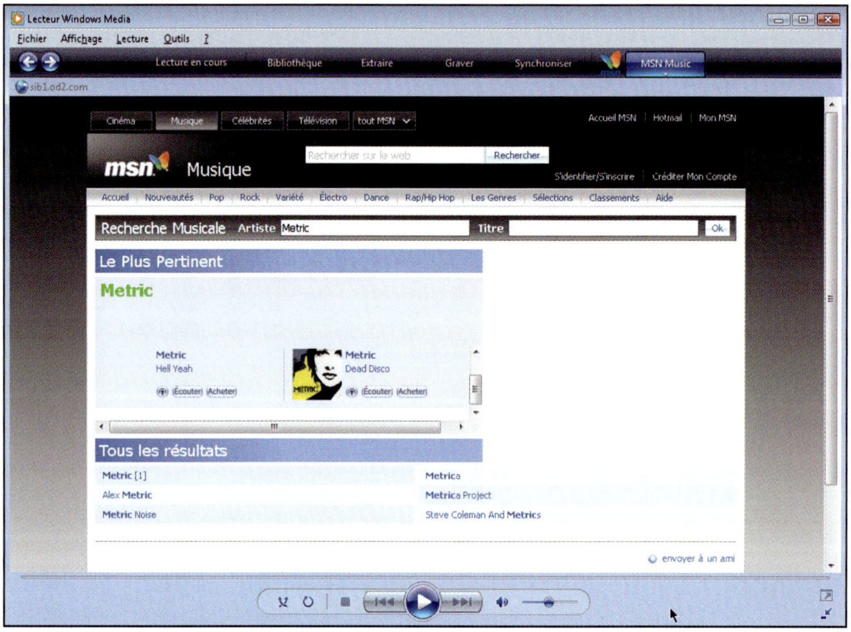

Figure 9.43 : J'ai bien trouvé ce que je cherche !

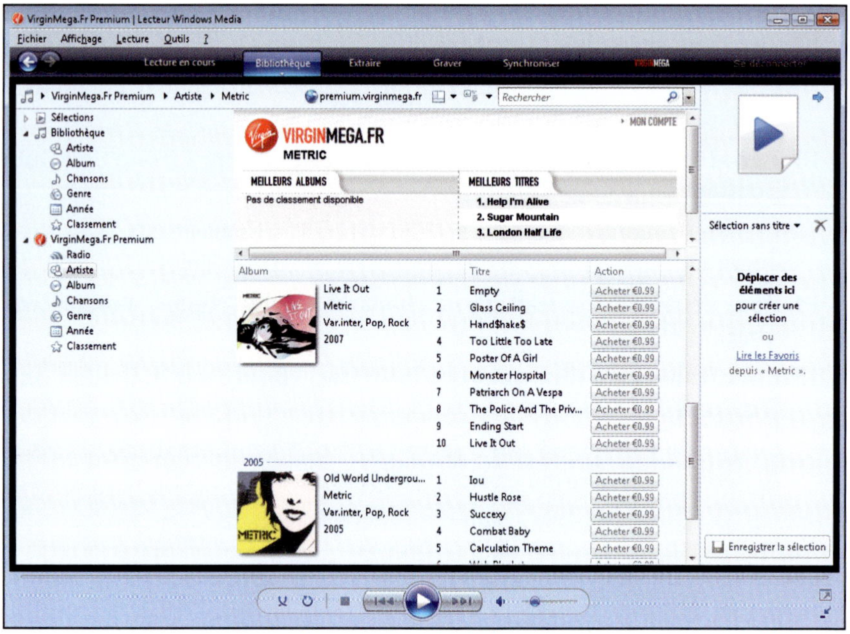

Figure 9.44 : Acheter un titre.

16. Si vous êtes sûr de vouloir acheter le titre, cliquez sur le bouton Confirmer.

L'achat chez Virgin ne démarre pas automatiquement. Vous vous retrouvez en réalité dans une configuration semblable à celle d'Apple et de son iTunes Store. Vous devez indiquer à Virgin un moyen de paiement. Voyez comment procéder :

17. Cliquez sur la petite icône qui apparaît à gauche du titre que vous désirez acheter.

18. Cliquez sur Informations sur l'erreur.

19. Dans le message qui apparaît, cliquez sur le lien Renseigner un moyen de paiement.

20. Cliquez sur Moyens de paiement, et entrez vos coordonnées bancaires.

WEB

Comme avec iTunes Store, chaque achat sera directement débité sur votre compte bancaire. Attention aux découverts !

Une fois vos coordonnées bancaires contrôlées et validées, vous pouvez télécharger les morceaux que vous achetez.

TRUC

Sachez qu'il n'y a plus de limites à l'utilisation des morceaux achetés légalement. Vous pouvez les transférer sur autant de support et lecteurs MP3 que vous possédez, voire les graver sur CD.

21. Une fois vos téléchargements effectués, vous n'avez plus qu'à organiser vos titres dans le Lecteur Windows Media, et à les transférer vers votre lecteur MP3 préféré.

Ces opérations dépassent le cadre d'un ouvrage comme celui-ci qui traite uniquement des fonctionnalités Internet des applications.

La radio sur Internet

Si vous aimez écouter de la musique pendant que vous travaillez, branchez-vous sur les stations radio d'Internet. Comme les stations qui émettent en FM ou sur les grandes et petites ondes, vous y trouverez des programmes musicaux (ou autres) tout à fait séduisants. En revanche, contrairement aux radios classiques, les radios sur Internet proposent souvent un programme en boucle qui n'est renouvelé que quelques jours par semaine. Il y a très peu de radios marginales qui ont les moyens d'émettre en direct. Dans tous les cas de figure, vous les écoutez en *streaming*, c'est-à-dire sans téléchargement préalable de la totalité du programme radiophonique. Pour accéder à ces radios, utilisez votre lecteur multimédia comme iTunes ou le Lecteur Windows Media. La plupart de ces radios émettant sur le Net sont gratuites. Certaines exigent un abonnement si vous ne désirez pas être assailli de publicités.

TRUC

N'oubliez pas que vous pouvez parfaitement écouter une radio avec votre navigateur Web comme Internet Explorer 8.

Ecouter la radio avec Internet Explorer 8 (ou autre)

Vous n'êtes pas marié avec le Lecteur Windows Media ou iTunes. Je dirais même que l'offre du Lecteur Windows Media en matière de radio frise le ridicule. iTunes est beaucoup plus éclectique.

Oubliez quelques instants ces deux lecteurs multimédias et reprenez la liberté d'écouter la radio sur Internet avec Internet Explorer 8 ou tout autre navigateur Web de votre choix.

1. **Démarrez Internet Explorer 8.**
2. **Si vous ne connaissez pas la radio à écouter, tapez Radio Internet dans le champ de recherche situé dans le coin supérieur droit de ce navigateur.**

   Une multitude de sites sera mise à votre disposition. Difficile de faire le choix pour vous. Alors, voyons comment les choses se passent sur Deezer étudié un peu plus haut de chapitre.
3. **Dans le champ Adresses d'Internet Explorer 8 Tapez** `Deezer.com`**, et appuyez sur Entrée.**

   Sachez que pour écouter la radio sur Deezer, vous n'êtes pas obligé de vous connecter à votre compte de *deezernaute*. Toutefois, le fait de vous connecter à votre compte (ou profil) vous permettra de gérer vos radios comme vous gérez vos chansons sur Deezer.
4. **Cliquez sur Musique.**
5. **Dans le volet gauche, cliquez sur radio comme à la Figure 9.45.**

   Les choix sont nombreux et clairement définis. Vous avez accès à peu près tous les styles de musique diffusés sur Internet. Pour vous en convaincre, faites défiler le contenu de cette page Web de Deezer.

   L'exemple d'écoute qui suit s'applique à tout type de radio proposé sur Deezer.
6. **Faites défiler le contenu de cette page pour afficher la radio thématique que vous désirez écouter, par exemple Rock.**
7. **Ensuite, cliquez sur le type de radio rock dont vous souhaiter entendre le programme, comme Rock indépendant (Figure 9.46).**
8. **Pour écouter le programme de cette radio, cliquez sur le bouton de lecture affiché sur son logo.**

   La lecture commence. Vous en suivez la progression dans le lecteur de Deezer qui affiche la pochette de l'album dont est extraite la chanson que vous écoutez.

   Si vous désirez acheter le titre qui passe, cliquez simplement sur l'onglet Acheter ce titre du lecteur de Deezer.

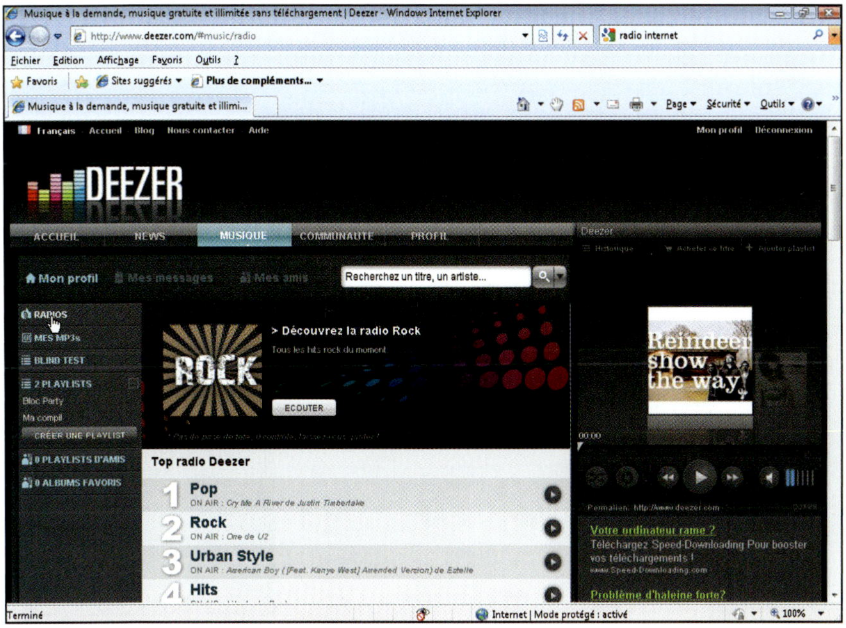

Figure 9.45 : Ecouter la radio sur Deezer via Internet Explorer 8.

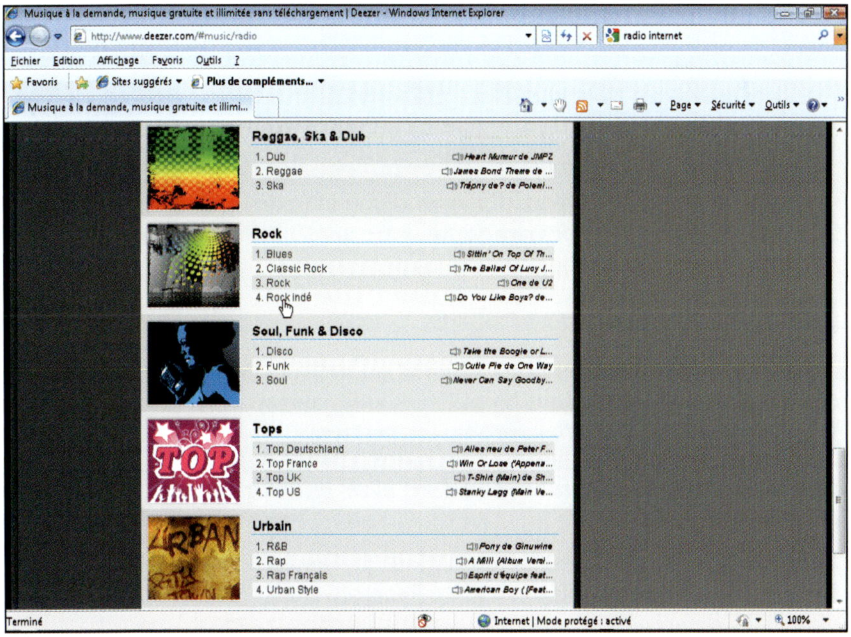

Figure 9.46 : Sélection d'une radio sur Deezer.

9. **Pour retrouver facilement une radio, ajoutez-la à vos favoris en cliquant sur le bouton Je suis fan comme à la Figure 9.47.**

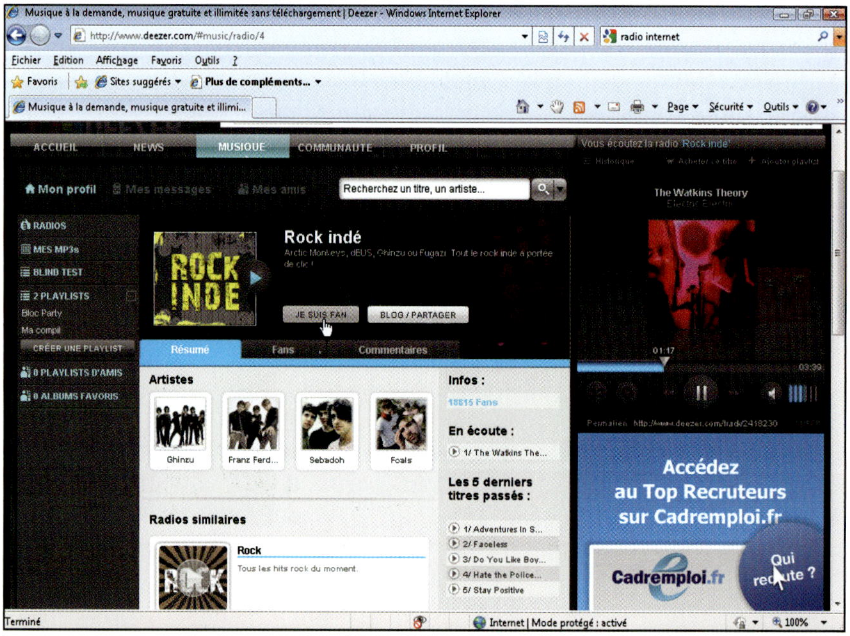

Figure 9.47 : J'ajoute cette radio à mes radios préférées.

Dès que vous avez cliqué sur ce bouton, la radio apparaît sous la catégorie Radios de votre profil comme le montre la Figure 9.48.

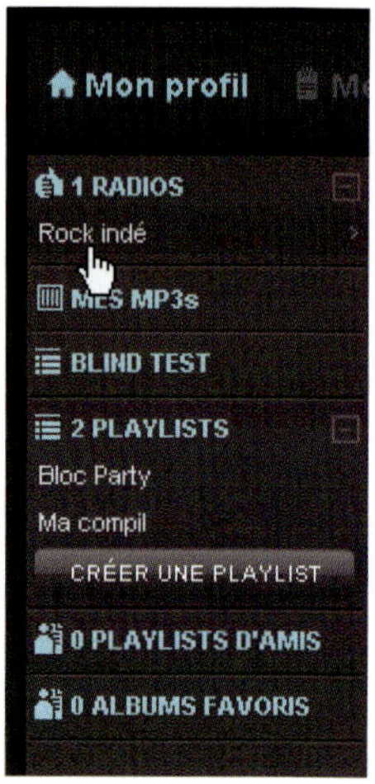

Figure 9.48 : Une radio ajoutée à mon profil avec succès.

De radio en radio, vous allez disposer d'une liste de stations préférées qui couvrira toute votre sensibilité musicale. Deezer et sa fonction radiophonique est le meilleur moyen de rester dans le coup. Trop fort Deezer !

Comment faire pour écouter des radios qui ne sont pas disponibles sur Deezer, tout en utilisant son navigateur Web ? Je vous invite à lire la prochaine section.

Ecouter des stations de radio standard avec Internet Explorer 8

Je ne fais pas de prosélytisme en parlant de Deezer. Il est vrai que ce support musical en ligne offre des choix très diversifiés. Toutefois, vous n'y trouverez pas tout. Si vous êtes intéressé par un autre type de radio, accédez alors directement au site de la station en question via votre navigateur Web.

Pour illustrer mon propos, je vais vous expliquer comment écouter une station de Radio France via Internet Explorer 8 :

1. **Ouvrez Internet Explorer 8.**
2. **Dans le champ situé dans le coin supérieur droit de l'interface tapez le nom de la radio que vous désirez écouter, en l'occurrence Radio France.**

   Le moteur de recherche (disons Google) affichera le lien direct vers cette station de radio.
3. **Cliquez sur le lien Radio France.**

   Comme le montre la Figure 9.49, vous accédez à toutes les stations de Radio France.

Figure 9.49 : Choisissez la station de Radio France à écouter.

4. **Cliquez sur le logo de la station de Radio France à écouter, comme France Culture.**
5. **Sur le site de France Culture, cliquez sur le bouton "direct" afin d'écouter exactement ce qui est diffusé en ce moment sur la radio FM traditionnelle.**

   Le site va télécharger sur votre ordinateur son propre player (lecteur) qui va vous permettre d'écouter correctement les émissions de France Culture en direct.

Ce lecteur permet de mettre en pause, de reprendre le direct, de monter ou encore de baisser le son.

6. **Pour interrompre l'écoute de cette radio, il suffit de fermer son lecteur en cliquant sur le bouton de fermeture situé dans son coin supérieur droit.**

Cet exemple basé sur Radio France vaut pour la majorité des autres stations de radio qui émettent à la fois sur les ondes traditionnelles et sur Internet. Rendez-vous sur le site de ces radios et écoutez !

Comme nous l'avons indiqué, vous pouvez écouter certaines radios à partir du Lecteur Windows Media ou d'iTunes, c'est-à-dire sans passer directement par Internet Explorer. Dans ces deux programmes, vous trouverez un lien Radio. Il suffit de cliquer dessus pour afficher les stations disponibles. Ainsi, la Figure 9.50 montre les deux radios directement accessibles via le Lecteur Windows Media. En revanche, dans iTunes, vous pouvez chercher vos radios par catégories. Les choix sont immenses. La Figure 9.51 montre l'ensemble des stations radiophoniques Internet en Classic Rock. Cliquez sur la station que vous désirez écouter. Bien entendu, pour écouter la radio avec le Lecteur Windows Media, iTunes, Internet Explorer 8, ou encore Firefox, vous devez être connecté à Internet.

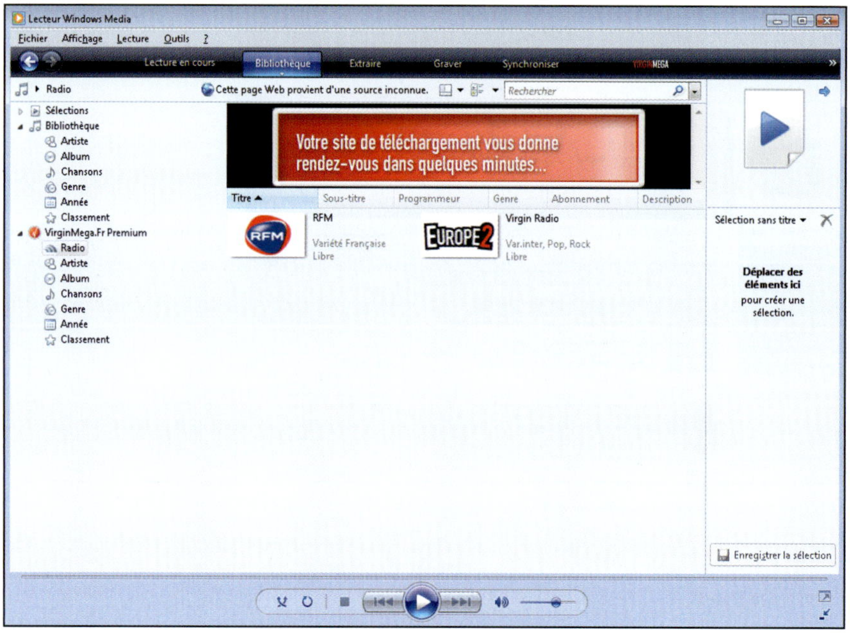

Figure 9.50 : Ecouter la radio avec le Lecteur Windows Media.

Figure 9.51 : Ecouter la radio avec iTunes.

Vidéos sur Internet

Le standard Web de la vidéo est le format MPEG et MOV. Il s'agit de *codecs* (codeur/décodeur) vidéo qui permettent de produire des fichiers vidéo de petite taille à la qualité d'images très variable. Les fichiers MPEG rencontrés sur Internet portent l'extension `.mpeg` ou `.mpg`.

Microsoft, comme à son habitude, prend le train en marche en tentant d'imposer un format concurrent basé sur son propre format vidéo non compressé AVI (*Audio Video Interleaved*). Une fois compressé, ce format devient `.asf` ou `.asx`. Il permet de délivrer du son et des images en *streaming*.

Trouver des vidéos

Un navigateur Web ne peut pas lire de la vidéo. Pour cela, il faut un lecteur spécial. Vous avez également besoin d'un ordinateur assez rapide pour afficher des vidéos en temps réel. Les lecteurs multimédias RealPlayer, Lecteur Windows Media et QuickTime/iTunes prennent en charge les fichiers vidéo. Parfois, vous rencontrerez des animations, voire de petits films, au format Flash d'Apple (ou Shockwave). Il ne s'agit pas à proprement parler de fichiers vidéo, mais plutôt d'images vidéo intégrées dans une animation Flash. Cependant, pour lire ces animations, vous avez besoin d'un lecteur spécifique téléchargeable à `http://get.adobe.com/fr/flashplayer/`.

Lorsque votre navigateur Web arrive sur une page intégrant une animation Flash qu'il ne parvient pas à lire, il vous propose de télécharger le lecteur adéquat. Laissez-vous séduire par cette offre.

Si vous désirez voir rapidement des bandes-annonces ou des extraits de films récents, connectez-vous au site `www.allocine.fr/video/`.

Vous pouvez également voir des vidéos indépendantes d'une minute sur le très original site Web `www.uneminute.net`, et sur l'excellent `http://creative.gettyimages.com`.

Enfin, difficile de ne pas parler aujourd'hui des services de publication vidéo en ligne que sont DailyMotion ou YouTube. Vous y trouverez des millions de vidéo en tout genre et sur tous les sujets publiés par des gens comme vous et moi. Les Figures 9.52 et 9.53 montrent les pages d'accueil de ces deux sites. Consultez-les ! Le virus de la publication vidéo en ligne ne va pas tarder à vous gagner.

Les adresses utiles

Nous arrivons à la fin de cette première découverte de ce que vous pouvez faire sur Internet. La musique, la vidéo, et la télévision sont d'actualités dans la mesure où nous entrons dans une ère où les supports sont de plus en plus dématérialisés, et où l'offre à la demande va doucement l'emporter sur les sacro-saints horaires qui nous imposaient une discipline de consommation des images et des sons.

Figure 9.52 : Publiez et consultez des vidéos gratuites sur DailyMotion.

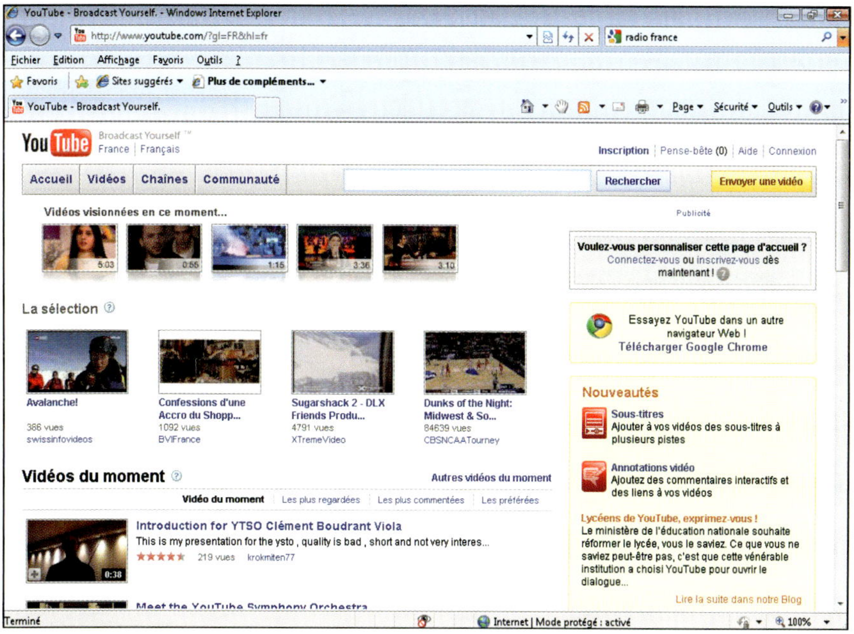

Figure 9.53 : Publiez et consultez des vidéos gratuites sur YouTube.

Je vous présente ici un nombre de sites Web où vous trouverez de la musique à acheter ou à télécharger gratuitement en toute légalité, des stations de radio en ligne, et des sites de VOD.

Musique gratuite et payante

- www.deezer.com
- www.les-artistes-unis.com
- www.webmp3musique.com/fr_new/default3.asp
- www.musicme.com
- www.wizzmusic.com
- www.easyzik.net
- www.boxson.net
- http://musique.aol.fr
- www.hotzik.com
- www.fnac.com
- www.virginmega.fr
- www.universalmusic.fr/acheter/

Radios en ligne

- www.deezer.com
- www.radiofrance.com
- www.live365.fr
- www.bide-et-musique.com
- www.virginradio.fr
- www.radiointernet.com
- www.europe1.fr
- www.rtl.fr
- www.nrj.fr
- www.cheriefm.fr
- www.alternatives.ca
- www.radioclassique.fr

Chapitre 10

J'achète et je vends sur Internet

Dans ce chapitre :

- Achats en ligne : le pour et le contre.
- Le problème des cartes bancaires.
- Allons faire nos courses !
- Comparer les prix.
- Le supermarché virtuel.

Si, pour une raison quelconque (insomnie ou autre), vous lisez la presse informatique, vous avez certainement eu l'occasion de parcourir beaucoup d'articles consacrés au commerce électronique. Aussi étonnant que cela puisse paraître, il y a beaucoup de vrai dans ce que vous avez pu lire, et vous pouvez raisonnablement acheter toutes sortes de choses sur le Net. Pour notre part, c'est ce que nous faisons, des livres jusqu'aux billets d'avion en passant par les sous-vêtements, les actions, les pièces détachées d'ordinateurs et les consommables de toutes sortes. Malgré quelques légendes – parfois avérées –, nous sommes toujours bel et bien vivants pour vous conter l'histoire fabuleuse des achats en ligne.

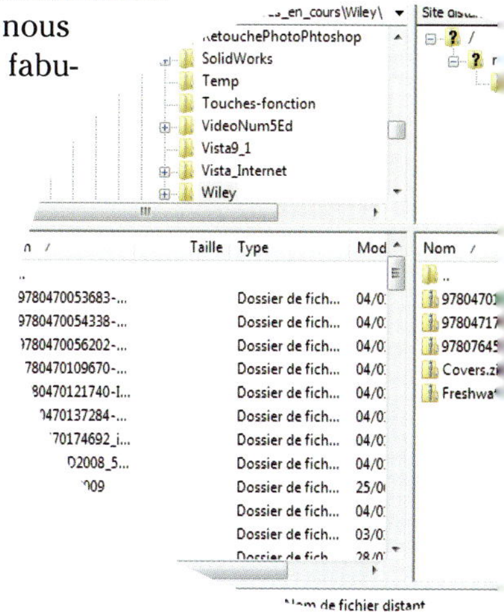

Achats en ligne : le pour et le contre

Voici quelques bonnes raisons de faire ses achats en ligne :

- Les magasins en ligne offrent des commodités appréciables. Ils sont ouverts toute la nuit, et vous n'agacez aucun vendeur si vous ne faites que regarder pendant des jours et des jours avant de vous décider à acheter. La Figure 10.1 montre un magasin en ligne typique.

Figure 10.1 : Un, deux, trois... faites vos courses !

- Les prix sont souvent inférieurs, et vous pouvez comparer les tarifs de plusieurs boutiques en quelques minutes. Même si vous finissez par acheter dans un magasin réel, ce que vous aurez trouvé en ligne est susceptible de vous faire économiser de l'argent. Les frais d'expédition sont les mêmes que lorsque vous commandez par courrier postal (ils sont même offerts à partir d'une certaine somme, en général 100 euros d'achats) et vous n'aurez pas besoin de prendre votre voiture et de trouver un parking.
- Les boutiques en ligne offrent parfois une meilleure sélection. L'expédition est habituellement réalisée à partir d'une centrale d'achat – pas de stocks à gérer. Si vous êtes à la recherche d'une pièce rare – par exemple, une pièce du vieux four que vous réparez – le Web peut vous épargner des semaines de recherche.
- Certains auteurs de ce livre vivent dans des petites villes perdues dans la campagne. Ils trouvent sur le Net de nombreux articles difficiles à dénicher, sinon introuvables localement.
- Contrairement aux centres commerciaux, on n'est pas obligé de faire ses courses avec une musique de supermarché en bruit de fond. Vous pouvez même lancer iTunes ou le Lecteur Windows Media et ainsi choisir la musique qui accompagnera vos emplettes.
- Vous pouvez acheter dans tous les magasins de la planète, à des prix défiant toute concurrence.

- À partir d'une certaine somme, souvent 100 euros, ou sur certains produits, vous pouvez payer en plusieurs fois sans frais.
- Vous pouvez acheter sur Internet, mais aussi vendre ! Le marché de l'occasion est florissant, et vous allez trouver des affaires incroyables.

D'un autre côté, voici quelques raisons qui nous incitent à ne pas *tout* acheter sur le Net :

- Vous ne pouvez pas physiquement essayer, tester ou regarder ce que vous achetez, et il arrive que les délais de livraison soient assez longs. Toutefois, les sites indiquent la plupart du temps les délais de disponibilité des produits. Quand le produit est disponible, vous n'attendez guère plus de quarante-huit heures ; quand il ne l'est pas, l'attente est souvent difficile à évaluer.
- Nous aimons bien nos petits commerces locaux et nous essayons de contribuer à l'économie de notre région aussi souvent que nous le pouvons.
- Vous ne pouvez pas flirter avec le personnel des magasins en ligne.
- Plus vous êtes devant un ordinateur et moins vous sortez de chez vous ! Ne coupez pas trop le lien social !

Le problème des cartes bancaires

Comment s'effectue le paiement des achats en ligne ? La plupart du temps avec une carte bancaire, de la même façon que dans un magasin ordinaire. Mais n'est-il pas risqué de donner son numéro de carte bancaire en ligne ? Eh bien, non !

Nombre de personnes craignent que des individus malintentionnés et armés de divers outils électroniques, analyseurs de réseaux et autres gadgets de haute technologie, soient à l'affût pour tenter de s'approprier les numéros de cartes bancaires voyageant sur le Net. Nous avons surveillé pendant plusieurs années l'occurrence de tels événements et nous n'avons jamais rien trouvé. D'abord, parce que la plupart des entreprises de vente en ligne s'arrangent pour sécuriser les transactions de ce type en cryptant les informations que vous leur envoyez (dans la fenêtre du navigateur, un petit cadenas fermé affiché en bas de la fenêtre). Ensuite, parce que tenter d'intercepter une information de ce type dans le flot du trafic d'Internet est une véritable gageure, même sans chiffrement.

Si vous acceptez de confier votre carte bancaire dans un restaurant à un serveur, vous pouvez aussi bien vous servir de votre carte bancaire pour acheter en ligne. Si nous voulions dérober un numéro de carte de crédit, ce n'est pas la technique d'Internet que nous utiliserions mais celle des *pickpockets*.

Si, après cette mise au point, vous ne voulez toujours pas confier votre numéro de carte bancaire à Internet ou que vous soyez de ceux qui répugnent à l'usage des cartes en plastique, sachez que la plupart des entreprises de VPC en ligne accepteront que vous leur indiquiez ce numéro par téléphone ou que vous leur envoyiez un chèque.

TRUC

Les cartes bancaires virtuelles : e-Carte Bleue et consorts

Une des dernières innovations des banques est la mise en circulation, pour qui en fait la demande, d'une carte bancaire virtuelle destinée au paiement des achats sur Internet. Comment fonctionne la carte virtuelle ? Nous baserons notre explication sur une expérience personnelle : la e-Carte Bleue (ce système est repris sous des noms divers par la majorité des établissements bancaires).

Vous souscrivez un contrat auprès de votre banque pour bénéficier de la carte bancaire virtuelle. Si votre banquier est reconnaissant de votre fidélité, il ne devrait rien vous facturer de plus que vos sempiternels frais de gestion mensuels. Quelques jours après la souscription à e-Carte Bleue, par exemple, vous recevez un premier courrier indiquant un identifiant à ne surtout pas égarer. Il s'agit d'un code aussi facile à retenir que BCMYSKPM. Cet identifiant vous permet d'aller sur le site Web de votre banque et d'y télécharger un petit programme qui n'est autre que votre carte bancaire virtuelle. Installez ce programme sur votre ordinateur. Si vous l'exécutez, une connexion Internet s'établit, et une sorte de carte affichant deux champs de saisie apparaît au premier plan de votre bureau. Elle couvre systématiquement tous les programmes que vous ouvrez, dont Internet Explorer ou Firefox, qui permettront de faire vos achats en ligne. Les champs de saisie exigent deux choses : l'identifiant et le mot de passe que vous recevrez environ quarante-huit heures après votre premier courrier. Conservez bien ces deux numéros, c'est-à-dire identifiant et mot de passe, dans un lieu sûr, et tentez de vous en souvenir (ce ne sera pas du gâteau).

Pour utiliser la carte virtuelle, c'est très simple. Faites vos emplettes, c'est-à-dire cherchez les produits qui vous intéressent sur un site, ajoutez-les à votre panier virtuel, et enfin passez à la caisse. À cet instant, choisissez un paiement par carte bancaire VISA ou e-Carte Bleue (certains sites propose ce mode de paiement) et lancez le programme de votre carte bancaire virtuelle, tel que e-Carte Bleue (Figure 10.2). La carte virtuelle vous demande de saisir votre identifiant et votre mot de passe, puis de cliquer un bouton pour les valider. Une fois votre identification réalisée, plusieurs autres boutons permettent d'effectuer diverses tâches, dont l'une se nomme Payer. Cliquez-la. Un message vous avertit qu'un numéro unique va vous être attribué. À ce moment-là, votre carte virtuelle prend l'apparence d'une carte bancaire identique à celle que vous avez dans votre portefeuille, mais elle est animée : c'est-à-dire que vous voyez tous les chiffres tourner de manière aléatoire, puis se figer en un numéro traditionnel utilisable une seule fois. Saisissez le numéro ainsi attribué et le code à trois chiffres dans les champs adéquats du site Web. Validez. Le site interroge alors votre banque, et le paiement est accepté. Voilà, votre achat est fait. Même si quelqu'un a pu détourner ce numéro de carte, il ne pourra plus l'utiliser, car il est à usage unique. Vous pouvez alors fermer le petit programme. Si vous ne le faites pas, la carte virtuelle disparaît au bout d'une quinzaine de minutes.

Lors de votre prochain achat sur Internet, vous répéterez ces opérations et vous obtiendrez alors un nouveau numéro unique qui permettra de payer vos achats en toute sécurité. Ce système est absolument génial !

Figure 10.2 : Une carte bancaire virtuelle ressemble à une vraie carte bleue ! Inutile d'essayer d'utiliser celle-ci, le numéro est unique pour un achat et un montant unique.

Comment acheter sur Internet

Les entreprises de VPC en ligne fonctionnent généralement selon l'un ou l'autre des deux systèmes suivants : avec ou sans "caddie virtuel", communément appelé "panier" dans l'Hexagone. Ceux qui n'utilisent pas ce concept proposent la commande d'un seul article à la fois, ou un formulaire de commande que vous remplissez en cochant des cases en face des articles commandés. Parmi ceux qui proposent le système du caddie, vous choisissez un article et cliquez un bouton du type "Ajouter au panier". Vous visualisez le récapitulatif et choisissez votre mode de paiement ainsi que toutes indications utiles pour la livraison. À tout moment vous pouvez ajouter ou retirer des articles, comme dans un vrai magasin, à ce détail près que vous n'êtes pas obligé, ici, de remettre l'article dans son rayon.

Parler d'acheter du neuf sur Internet est une chose, mais franchir le pas et en comprendre la pratique en est une autre. Nous prétendons, à juste titre d'ailleurs, que la vente en ligne permet de payer moins cher et de disposer d'un vaste choix de produits. Le problème est de savoir comment trouver ce produit au meilleur prix. Pour cela, il existe : les comparateurs de prix !

Comparer les prix

Trouver la bonne affaire... et en neuf par-dessus le marché. Je crois saisir votre niveau d'exigence de consommateur surtout en ces périodes de crise économique internationale. Donc, si vous venez sur Internet c'est pour acheter au meilleur prix. Mais se pose une question cruciale : comment trouver le meilleur prix parmi ces centaines, voire ces milliers de boutiques en ligne ? Il y a deux attitudes possibles :

- Aller de site en site et noter soigneusement le prix que chacun propose sur un produit particulier. Le gros problème est que votre exploration se limite aux sites que vous connaissez, ce qui de facto élimine de votre recherche tous ceux que vous ne connaissez pas.
- Comparer les prix avec un ou plusieurs comparateurs de prix.

C'est cette seconde attitude que je vous propose d'adopter. Pour cela nous partirons d'un exemple très simple : vous souhaitez changer de réfrigérateur ! (Mais si puisque je vous le dis !)

TRUC

Tout ce qui est expliqué ci-dessous vaut pour n'importe quel produit bien évidemment.

Lorsque l'on désire acheter un produit, comme changer son réfrigérateur, soit nous connaissons le modèle que nous désirons acheter, soit nous ne savons pas très bien, soit le choix sera dicté par notre budget.

Trouver des comparateurs de prix

Voici la démarche à suivre pour comparer les prix et trouver le produit qui correspond à un ou plusieurs critères de recherche :

1. **Ouvrez votre navigateur Web, comme Internet Explorer 8.**
2. **Dans le champ de recherche situé dans son coin supérieur droit, tapez Réfrigérateurs et appuyez sur Entrée.**

   Si vous achetez autre chose qu'un réfrigérateur, tapez le nom générique du produit : lave-vaisselle, lecteur MP3, chaussettes, sous-vêtements, voiture, etc.

   Le moteur de recherche, Google par exemple, va vous proposer divers liens dont certains vous renvoient vers des comparateurs de prix comme le montre la Figure 10.3.

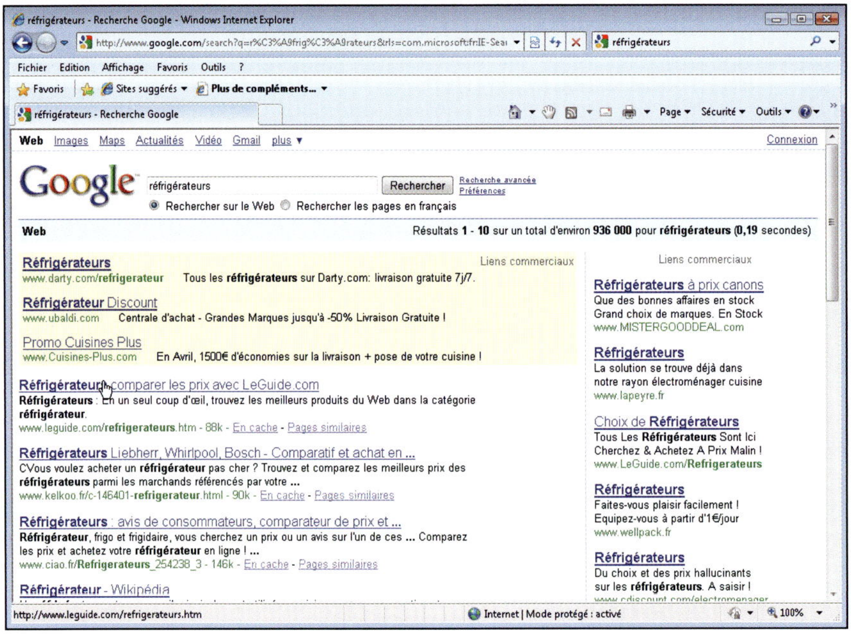

Figure 10.3 : Un moteur de recherche permet de trouver facilement un comparateur de prix.

3. **Cliquez sur un des liens renvoyant vers un comparateur de prix.**

   Vous accédez au site Web du comparateur comme à la Figure 10.4.

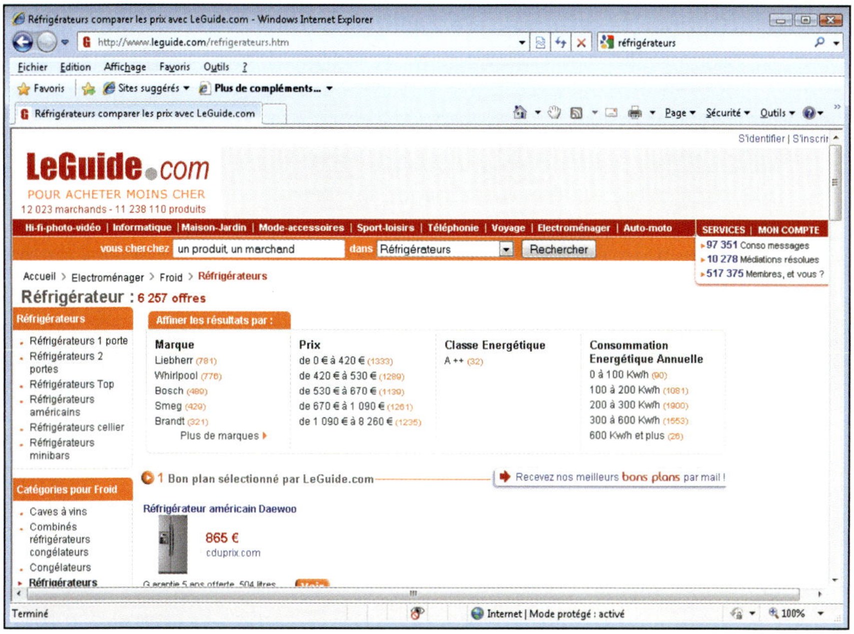

Figure 10.4 : Un comparateur de prix.

Dans la mesure où votre recherche porte sur des réfrigérateurs, le comparateur compare les prix des réfrigérateurs. Mais comment trouver la meilleure offre ?

Utiliser un comparateur

Maintenant que vous voici à comparer les prix, comment allez-vous utiliser les multiples fonctionnalités de ce comparateur ? Les étapes suivantes en expliquent la procédure :

1. **Dans un comparateur de prix, vous pouvez affiner les résultats de plusieurs manières :**

   - **Marque.** Peut-être êtes-vous sensible à une marque c'est-à-dire un fabricant plus qu'à un autre. Dans ce cas, cliquez sur la marque du produit qui vous intéresse. (Rares sont les comparateurs qui ne proposent pas cette option.)

   TRUC

   Dans la page des résultats du comparateur, toutes les marques ne sont pas forcément affichées. Vous trouverez généralement un lien du type `Plus de marques`. Il suffit de cliquer dessus pour accéder à d'autres fabricants de réfrigérateurs (par exemple). Ne vous laissez pas intimider et restreindre par les propositions par défaut du comparateur de prix. Les marques les plus en vue payent pour être citées en premier dans un comparateur.

- **Prix.** C'est peut-être le critère de recherche le plus sensible pour vous. N'oubliez pas qu'Internet doit permettre de faire de bonnes affaires, sinon autant aller dans un magasin traditionnel. Les comparateurs listent des fourchettes de prix. Entre parenthèses, vous voyez le nombre de produits existants dans la fourchette spécifiée.

Bien entendu, en fonction du produit convoité, d'autres critères peuvent être proposés. Ainsi, en électroménager, la classe énergétique, voire la consommation annuelle d'électricité, est un critère extrêmement sensible pour tout consommateur qui garde une attitude citoyenne, et qui veille à ne pas pénaliser la survie de la planète par son comportement consumériste.

Comme il est fondamental de définir un ou plusieurs critères pour ne pas passer des heures et des heures à éplucher tous les modèles, je vous propose de comprendre la méthode de sélection en passant à la deuxième étape.

2. **Définissez le type de produit.**

   Par exemple, pour mon réfrigérateur, je sais qu'il me faut un modèle à 2 portes. Je clique donc sur ce critère dans le volet gauche du comparateur.

3. **Choisissez en fonction de la marque ou de votre budget.**

   Comme je suis un consommateur averti, je dépense certes mais pas n'importe comment. J'opte pour le budget comme le montre l'étape suivante.

4. **Cliquez sur la fourchette correspondant au budget dont vous disposez.**

   Ici, je ne veux pas dépenser plus de 550 euros. Je clique donc sur la fourchette 490 € à 550 €.

   Le comparateur fait une première sélection qui présente :

   1. Les réfrigérateurs 2 portes...
   2. ... dont le prix se situe entre 490 et 550 €.

   A partir de ces résultats vous disposez de nouvelles options :

   - Consulter les modèles d'une marque précise.
   - Trier les résultats par Prix total, voire par Promotion.
   - Taper directement les références d'un modèle dans le champ "Vous recherchez" (ou équivalent), et cliquer sur le bouton Rechercher.

5. **Comme je veux faire une bonne affaire, je clique sur Prix total car il prend en compte les frais de livraison.**

   Le comparateur de prix propose généralement d'effectuer un tri par prix croissants ou décroissants. Il suffit alors de cliquer sur un signe + ou un signe -, voire de cliquer une nouvelle fois sur le lien Prix total. L'ordre de présentation de divers produits se fait en fonction de la fourchette de prix dans laquelle il se trouve.

6. **Faites défiler le contenu de la fenêtre du comparateur et cochez les cases des modèles de réfrigérateur que vous désirez comparer comme le montre la Figure 10.5.**

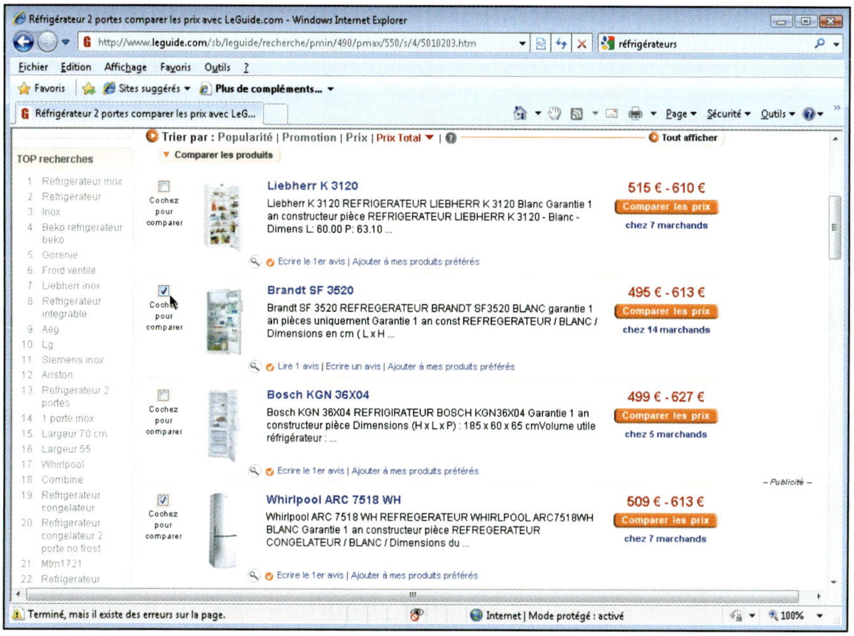

Figure 10.5 : Cochez ce que vous désirez comparer.

7. **Une fois les produits cochés, cliquez sur le bouton Comparer les produits.**

   La Figure 10.6 montre que le comparateur affiche les modèles pour vous permettre d'en comparer les caractéristiques techniques. Cela va orienter le choix du modèle qui répond le mieux à vos besoins.

8. **Dès que vous avez vu le modèle qui vous convient, cliquez sur le bouton Comparer les prix.**

   Le comparateur affiche la liste des prix et des sites qui vendent ce produit. Vous pouvez trier cette liste en fonction de critères identiques à ceux présentés à l'étape 1.

   TRUC

   Si aucun modèle ne vous convient, relancez une recherche comme expliqué au début de cette procédure.

9. **Pour trouver le modèle le moins cher, cliquez sur Prix total.**

   Il vous faudra alors sortir la calculette pour ajouter au prix indiqué le montant des frais de ports. Le produit dont le prix indique **Livraison : Gratuite** est l'idéal !

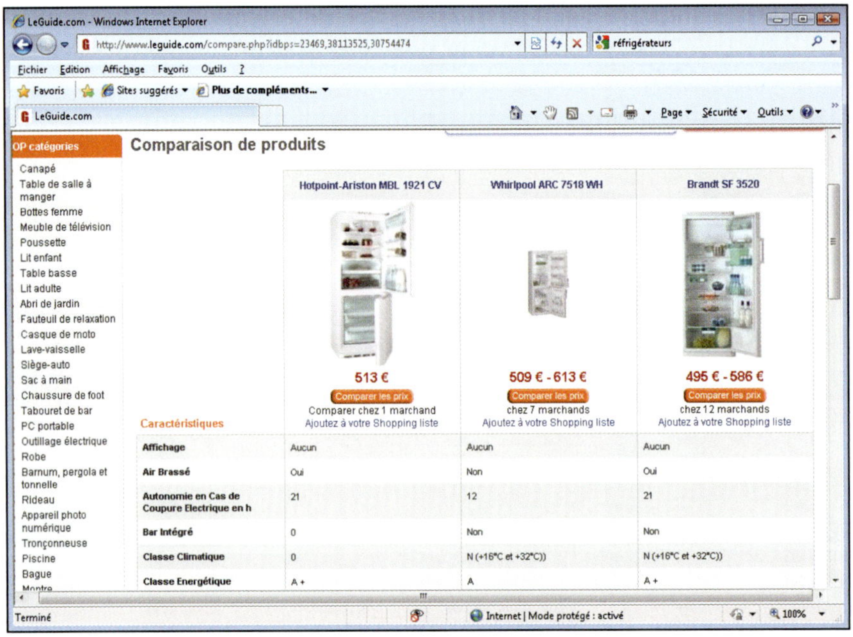

Figure 10.6 : La première comparaison est d'ordre technique.

TRUC

Le critère de sélection que vous appliquez aux meilleures offres proposées par le comparateur de prix peut être très subjectif. Certes, le prix est important, mais la disponibilité ne l'est pas moins. Si êtes dans l'urgence du produit, vous accepterez peut-être de payer plus cher et de le recevoir dans les meilleurs délais. Dans ce cas, cliquez sur le lien Disponibilité pour réorganiser la liste des produits trouvés en fonction des stocks disponibles. Dans ce cas, seuls les produits mentionnant Disponibilité : En stock auront votre préférence.

10. **Dès qu'un produit proposé par un site spécifique semble bien vous convenir, cliquez sur le bouton Voir cette offre.**

TRUC

Le prix n'est pas l'unique critère d'un achat par correspondance. Certains d'entre vous préféreront payer un peu plus cher un produit car le site propose de payer en 3 fois sans frais. (Nous en reparlerons.)

Comparer les prix d'un modèle précis

Dans la précédente section, nous avons appris à comparer les prix d'un produit sur lequel le choix n'est pas complètement arrêté. Il s'agissait d'un réfrigérateur dont le prix importait plus que le modèle ou la marque en elle-même. En revanche, lorsque vous connaissez le modèle exact de l'appareil que vous désirez acheter, la démarche est un peu différente.

Nous allons baser notre exemple sur un autre comparateur de prix très populaire, Kelkoo que vous trouverez à l'adresse `www.kelkoo.fr`.

1. **Ouvrez votre navigateur Web et rendez-vous sur un comparateur de prix, en l'occurrence Kelkoo.**

   Partons de l'hypothèse que vous souhaitez acheter un appareil photo numérique Nikon D90.

2. **Dans le champ Que recherchez-vous, commencez par taper le nom précis du modèle d'appareil photo numérique objet de votre recherche.**

   Il s'agit ici du Nikon D90. Dès que vous commencez à taper des lettres, une liste déroulante affiche des résultats correspondants. Plus vous saisissez de lettres et plus le choix s'affine automatiquement. Comme le montre la Figure 10.7, il suffit de cliquer sur `nikon d90`.

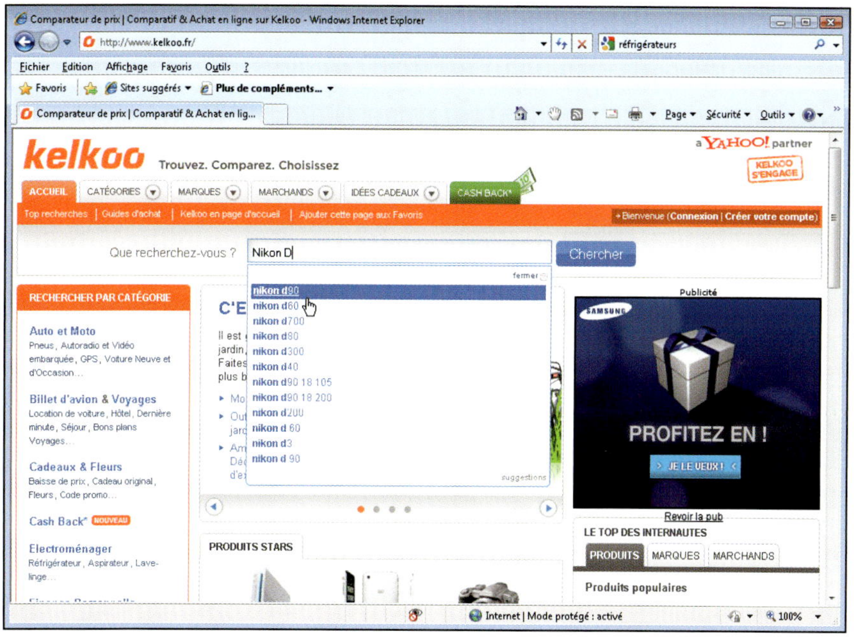

Figure 10.7 : Le comparateur propose des produits en fonction de votre saisie.

Une autre méthode consiste à ignorer cette liste de proposition. Dans ce cas, vous tapez entièrement Nikon D90 et vous appuyez sur Entrée ou vous cliquez sur le bouton Chercher.

Le comparateur de prix indique le nombre d'offres trouvées. C'est assez impressionnant. Il va falloir trier tout cela pour trouver la meilleure d'entre elles.

3. **Cliquez sur la flèche de la liste Trier par.**

   Chez Kelkoo, vous avez le choix entre Popularité, Du – cher au + cher, et du + cher au – cher. Si les deux dernières options parlent d'elles-mêmes, peut-être que Popularité vous est moins familière. Il s'agit d'un tri des offres en fonction de la popularité du site Web qui le vend. Cette popularité se base sur le nombre d'avis favorables que les internautes ont émis sur le site. C'est un moyen d'acheter en toute confiance.

4. **Cliquez sur Du – cher au + cher.**

   Les résultats sont alors très étonnants car vous trouvez des produits à... 5 euros ! Ne vous méprenez pas. Il s'agit de simples accessoires. Pour limiter la recherche à l'appareil photo numérique lui-même, vous devez passer à l'étape 5.

5. **Dans le volet gauche de Kelkoo, cliquez sur Appareil Photo Numérique.**

   Cette fois c'est bon. Comme le montre la Figure 10.8, vous avez la liste des différents prix croissants du Nikon D90.

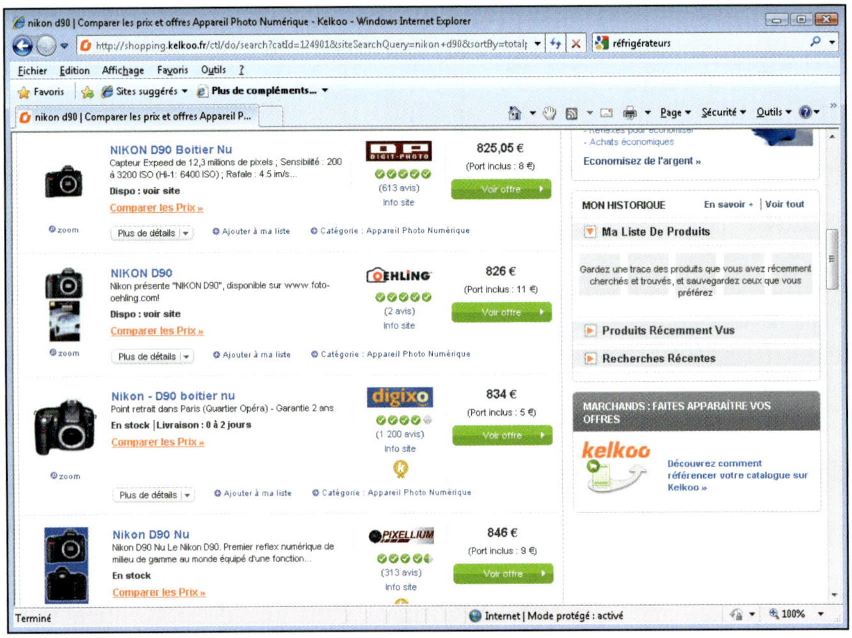

Figure 10.8 : Les offres allant de la moins chère à la plus chère.

TRUC

Il est à noter que le prix est indiqué port compris. Si vous souhaitez avoir plus d'informations sur le produit sans quitter le comparateur, cliquez sur Plus de détails.

6. **Faites défiler le contenu des offres. Dès que l'une d'elles vous intéresse, cliquez sur le bouton Voir l'offre.**

   Vous êtes alors directement envoyé sur la page Web du site présentant le produit qui vous intéresse. L'achat se passe comme expliqué dans la prochaine section.

Choisir, commander, et payer

Comme nous venons de le voir, vous pouvez arriver sur un site marchand depuis un comparateur de prix. Bien entendu rien ne vous y oblige. Le comparateur est souvent utilisé pour trouver le meilleur prix sur un produit bien précis. Toutefois, dans de nombreuses circonstances, vous déambulerez dans des magasins virtuels exactement comme vous déambulez dans les rayons des boutiques que vous fréquentez habituellement dans la réalité. Fondamentalement, le choix des produits n'est pas tellement différent de celui effectué avec un comparateur de prix. La seule différence est que, dans une boutique précise, vous êtes poings et mains liés aux prix pratiqués. Ensuite, commander et payer sont deux opérations qui se déroulent de la même façon quelle que soit la manière par laquelle vous avez accédé aux produits.

Choisir un produit en ligne

WEB

Prenons un exemple simple en visitant le site Web appelé *Rue du commerce*, qui propose tout ce qui touche principalement à l'informatique et à l'audiovisuel. Pointez votre navigateur sur l'URL `www.rueducommerce.fr`. Comme ce site a toujours des annonces à faire, un anniversaire à fêter ou des promotions à communiquer, cliquez directement l'animation qui apparaît, ou attendez quelques secondes avant de parvenir à la page d'accueil du site.

Voici comment acheter un disque dur externe et une imprimante sur un site Web comme Rue du commerce :

TRUC

Dans la mesure où tous les sites marchands fonctionnent sensiblement de la même manière, les étapes ci-dessous peuvent être reproduites pour la majorité des achats que vous effectuez en ligne, et ceci quel que soit le site choisi.

1. **Repérez-vous dans l'interface du site.**

   La première fois que l'on arrive sur un site marchand, c'est un peu la foire. Il y a des publicités dans tous les sens, des messages qui clignotent, et des bannières dont le contenu ne cesse de changer.

2. **Localisez la barre de navigation qui contient en fait tous les rayons du magasin en ligne, comme le montre la Figure 10.9.**

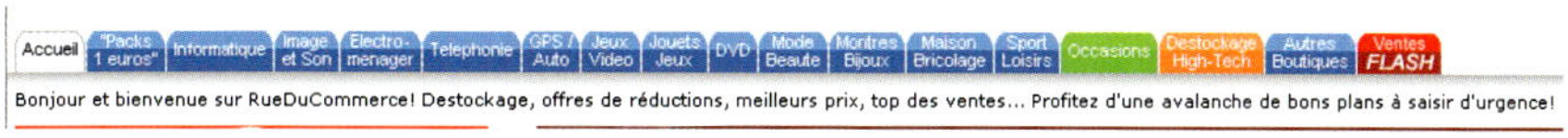

Figure 10.9 : Les rayons d'un magasin virtuel prennent souvent la forme d'onglets.

3. Notre achat intéressant l'informatique, placez le pointeur de la souris sur l'onglet Informatique.

Une liste de catégories apparaît.

4. Parcourez la liste et cliquez sur Disque dur.

Vous accédez à une page affichant quelques promotions sur certains disques durs. Cependant, ne perdons pas de vue que vous souhaitez acheter un disque dur externe.

5. Dans la section Disque dur, cliquez sur Disque dur externe comme à la Figure 10.10.

Figure 10.10 : Pour choisir votre disque dur externe.

Vous accédez à une sous-catégorie qui permet de mieux définir le type de disque dur externe qui vous convient. Si votre budget est limité, effectuez une recherche en cliquant sur une des options de la section Par gamme de prix. (Vous trouverez des critères de recherche équivalents sur les autres sites Web marchands.)

6. Par exemple, cliquez sur Disque dur de bureau pour choisir un disque dur que vous connecterez à votre PC de bureau ou portable.

Comme le nombre de disques durs disponibles est colossal, bien plus que vous ne le proposera jamais un magasin réel, vous devez une fois encore restreindre les résultats en précisant davantage les options techniques de votre disque dur.

Bien entendu, si vous n'y connaissez rien, consultez l'ensemble des offres que vous classerez en fonction du prix plus loin dans cette procédure.

7. Dans les sept options affichées vous pouvez préciser :

- **La marque :** Cette liste affiche l'ensemble des marques de disques durs vendus sur le site. Si vous avez une marque préférée, choisissez-la. Si la marque qui vous intéresse n'est pas vendue sur ce site, allez ailleurs !
- **La capacité :** Il s'agit de préciser la capacité de stockage du disque dur exprimée en giga-octets.
- **La mémoire cache :** Critère technique auquel vous risquez de ne pas comprendre grand-chose. Sachez simplement que plus la mémoire cache est élevée plus le disque dur transmet rapidement les données au processeur pour les traiter.
- **Interface :** Critère essentiel pour que le produit soit compatible avec votre PC. En règle générale, vous choisirez une interface de type USB 2.0. En d'autres termes, le disque dur externe se connectera à une prise USB 1 ou 2.0 de votre ordinateur.
- **Format :** Définit la taille du disque dur lui-même. En général, vous opterez pour un disque dur de 3,5 pouces.
- **En stock :** Cochez cette case pour que le site n'affiche que les disques durs disponibles.
- **Prix max :** Permet de limiter la recherche à votre budget maximal.

8. Une fois vos critères de recherche définis, cliquez sur le bouton OK.

Si la recherche est infructueuse, supprimez un ou deux critères de recherche et cliquez de nouveau sur OK.

Le site liste les disques durs externes disponibles répondant à vos critères de recherche.

9. Pour comparer plus facilement les prix, cliquez sur la petite flèche de gauche située dans la colonne Prix afin de trier par prix croissants (Figure 10.11).

Au sein d'un site marchand, vous pouvez comparer plusieurs modèles entre lesquels vous hésitez.

10. Cochez la case située à gauche de chaque modèle que vous souhaitez comparer, puis cliquez sur Comparer en haut de cette colonne.

Comme le montre la Figure 10.12, une nouvelle fenêtre de votre navigateur Web affiche un comparatif technique des modèles à ne pas confondre avec les comparateurs de prix que nous avons étudiés plus haut dans ce chapitre.

Pour obtenir encore plus de détails sur un modèle particulier, cliquez sur sa photo. Dans la nouvelle page Web qui apparaît, cliquez sur le lien `Voir la description complète du produit`.

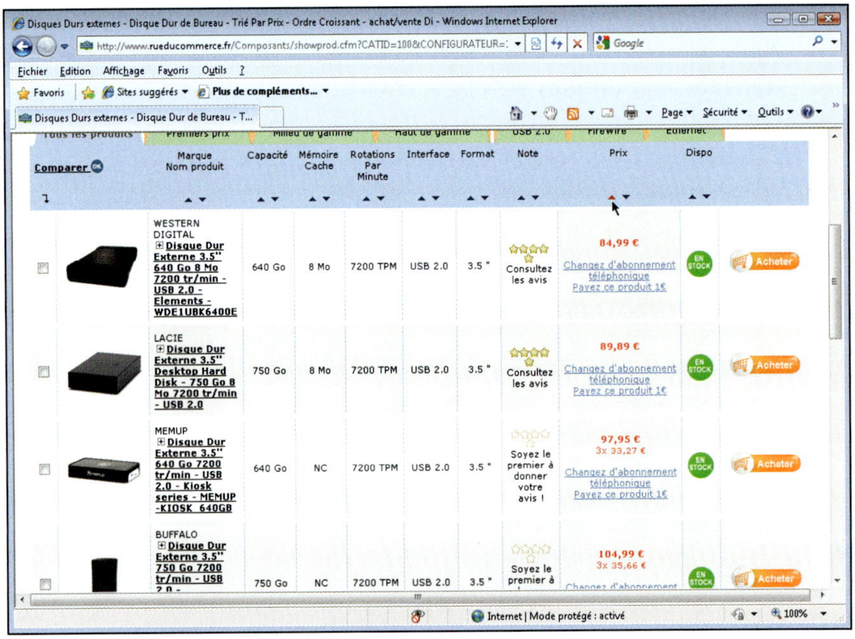

Figure 10.11 : Trier les résultats par prix croissants.

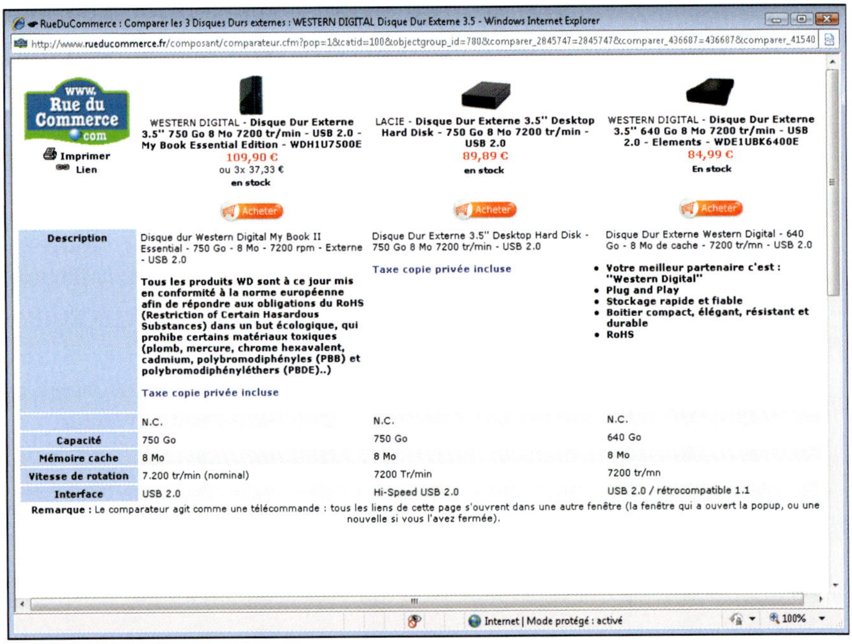

Figure 10.12 : Comparez plusieurs modèles pour bien choisir.

11. **Dès que vous trouvez un modèle qui vous convient, cliquez sur le bouton Acheter.**

    Ce bouton est présent dans la liste des produits et dans celle des modèles comparés.

12. **Un message peut vous proposer de terminer votre commande ou de poursuivre vos achats.**

    Terminer la commande signifie que vous désirez valider votre commande et la régler. Poursuivre vos achats signifie que vous avez d'autres emplettes à faire.

13. **Comme nous voulons acheter une imprimante, cliquez sur Continuer mes achats.**

    Ne vous inquiétez pas si vous cliquez sur Terminer ma commande. Au moment de la valider vous aurez la possibilité d'ajouter d'autres produits... fort heureusement.

    Vous revenez à la page Web dans laquelle vous avez effectué le choix du disque dur.

14. **Placez de nouveau le pointeur de la souris sur l'onglet Informatique.**

15. **Dans la liste qui apparaît, cliquez sur Imprimante/Scanner.**

16. **Dans la section Imprimante/Scanner de la nouvelle page qui s'affiche, cliquez sur le type d'imprimante que vous désirez acheter.**

    Ici, nous optons pour ce que le grand public utilise le plus souvent, c'est-à-dire une imprimante jet d'encre multifonction.

17. **Cliquez sur Multifonction Jet d'encre.**

    A titre indicatif, je vous apprends ou vous rappelle qu'une imprimante multifonction fait office de scanner et d'imprimante.

    Le site précise le nombre de rayons dans lesquels vous pouvez trouver votre bonheur. Vous pouvez choisir une imprimante en fonction de votre budget, ou bien privilégier ses capacités techniques.

18. **Choisissez l'imprimante en fonction de son prix, de sa qualité (photo), ou de sa marque.**

    Souhaitant m'offrir une imprimante photo je clique sur Qualité photo.

    Vous voici dans une page semblable à celle où vous avez choisi votre disque dur externe. La différence ici est que les critères de sélection sont définis pour une imprimante :

    - **Marque** permet de sélectionner l'imprimante en fonction de son constructeur, par exemple Epson.
    - **Vitesse monochrome** est un critère qui intéresse les utilisateurs qui impriment beaucoup de texte et qui souhaitent une vitesse d'impression rapide.

- **Vitesse couleur** idem que pour la vitesse monochrome mais pour les photos et les graphiques.
- **Lecteur de carte :** choisissez Oui si vous désirez imprimer directement vos photos depuis la carte mémoire de votre appareil photo numérique, c'est-à-dire sans passer par un ordinateur.
- **Ecran LCD** est une option souvent liée à la précédente car un écran LCD permet de sélectionner plus aisément les photos à imprimer directement depuis la carte mémoire.
- **En stock** permet de n'afficher que les imprimantes immédiatement disponibles.
- **Prix max** permet d'indiquer une somme que vous ne souhaitez pas dépasser.

19. Une fois vos critères définis, cliquez sur OK.

Comme à la Figure 10.13, le résultat peut se limiter à une seule imprimante.

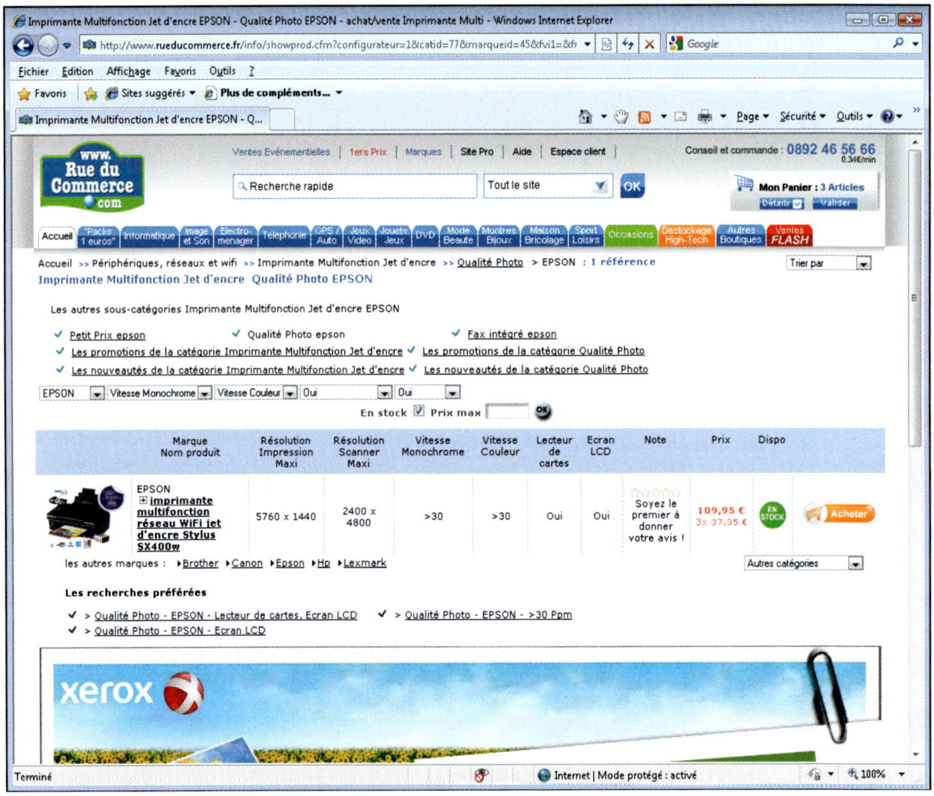

Figure 10.13 : Mes critères de choix ne correspondent, sur ce site, qu'à un seul modèle d'imprimantes.

20. **Pour connaître les caractéristiques techniques de l'imprimante proposée, cliquez sur sa photo ou sur le texte de la colonne Marque – Nom du produit.**

21. **Pour passer commande de ce modèle, cliquez sur le bouton Acheter de la page des critères ou de la page des détails de l'appareil.**

    Si vous n'avez plus d'achat à faire, cliquer sur le bouton Terminer la commande. Si vous pensez effectuer d'autres achats, cliquez sur Continuer mes achats.

Valider votre panier

Dans le vocabulaire de l'e-commerce, *valider un panier* signifie passer commande. En règle générale, il y a deux manières de procéder :

- En cliquant sur le bouton Terminer la commande du message qui apparaît quand vous ajoutez un produit à votre panier.
- En cliquant sur Valider dans la section Mon panier du site.

Envisageons une hypothèse très souvent rencontrée : vous avez commencé à remplir votre panier de quelques produits, puis vous choisissez de continuer vos achats. Mais plus rien ne vous tente. Voici comment terminer malgré tout votre commande :

1. **Sur la page principale du site ou sur la page du produit que vous consultez, cliquez sur Mon panier (ou équivalent).**

   La Figure 10.14 montre cette action sur le site Rue du commerce.

Figure 10.14 : Validation d'un panier bien garni.

TRUC

Pour passer commande auprès d'un site Web, il est souvent nécessaire d'ouvrir un compte. Cette inscription est gratuite. Elle sert uniquement à conserver en mémoire vos coordonnées afin que vous ne soyez pas obligé de les communiquer chaque fois que vous effectuez une commande sur ce site. Rassurez-vous ! Vous ne communiquez pas vos informations bancaires mais simplement de facturation et de livraison. Vous disposerez ainsi d'un espace client au sein de ce site. Cet espace permettra de consulter vos commandes passées et en cours, d'en suivre l'évolution, et d'imprimer vos factures. Vous accédez à votre compte client grâce à un nom d'utilisateur et à un mot de passe.

Lorsque vous validez un panier, vous accédez à un récapitulatif identique à celui de la Figure 10.15.

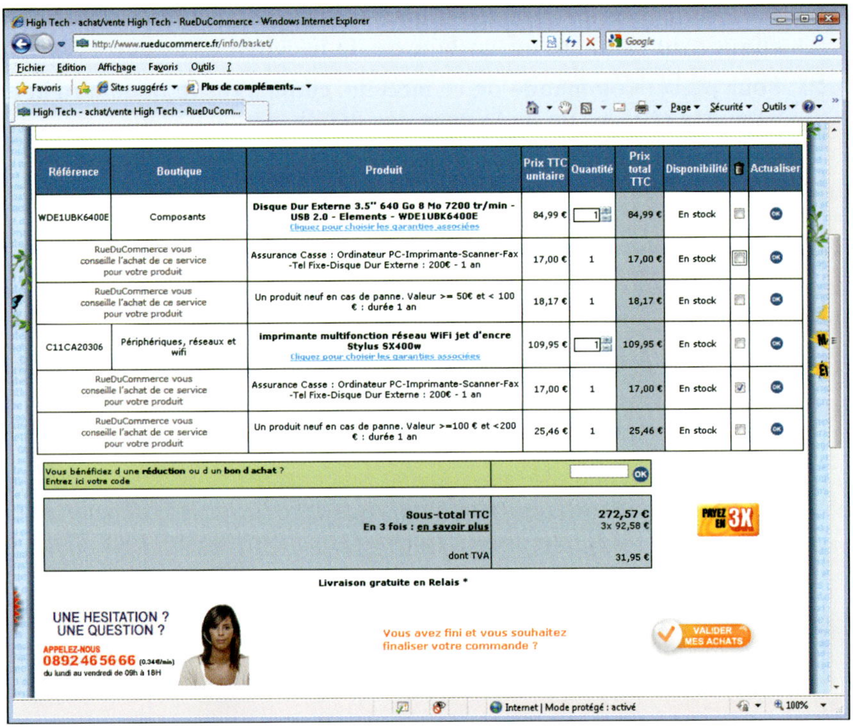

Figure 10.15 : Récapitulatif des produits commandés avant validation de l'achat.

Vous constatez qu'un certain nombre d'options d'achat ont été ajoutées. Il s'agit en général d'assurances en cas de casse et/ou de panne. Vous n'êtes pas obligé d'y souscrire.

2. **Pour supprimer un produit que vous ne voulez plus acheter ou pour ne pas souscrire aux assurances proposées, cochez les cases de la section Supprimer (identifiée parfois par l'icône d'une corbeille).**

3. **Cliquez sur un des boutons OK des produits et des services que vous refusez.**

   Le contenu de votre panier s'actualise ne montrant que les produits et services que vous souhaitez commander. Le prix s'ajuste en conséquence.

4. **Si vous vous ravisez et désirez commander d'autres produits, cliquez sur le bouton Poursuivre mes achats.**

   Dans ce cas, suivez la procédure décrite dans la précédente section.

5. **Si vos achats vous conviennent, cliquez sur le bouton Valider mes achats.**

   Il va falloir payer comme nous l'expliquons dans la section suivante.

Régler la commande et choisir le mode de livraison

Le fait de valider un panier vous envoie généralement dans votre espace client. Si vous avez déjà acheté sur ce site, indiquez votre e-mail ou votre pseudo, et tapez votre mot de passe comme à la Figure 10.16. Sinon, vous devez créer un compte client. Pour cela, renseignez la section Je suis un nouveau client (ou équivalent), et suivez la procédure d'inscription.

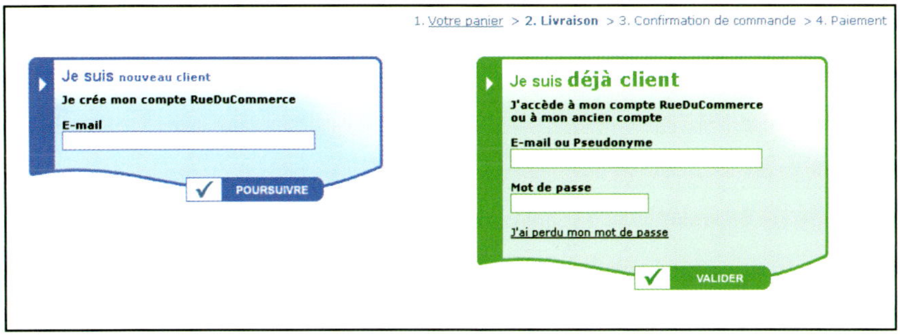

Figure 10.16 : Client, pas client ?

Une fois inscrit, voici comment régler votre commande et déterminer son mode de livraison :

1. **Pour pouvoir calculer le prix réel de votre commande, indiquez le mode de livraison choisi.**

   Ces modes de livraison varient d'un site à un autre. Toutefois, globalement, nous retrouvons un peu partout les mêmes. Voici une rapide explication sur les modes les plus souvent proposés :

   - **A mon domicile :** Vous êtes livré chez vous par La Poste ou par transporteur. Tout dépend de l'option choisie. Il s'agit généralement d'un envoi standard, rapide, ou express. Bien entendu, plus la livraison est rapide plus elle est chère.
   - **Dans un relais.** Souvent cette option permet de bénéficier de frais de ports gratuits au-delà d'une certaine somme (100 euros). Votre commande est livrée dans un magasin relais, par exemple un bureau de tabac ou un marchand de journaux. Vous spécifiez votre code postal et le site dresse la liste des lieux où vous pouvez retirer votre colis. Logiquement, sélectionnez celui qui se trouve le plus près de chez vous. N'oubliez pas que c'est à vous d'aller chercher le colis. Vous êtes averti par e-mail qu'un colis vous attend dans le relais choisi.

2. **Une fois le mode de livraison choisi, cliquez sur Valider.**

   Vous accédez à une page de confirmation de paiement comme le montre la Figure 10.17.

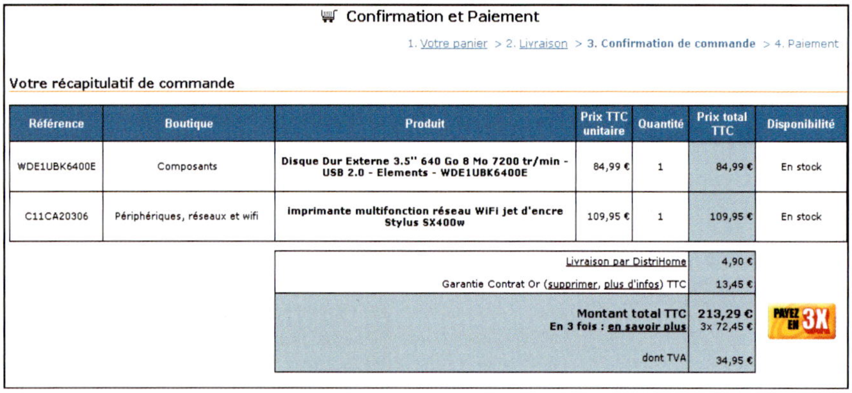

Confirmation et Paiement

1. Votre panier > 2. Livraison > 3. Confirmation de commande > 4. Paiement

Votre récapitulatif de commande

Référence	Boutique	Produit	Prix TTC unitaire	Quantité	Prix total TTC	Disponibilité
WDE1UBK6400E	Composants	Disque Dur Externe 3.5" 640 Go 8 Mo 7200 tr/min - USB 2.0 - Elements - WDE1UBK6400E	84,99 €	1	84,99 €	En stock
C11CA20306	Périphériques, réseaux et wifi	imprimante multifonction réseau WiFi jet d'encre Stylus SX400w	109,95 €	1	109,95 €	En stock

Livraison par DistriHome	4,90 €
Garantie Contrat Or (supprimer, plus d'infos) TTC	13,45 €
Montant total TTC En 3 fois : en savoir plus	213,29 € 3x 72,45 €
dont TVA	34,95 €

PAYEZ EN 3X

Figure 10.17 : Regardez bien le contenu de votre commande avant de la régler.

3. **Pour ne pas souscrire à la Garantie Or, cliquez sur le lien Supprimer affiché entre parenthèses à droite de cette proposition de garantie.**

   Vous accédez à une page Web qui vante, à raison, les avantages de cette garantie.

4. **Faites défiler le contenu de cette page, et validez l'option "Je ne souhaite pas cette option".**

5. **Cliquez sur Valider.**

   Vous revenez dans le récapitulatif de votre commande.

6. **Vérifiez votre adresse de facturation et de livraison.**

   Si des données ont changé ou si vous avez commis une erreur, cliquez sur le bouton Modifier afin de saisir les bonnes informations vous concernant.

7. **Cochez l'option par laquelle vous avez pris connaissance des conditions générales de vente.**

   Sans activation de cette option, vous ne pouvez pas commander !

8. **Choisissez un mode de paiement.**

   C'est peut-être le moment le plus critique, surtout si vous effectuez votre premier achat sur Internet. En effet, vous avez peur ! Voici les modes de paiement généralement proposés, et leurs avantages et leurs inconvénients :

   - **Paiement par carte :** Vous réglez vos achats avec une des nombreuses cartes bancaires ou de crédit existantes. Que risquez-vous ? Je vous conseille de vous reporter à la section "Le problème des cartes bancaires" en début de chapitre. Ici, le moyen de paiement le plus sûr reste le système e-carte bleue.

   - **Paiement en plusieurs fois :** C'est un des grands avantages du Web. À partir d'une certaine somme, vous pouvez régler en 3 fois (avec de petits frais), ou en plusieurs mensualités en effectuant un prêt auprès d'un organisme partenaire du site sur lequel vous achetez.

- **Paypal :** Système de paiement sécurisé sur Internet, qui est principalement utilisé sur des sites de ventes aux enchères ou de matériels d'occasion.
- **Chèque ou mandat :** Vous avez peur de délivrer des informations bancaires sur le Web ? Dans ce cas, envoyez un chèque. Votre commande sera traitée par le site dès réception de votre chèque. Idem si vous optez pour le mandat.

9. **Suivez les instructions liées au mode de paiement choisi.**
10. **Une fois l'ensemble de la procédure terminée, vous recevez un mail de confirmation.**

    Si les produits sont en stock, vous les recevrez dans les 72 heures. Normalement, vous êtes débité au moment de l'expédition.

Bravo ! Vous venez de mener à bien un achat sur Internet. Bientôt, vous ne pourrez plus vous en passer.

TRUC

Les cookies

Peut-être avez-vous entendu ou lu d'horribles histoires au sujet de ces petites choses appelées cookies que certains sites visités vous envoient, soi-disant pour vous espionner, dérober les secrets de votre disque dur, ravager votre ordinateur, injecter de la cellulite dans vos cuisses pendant que vous dormez, dérober les confitures dans l'armoire, bref, rendre votre existence infernale. À la suite d'investigations très complètes, nous avons fini par découvrir que ces étranges créatures sont loin d'être aussi méchantes et même peuvent vous aider dans vos achats à distance. (Si vous êtes ignorant en la matière, rafraîchissez-vous la mémoire au Chapitre 2.)

Un cookie n'est rien d'autre qu'un petit morceau de texte envoyé par un site Web à un PC accompagné d'une demande (et non pas d'une commande) de renvoyer le cookie lors des visites ultérieures au même site. Le cookie est stocké sur votre ordinateur sous la forme d'un petit fichier (pas plus de 4 Ko de texte). Et c'est tout ! Vous pouvez le vérifier en consultant un fichier ayant pour nom cookies.txt si vous utilisez Netscape. Internet Explorer crée un fichier séparé pour chaque cookie. En ce qui concerne les achats en ligne, les cookies permettent à votre serveur Web de mieux suivre votre caddie virtuel contenant les produits sélectionnés mais non encore achetés, même si vous déconnectez votre ordinateur entre-temps. Si vous ne voulez vraiment pas que des cookies restent stockés dans votre ordinateur, reportez-vous au Chapitre 7.

Fini le supermarché !

A la lecture du titre de cette nouvelle section, n'allez surtout pas conclure que le fait de surfer sur la vague d'Internet va désormais vous permettre de vivre d'amour et d'eau fraîche.

Rassurez-vous ou inquiétez-vous, mais il va tout de même falloir, malgré votre ordinateur et Internet, continuer à faire vos courses quotidiennes ou hebdomadaires, c'est-à-dire acheter vos salades, vos conserves, vos boissons, vos produits d'entretiens, vos surgelés, j'en passe et des meilleurs (ou des pires). En quoi alors Internet vous est-il utile dans cette vie quotidienne parfois rébarbative ? Eh bien, vous allez pouvoir faire vos courses alimentaires (et autres) dans des supermarchés ou des superettes virtuelles comme celui illustré à la Figure 10.18.

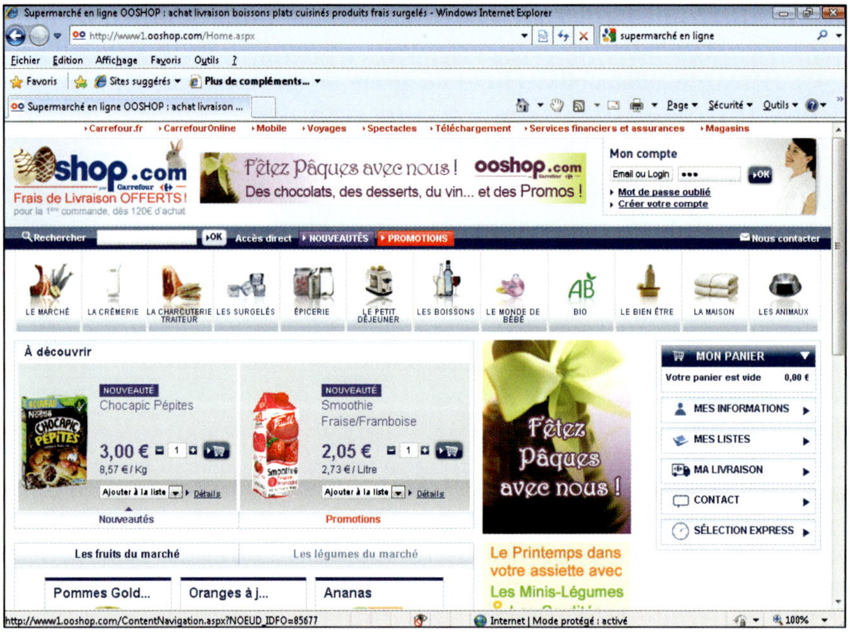

Figure 10.18 : Un supermarché en ligne.

Les avantages et les inconvénients du supermarché en ligne

Bien qu'Internet présente de nombreux inconvénients, je suis tout de même là pour vous en montrer les aspects les plus positifs. Je dois dire qu'en matière de courses, de commissions, et autres synonymes, le supermarché en ligne présente des avantages indéniables. Ces avantages ne sauraient toutefois masquer quelques inconvénients.

Voici une liste des avantages que nous trouvons dans les supermarchés en ligne :

- Vous gérez votre temps ! C'est peut-être l'aspect le plus important dans une vie de plus en plus trépidante où faire ses courses est plus une contrainte qu'un plaisir. En effet, vous décidez de l'heure à laquelle vous irez dans le supermarché en ligne.
- Un supermarché en ligne est ouvert 24h/24 ! Fini les samedis après-midi passés à déambuler dans les rayons, la liste de courses dans une main et le caddie dans l'autre.

- Un supermarché en ligne vous présente toutes les promotions du jour sans que vous soyez obligé de passer votre temps à comparer les prix de tel ou tel produit.
- Vous êtes instantanément informé sur les nouveaux produits.
- Vous êtes seul dans les rayons ! Terminés les bousculades, les "pardons", "excusez-moi", "Pardon Monsieur, vous qui êtes grand vous pourriez m'attraper le paquet de café qui se trouve tout là-haut".
- Vous connaissez en temps réel le montant de vos achats !
- Vous n'êtes plus obligé de faire tous les rayons pour retrouver un produit particulier qui a changé de place suite à un réaménagement du magasin.
- Vous connaissez immédiatement les produits manquants ce qui vous évite de perdre du temps à les chercher. (Parce que là vous n'êtes pas prêt de les trouver !)
- Vous ne faites plus la queue au rayon traiteur, boucherie, charcuterie, et surtout à la caisse !
- Vous n'êtes plus contraint d'emmener vos enfants avec vous qui au bout de 10 minutes commencent à échapper à votre vigilance, déballent tout dans les rayons, et tentent à grand renforts de cris et de colère d'obtenir un paquet de bonbons, de gâteaux, ou toute autre cochonnerie alors que pour leur santé ils ne comprennent pas qu'ils doivent manger 5 fruits et légumes par jour.
- Vous ne courez plus dans les rayons parce que vous avez garé votre voiture à l'étage et que le supermarché ne vous offre qu'une heure de parking gratuit.
- Vous faites un geste écologique puisque vous économisez du carburant et que vous n'émettez pas de $CO2$!

Les avantages semblent si nombreux que l'on se demande où sont les inconvénients. Ben, y'en a quand même :

- En ligne, vous vous coupez du monde réel.
- Vous ne pouvez plus draguer les hôtesses de caisse.
- Certains prix sont plus chers. (Oui mais le coup d'opportunité n'est-il pas plus important quand on pense à tous les avantages que propose le supermarché en ligne.)
- Vous n'avez pas accès au produit 1er Prix.
- Vous ne pouvez pas apprécier la qualité des fruits, des légumes, du poisson, et de la charcuterie à la découpe.
- Vous ne pouvez par regarder la date limite de consommation.
- Que faire si un produit est ouvert ?
- Que faire s'il manque des berlingots dans le paquet de lessive ?

- Finalement votre geste écologique n'est pas aussi important que cela puisqu'un camion viendra vous livrer.
- En dessous d'une certaine somme, des frais de préparation s'ajoutent à votre commande.
- Vous habitez peut-être dans une zone où le supermarché ne livre pas. Dans ce cas, vous devrez faire vos courses dans le magasin le plus proche de chez vous.
- Si votre ordinateur ou votre connexion haut débit est en panne, vous risquez de faire un sérieux régime. (Enfin, vous pouvez toujours faire vos courses à la supérette en attendant.)
- Vous ne pourrez pas aller dans la galerie marchande annexée au supermarché.
- Vous êtes obligé d'acheter des quantités plus importantes pour que cela vaille le coup.

TRUC

Avantages ? Inconvénients ? Et si vous testiez, rien qu'une fois, les supermarchés en ligne ? Si cela vous convient, vous poursuivrez cette expérience, et dans le cas contraire, vous irez vous détendre ou vous stresser au supermarché du coin.

Acheter dans un supermarché en ligne

Pour acheter dans un supermarché en ligne encore faut-il en trouver un. Pas d'inquiétude à ce sujet. La majorité des grandes et petites enseignes proposent un équivalent virtuel. Vous pouvez ouvrir un moteur de recherche comme Google et y taper "Supermarché en ligne". Vous trouverez alors une liste de sites permettant de faire vos courses. Je pense toutefois que vous aurez une préférence pour le site du supermarché où vous avez l'habitude de vous rendre dans la réalité car vous connaissez les produits qui y sont disponibles.

WEB

Si vous ne désirez pas effectuer la recherche suggérée, voici quelques sites à visiter :

- **www1.ooshop.com :** Version en ligne de l'enseigne Carrefour.
- **www.houra.fr :** Supermarché en ligne du groupe Cora.
- **www.expressmarche.com :** Version en ligne de l'enseigne Intermarché.
- **www.auchandirect.fr/frontoffice :** Version en ligne de l'enseigne Auchan.
- **www.telemarket.fr**
- **www.natoora.fr :** Supérette en ligne qui dispose d'un superbe rayon bio.

Quel que soit le supermarché que vous choisissez, le principe des achats en ligne est sensiblement le même. La première question qui se pose est de savoir si vous vivez dans une ville éligible.

Êtes-vous éligible ?

L'éligibilité est une notion très simple à appréhender. Il s'agit de savoir si le supermarché où vous désirez faire vos courses en ligne effectue des livraisons dans votre ville, donc à votre domicile.

Voici comment connaître votre éligibilité :

1. **Commencez par vous rendre dans un supermarché en ligne, comme sur http://www.auchandirect.fr/frontoffice/.**
2. **Sur le site cherchez un lien permettant de savoir si votre région est desservie par le supermarché.**

   Comme le montre la Figure 10.19, il est possible qu'un message propose immédiatement de vérifier votre éligibilité.

Figure 10.19 : Le supermarché peut-il vous livrer ?

Il est important de vérifier au plus tôt si votre zone géographique se situe dans le secteur de livraison du supermarché. Il serait en effet dommage de faire intégralement vos courses pour finalement vous apercevoir que vous ne pouvez être livré.

Certains supermarché en ligne vérifie cette éligibilité lorsque vous ajoutez un premier produit à votre caddie virtuel.

3. **Tapez votre code postal, et cliquez sur OK.**

   La réponse tombe immédiatement comme le montre la Figure 10.20.

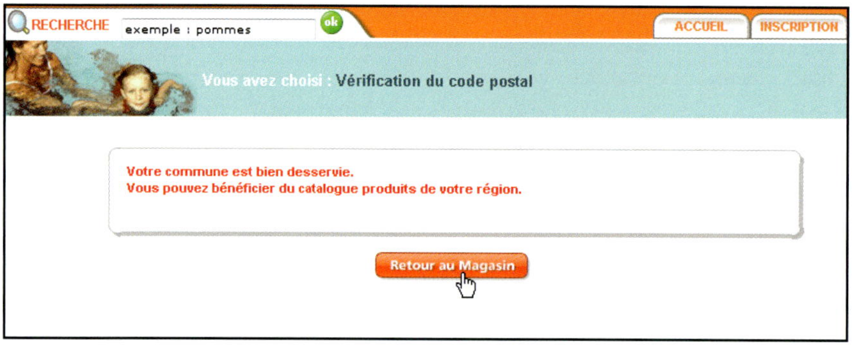

Figure 10.20 : Ouf ! Je peux être livré !

Si vous n'êtes pas éligible par un site, cela ne signifie pas que vous ne le serez pas par un autre. Tentez votre chance ailleurs !

Dès que vous êtes éligible, vous pouvez commencer vos achats. Nous verrons qu'il est nécessaire de s'inscrire pour profiter de certains avantages, et notamment des cartes de fidélité.

1, 2, 3... partez dans les rayons virtuels

Les explications qui suivent s'appliquent à tous les supermarchés virtuels. Il peut exister quelques variantes qui, toutefois, ne remettent pas en cause la procédure ci-dessous.

Voici comment se déroulent vos courses dans un supermarché virtuel :

1. **Connectez-vous au site Web du supermarché dans lequel vous souhaitez faire vos courses.**

   Nous basons notre exemple sur Ooshop de l'enseigne Carrefour, mais rien ne vous empêche de suivre cette procédure sur le site de votre choix.

2. **Dans l'interface du site, placez le pointeur de la souris sur le rayon dans lequel vous voulez acheter des produits.**

   Par exemple, sur la Figure 10.21, je veux effectuer un achat dans boîtes de conserves dans le rayon Epicerie.

Figure 10.21 : Vous êtes au rayon Epicerie/Concerves et bocaux.

3. **Cliquez sur la catégorie de produits dont vous désirez voir les marchandises.**

   Ici, j'ai choisi Conserves & bocaux. Le rayon Epicerie vous ouvre les portes de cette catégorie de produits. En d'autres termes, je choisis quel type de conserves et/ou de bocaux je désire acheter.

4. **Cliquez sur la sous-catégorie de produits qui vous intéresse.**

   Je souhaite acheter des légumes en conserve. Je clique donc sur Légumes.

5. **Dans le rayon des conserves de légumes, cliquez sur le type de légumes en conserve que vous désirez acheter comme à la Figure 10.22.**

Figure 10.22 : En quelques clics vous êtes devant les produits qui vous intéressent.

   Comme je souhaite acheter des haricots verts, je clique sur Haricots verts & épinards.

6. **Faites défiler le contenu de la page pour voir tous les produits proposés.**

   La liste est assez impressionnante. Vous avez souvent plus de choix que dans votre magasin réel. Le prix est indiqué en gros avec juste en dessous le prix au kilo. Donc, pas de mauvaises surprises.

7. **Indiquez la quantité de produits à acheter par des clics successifs sur le petit bouton + situé à droite du champ qui affiche le chiffre 1.**

   La Figure 10.23 montre que je veux acheter 2 boîtes de haricots verts.

Figure 10.23 : Indiquez le nombre de boîtes à acheter.

A l'inverse d'un magasin réel, vous pouvez trier les produits des rayons d'un magasin virtuel. Ainsi, dans notre rayon des haricots verts, je peux :

- Trier par prix au kilo croissant ou décroissant, ou par prix à l'unité croissant et décroissant. Pour cela, cliquez sur la liste Trier par et choisissez votre option de tri.
- Voir les produits d'une marque spécifique. Pour cela, cliquez sur la liste Voir, et choisissez la marque qui vous intéresse.
- Afficher les produits par liste ou par images en cliquant sur une des icônes de la section Afficher par.

Vous constatez qu'il est très rapide de trouver les produits d'une marque spécifique.

8. **Dès que vous avez trouvé le produit et spécifié sa quantité, cliquez sur le bouton dont l'icône est un caddie, comme à la Figure 10.24.**

   Il suffit maintenant de regarder la section Mon Panier pour voir que le produit a été ajouté, qu'il indique le nombre d'articles que vous y avez mis, et le prix total de vos achats en cours (Figure 10.25).

Figure 10.24 : Ajouter ce produit dans votre caddie.

Figure 10.25 : A tout moment vous savez où vous en êtes de vos achats.

9. **Poursuivez vos achats selon ce même principe.**

10. **Pour ajouter plus rapidement un produit dans votre panier, tapez sa marque et son nom dans le champ Rechercher.**

    Par exemple, si vous désirez acheter du capuccino Nescafé, tapez "Nescafé capuccino" dans le champ Rechercher du supermarché virtuel, et cliquez sur OK.

    La Figure 10.26 montre que tous les types de capuccino de cette marque ont été trouvés.

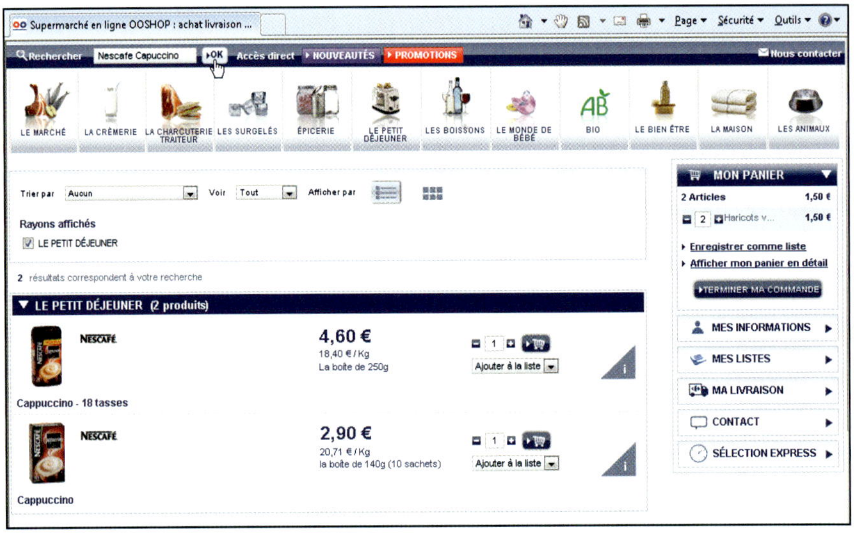

Figure 10.26 : Trouver rapidement ce que vous cherchez.

11. **Pour retirer un produit ou une quantité d'un produit de votre panier, affichez la section Mon Panier du site, et cliquez sur le bouton – situé à droite de la quantité d'article que vous avez mis dans votre caddie virtuel.**

    Le panier et son montant sont immédiatement mis à jour.

    Faites vos courses en répétant l'ensemble de ces étapes. Mettez dans le panier, enlevez, ajoutez, faites comme bon vous semble !

12. **Une fois vos courses effectuées, affichez le contenu de votre caddie en cliquant sur le bouton Afficher mon panier en détail.**

    Vous accédez au récapitulatif de votre commande illustré à la Figure 10.27.

    Vous pouvez ajouter et supprimer des quantités.

13. **Pour reprendre vos courses si vous vous apercevez que quelque chose manque, faites défiler le contenu de la page et cliquez sur le lien Reprendre vos courses.**

    Votre panier est bien entendu conservé. Tout ce que vous allez acheter maintenant y sera automatiquement ajouté.

14. **En bas de cette page, vous disposez de deux autres options :**

    - **Vider le panier :** Le message est clair. Si vous cliquez dessus, le panier est entièrement vidé. Vous n'avez plus qu'à recommencer la procédure ou à prendre votre voiture pour aller faire vos courses.
    - **Valider ma commande :** Vous êtes sûr du contenu de votre panier et vous allez passer commande.

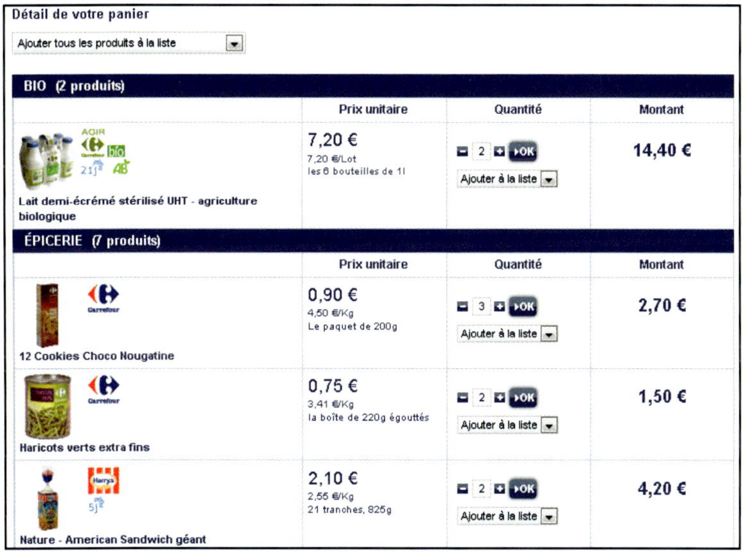

Figure 10.27 : Vérifiez vos courses avant de passer à la caisse.

Je vous propose donc de valider votre commande comme cela est expliqué dans la prochaine section.

TRUC

Pour vous montrer comment se déroule un achat dans un supermarché virtuel, nous avons fait nos courses tout simplement. Sur l'ensemble des articles que nous souhaitions acheter, seuls trois n'étaient pas vendus sur le site. Pas grave, j'irai faire un tour à pied à la supérette du quartier.

Passer commande (Valider votre panier)

Vous voici arrivant à la caisse de votre supermarché virtuel en toute sérénité. Pas de bruit, pas de bousculades, pas de musique insupportable, pas de publicités, et pas d'annonces personnelles. Ouf !

Pour valider votre panier et payer :

1. **Vous pouvez valider votre panier de deux manières différentes :**

   - Par un clic sur Terminer ma commande dans la section Mon Panier du site.
   - Par un clic sur le bouton Valider ma commande en bas de votre panier affiché en détail à la fin de la précédente procédure.

   Normalement, lors d'un premier achat dans un supermarché en ligne, vous devez créer un compte client. Cela vous évitera de saisir vos coordonnées de livraison à chaque fois que vous reviendrez y faire vos courses.

TRUC

La création du compte peut se faire avant de commander. Toutefois, elle peut s'effectuer après. Sachez que, dans ce cas, votre panier est heureusement gardé en mémoire.

2. **Dans le message qui vous invite à créer votre compte, cliquez sur OK ou sur Cliquez ici (ou encore tout terme validant le fait que vous souhaitez créer votre compte).**

   Vous accédez à un formulaire d'inscription semblable à celui de la Figure 10.28.

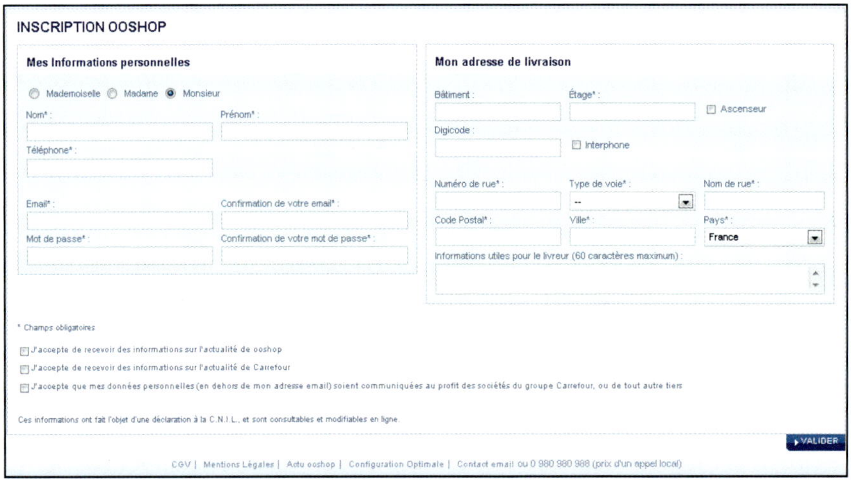

Figure 10.28 : Créez un compte pour faciliter vos futurs achats et automatiser certaines tâches.

3. **Remplissez le formulaire et cliquez sur Valider.**

   Un message confirme la création du compte et vous propose d'afficher ce compte ou de faire vos courses.

4. **Cliquez sur l'option qui vous permet d'accéder à votre panier, et sur le bouton qui termine votre commande.**

   Vous allez enfin pouvoir payer !

5. **Si vous avez un code de promotion, saisissez-le.**

   C'est une dernière occasion de pouvoir vérifier le contenu de la commande et d'y apporter des modifications.

6. **Si tout vous paraît OK, cliquez sur le bouton Valider ma commande.**

   Vous accédez à la page de livraison illustrée à la Figure 10.29.

7. **Vérifiez que votre domicile est bien sélectionné comme lieu de livraison.**

8. **Ensuite, cliquez sur la tranche horaire du jour où vous désirez être livré.**

   Un message vous remercie de faire désormais partie de la grande famille du supermarché en ligne où vous venez de faire vos courses. Fermez ce message.

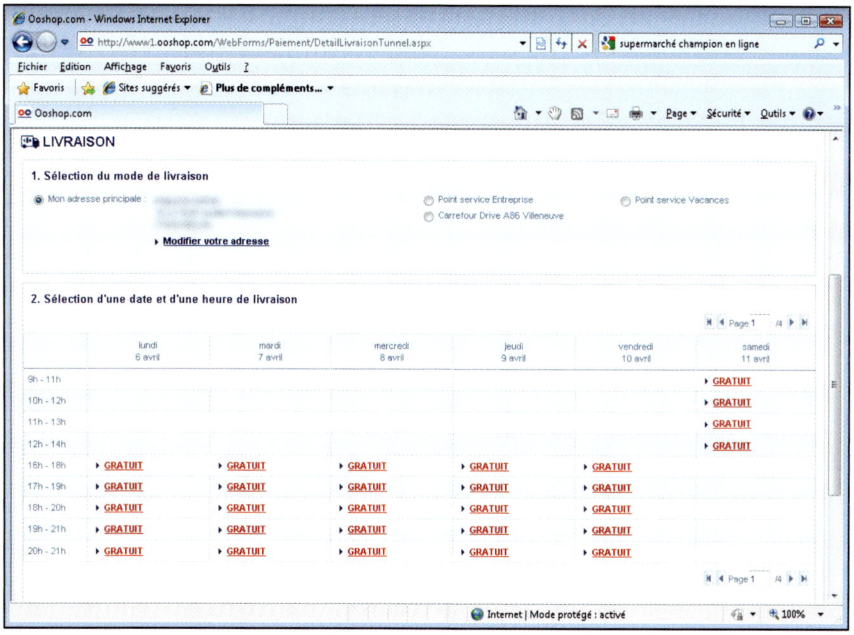

Figure 10.29 : La page Livraison.

9. **De retour à la page Livraison, lisez le récapitulatif.**
10. **Si besoin, cliquez sur Imprimer mon panier afin de garder une trace de votre commande.**

    C'est un peu un ticket de caisse.
11. **Indiquez au livreur ce qu'il doit faire en cas d'absence de votre part.**

    Par exemple, vous serez livré le lendemain à la même heure mais en étant facturé. Ou alors, le livreur déposera vos courses chez votre voisin.
12. **Prenez connaissance des conditions générales de ventes !**

    Oui ! C'est impératif ! Vous devez savoir dans quoi vous mettez les pieds.
13. **Cliquez sur Accepter les CVG et payer.**
14. **Dans la nouvelle page Web qui apparaît, vous pouvez :**
    - Régler par carte bancaire.
    - Régler en téléphonant à un chargé de clientèle pour le prix d'un appel local.
15. **Une fois le paiement accepté, la page Web affiche un message de confirmation.**

    Gardez précieusement ces informations en cas de litige.

    Maintenant, vous pouvez quitter Internet et reprendre une activité normale.

Et voilà ! Le tour est joué. Vous avez tranquillement fait vos courses depuis votre domicile ou votre bureau.

TRUC

Avant de valider un panier, rien ne vous empêche d'ouvrir un nouvel onglet dans Internet Explorer 8 et de faire exactement les mêmes courses dans un autre supermarché virtuel. Comparez la note finale, et commandez chez le moins cher.

TRUC

Il y a un autre avantage aux achats effectués dans un supermarché en ligne. Vous avez passé un certain temps à faire vos courses, c'est-à-dire à sélectionner des produits dans des rayons thématiques. Or, nous achetons presque toujours les mêmes choses chaque semaine. Imaginez-vous être obligé de refaire ces mêmes gestes encore et encore exactement comme cela se déroule dans un magasin réel. Non, et vous avez raison ! C'est pour cela que la prochaine section vous explique comment créer des listes de courses qui permettront de faire vos achats en deux ou trois clics de souris.

Les listes pour vous faciliter la vie

Vous pouvez créer des listes de courses à tout moment, c'est-à-dire en validant votre panier en tant que liste, en transformant un panier payé en liste, ou encore en créant une liste sans acheter.

Créer une liste

Restons dans notre hypothèse actuelle : nous avons payé nos courses. Comment créer malgré cela une liste de courses à partir d'un panier qui ne semble plus accessible :

1. **Connectez-vous de nouveau au site de votre supermarché en ligne.**

   Ici nous revenons chez Ooshop.

2. **Si nécessaire connectez-vous à votre compte en tapant votre identifiant et votre mot de passe.**

   La création d'un compte est décrite dans la précédente section.

3. **Dans la section Mon compte (ou équivalent), cliquez sur le lien qui permet d'accéder aux détails de votre compte.**

   Dans notre exemple, il s'agit de Mon compte en détail.

4. **Dans vos Informations personnelles, localisez la section Mes courses, et cliquez sur Dernières commandes.**

   Vous accédez aux dernières commandes réalisées sur ce site. Normalement, il n'y en a qu'une !

5. **Dans l'historique des commandes, cliquez sur l'icône de la disquette de la colonne Enregistrer en tant que liste, comme le montre la Figure 10.30.**

   La liste est ajoutée à la liste des listes (Ah !). Selon le site, vous pouvez conserver plusieurs listes.

   Par défaut, la liste est identifiée par la date de votre commande. Voici comment lui donner un nom plus personnel.

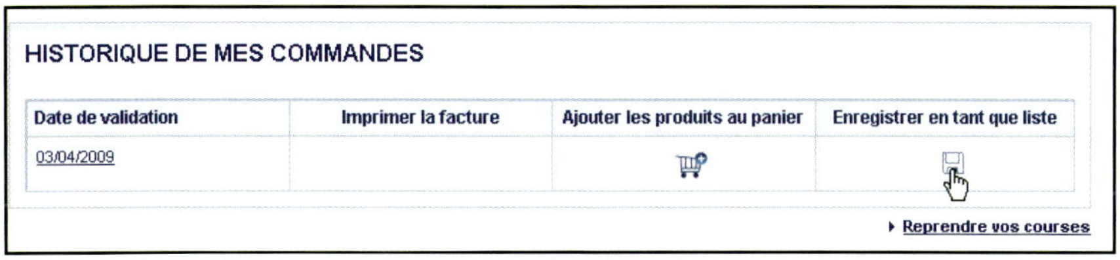

Figure 10.30 : Transformer une commande en liste de courses.

6. **Dans la section Mon panier, cliquez sur Mes listes.**

   Vous développez le contenu de cette section en faisant apparaître le libellé Gérer mes listes.

7. **Cliquez sur le nom de la liste (une date).**

   Ceci affiche le contenu de la liste ainsi que ses références.

8. **Cliquez sur Renommer.**

9. **Dans la boîte de dialogue Renommer une liste, tapez le nouveau nom de la liste et cliquez sur OK.**

   Voilà, la liste est renommée.

Voyons maintenant comment commander rapidement à partir d'une liste.

Commander avec une liste

Le gros avantage des listes est de pouvoir accélérer le remplissage de votre caddie. Finalement, seul le premier achat en ligne prend du temps. Par la suite, ce n'est que répétition d'une même tâche que je vous dévoile dans les étapes qui suivent :

1. **Connectez-vous au site du supermarché et à votre compte.**

2. **Dans la section Mon Panier, cliquez sur Mes listes.**

3. **Cliquez sur le nom de la liste dont vous désirez voir le contenu et probablement commander les produits.**

   La liste et ses produits apparaissent. Vous pouvez la modifier ou la conserver en l'état.

4. **Pour supprimer un article de la liste, cliquez sur Supprimer de la liste.**

5. **Faites défiler le contenu de cette liste et cliquez sur Ajouter les produits de la liste au panier.**

   Vous allez passer commande des produits de cette liste.

   Consultez le panier ! Il contient tous les articles de la liste. Bien entendu, vous pouvez ajouter des quantités, supprimer certains articles, mais aussi compléter vos achats en cliquant sur le lien Reprendre vos courses situé tout en bas de la liste des produits.

Vous comprenez l'importance des listes. En deux temps trois mouvements elles permettent de refaire des courses similaires à celles qui exigeaient jusqu'alors que vous sortiez la voiture, les sacs, remplissiez le caddie, vidiez le caddie sur le tapis de la caisse, remettiez les articles dans vos sacs, vos sacs dans la voiture, puis de la voiture à la maison, et enfin sortir les produits des sacs pour les ranger dans vos placards et votre réfrigérateur. Arrêtez ça !

Le marché de l'occase !

Les affaires sont les affaires, et les bonnes sont bien meilleures que les mauvaises. Chouette observation ne trouvez-vous pas ? Nous n'avons pour le moment abordé les achats sur Internet que du point de vue des produits neufs. D'ailleurs, en matière alimentaire, il est préférable d'acheter des articles qui n'ont jamais été utilisés. Je me vois assez mal finir la boîte de cassoulet qu'une personne aura entamée depuis plusieurs semaines. Bien, trêve de plaisanterie. Je vous l'ai dit et vous le répète qu'Internet est l'endroit rêvé des bonnes affaires. Or, bien souvent, les bonnes affaires se trouvent sur le marché de l'occasion. Internet est devenu le meilleur support qui soit pour trouver l'introuvable, partout dans le monde, et à des prix défiants toute concurrence.

Le marché de l'occasion se présente sous deux formes sur Internet :

- La forme classique de petites annonces sur quantités de sites pluralistes ou spécialisés.
- La forme d'enchères, largement popularisées par le système eBay, ou particuliers et professionnels vendent au plus offrant ou au plus réactif.

Que concluez-vous sur le marché de l'occasion ? Une chose bien simple : si vous pouvez acheter, c'est aussi parce que vous pouvez vendre !

Dans les sections qui suivent, nous allons découvrir l'achat et la vente d'occasion sur Internet en passant par des sites de ventes classiques et de ventes aux enchères.

L'achat et la vente d'occasion classiques

Internet est devenu un support de publication de petites annonces absolument incontournable. Voici les avantages des petites annonces en ligne :

- Vous pouvez vendre tout ce que vous désirez dès lors que les matériels et autres produits n'entrent pas en conflit avec les conditions d'utilisation du site.
- Vous pouvez publier gratuitement une annonce dans plusieurs catégories. Par exemple, si vous vendez un livre d'informatique, vous publierez l'annonce aussi bien dans la rubrique Livres qu'Informatique.
- La gratuité permet de publier une même annonce sur plusieurs sites afin de toucher le plus grand nombre de personnes.

- Vous ne payez que sur le produit de votre vente. Pas de publications facturées au nombre de mots et de lignes.
- Vous mettez à jour vos annonces sans aucune difficulté.
- Les vendeurs sont notés par les acheteurs ce qui permet d'acheter en toute confiance auprès des vendeurs qui ont les meilleurs notes.
- Vous trouvez des produits inimaginables. Un ami a récemment trouvé une développeuse de photo couleur d'un constructeur réputé qui a cessé son activité victime qu'il est de la technologie numérique. Il n'y avait que deux modèles disponibles dans le monde, un en Allemagne et l'autre en Pologne.
- Vous trouvez parfois du matériel neuf à des prix imbattables.
- Si ce que vous cherchez n'est pas en vente d'occasion dans une des rubriques du site, des liens commerciaux permettent de vous rabattre aisément sur un matériel neuf.

Nous allons commencer par vous apprendre à acheter sur un site de matériel d'occasion, et ensuite vous expliquer comment vendre vos propres objets.

Trouver un matériel d'occasion

Pour acheter du matériel d'occasion, vous devez trouver un site de petites annonces en ligne. Comme souvent, cette recherche peut s'effectuer de plusieurs manières :

- Dans un moteur de recherche comme Google, tapez simplement **sites de vente d'occasion**. Comme le montre la Figure 10.31, une liste impressionnante de sites apparaît dans votre navigateur Web.
- Dans un moteur de recherche, tapez le nom du matériel que vous recherchez. Par exemple, saisissez **Nikon D200 d'occasion** pour trouver cet appareil photo numérique sur le marché de l'occasion.
- Passer par un comparateur de prix comme kelkoo.fr. En effet, certains comparateurs permettent d'effectuer une recherche du meilleur prix sur le matériel neuf et d'occasion.

Quelle que soit la méthode utilisée pour accéder à un site de vente de matériels d'occasion, la procédure de recherche et d'achat est sensiblement la même d'un site à un autre.

WEB

Comme nous ne pouvons pas étudier la procédure mise en place sur tous les sites existants, nous allons baser notre exemple sur un des sites les plus réputés, je veux parler de PriceMinister que vous trouverez à l'adresse `www.priceminister.com`.

1. **Ouvrez votre navigateur Web, et rendez-vous sur le site PriceMinister à l'adresse indiquée ci-dessus.**

   Vous accédez à la page d'accueil du site illustrée à la Figure 10.32. Les informations sont tellement nombreuses que vous risquez d'être un peu déconcerté. Ne vous inquiétez pas, les recherches et les achats sont faciles à réaliser.

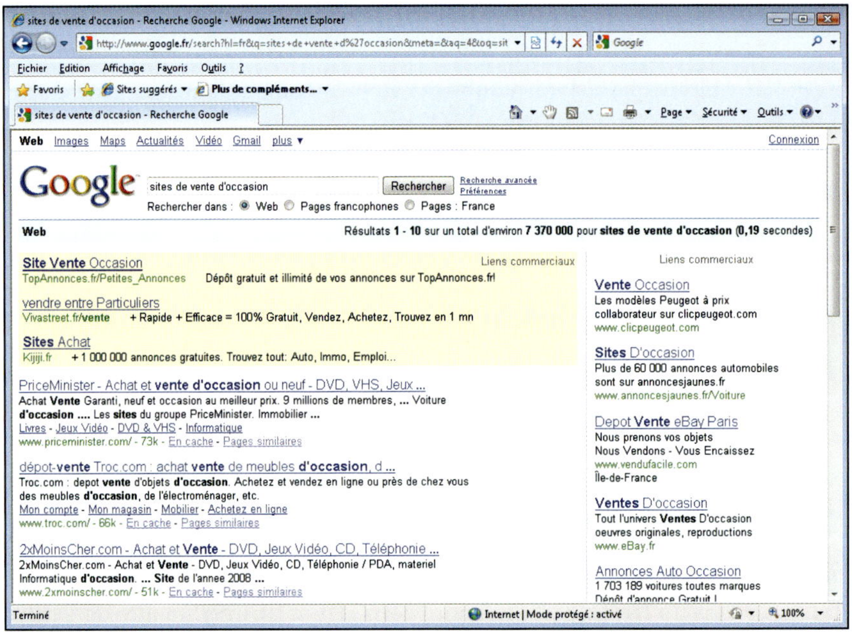

Figure 10.31 : Trouver des sites de vente d'occasion en ligne.

Figure 10.32 : Le site de petites annonces PriceMinister.

Je ne vous oblige pas à acheter via PriceMinister. Vous remarquez que je dis "via" et non pas "sur". En effet, vous effectuez vos achats auprès de particuliers ou de professionnels par l'intermédiaire de ce site. Sans vendeur, ce site ne saurait exister. Bien entendu, vous pouvez aller, et je vous le conseille, sur d'autres sites de ventes d'occasion afin de comparer les produits et les prix.

2. **Pour rechercher un matériel, un livre, ou je ne sais quoi d'autre, plusieurs possibilités s'offrent à vous :**

   - **Tapez directement le nom de ce que vous cherchez :** Dans le champ Rechercher, saisissez le nom du produit d'occasion que vous cherchez, par exemple Nikon D200. Dans la liste affichant "Sur tout le site", vous pouvez sélectionner une rubrique afin de limiter le nombre de résultats. Ensuite, cliquez sur OK.
   - **Si vous ne savez précisément ce que vous voulez :** Effectuez une recherche dans la catégorie correspondant au produit qui vous intéresse. Dans l'exemple d'un appareil photo numérique, vous allez consulter la catégorie Image & Son.
   - **Si vous désirez avoir une vue plus précise des rubriques :** Cliquez sur le bouton Voir les produits. Le nombre de rubriques qui apparaît est assez impressionnant. Il n'y a plus qu'à cliquer sur le lien de la rubrique dans laquelle vous désirez trouver la perle rare.

Peu importe la méthode utilisée pour trouver un matériel quel qu'il soit. L'achat se déroule toujours de la même manière comme le prouvent les étapes suivantes.

3. **Pour acheter, par exemple, un appareil photo numérique d'occasion sans être fixé sur la marque mais plutôt sur votre budget, placez le pointeur de la souris sur le bouton Image & Son.**

   Comme le montre la Figure 10.33, un menu déroulant permet de préciser le type de matériel objet de votre recherche.

4. **Cliquez sur Photo.**
5. **Dans la page Photo qui apparaît, précisez quelques critères de recherche pour ne pas perdre votre temps à éplucher toutes les petites annonces.**
6. **Spécifiez le type de matériel que vous recherchez en cliquant sur un des liens de la rubrique Photo.**

   Par exemple, comme vous recherchez un appareil photo numérique, cliquez sur le lien Photo numérique.

7. **Définissez un nouveau critère de recherche basé sur la marque, la résolution (nombre de pixels), ou le prix.**

Vous pourrez mixer deux critères. Ainsi, en choisissant une marque, vous aurez la possibilité de réduire la recherche à une fourchette de prix.

Supposons que votre budget soit limité à 350 euros.

Figure 10.33 : Chercher un produit d'occasion en fonction de son type.

8. **Dans le critère Prix, cliquez sur De 200 à 350 €.**

   Vous remarquez qu'un chiffre est affiché entre parenthèses à droite de chaque fourchette de prix. Il indique le nombre de produits disponibles dans cette fourchette.

9. **(Facultatif) Une fois la fourchette de prix spécifiée, vous pouvez de nouveau affiner votre recherche par marque ou par résolution.**

10. **Par exemple, cliquez sur Nikon.**

    Une fois encore, un critère reste disponible : Résolution.

11. **Cliquez sur Plus de 10 mégapixels.**

    Certes, vous cherchez un matériel d'occasion, mais de qualité tout de même !

    Les offres disponibles dans les appareils photos Nikon, dont le prix se situe entre 200 et 350 €, avec un capteur de plus de 10 mégapixels apparaissent, comme à la Figure 10.34.

Figure 10.34 : Votre recherche d'un appareil photo numérique d'occasion commence à se préciser.

12. **(Facultatif) Vous pouvez demander au site d'afficher Tout les matériels vendus, uniquement le matériel Neuf, d'Occasion, et Avec ou sans stock.**

    Si vous cliquez sur Occasion, vous avez trois appareils de disponibles. (Attention, le nombre d'offres sera plus ou moins important en fonction de l'actualité de ce site.)

    Dans la description de chaque produit, vous remarquez la présence de la rubrique Nombre d'articles. Elle indique combien d'articles neufs et d'occasion sont vendus sur le site.

13. **Si vous désirez comparer plusieurs offres, il vous suffit de cliquer sur le lien Ajouter à mon comparateur.**

14. **Si l'un des modèles vous intéresse, cliquez sur le bouton Voir les annonces.**

    Dans notre exemple, je souhaite voir les annonces du Nikon D40. Je clique logiquement sur le bouton Voir les annonces situé à sa droite.

    Une page affiche l'ensemble des annonces disponibles. Comme le montre la Figure 10.35, quatre appareils me sont proposés : 3 sont d'occasion, et 1 est neuf.

Figure 10.35 : Quatre appareils photo numérique me sont proposés.

15. Pour chaque annonce, vous pouvez cliquer sur le lien :

- **Voir le détail de l'annonce.** Cette action affiche des informations plus précises sur l'annonce concernée. Vous pouvez notamment accéder aux questions qui ont déjà été posées au vendeur à propos de cet article, ou bien vous pouvez poser la vôtre. Il est également possible de Négocier le prix.
- **Poser une question.** Utile lorsque vous avez un doute ou une question technique à laquelle le vendeur n'a pas encore répondu.
- **Négocier le prix.** Donne accès à un contenu où vous indiquez le montant de votre offre, et où vous pouvez en expliquer les raisons de votre tarif.

16. Dès qu'un modèle vous convient, achetez-le par un clic sur Ajouter au panier.

Nous verrons un peu plus tard comment se déroule cette opération. Pour le moment, détaillons les options d'un achat d'occasion.

Les options d'achat

Lorsque vous êtes intéressé par un produit, vous devez veiller à un certain nombre de choses avant d'en décider l'achat. Nous allons les détailler en nous basant sur le contenu de la Figure 10.35 (voir plus haut) :

- **Note du vendeur :** Sur les sites de ventes d'occasion, la note est souvent sur 5. Plus elle est élevée, et plus vous pouvez avoir confiance dans le vendeur. Lorsque vous avez un doute, vous pouvez détailler la note et lire les avis émis par les différents acheteurs qui, je le rappelle, attribuent obligatoirement une note après la réception de la marchandise. Pour lire les avis, cliquez sur le pseudonyme du vendeur affiché dans la section Vendu par. Vous accédez à un nouveau contenu relatif à l'appareil et au profil du vendeur. C'est ce profil qui nous intéresse. Comme à la Figure 10.36, cliquez sur le lien Voir ses notes. Vous accédez aux commentaires des acheteurs. A vous de vous faire une opinion en fonction de leurs observations.

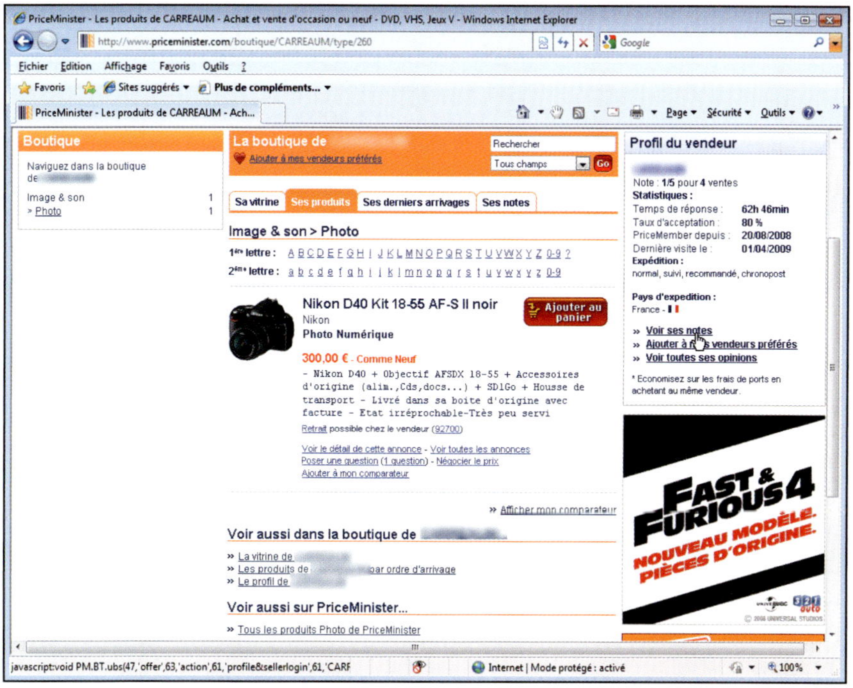

Figure 10.36 : Il est conseillé de savoir ce que les anciens acheteurs pensent du vendeur. C'est la solidarité du marché de l'occasion.

- **Poser une question :** Cliquez sur ce lien si vous désirez demander des précisions au vendeur. Vous accédez à la rubrique Poser une question. Dans le champ de saisie qui vous est proposé, vous disposez de 250 caractères pour poser la question. Une fois le texte tapé, cliquez sur le bouton Envoyer ma question. Pour que l'envoi puisse être réalisé, vous devez créer un compte auprès du site. Eh oui ! C'est ça la grande famille de l'occasion. Donc, le site vous propose d'y procéder immédiatement.
- **Négocier le prix :** Oui ! Le marché de l'occasion est aussi celui de la négociation. Cliquez sur le lien pour accéder à la section Faire une offre. Dans le champ

"Je souhaite acheter cet article pour", tapez la somme que vous désirez payer. Ensuite, dans le champ "Argumentaire de la négociation", expliquez les raisons de votre proposition en 250 caractères comme le montre la Figure 10.37. Une fois le prix et l'argumentaire saisis, cliquez sur le bouton Envoyer mon offre à prix négocié. Là aussi, vous devez disposer d'un compte pour négocier un prix.

Sur certains sites de ventes, vous ne pouvez négocier que sur un seul article à la fois. Votre panier est donc bloqué le temps de la négociation.

- **Comparer les prix :** Dans plusieurs emplacements du site, vous disposez d'un lien permettant d'ajouter un article à votre comparateur. Son utilisation est très simple. Dès qu'un article vous paraît intéressant mais que vous souhaitez le comparer à d'autres propositions, cliquez sur le lien Ajouter à mon comparateur. Pour comparer les matériels, cliquez sur le lien Afficher mon comparateur situé en bas de la liste des produits. Une fenêtre affiche les produits comparés comme le montre la Figure 10.38. Vous pouvez accéder à la fiche détaillée de chacun d'eux, ou bien cliquer immédiatement sur le bouton Achat.

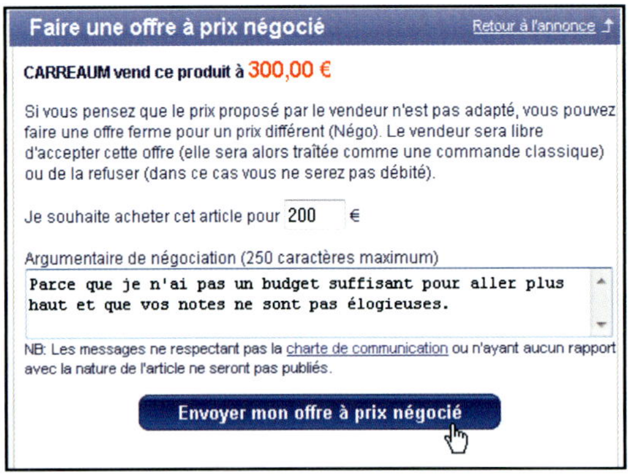

Figure 10.37 : De la subjectivité de négocier un prix.

Achetez !

Un site de petites annonces, c'est un peu comme un supermarché. Vous déambulez dans des rayons virtuels à la recherche d'un ou plusieurs produits qui vous intéressent. Une fois que vous les avez trouvés, vous devez vous constituer un panier. La procédure d'achat est un jeu d'enfant :

1. **Dans la majorité des pages affichant un matériel, vous disposez d'un bouton Ajouter au panier.**

   Le nom de ce bouton peut varier d'un site de vente à un autre.

2. **Cliquez sur ce bouton pour ajouter le produit à votre panier.**

   Le contenu de votre panier s'affiche comme à la Figure 10.39. Il récapitule les produits déjà mis dans votre panier, le prix de l'article, les frais de livraison, et quelques options supplémentaires.

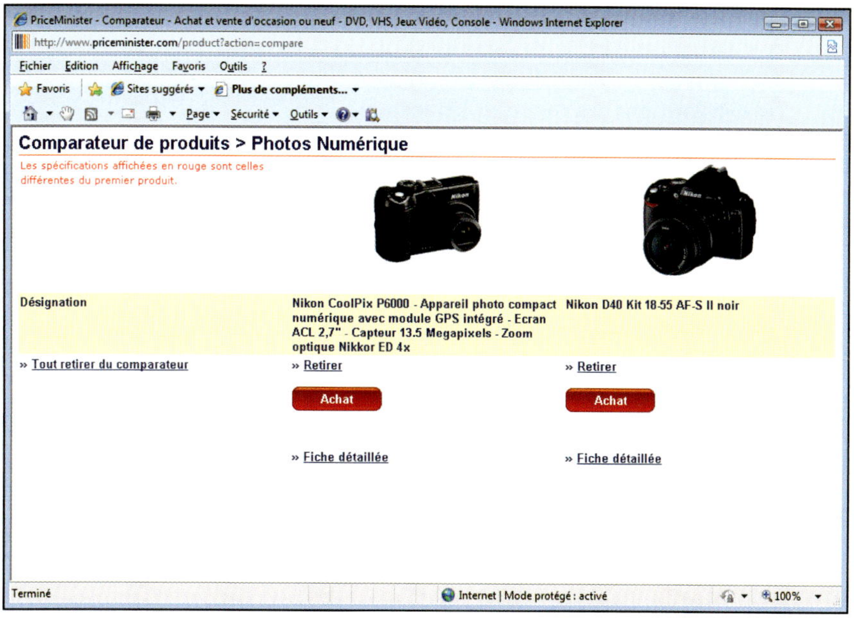

Figure 10.38 : Comparez les modèles !

Figure 10.39 : Votre panier ! (Le mien en l'occurrence.)

TRUC

L'option "Mémorisez-le pour acheter une prochaine fois", permet de vous constituer une sorte de liste de produits à acheter. Bien entendu, comme l'achat n'est pas immédiat, rien n'assure que les produits inscrits dans votre liste seront encore disponibles lorsque vous vous déciderez à les acheter.

3. **Pour commander le produit, cliquez sur Terminer ma commande.**

   La validation de la commande impose l'ouverture gratuite d'un compte client.

4. **Cliquez sur le bouton Ouvrir un compte.**

   Vous accédez au formulaire de création d'un compte dont vous devez remplir les champs et sélectionner les options (Figure 10.40).

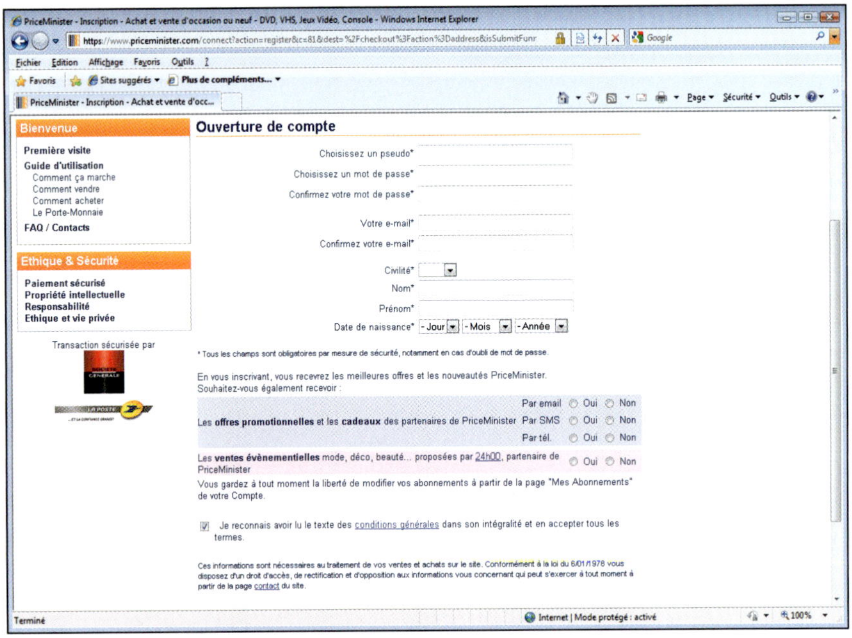

Figure 10.40 : La création d'un compte passe par ce type de formulaire.

5. **En bas de la page, cliquez sur le bouton Créer mon compte.**

   Comme pour tout formulaire, si une information est erronée ou déjà utilisée par un autre compte, un message vous demande de modifier les données en cause.

6. **Dans la page Adresse de livraison, indiquez précisément vos coordonnées postales.**

   C'est essentiel pour recevoir vos produits !

TRUC

Un mail vous confirmera votre inscription sur le site et vous invitera à mettre immédiatement quelque chose en vente. (Voir la prochaine section.)

7. **Cliquez sur Continuer.**

8. **Il ne reste plus qu'à confirmer votre commande, et à en payer le prix.**

   Vous remarquez qu'une option vous est proposée par défaut : Contrat "Bris & vol". Pour prendre connaissance des conditions et de la portée de cette garantie, cliquez sur ce lien. Si vous ne souhaitez pas souscrire cette assurance, décochez l'option.

9. **Cliquez sur Continuer.**

10. **Sélectionnez votre mode de paiement, et cliquez sur Continuer.**

    Une fois encore, pour un achat sur Internet, nous conseillons le système e-Carte Bleue présenté au début de ce chapitre.

11. **Allez jusqu'au bout de la procédure de paiement.**

Vous recevrez rapidement l'acceptation ou le refus du vendeur. En cas d'acceptation, l'objet commandé vous parviendra selon le mode d'expédition spécifié dans l'annonce. En cas de refus, votre carte bancaire n'est pas débitée.

Vous remarquerez que sur la majorité des sites de ventes de matériel d'occasion, vous pouvez bénéficier de facilités de paiement.

Vous verrez que l'on se prend facilement au jeu de la vente de matériel d'occasion d'autant qu'il y a des affaires à faire. Alors, rapidement vous sentirez naître en vous le besoin de laisser tomber les brocantes pour vendre directement vos matériels en ligne.

Vendre du matériel d'occasion

Vous savez, l'occasion n'est qu'une idée. Je veux dire ici que rien ne vous empêche de vendre un produit neuf sur un site de petites annonces de ce type. Qui n'a pas vendu un cadeau de Noël jamais utilisé ? Vous ! C'est le moment d'apprendre à le faire.

Pour vendre sur un site comme celui-ci, vous devez créez un compte. Votre compte est créé dès lors que vous avez acheté un produit comme cela est expliqué dans la précédente section. En revanche, si vous venez sur un tel site pour vendre sans aucune intension d'acheter, commencez par créer un compte, au moins ce sera fait. Pour cela, cliquez simplement sur le lien Inscription affiché dans le coin supérieur gauche de la page d'accueil du site PriceMinister. Si vous vous inscrivez sur un autre site, cherchez un lien de ce type. Ensuite, reportez-vous aux étapes de la précédente section consacrée à la création d'un compte.

Une fois votre compte créé, voici comment vendre un produit d'occasion :

1. **Dans la page d'accueil de PriceMinister, cliquez sur l'onglet Vendre illustré à la Figure 10.41.**

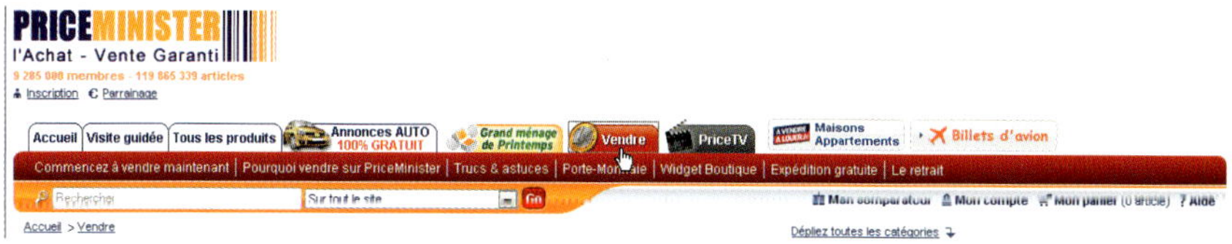

Figure 10.41 : Vendez !

2. Faites défiler le contenu de la page pour accéder à la section Vous êtes nouveau vendeur ?

En trois étapes simples, vous prenez connaissance des bonnes raisons pour devenir vendeur, des techniques de réussites de vos mises en vente, et enfin de la méthode à suivre pour finaliser votre première vente.

TRUC

Voici une méthode ultra rapide pour mettre en vente un objet dont vous possédez encore l'emballage :

3. En bas de la section Que souhaitez-vous vendre, localisez la rubrique intitulée Mise en vente rapide.

4. Dans le champ de cette rubrique, tapez le code barre du produit que vous désirez vendre.

Ce code barre figure sur l'emballage du produit. Il peut s'agir de n'importe quel article, comme un livre.

5. Une fois le code barre saisi, cliquez sur OK.

Si le produit est répertorié par PriceMinister, il l'affiche et préconise un prix de vente comme le montre la Figure 10.42.

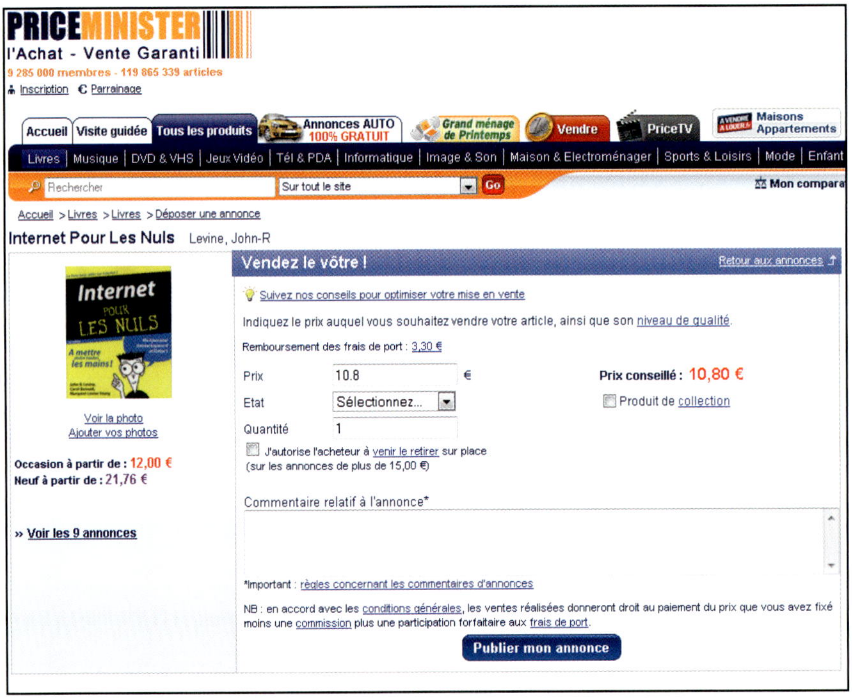

Figure 10.42 : Une mise en vente rapide.

6. **Dans la page de mise en vente, spécifiez les points suivants :**

   - **Prix.** Le prix indiqué est une suggestion. Il tient compte de plusieurs paramètres comme l'ancienneté du produit et le prix de vente relevé dans d'autres annonces. Rien ne vous empêche de le modifier en tapant un autre prix dans ce champ.
   - **Etat.** Dans cette liste, sélectionnez l'état de votre produit. Vous avez le choix entre : Comme neuf, Très bon état, Bon état, et Etat correct. Attention ! Ne mentez pas ! Si vous surévaluez l'état de votre produit, vous serez sanctionné par l'acheteur qui vous mettra une mauvaise note avec un commentaire adapté. Vous remarquez également qu'au regard des états proposés, vous ne pouvez pas vendre des reliques sans aucune valeur et qui sont dans un état lamentable.
   - **Quantité.** Indiquez le nombre d'exemplaires que vous vendez si, bien entendu, vous en avez plusieurs. A chaque vente réalisée, la quantité disponible sera automatiquement actualisée.

7. **Dans le champ Commentaire relatif à l'annonce, décrivez le produit, les raisons de sa vente, faites l'article comme on dit.**

   TRUC

   Pour ne pas contrevenir à la charte de fonctionnement du site, cliquez sur le lien Règles concernant les commentaires d'annonce. Respectez ces règles sinon votre annonce risque d'être annulée.

8. **Une fois l'ensemble de ces renseignements fournis, cliquez sur Publier mon annonce.**

   Vous accédez à une page indiquant que l'annonce a été enregistrée comme le montre la Figure 10.43. En fait, l'annonce a été ajoutée à votre inventaire. Vous avez la possibilité d'ajouter une vidéo ou une photo. (En général, lorsque le produit est connu du site, la photo est ajoutée automatiquement.)

9. **Surveillez votre courrier électronique pour répondre aux messages que vous envoie le site afin de valider et d'ouvrir votre boutique en ligne.**

TRUC

Lorsque vous vendez des articles, vous ne recevez pas directement de l'argent. Les sommes sont consignées dans un "porte-monnaie". Grâce à lui, vous pourrez acheter directement des produits mis en vente sur PriceMinister, ou bien demander à ce que l'argent vous soit envoyé ou viré sur votre compte bancaire. Vous en saurez davantage à la prochaine section.

Dès lors que vous validez l'ouverture de votre boutique, vos futures annonces seront passées très rapidement puisque vous avez déjà fourni la majorité des renseignements vous concernant.

Vous pourrez facilement gérer votre boutique comme l'explique la prochaine section.

Figure 10.43 : La mise en vente du produit s'affiche dans votre inventaire.

Gérer votre boutique

La gestion de la boutique permet de faire un certain nombre de choses :

- Faire le bilan de toutes vos ventes.
- Consulter les notes et les commentaires de vos acheteurs.
- Gérer vos annonces.
- Gérer vos stocks.
- Indiquer votre absence.
- Définir vos préférences de vendeur.
- Gérer votre porte-monnaie.

Pour gérer votre boutique :

1. **Allez sur PriceMinister et connectez-vous à votre compte.**

   Vous devez pour cela fournir le nom d'utilisateur (pseudo) et le mot de passe créés lors de l'ouverture de votre compte.

   Vous accédez immédiatement à votre compte comme le montre la Figure 10.44.

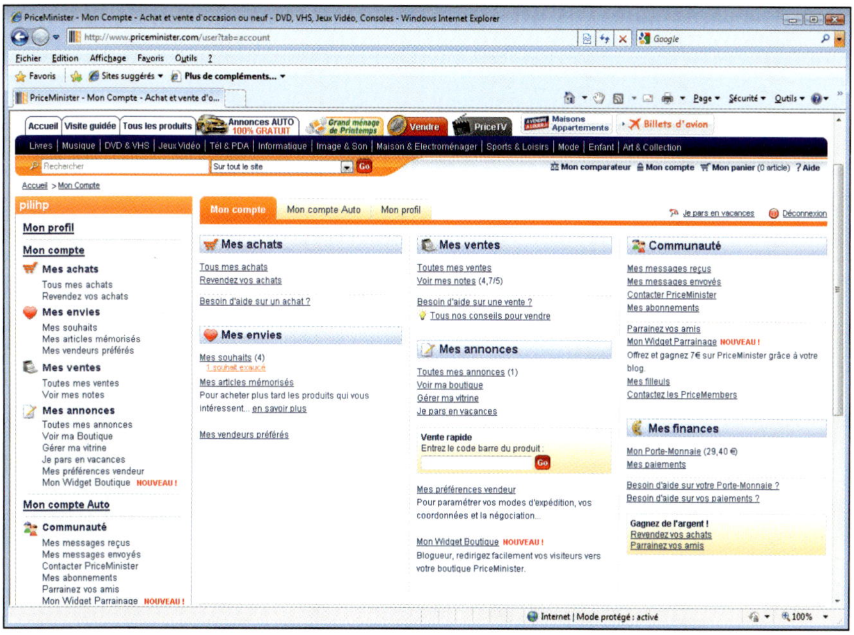

Figure 10.44 : Gérer votre compte.

2. **Pour modifier les informations vous concernant ainsi que votre mot de passe, cliquez sur Mon Profil.**
3. **Cliquez sur les catégories que vous désirez consulter.**

   Vous pouvez gérer vos ventes, voir vos notes, consulter l'ensemble de vos annonces, etc.

   Voyons, par exemple, comment supprimer un article que vous ne possédez plus :
4. **Dans la section Mes Annonces, cliquez sur Toutes mes annonces.**

   Vous accédez à votre inventaire.
5. **Localisez le produit à retirer de la vente.**
6. **Sous le descriptif du produit, cliquez sur le bouton Supprimer.**

   TRUC

   Dans votre inventaire, vous pouvez également modifier l'annonce pour, par exemple, indiquer un nouveau prix.

   TRUC

   Lorsque vous partez en vacances, il est important de le signaler au site. En effet, cela évite de rater des ventes faute d'avoir répondu à temps, et surtout de voir PriceMinister décider arbitrairement que vous êtes en vacances du fait de votre silence. Pour spécifier aux acheteurs que vous êtes absent :

7. **Dans la section Mes annonces, cliquez sur Je pars en vacances.**

   Si vous n'êtes pas connecté à votre compte, tapez votre pseudo et votre mot de passe.

8. **Dans la fenêtre Je pars en vacances, activez l'option Je connais ma date de retour, et tapez la date à laquelle vous pourrez vendre de nouveau des produits. Sinon, activez l'option Je ne connais pas ma date de retour (Figure 10.45).**

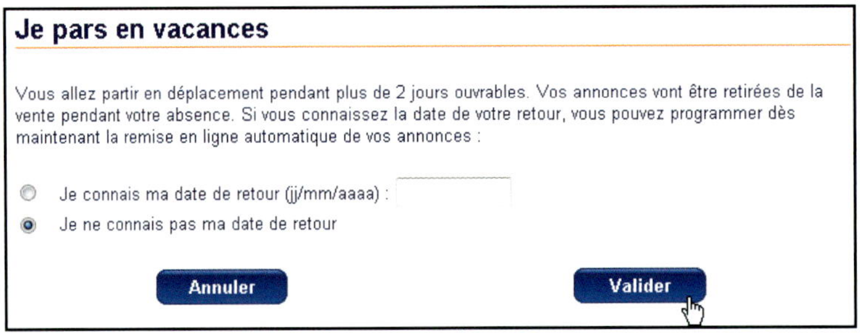

Figure 10.45 : Vous partez en vacances ? Indiquez-le à vos acheteurs.

9. **Cliquez sur Valider.**

   Un e-mail vous avertit de la mise en vacances de votre boutique. Si vous avez indiqué une date de retour, votre inventaire sera automatiquement réactivé à la date indiquée. En revanche, si vous ne connaissez pas votre date de retour, vous devrez cliquer sur le lien du message qui vous a été envoyé pour réactiver votre boutique, ou bien le faire directement sur le site. Dans ce cas, retournez à la section Mes annonces, et cliquez sur le lien Je rentre de vacances. Un message demande confirmation. C'est tout.

L'un des points les plus importants de votre activité de vendeur d'occasion est la gestion de votre porte-monnaie. En effet, c'est à travers lui que vous gérez vos entrées et éventuellement vos sorties d'argent. Voici comment l'utiliser :

1. **Accédez à votre compte PriceMinister.**

2. **Dans la section Mes finances, cliquez sur le lien Mon porte monnaie comme à la Figure 10.46.**

   Lorsque vous avez vendu quelque chose, votre porte-monnaie est crédité du montant de cette vente.

   Vous accédez ainsi à la page de gestion de votre porte monnaie. Il contient tout l'historique de ventes réalisées sur le site depuis la création de votre compte.

3. **Si vous utilisez votre porte monnaie pour acheter sur PriceMinister, vous pouvez en augmenter le crédit en cliquant sur le lien Alimenter mon porte monnaie par chèque ou par virement bancaire.**

Toutefois, vous n'êtes pas obligé de dépenser sur PriceMinister l'argent gagné sur ce site.

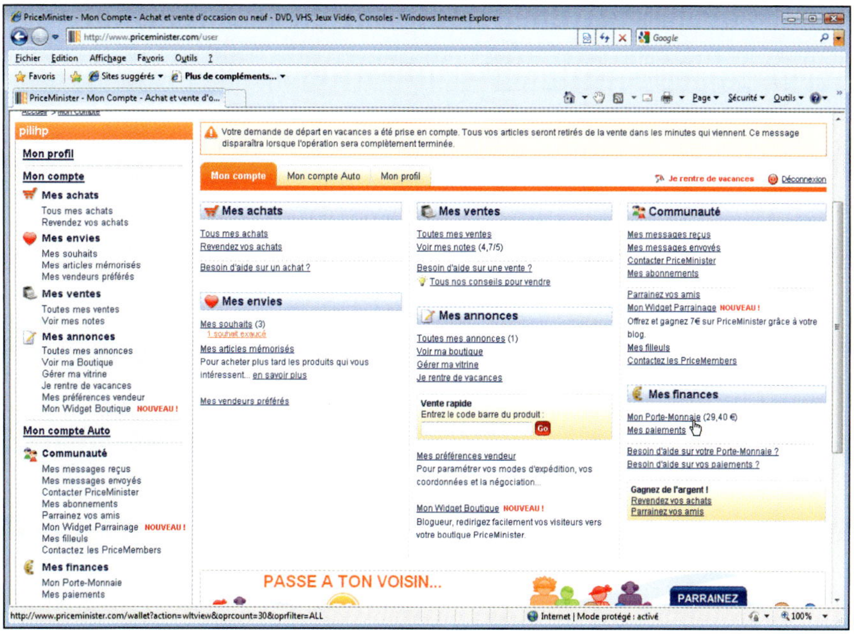

Figure 10.46 : Gérez votre porte monnaie de vendeur (et d'acheteur).

4. **Pour que l'argent de votre porte monnaie soit transféré sur votre compte bancaire traditionnel, cliquez sur Demander un versement dans la section Gestion des versements vers mon compte bancaire.**

   Comme le montre la Figure 10.47, vous avez le choix entre un reversement ponctuel et un reversement régulier.

   Voici une explication sur ces deux types de versement :

   - **Reversement ponctuel :** Permet de récupérer tout ou partie de votre porte monnaie en une seule fois. Vous pouvez demander un reversement par chèque ou par virement bancaire. Toutefois, ce reversement ne peut se faire que si vous disposez d'au moins 30 € dans votre porte-monnaie.
   - **Reversement régulier :** Permet de reverser automatiquement le solde de votre porte-monnaie selon une périodicité de 10 jours. Ce reversement ne peut se faire que par virement et sera d'au moins 10 € à chaque fois. Il est cependant possible d'indiquer un montant minimum devant rester sur votre porte-monnaie de manière à réaliser de futurs achats sur PriceMinister.

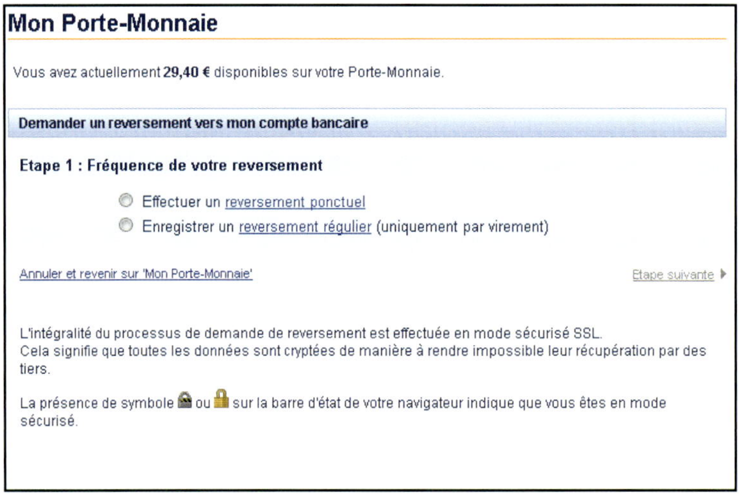

Figure 10.47 : Demandez un versement du montant de votre porte monnaie sur votre compte bancaire traditionnel.

TRUC

Bien entendu, si vous achetez régulièrement sur PriceMinister, il est conseillé de laisser suffisamment d'agent dans votre porte-monnaie. Cette réserve évitera de devoir payer vos achats par carte bancaire.

Nous en avons terminé avec notre découverte du fonctionnement des sites de ventes de matériel neuf ou d'occasion. Ces systèmes marchent à la manière des bons vieux hebdomadaires où vous publiiez autrefois vos annonces. La grande différence est leur gratuité et toutes les fonctions qui permettent de gérer une véritable petite boutique en ligne. Internet ne s'arrête pas là dans la vente de produit neuf ou d'occasion. En effet, comme nous l'expliquons dans la prochaine section, il est possible de vendre et d'acheter aux enchères.

Chapitre 11

Préparer ses vacances

Dans ce chapitre :

- Trouver une location.
- Réserver.
- Arriver à bon port.
- Payer moins cher.

Je me rappelle d'un temps où la préparation des vacances se faisait bien souvent par le bouche à oreille. Un voisin, un parent, ou un ami nous parlait d'un lieu particulièrement séduisant où les locations et les campings n'étaient pas très chers. Une adresse d'un propriétaire suffisait pour que l'on passe ses vacances au même endroit pendant 15 ans, à la même période de l'année, avec les mêmes voisins de location. Comme cela changeait des habitudes de la vie quotidienne ! Ce temps est bien révolu. Tout le monde souhaite varier ses vacanccs, ct cn payant le moins cher possible. Tout le monde souhaite également pouvoir préparer ses séjours le plus facilement possible. Dans ce domaine particulier, Internet fait aussi (décidemment) des merveilles.

Trouver une location

Il existe plusieurs manières de partir en vacances, et ce n'est pas à moi de vous dire quelle est la meilleure. Certains préfèrent les hôtels, d'autres les locations, voire le camping pour des vacances plus libres.

L'intérêt d'utiliser Internet pour effectuer ces deux opérations est que vous pourrez très précisément évaluer le coût de vos vacances, la durée du voyage, et la part du budget allouée à l'essence. Vous pourrez également apprécier l'environnement proche de votre lieu de séjour et ainsi savoir si vous vous retrouverez en pleine cambrousse ravitaillée par les corbeaux, ou si des commerces se situent à proximité. Bien plus qu'un simple compte rendu écrit, vous pourrez voir des photographies de la maison ou de l'appartement que vous envisagez de louer. Vous disposez d'un lien direct et rapide avec l'agence ou le propriétaire qui s'occupe de la location des lieux, et vous aurez la possibilité d'organiser vos congés en fonction des disponibilités de la location et de son prix.

Trouver une location

Comme toujours, Internet étant une source d'informations abondantes, vous avez plusieurs méthodes pour préparer vos vacances. Soit vous partez en quête d'une location, d'un voyage organisé, d'un village vacances, et j'en passe, en effectuant des recherches pour chacune des étapes de votre préparation, soit vous passez directement par un site spécialisé. Nous allons détailler cette seconde solution qui est très complète et séduisante.

WEB

Peu d'internautes le savent, mais il existe un site qui se nomme `preparersesvacances.com`. Il permet aussi bien de louer que de mettre en location.

Je vous propose de découvrir comment se déroule la recherche d'une location sur ce site.

Rechercher une location

Pour préparer ses vacances sur un site comme celui-ci, conformez-vous aux étapes suivantes :

TRUC

Rien ne vous oblige à préparer vos vacances en passant par ce site. Toutefois, testez-le car la logique de cette préparation vous donnera une méthode pour effectuer, via d'autres sites, des recherches plus singulières.

WEB

1. **Ouvrez votre navigateur Web et connectez-vous à l'adresse `www.preparersesvacances.com`.**

   Vous accédez à la page d'accueil de ce site illustrée à la Figure 11.1. Sur ce site, vous pouvez trouver des locations dans le monde entier.

   La carte de France va permettre de choisir le pays de vos vacances, ou plus simplement de faire des recherches dans divers pays pour comparer les offres.

2. **Si nécessaire, faites défiler le contenu de la page pour accéder à la liste Centrer la carte sur.**

   Cette liste se situe en bas à droite de la carte.

3. **Cliquez sur la liste et choisissez un pays.**

   Comme vous pouvez le voir sur la Figure 11.2, un grand nombre de pays sont répertoriés. À la droite du nom de chaque pays, et entre parenthèses, figure le nombre de locations disponibles.

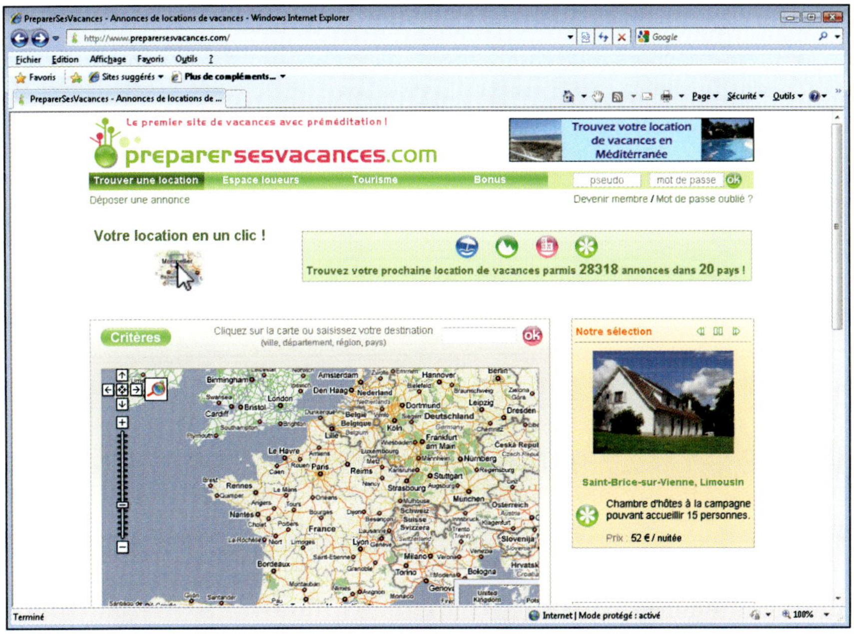

Figure 11.1 : Quoi de plus logique que de préparer vos vacances sur un site qui se nomme preparersesvacances.com !

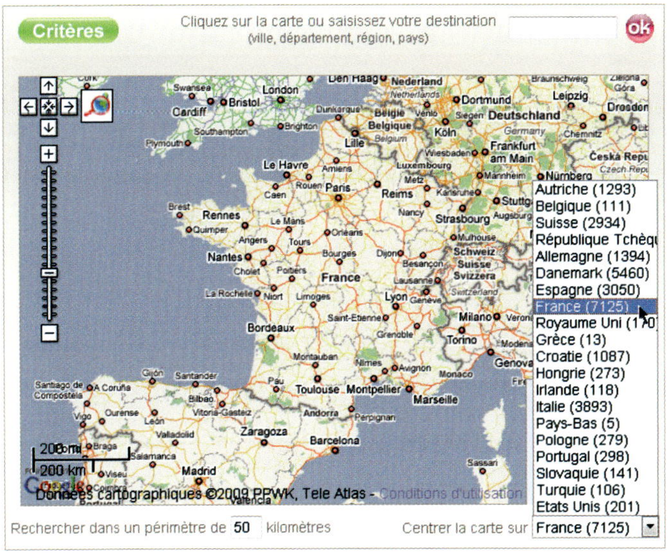

Figure 11.2 : Voici les pays où vous pouvez séjourner.

TRUC

La technique de recherche expliquée ici vaut pour n'importe quel pays.

4. **Pour effectuer plus rapidement ma recherche sur l'Espagne, je tape Espagne dans le champ situé en haut à droite de la carte, et je clique sur OK.**

   Les locations disponibles dans toute l'Espagne et répertoriées par le site s'affichent (Figure 11.3).

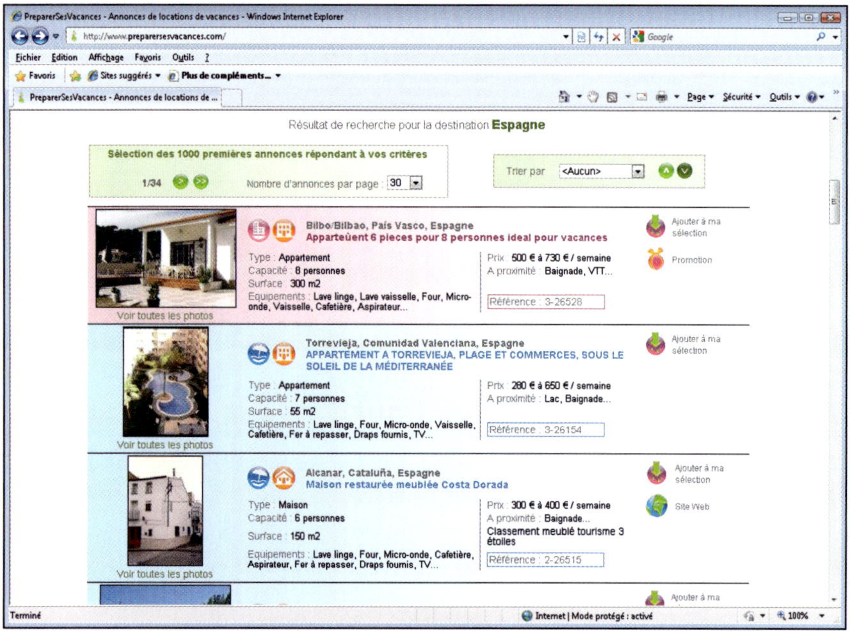

Figure 11.3 : Les locations disponibles en Espagne.

5. **Faites défiler le contenu de la page pour détailler chacune des locations.**

   Chaque annonce contient un certain nombre d'informations :

   - La majorité des offres de location présente une photo. Toutefois, certaines n'en proposent pas. Il est certain qu'une belle photo est plus engageante que n'importe quel discours.

- Ce pictogramme signifie que la location se situe à proximité de la mer.

- Ce pictogramme signifie que la location se situe en ville.

- Ce pictogramme signifie que la location est un appartement.

- Ce pictogramme signifie que la location est une maison.

- Ce pictogramme permet d'ajouter la location à votre sélection pour mieux comparer les offres et faciliter ainsi votre choix.

- Ce pictogramme signifie que vous pouvez accéder à un site Web donnant davantage de précisions sur l'offre.

- Ce pictogramme signifie que la location se situe à la montagne.

- Ce pictogramme signifie que la location se situe à la campagne.

- Ce pictogramme indique que la location fait l'objet de promotions.

- Ce pictogramme indique que vous pouvez contacter directement le loueur par e-mail.

Comme le montre la Figure 11.4, ce détail d'une annonce permet de bien en comprendre le contenu :

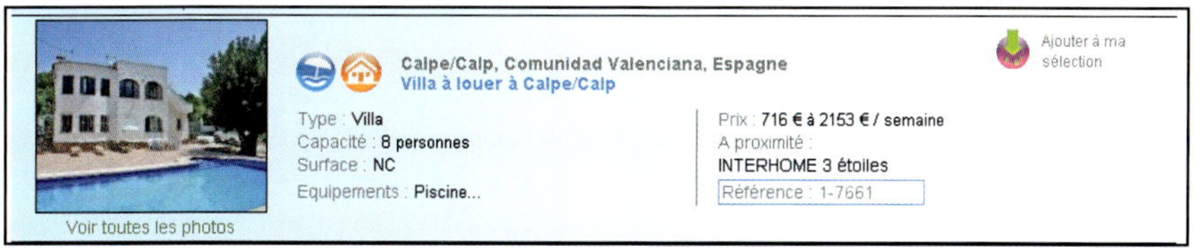

Figure 11.4 : Détails d'une annonce.

- **Type :** Précise s'il s'agit d'une villa, d'une maison, ou d'un appartement.
- **Capacité :** Indique le nombre de personnes que peut accueillir la location.
- **Surface :** Précise la superficie de la location en mètres carrés. La mention N.C. signifie *non communiqué*.
- **Equipements :** Permet de connaître tous les appareils ou commodités disponibles dans l'habitation. Il faudra consulter l'annonce en détail pour connaître précisément les services sur lesquels vous pouvez compter.
- **Prix :** Indique une fourchette définie en fonction des basses et hautes saisons touristiques. Les écarts sont parfois impressionnants.
- **A proximité :** Précise les visites, commodités, ou attractions situées à proximité de la location.
- **Interhome :** Note attribuée à la location, un peu à la manière des étoiles assignées aux hôtels (vous en saurez davantage à la section "Réserver !" plus loin dans ce chapitre).

6. **Pour obtenir de nombreux détails sur la location, cliquez sur le texte écrit en bleu.**

7. **Si nécessaire, faites défiler le contenu de la page pour accéder aux informations suivantes illustrées à la Figure 11.5.**

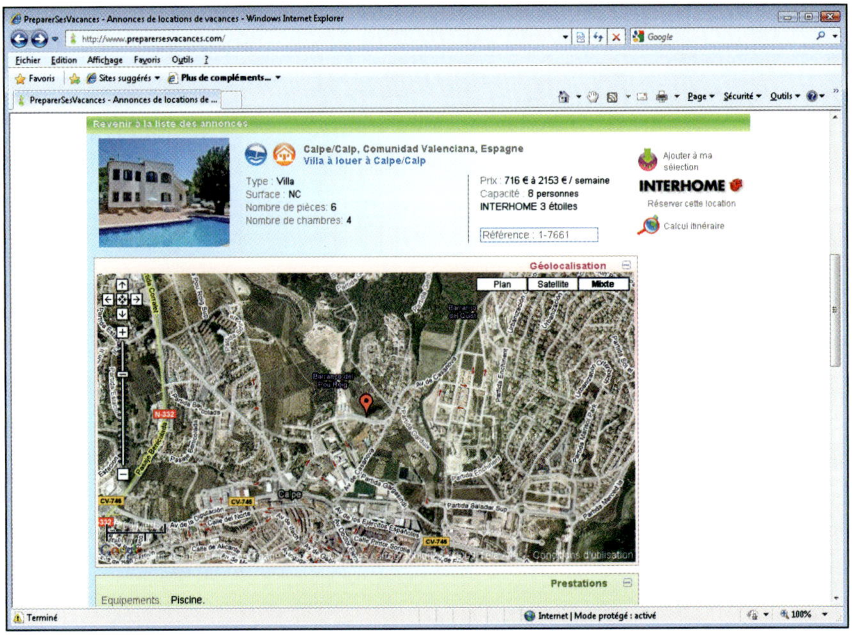

Figure 11.5 : Détails sur la location.

- **Géolocalisation.** C'est-à-dire une vision aérienne que vous pouvez mettre à l'échelle de votre choix.
- **Prestations.** Les équipements y sont précisés comme la présence d'une piscine, ou encore si les animaux sont ou non autorisés.
- **Le mot du propriétaire.** Donne des précisions sur l'habitat lui-même.
- **Diaporama.** Affiche un diaporama de photos de la location.
- **Calendrier.** Permet de connaître les périodes de disponibilités de la location. Ne vous fiez pas au calendrier qui n'est pas très bien tenu à jour. Vous connaîtrez les disponibilités lorsque vous souhaiterez réserver.

8. **Si la location ne vous séduit pas, cliquez sur Revenir à la liste des annonces.**

Si une location vous intéresse, peut-être que le prix et la beauté du lieu ne sont pas vos seuls critères de sélection. Le voyage en est un. Alors, avant de vous décider pour telle ou telle location, calculez l'itinéraire comme expliqué à la prochaine section.

TRUC

Vous apprendrez à calculer des itinéraires précis à la section "A pied, à cheval, ou en voiture" plus loin dans ce chapitre.

Evaluer l'itinéraire

Une location peut être séduisante esthétiquement et financièrement mais s'avérer un véritable gouffre financier car trop éloignée de chez vous. L'itinéraire fait aussi partie de la préparation de vos voyages. Peut-être vous faudra-t-il y aller en deux étapes en passant une nuit dans un hôtel pour éviter à votre famille une fatigue trop importante toujours source d'énervement.

Lorsque vous préparez vos vacances sur `preparersesvacances.com`, voici comment calculer votre itinéraire :

1. **Comme expliqué dans la précédente section, affichez les détails de la location qui vous intéresse.**
2. **Dans la partie supérieure droite de cette page de détails, cliquez sur le lien Calcul itinéraire comme à la Figure 11.6.**

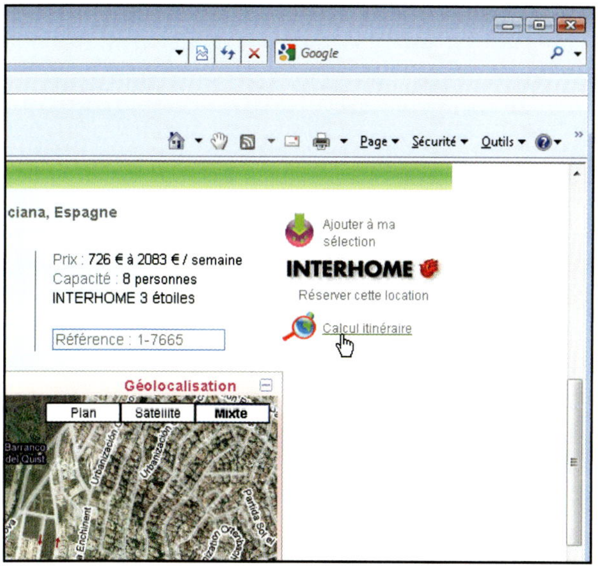

Figure 11.6 : Calculez l'itinéraire de vos vacances.

Le calcul de l'itinéraire se fait par le système Via Michelin. Il s'affiche directement sur la page du site.

3. **Dans la section Vos coordonnées, précisez les informations suivantes :**
   - Votre adresse aussi précise que possible, c'est-à-dire le numéro et le nom de la rue.
   - Le code postal de votre commune de départ qui sera souvent celle de résidence.
   - Le nom de la ville.
   - Le pays.

4. Dans la section Paramètres optionnels, vous pouvez indiquer :

- Type d'itinéraire. Vous avez le choix entre Conseillé, Court, Rapide, Economique, Agréable, Piéton, et Vélo.
- Type de véhicule. Choisissez Voiture, Caravane, ou Moto.
- Catégorie de véhicule. Sélectionnez Citadine, Compacte, Familiale, Routière, ou Luxe.
- Type de carburant : Vous avez le choix entre Essence, Diesel, et GPL.
- Prix du carburant : Spécifiez le prix moyen du carburant au litre et en euros.

5. Cliquez sur Lancer le calcul de l'itinéraire.

En fonction de la distance qui vous sépare du lieu de location et des paramètres spécifiés, le calcul de l'itinéraire va prendre pas mal de temps.

Pour calculer des itinéraires avec d'autres critères ou depuis d'autres sites, lisez la section "A pied, à cheval, ou en voiture" plus loin dans ce chapitre.

Comparez des locations

Lorsque l'on prépare des vacances, nous ne savons pas toujours où nous allons les passer. La décision est souvent familiale, et plusieurs pistes sont explorées. L'intérêt d'un site comme `preparersesvacances.com` est d'ajouter toutes les locations qui vous intéressent dans une sélection personnelle. Ainsi, une fois vos choix arrêtés, il ne restera plus qu'à comparer pour décider. De cette décision découlera la réservation de votre location.

Comparer est fondamental pour éviter toute perte de temps. Partez du principe que rien n'assure que la location sera vacante à la date où vous pensez prendre vos congés. Emettre ainsi plusieurs choix en créant une sélection de locations augmente vos chances de partir dans un endroit qui vous a séduit et dans la période qui vous convient.

1. Si nécessaire, répétez les étapes de la section "Trouver une location".

2. Dès qu'une offre vous intéresse, cliquez sur l'icône Ajouter à la sélection.

3. Revenez à la liste des locations, ou bien effectuez une recherche dans un autre pays.

4. Une fois que vous disposez des sélections souhaitées, consultez-les en cliquant sur Ma sélection.

Toutes les sélections effectuées apparaissent comme à la Figure 11.7.

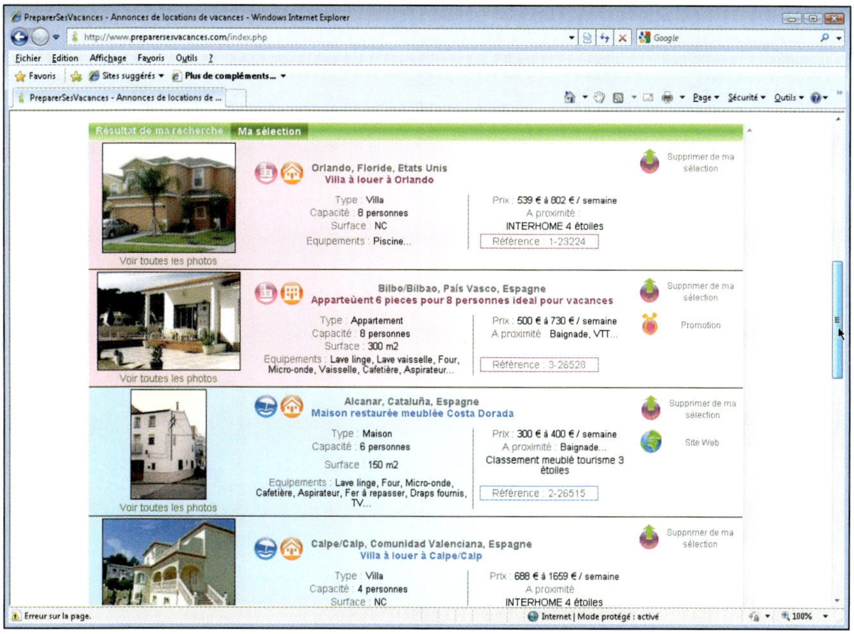

Figure 11.17 : Les sélections restent le meilleur moyen de bien choisir.

5. **Si vous désirez réduire le nombre de vos sélections, cliquez simplement sur l'icône Supprimer de ma sélection située à droite des locations qui ne vous intéressent plus.**

Dès qu'une location vous intéresse, réservez-la !

Réserver !

La réservation est un engagement. Il n'y a rien de virtuel. D'ailleurs, vous allez devoir débourser de l'argent. Voici comment se déroule la réservation sur un site tel que `preparersesvacances.com` :

1. **Que vous partiez de votre sélection ou directement d'une annonce, cliquez sur le texte en bleu (ou en violet si vous avez déjà accédez aux détails de l'offre).**
2. **Dans la partie supérieure droite de l'annonce, cliquez sur le lien Réserver cette location, comme à la Figure 11.8.**

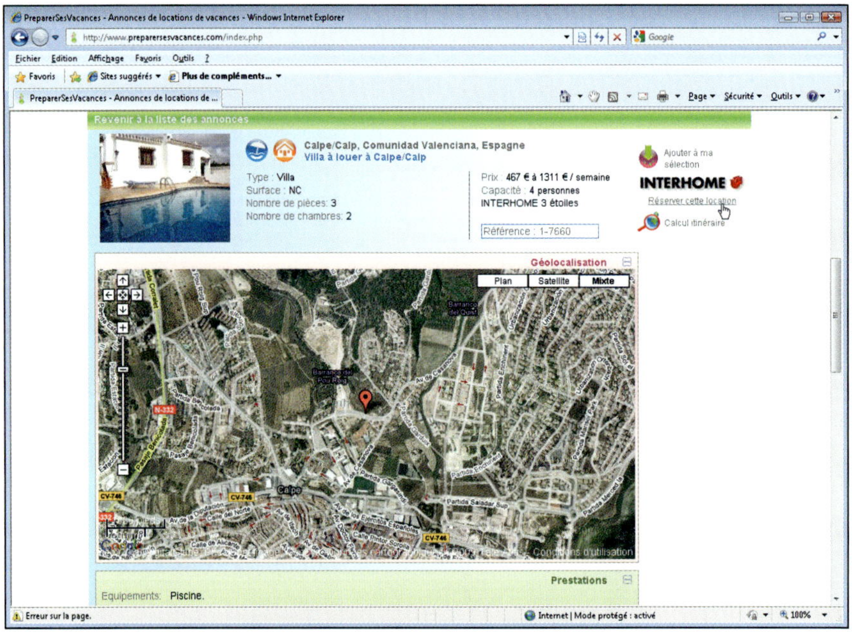

Figure 11.8 : Réservez une location qui vous plait !

La location est prise en charge par un site partenaire appelé Interhome. De ce fait, une nouvelle fenêtre de votre navigateur Web s'ouvre pour afficher le site de la société qui prend en charge la réservation.

3. Le site affiche le détail de votre location.

Ici les descriptions sont complètes. Si vous faites défiler le contenu de cette page, vous accéderez à une série de points ayant une note allant de 0 à 5 et qui concernent :

- La situation de la location qui est notée en fonction de la proximité de la mer, des lacs, etc.
- L'espace extérieur est une évaluation faite sur la présence de balcon, de terrasse, les meubles de jardin, et le type de jardin.
- L'aménagement tient compte de la qualité des meubles.
- La tranquillité est calculée en fonction de la présence de source de nuisances sonores comme les autoroutes, les routes fréquentées, les lignes de chemin de fer, etc.
- La cuisine tire sa note du type et de la qualité des équipements électroménagers et autres.
- Route d'accès obtient sa note en fonction du degré de difficulté de l'accès, des accès disponibles aux abords de la location, et des escaliers. (Ceci peut être un critère de choix pour les personnes handicapées.)

Le nombre d'étoiles de la section Catégorie est une sorte de moyenne attribuée à la location. Cela va de zéro à cinq étoiles. Voici comment vous devez interpréter le nombre d'étoiles :

- **Aucune.** Correspond à des logements récemment inscrits au catalogue et qui n'ont pas fait l'objet d'une visite de la part d'Interhome.
- **Une.** Correspond à un logement convenable dont les aménagements sont simples. Les imperfections sont tolérables et ne rendent pas l'espace inhabitable ou insalubre. Ces habitats sont idéaux pour les vacanciers peu exigeants qui ne disposent pas d'un gros budget.
- **Deux.** Logement dont le confort est élémentaire mais qui dispose d'un aménagement agréable. Ici, le côté pratique l'emporte sur tous les autres. L'équipement est fonctionnel et l'aspect général de la location est soigné.
- **Trois.** A partir de trois étoiles, l'aménagement est à la fois confortable et de bonne qualité. Le logement dispose d'accessoires supplémentaires utiles. Ce type location est idéal pour les clients qui recherchent la qualité sans vouloir du luxe.
- **Quatre.** Il s'agit de logements dont l'aménagement intérieur est de haut standing. Le mobilier est assorti et confortable. Le prix est à la hauteur de ce confort.
- **Cinq.** Logement de haut standing à l'infrastructure exceptionnelle. Les clients exigeant y évolueront dans un cadre luxueux de grande qualité.

4. **Pour connaître les périodes de disponibilité de la location et les tarifs, cliquez sur l'onglet Disponibilité & Prix.**

   Vous accédez à des calendriers et à une grille de prix comme à la Figure 11.9.

5. **Cliquez sur le mois durant lequel vous envisagez de louer.**

   L'affichage des dates se fait par bimestre. Voici comment décoder les légendes du calendrier :

   - **Cases vert foncé :** Indique un début de période de location donc de disponibilité. Cela signifie que vous ne pouvez pas faire débuter cette location avant ou après cette date.
   - **Cases vert clair :** Correspond à une période de disponibilité pendant laquelle vous ne pouvez pas commencer un séjour. Je m'explique. Sur la Figure 11.9, vous remarquez que la date du 18 juillet est vert foncé avec le numéro souligné. Cela indique que pour la semaine allant du 18 au 24, le séjour commence le 18. Vous ne pouvez pas louer à partir du 19 ou du 20.
   - **Cases blanches :** Pas de disponibilité. Cela correspond généralement à une période où l'habitation est louée.

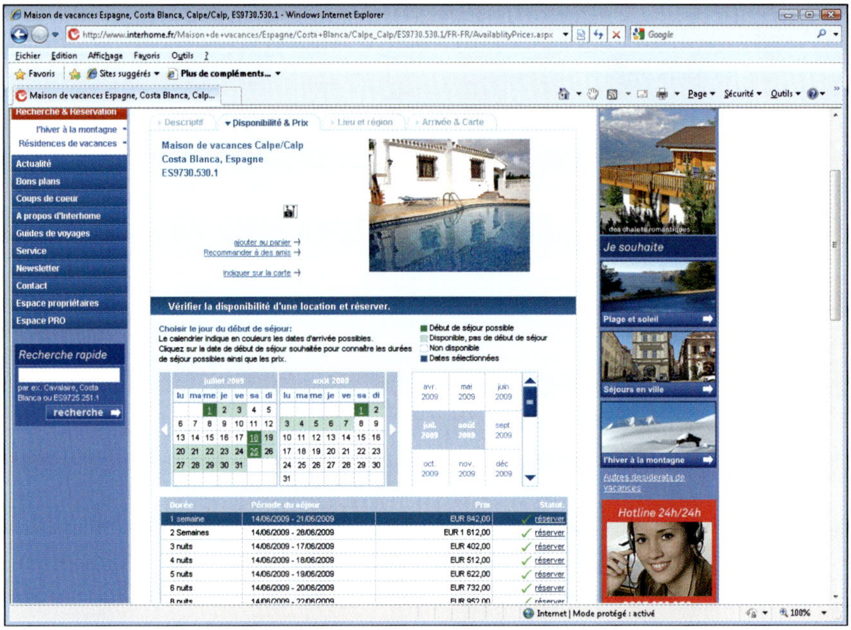

Figure 11.9 : Les prix dépendent de la période de location.

6. **Cliquez sur la date de début de location qui correspond à vos vacances.**

   Par exemple, je clique sur le 18 juillet. Instantanément, la semaine du 18 au 24 s'affiche en bleu. Cela indique ma période de location sélectionnée. Vous constatez, comme le montre la Figure 11.10, que le site me propose pourtant trois périodes possibles, c'est-à-dire 1, 2, ou 3 semaines. En effet, sur le calendrier nous voyons que cette location est libre du 18 juillet au 7 août. Si vous louez 2 ou 3 semaines, le prix de la semaine est moindre. Dans cet exemple, le prix d'une semaine est de 1311 euros.

7. **Pour réserver, soit vous cliquez sur le bouton Réserver situé sous la grille de réservation, soit directement sur le lien Réserver situé à droite du nombre de semaines et du prix.**

   TRUC

   Vous pouvez également utiliser la liste située sous la grille des tarifs pour modifier le nombre de semaines.

8. **Remplissez le formulaire qui apparaît.**

   Il s'agit d'un formulaire des plus simples. Il récapitule votre séjour, et le montant augmenté des frais de dossier.

9. **Une fois le formulaire rempli, cliquez sur Continuer.**

   Vous passez à l'étape des Options.

Figure 11.10 : Sélection d'une période de location.

10. **Conservez ou non l'assurance annulation (dédit) proposée par défaut.**

    Quelques frais supplémentaires de lingerie et de caution seront à régler sur place.

11. **Cochez la case "J'ai lu et j'accepte les conditions de vente".**

    Cliquez sur le lien Conditions de vente pour connaître précisément le contrat qui vous lie avec Interhome.

12. **Dans la nouvelle page qui apparaît, vérifiez les données concernant votre séjour et vos informations personnelles.**

13. **Vérifiez le prix du séjour.**

14. **Dans la section Merci de choisir votre mode de paiement, versez un acompte ou payez la totalité de la réservation.**

15. **Cliquez sur Réserver.**

    Dans la nouvelle page Web qui apparaît, indiquez votre numéro de carte bancaire.

16. **Une fois vos coordonnées de carte bancaire saisies, cliquez sur Continuer.**

La réservation est terminée ! Elle vous sera confirmée par e-mail.

Si la virtualité vous fait peur, un numéro de hotline est à votre disposition 24h/24. Il ne coûte que le prix d'une communication locale. Il est parfois rassurant d'avoir un être humain au bout du fil.

Vous remarquez que vous pouvez très bien organiser vos vacances depuis le site Interhome, en y trouvant quelques bons plans comme cela est expliqué à la fin de ce chapitre.

A pied, à cheval, ou en voiture

Je profite de la préparation des vacances pour traiter des itinéraires dans cette nouvelle section. Bien entendu, vous pouvez en reproduire les diverses procédures pour n'importe quelle circonstance occasionnant un déplacement.

Savoir faire un itinéraire sur Internet est important même si vous possédez un GPS. En cas de panne ou de dysfonctionnement de cet appareil, vous ne serez pas totalement perdu.

Les sites d'itinéraires

Il existe énormément de sites qui permettent de faire un itinéraire. Toutefois, certains sont plus performants et réputés que d'autres. Bien que notre démonstration se base sur un site bien précis, vous utiliserez un site d'itinéraires proposant des services qui répondent à vos besoins.

Pour choisir un site d'itinéraires, il suffit d'ouvrir votre navigateur Web et de taper "itinéraire" dans un moteur de recherche. Vous obtiendrez une liste assez impressionnante de sites comme le montre la Figure 11.11.

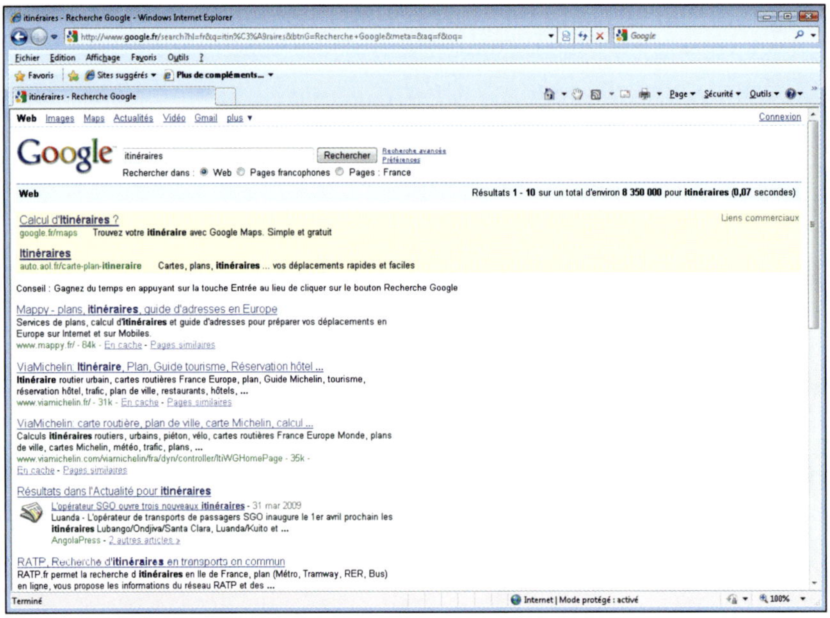

Figure 11.11 : Plus de 8 millions de réponses sur les itinéraires.

Vous n'allez pas consulter toutes les réponses ! Pour vous piloter, c'est le cas de le dire, vers des sites qui ont fait leur preuve, nous allons dresser une liste d'adresses Web. Tapez-les dans la barre d'adresses de votre navigateur, puis testez-les en appliquant les procédures décrites dans la prochaine section.

Les plus connus

Les deux sites d'itinéraires les plus connus et réputés sont Mappy et Via Michelin. Vous les trouverez aux adresses suivantes :

- Mappy à `www.mappy.fr`.
- Via Michelin à `www.viamichelin.fr`.

Les portails Web

De nombreux portails Web, comme celui de votre FAI, peuvent proposer un lien direct vers leur service d'itinéraires. C'est le cas des portails suivants :

- Yahoo! propose Yahoo! Maps à `http://fr.maps.yahoo.com/`.
- Google avec Google Maps. Pour y accéder, tapez `www.google.fr`, puis cliquez sur le lien Maps situé dans la barre de navigation du site.
- Voilà propose aussi un service de calcul d'itinéraires à l'adresse `http://itineraire.voila.fr/`.
- AOL dispose d'un site d'itinéraires que vous trouverez à l'adresse `http://auto.aol.fr/carte-plan-itineraire`.
- MSN avec son extension MSN Auto met à votre disposition un système de calcul d'itinéraires. Il se trouve à l'adresse `http://extras.automobile.fr.msn.com/cartes/`.
- Le FAI Orange propose ce type de service à l'adresse `http://auto.orange.fr/itineraire-et-plan.html`.

D'une manière générale, rendez-vous sur le portail de votre FAI ou sur celui du site où vous avez créé une messagerie gratuite. Vous y trouverez probablement un lien permettant d'accéder à un service d'itinéraires en ligne. Nous avons constaté que, très souvent, ces services mis en place par les FAI reposent sur la technologie Mappy que nous étudions dans la prochaine section.

Les itinéraires spécialisés

Certains sites sont spécialisés dans des types d'itinéraires particuliers. Voici quelques exemples :

- Pour vous déplacer facilement en Ile-de-France, visitez les sites `http://www.transilien.com/web/site` et `http://www.transport-idf.com`.
- Pour calculer un itinéraire empruntant le métro et/ou le bus, allez sur le site `www.ratp.info/orienter/sncf.php`.
- Pour visiter le patrimoine de notre beau pays, rendez-vous sur `www.culture.gouv.fr/culture/inventai/inventai/som-inv.htm`.

Quelques autres sites

- www.maporama.com
- www.1bis.com
- http://itineraire.express-map.com/

En fonction de vos besoins et de la richesse et ou de l'ergonomie des sites d'itinéraires, vous vous orienterez vers celui qui répond le mieux à votre logique et à votre sens de l'organisation. Pour trouver un tel site, je vous conseille de tester un même itinéraire sur plusieurs d'entre eux. Vous saurez ainsi lequel donne l'itinéraire le plus précis.

Pour l'heure, entrons dans le vif du sujet en calculant un itinéraire via le site Mappy. Les diverses procédures de la prochaine section sont reproductibles sur la majorité des sites d'itinéraires. Seules quelques fonctionnalités spécifiques risquent d'être indisponibles.

Faire un itinéraire sur Mappy

Historiquement Mappy est le plus ancien des sites d'itinéraires sur Internet. C'est la référence absolue en matière de calcul d'itinéraires en France et en Europe. Sa précision est proverbiale et ses services très nombreux. Par conséquent, voici comment faire un itinéraire sur Mappy :

1. **Ouvrez votre navigateur Web.**
2. **Dans la barre d'adresses, tapez** `www.mappy.fr`**.**

   Vous accédez à la page d'accueil de Mappy illustrée à la Figure 11.12.
3. **Dans la partie supérieure gauche de la page d'accueil, localisez la section Itinéraire.**
4. **Dans la section Départ, tapez les informations suivantes :**
   - Le numéro et le nom de la rue. A défaut, vous pouvez saisir le nom d'une station de métro, d'un quartier, ou encore d'une gare.
   - Le nom de la ville, du lieu-dit, ou encore d'un aéroport.
   - Votre code postal.
   - Spécifiez le pays de départ en le sélectionnant dans la liste qui affiche France – Dom.

   Si le point de départ de votre itinéraire se situe en dehors de l'Europe, cliquez sur le lien Autres continents.
5. **Si vous désirez effectuer votre voyage en plusieurs étapes, par exemple si vous faites un circuit touristique ou si le voyage est si long que vous allez dormir une ou plusieurs fois en route, cliquez sur Etapes.**

Vous affichez 2 étapes dont les différentes rubriques sont identiques à celles de la section Départ, comme le montre la Figure 11.13.

Figure 11.12 : Faites votre itinéraire sur Mappy !

6. **Dans la section Arrivée, tapez les coordonnées du lieu de destination.**
7. **Bien que le bouton OK vous tend les bras, ne cliquez pas tout de suite dessus. Indiquez par quel moyen de locomotion vous souhaitez vous rendre dans la ville de destination.**
8. **Une fois l'ensemble des renseignements donnés, cliquez sur OK.**

   Il ne faut que quelques secondes à Mappy pour calculer l'itinéraire qu'il vous présente sous deux formes personnalisables comme le montre la Figure 11.14.

Figure 11.13 : Il est possible de faire un itinéraire de plusieurs étapes.

Un certain nombre d'informations vous sont alors délivrées :

- La durée du voyage. Vous constatez que dans mon exemple pour aller de Tours à Barcelone, il faut compter 10 heures de route.
- La distance avec le nombre de kilomètres en voies express. Ici je sais que je vais parcourir 832 km dont 520 sont en voies express.
- Le nombre de litres d'essence nécessaires et la somme que cela représente.
- Le coût du péage.

Notez que vous pouvez calculer votre itinéraire de retour en cliquant sur le lien éponyme situé sous la section Départ-Arrivée.

Figure 11.14 : Mappy a fini le calcule de l'itinéraire.

9. **Sous ces premières informations, une série d'icônes représentent les services proposés par Mappy :**

Cliquez sur cette icône pour recevoir votre itinéraire sur votre téléphone mobile.

Cliquez sur cette icône pour recevoir votre itinéraire par e-mail. Ceci est très pratique lorsque vous calculez un itinéraire au bureau ou chez un ami, voire dans un cybercafé. Cette fonction permet aussi d'envoyer un itinéraire à une personne qui ne peut pas se connecter à Internet (mais si, je vous assure, ça existe encore !).

Cliquez sur cette icône pour imprimer votre itinéraire. En effet, je vous vois assez mal conduire avec un ordinateur portable sur les genoux. Nous verrons comment procéder dans la section "Imprimer un itinéraire" plus loin dans ce chapitre.

Cliquez sur cette icône pour sauvegarder votre itinéraire. Nous expliquons cette procédure un peu plus loin dans ce chapitre.

Cliquez sur cette icône pour ajouter des repères commentés à vos itinéraires. Pour cela, vous devez ouvrir un compte gratuit sur Mappy comme nous le verrons dans la section consacrée à la sauvegarde d'un itinéraire.

10. Pour mieux voir votre itinéraire sur la carte, cliquez sur le lien Agrandir la carte.

Vous affichez une carte comme à la Figure 11.15. Voici ce que vous pouvez faire avec cette carte :

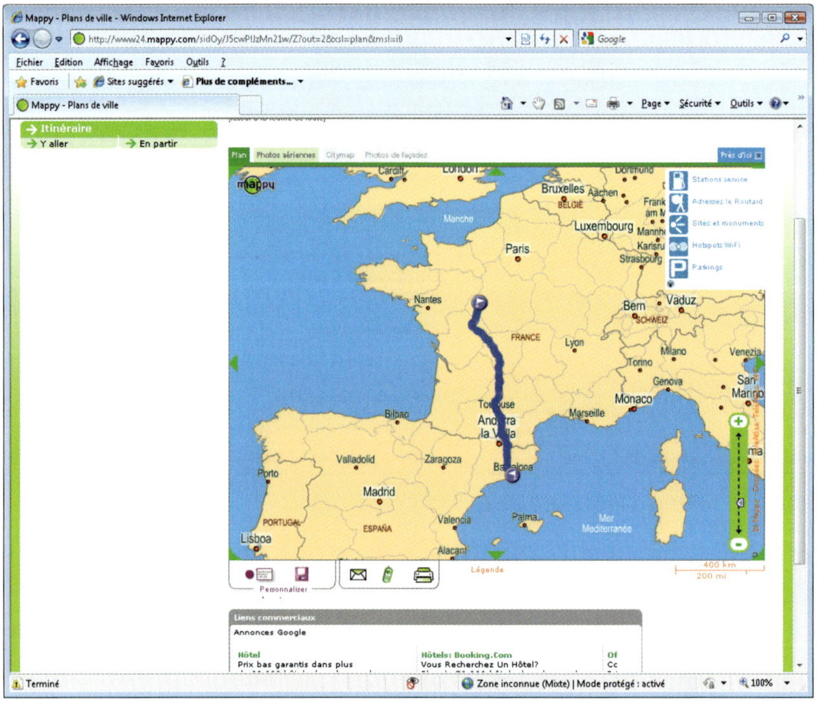

Figure 11.15 : Votre itinéraire sous la forme d'une carte.

- Pour détailler une partie de votre itinéraire, faire varier l'échelle d'agrandissement située sur le côté inférieur droit de la carte. Plus vous faites glisser le curseur vers le haut, et plus vous agrandissez une portion de la carte. Plus vous le glissez vers le bas, et plus l'affichage de la carte se réduit. Vous pouvez effectuer ces deux opérations en cliquant sur les boutons + et – situés en haut et en bas de la glissière.
- Pour vous déplacer sur la carte lorsque vous avez agrandi une de ses portions, placez le pointeur de la souris à l'intérieur. Cliquez et ne relâchez pas le bouton de la souris. Quatre flèches apparaissent sous le curseur. Faites-le glisser dans la direction que vous souhaitez afficher. Une autre méthode consiste à cliquer sur les petites flèches vertes situées dans les angles et sur les côtés de la carte.

- Dans le coin supérieur droit de la carte, vous voyez un certain nombre d'icônes. Elles proposent, par défaut, d'afficher les Stations services, les Sites et monuments, les Parkings, etc. Si vous souhaitez afficher d'autres services, cliquez sur la petite flèche située en bas des icônes. Vous pourrez alors afficher les cinémas, les distributeurs de billets, etc. Par exemple, pour connaître les stations services accessibles à proximité de la zone de la carte actuellement affichée, cliquez sur Stations services. Comme vous pouvez le voir à la Figure 11.16, Mappy affiche les stations services, les prix, et les adresses. Vous pouvez changer de carburant en le sélectionnant dans le menu local situé en haut de la liste. Mappy trie les stations services par prix croissants. Sous la carte, vous disposez de la liste des stations trouvées à proximité de la ville la plus importante affichée par la zone agrandie de la carte. Si vous cliquez sur une de ces stations, la carte affiche des informations pour s'y rendre. Les stations sont également affichées sous la carte principale. Des icônes permettent de mémoriser la station qui vous intéresse, et de savoir comment s'y rendre.

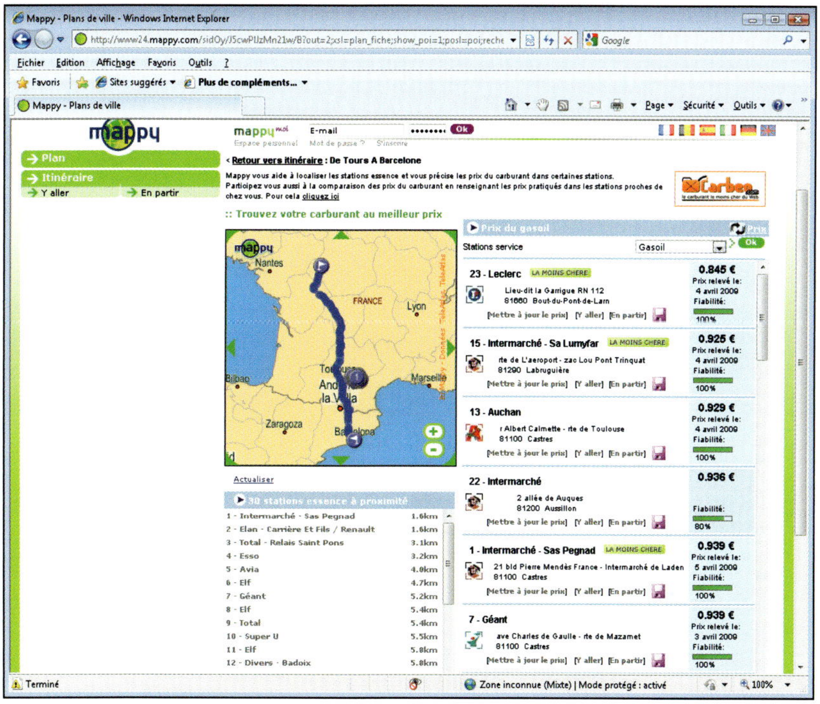

Figure 11.16 : Mappy permet de localiser quelques points d'intérêts comme les stations services.

- Sous la carte, vous retrouvez les icônes décrites un peu plus haut dans cette section.

11. Pour quitter l'agrandissement de la carte, cliquez sur le lien Retour à la feuille de route situé au-dessus de cette carte.

12. Faites défiler le contenu de la page Web pour analyser l'itinéraire en détail.

Comme le montre la Figure 11.17, l'itinéraire est très précis avec moult détails. Pour se perdre, il faut vraiment le faire exprès ou être inattentif au possible.

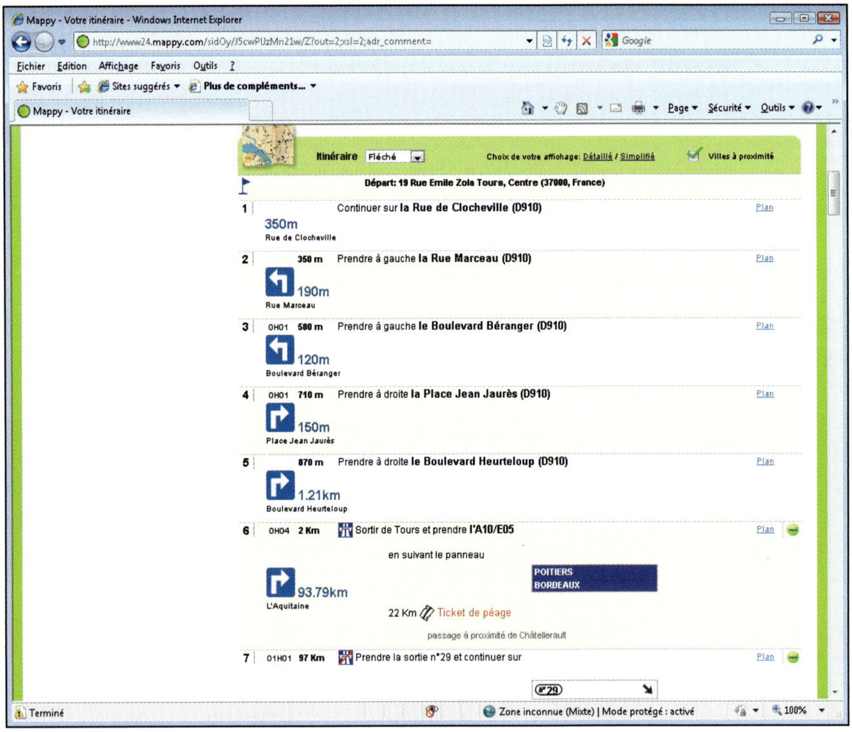

Figure 11.17 : L'itinéraire en détail.

En cas de doute sur une instruction, cliquez sur le lien Plan situé juste à sa droite.

Lorsque vous voyez cette icône à droite d'une étape de votre itinéraire, cliquez dessus pour accéder à des informations très intéressantes comme le montre la Figure 11.18. Vous disposez en effet d'informations sur la position des radars fixes, sur la prise des tickets de péages, et sur les péages eux-mêmes et la somme à débourser.

L'itinéraire détaillé montre les panneaux routiers que vous allez rencontrer. Il indique également à chaque étape, le nombre d'heures écoulées depuis votre départ, et le nombre de kilomètres parcourus si vous avez respecté les limitations de vitesse, et si vous n'avez pas été pris dans les embouteillages.

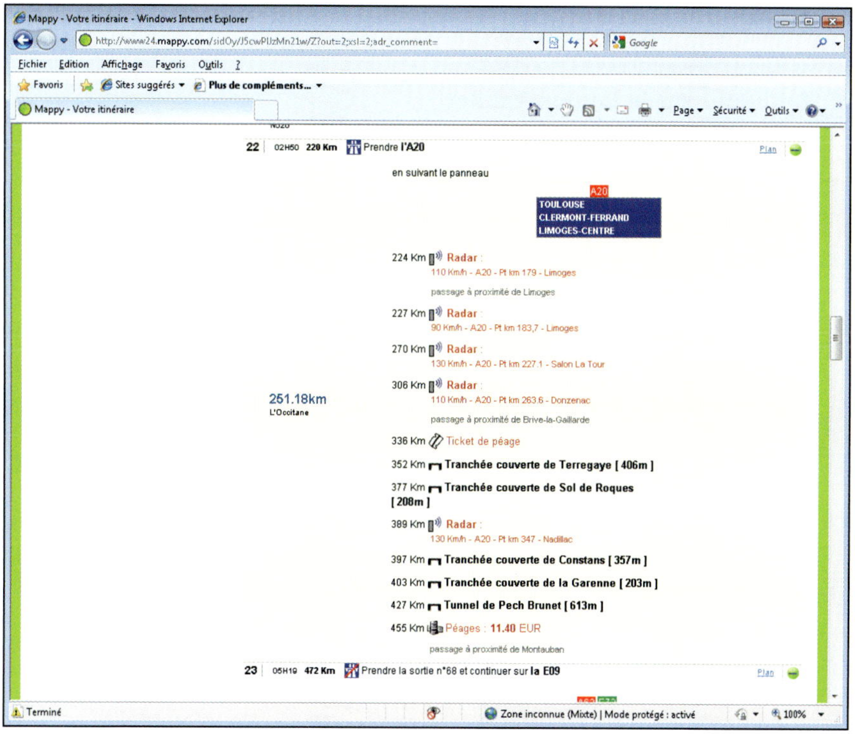

Figure 11.18 : Des informations comme celles-ci permettent de voyager en toute tranquillité.

Quand l'itinéraire vous convient, il serait peut-être judicieux de le sauvegarder si, par exemple, vous souhaitez le modifier ultérieurement.

Sauvegarder un itinéraire

Pour sauvegarder un itinéraire afin de mieux l'étudier ultérieurement, l'imprimer, le soumettre à votre famille, ou encore le modifier, cliquez sur l'icône représentée ci-contre.

Ensuite, voici comment procéder :

1. **Dans la nouvelle page qui apparaît, cliquez sur le bouton S'inscrire.**

   L'inscription est indispensable car elle permet de créer un compte, donc de sauvegarder vos préférences et vos itinéraires. L'ouverture de ce compte est gratuite.

   Par exemple, un compte permet de sauvegarder un carnet d'adresses ce qui facilite la saisie des coordonnées de départ et d'arrivée.

2. **Remplissez le formulaire que vous soumet Mappy.**

   Il n'y a rien que vous ne connaissiez déjà !

3. Cochez la case J'accepte les conditions d'utilisation.

Lisez ces conditions !

4. Cliquez sur le bouton Valider.

Une page vous remercie pour votre inscription et vous indique qu'un courriel vous a été envoyé à l'adresse mail spécifiée dans le formulaire.

5. Relevez votre courrier électronique.

6. Dans le message envoyé par Mappy, cliquez sur le lien nécessaire à la validation de votre inscription.

7. Dans la page Web qui apparaît, cliquez sur Accéder à mon espace personnel.

Votre espace personnel va permettre, comme son nom le laisse supposer, de personnaliser votre utilisation de Mappy. Ainsi, vous pouvez :

- Confectionner un carnet d'adresses.
- Créer des plans.
- Créer des itinéraires. Cette fonction est fondamentale. Pour la personnaliser, cliquez sur Options. Là, spécifiez les caractéristiques techniques de votre véhicule. Indiquez le carburant utilisé, et le coût moyen au litre. Toutes ces informations seront utilisées par Mappy pour calculer vos frais de voyage au plus juste.

Pour enregistrer l'itinéraire qui vous a amené jusqu'à la création de votre compte, vous devez utiliser une petite astuce. En effet, le site n'est pas très bien à ce niveau là. Le fait d'avoir validé le compte ne vous donne plus accès à l'itinéraire en cours. Soit vous le recréez en cliquant sur Créer des itinéraires dans votre espace personnel, soit vous vous conformez à l'étape 8 :

8. Dans votre navigateur Web, cliquez sur le bouton Précédent de la barre de navigation jusqu'à ce que vous reveniez à la page contenant votre itinéraire. Là, cliquez de nouveau sur l'icône de la disquette (Sauvegarder).

Cette fois, une page demande confirmation de cette sauvegarde comme à la Figure 11.19.

9. Vérifiez les coordonnées de votre itinéraire.

Si elles sont obsolètes, changez-les ! (Ce serait étonnant puisque vous venez de créer l'itinéraire.)

10. Donnez un titre (nom) à votre itinéraire, et cliquez sur Valider.

L'itinéraire est ajouté aux 20 sauvegardes possibles sur votre compte (Figure 11.20).

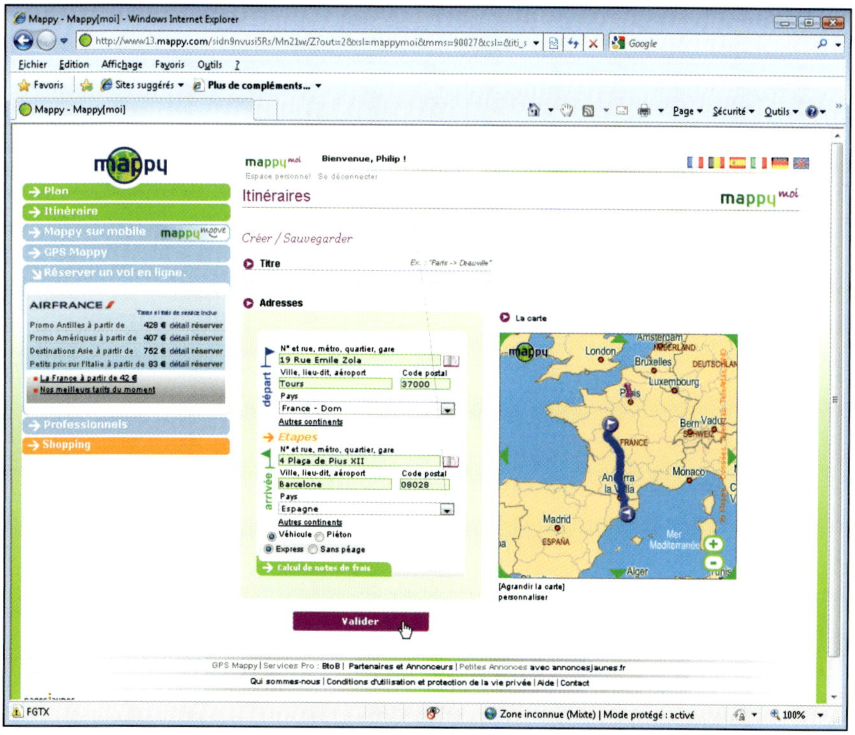

Figure 11.19 : Sauvegarder un itinéraire après avoir créé un compte sur Mappy.

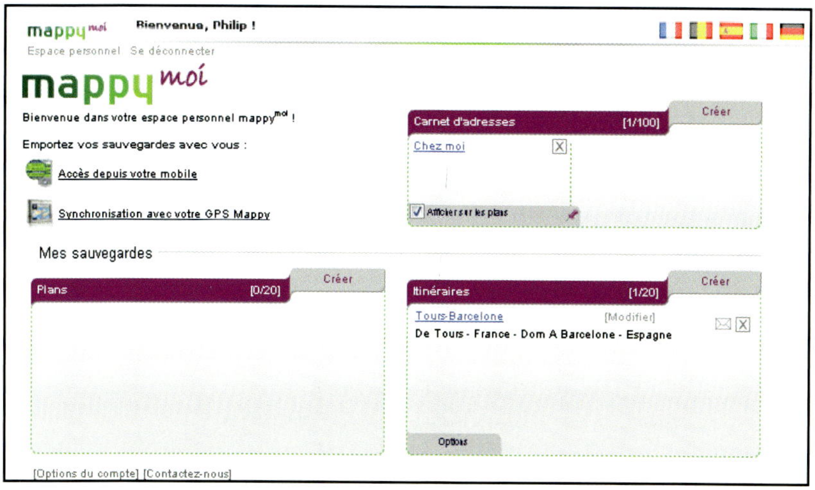

Figure 11.20 : Un itinéraire sauvegardé.

11. **Pour consulter votre itinéraire, accédez à votre compte, et cliquez sur son nom.**
12. **Pour modifier votre itinéraire, accédez à votre compte, et cliquez sur le lien Modifier.**

Maintenant que vous avez un ou plusieurs itinéraires, voyons comment les imprimer.

Imprimer un itinéraire

Il est nécessaire d'imprimer un itinéraire pour pouvoir le consulter en cours de route, votre épouse ou vous-même, monsieur, servant de copilote.

Pour imprimer un itinéraire :

1. **Commencez par créer un itinéraire, ou bien affichez un itinéraire sauvegardé.**

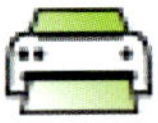

2. **Cliquez sur l'icône représentée ci-contre.**

   Mappy ouvre une nouvelle fenêtre dédiée à l'impression de votre itinéraire, illustrée à la Figure 11.21.

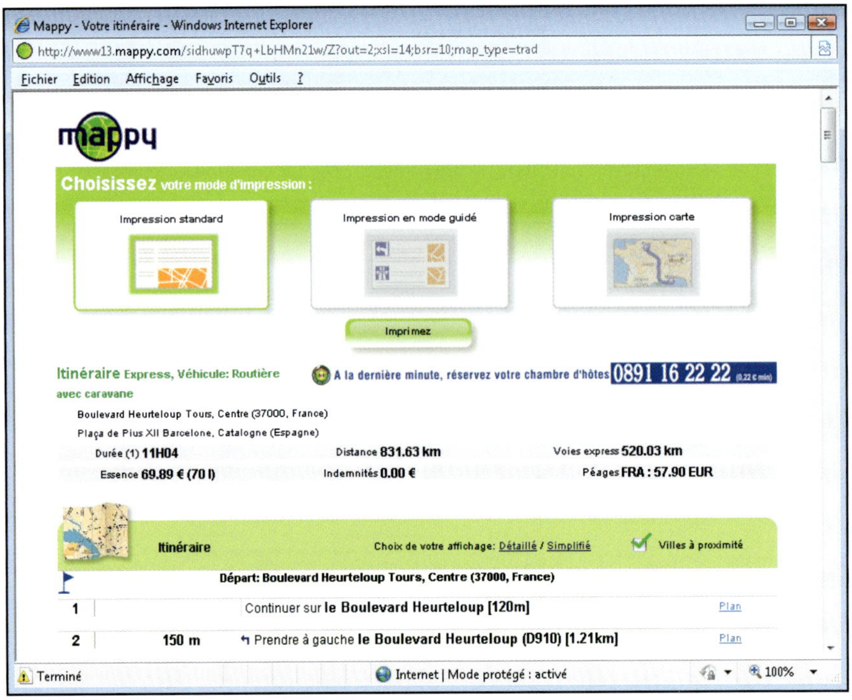

Figure 11.21 : Imprimer un itinéraire sur Mappy.

3. **Choisissez le type d'impression :**

   - **Impression Standard.** Mode d'impression proposé par défaut. Il imprime les détails et les plans que vous affichez. La gestion des détails à imprimer se fait directement dans l'aperçu de l'itinéraire affiché dans la page.
   - **Impression en mode guidé.** Peu de différence avec le mode Standard si ce n'est que les plans sont affichés en plus petits sur le côté droit de chaque étape.
   - **Impression carte.** Imprime votre itinéraire sous la forme d'une carte peu détaillée.

   TRUC

   Rien ne vous empêche d'imprimer trois versions différentes de votre itinéraire.

4. **Une fois que vous avez choisi le mode d'impression, cliquez sur le bouton Imprimez.**
5. **Dans la boîte de dialogue Imprimer, sélectionnez votre imprimante.**

   Reportez-vous au manuel d'utilisation de votre imprimante pour la configurer correctement.

6. **Cliquez sur le bouton Imprimer.**

Au bout de quelques minutes, vous disposez d'une version imprimée de votre itinéraire. Il tiendra une place de choix dans votre boîte à gants, ou sur les genoux du passager. Bien entendu, vous ne consulterez jamais l'itinéraire en conduisant !

Payez moins cher vos billets de train

Les billets de train ne sont pas faciles à négocier puisqu'en France ils sont régis par la SNCF (Société Nationale des Chemins de Fer Français). Depuis de nombreuses années, il est possible d'acheter ses billets de train sur Internet. La SNCF propose même des promotions spéciales Internet à des prix défiant toute concurrence (mais quelle concurrence d'ailleurs ?). Ces billets vous seront envoyés par courrier, retirés dans une gare, ou encore directement imprimés via votre imprimante de bureau.

Que faut-il faire pour payer moins cher ses billets de train ? Le plus souvent, en dehors de promotions spéciales, il faut réserver le plus tôt possible.

WEB

Pour réserver via Internet, il suffit de vous rendre sur le site `www.sncf.fr`, et de lancer une recherche de prix en fonction de la gare et des dates de départ et d'arrivée.

Mais, le site de la SNCF joue le jeu du modernisme et des promotions. Sur le site, vous remarquerez la présence d'une section et d'un onglet Bon plans. Ces bons plans proposent les meilleurs tarifs possibles ainsi que des séjours à départ immédiat (ou presque). A ce petit jeu, on peut noter des réductions de l'ordre de 40 % sur des séjours de 500 euros.

TRUC

Pour être tenu informé en temps réel des bons plans de la SNCF, vous pouvez l'utiliser comme flux RSS (voir le Chapitre 13). Pour résumer, il s'agit de conserver en mémoire le site de la SNCF dont le contenu sera actualisé périodiquement. Dès que de nouvelles offres seront disponibles, vous les verrez en priorité lorsque vous vous connecterez au site.

Payez vos billets d'avion moins cher

A l'exception de quelques offres proposées par les grandes compagnies aériennes, le meilleur moyen de payer vos billets d'avion moins cher consiste à vous en remettre aux services d'une compagnie aérienne discount.

Dans la section "Les adresses utiles", nous vous indiquons le site d'un certain nombre de compagnies discount. Bien évidemment, il est tout à fait possible de procéder à vos réservations directement sur le site de ces compagnies. Les trois gros inconvénients des compagnies discount sont les suivants :

- Elles ne desservent que certaines villes de certains pays.
- Les aéroports sont rarement dans des villes importantes, ce qui nécessite un voyage supplémentaire en voiture ou en transports en commun.
- Le service à bord est réduit à son strict minimum.

Le gros avantage de ces compagnies est de pratiquer des prix incroyablement bas, c'est-à-dire moins chers que le train. Par exemple, un vol aller-retour Paris-Beauvais/Girone (Barcelone) ne coûte que 102 euros en pleine saison, comme le propose le site Ryanair. L'équivalent en train vous coûtera plus du double et durera quasiment 7 fois plus longtemps.

Les adresses utiles

WEB

Traiter de la préparation des vacances impose de privilégier des sites plus que d'autres. La démocratie étant l'essence de la liberté de déplacement donc de choix, voici quelques adresses supplémentaires.

Quelques sites pour préparer vos vacances

- www.preparersesvacances.com
- www.interhome.fr
- www.lastminute.com
- www.promovacances.com
- www.marmara.com
- www.maeva.com
- www.odalys-vacances.com
- www.thomascook.fr
- www.sncf.fr

Quelques sites pour calculer un itinéraire

- www.mappy.fr
- www.viamichelin.fr
- http://maps.google.fr
- http://fr.maps.yahoo.com
- www.itimap.com
- http://world.maporama.com
- www.1bis.com/1bis/default.asp
- http://plan.voila.fr/itineraire.html

Quelques sites pour payer ses billets de voyage moins cher

- www.sncf.fr
- www.opodo.fr
- www.govoyages.com
- www.expedia.fr
- www.voyagermoinscher.com
- www.bourse-des-vols.com
- http://billet-avion.illicotravel.com/fr/billet-avion
- www.kayak.fr
- www.bravofly.fr
- www.edreams.fr

Chapitre 12

Faciliter la gestion de votre vie

Dans ce chapitre :

- Gérer vos comptes en ligne.
- Consulter le solde de votre carte de crédit en ligne.
- Payer par e-mail avec PayPal.
- Gérer vos investissements en ligne.
- Payer vos factures de gaz et d'électricité.
- Déclarer vos revenus.
- Obtenir des documents administratifs.

Les services se sont multipliés sur Internet. Aujourd'hui, il est facile d'effectuer un certain nombre de démarches liées à la vie quotidienne sans sortir de chez soi. Il en va ainsi de la gestion de vos différents comptes bancaires, du relevé et du paiement de vos dépenses EDF et GDF, de votre impôt sur le revenu, mais aussi de l'obtention d'un certain nombre de documents administratifs.

La banque à domicile

Presque toutes les banques proposent au minimum un service de consultation des comptes par Internet (elles le proposaient déjà par le Minitel). La gestion bancaire en ligne présente un intérêt pour vous et votre banque. En règle générale, elle doit permettre de réduire certains frais de gestion. Cependant, en matière d'argent, la sécurité est plus sensible que dans n'importe quel autre domaine (je veux bien entendu parler de la sécurité en ligne, car il n'y a rien de plus sensible et sacrée que celle des êtres humains). Donc, votre banque doit s'assurer que c'est bien vous qui consultez votre compte et y faites un certain nombre d'opérations. Pour cette raison primordiale, la procédure d'adhésion est un peu complexe. Lorsque vous demandez à profiter de ce service de gestion de vos comptes en ligne, vous recevez un identifiant par voie postale et, quelques jours plus tard, un mot de passe. Une fois l'adhésion validée, vous devez vous rendre sur le site Web de la banque pour y saisir ces deux informations afin d'effectuer des opérations sur vos différents comptes. La page d'accueil où vous saisissez vos données peut ressembler à celle de la Figure 12.1.

Figure 12.1 : La page d'accueil d'un site bancaire permettant la gestion en ligne des comptes.

Une fois identifié, vous pouvez consulter vos comptes, effectuer des virements, demander un déblocage de fonds sur votre carte de crédit, *etc.*, comme vous le faites lorsque vous rencontrez un conseiller de l'établissement bancaire. La grande différence est que vous êtes chez vous, sans pression, et que vous pouvez évaluer les tenants et les aboutissants de vos transactions.

Transférer de l'argent d'un compte à l'autre

Si vous possédez plusieurs comptes dans une banque, comme un compte-chèques, un Livret A, ou encore un CODEVI, vous pouvez facilement effectuer des virements d'un compte à l'autre. Dès que vous avez des disponibilités sur votre compte courant, il serait idiot d'y laisser dormir l'argent : effectuez plutôt un virement sur le compte d'épargne dont les intérêts sont calculés quotidiennement. Si vous venez à manquer de fonds sur le compte-chèques, vous procéderez à l'opération inverse. Voici comment se déroulent généralement les virements d'un compte à un autre :

1. **Accédez au site Web de votre établissement bancaire en saisissant son adresse (URL) dans la barre d''adresses de votre navigateur Web comme Internet Explorer 8 ou Firefox 3.**
2. **Comme vous pouvez le voir sur la Figure 12.1 ci-dessus, cliquez sur le lien ou le bouton Accédez à vos comptes.**

   Le nom de ce lien peut varier d'une banque à une autre. Par conséquent, cliquez sur l'élément de la page qui donne accès à vos comptes.

   Comme tout est sécurisé sur le site d'une banque, voici ce que vous devez faire dans la page suivante illustrée à la Figure 12.2 :

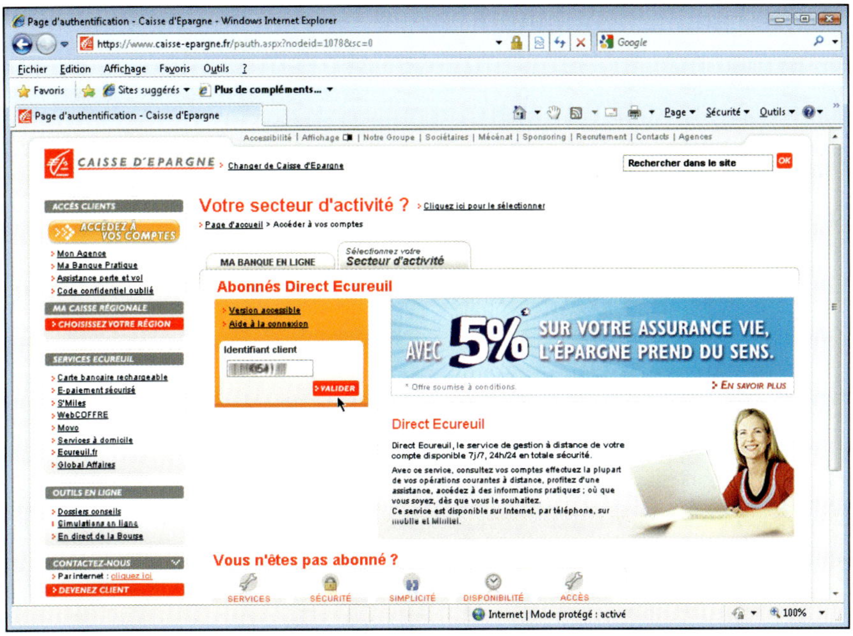

Figure 12.2 : On ne rentre pas dans un compte en banque comme dans un moulin.

3. **Tapez votre identifiant.**

   L'identifiant est généralement un numéro assez complexe qui vous a été envoyé par courrier postal, et que vous ne pouvez pas personnaliser.
4. **Cliquez sur le bouton Valider (ou équivalent).**
5. **Cliquez sur les chiffres pour former votre code confidentiel (Figure 12.3).**
6. **Une fois le code saisi, cliquez sur Valider.**

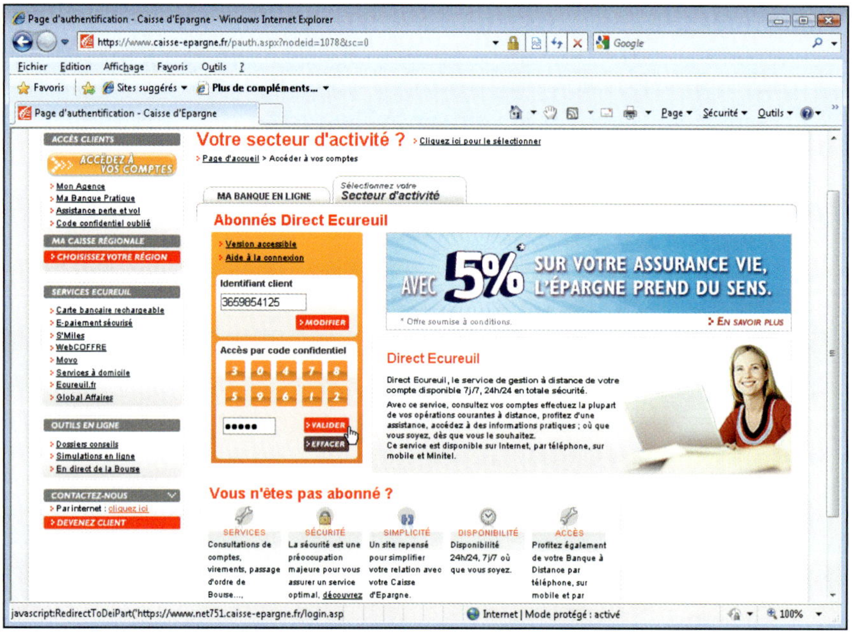

Figure 12.3 : Entrez votre code confidentiel en cliquant sur des chiffres dont l'ordre d'affichage est aléatoire.

7. **Sur la page Web qui affiche vos comptes, cliquez le lien permettant d'effectuer des virements.**

   Le nom de ce bouton peut varier d'une banque à une autre. Parfois, vous devrez accéder à une rubrique du genre Effectuez une opération. Là, vous y trouverez une sous-rubrique Virements, elle-même composée d'autres sous-rubriques comme Réalisez un virement et Suivez vos virements. Cliquez sur la sous-rubrique permettant de faire un virement.

8. **Dans la liste des opérations proposées, choisissez Demande de virement ou Réalisez virement.**

9. **Dans la page affichant tous vos comptes, déroulez la liste de la section Compte à débiter.**

10. **Sélectionnez le compte sur lequel vous allez prendre de l'argent pour le mettre sur un compte d'épargne.**

    Il s'agit de ce que l'on appelle plus communément le compte courant.

11. **Dans cette même page, déroulez la liste Votre compte à créditer (ou dénomination équivalente) et sélectionnez le compte à créditer.**

    Il s'agira d'un compte d'épargne, comme un Livret A ou encore un CODEVI (bien sûr, il en existe d'autres).

12. **Indiquez si le virement sera ou non immédiat.**

    Si vous définissez un virement immédiat, le transfert de fonds d'un compte à l'autre se fait dès que vous validez l'opération. Si vous optez pour un virement différé, indiquez la date à laquelle doit s'effectuer l'opération. En d'autres termes, vous programmez ce virement.

13. **Indiquez le montant à virer d'un compte à l'autre.**
14. **Cliquez Valider ou Continuez.**

    Une nouvelle page récapitule les données de votre opération et vous en demande confirmation.

15. **Cliquez sur le lien ou le bouton validant votre demande de virement d'un compte à un autre.**

C'est simple ! Il est également possible d'effectuer des virements entre les comptes de différentes banques. Il suffit pour cela d'indiquer aux deux établissements les coordonnées bancaires de chacun des comptes de manière à voir apparaître, dans la liste de vos comptes, ceux qui ne sont pas domiciliés dans chacune de ces banques. Ensuite, la procédure est identique à celle décrite précédemment.

Les virements entre banques différentes peuvent avoir un coût et prendre un peu plus de temps que ceux réalisés au sein d'un même établissement. Renseignez-vous auprès des deux banques détentrices de vos comptes.

Une méthode très sûre pour réaliser des transferts de compte à compte consiste à recourir aux services de PayPal. En général, le simple transfert est gratuit.

Gérer votre carte de crédit

À la différence d'une carte bancaire, qui est un moyen de paiement immédiat ou légèrement différé au comptant, une carte de crédit permet de régler ses achats comme avec une carte bancaire, mais en remboursant mensuellement la somme à l'organisme prêteur. La carte de crédit est un système de paiement qui revient assez cher car vous payez des intérêts.

Lorsque vous adhérez à un système de carte de crédit, dont l'un des plus connus en France est Aurore (le nom change en fonction de l'établissement bancaire où vous le souscrivez), vous pouvez gérer ce compte en ligne exactement comme un compte courant. Vous demandez ainsi à débloquer une certaine somme d'argent qui alimente le compte de la carte de crédit afin de faire face à des achats imprévus ou pour satisfaire votre besoin effréné de consommation.

Les taux d'intérêts sont très élevés, variant de 14 à 20 % !

Payer avec PayPal

Les cartes de crédit sont simples à utiliser, si vous avez vraiment de l'argent à perdre (je sais que, dans certaines circonstances, on ne peut guère faire autrement). Vous pouvez également payer vos achats par carte bancaire. Bien que ce système soit fiable, notamment avec les cartes bancaires virtuelles, il existe un autre moyen de régler vos achats, notamment à l'étranger, et d'effectuer des virements d'une banque à une autre : PayPal (`www.paypal.com/fr`).

PayPal est bien connu des acheteurs et des vendeurs aux enchères qui utilisent eBay (qui a d'ailleurs racheté PayPal). PayPal est aussi un système pratique et peu onéreux pour ceux qui veulent lancer une petite activité commerciale sur le Web. N'importe quelle organisation de taille modeste peut collecter ses fonds avec PayPal.

Avant de vous lancer corps et âme dans PayPal, prenez connaissance du dossier sur la sécurité du site. Il est important de vérifier la validité des informations de vos vendeurs et/ou de vos acheteurs. PayPal, en règle générale, est d'une très grande fiabilité sur ce point. Mais en matière commerciale, deux vérifications valent mieux qu'une.

Voici les services proposés par PayPal :

- Pour envoyer de l'argent, vous devez ouvrir un compte sur PayPal. L'opération est très facile et ne nécessite pas de verser une quelconque somme d'argent. Il s'agit simplement de vous inscrire gratuitement au service PayPal pour profiter de toutes ses fonctions. Vous disposerez alors d'un identifiant et d'un mot de passe de manière à utiliser PayPal en toute sécurité.
- Une fois ce compte ouvert, vous pouvez envoyer de l'argent à toute personne disposant d'un compte PayPal. Celle-ci recevra un courriel, et il lui suffira de cliquer sur un lien pour confirmer le versement de la somme. Comme chacun a saisi ses coordonnées bancaires (généralement le numéro de la carte bancaire), PayPal débite l'un et crédite l'autre sur son compte. En fait, PayPal sert d'interface entre les utilisateurs et les banques.
- Vous pouvez payer par carte de crédit.
- PayPal vit grâce à une petite commission prélevée sur chaque transaction.

Comme PayPal possède vos coordonnées bancaires, il débite directement les sommes sur vos comptes qu'il porte au crédit de votre compte PayPal. Par la suite, vous pourrez demander à PayPal de verser cet argent sur votre compte bancaire.

Ne donnez jamais vos informations bancaires à n'importe qui. Des pirates du Web envoient de faux messages PayPal vous demandant d'actualiser vos données bancaires. Ne les croyez pas ! PayPal ne vous demande jamais par courriel de préciser votre numéro de carte bancaire et de saisir votre nom d'utilisateur et votre mot de passe. Pour effectuer des transactions, allez toujours sur le site PayPal à `www.paypal.com/fr`. Si vous recevez des mails suspects, informez-en PayPal pour l'aider à lutter efficacement contre ces escroqueries. Envoyez le message à l'adresse `spoof@paypal.fr`.

Il est possible de lier plusieurs comptes bancaires à un compte PayPal et d'effectuer des virements d'un compte à l'autre. Lorsque vous avez de l'argent sur votre compte PayPal, vous profitez d'un taux d'intérêt (assez faible). Cependant, comme PayPal n'est pas une banque, votre argent y est peut-être moins en sécurité qu'ailleurs. Pour cette raison, nous vous recommandons de ne laisser de l'argent sur ce compte que si vous pensez payer un achat avec PayPal dans un bref délai.

Investir de l'argent en ligne

Si vous effectuez des investissements ou si vous boursicotez, Internet est une formidable source d'informations sur le cours des actions et des obligations.

Les ressources en ligne sont plus ou moins objectives. Si vous travaillez avec un gestionnaire d'obligations, il cherchera à vous en faire acheter un maximum. En revanche, si vous vous offrez les services d'un agent de change, son objectif sera de vous faire acheter un maximum d'actions. Il existe fort heureusement des sites qui vivent grâce à la publicité et qui n'incitent personne à acheter quoi que ce soit. Vous avez des informations objectives qui permettent de guider vos décisions personnelles.

Les fonds communs de placement

Le fonds commun de placement est l'investissement typique de la génération issue du *baby-boom*. Le monde a aujourd'hui plus de fonds communs qu'il n'y a d'actions pour les fonds à acheter. Les gestionnaires de ces fonds proposent de plus en plus d'informations en ligne, permettent de vérifier votre compte, d'effectuer des virements d'un fonds à un autre, même si les comptes appartiennent à des groupes différents, et enfin autorisent l'achat et la vente des fonds.

Les groupes les plus connus sont :

- **Fidelity Investments International** (`https://www.fidelity.fr/`) : Une société spécialisée dans la gestion des fonds communs de placement. La page d'accueil de ce site est illustrée à la Figure 12.4.
- **The Vanguard Group** (`www.vanguard.com`) : Spécialisé dans les petits investissements.
- **American Century Investments** (`www.americancentury.com`) : Cette société offre une vaste gamme de fonds.

Il existe de nombreux autres sites américains ou français qui œuvrent dans ces domaines d'investissements. Il suffit de saisir **fonds commun de placement** ou encore **OPVCM** dans un moteur de recherche pour trouver de nombreux liens.

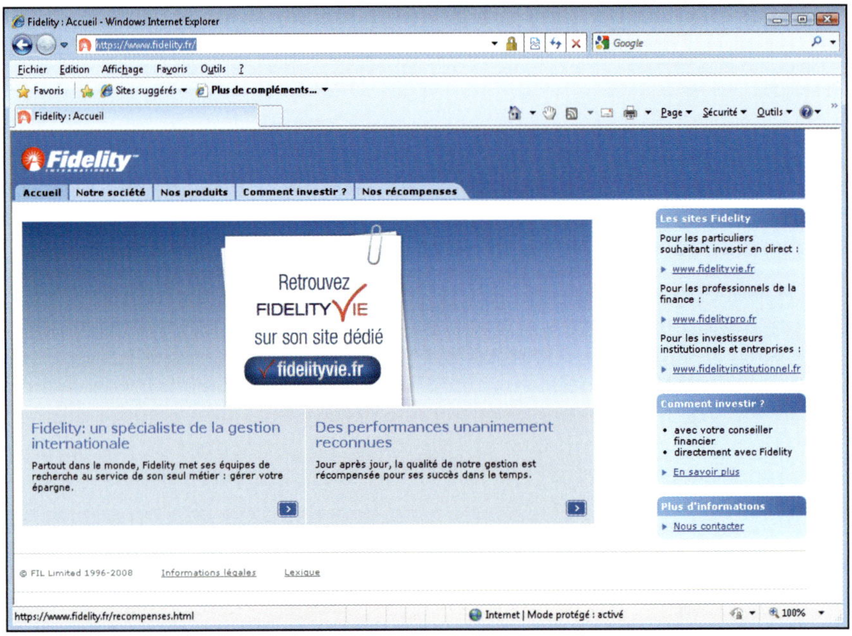

Figure 12.4 : Le site de placement Fidelity.fr.

Les agents de change

Le boursicotage en ligne est connu depuis longtemps. On a d'ailleurs essayé de nous faire croire qu'il était facile de faire fortune sur le Web en investissant dans des actions. Sans nier l'intérêt de la gestion des actions en ligne, la prudence s'impose surtout dans la période économiquement morose où j'écris ces lignes. Il faut souvent prendre l'avis d'un professionnel avant de faire quoi que ce soit.

S'en remettre à un agent de change est une bonne chose à condition que vous lui fassiez entièrement confiance. Sinon, vous pouvez vous fier aux sites qui présentent l'état des lieux de la Bourse, sans vous donner le moindre conseil d'investissement. Les services de courtage en ligne sont tellement nombreux qu'il est bien difficile de vous orienter vers un site plus qu'un autre. Dans un moteur de recherche comme Google, saisissez **courtage** : vous n'aurez que l'embarras du choix.

De nombreuses sociétés spécialisées dans les fonds communs de placement possèdent des départements de courtage. Elles représentent une solution idéale pour celui qui désire aussi bien investir dans des actions que des obligations.

Le suivi de votre portefeuille

Plusieurs services permettent de suivre l'évolution de votre portefeuille en ligne. Vous entrez le nombre de parts de chaque obligation ou action que vous possédez, et le service vous indique l'argent que vous avez gagné (ou perdu) le jour même. Certains services envoient un état quotidien de vos actions et de vos obligations. Ces états sont très pratiques lorsque vous avez plusieurs groupes d'actions ou d'obligations. Ces sites vivent grâce à la publicité ou sont l'œuvre d'agents de change qui espèrent se voir confier la gestion de votre portefeuille.

- **Mon Yahoo!** (`http://fr.my.yahoo.com/`) : Permet de personnaliser plusieurs portefeuilles avec des états précis ou plus généraux. Vous y trouverez également des informations sur de nombreuses sociétés et industries, y compris l'accès à des sites payants. Mon Yahoo!, dans ce domaine, est simple à utiliser.
- **MSN Money** (`http://finances.fr.msn.com/default.aspx`) : Ce service, illustré à la Figure 12.5, permet de suivre votre portefeuille et distille de nombreuses informations. Toutefois, il est bien plus confus que Mon Yahoo!.

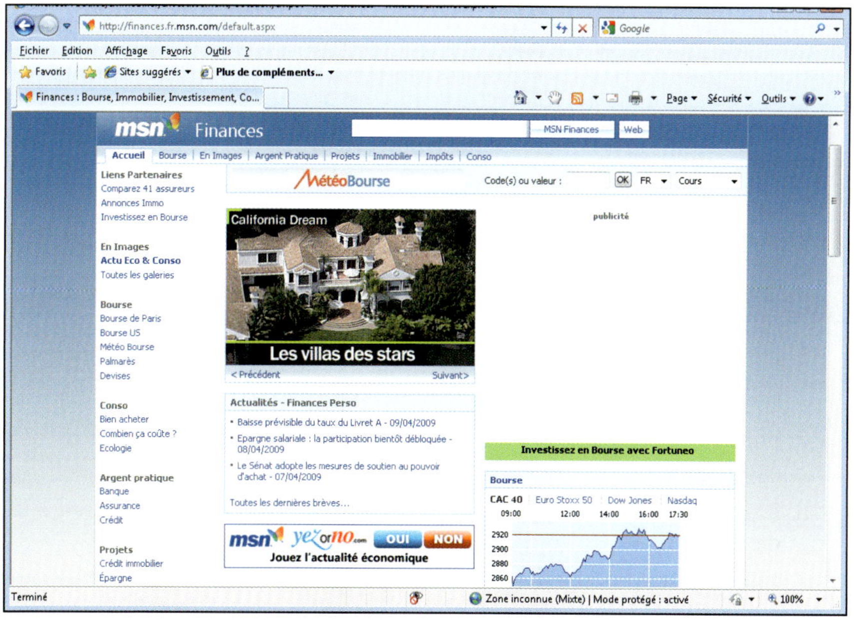

Figure 12.5 : Allez-vous faire fortune ou être ruiné ?

Pour trouver de nombreux autres sites, connectez-vous à l'adresse `www.tresfacile.net/`.

Payer vos factures EDF et GDF au juste prix

Payer par chèque est une méthode du siècle dernier – c'est-à-dire le XXe – aujourd'hui totalement dépassée. Vous pouvez maintenant payer un grand nombre de factures en ligne. Il suffit soit d'effectuer un prélèvement automatique, soit de payer directement sur le site de votre créancier. Il en va ainsi de vos factures d'électricité, de gaz, de téléphone, de votre loyer, *etc.*

TRUC

Il n'est pas toujours nécessaire de passer par le site auquel vous devez de l'argent pour payer vos factures. Il existe en effet un site qui permet de régler ses factures auprès de France Télécom, EDF, la MACIF, CODIFA (pour vos taxes), VEOLIA (pour l'eau), et SEVESC (pour l'eau également). Ce site se nomme Téléfact.

Voyons comment payer vos factures par l'intermédiaire de Téléfact.

Payer certaines factures avec Téléfact

Téléfact s'adresse aux personnes qui ne veulent, ne peuvent pas, ou ne savent pas utiliser tous les services de paiements en ligne développés par les différents sites des différents prestataires de services que nous sollicitons quotidiennement comme EDF, GDF et j'en passe.

Le gros inconvénient de Téléfact est qu'il ne permet pas de régler toutes vos factures. Vous êtes limité aux factures des sociétés énoncées en introduction de cette nouvelle section.

De plus, vous ne payez que les factures que vous recevez par courrier. Cela vous évite de faire un chèque, de vous déplacer à La Poste, et de dépenser 0,55 euros de plus. Un sou est un sou !

WEB

Nous allons étudier la procédure générique de paiement des factures via Téléfact :

1. **Ouvrez votre navigateur Web, et tapez l'adresse suivante** `www.telefact.fr`**.**

   Vous accédez à la page d'accueil du site illustrée à la Figure 12.6.

2. **Pour utiliser ce service, soit vous cliquez sur Accès au service, soit sur Appuyez ici (entendez, Cliquez ici).**

3. **Dans la nouvelle page Web qui apparaît, cliquez sur le bouton situé à gauche de la mention "Je souhaite payer une facture ou une taxe".**

4. **Cliquez ensuite sur le logo du service à qui vous devez de l'argent.**

   Prenons par exemple EDF.

5. **Prenez la facture papier que vous a envoyée EDF, et tapez les éléments suivants :**

   - La référence de votre facture.
   - La somme à payer.

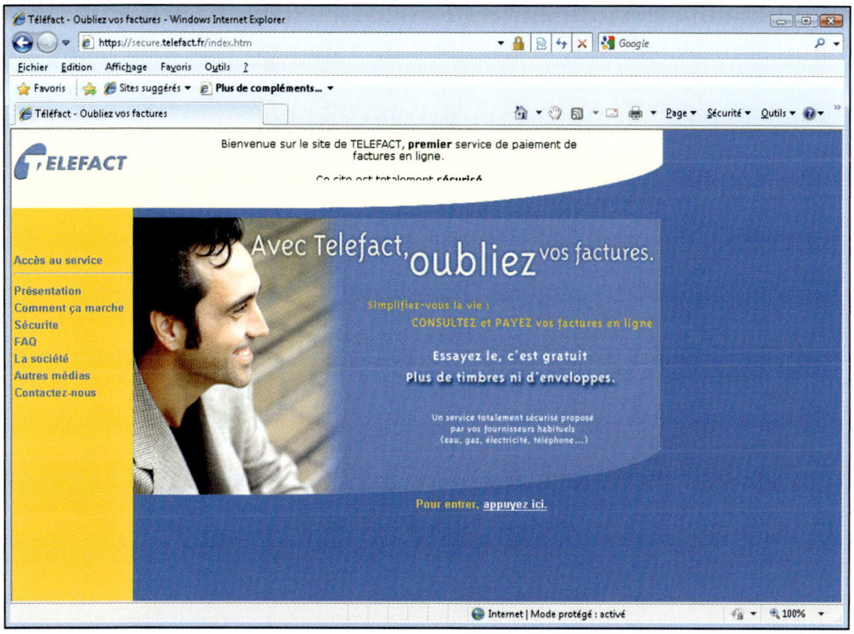

Figure 12.6 : Payez certaines de vos factures sur Téléfact.

6. Cliquez sur Valider.

Vous pouvez alors choisir de payer par télérèglement ou par carte bancaire. Le télérèglement nécessite l'ouverture d'un compte sur Téléfact. Voici une rapide explication sur cette procédure :

Vous devez envoyer une autorisation de débit de votre compte à la société à laquelle vous devez de l'argent, par exemple EDF. Il ne s'agit pas d'un prélèvement automatiquement en ce sens où vous devrez préalablement aller sur Téléfact pour payer une facture et choisir le télérèglement comme mode de paiement. Rien ne vous empêche, pour une facture bien précise, de régler par carte bancaire, voire d'envoyer un chèque au prestataire.

Le télérèglement nécessite une inscription qui se déroule de la manière suivante :

1. Imprimez le formulaire d'inscription.
2. Remplissez-le et envoyez-le au prestataire de service, par exemple EDF, accompagné d'un relevé d'identité bancaire que ce soit un RIB, un RICE, ou un RIP.
3. Répétez cette opération pour chacun des prestataires de services que vous désirez payer par télérèglement.

Voilà, vous pourrez désormais payer vos factures par télérèglement.

Le paiement par carte bancaire est plus simple mais doit être répété à chaque règlement de facture. Ce système est idéal lorsque vous disposez d'une e-Carte Bleue comme cela est expliqué au Chapitre 10.

L'avantage du télérèglement est que vous pouvez régler vos factures auprès de plusieurs créanciers en passant par un site unique. Cependant, il est parfois plus intéressant d'ouvrir un compte directement auprès du prestataire comme nous allons l'étudier dans la prochaine section.

Créer un compte auprès d'EDF et GDF

EDF et GDF sont désormais deux sociétés indépendantes. Donc, sur Internet, vous êtes obligé d'aller sur le site de chacun de ces prestataires pour payer vos factures. Aussi bien sur le site EDF que GDF, tout commence part la création d'un compte.

1. **Rendez-vous sur le site EDF à** `www.edf.fr` **ou sur le site GDF à** `www.gdf.fr`**.**
2. **Sur ces deux sites, cliquez sur le lien Particuliers.**
3. **Chez EDF, cliquez sur Accédez puis sur Ma première connexion, tandis que chez GDF, vous cliquerez sur Créer mon compte.**

   Vous accédez aux pages EDF et GDF respectivement représentées sur les Figures 12.7 et 12.8.

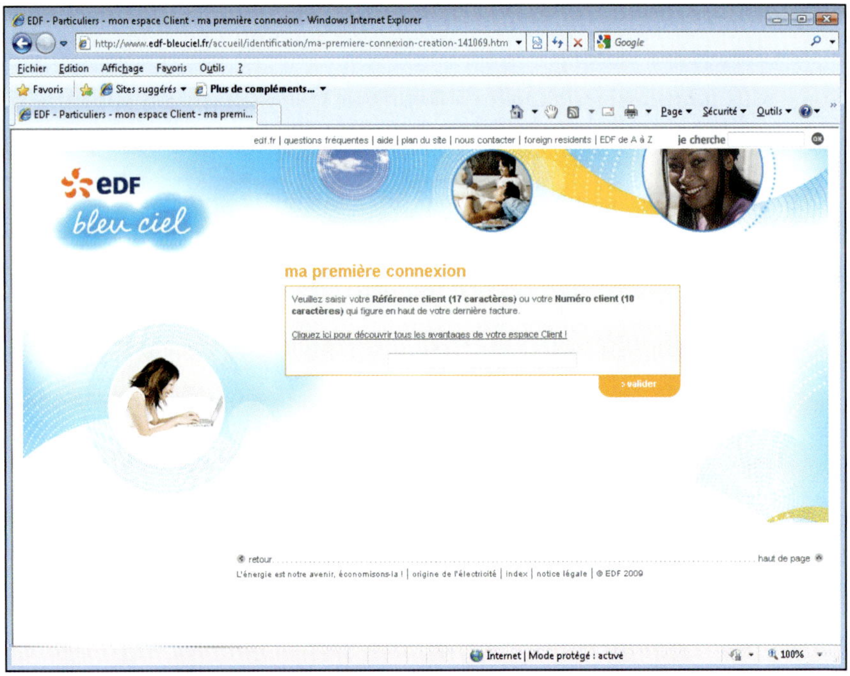

Figure 12.7 : Créer un compte sur EDF

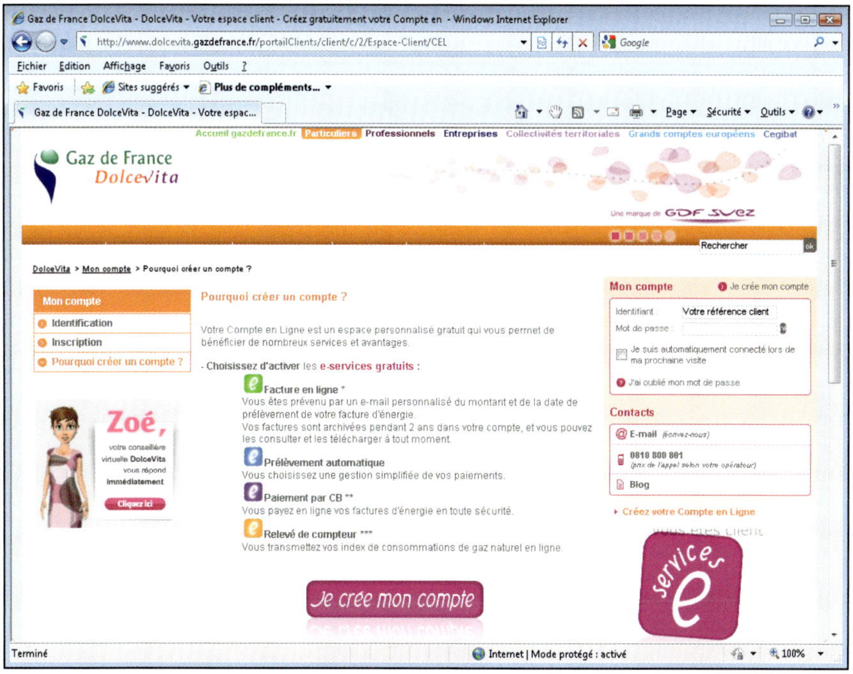

Figure 12.8 : Créer un compte sur GDF

4. **Chez EDF, saisissez votre numéro de client figurant sur votre dernière facture, puis cliquez sur Valider. Chez GDF, cliquez sur Je crée mon compte.**

5. **Sur les deux sites, remplissez le formulaire qui vous demande un certain nombre d'informations personnelles.**

6. **Validez vos données.**

En quelques étapes votre compte client sera créé sur les sites EDF et GDF. Un courriel de confirmation vous sera adressé. Désormais, de nombreuses opérations pourront être réalisées sur les sites EDF et GDF comme :

- La souscription au relevé confiance qui permet de payer exactement ce que vous consommez.
- L'estimation de vos factures.
- Le stockage et l'impression de vos factures.
- Le paiement en ligne.
- Le paiement par carte bancaire ou prélèvement automatique (dans le cas du relevé confiance).
- Effectuer facilement des démarches en cas de changement de domicile.

A notre avis, les principaux avantages des sites EDF et GDF sont de pouvoir estimer ses factures et surtout d'adhérer au relevé confiance qui permet de communiquer à ces prestataires le numéro exact de vos compteurs de gaz et d'électricité pour payer ce que vous consommez, ni plus, ni moins.

Communiquer ses révélés EDF et GDF en ligne

Une fois que vous avez créé un compte sur les sites EDF et GDF vous pouvez activer le *e-revelé*, c'est-à-dire la possibilité d'indiquer en ligne les numéros que vous relevez sur vos compteurs de gaz et d'électricité afin de calculer une facture qui correspond à votre consommation réelle, comme le montre la Figure 12.9. Dans ce cas, vous n'avez plus de factures estimées, ni de mensualisation.

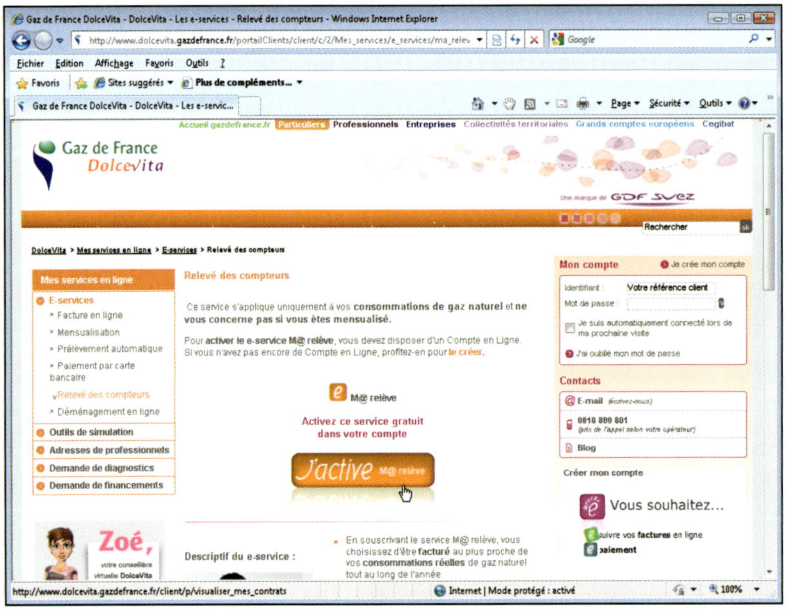

Figure 12.9 : Souscrire gratuitement au relevé en ligne permet de payer uniquement ce que vous consommez.

Une fois que votre adhésion au relevé confiance en ligne est validée par EDF et/ou GDF, vous recevez un mail de confirmation. Ce mail reprend un certain nombre d'explications données sur le site à propos du fonctionnement de l'e-relevé. En voici les principaux aspects :

- Facture de vos consommations réelles et non pas estimées par EDF ou GDF.
- E-mail vous indiquant la période durant laquelle vous pouvez communiquer le numéro de vos compteurs en ligne.
- Vous disposez d'un accès sécurisé à votre compte pour communiquer les chiffres ainsi relevés.

Voici comment se déroule la saisie de votre numéro de compteur lorsque vous avez souscrit au service de l'e-relevé aussi bien chez GDF que chez EDF.

1. **Tous les deux mois, vous recevez un courrier électronique identique à celui de la Figure 12.10.**

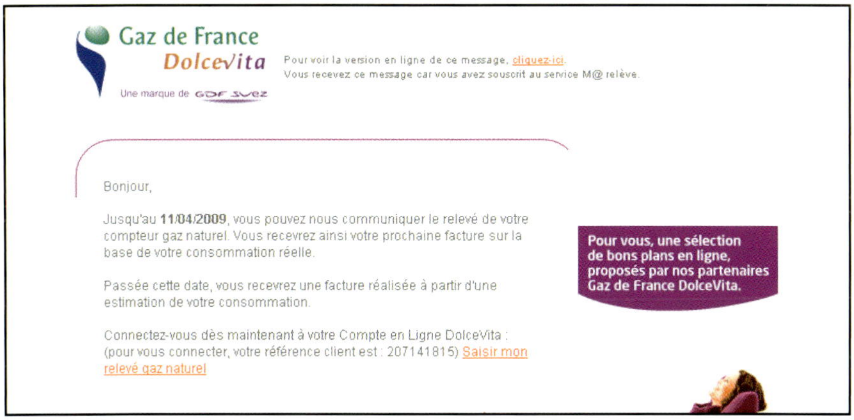

Figure 12.10 : Un courriel vous invite à communiquer le relevé de votre compteur.

2. **Levez-vous de votre fauteuil, prenez un papier et un stylo, et allez relever les numéros figurant sur votre compteur de gaz ou d'électricité.**

   Relevez les zéros qui figurent au début du chiffre. Avec le gaz, ne prenez pas en compte les chiffres rouges, c'est-à-dire ceux qui sont affichés après la virgule.

3. **Revenez devant votre ordinateur, et cliquez sur le lien vous invitant à saisir le chiffre que vous venez de relever.**

   Cette action ouvre votre navigateur Web, et affiche la page demandant de saisir votre identifiant et votre mot de passe, comme à la Figure 12.11. En effet, pour communiquer vos relevés en toute sécurité, vous devez vous connecter à votre compte créé à la précédente section.

4. **Saisissez votre identifiant et votre mot de passe, plus cliquez sur Se connecter (ou tout bouton équivalent).**

   TRUC

   Vous pouvez indiquer au site de conserver ces informations afin que la connexion à votre compte soit automatique.

5. **Dans la nouvelle page qui apparaît, cliquez sur le lien permettant de communiquer les chiffres de votre compteur.**

6. **Suivez la procédure de communication de vos relevés.**

Ce n'est pas plus compliqué que cela. Comme vous effectuez le relevé confiance en ligne, vous serez directement débité sur votre compte bancaire d'une somme correspondant à votre consommation réelle.

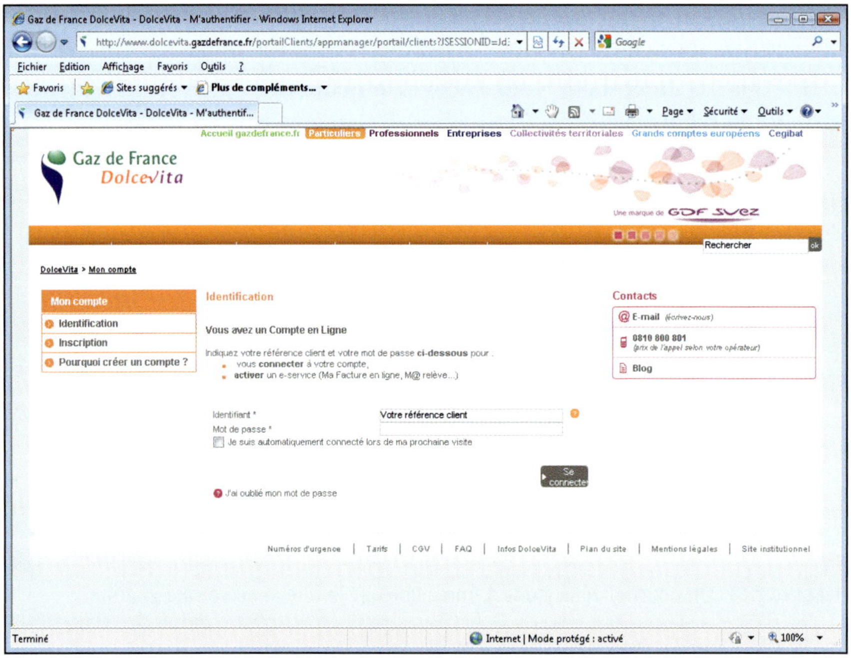

Figure 12.11 : Connectez-vous à votre compte pour fournir les chiffres de votre compteur.

Estimer, déclarer et payer ses impôts en ligne

L'époque d'écriture de ce chapitre correspond à celle de notre période annuelle de déclaration fiscale. Savez-vous que pour des raisons techniques et économiques, le ministère des finances insiste sur le fait que le contribuable peut désormais effectuer sa déclaration via Internet. Pour encourager cette initiative, vous bénéficiez parfois d'une petite ristourne (il semblerait que pour 2009 cette déduction d'une vingtaine d'euros ait été supprimée) sur le montant de votre impôt et d'un délai de déclaration supplémentaire.

Déclarer en ligne rebute plus d'un utilisateur car il est inscrit dans notre inconscient cette habitude de recevoir le fameux papier bleu du percepteur, et d'en vérifier les informations afin de déclarer le plus honnêtement du monde les revenus imposables que nous avons perçus tout au long de l'année. Il va pourtant falloir progressivement vous y faire, voire donner l'exemple à vos enfants en devenant un cyber-déclarant.

Dans ce chapitre, nous allons voir comment estimer le montant de vos impôts, vous abonner au service de déclaration en ligne, et payer vos impôts.

Estimer le montant de votre impôt sur le revenu

Lorsque vous arrivez en fin d'année civile, il peut être intéressant pour vous d'estimer le montant de votre impôt sur le revenu pour les raisons suivantes :

- Vous êtes un travailleur freelance dont les revenus sont irréguliers et qui a besoin de connaître le montant de son impôt pour planifier son activité de l'année prochaine.
- Vous hésitez à mensualiser votre impôt sur le revenu. Le fait d'en connaître le montant peut vous aider à prendre une décision avisée.
- Vous désirez établir le budget de vos dépenses mensuelles sur l'année à venir. L'estimation de votre impôt permettra de définir le budget le plus juste possible, et d'anticiper des dépenses ou des économies.

Voici comment estimer le montant de votre impôt sur le revenu :

1. **Ouvrez votre navigateur Web et accédez au site** `http://www.impots.gouv.fr/`.

   La page d'accueil du site de l'administration fiscale apparaît comme à la Figure 12.12.

Figure 12.12 : Le site de l'administration fiscale où vous pouvez déclarer vos traitements, salaires, et autres revenus imposables.

2. **Sur cette page d'accueil, cliquez sur le bouton Particuliers, supposant ici que vous n'êtes pas une entreprise.**

   Bien entendu, vous cliquerez sur le bouton correspondant à votre situation au regard de l'administration fiscale.

3. **Faites défiler le contenu de la page, et cliquez sur le lien Calculez votre impôt sur le revenu pour 2009, comme à la Figure 12.13.**

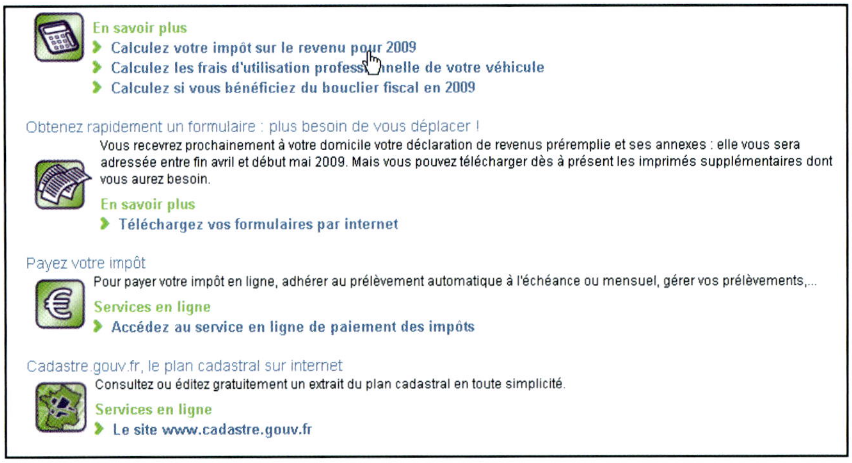

Figure 12.13 : Estimez votre impôt sur le revenu !

   Une nouvelle fenêtre de votre navigateur Web apparaît. Elle affiche l'interface de calcul, donc d'estimation de votre impôt sur le revenu.

4. **Si nécessaire, faites défiler le contenu de cette fenêtre et cliquez sur le lien Simulateur de l'impôt 2009 sur les revenus de 2008.**

5. **Dans la nouvelle page qui apparaît, cliquez sur Modèle simplifié si vous êtes un particulier comme moi.**

   TRUC

   Si vous êtes commerçant, profession libérale, agriculteur, etc., cliquez sur Modèle complet.

   Le modèle simplifié ressemble trait pour trait à la feuille de déclaration simplifiée que notre bon facteur glisse chaque année dans notre boîte aux lettres.

6. **Remplissez ce formulaire de déclaration exactement comme vous le feriez s'il s'agissait d'un document imprimé. Ceci entend :**

   - Votre situation de famille : marié, célibataire, pacsé, divorcé, ou veuf (veuve).
   - Votre situation géographique : Métropole (France) ou un pays des DOM-TOM.
   - Votre année de naissance et celle de votre conjoint (s'il y a lieu).

- Précisez si vous êtes parent isolé.
- Vérifiez si votre situation permet d'obtenir une demi-part supplémentaire.
- Précisez le nombre de personnes à votre charge, et indiquez l'année de naissance de vos enfants.
- Indiquez vos salaires et ceux de votre conjoint, y compris les pensions de quelque nature que ce soit.
- Spécifiez vos déductions diverses, vos charges et revenus supplémentaires, etc.

7. Une fois l'ensemble des informations communiquées, cliquez sur Valider.

Une page affiche le récapitulatif de votre déclaration. Il suffit d'en faire défiler le contenu pour arriver… suspens… à la douloureuse, je veux parler ici du montant de votre impôt sur le revenu 2008 payable en 2009, comme à la Figure 12.14.

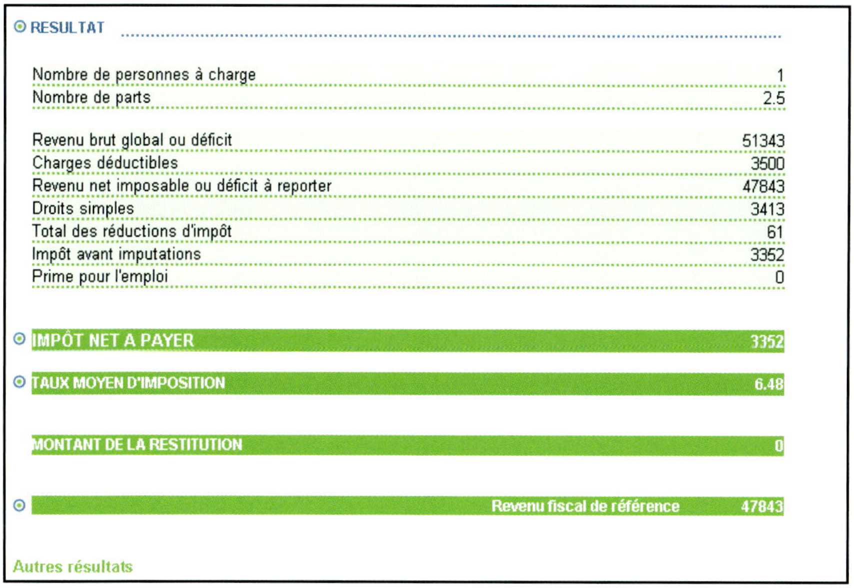

Figure 12.14 : Un impôt estimé.

8. Pour imprimer cette estimation, cliquez sur le bouton Imprimer situé tout en bas de la page.

9. Dans la boîte de dialogue Imprimer, configurez votre imprimante pour effectuer une impression de cette estimation.

10. Pour conserver cette estimation sous la forme d'un fichier PDF, cliquez sur le lien Télécharger le résultat au format PDF.

11. **Dans la boîte de dialogue qui apparaît, cliquez sur Enregistrer pour stocker ce fichier sur votre ordinateur.**
12. **Dans la boîte de dialogue Enregistrer sous, choisissez le disque dur et/ou le dossier de stockage de ce fichier. Donnez-lui un nom comme Estimation Impôts 2009, et cliquez sur Enregistrer.**

    Vous disposez désormais de cette estimation qui pourra vous aider à remplir votre déclaration en ligne quand le moment sera venu de le faire.

Estimer votre impôt est psychologiquement important surtout quand vous avez des revenus variables.

Par la suite, il serait intéressant d'utiliser Internet pour y faire votre déclaration. Finie la paperasse, tout passe pour le formulaire en ligne. Toutefois, pour pouvoir effectuer cette déclaration en ligne, vous devez vous abonner gratuitement à ce service proposé par l'administration fiscale.

S'abonner pour déclarer

Tout au long de ce livre, nous avons constaté qu'il fallait systématiquement créer un compte, c'est-à-dire s'abonner à un service, pour pouvoir profiter de toutes ses possibilités. Il en va de même pour la déclaration de revenu en ligne. Cet enregistrement gratuit crée un espace abonné qui propose les avantages suivants :

- Attribution d'un certificat électronique qui préserve vos informations personnelles.
- Le certificat électronique permet de déclarer vos revenus sur Internet à partir du mois de mai. Il reste valable 3 ans.
- Il permet de consulter votre compte fiscal à tout moment, donc d'accéder à vos déclarations et avis d'imposition des trois dernières années, y compris impôts sur le revenu, taxe d'habitation et taxes foncières.
- Payer vos impôts en ligne et gérer vos contrats de prélèvement. Cela permet de moduler vos mensualités ou encore d'indiquer un changement de références bancaires.
- Consulter vos informations fiscales personnalisées.

Pour vous abonner afin de disposer d'un certificat électronique valable 3 ans, et ainsi profiter de tous les avantages mentionnés ci-dessus :

WEB

1. **Ouvrez votre navigateur Web, et rendez-vous à l'adresse** `www.impots.gouv.fr`.
2. **Sur la page d'accueil du site de l'administration fiscale, cliquez sur Particulier.**
3. **Dans la section Espace abonné, cliquez sur Abonnez-vous à votre espace comme à la Figure 12.15.**

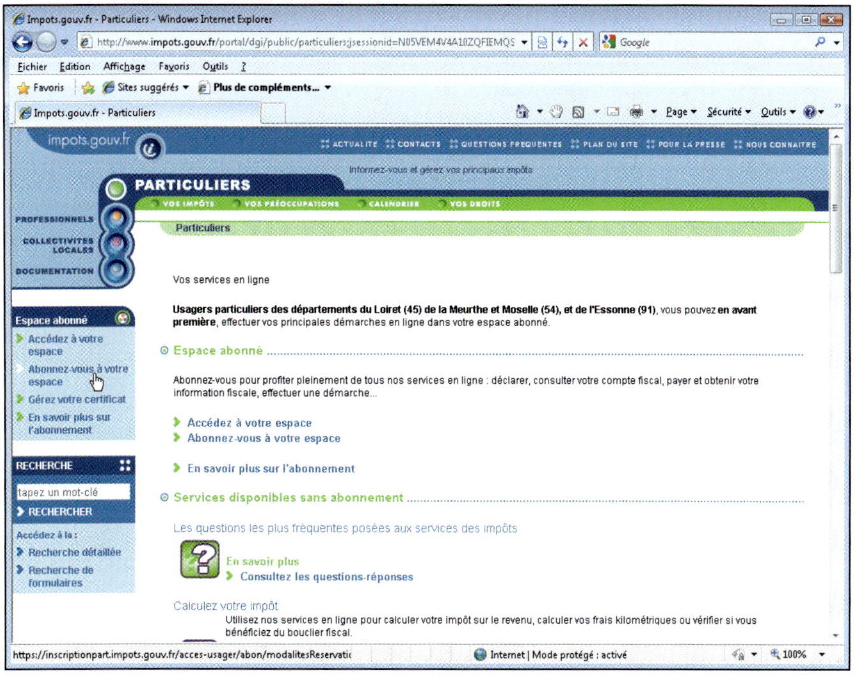

Figure 12.15 : Cliquez ici pour vous abonner aux services fiscaux en ligne.

4. **Munissez-vous de votre dernier avis d'imposition.**
5. **Dans le champ Numéro fiscal, tapez les 13 chiffres du numéro fiscal figurant dans la section Vos Références de votre avis d'imposition.**
6. **Une fois cette référence saisie, cliquez sur Valider.**

   Le service en ligne s'assure de la compatibilité de votre système informatique avec les impératifs techniques du site. Le principal concerne l'acceptation des cookies (voir le Chapitre 7).

   Si la compatibilité est bonne, une fenêtre vous explique comment va se dérouler la procédure. Vous devez disposer :

   - de votre numéro de télédéclarant. Il figure en bas de votre de votre feuille de déclaration.
   - de votre revenu fiscal de référence. Il se trouve sur votre dernier avis d'imposition à la rubrique Revenu fiscal de référence.
   - d'une adresse électronique valide.

7. **Une fois que vous avez réuni ces éléments, cliquez sur Commencer la procédure.**
8. **Tapez votre numéro de télédéclarant, votre revenu fiscal de référence, et votre adresse électronique.**

9. Cliquez sur Valider.

Vous pouvez quitter cette procédure d'abonnement à tout moment en cliquant sur le bouton Abandonner.

D'étape en étape, vous parviendrez au bout de la procédure. Un mail viendra confirmer toutes les informations dont vous aurez besoin pour valider votre abonnement et accéder à votre espace.

Par la suite, il sera facile d'accéder à votre espace abonnement pour profiter de l'ensemble des services fiscaux en ligne. Dès que vous cliquerez sur Accédez à votre espace, le site vérifiera la validité de votre certificat stocké sur votre ordinateur, et vous ouvrira votre espace. Vous pourrez alors effectuer toutes les opérations listées au début de cette section.

Obtenir des documents administratifs en ligne

La vie quotidienne est gérée par de nombreux actes administratifs. Bien souvent, lorsque vous revendiquez une situation, voulez faire valoir un droit, et bien d'autres choses encore, vous devez justifier de certains états. Ces justifications prennent la forme de documents administratifs.

Avant Internet, il fallait se rendre dans la bonne administration, trouver le bon service, prendre un numéro, et patienter un long moment avant de passer devant un préposé qui vous disait le plus péremptoirement possible que vous n'étiez pas dans le bon service, ou bien qu'il vous manquait le formulaire B235-D pour obtenir le C532-A, exactement comme dans "Astérix légionnaire".

Nous allons voir comment Internet permet désormais de trouver un certain nombre de documents administratifs sans sortir de chez vous.

Accéder aux services administratifs en ligne et trouver des documents

Inutile de parcourir des milliers de pages Web pour trouver des documents administratifs faciles à télécharger et/ou à imprimer. J'ai envie de dire qu'il n'y a qu'une seule adresse dont la page d'accueil est illustrée à la Figure 12.16 : `www.service-public.fr`.

Le site est structuré autour des grandes étapes de la vie d'un être humain comme le mariage, l'attente d'un enfant, la retraite, et la succession. Non seulement vous y trouverez des documents qui vous seront demandés dans diverses circonstances de la vie, mais aussi des conseils aussi pointus que de donner son corps à la médecine, geste louable s'il en est. Prenons cet exemple qui vaut pour tous les types de conseils que vous souhaitez trouver sur une étape essentielle de votre vie et qui est gérée de manière administrative :

Figure 12.16 : C'est ici que vous trouverez quantité de documents administratifs.

1. **Une fois que vous êtes sur le site service-public.fr, cliquez sur J'organise ma succession.**

   Derrière cette rubrique, vous ne trouverez pas seulement des conseils et des démarches à suivre pour préparer la vie des autres après votre décès, mais aussi des renseignements sur l'organisation de votre mort.

   Vous accédez à la page Web Vos droits et démarches : Un changement dans ma vie – l'ABC des démarches. De nombreux liens anticipent toutes les questions que vous vous posez probablement. Celle qui nous intéresse ici est de savoir comment donner son corps à la médecine.

2. **Faites défiler le contenu de cette page, jusqu'à ce que vous localisiez le lien** `faire don de mon corps à la médecine`**, comme le montre la Figure 12.17.**

   Vous accédez à une page expliquant cette démarche. Vous y apprendrez, par exemple, que cela coûte de l'argent car il faut acquitter les frais de prise en charge du corps.

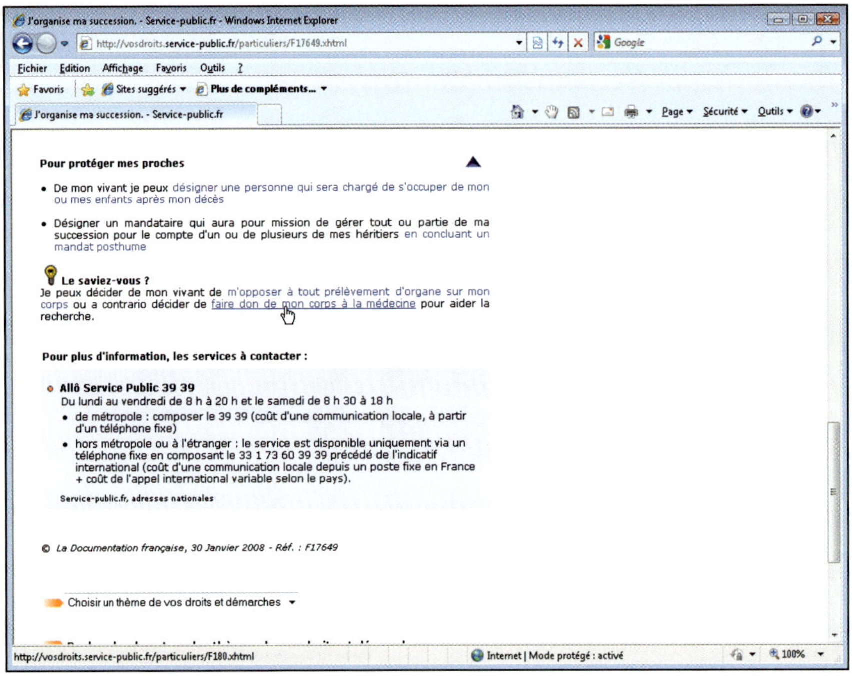

Figure 12.17 : Comment donner son corps à la médecine.

Mon exemple n'est pas très gai j'en conviens, mais l'administration est souvent tristounette. Vous pouvez trouver des conseils sur des centaines d'autres sujets.

TRUC

Si vous ne trouvez pas ce que vous cherchez, ou bien si vous êtes pressé, essayez de taper des mots-clés dans le champ situé en haut de la page d'accueil du site. Par exemple, tapez **donner son corps**, et cliquez sur OK. Dans la liste des résultats correspondant à l'objet de votre recherche, cliquez sur le lien qui semble le mieux répondre à ce qui vous préoccupe. Il s'agit ici du lien `Don du corps`.

Si vous souhaitez un exemple plus vivant, voyons quelles sont les démarches à effectuer pour obtenir un certificat de concubinage :

1. **Sur le site, cliquez sur la rubrique Papiers.**
2. **Dans la nouvelle page qui s'affiche, cliquez sur le lien Certificat, copie, légalisation et conservation de documents.**
3. **Dans la liste qui apparaît, cliquez sur le lien Certificat de vie commune ou de concubinage.**

   La page illustrée à la Figure 12.18 explique les démarches à faire, et les choses qu'il faut impérativement savoir. Si vous faites défiler le contenu de cette page vous trouverez un modèle de lettre type pour effectuer une déclaration de concubinage.

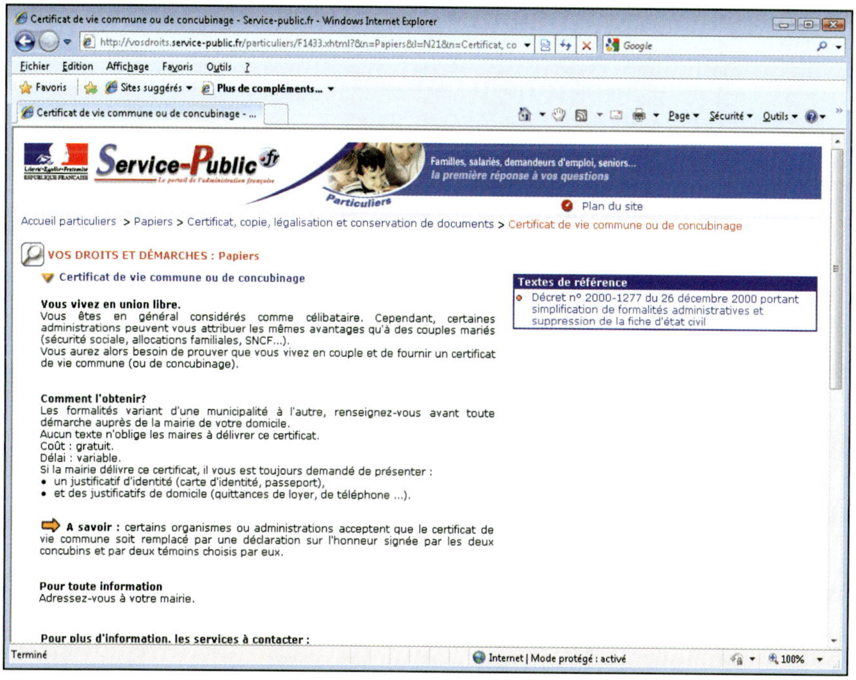

Figure 12.18 : La marche à suivre pour déclarer un concubinage.

Imprimer et demander vos documents administratifs

A côté des conseils qui ne sont pas des documents administratifs à part entière, voyons comment utiliser ce site pour trouver un document administratif, le télécharger, et l'imprimer sans quitter votre domicile. Nous allons voir comment trouver un certificat de non gage pour la vente d'un véhicule d'occasion. Bien entendu, la procédure décrite ici vaut pour tout type de formulaire administratif dont vous avez besoin et qui est disponible sur le site `service-public.fr`.

1. **Ouvrez votre navigateur Web et allez sur le site** `www.service-public.fr`**.**
2. **Cliquez sur le lien Formulaires comme à la Figure 12.19.**

   Vous arrivez dans une nouvelle page Web.
3. **Dans la liste Guichets formulaires sur les sites publics, cliquez sur le lien "Immatriculation, carte grise".**

   Cette action ouvre une nouvelle fenêtre de votre navigateur Web.
4. **Dans la section Vos démarches, cliquez sur Certificat de non gage.**

   Un nouveau contenu explique en quoi consiste un certificat de non gage. Lisez ce descriptif pour être certain qu'il s'agit bien du document dont vous avez besoin.

Figure 12.19 : Pour trouver et imprimer des formulaires administratifs.

5. **Cliquez sur le lien "Demander un certificat de non gage de votre véhicule".**

   Ceci affiche une demande de certificat de situation comme à la Figure 12.20.

   TRUC

   Si vous avez un doute sur les renseignements à fournir, cliquez sur le point d'interrogation situé à droite de chaque champ.

6. **Une fois les renseignements de votre carte grise réelle reportés dans ce formulaire, cliquez sur le bouton Envoyer la demande.**

   Vous obtenez instantanément la situation du véhicule.

7. **Cliquez sur le bouton Consulter/Editer le certificat de situation administrative.**

   Le document s'ouvre au format PDF. Vous pouvez l'enregistrer ou bien l'imprimer.

8. **Pour imprimer le certificat de non gage, cliquez sur le bouton Imprimer de la page Web qui affiche le document PDF.**

9. **Dans la boîte de dialogue Imprimer, définissez si nécessaire la mise en page, les propriétés d'impression, et cliquez sur OK.**

   En quelques secondes vous disposez d'un superbe certificat de non gage sans avoir adressé le moindre courrier à l'administration, et sans vous rendre à la préfecture.

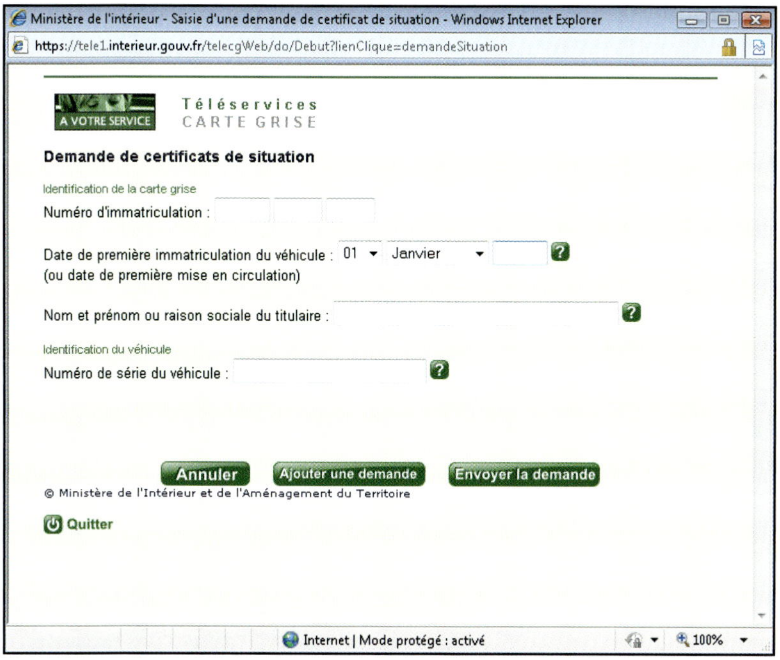

Figure 12.20 : Demande de certificat de non gage.

Voici un autre exemple. Il arrive que pour des emplois spécifiques ou des démarches particulières, un extrait de votre casier judiciaire vous soit demandé. Voici comment l'obtenir :

1. **Ouvrez votre navigateur Web et allez sur le site** `www.service-public.fr`**.**
2. **Cliquez sur Formulaires.**
3. **Dans la liste Guichets formulaires sur les sites publics, cliquez sur le lien Justice.**

   Cette action ouvre une nouvelle fenêtre de votre navigateur Web. Vous vous retrouvez sur le site du Ministère de la justice.
4. **Cliquez sur Casier Judiciaire.**
5. **Dans la nouvelle page qui apparaît, cliquez sur le lien "Effectuer votre demande directement sur Internet".**
6. **Cliquez sur le lien correspondant à votre lieu de naissance.**

   Si vous êtes né en France, cliquez sur Votre demande en ligne. Si vous êtes né hors de France, cliquez sur L'imprimé de demande. La différence est que dans le premier cas, vous effectuez une demande par Internet, et que dans l'autre vous imprimerez et remplirez le formulaire que vous adresserez par courrier à l'administration pour obtenir l'extrait de votre casier judiciaire.

TRUC

Nous supposons ici que vous êtes né en France et que vous cliquez sur le lien Votre demande en ligne.

7. **Remplissez le formulaire en ligne affiché à la Figure 12.21.**

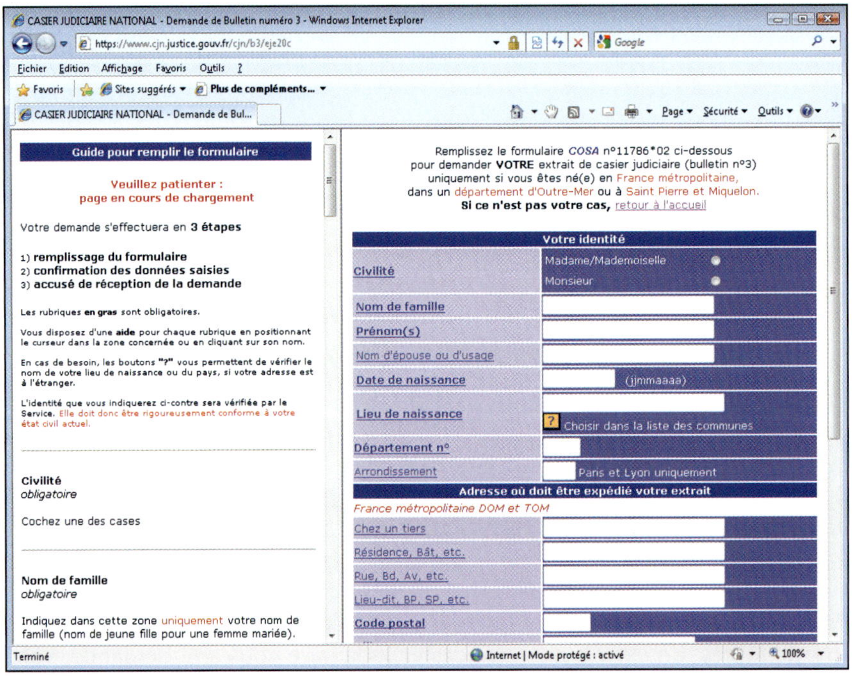

Figure 12.21 : Demande de casier judiciaire en ligne.

8. **Indiquez le nombre de copies que vous désirez recevoir.**

9. **Cliquez sur Suite.**

   Corriger les éventuelles erreurs de saisie indiquées dans le volet gauche de la page.

   Lorsque tout est correct, vous accédez à un récapitulatif.

10. **Si vous notez des erreurs, cliquez sur Corriger, sinon cliquez sur Suite.**

    Comme le montre la Figure 12.22, un accusé de réception indique que la demande est bien prise en compte et qu'elle vous sera adressée par voie postale (lettre), et sous pli fermé et personnel.

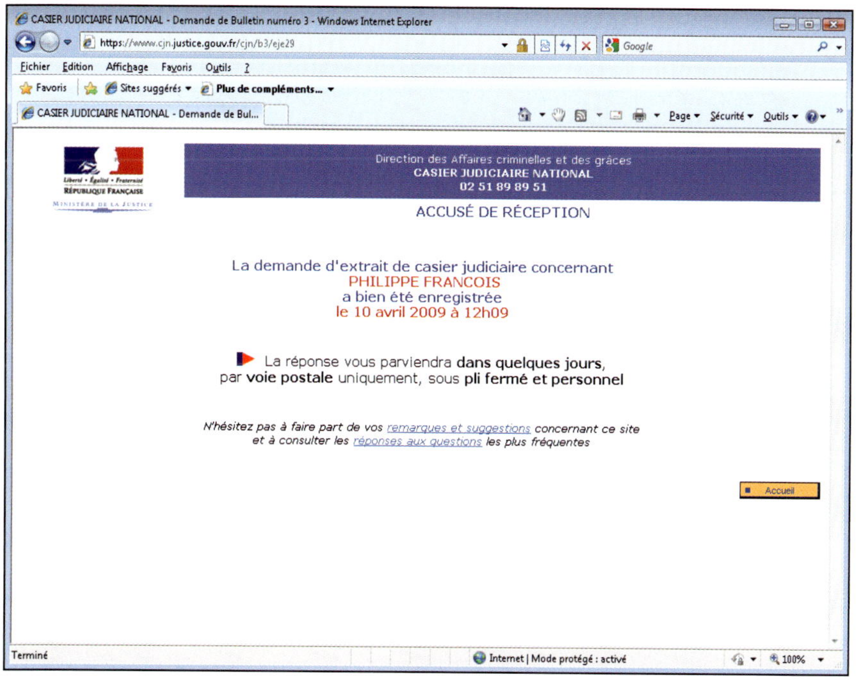

Figure 12.22 : Vous allez bientôt recevoir l'extrait de votre casier judiciaire.

Chapitre 13

Se cultiver et s'informer

Dans ce chapitre :

- Acheter ses billets de spectacle en ligne.
- Acheter des livres.
- Visiter des musées virtuels.

Il est légitime de se poser la question de savoir en quoi Internet est une alternative à la télévision, la radio, et à la presse écrite. On peut même se demander si, aujourd'hui, ces deux grands médias historiques ont encore un rôle à jouer en matière de culture et d'information.

Acheter ses billets de spectacle sur Internet

Le premier aspect d'Internet qui va nous intéresser en matière de culture est purement commercial. Ici, je ne juge pas vos goûts car rien ne m'autorise à le faire, et il serait surtout prétentieux d'affirmer que ma culture est supérieure à la vôtre d'autant que nous n'avons jamais conversé ensemble.

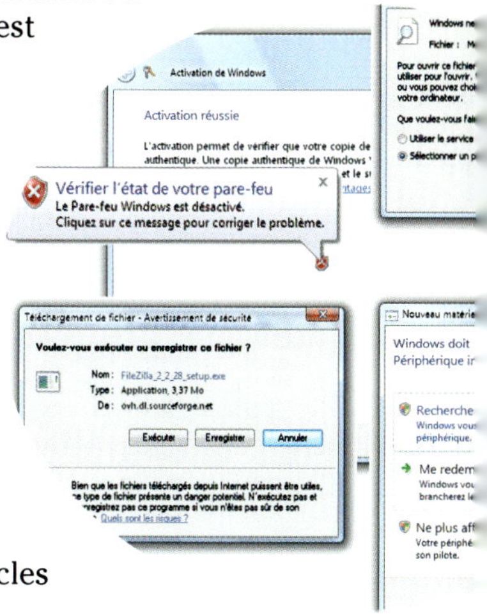

Internet est le lieu idéal pour trouver un spectacle particulier et pour acheter ses billets directement en ligne. Ceci est d'autant plus important lorsque vous n'habitez pas Paris et que vous recherchez des places pour des spectacles intimes, c'est-à-dire qui ne profitent pas d'une publicité tapageuse. Avant Internet, vous passiez absolument à côté de tout. Depuis Internet, quelques recherches bien menées sur des sites culturels pluralistes permettent de trouver des dates de spectacles et de réserver ses billets. Ce n'est plus une élite intellectuelle Parisienne qui a un droit d'accès à une culture confinée.

Dans cette section, nous allons voir comment trouver des spectacles et réserver ses billets.

Trouver des spectacles

Le terme spectacle peut-être entendu au sens large. Il peut s'agir du petit concert d'un groupe totalement inconnu à celui d'un cirque réputé, en passant par le théâtre et le cinéma. Bien souvent, la recherche de spectacles en ligne se fait sur des sites où vous pouvez réserver vos billets.

Il existe de nombreux sites culturels qui dressent la liste de tous les spectacles à Paris et en province. Pour trouver un spectacle particulier, vous pouvez procéder de plusieurs manières :

- Si vous connaissez l'artiste dont vous souhaitez trouver les dates de concert en France, il suffit bien souvent de taper son nom dans un moteur de recherche comme Google. De liens en liens vous finirez par trouver l'information que vous cherchez.
- Si vous désirez être tenu au courant de ce qui se passe à Paris, vous pouvez aller directement sur un site pluraliste équivalent aux fameux Pariscope et L'officiel des spectacles. (Ces deux hebdomadaires complets n'ont plus de sites Internet. Pariscope travaille désormais avec le magazine Première.)
- Si vous n'avez aucune idée de ce que vous désirez voir ou entendre, baladez-vous sur des sites de réservation ou de programmation pour dénicher l'oiseau rare. C'est aussi et surtout cela Internet : aller vers ce que l'on ne connaît pas.

Voyons comment trouver un concert particulier ou non en basant notre démonstration sur l'expérience proposée par un site comme `www.infoconcert.com`.

Tout ce qui est expliqué dans cette procédure pourra être reproduit sur n'importe quel site de ce genre.

1. **Ouvrez votre navigateur Web et tapez l'URL suivante dans sa barre d'adresses :** `www.infoconcert.com`**.**

   Vous accédez à la page d'accueil du site précité illustrée à la Figure 13.1.

   De nombreuses options de recherches sont à votre disposition. La plus rapide consiste à taper le nom d'un artiste, d'une ville, d'une salle, ou d'un festival dans le champ Recherche.

2. **Dans le champ Rechercher, tapez par exemple le nom d'un groupe.**

   Faites un test avec un groupe peu connu. Rappelez-vous : Au Chapitre 9 j'avais basé un grand nombre de mes exemples sur l'excellent groupe Metric. Non seulement ce groupe est peu connu, mais en plus il s'est séparé il y a quelques années. Je n'ai donc aucune chance de trouver des concerts de ce groupe. Sachez que les sites comme ceux-ci ne répertorient pas que les concerts, mais aussi communiquent des informations sur de nombreux artistes, et permettent parfois d'acheter des albums et des titres en ligne.

3. **Cliquez sur le bouton Rechercher.**

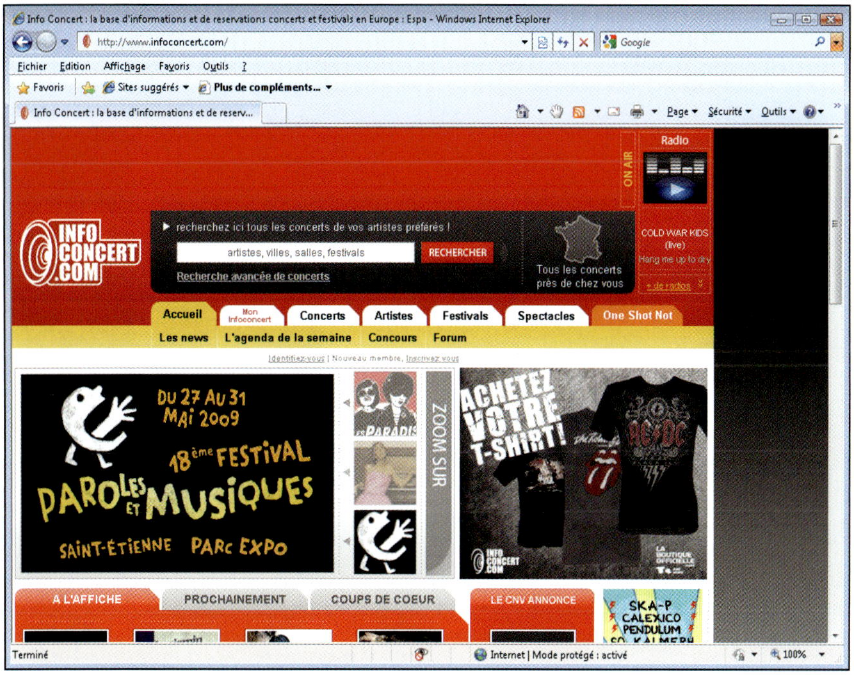

Figure 13.1 : La page d'accueil d'un site consacré aux concerts.

4. **Si plusieurs artistes contiennent dans leur dénomination le nom objet de votre recherche, le site vous propose une liste dans laquelle vous identifierez probablement le groupe que vous cherchez.**

   En effet, le site me propose 3 noms dans lesquels figure le terme "metric". Un seul est purement et simplement Metric, c'est-à-dire celui que je recherche.

5. **Cliquez sur le nom de l'artiste qui vous intéresse.**

   Donc, je clique logiquement sur Metric. Une page affiche les résultats de la recherche.

6. **Faites défiler le contenu de la page pour accéder à la rubrique Concerts comme à la Figure 13.2.**

   Stupeur ! Métric donne un concert malheureusement complet le 4 Mai 2009 à La Maroquinerie. Ma seule chance est d'aller les voir au festival Les nuits botaniques le 8 mai à Bruxelles. (Le rock fait voyager croyez-moi !) En tous cas, je viens d'apprendre une chose essentielle : le groupe s'est reformé !

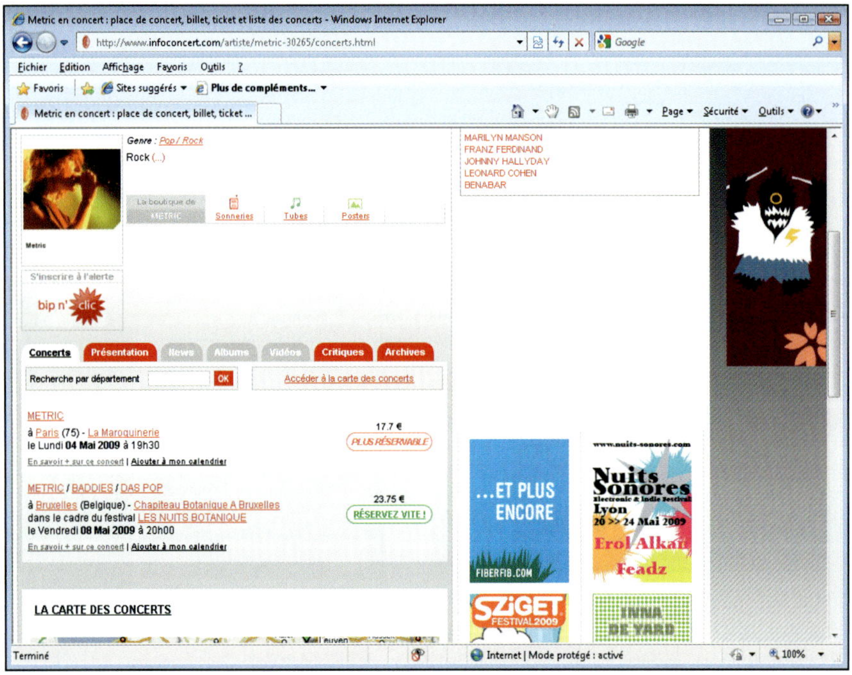

Figure 13.2 : Tapez le nom d'un artiste pour trouver ses concerts en France et à l'étranger.

Vous pouvez faire de nombreuses choses sur des sites tels que celui-ci. Ainsi, pour être tenu informé des concerts à venir, il suffit de créer un compte.

Vous disposez aussi de nombreuses rubriques qui permettent de dénicher un spectacle autre que musical. Par exemple, placez le pointeur de la souris sur Spectacles. Un menu local apparaît. Vous pouvez y trouver :

- des spectacles d'humour.
- des spectacles musicaux.
- des spectacles pour enfants.

Une des grandes forces de `infoconcert.com` est la possibilité de connaître les dates des concerts proches de chez vous. Voici comment procéder :

1. **Dans la page d'accueil du site, placez le pointeur de la souris sur Concerts.**
2. **Dans le menu local qui apparaît, cliquez sur Par département comme à la Figure 13.3.**

Figure 13.3 : Trouvez facilement un concert dans votre département.

3. **Dans la carte de France qui apparaît, cliquez sur le numéro de votre département.**

   Par exemple, pour trouver les concerts qui se déroulent à Tours et dans ses environs, je clique sur le département 37. Une liste impressionnante de concerts s'affiche.

4. **Si vous cherchez un style de musique particulier, ouvrez le menu local Par genre. Choisissez le genre qui vous intéresse et cliquez sur OK.**

5. **Si un concert vous intéresse, cliquez sur Réservez vite !**

   La réservation est étudiée dans une prochaine section.

Ce qui vient d'être expliqué ici pour des concerts peut être appliqué à la recherche de pièces de théâtre, de musées, de films, de festivals en tout genre. Dans toutes les hypothèses, dès que vous avez trouvé un spectacle, il faut réserver vos places. Dans ce domaine aussi plusieurs possibilités vous sont offertes par Internet, et notamment les billetteries en ligne.

Réserver des spectacles auprès des billetteries en ligne

Tout ceux qui ont vécu avant Internet connaissent la folie des billetteries traditionnelles où il fallait faire la queue pendant des heures pour ne même pas être certain d'avoir des places pour un spectacle particulier.

Aujourd'hui, qu'il s'agisse de concerts de rock ou de musique classique, de spectacle de magie ou de cirque, de théâtre ou de cinéma, vous pouvez réserver tranquillement depuis chez vous et à n'importe quelle heure du jour ou de la nuit. Toutefois, ne vous méprenez pas. Internet vous donne une grande liberté dans vos réservations, mais si vous vous y prenez trop tard, vous ne trouverez plus de billets.

TRUC

Comme nous l'avons dit dans la précédente section, il est souvent possible de réserver directement depuis le site où vous avez trouvé le spectacle qui vous intéresse. Ici, nous allons voir qu'il est également possible de trouver des spectacles sur les billetteries en ligne.

WEB

Les deux billetteries en ligne les plus réputées sont Ticketnet et Francebillet dont les adresses sont `www.ticketnet.fr` et `www.francebillet.com`, et dont les pages d'accueil respectives sont illustrées aux Figures 13.4 et 13.5.

Figure 13.4 : La billetterie en ligne Tickenet.fr.

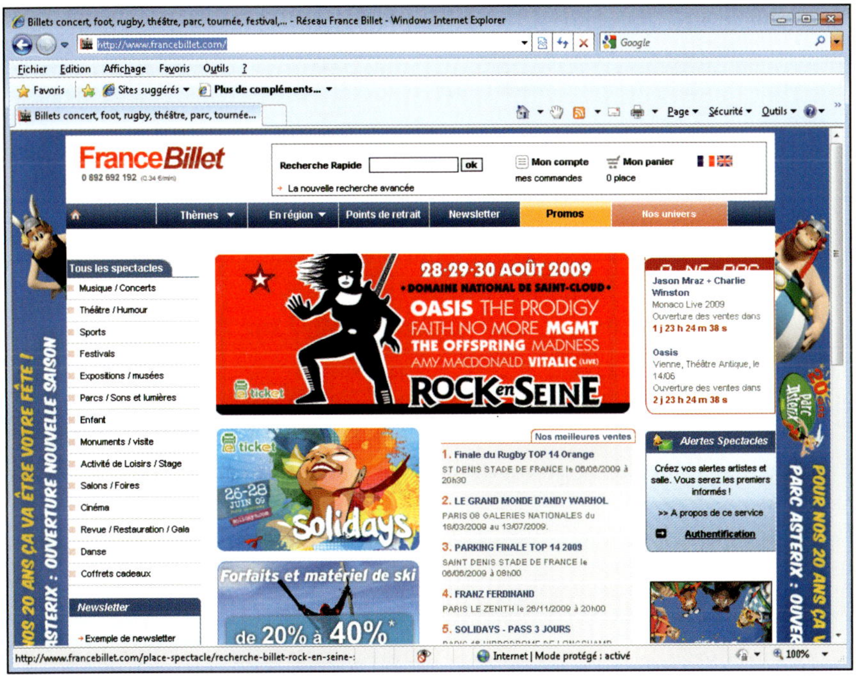

Figure 13.5 : La billetterie en ligne Francebillet.

Nous allons baser notre démonstration sur le site Tickenet.fr. Les étapes suivantes pourront être reproduites sur n'importe quelle autre billetterie accessible sur Internet.

1. **Accédez au site Web de la billetterie en ligne. Dans notre exemple, tapez** `www.ticketnet.fr` **dans la barre d'adresses de votre navigateur Web.**

   Vous accédez à la page d'accueil du site visible sur la Figure 13.4 ci-dessus.

   Un nombre important de rubriques sont à votre disposition. Soit vous savez ce que vous cherchez et il vous suffit de le saisir dans le champ Rechercher, soit vous ne savez pas et vous décidez de parcourir l'ensemble des rubriques du site pour trouver un spectacle susceptible de convenir à votre famille et à vos goûts artistiques.

   Si votre budget est serré et que vous ne recherchez pas un spectacle en particulier, cliquez sur le bouton Promotions. Vous accéderez à un ensemble de spectacles dont les prix sont cassés. Vous pouvez filtrer les spectacles par genre afin de ne pas aller voir n'importe quoi sous prétexte que le prix du billet est beaucoup moins cher.

Sur des sites comme Ticketnet, tous les genres de spectacles, et disons même de sorties, sont envisagés. Par exemple, vous pouvez réserver des billets pour des expos, des musées, ou encore des parcs d'attraction et des événements sportifs.

2. **Choisissez la rubrique dans laquelle vous désirez réserver un spectacle ou bien tapez, dans le champ Rechercher, un mot en rapport avec ce spectacle.**

   Imaginons que je cherche une pièce de théâtre, sans vraiment savoir quoi, mais dans un genre particulier. (Ce qui est expliqué ici vaut pour tous les types de spectacles.)

3. **Pour trouver une pièce de théâtre, cliquez sur Théâtre dans la page d'accueil du site.**

   Des spectacles sont mis en évidence. Ne vous laissez pas séduire par la publicité. Cherchez ce qui vous plait, et ne subissez pas le choix des autres.

4. **Faites défiler le contenu de la page jusqu'à la section Sélection par sous-genre.**

5. **Cliquez sur le lien correspondant au genre théâtral qui vous intéresse.**

   Par exemple, je choisis "Théâtre contemporain" car j'ai envie de voir une pièce de ce style.

6. **Parcourez la liste des spectacles proposés dans cette catégorie.**

7. **Cliquez sur le lien d'un spectacle qui attire votre attention.**

   Vous accédez à une page qui donne des détails sur le spectacle comme le montre la Figure 13.6.

8. **Si ce spectacle vous intéresse, choisissez la date à laquelle vous souhaitez y assister en déroulant la liste Choisissez la séance.**

9. **Dans la liste affichant le prix de la place, sélectionnez le nombre de places à réserver.**

10. **Cliquez sur le bouton Valider.**

    Une page récapitule votre réservation avant de procéder à son règlement comme le montre la Figure 13.7. Si vous avez une autre commande à effectuer cliquez sur le bouton éponyme.

    Une assurance annulation vous est proposée. Libre à vous d'y souscrire ou non. Attention car on vous l'impose par défaut. Si vous n'en voulez pas, décochez la case de souscription à cette assurance.

11. **Cliquez sur le bouton Valider.**

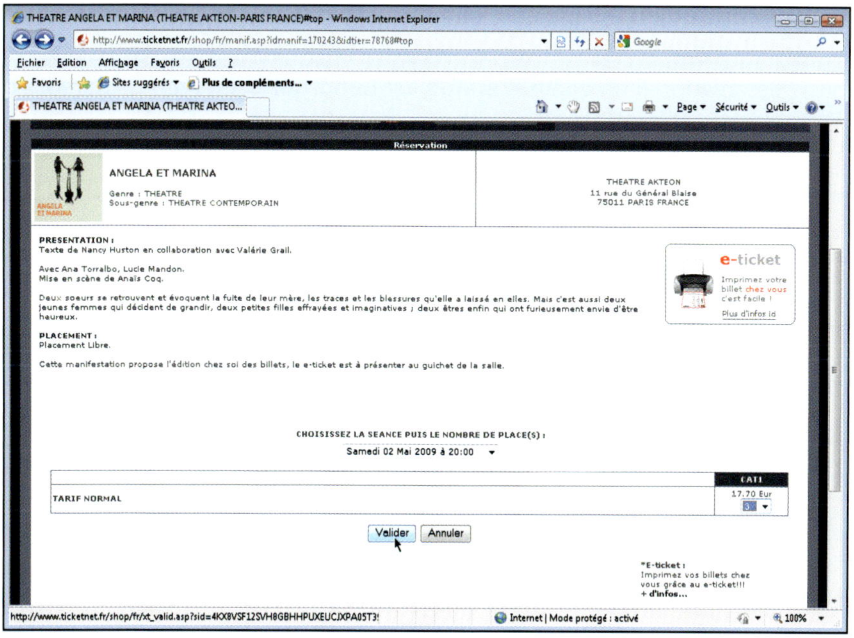

Figure 13.6 : La fiche d'un spectacle.

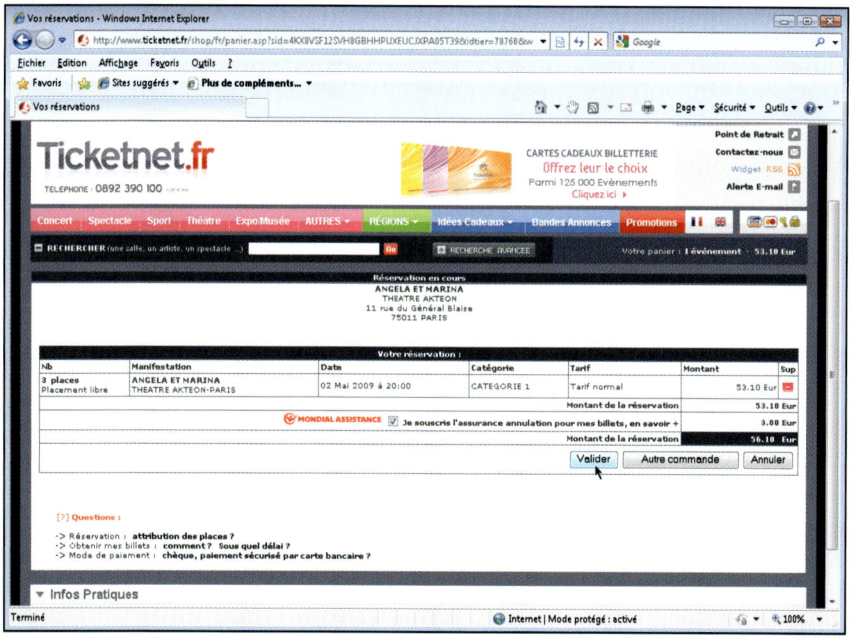

Figure 13.7 : Récapitulatif avant validation de la réservation.

12. **Remplissez le formulaire qui apparaît afin de créer un compte sur cette billetterie.**

    La création d'un compte gratuit est importante. Ce type de compte présente les avantages suivants :

    • Vous n'aurez pas à communiquer systématiquement vos coordonnées postales chaque fois que vous effectuez une commande.

    • Vous pourrez suivre en ligne le traitement de la commande.

    • Vous recevrez régulièrement des informations sur les nouveaux spectacles en fonction de vos préférences.

13. **Validez votre formulaire d'inscription.**

    Vous arrivez sur une page qui vous indique le montant des frais d'envoi de vos billets.

14. **Cliquez sur valider.**

15. **Dans le dernier récapitulatif qui apparaît, cochez la case spécifiant que vous avez pris connaissance des conditions générales de vente du site.**

    Lisez ces conditions en cliquant sur le lien "conditions générales de vente et d'utilisation".

16. **Choisissez votre mode de paiement en cliquant sur l'icône de votre carte bancaire.**

    Une fois encore je préconise le système e-Carte Bleue qui est le plus sécurisé. Demandez à votre banque comment disposer de ce service.

Quelques jours plus tard, vous recevez vos billets ! Il n'y a plus qu'à vous rendre dans la salle de spectacle. Enfin Internet vous fait sortir de chez vous, quel exploit !

Réserver des places de cinéma

Pour voir un film dans une salle de cinéma, lieu qui reste malgré tous les nouveaux supports de diffusion le meilleur endroit pour regarder un film, il est possible de réserver vos billets directement sur le Web. Voici deux avantages liés à ce type de réservation :

- Vous êtes sûr de voir le film qui vous intéresse pour la séance de votre choix. En effet si toutes les places sont prises à la date et à l'heure choisies, vous n'aurez plus la possibilité de réserver.
- Vous évitez les files d'attente. Et ceci que ce soit aux caisses ou aux distributeurs de billets. (Du moins, si vous faites la queue, vous êtes sûr d'avoir vos places.)

Voici des inconvénients liés à ce type de réservation :

- Vous êtes contraint d'aller voir le film pour lequel vous avez réservé sous peine d'avoir payé pour rien.

- Vous ne pouvez pas décider d'aller au cinéma à la dernière minute.
- Annuler vous fait perdre votre argent.
- Toutes les salles ne permettent pas la réservation.

Quel est le meilleur site Web pour réserver vos places de cinéma. Probablement `allocine.fr`.

1. **Ouvrez votre navigateur Web et rendez-vous sur le site** `www.allocine.fr`**.**

   Vous arrivez sur la page d'accueil du site qui met en évidence la sortie de certains films. Il s'agit de liens directs vers leurs fiches techniques, leurs bandes-annonces, interviews, et autres teasers.

   Tous ces éléments disponibles sur le site permettent au spectateur de chercher un film afin de préparer sa séance de cinéma.

2. **Pour trouver un film non loin de chez vous et réserver vos billets, tapez un titre de film, le nom d'un acteur, celui de votre ville, celui d'une salle de cinéma, ou encore votre code postal dans le champ Rechercher comme à la Figure 13.8.**

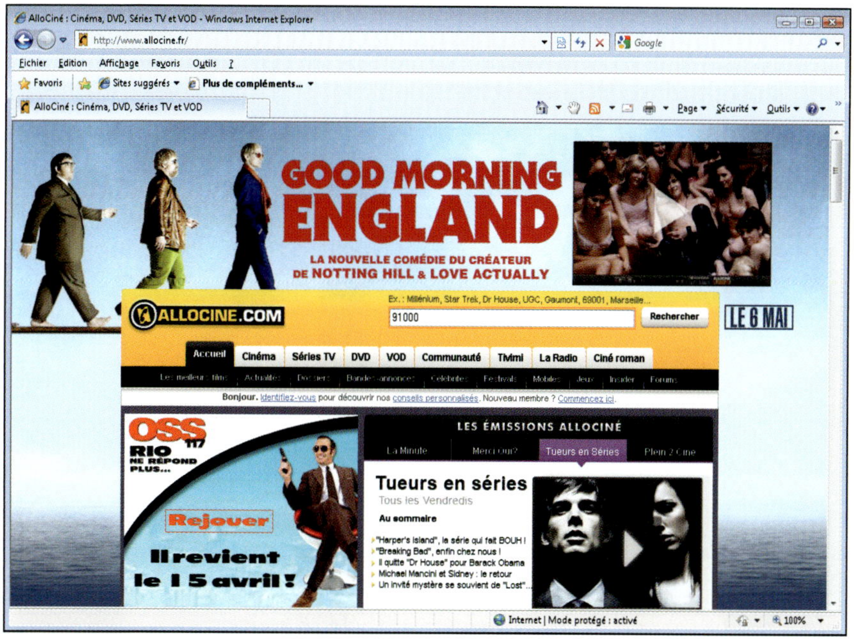

Figure 13.8 : Rechercher un film dans le 91.

3. **Cliquez sur le bouton Rechercher.**

   Vous accédez à la liste des villes de votre département disposant des salles les plus importantes. Ne vous inquiétez pas. Cette liste n'est pas exhaustive, comme vous allez le constater à la prochaine étape.

4. **Cliquez sur le lien de la ville qui vous intéresse.**

   Dans la nouvelle page qui apparaît, vous découvrez une rubrique Ville qui liste toutes les villes répertoriées.

5. **Si la ville qui vous intéresse ne figure pas dans la liste principale des villes répertoriées, cliquez sur Plus de villes.**

6. **Cliquez sur le lien de la ville où vous désirez aller au cinéma.**

7. **Faites défiler le contenu de la page affichant l'ensemble des salles de cinéma de la ville choisie.**

8. **Repérez le film qui vous intéresse et qui est joué par une des salles en question.**

9. **Cliquez sur le film que vous souhaitez voir.**

   Ceci affiche la carte d'identité du film. Vous trouverez un synopsis (résumé), des commentaires de spectateurs, des critiques, des bandes-annonces, des teasers, etc.

10. **Cliquez sur l'onglet Séances.**

11. **Repérez une des salles de cinéma permettant la réservation.**

    Comme le montre la Figure 13.9, ce type de salle est facile à localiser. En effet, un bouton Réserver est accessible à droite des horaires.

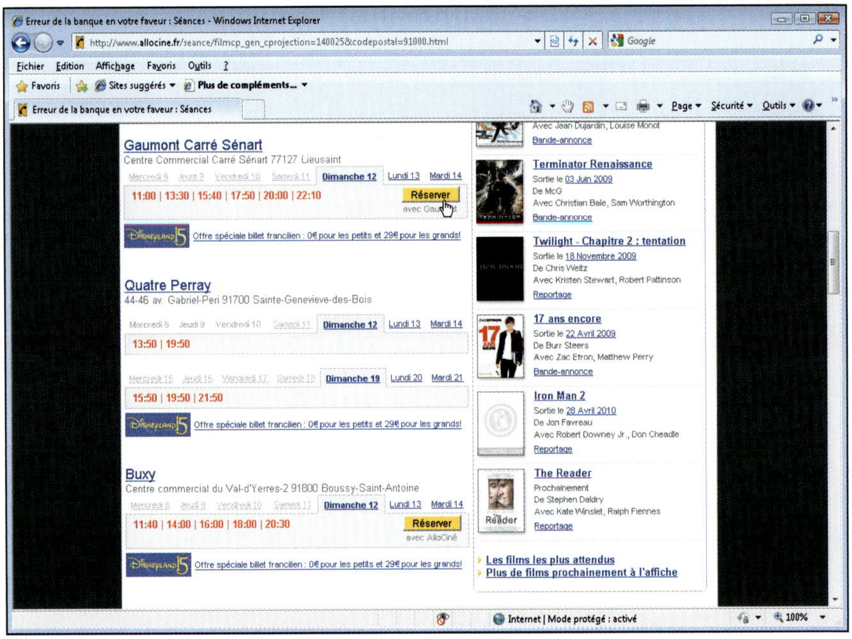

Figure 13.9 : Il est possible de réserver vos places dans cette salle.

12. Cliquez sur le bouton Réserver.

13. Dans la nouvelle page qui apparaît, vérifiez que vous avez choisi le bon film, puis effectuez les opérations suivantes :

13a. Dans la liste Date de séance, choisissez le jour auquel vous désirez réserver vos billets.

13b. Dans la section Horaires – Réserver en ligne, activez l'horaire auquel vous souhaitez voir ce film.

14. Une fois la date et l'horaire spécifiés, cliquez sur Réservation.

15. Dans la nouvelle page qui apparaît, remplissez le formulaire de réservation.

Ce formulaire vous demande vos noms et prénoms. Cochez la case permettant de recevoir une confirmation de votre réservation par e-mail, et spécifiez une adresse e-mail valide. Ensuite, indiquez votre mode de réservation, c'est-à-dire de paiement. Vous avez le choix de payer par carte bancaire, par carte pass, ciné accès, chèque cinéma, et éventuellement par une invitation si vous faites partie d'un cercle de privilégiés ou que vous avez la chance d'en gagner à un jeu quelconque.

16. Une fois le mode de réservation choisi, cliquez sur Valider.

Vous allez procéder à la véritable réservation comme le montre la Figure 13.10.

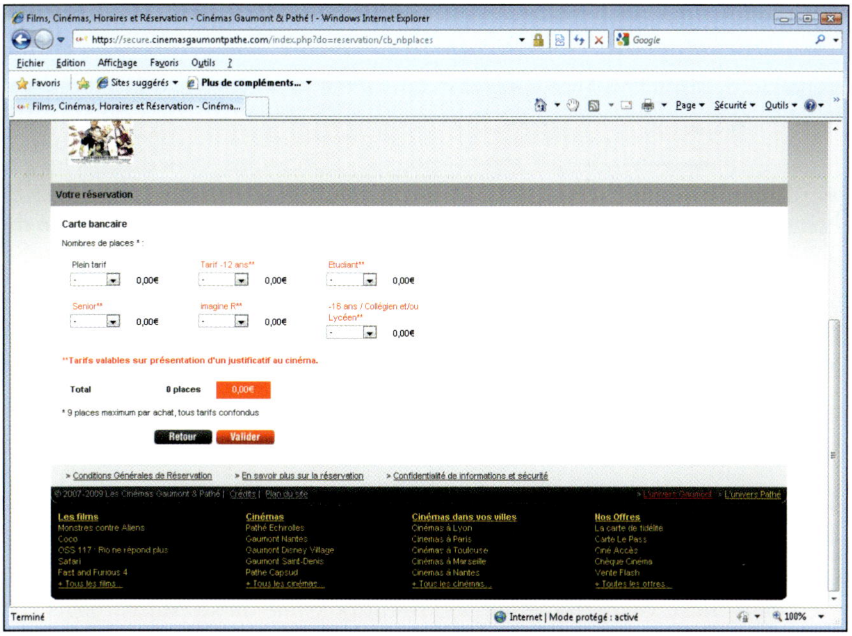

Figure 13.10 : Réservez dès maintenant !

17. Dans cette page de réservation, indiquez le nombre de places dont vous avez besoin.

Bien entendu précisez toutes les places pouvant bénéficier d'une réduction. Ici, ne faites pas n'importe quoi. En effet, avant d'entrer dans la salle, vous devrez prouver que vous avez bien droit aux réductions indiquées en ligne.

Le site vous indique le montant total de votre réservation.

18. Cliquez sur Valider.

19. Si vous avez choisi de payer par carte bancaire, vous devez en spécifier le genre.

Le choix est traditionnel : CB, VISA, Master Card, et American Express.

TRUC

Si vous disposez du système de paiement e-Carte Bleue, choisissez le type de carte bancaire auquel il est associé. Tout dépend de la carte bancaire délivrée par votre établissement bancaire. Très souvent, il s'agit d'une carte VISA.

20. Entrez les informations de la carte.

21. Cochez la case "J'ai pris connaissance des Conditions Générales de réservation", et cliquez sur Valider.

Au bout de quelques secondes, votre réservation est validée. Un message de confirmation s'affiche, et vous recevez un e-mail récapitulant la réservation. Notez soigneusement le numéro de réservation qui vous sera demandé si vous retirez vos places en caisse.

Voilà ! Il n'y a plus qu'à vous rendre au cinéma, à retirer vos places réservées et payées, et à prendre du plaisir en regardant un magnifique film.

TRUC

D'une manière générale, les réservations de spectacles, concerts, pièces de théâtre et autres, se déroulent toutes de la même manière. Soit vous passez par un site comme Ticketnet.fr, soit vous allez directement sur le site du lieu où se déroule l'événement, comme le site de la salle de théâtre, du festival de musiques, etc.

Maintenant que vous savez comment acheter des billets de spectacle en ligne, vous pouvez vous demander s'il n'existe pas sur Internet des moyens de se cultiver sans sortir de chez soi. C'est un sujet abordé par la prochaine section.

Se cultiver chez soi

Très souvent, la culture existe dans la rue. Vous allez en effet sortir acheter des livres, sortir pour visiter des musées, aller au cinéma, au théâtre, aux concerts, etc.

Depuis l'avènement d'Internet, les connexions haut débit, et l'ampleur qu'a pris le Web dans notre vie quotidienne, il devient possible de se cultiver sans sortir de chez soi. Certes, ce n'est pas une très bonne chose de rester confiné entre ses quatre murs, mais il ne faut pas faire abstraction du fait que certaines personnes ne peuvent pas ou ne veulent pas sortir de chez elles. Ce n'est pas pour autant qu'elles resteront à tout jamais isolées du monde.

Dans cette section, nous allons voir comment acheter des livres sur Internet, visiter des musées virtuels, et regarder des chaînes de télévision culturelles.

Acheter des livres

Presque tous les sites marchands pluralistes permettent d'acheter des livres en ligne. Donc, la procédure à suivre est sensiblement la même que celle consistant à acheter du matériel informatique comme nous l'avons vu au Chapitre 10. En vous référant à ce même chapitre, vous constaterez qu'il est possible d'acheter des livres d'occasion, et pourquoi pas aux enchères. Notre propos ici ne va pas être de suivre une procédure pas à pas d'achats de livres en ligne. Si vous avez lu le Chapitre 10, vous saurez le faire sans aucun problème. Non ! Nous allons plutôt voir comment trouver des livres standards et des livres rares.

Dans le domaine de la lecture, considérez Internet comme une immense librairie possédant absolument tous les ouvrages de la planète, même les plus rares.

WEB

Si vous êtes un gros consommateur de livres, vous pourrez sans problème visiter des sites aussi pluralistes que Amazon, la Fnac, ou encore alapage. Leurs adresses respectives sont `www.amazon.fr` (Figure 13.11), `www.fnac.com` (Figure 13.12), et `http://alapage.com` (Figure 13.13).

Figure 13.11 : Le site amazon.fr.

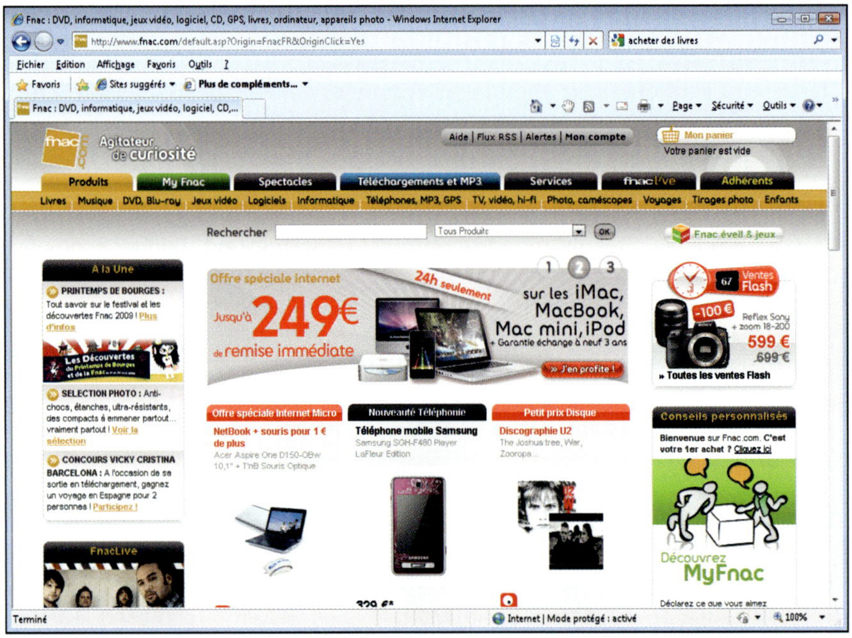

Figure 13.12 : Le site fnac.com.

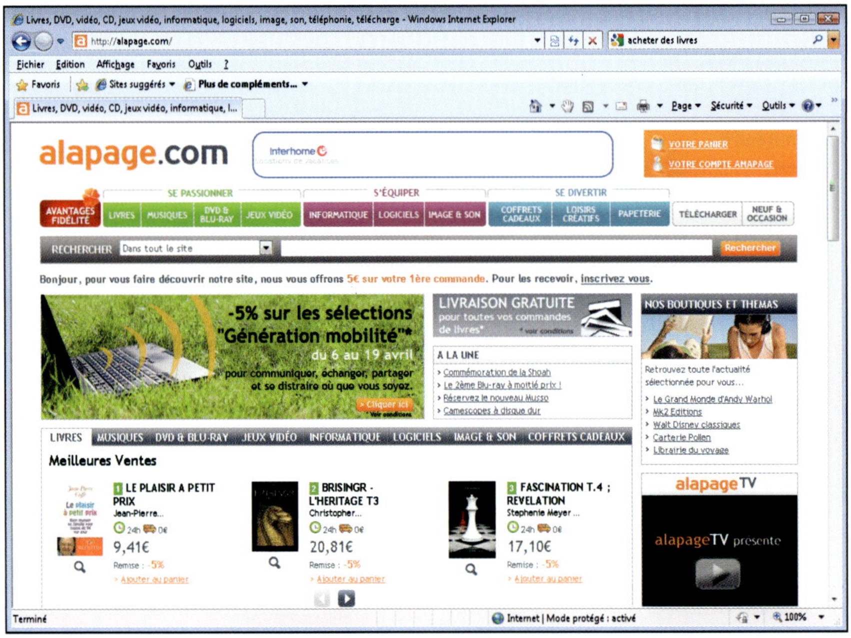

Figure 13.13 : Le site alapage.com.

Ici, la procédure générique reste la même. Soit vous connaissez le titre du livre, ou un auteur particulier et tapez ces informations dans le champ de recherche proposé par le site. Si vous n'avez aucune idée de ce que vous voulez lire, dans ce cas là vous déambulerez dans les rayons virtuels du site.

Un site comme Amazon, permet de feuilleter certains livres ! Oui, vous avez bien entendu, de feuilleter les livres comme vous le faites confortablement installé dans le fauteuil de votre salon. Voyons comment se déroule cette procédure peu ordinaire :

1. **Dans le champ Rechercher, tapez le nom d'un auteur, et cliquez sur le bouton Go.**
2. **Parcourez la liste des livres de cet auteur.**
3. **Dès que vous voyez une couverture de livre libellée Feuilleter! comme à la Figure 13.14, cliquez dessus.**

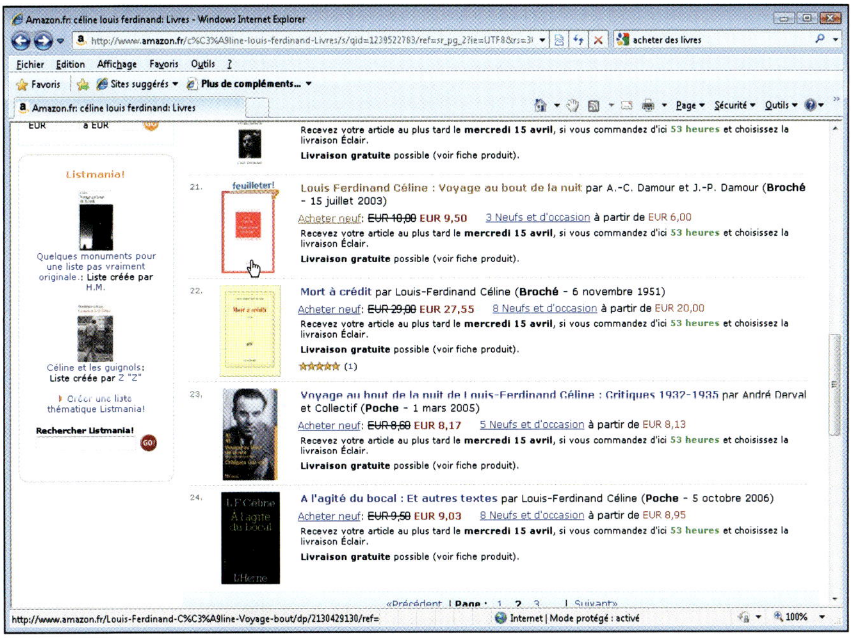

Figure 13.14 : Vous pouvez feuilleter certains livres sur Internet.

Le livre s'affiche dans une page spécifique.

4. **Cliquez sur la vignette Feuilleter!.**
5. **Si Internet Explorer 8 vous demande l'autorisation d'accéder au Presse-papiers, cliquez sur Autoriser l'accès.**

   Le livre apparaît, prêt à être feuilleté.

6. **Pour ouvrir ce livre virtuel, cliquez sur l'espèce de marque-page de droite.**

TRUC

7. Pour revenir à une page précédente, cliquez sur le marque-page de gauche.

Vous pouvez également cliquer sur les liens Page suivante et Page précédente situés en bas du livre.

Pour cette technique originale, vous pouvez consulter une dizaine de pages de l'ouvrage. Dès qu'un livre vous intéresse, il suffit de l'ajouter à votre panier virtuel. Vous le commanderez comme vous commandez de la musique, des films, ou encore des carottes râpées.

L'intérêt d'Internet n'est pas seulement de trouver les standards de la littérature classique ou moderne. Le gros avantage de ce média est de trouver des livres rares, comme des éditions originales ou des ouvrages qui ne sont plus du tout publiés. Bien évidemment, vous pouvez les trouver sur des sites de ventes aux enchères.

Il existe un certain nombre de sites spécialisés dans les livres rares. Ils disposent d'un moteur de recherche puissant qui vous permettra de trouver la perle rare d'un auteur particulier. Il est même possible de vous inscrire sur certains de ces sites, d'entrer l'objet de votre recherche, puis de demander d'être informé par mails de la disponibilité de l'ouvrage. Voici une liste de sites recommandés pour rechercher un livre rare :

- `www.abebooks.fr`
- `www.livre-rare-book.com`
- `www.chapitre.com`

Voici comment être alerté sur la disponibilité d'un livre rare auprès du site `www.chapitre.com` :

WEB

1. **Ouvrez votre navigateur Web. Dans sa barre d'adresses tapez l'URL `www.chapitre.com`.**

   Vous arrivez sur le site en question.

2. **Lancez une recherche sur un ouvrage spécifique en tapant son titre dans le champ Rechercher.**

3. **Cliquez sur le bouton Rechercher.**

   Le site affiche tous les résultats de la recherche. Voici ce que vous pouvez faire si vous n'y trouvez pas le livre qui vous intéresse :

4. **Dans la partie droite de la page, cliquez sur Créez une alerte comme à la Figure 13.15.**

   Vous serez obligé de créer un compte sur le site afin d'être averti par courriel.

5. **Dans la page qui apparaît, vérifiez les informations concernant le livre recherché et cliquez sur le bouton Créer l'alerte.**

   Dès que le site aura ce livre en référence, vous en serez averti immédiatement par courriel.

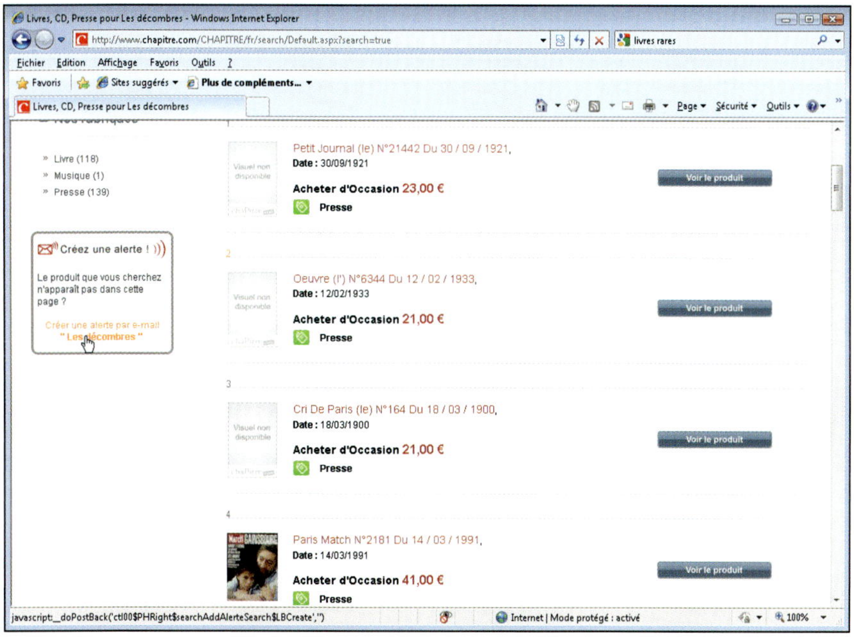

Figure 13.15 : Soyez alerté de la disponibilité du livre que vous recherchez.

Visiter des musées virtuels

La virtualité, souvent décriée, présente tout de même l'avantage d'accéder à des ressources culturelles qui nous seraient à jamais interdites pour de multiples raisons. Les musées sont probablement les structures les plus délicates à visiter pour les raisons suivantes :

- Nous habitons parfois très loin d'un musée et risquons de ne jamais pouvoir le visiter réellement.
- Le prix d'entrée de certains musées est assez élevé pour des personnes aux revenus modestes. Est-ce une raison pour les empêcher d'accéder à la culture ?
- Nous n'avons pas forcément le temps de visiter un musée pendant ses horaires d'ouverture.
- Avant de se rendre dans un musée il est intéressant de se faire une idée sur son contenu en effectuant une visite virtuelle.

TRUC

Tous les musées ne proposent pas de visites virtuelles.

Pour vous montrer comment se déroule en général une visite virtuelle, nous allons partir à la découverte du Louvre. À la suite de cette visite vous déciderez ou non de vous rendre sur place :

1. **Ouvrez votre navigateur Web et rendez-vous à l'adresse** `www.louvre.fr`**.**

   Vous arrivez sur la page d'accueil du site.

2. **Pour accéder aux visites virtuelles, placez le pointeur de la souris sur Musée et cliquez sur Panoramas comme à la Figure 13.16.**

Figure 13.16 : Visite virtuelle de certaines parties du musée du Louvre.

3. **Dans la liste Panoramas qui apparaît, cliquez sur la section de Louvre que vous souhaitez visiter.**

   Par exemple, choisissez Louvre médiéval.

4. **Dans la nouvelle page qui apparaît, cliquez sur Voir la visite virtuelle du Louvre médiéval.**

   Cette action ouvre une nouvelle fenêtre de votre navigateur Web.

   Dans certaines sections de ce musée, vous devrez cliquer sur le lien Visiter.

   Vous accédez à une vue panoramique du site. Un plan situé sous cette vue permet de vous repérer dans ce lieu.

5. **Placez le pointeur de la souris dans la vue panoramique.**

   Le pointeur prend la forme d'une double flèche pointant dans les directions droite et gauche.

6. **Cliquez et, sans relâcher le bouton de la souris, faites glisser lentement le pointeur vers la droite ou la gauche.**

   Le panorama s'anime ! C'est exactement comme si vous tourniez la tête ou pivotiez sur vous-même pour apprécier l'endroit où vous vous situez dans le musée.

7. **Dès que vous apercevez l'entrée d'une salle, une sculpture ou une peinture, arrêtez la rotation en relâchant le bouton de la souris.**

8. **Si vous placez le pointeur de la souris sur une sculpture par exemple, l'icône d'un "i" apparaît.**

9. **Cliquez !**

   Une image montrant cette œuvre de face apparaît. Dans le coin inférieur droit du panorama, des explications sont données sur ce travail. Pour compléter vos connaissances, il suffit de cliquer sur le lien `en savoir plus`. (Cette procédure est illustrée par les Figures 13.17 et 13.18.)

10. **Quittez l'explication en cliquant sur le bouton de fermeture affiché dans le coin supérieur droit de l'œuvre.**

Figure 13.17 : L'icône d'un i indique que vous pouvez accéder à des informations sur cette œuvre en cliquant directement dessus.

Figure 13.18 : Les informations affichées une fois que vous avez cliqué sur l'œuvre.

11. **Placez le pointeur de la souris au niveau de l'entrée d'une salle.**
12. **Si le pointeur de la souris prend la forme d'une icône et qu'une flèche s'incruste sur le sol comme à la Figure 13.19, cliquez pour entrer dans cette salle.**

Figure 13.19 : Une visite virtuelle dans cette salle ?

13. Visitez cette salle en appliquant les mêmes techniques.

14. Pour quitter cette visite, fermez la fenêtre de votre navigateur.

Une visite virtuelle ne remplacera jamais une visite réelle. Un panorama ne saura jamais rendre la majesté des lieux, leur grandeur, leur âme. Toutefois, cela reste un excellent moyen de se cultiver et de découvrir de nouvelles choses avant de pouvoir vous rendre sur place et jouir de ces magnifiques instants d'art et d'histoire.

Cinquième partie

Courrier électronique

"J'ai trouvé ces deux-là en salle multimédia
en train de transformer des membres
de la faculté en animaux de ferme."

Dans cette partie...

Le Web n'est finalement pas très éloigné de la télévision. En effet, vous y regardez ce que d'autres y font. Maintenant, nous allons voir qu'Internet ressemble beaucoup au téléphone, car vous pouvez parler à d'autres personnes par clavier interposé. Nous allons commencer avec le courrier électronique, le plus vieux et le plus utile de tous les services Internet.

Chapitre 14

Courrier par-ci, courrier par-là !

Dans ce chapitre :

- Comprendre les adresses électroniques.
- Comprendre la notion de serveur de messagerie.
- Choisir un programme de gestion des courriers électroniques.
- Envoyer du courrier.
- Recevoir du courrier.

Même si c'est l'un des plus anciens, et pour certains le plus ennuyeux, le courrier électronique est sans aucun doute le service le plus populaire d'Internet. Bien qu'il ne suscite pas le même engouement que le Web, beaucoup plus de personnes s'en servent. Chaque ordinateur raccordé au Net comporte, d'une façon ou d'une autre, un système de messagerie, ce qui signifie que, quel que soit le type d'ordinateur en votre possession pour peu qu'il soit connecté au Net, vous pouvez envoyer et recevoir du courrier. Aujourd'hui, même sans ordinateur, mais équipé d'un téléphone mobile ou d'un assistant personnel (PDA), vous pouvez envoyer et recevoir des courriers électroniques (ou *mails, e-mails, courriels* ou encore *mels*).

Quelle est mon adresse ?

Toute personne ayant un accès au Net par courrier électronique dispose au minimum d'une *adresse électronique*. C'est l'équivalent, dans le cyberespace, d'une adresse postale ou d'un numéro de téléphone. Lorsque vous envoyez un message, vous placez dans son en-tête l'adresse électronique de votre correspondant.

Vous devez avant tout connaître votre adresse électronique personnelle pour la communiquer à tous ceux qui souhaiteraient vous joindre. Vous devez également connaître leur adresse électronique pour pouvoir leur envoyer des messages. Sauf, bien entendu, si vous ne connaissez personne ou que vous envisagiez de limiter votre correspondance électronique à l'envoi de lettres anonymes.

Les adresses électroniques d'Internet se composent de deux parties séparées par le caractère @ (*arobase,* qui se prononce *at,* "chez"). Ce qui se trouve à gauche est votre identifiant personnel (votre boîte aux lettres) et ce qui est à droite est le *nom de domaine,* généralement le nom de votre fournisseur d'accès comme `free.fr`, ou `orange.fr`.

Votre nom d'utilisateur

Avec un peu de chance, votre fournisseur d'accès vous laissera choisir le nom de votre boîte aux lettres. Toutefois, si vous vous appelez Pierre Martin, il a probablement déjà un Martin parmi sa clientèle, et peut-être même un autre Pierre Martin. Vous devrez alors utiliser une variante du genre pmartin ou p.martin ou encore pierre_martin.

C'est ainsi que John a eu successivement les noms d'utilisateur john, johnl, jrl, jlevine, jlevine3 (ce qui semble indiquer qu'il y a au moins trois jlevine) et même q0246. Quant à Carol, elle s'est vue attribuer carol, carolb, cbaroudi et carol1377. Margy essaie de se cantonner à margy, mais s'est retrouvée avec margyl et même 73727,2305. Certains systèmes attribuent un nom aléatoire du genre usd31516 (aux États-Unis, peut-être, et encore il y a longtemps ; en France, nous n'en avons jamais rencontré). Beurk !

Ainsi, pour écrire au président des États-Unis, vous adresserez votre message à `president@whitehouse.gov`. La boîte aux lettres du président est *president*, et le nom du domaine dans lequel elle se trouve est *whitehouse.gov* (*White House* signifiant Maison-Blanche).

En revanche, pour écrire au président de la République française, vous devez le faire sur la page Web dont voici l'adresse : `http://www.elysee.fr/ecrire/index.html`. Comme le montre la Figure 14.1, vous pouvez faire état de votre mécontentement !

À la limite, et si votre fournisseur d'accès l'accepte – et c'est généralement le cas –, rien ne vous empêche d'avoir plusieurs adresses électroniques, de la même façon que rien ne vous empêche, pour peu que vous en ayez les moyens, d'avoir une résidence secondaire, voire tertiaire.

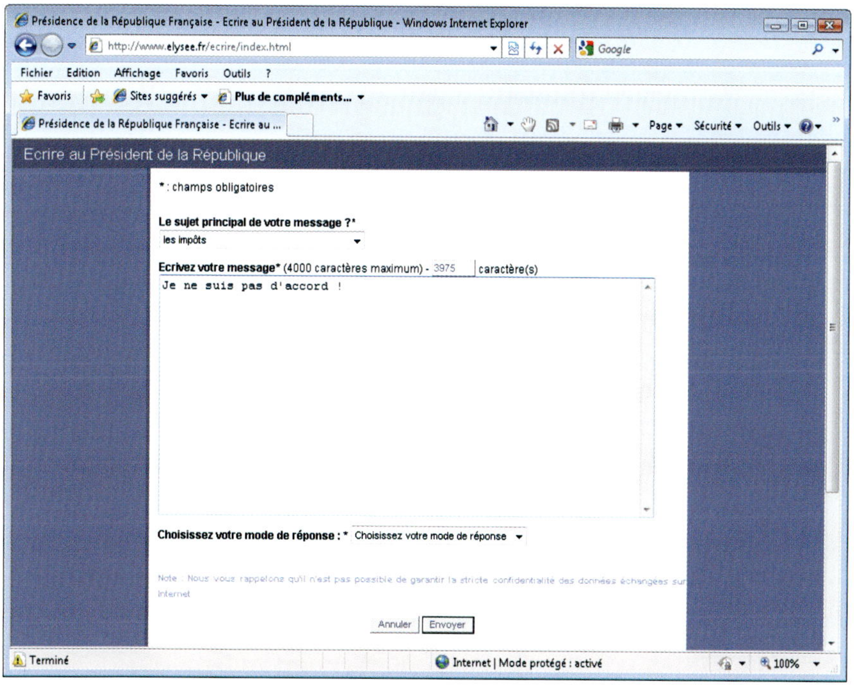

Figure 14.1 : Plaignez-vous auprès du président de la République !

Le nom de domaine

Pour les noms de domaines, les choses se compliquent et il existe deux mondes : les États-Unis, d'une part, et le reste de la Terre, d'autre part. Pour les États-Unis, le nom de domaine se termine par un groupe de trois lettres précédé d'un point, qui s'appelle le nom de *zone*. Le plus courant est .com (commercial). On trouve aussi .mil, .edu, .gov ou .org, dont la signification est évidente. Par exemple, pour American Airlines, de son vrai nom AMR Corporation, le nom de domaine est aa.com. Celui de la laiterie Egg Farm Dairy est creamery.com, *etc.*

En dehors des États-Unis, le nom de domaine ne comprend que deux lettres qui représentent le pays où est situé le domaine : .fr pour la France, .ch pour la Suisse, .jp pour le Japon, *etc.* En France, outre .fr, on peut aussi trouver .net, .org ou .com. Depuis quelque temps, les administrations doivent utiliser des noms de sous-domaines particuliers. Ainsi, les adresses des académies doivent être de la forme ac-*nom*.fr (*nom* étant le nom de la ville), celles des conseils généraux cg*xx*.fr (*xx* représentant le numéro du département), celles des mairies mairie-*nom*.fr (*nom* étant le nom de la ville), *etc.* Pour plus de détails (notamment pour l'enregistrement des noms de domaines en .fr), vous pouvez pointer votre navigateur sur la page de l'AFNIC à l'adresse `www.afnic.fr/obtenir`. Vous accédez à la page illustrée Figure 14.2.

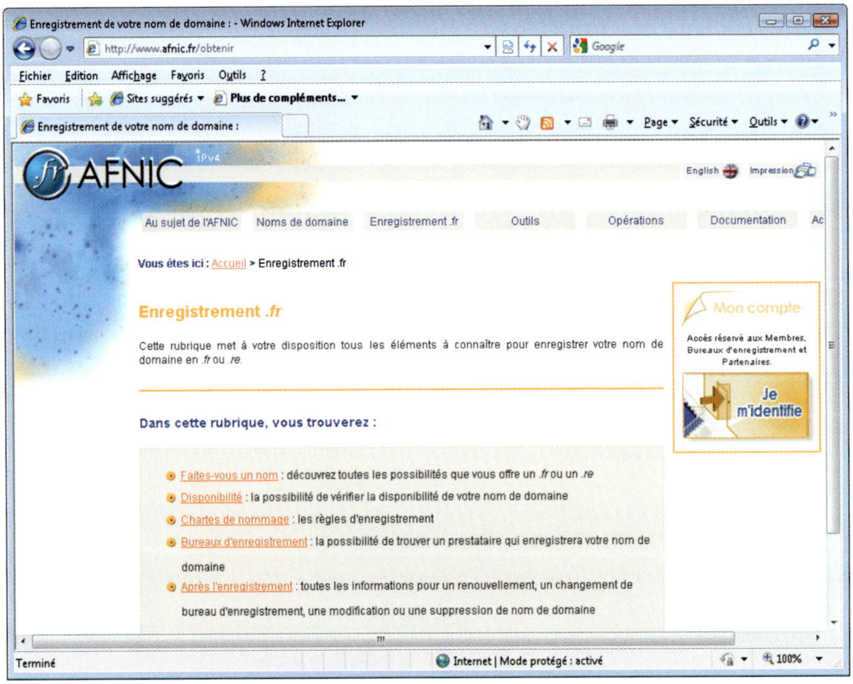

Figure 14.2 : Vérifiez l'existence d'un nom de domaine.

Pour une liste complète des codes de pays, consultez notre site *Internet Gurus Central* à la page `http://net.gurus.com/countries` ou les sites français `www.alc.net/drap.htm` et `www.indexa.fr/cgi-bin/domaines.pl`.

En 1997, un groupe international proposa l'ajout de certains domaines génériques supplémentaires comme .firm, .arts et .web. En 2001, les premiers nouveaux domaines sont apparus, .biz et .info. Depuis, ont été ajoutés .name, pour les domaines personnels, et quelques domaines à usage limité comme .coop, .museum et .aero. Aucun n'est largement employé.

Vous trouverez une liste complète des services de messagerie gratuits à l'adresse suivante : `http://directory.google.fr/Top/World/Fran%C3%A7ais/Informatique/Internet/Courrier_%C3%A9lectronique/Gratuit/` ou en vous connectant sur `directory.google.fr`, puis en cliquant Informatique/Internet/Courrier électronique/Gratuit, comme le montre la Figure 14.3.

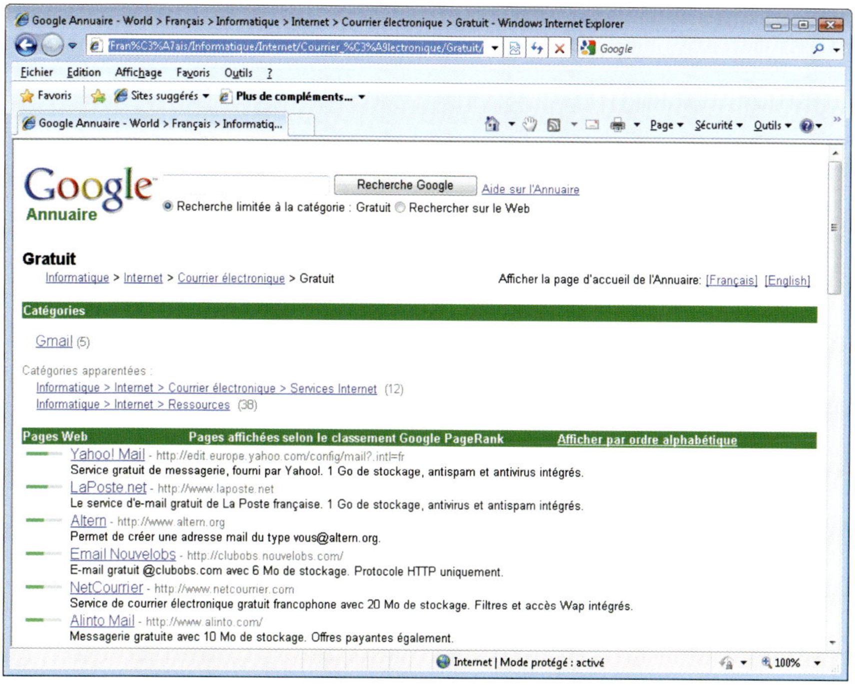

Figure 14.3 : Pour trouver facilement des services de messagerie gratuits.

Où est ma boîte aux lettres ?

Votre boîte aux lettres est généralement située sur le serveur de courrier de votre fournisseur d'accès Internet (FAI), puisque, lorsque vous souscrivez un compte Internet, il met automatiquement à votre disposition une ou plusieurs boîtes aux lettres. Si vous n'avez pas de FAI, ce qui est le cas lorsque vous utilisez un ordinateur dans un cybercafé ou un lieu public comme une médiathèque, vous pouvez recourir à des serveurs gratuits qui vous laissent créer une adresse courrier électronique que vous pourrez consulter depuis n'importe quel ordinateur. Par exemple, Hotmail qui se trouve à `www.hotmail.com`, GMX à `http://gmx.fr/` (anciennement Caramail), ou encore Yahoo! Mail à `https://login.yahoo.com/config/mail?&.src=ym&.intl=fr`. Yahoo! et Hotmail utilisent le nom de domaine du site comme identifiant de l'adresse mail. Ainsi, vous disposerez d'une adresse dont la seconde partie sera `@hotmail.com` ou `@yahoo.com`. La Figure 14.4 présente l'interface de gestion de vos courriers électroniques chez Gmail le service de messagerie gratuit proposé par Google.

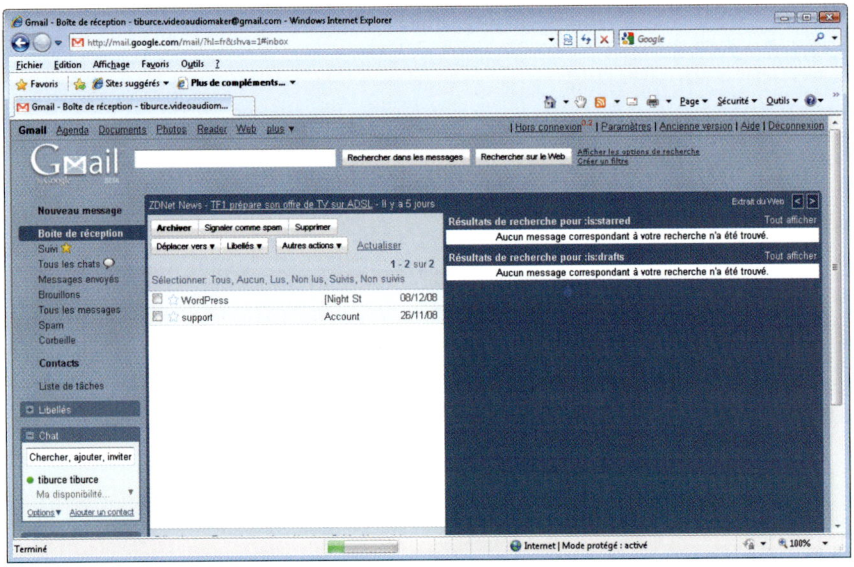

Figure 14.4 : Avec Google (entre autres), consultez votre courrier directement sur le serveur et non sur votre disque dur.

Rassemblons tout

Inscrivez votre adresse électronique dans le Tableau 14.1 et rangez le livre près de votre ordinateur. Majuscules et minuscules sont généralement considérées comme identiques dans les adresses électroniques, notamment dans les noms de domaine (la différence peut cependant être significative pour les noms d'utilisateur). Dans ce livre, nous avons opté pour des minuscules, tant pour les boîtes aux lettres que pour les domaines.

Si vous envoyez un message à quelqu'un qui se trouve dans le même domaine que le vôtre – sur le même ordinateur ou sur le même groupe d'ordinateurs –, vous pouvez omettre le nom de domaine. Par exemple, si un de vos amis et vous-même êtes sur Orange, vous pouvez supprimer `@orange.fr` de son adresse courrier électronique.

Lorsque vous communiquez oralement votre adresse à quelqu'un, montrez que le Web n'a plus de secrets pour vous en disant, par exemple, "tiburce at (prononcez *at* c'est-à-dire "chez" en anglais) free, point fr", au lieu de "tiburce arobase free point fr". Ou avossouhaits@choum.fr.

Tableau 14.1 : Informations que doit connaître votre logiciel de courrier électronique.

Information	*Description*	*Exemple*
Votre adresse de *courrier électronique*	Votre nom d'utilisateur suivi du caractère @ et du nom de domaine.	`jules.dupont@monserveur.fr`
Votre mot de passe de courrier électronique	Le mot de passe à utiliser pour votre courrier électronique (le plus souvent identique à votre *login*). Ne l'écrivez surtout pas, il doit rester secret !	`dum3my`
Votre serveur de courrier entrant (POP3 ou IMAP)	Le nom de l'ordinateur qui reçoit vos messages (c'est votre fournisseur d'accès qui doit vous l'indiquer).	`pop.monserveur.fr`
Est-ce POP3 ou IMAP ?	Protocole utilisé par votre boîte aux lettres et que votre programme de courrier doit employer pour récupérer votre courrier. Ne s'applique pas au courrier Web, à AOL ou MSN.	
Votre serveur de courrier sortant (SMTP)	Le nom de l'ordinateur qui envoie vos messages (c'est parfois le même que celui du serveur POP3).	`smtp.monserveur.fr`

Panorama des types de logiciels de courrier

C'est maintenant que vous allez devoir affronter votre *logiciel de messagerie*. Ils sont si nombreux que nous n'avons pas tenté de les présenter tous. Une fois que vous avez choisi votre logiciel, encore faut-il savoir comment l'utiliser. Tous font peu ou prou la même chose, parce que ce sont tous des logiciels de courrier électronique, après tout.

Les logiciels de messagerie

Voici un bref panorama de ce qui existe :

- **PC/Windows ou Macintosh avec un compte Internet bas ou haut débit :** Vous avez accès à une longue liste de programmes de courrier POP ou IMAP dont Entourage, Eudora Outlook, Outlook Express (sous Windows XP), MailApp, Pegasus Mail, Safari, Thunderbird, et Windows Mail. Les prochaines sections vous donnent quelques conseils.

- **Comptes professionnels :** Si vous utilisez une adresse de courrier électronique sur votre lieu de travail, la société qui vous emploie peut recourir à un autre serveur de messagerie appelé Microsoft Exchange. En plus des services de courrier, Exchange partage des calendriers, des listes de tâches et quelques autres fonctions très intéressantes. Le programme le plus populaire qui fonctionne complètement avec Exchange est Microsoft Outlook. Malgré les problèmes de sécurité qu'il présente, votre société exigera certainement que vous l'utilisiez. Outlook ressemble beaucoup à Outlook Express (la messagerie de Windows 98 à Window XP) dans sa partie gestion des courriers électroniques. Vous en saurez davantage sur ce dernier dans l'une des prochaines sections.
- **AOL :** AOL fournit désormais un serveur IMAP standard. Vous pouvez donc utiliser des logiciels de courrier standard pour lire vos courriers acheminés par AOL. Vous disposez de trois options :
  - **Le programme de courrier électronique d'AOL :** La plupart des utilisateurs d'AOL reçoivent et envoient des mails avec le programme qu'ils utilisent pour se connecter à leur compte. Cliquez l'icône adéquate de la barre d'outils ou sur la petite icône de la boîte aux lettres.
  - **Un autre programme de courrier électronique :** Vous pouvez utiliser un programme Windows ou Mac qui gère IMAP. Ces programmes proposent souvent des fonctions de filtrage des spams et des messages bien plus efficaces. Nous vous conseillons d'utiliser Thunderbird que nous présentons dans l'une des prochaines sections de ce chapitre.
  - **Votre navigateur Web :** Vous pouvez gérer vos mails depuis le site AOL à `www.aol.fr`. L'avantage est que vous pouvez consulter votre courrier avec n'importe quel ordinateur disposant de n'importe quel navigateur Web. Ce système est généralement proposé par tous les FAI. Par exemple, Free propose Webmail sur son site avec une avancée majeure qui permet d'afficher ses courriels Zimbra qui est bien plus convivial et rapide que Webmail (Figure 14.5). Ainsi, où que vous soyez dans le monde, il est possible de consulter vos mails !
- **Serveurs Web de courrier électronique :** Il existe quelques serveurs Web qui vous offrent un accès gratuit à un service de courrier électronique. Les plus connus d'entre eux sont Hotmail, à l'URL `www.hotmail.com` (racheté par Microsoft et étroitement lié à la messagerie instantanée Windows Live) et Yahoo! Mail, à l'URL `https://login.yahoo.com/config/mail?&.src=ym&.intl=fr`. Si vous disposez d'une boîte aux lettres sur l'un de ces sites, vous utilisez votre navigateur Web pour lire et envoyer des messages (voir le Chapitre 7 pour savoir comment utiliser un navigateur). Citons également Voila Mail sur `mail.voila.fr` et GMX sur `http://gmx.fr/` et dont la page d'accueil est illustrée à la Figure 14.6.
- **Comptes shell UNIX :** Vous pouvez certainement utiliser Pine. Si votre fournisseur d'accès n'en est pas équipé, demandez-le. Pour apprendre à utiliser Pine, voir notre site Web sur `http://net.gurus.com/shell/pine.phtml`.

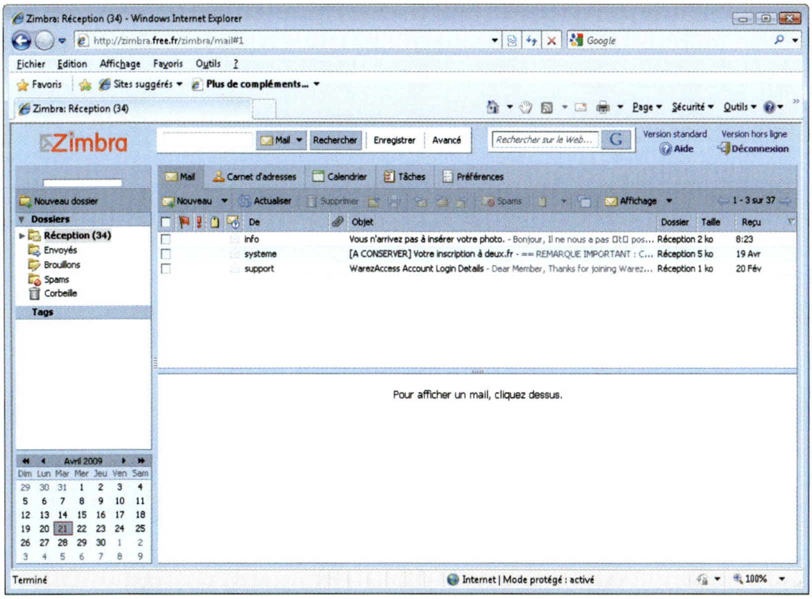

Figure 14.5 : Zimbra (Free) permet de consulter vos messages directement sur Internet sans utiliser un logiciel de messagerie spécialisé.

Figure 14.6 : GMX le successeur de Caramail.

Quel que soit le type de logiciel que vous utilisez, les principes généraux de lecture, d'envoi et de classement de messages ainsi que d'adressage restent les mêmes. Aussi est-il intéressant de continuer à lire ce chapitre, même si le système que vous utilisez n'y figure pas explicitement.

Paramétrer votre logiciel de messagerie

Nous avons choisi, à titre d'exemple, deux logiciels de courrier électronique : Thunderbird, qui est téléchargeable gratuitement, et Windows Mail, qui fait partie de Windows Vista :

- **Thunderbird :** Les créateurs de Firefox, le navigateur Web concurrent d'Internet Explorer 8, ont développé un excellent programme de gestion des courriers électroniques appelé Thunderbird. Il fonctionne avec la plupart des comptes Internet standard ainsi qu'avec les comptes AOL.
- **Windows Mail :** Successeur d'Outlook Express, qui équipait les versions de Windows de 98 à XP, Windows Mail est le logiciel de courrier qui accompagne Windows Vista.

Pour achever notre étude, nous présentons un système de courrier basé sur Web, Yahoo! Mail, sur `http://mail.yahoo.fr` et celui de Google, c'est-à-dire Gmail. Hotmail de Microsoft (`www.hotmail.com`) est similaire, ainsi que les services de mail des FAI qui permettent de consulter son courrier à partir d'un autre ordinateur de la planète. Dans ce sens, vous pouvez tester Zimbra via le Webmail de Free (`www.free.fr`). Nos instructions pour Yahoo! Mail et Gmail sont un peu vagues car, comme tous les sites Web, ils auront sans doute été repensés lorsque vous lirez ces lignes.

Avant de pouvoir employer votre programme de courrier, vous devez lui indiquer deux éléments :

- **Votre boîte aux lettres** (sur le serveur de courrier chez votre FAI) ;
- **L'endroit où envoyer votre courrier sortant** (par exemple vers le même serveur de courrier de votre FAI).

Pour Yahoo! Mail, Gmail, et les autres serveurs de courrier basés sur le Web, vous devez vous créer une boîte aux lettres. Pour mettre le pied à l'étrier, suivez les instructions des sections suivantes. D'autres sections décrivent plus loin comment envoyer et recevoir du courrier à l'aide de chaque programme.

Thunderbird

Mozilla, développeur *open source* s'il en est, a créé Thunderbird en complément de l'excellent navigateur Web Firefox. Mozilla propose un programme de gestion des courriers électroniques comme Thunderbird.

Ouvrez Thunderbird en double-cliquant l'icône du Bureau ou en choisissant Démarrer/Tous les programmes/Mozilla Thunderbird 3/Mozilla Thunderbird 3. La première fois que vous ouvrez Thunderbird, l'Assistant de création de comptes s'exécute ; il demande votre nom, le type de compte de courrier électronique que vous utilisez (POP ou IMAP), votre adresse électronique et vos serveurs de courrier entrant et sortant, comme cela est décrit à la section "Où se trouve mon courrier ?" plus haut dans ce chapitre.

Si vous devez modifier les informations de votre compte de courrier électronique ou ajouter d'autres comptes à gérer, cliquez Outils/Paramètres des comptes. Ceci exécute de nouveau l'assistant. Cliquez Ajouter un compte. Pour modifier un compte existant, sélectionnez-le, cliquez la catégorie des paramètres située sous le nom du compte et modifiez les informations qui s'affichent. Tapez votre nom, votre adresse de courrier électronique, le serveur de messagerie entrant, le serveur sortant, en recopiant les informations contenues dans le Tableau 13.1. Une fois ces opérations terminées, le nouveau compte apparaît dans la fenêtre Paramètres des comptes que vous pouvez fermer.

La Figure 14.7 montre la fenêtre de Thunderbird. La liste de vos dossiers de messages et de gestion de votre courrier apparaît dans le volet gauche. À droite apparaît la liste des messages relevés, ainsi que le texte du message sélectionné.

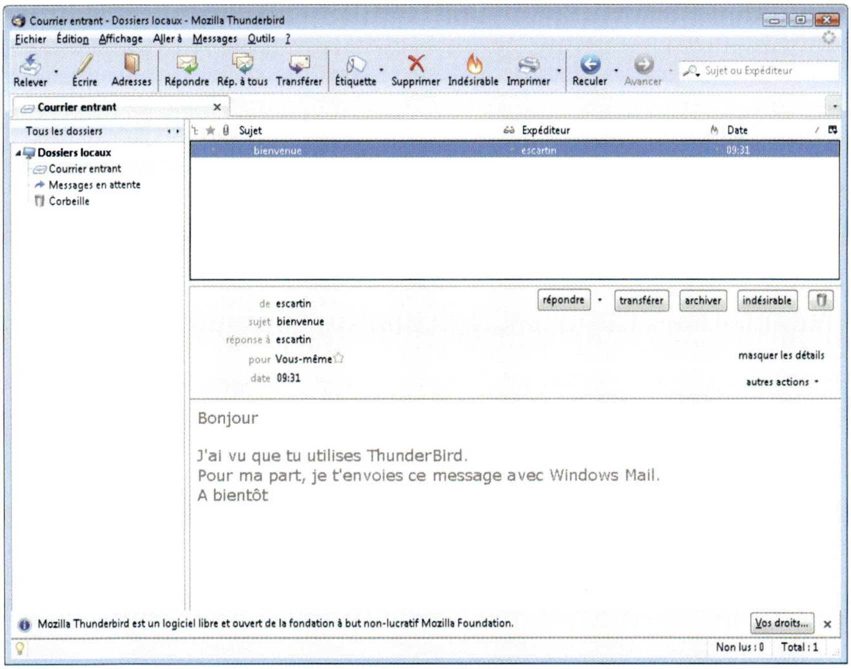

Figure 14.7 : Thunderbird affiche vos dossiers de courriers à gauche, les messages en haut et à droite et le contenu du message sélectionné en bas et à

Windows Mail

Windows Mail est directement installé avec Windows. D'ailleurs, nous ne savons pas comment nous en débarrasser !

Pour ouvrir Windows Mail (Figure 14.8) sous Windows Vista, choisissez Démarrer/ Courrier électronique.

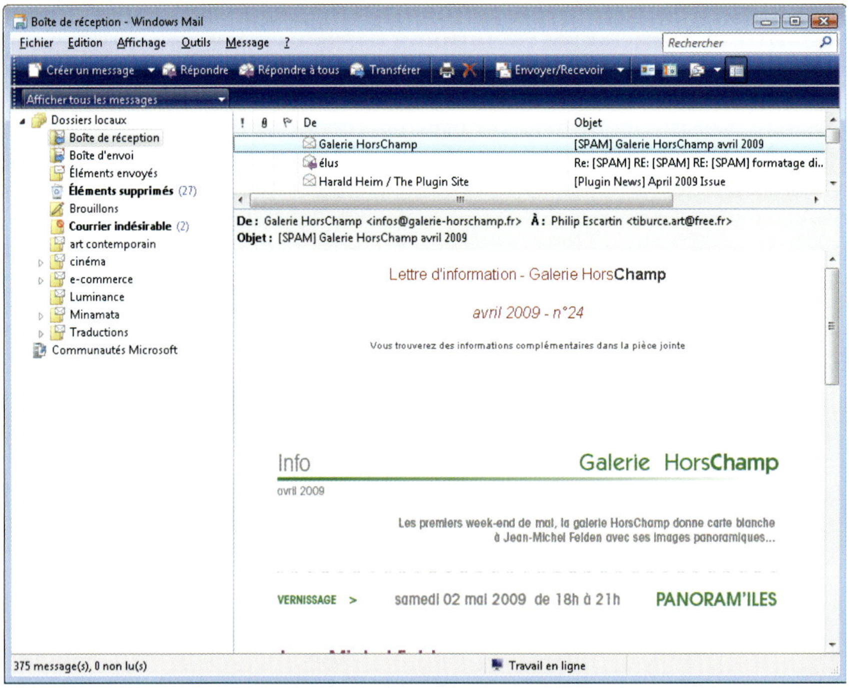

Figure 14.8 : La fenêtre Windows Mail est divisée en trois parties : les dossiers de courrier, la liste des messages du dossier actif et l'aperçu du contenu du message sélectionné.

Lors de la première ouverture de Windows Mail, l'Assistant Connexion Internet vous pose quelques questions : la plupart des réponses sont dans le Tableau 14.1. Saisissez votre nom, votre adresse de courrier électronique, votre serveur de courrier entrant (POP ou IMAP), votre serveur de courrier sortant (SMTP), votre nom d'utilisateur et votre mot de passe. Cliquez Suivant, puis Terminer.

Si vous devez ajouter ou modifier un compte de courrier électronique, choisissez Outils/Comptes. Pour modifier un compte, sélectionnez-le, puis cliquez le bouton Propriétés. Pour ajouter un compte de courrier, cliquez le bouton Ajouter.

Yahoo! Mail

Yahoo! Mail est notre messagerie Web favorite en raison de sa large gamme de fonctions. Après avoir obtenu un identifiant Yahoo!", vous disposez d'une boîte aux lettres, d'un site Web sur `http://geocities.yahoo.com/` et d'un identifiant utilisable pour acheter et vendre dans les boutiques en ligne et enchères de Yahoo!. Votre identifiant Yahoo! est aussi valable pour Yahoo! Messenger, la téléconférence ou la visioconférence. Les services exacts, ainsi que les instructions exactes pour configurer et employer Yahoo! Mail, sont susceptibles de varier. Nous vous en donnons cependant une idée générale.

Pour configurer une boîte aux lettres :

1. **Allez sur** `fr.yahoo.com` **et cliquez le lien Créez un mail gratuit (Figure 14.9).**

Figure 14.9 : Créer un compte mail sur Yahoo!.

Vous pouvez aussi aller directement sur `https://login.yahoo.com/config/mail?&.src=ym&.intl=fr`. Vous verrez des liens pour vous identifier si vous avez déjà un identifiant Yahoo!, ainsi qu'un lien Créez votre Yahoo! Mail.

2. **Cliquez le lien Gratuit ! Créez votre Yahoo! Mail (Figure 14.10), remplissez les formulaires et validez.**

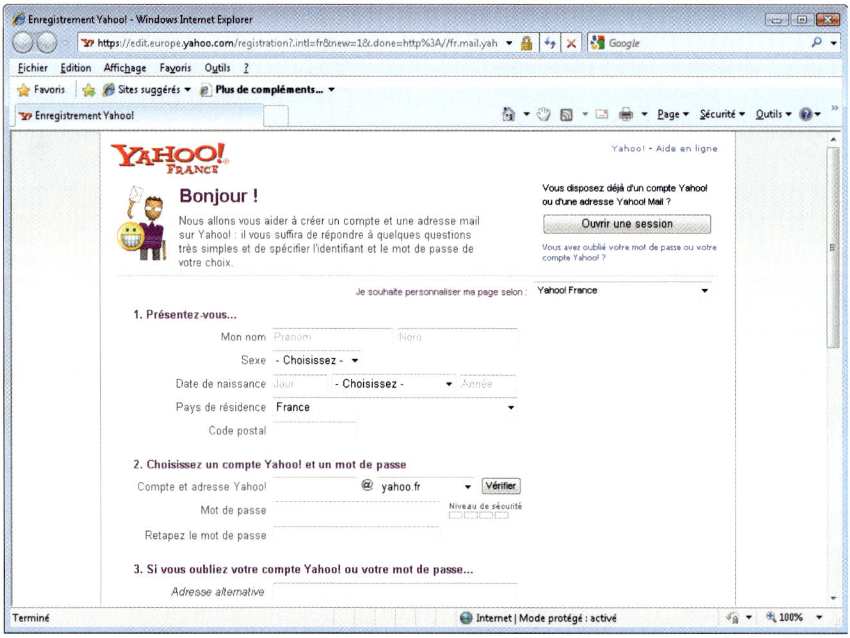

Figure 14.10 : Vous vous apprêtez à créer un compte de messagerie sur Yahoo!.

N'oubliez pas de cliquer les liens pour lire les conditions d'utilisation et la politique de confidentialité (c'est-à-dire ce que la société envisage de faire avec les informations fournies).

Selon le Tableau 14.1, vous ne devez fournir que votre adresse de courrier électronique, qui est votre identifiant Yahoo! suivi de @yahoo.com. Vous n'avez pas besoin de fournir d'autres informations.

Pour accéder à votre boîte aux lettres Yahoo! :

1. **Allez sur Yahoo Mail en passant par** `http://fr.yahoo.com`**, puis en cliquant le bouton Mail.**
2. **Identifiez-vous avec votre identifiant Yahoo! et votre mot de passe, comme à la Figure 14.11, et cliquez le bouton Ouvrir une session.**

   Un premier message de bienvenue apparaît.
3. **Cliquez sur le bouton Continuer du message de bienvenue.**
4. **Cliquez sur les boutons Suivant du petit didacticiel de 3 pages qui apparaît, sans oublier dans lire le contenu.**
5. **Enfin, cliquez sur Lancez-vous.**

   Yahoo! Mail ne nécessite que quelques secondes pour être chargé. Vous obtenez ensuite une interface similaire à beaucoup de logiciels de messagerie (Figure 14.12).

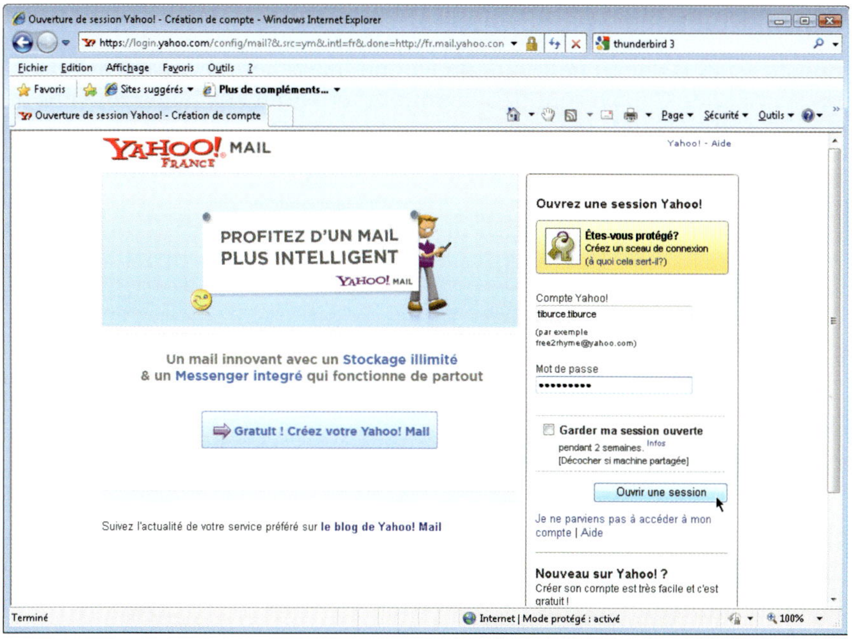

Figure 14.11 : Identifiez-vous pour consulter et utiliser votre boîte aux lettres sur Yahoo!.

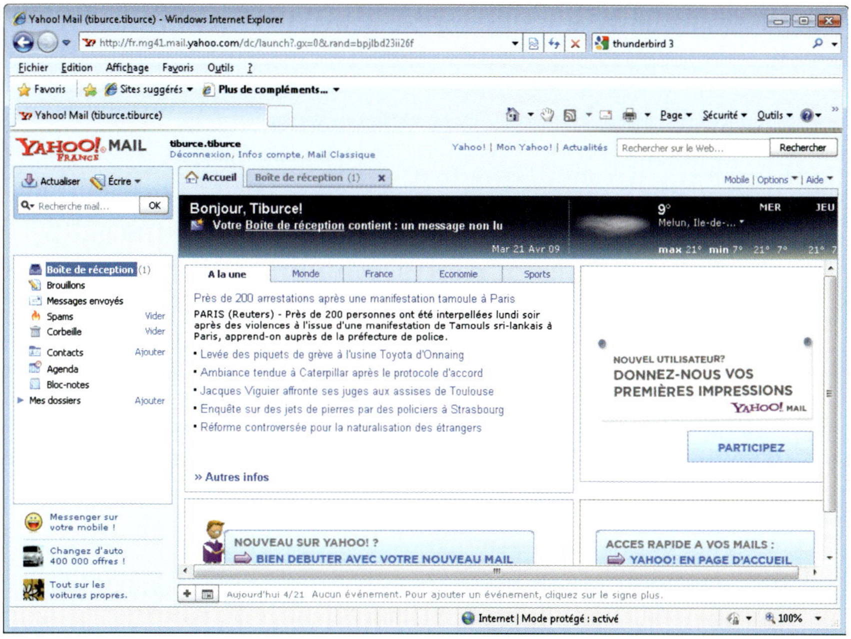

Figure 14.12 : Le serveur de messagerie Yahoo! Mail ressemble beaucoup à un logiciel de messagerie.

Gmail

Google est plus connu pour être un moteur de recherche qu'autre chose. Pourtant, les services de Google sont très nombreux, et parmi eux nous trouvons un service de messagerie gratuit dans le même style que Yahoo ! Mail est bien d'autres.

Pour configurer une boîte aux lettres sur Gmail :

1. **Allez sur** `www.google.fr` **et cliquez le lien Gmail gratuit (Figure 14.13).**

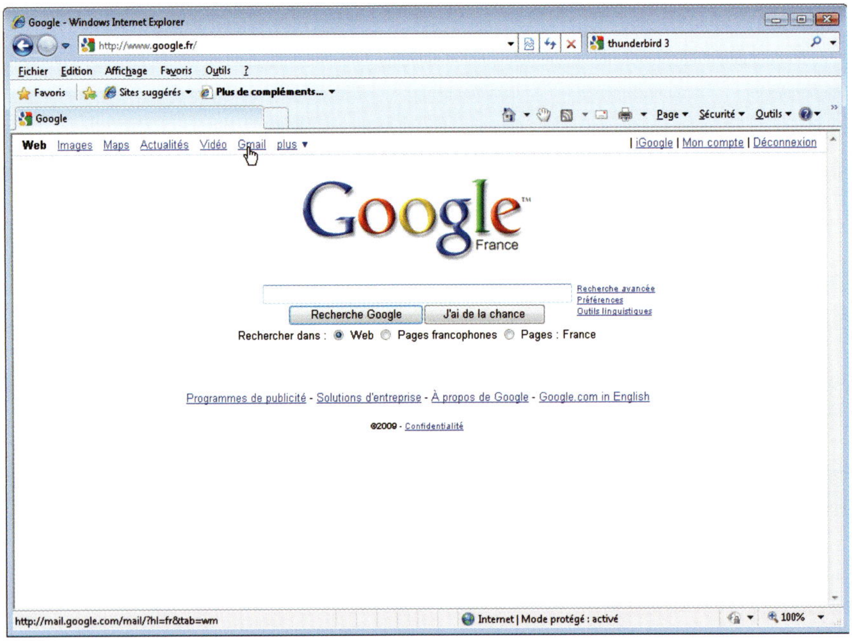

Figure 14.13 : Créer un compte mail sur Gmail.

2. **Dans la fenêtre de Gmail, cliquez sur le bouton Créer un compte.**
3. **Remplissez le formulaire, en spécifiant l'adresse que vous désirez utiliser.**
4. **Vérifiez votre adresse en cliquant sur le bouton Vérifier la disponibilité.**

   Si l'adresse choisie est déjà utilisée, Gmail vous fait d'autres propositions.

5. **Remplissez la fin du formulaire, cochez la case d'acceptation des conditions d'utilisation, et cliquez sur J'accepte.Créer un compte.$pas de faute ici$**

Pour accéder à votre boîte aux lettres Gmail :

1. **Allez sur Gmail en passant par** `www.google.fr`**, puis en cliquant le lien Gmail.**
2. **Identifiez-vous avec votre identifiant Gmail et votre mot de passe, comme à la Figure 14.14, et cliquez le bouton Connexion.**

   Quelques secondes plus tard vous voici dans Gmail, comme le montre la Figure 14.15.

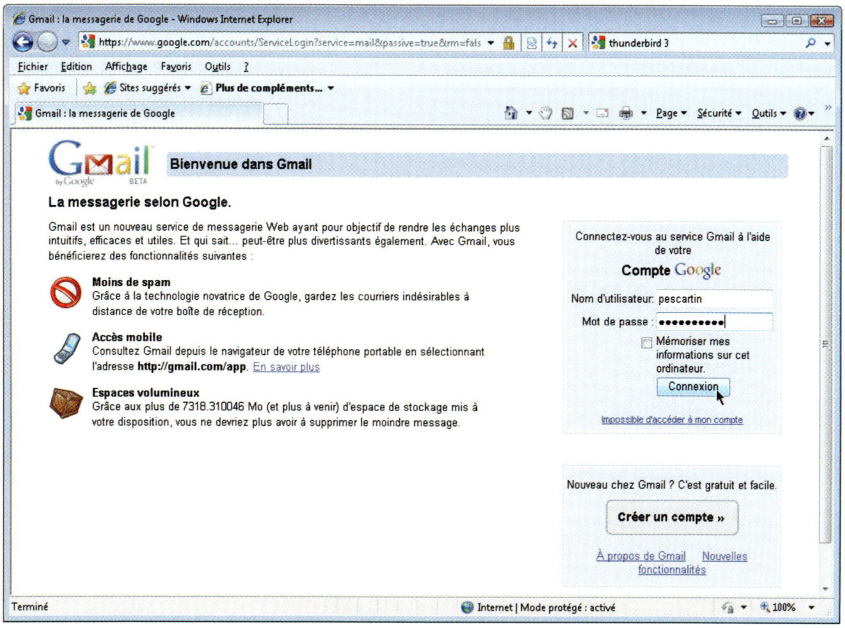

Figure 14.14 : Identifiez-vous pour consulter et utiliser votre boîte aux lettres sur Gmail.

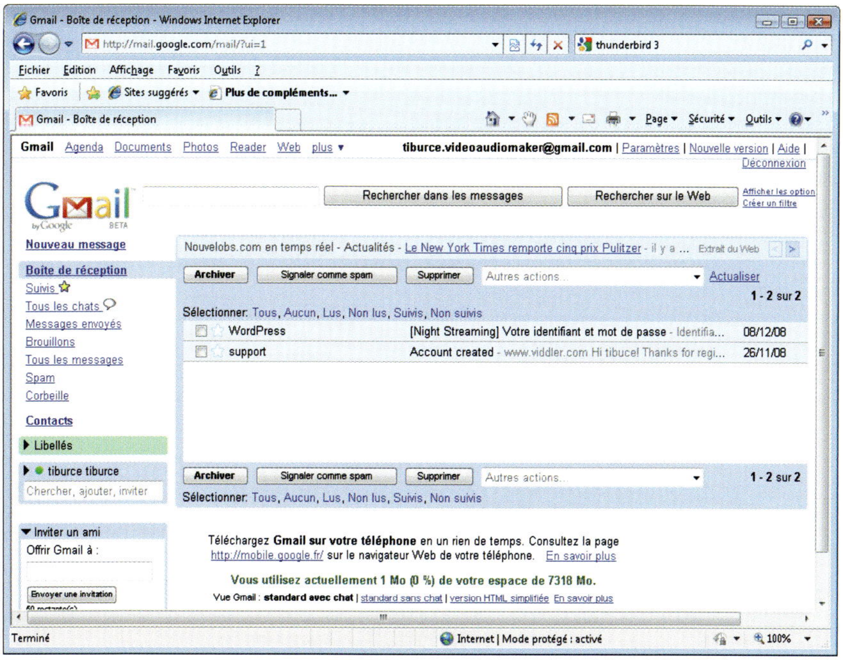

Figure 14.15 : Le serveur de messagerie Gmail ressemble beaucoup à un logiciel de messagerie.

L'envoi de courrier électronique, c'est simple

Nous illustrerons la simplicité de l'envoi de courriers à l'aide d'exemples parlants plutôt que par de la théorie absconse.

Cc et Bcc

Cc signifie Copie carbone. Il s'agit d'une fonction qui permet d'envoyer le même mail à plusieurs personnes en une seule opération. Tous les destinataires affichés dans les champs À et Cc recevront le message. Chacun verra le nom des autres destinataires.

Afin que les autres destinataires ne voient pas ces noms, il faut les placer dans le champ Cci qui signifie Copie carbone invisible. Il est en effet plus intime d'envoyer un même message à tous en respectant l'anonymat de chacun.

Envoyer du courrier avec Thunderbird

Voici comment envoyer du courrier avec Thunderbird :

1. **Dans Thunderbird, cliquez le bouton Écrire dans la barre d'outils ou appuyez sur Ctrl+M.**

   La fenêtre Écrire s'ouvre et présente un message vierge (Figure 14.16).

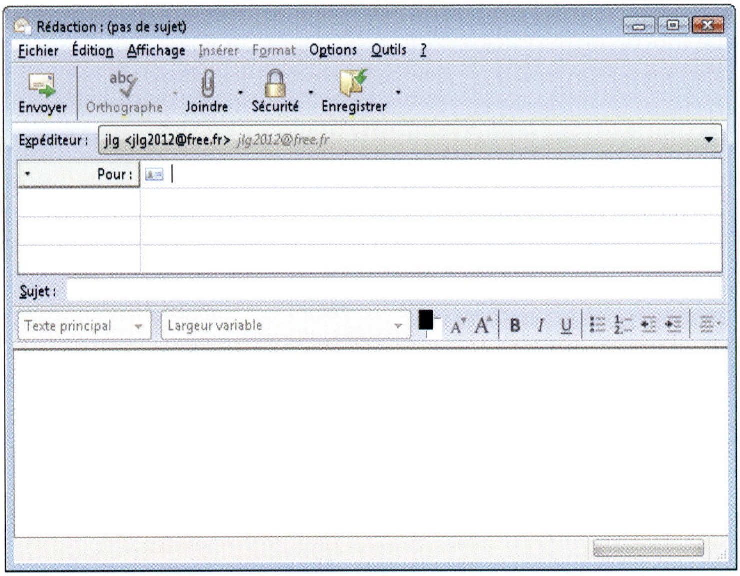

Figure 14.16 : Fenêtre de rédaction d'un message avec Thunderbird.

Si Thunderbird signale qu'il ne connaît pas votre adresse de courrier électronique, cliquez sur OK. Pour corriger votre adresse de courrier, choisissez Outils/Paramètres des comptes. Apportez vos modifications et cliquez ensuite de nouveau le bouton Écrire.

2. **Remplissez l'adresse du destinataire dans le champ Pour.**

   Pour envoyer le même message à plusieurs destinataires, appuyez sur Entrée et non pas sur Tab. Vous pouvez indiquer autant d'adresses de destination que vous le souhaitez. Il suffit d'appuyer à chaque fois sur la touche Entrée. Une fois les adresses indiquées, appuyez sur Tab pour passer au champ de saisie de l'objet de votre message. Pour qu'un destinataire soit en Copie cachée ou en Copie cachée invisible, cliquez Pour, à côté de l'adresse, et choisissez Copie à ou Copie cachée à dans la liste déroulante.

3. **Saisissez l'objet du message dans le champ Sujet.**

   Appuyez sur Tab pour passer dans la zone de saisie du message.

4. **Tapez votre message.**

   Le point d'insertion clignote dans la vaste zone de saisie du texte.

5. **Cliquez Envoyer pour envoyer le message.**

   Le message est transmis à votre FAI, puis au destinataire. Si vous n'êtes pas connecté à Internet au moment de l'envoi, le courrier est placé dans le dossier Messages en attente.

Vous pouvez demander à Thunderbird de vérifier l'orthographe avant d'envoyer le message :

1. **Cliquez Outils/Options.**
2. **Cliquez sur le bouton Rédaction.**
3. **Cliquez l'onglet Orthographe, et sélectionnez l'option Vérifier l'orthographe avant l'envoi (Figure 14.17).**

   Chaque fois que vous cliquez Envoyer, Thunderbird s'arrête sur chaque mot dont il ne connaît pas l'orthographe.

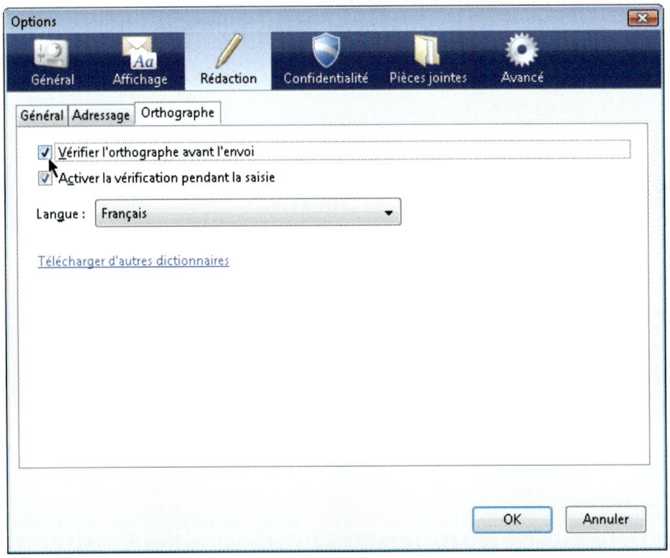

Figure 14.17 : Écrire c'est bien, mais sans faute c'est encore mieux !

Envoyer du courrier avec Windows Mail

Voici comment envoyer du courrier avec Windows Mail et configurer votre compte de courrier :

1. **Démarrez Windows Mail. Il n'est pas nécessaire d'être connecté à Internet.**

   Toutefois, avec le haut débit, ce serait étonnant que vous n'y soyez pas constamment.

   Cliquez l'icône Windows Mail sur votre Bureau, ou dans la barre des tâches, ou trouvez-la dans le menu Démarrer.

2. **Cliquez le dossier Boîte de réception.**

   Il se trouve au-dessous de Dossiers locaux (c'est-à-dire les dossiers stockés sur votre ordinateur) dans la liste Dossiers.

3. **Cliquez le bouton Créer un message dans la barre d'outils, appuyez sur Ctrl+N ou choisissez Message/Nouveau Message.**

   Vous obtenez une fenêtre Nouveau message avec des champs à remplir pour adresser le message (Figure 14.18).

4. **Dans la case À, saisissez l'adresse d'envoi du message, puis appuyez sur la touche Tabulation.**

   Si vous souhaitez envoyer le même message à plusieurs personnes à la fois, appuyez sur Entrée (au lieu de Tabulation). Vous pouvez envoyer ce message à autant de personnes que vous le souhaitez en pressant la touche Entrée après chaque adresse. Lorsque vous avez fini d'insérer des destinataires dans la case À, appuyez sur Tabulation pour aller dans la case Cc.

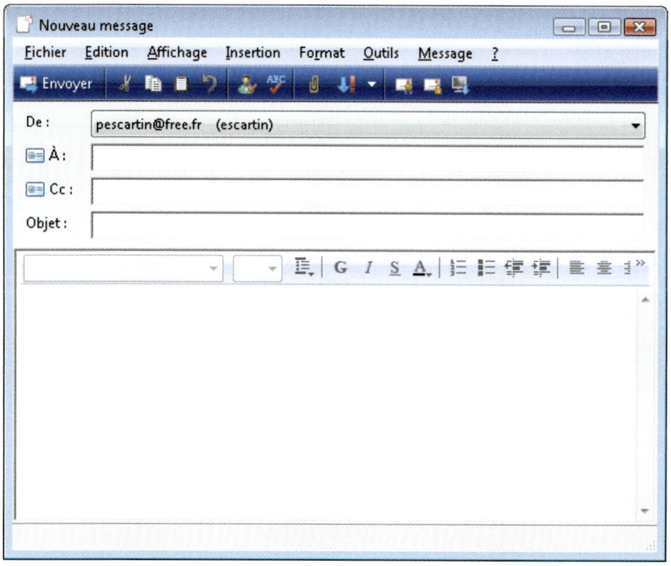

Figure 14.18 : Rédiger et envoyer un message avec Windows Mail.

5. **Pour envoyer une copie du message à quelqu'un, saisissez l'adresse de cette personne dans le champ Cc. Appuyez ensuite sur Tabulation. Dans le champ Objet, indiquez le sujet du message (ce n'est pas obligatoire mais conseillé). Appuyez de nouveau sur Tabulation.**

   Le pointeur clignote dans la zone de message, la grande zone vide destinée au contenu du message. Si vous voulez envoyer des copies cachées invisibles (Cci), choisissez Affichage/Tous les en-têtes dans la fenêtre Nouveau message.

6. **Dans la grande fenêtre vide, saisissez le texte du message.**

   Lorsque vous avez tapé votre message, appuyez sur F7 ou choisissez Outils/Orthographe afin de vérifier l'orthographe.

   Cette vérification peut être automatisée. Dans Windows Mail, cliquez Outils/Options. Dans l'onglet Orthographe de la boîte de dialogue Options, cochez la case Toujours vérifier l'orthographe avant l'envoi.

7. **Pour envoyer le message, cliquez le bouton Envoyer, ou appuyez sur Alt+S (pas Ctrl+S, qui équivaut à Enregistrer) ou encore, choisissez Fichier/Envoyer le message.**

   Windows Mail place le message dans votre dossier Boîte d'envoi, en attente d'expédition. Si vous êtes connecté à Internet, Windows Mail est éventuellement configuré pour envoyer le message immédiatement ; vous pouvez alors sauter les Étapes 8 et 9.

8. Si vous n'êtes pas connecté à Internet, établissez la connexion.

9. Cliquez le bouton Envoyer/Recevoir, appuyez sur Ctrl+M ou choisissez Outils/Envoyer et recevoir/Envoyer et recevoir tout.

Si vous mettez vos textes en forme, certains destinataires éprouveront peut-être des difficultés à lire le message, en particulier ceux équipés de logiciels de messagerie un peu anciens. Dans ce cas, choisissez Format/Texte brut lors de l'écriture du message dans la fenêtre Nouveau message.

Envoyer du courrier avec Yahoo! Mail

Débuter avec une messagerie Web comme Yahoo! Mail est encore plus facile. Allez sur `www.yahoo.fr` et cliquez le bouton Mail. Si vous n'y disposez pas encore d'une boîte aux lettres (ou si vous en voulez une nouvelle), vous pouvez dès à présent en ouvrir une gratuitement.

En possession de votre identifiant Yahoo! et d'une boîte aux lettres chez Yahoo! Mail, suivez ces étapes (plus ou moins, car le site Web Yahoo! Mail aura peut-être changé dix fois depuis la rédaction de ce livre) :

1. Identifiez-vous.

Allez sur `http://fr.yahoo.com`, cliquez Mail et entrez votre identifiant Yahoo! ainsi que votre mot de passe (voir plus haut dans ce chapitre).

Si vous avez déjà ouvert Mail, Yahoo! Mail vous identifiera automatiquement.

2. Cliquez sur le bouton Écrire (ou tout autre lien se rapportant à l'écriture et l'envoi d'un message).

Au centre de l'interface s'affiche l'onglet Nouveau mail, comme le montre la Figure 14.19.

3. Saisissez une ou plusieurs adresses dans le champ À.

Pour envoyer votre message à plusieurs personnes, séparez chaque adresse par une virgule.

Vous pouvez aussi saisir des adresses en Cc (copie carbone) et en Cci (copie carbone invisible). Dans ce dernier cas, cliquez préalablement le lien Afficher le champ Cci.

4. Dans le champ Objet, indiquez l'objet du message.

5. Tapez votre message.

6. Cliquez le bouton Envoyer (en haut à gauche de l'onglet).

Pour vérifier l'orthographe, cliquez sur le bouton éponyme de la barre d'outils avant de cliquer Envoyer. Et voilà, c'est parti !

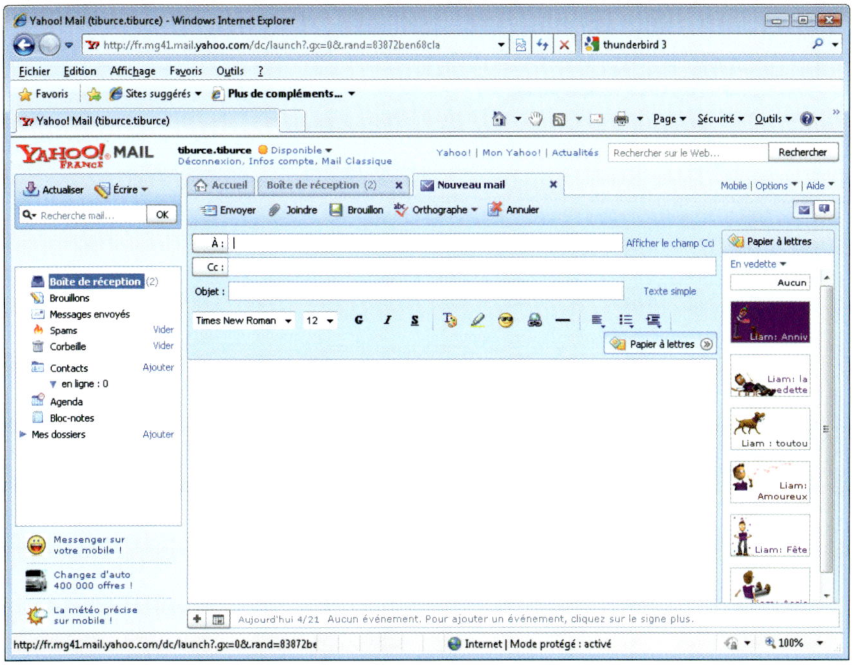

Figure 14.19 : Écrire un message dans Yahoo! Mail.

Envoyer du courrier avec Gmail

L'envoi d'un courrier électronique avec Gmail ne diffère pas beaucoup de la procédure décrite pour Yahoo! Mail. Voici comment faire :

1. **Identifiez-vous.**

   Allez sur `www.google.fr`, cliquez sur le lien Gmail et entrez votre nom d'utilisateur ainsi que votre mot de passe (voir plus haut dans ce chapitre).

2. **Cliquez sur le lien Nouveau message (ou tout autre lien se rapportant à l'écriture et l'envoi d'un message).**

   Au centre de l'interface s'affiche la zone de création de votre courriel, comme le montre la Figure 14.20.

3. **Saisissez une ou plusieurs adresses dans le champ À.**

   Pour envoyer votre message à plusieurs personnes, séparez chaque adresse par une virgule.

   Vous pouvez aussi saisir des adresses en Cc (copie carbone) et en Cci (copie carbone invisible). Dans les deux cas, cliquez préalablement le lien Afficher un champ Cc et Afficher un champ Cci.

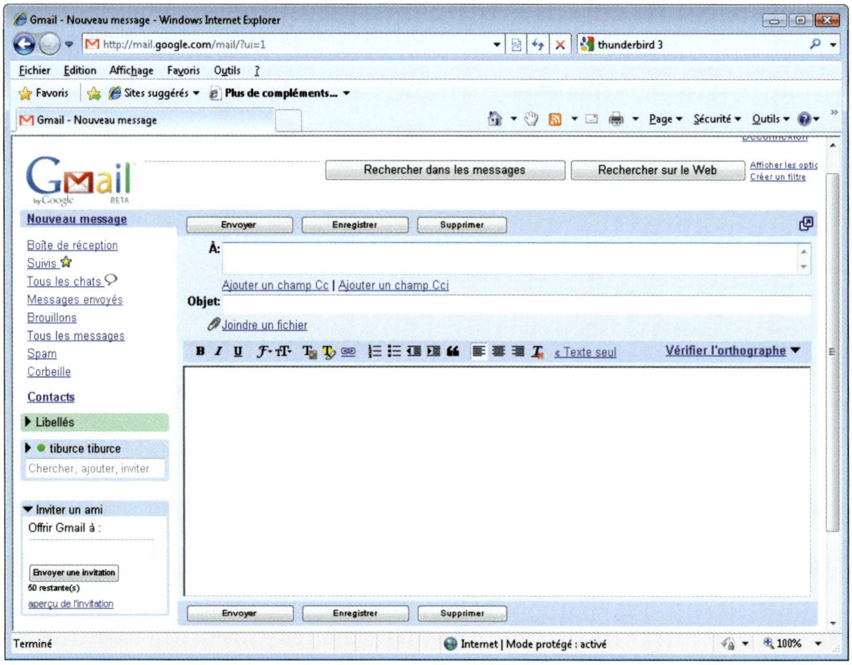

Figure 14.20 : Écrire un message dans Gmail.

4. **Dans le champ Objet, indiquez l'objet du message.**
5. **Tapez votre message.**
6. **Cliquez le bouton Envoyer.**

   Pour vérifier l'orthographe, cliquez sur le bouton éponyme de la barre d'outils avant de cliquer Envoyer. Et voilà, c'est parti !

Mettre en forme ou pas

Aujourd'hui, tous les traitements de texte sont capables de mettre en gras et en italique, d'utiliser diverses polices de différentes tailles. C'est dans cet esprit que la mise en forme du courrier a été implémentée dans les logiciels de courrier.

Le problème est que tous les logiciels de courrier ne sont pas capables d'afficher les messages mis en forme. Cette mise en forme est faite soit au format MIME (le texte est envoyé sous forme de fichier joint au message), soit au format HTML (des codes de mise en forme, identiques à ceux utilisés pour la programmation des pages Web, sont insérés dans le texte). Si votre logiciel ne peut afficher du courrier mis en forme, un méli-mélo de caractères bizarres est affiché en plus du texte du message, ce qui le rend quasiment illisible.

Autre problème : tout courrier mis en forme en HTML peut contenir des virus, des pages Web hostiles qui s'imposeront à l'écran ainsi que d'autres contenus dangereux. Certaines personnes désactivent le courrier HTML pour éviter ces inconvénients.

Si vous savez que la messagerie de votre correspondant gère le courrier mis en forme, ne vous en privez pas. Le gras, l'italique et la couleur permettent de mettre un message en valeur, ce qui ne dispense pas des classiques qualités d'écriture. Si vous recevez des messages avec leur mise en forme, vous en déduisez fort logiquement que leur expéditeur est aussi en mesure de les recevoir. Si vous ne savez pas si la messagerie d'un correspondant peut afficher les messages mis en forme, abstenez-vous. Évitez la mise en forme du texte lorsque vous envoyez des messages à une liste de diffusion car vous ne pouvez pas savoir si tous les abonnés à cette liste pourront les lire.

Réception de courrier

Si vous envoyez des courriers électroniques, vous finirez par en recevoir (même si vous n'en envoyez pas, d'ailleurs).

Pour relever votre courrier, vous devez être connecté à Internet.

Vous pouvez demander à votre ordinateur d'établir une connexion à Internet automatiquement, lorsque vous ordonnez à votre logiciel de courrier d'envoyer ou de relever vos messages. Pour configurer Windows afin d'établir automatiquement la connexion à Internet, reportez-vous au Chapitre 4.

Lire le courrier avec un logiciel de messagerie

Pour consulter vos courriers électroniques avec Thunderbird, Windows Mail et la plupart des programmes de courrier :

1. **Si vous n'êtes pas connecté à Internet, faites-le.**

   Ignorez cette étape si votre ordinateur est constamment connecté (ADSL) ou s'il le fait automatiquement chaque fois que vous en avez besoin.

2. **Ouvrez votre programme de courrier.**

3. **Si votre programme ne relève pas le courrier automatiquement, cliquez le bouton adéquat pour le recevoir.**

   Si vous avez une connexion permanente à Internet, votre logiciel relève automatiquement vos courriers à intervalle régulier, auquel cas vous n'avez qu'à ouvrir le logiciel pour lire vos messages. La plupart sont même capables de relever le courrier pendant que vous lisez, écrivez ou envoyez des messages.

   Lorsque vous recevez des messages, le programme peut émettre un son, afficher un message ou une petite image de facteur délivrant une lettre. Le courrier apparaît dans votre boîte de réception, habituellement dans une fenêtre ou un dossier appelé In ou Messages reçus ou Boîte de réception, à raison d'une ligne par message. Si vous ne voyez pas de courrier, double-cliquez le dossier de réception, habituellement sur le côté gauche de la fenêtre.

4. **Pour voir le contenu d'un message, double-cliquez ou cliquez la ligne où il est mentionné.**

5. **Lorsque vous avez fini, cliquez le bouton de fermeture (X), dans l'angle supérieur droit de la fenêtre de message, ou appuyez sur Ctrl+W ou Ctrl+F4.**

Lire le courrier avec Yahoo! Mail ou Gmail

Pour lire votre courrier Yahoo!, Gmail ou tout autre système de courrier basé sur le Web :

1. **Établissez, si nécessaire, votre connexion à Internet.**

   Les heureux bénéficiaires d'une connexion haut débit sont constamment connectés.

2. **Démarrez votre navigateur Web.**

3. **Allez sur le site serveur de messagerie et identifiez-vous avec votre nom d'utilisateur et votre mot de passe.**

   Si votre navigateur vous propose de mémoriser votre mot de passe et que vous utilisez un ordinateur public ou une machine à laquelle peuvent accéder d'autres personnes, refusez cette proposition. Cela évitera que quelqu'un puisse facilement se connecter au serveur pour consulter votre courrier électronique.

4. **Cliquez ensuite la Boîte de réception pour afficher la liste des messages reçus.**

5. **Cliquez un message.**

   Le système de courrier basé sur le Web affiche le texte du message ainsi que des boutons pour répondre, faire suivre ou supprimer ce message.

Lorsque vous avez fini de lire et d'envoyer des mails sur un serveur de ce type, déconnectez-vous ! Cette action est salutaire si vous utilisez un ordinateur public ou la machine d'un ami. Si vous ne le faites pas, tout un chacun utilisant cet ordinateur pourra consulter vos messages.

Lorsque vous utilisez un site de courrier basé sur le Web, vous gérez tous vos messages sur le serveur lui-même et non pas sur votre ordinateur. Si vous disposez de plusieurs dossiers de courriers, vous pouvez déplacer vos messages de dossier en dossier aussi bien dans un programme de gestion des courriers électroniques que sur un serveur de messagerie Web.

Supprimer des messages

Inutile de lire vos messages avant de les supprimer ! Parfois, il suffit de lire le nom de l'expéditeur et/ou celui de l'objet pour savoir que ce message n'a aucun intérêt. Pour supprimer un message, commencez par le sélectionner parmi tous les messages reçus. Ensuite, dans la plupart des programmes de gestion des courriers électroniques, cliquez le bouton Supprimer.

Sur un serveur de messagerie basé sur le Web, vous sélectionnez les messages à supprimer, puis cliquez un bouton ou un lien Supprimer.

Chapitre 15

Mail sécurisé : virus, spam et sécurité Wi-Fi

Dans ce chapitre :

- Se protéger des virus envoyés par courrier.
- Gérer les courriers indésirables.

Savoir envoyer et recevoir du courrier électronique, c'est bien, mais le faire en toute sécurité, c'est mieux. L'utilisation du courrier électronique vous a probablement déjà confronté aux courriers non sollicités, ou *spams,* ainsi qu'aux virus. Pour en savoir plus sur les risques engendrés par le courrier électronique, reportez-vous au Chapitre 2. Pour le moment, voyons comment prévenir de telles attaques.

Je crois avoir chopé un virus

Un virus parvient jusqu'à votre ordinateur sous la forme d'une pièce jointe attachée à un message. En effet, la plupart des logiciels de messagerie – Thunderbird y compris – permettent de recevoir des fichiers joints. Ne cliquez pas sur un de ces fichiers tant que vous n'en connaissez pas l'expéditeur. Le succès de la propagation des virus tient à une caractéristique spécifique du petit animal qui lui permet de s'auto-envoyer à tous les contacts de votre carnet d'adresses.

Configurer l'antivirus

L'importance de l'installation d'un antivirus est telle que nous allons quelque peu répéter les procédures du Chapitre 4. Il est important d'acheter un antivirus car, même si certains programmes sont gratuits, ils ne sont pas suffisamment puissants. En règle générale, vous achetez une licence d'utilisation limitée à un ou deux ans. Ensuite, pour continuer à profiter de la protection de l'antivirus, vous renouvelez cette sorte d'abonnement. Voici trois bons sites où vous pouvez trouver d'excellents antivirus :

- **McAfee VirusScan**, à `www.mcafee.fr`.
- **Norton AntiVirus**, à `www.symantec.fr`.
- **AVG Anti-Virus**, à `www.avgfrance.com` dont la page d'accueil est illustrée à la Figure 15.1. L'éditeur propose également une version gratuite de son antivirus, moins performante que la version payante, que vous trouverez sur la version gratuite de cette application à cette adresse : `www.avgfrance.com/product-avg-anti-virus-free-edition`.

Figure 15.1 : Le site AVG propose une gamme de solutions de sécurité Internet très performantes.

Une fois l'antivirus installé, veillez à programmer sa routine de mise à jour automatique. Il s'agit d'une programmation très simple qui va permettre au logiciel de démarrer la connexion Internet et d'aller chercher sur le site de son éditeur les dernières définitions de virus afin de vous protéger efficacement contre les programmes nuisibles les plus récents. Bien évidemment, vous pouvez procéder à une mise à jour manuelle. Le problème est qu'il faut impérativement y penser, alors que la programmation le fait pour vous.

Configurer Thunderbird pour contrer les virus

Thunderbird a été conçu pour résister aux virus. En effet, il n'utilise pas les fonctionnalités de mise en forme d'Internet Explorer pour afficher le contenu des courriers électroniques. De plus, il n'ouvre pas automatiquement les pièces jointes. La configuration est très simple :

1. **Dans Thunderbird, cliquez Outils/Options.**

   Vous accédez à la boîte de dialogue Options qui définit plusieurs catégories de paramètres.

2. **Cliquez l'onglet Antivirus.**
3. **Cochez l'option Permettre aux logiciels antivirus de mettre individuellement en quarantaine les messages entrants (Figure 15.2).**

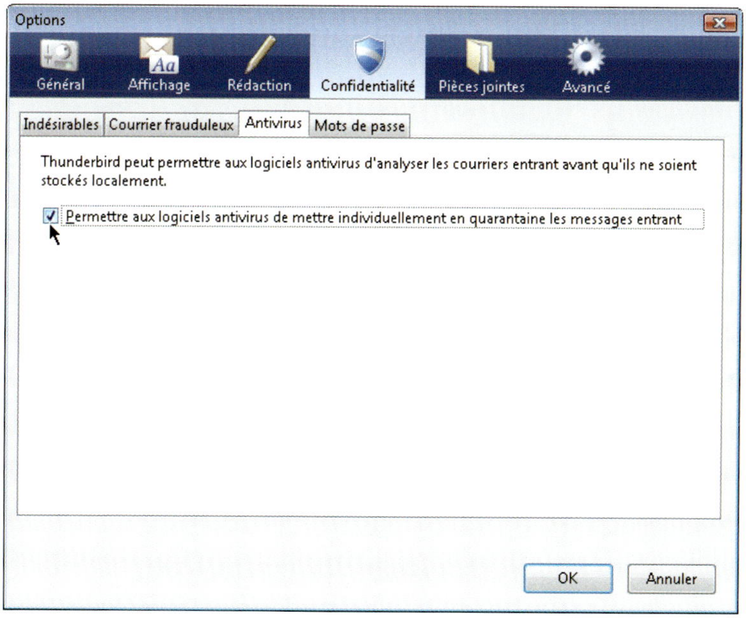

Figure 15.2 : Pour que Thunderbird et votre antivirus fonctionnent main dans la main.

4. **Cliquez OK.**

Configurer Windows Mail pour vous protéger des virus

Certains logiciels de messagerie ouvrent les pièces jointes d'un message, ce qui est extrêmement risqué. Windows Mail dispose d'un emplacement où il affiche le contenu des pièces jointes. Heureusement, vous n'êtes pas prisonnier de ce procédé.

Configurer les paramètres de sécurité de Windows Mail

Voici comment paramétrer Windows Mail :

1. **Dans Windows Mail, cliquez Outils/Options.**
2. **Cliquez l'onglet Sécurité.**

   Vous ouvrez l'onglet éponyme représenté à la Figure 15.3.

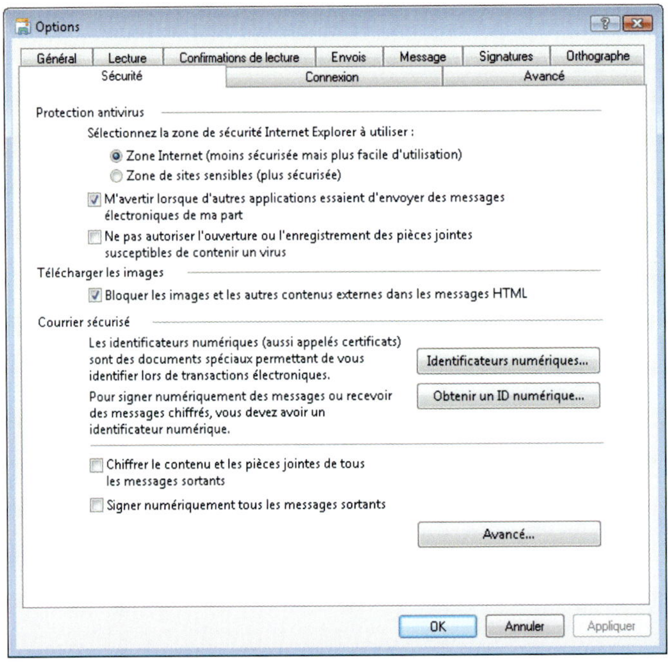

Figure 15.3 : Windows Mail peut se protéger des virus.

   Examinez les sections Protection antivirus et Télécharger les images.

3. **Activez l'option Zone de sites sensibles (plus sécurisée).**

   Si vous travaillez dans une entreprise où vous recevez des courriers de vos collègues, vous devez modifier ce paramètre en accord avec l'administrateur réseau. Pour tous les autres utilisateurs, cette option est particulièrement sécurisante.

4. **Cochez la case M'avertir lorsque d'autres applications tentent d'envoyer des messages de ma part.**

   Si votre ordinateur est infecté de virus ou d'espiogiciels, cette option empêche ces derniers d'envoyer des spams à tous les contacts de votre carnet d'adresses.

5. **Cochez l'option Ne pas autoriser l'ouverture ou l'enregistrement des pièces jointes susceptibles de contenir un virus.**

Si vous pensez recevoir des fichiers Excel, Word ou Access, vous ne devez pas désactiver cette option, car ces types de documents sont susceptibles de contenir des virus. Ils seraient alors systématiquement bloqués, vous empêchant de les enregistrer sur votre ordinateur.

ATTENTION

Si vous êtes vraiment peu aguerri à l'utilisation de Windows Mail, ne cochez pas cette option car vous ne comprendrez pas pourquoi vous ne pouvez pas ouvrir certaines pièces jointes. C'est un piège dans lequel sont tombés les plus malins de la messagerie électronique.

6. **Cochez l'option Bloquer les images et les autres contenus externes dans les messages HTML.**

   Les images intégrées dans ces messages ne transmettent pas de virus mais peuvent être d'un contenu indésirable.

TRUC

Ainsi, chaque message qui s'affichera et qui comportera des images n'affichera que le texte comme à la Figure 15.4. Pour voir les images contenues dans le message, vous devrez cliquer sur l'information affichée dans un cadre jaune situé sous l'objet du message reçu.

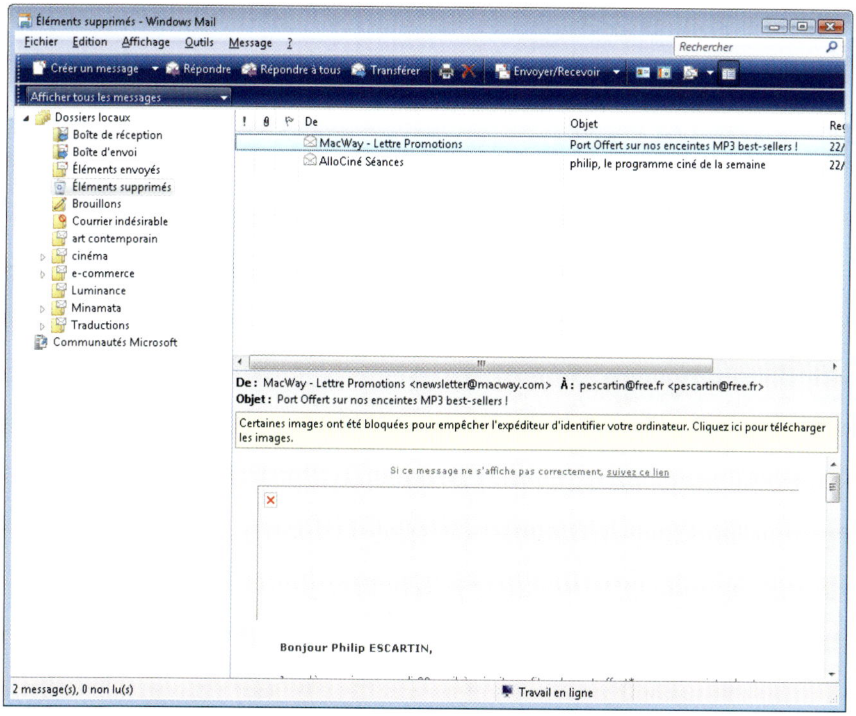

Figure 15.4 : Les images des messages sont bloquées par Windows Mail.

7. **Cliquez OK.**

Les chaînes

Déjà présentes autrefois sous forme papier, les chaînes – vous vous souvenez, ces lettres reçues que vous deviez faire suivre sous peine de subir d'horribles malheurs et calamités – se sont mises à l'heure des nouvelles technologies et transitent désormais par le courrier électronique. Ne jouez pas le jeu de ces âneries.

Il existe tous types de chaînes dont certaines ne sont pas si simples à éradiquer :

- Les chaînes censées faire gagner de l'argent. Il s'agit de lettres dans lesquelles figure une liste de noms et d'adresses. L'idée est par exemple d'envoyer 10 euros à la première personne inscrite, de la supprimer de cette liste et de vous y inscrire en dernière position. Puis, vous envoyez cette lettre à autant de contacts que possible. Sachez que ces chaînes sont illégales car elles cachent une arnaque. En effet, très rapidement, tout le monde se retrouve avec davantage de lettres qu'il n'y a d'argent à distribuer (à supposer qu'il y ait jamais eu d'argent à répartir !). Donc le système se bloque, et ceux qui ont payé sont escroqués car jamais ils ne récupéreront leur mise.
- De grandes sociétés vous payent pour que vous lisiez leurs courriers électroniques. Ce genre de message indique généralement que la société fait une étude de marché. Si vous répondez, vous pouvez gagner, par exemple, un séjour dans un village de vacances. Certains messages prétendent même que vous recevrez de l'argent si vous transmettez le courrier à d'autres personnes. Il semblerait que le fait de répondre à ces messages fasse en fait bien pire que ce qu'ils promettent : ces courriers sont inutiles, dangereux et représentent une sacrée perte de temps.
- Des virus cachés détruisent votre ordinateur. Ceci est parfois vrai, mais c'est très souvent faux. En d'autres termes, c'est de l'intox ! Ne vous laissez pas impressionner par ce genre de message alarmiste, souvent truffé d'âneries ("un virus contre lequel même Microsoft ne peut rien"). Mettez à jour votre antivirus et lancez une analyse complète. Je suis quasiment certain qu'aucun virus (du moins du type annoncé dans le courrier) n'est présent dans votre ordinateur. Sachez que certains messages, censés avertir de la présence de virus, en contiennent eux-mêmes !

Éloignez ces spams !

Pour contrer les spams, il faut indiquer à l'ordinateur ce qu'il doit considérer comme tel, mais aussi ce qu'il doit en faire : les supprimer ou les stocker dans un dossier spécifique. Le problème est de savoir comment faire en sorte que l'ordinateur puisse différencier les spams des autres messages. Plusieurs techniques sont envisageables, mais aucune n'est parfaite. Voici les plus communes :

- **Les listes noires :** Des organismes sur le Web ont établi des listes d'adresses qui semblent être celles des éditeurs et des diffuseurs de spams. Ces listes sont mises à la disposition des fournisseurs d'accès Internet (FAI). Nombre d'entre eux y souscrivent. Il suffit alors d'activer le filtre antispam du FAI pour que ces messages soient bloqués quand ils arrivent sur le serveur de messagerie. Ainsi, ils ne parviennent jamais jusqu'à votre ordinateur.

- **Les filtres de contenu :** Ces identificateurs recherchent des mots ou des phrases-clés qui sont relativement récurrents dans la plupart des messages de spam. Ils repèrent également des erreurs de mise en forme assez répandues chez les auteurs de spams. L'analyse de chaque message conduit à l'attribution d'une valeur. Si cette valeur atteint ou dépasse un certain seuil, le message est considéré comme un spam et va directement à la poubelle. Par exemple, des messages comportant le mot "Viagra" ou "Crédit" ont bien plus de chances d'être des spams qu'autre chose.
- **Le filtre bayésien :** Tom Bayes, mathématicien britannique connu pour avoir formulé le théorème qui porte son nom, est mort deux cent huit ans avant l'arrivée d'Internet. Cependant, ses travaux en statistique servent aujourd'hui à identifier ce qui est un spam ou ce qui ne l'est pas. De nombreux logiciels de messagerie comportent un filtre bayésien. Avec ce filtre, dès que vous considérez un courrier électronique comme spam, vous l'indiquez au programme d'un simple clic sur un bouton spécifique. Ce message servira d'élément statistique pour l'identification d'autres spams. Bien que rendant de sérieux services, le filtre bayésien n'est pas infaillible. Pour cette raison, consultez régulièrement le dossier où sont stockés les spams car vous y trouverez certainement quelques messages tout à fait honnêtes (des "faux négatifs", en jargon technique).

Filtrer les spams dans Thunderbird

Thunderbird comporte un filtre bayésien qui fonctionne très bien à partir d'exemples de messages qui sont de vrais spams.

Activer le filtre de Thunderbird

Voici comment configurer le filtre de Thunderbird :

1. **Cliquez Outils/Options.**

   Vous accédez à la boîte de dialogue éponyme, illustrée à la Figure 15.5.

2. **Cliquez l'onglet Confidentialité.**
3. **Cliquez sur l'onglet Indésirables.**
4. **Cochez l'option Quand je marque des messages comme indésirables, puis l'action Les supprimer (Figure 15.6).**

   L'autre option est de les déplacer dans le dossier Indésirables. Puisque vous jugez ces messages indésirables, pourquoi ne pas les supprimer ?

5. **Cliquez OK.**

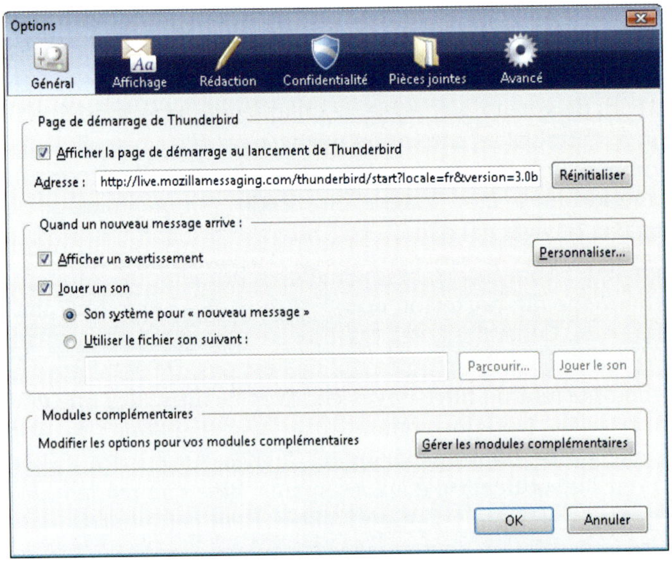

Figure 15.5 : Les options de Thunderbird.

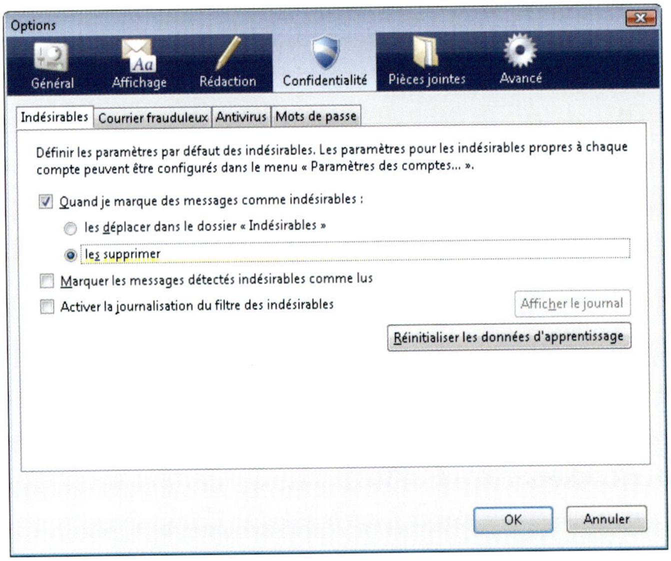

Figure 15.6 : Supprimer les courriers indésirables dans Thunderbird.

Voilà ! Thunderbird est prêt pour son apprentissage des spams. Dès que vous recevez un spam, il vous suffit de cliquer le bouton Indésirable. Le message disparaît des courriers entrants, et Thunderbird en fait l'analyse. Plus vous identifierez manuellement de spams, plus Thunderbird sera capable de les détecter automatiquement, et moins vous aurez de contrôle manuel à réaliser.

Vérifier les courriers indésirables

Si vous découvrez un message correct, sélectionnez-le et cliquez le bouton Acceptable qui se substitue à Indésirable. Glissez-déplacez ensuite ce message dans le dossier Courrier entrant du destinataire. Pour récupérer ainsi plusieurs messages, sélectionnez-les avec la touche Maj ou Ctrl+clic et glissez-déplacez-les en groupe dans le dossier Courrier entrant adéquat. En revanche, pour supprimer des spams, sélectionnez-les et appuyez sur la touche Suppr du clavier ou cliquez le bouton Supprimer.

Filtrer les spams avec Windows Mail

Windows Mail ne comporte pas de filtre bayésien. C'est une des raisons pour laquelle nous préférons Thunderbird.

Windows Mail sait néanmoins filtrer les spams :

- **Les règles :** C'est le nom que Microsoft donne aux filtres. Windows Mail identifie les messages répondant à des règles définies et les redirige vers le dossier de votre choix, la corbeille par exemple.
- **Bloquer l'expéditeur :** Si vous recevez un message d'un expéditeur bloqué, il termine sa course dans la corbeille.
- **La liste d'expéditeurs autorisés :** Les messages provenant de ces contacts ne sont pas bloqués comme des spams, même s'ils ressemblent à du courrier indésirable.

Bloquer les messages d'un expéditeur

Voici comment bloquer les messages provenant d'une adresse spécifique :

1. **Ouvrez un message provenant de ladite adresse.**
2. **Dans la fenêtre qui affiche le message, choisissez Message/Courrier indésirable/Ajouter l'expéditeur à la liste des expéditeurs bloqués (Figure 15.7).**

   Un message peut vous demander confirmation.
3. **Si un message de confirmation apparaît, cliquez OK.**

   Windows Mail bloquera les futurs messages de cet expéditeur. Supprimez le message actuellement dans votre Boîte de réception.

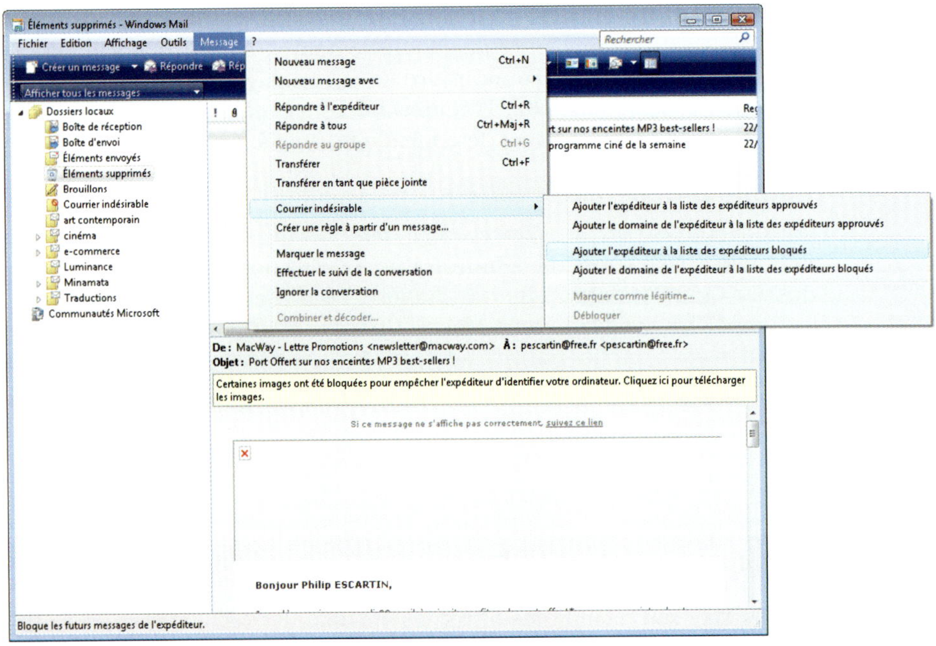

Figure 15.7 : Les courriers indésirables dans Windows Mail.

Afficher la liste des expéditeurs bloqués

Vous pouvez modifier à tout moment la liste des expéditeurs bloqués. Ceci est indispensable lorsque, par erreur, vous avez inclus un de vos amis dans cette liste. Pour récupérer un expéditeur, ou plutôt le débloquer, cliquez dans la fenêtre de Windows Mail, Outils/Options du courrier indésirable et, dans la boîte de dialogue qui apparaît, cliquez l'onglet Expéditeurs bloqués, comme à la Figure 15.8.

Pour supprimer un expéditeur, il suffit de sélectionner son nom dans la liste et de cliquer le bouton Supprimer.

Pour ajouter un expéditeur, cliquez le bouton Ajouter. Remplissez la boîte de dialogue qui apparaît, notamment – et surtout – en saisissant l'adresse électronique de la personne à bloquer.

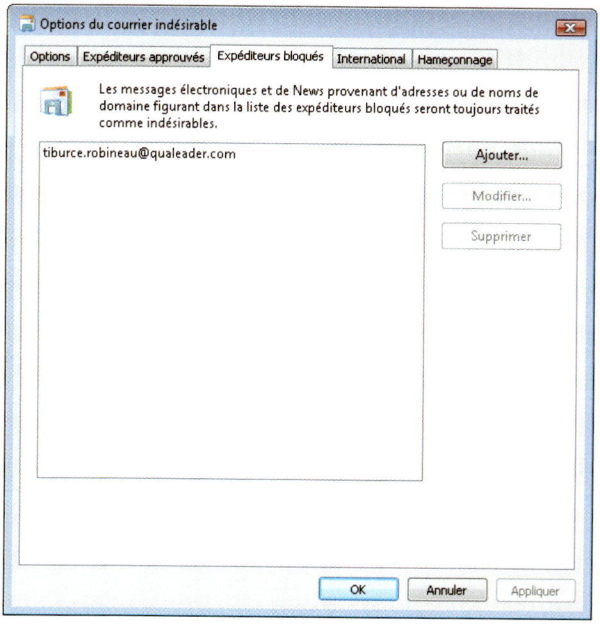

Figure 15.8 : Gérer la liste des courriers indésirables dans Windows Mail.

Bloquer des messages provenant de domaines

La liste des expéditeurs bloqués peut comporter un domaine (la partie de l'adresse située après le @). Par exemple, si vous ne souhaitez pas recevoir de courrier de la Maison Blanche, vous saisissez simplement `whitehouse.gov`. Voici comment bloquer un domaine :

1. **Ouvrez un message provenant de ladite adresse.**
2. **Dans la fenêtre qui affiche le message, choisissez Message/Courrier indésirable/Ajouter le domaine à la liste des expéditeurs bloqués.**

Créer un dossier pour vos spams

Si vous appliquez des règles pour filtrer les spams et les empêcher ainsi de polluer la Boîte de réception, je vous invite à créer un dossier du style Courriers indésirables. Il recevra les messages répondant aux critères édictés dans vos règles. Voici comment procéder :

1. **Dans la liste des dossiers de Windows Mail, sélectionnez celui dans lequel vous désirez placer le dossier des courriers indésirables.**

   C'est généralement celui nommé Dossiers locaux, en amont de tous les autres.

2. **Cliquez Fichier/Nouveau/Dossier ou appuyez sur Ctrl+Maj+E.**

   Vous ouvrez la boîte de dialogue Créer un dossier.

3. Saisissez le nom du dossier, en l'occurrence Courriers indésirables.

4. Cliquez OK.

Votre nouveau dossier apparaît dans la liste des Dossiers locaux (si vous avez choisi ce dossier). Pour supprimer ce nouveau dossier, cliquez dessus du bouton droit de la souris. Dans le menu contextuel, cliquez Supprimer. Vous pouvez également renommer le dossier en suivant cette dernière procédure, mais en choisissant Renommer au lieu de Supprimer.

Créer des règles pour supprimer les spams

Vous pouvez créer un ensemble de règles pour indiquer sur quels types de messages Windows Mail doit porter son attention et ce qu'il doit en faire. Le programme applique la règle à chaque message parvenant jusqu'à la Boîte de réception. Dès lors qu'il correspond à une règle, Windows Mail l'envoie vers le dossier spécifié.

Il est possible de fixer des règles assez simples. Par exemple, vous indiquez que tout message contenant le mot "crédit" ou encore "réduisez vos crédits" doit être supprimé. Vous pouvez définir de nombreuses règles, c'est-à-dire une pour chaque type de spam. Les auteurs de spams, loin d'être des imbéciles, font évoluer leurs messages si vite qu'une règle peut rapidement devenir obsolète.

Créer une nouvelle règle dans Windows Mail

Pour créer des règles, cliquez Outils/Règles de message/Courrier. Vous ouvrez la boîte de dialogue Règles de message illustrée à la Figure 15.9. Si aucune règle n'a été définie, la boîte de dialogue de la Figure 15.10 est directement affichée.

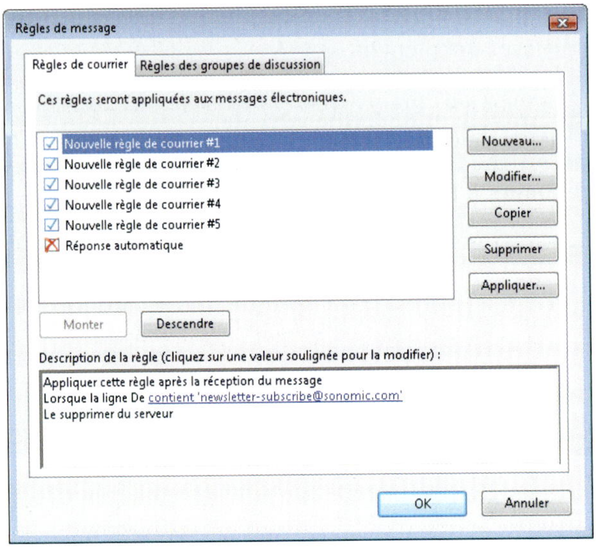

Figure 15.9 : Créez, modifiez et supprimez des règles de filtrage dans Windows Mail.

Pour définir une nouvelle règle, cliquez le bouton Nouveau. Vous accédez à la boîte de dialogue représentée à la Figure 15.10 (mais peut-être êtes-vous parvenu directement à cette boîte de dialogue).

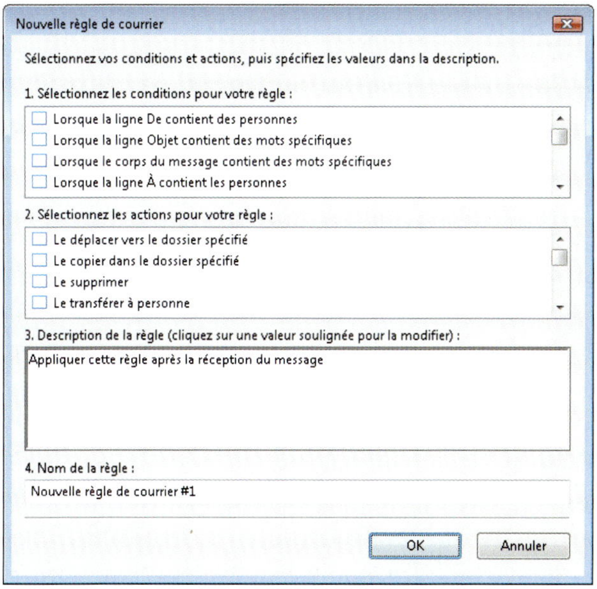

Figure 15.10 : Pour créer une règle de filtrage des courriers, indiquez les critères que doivent réunir les messages à éliminer.

La boîte de dialogue Nouvelle règle de courrier contient quatre sections :

- **Sélectionnez les conditions pour votre règle :** Vous spécifiez la partie du message que doit analyser Windows Mail pour appliquer la règle. Vous pouvez sélectionner la ligne De, Objet, le corps du message, la ligne À, Cc, le message marqué en priorité, le compte de courrier, la taille du message, la pièce jointe, la sécurité, ou encore l'application de la règle à tous les messages.
- **Sélectionnez les actions pour votre règle :** Vous indiquez ce que Windows Mail doit faire du message quand il répond aux critères. Vous pouvez le déplacer vers un dossier spécifié, l'y copier, le supprimer, le transférer à quelqu'un, le mettre en surbrillance, le marquer, le marquer comme lu, comme suivi, comme ignoré, *etc.* Vous pouvez aussi demander à Windows Mail de ne pas télécharger le message depuis le serveur, voire de l'y supprimer.
- **Description de la règle :** Ce champ récapitule les fonctions de la règle édictée. Elle reprend tout ce que vous avez coché dans les deux précédentes listes.
- **Nom de la règle :** Vous pouvez donner un nom à la règle. Si vous ne le faites pas, Windows Mail l'appelle par défaut Nouvelle règle de courrier #1.

Suivez ces étapes pour créer une règle qui filtre les spams :

1. **Dans la liste 1. Sélectionnez les conditions pour votre règle, cochez la partie du message qui l'identifiera comme étant un spam.**

   Par exemple, si vous souhaitez bloquer tous les messages contenant la phrase "crédit taux d'intérêt faible" dans la ligne Objet, cochez la deuxième option Lorsque la ligne Objet contient des mots spécifiques.

2. **Dans la liste 2. Sélectionnez les actions pour votre règle, cochez la première option Le déplacer vers le dossier spécifié.**

   La liste 3 affiche un texte reprenant ces deux choix, en l'occurrence :

```
Appliquer cette règle après la réception du message
Lorsque la ligne Objet contient des mots spécifiques
Le déplacer vers le dossier spécifié
```

3. **Dans la zone 3. Description de la règle, cliquez le lien "contient des mots spécifiques", afin de les saisir dans une nouvelle boîte de dialogue.**

   Saisissez les termes dans la boîte de dialogue Entrer des mots spécifiques.

4. **Saisissez les mots qui apparaissent dans le spam que vous désirez mettre à la poubelle et cliquez le bouton Ajouter.**

   Par exemple, tapez **taux d'intérêt faible**.

5. **Si vous désirez que cette règle recherche d'autres mots ou phrases, répétez l'Étape 4.**

   Vous souhaiterez peut-être que cette même règle recherche d'autres messages dont l'objectif est de vous faire souscrire crédit sur crédit. Ainsi, saisissez **réduisez vos crédits** ou encore **regroupez vos crédits**. Chaque fois, cliquez le bouton Ajouter. La liste Mots regroupe tous les termes analysés par Windows Mail.

6. **Cliquez OK pour revenir à la boîte de dialogue Nouvelle règle de courrier.**

   La zone 3 affiche la liste des phrases servant de critères à votre antispam. Il vous reste à préciser ce que Windows Mail doit faire de ces messages.

7. **Cliquez le lien spécifié de la zone 3.**

   La boîte de dialogue Déplacer apparaît.

8. **Sélectionnez le dossier de destination de ces spams et cliquez OK.**

   L'intérêt est de diriger le spam vers le dossier Courriers indésirables que vous avez probablement créé (sinon, je vous conseille d'en créer un). Une alternative à l'utilisation de ce dossier consiste à déplacer les messages vers le dossier Éléments supprimés.

9. **Dans la zone 2, activez Ne plus traiter de règles, tout en bas de la liste.**

   Lorsque vous sélectionnez cette option, la phrase apparaît en bas de la zone 3. Description de la règle. Elle indique à Windows Mail qu'une fois le message traité et analysé, il n'a plus de règle à lui appliquer. Il peut passer au message suivant.

10. **Dans la zone 4. Nom de la règle, donnez un nom à cette règle.**

    Donnez un nom significatif, comme **crédit spam**.

11. **Cliquez OK.**

    Windows Mail stocke la règle et vous renvoie à la boîte de dialogue Règles de message.

Certains programmes de balisage des spams ajoutent un en-tête à chaque message qui indique s'il s'agit ou non d'un spam. Si votre FAI, ou votre programme antispam tiers, ajoute ces balises, vous pouvez créer une règle qui cible ces messages et qui les place dans votre dossier Courriers indésirables.

Trouver un logiciel antispam

Si vous utilisez Thunderbird, vous disposez déjà d'un antispam intégré basé sur un filtrage bayésien. Inutile de lui adjoindre un autre programme de ce type. Si vous utilisez Windows Mail (ou un autre logiciel de messagerie), il se peut qu'il n'ait pas de filtre antispam. Vous pouvez installer et utiliser des filtres qui agiront sur la messagerie.

Voici une sélection de logiciel antispam fonctionnant conjointement avec une messagerie. Beaucoup sont gratuits et la plupart en anglais :

- **Death2Spam** (`http://death2spam.com/`) : Vous pouvez tester ce logiciel pendant trente jours. Ensuite, il vous en coûtera 35 dollars par an.
- **K9** (`www.keir.net/k9.html`) : Ce programme gratuit utilise des filtres bayésiens. Il ne fonctionne pas avec les comptes de courrier basés sur le Web (le courrier résidant en permanence chez votre fournisseur d'accès Internet).
- **MailWasher et MailWasher Pro** (`www.mailwasher.net`) : MailWasher existe en versions gratuite et payante. La version payante prend en charge les comptes Hotmail.
- **POPFile** (`http://popfile.sourceforge.net/manual/fr/manual.html`) : Ce logiciel gratuit retrouve vos courriers et les marque avec un filtre bayésien. Il ne fonctionne pas avec les comptes de courrier basés sur le Web.
- **Spamihilator** (`www.spamihilator.com`) : Ce logiciel gratuit est structuré autour de filtres bayésiens.
- **SpamPal** (`www.spampal.fr`) : Ce logiciel gratuit se base sur des listes noires pour déterminer ce qui est du spam.

Sécuriser un courrier électronique

Si vous utilisez votre ordinateur pour lire vos courriers à des points d'accès Wi-Fi, vous êtes confronté à un gros problème de sécurité (le Chapitre 5 explique ce que sont les points d'accès et le Wi-Fi). Les accès Wi-Fi publics permettent potentiellement de vous espionner. On déniche vos mots de passe, vos noms d'utilisateur et bien évidemment le contenu de vos courriers.

Heureusement, la plupart des programmes et serveurs de messagerie vous laissent utiliser une connexion sécurisée du même type que celle qui sécurise les pages Web lorsque vous consultez les courriers entrants et les courriers sortants. La configuration d'une connexion sécurisée est un peu complexe, mais vous n'avez à la faire qu'une seule fois.

Courriers sécurisés avec Thunderbird

Voici la procédure à suivre :

1. **Cliquez Outils/Paramètres des comptes.**

   Vous ouvrez la boîte de dialogue du même nom, illustrée Figure 15.11.

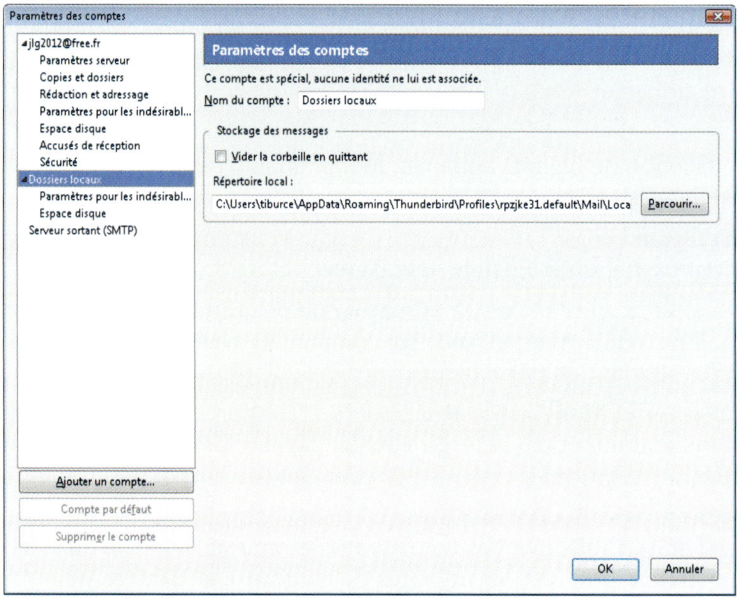

Figure 15.11 : Sécurisation des courriers dans Thunderbird.

2. **Dans votre compte de courrier, cliquez Paramètres serveur.**

   Vous serez peut-être obligé de cliquer le signe + pour afficher ces options.

3. **Ouvrez le menu local Sécurité de la connexion, et choisissez SSL/TSL.**

4. **Tout en bas de la colonne de gauche, cliquez Serveur sortant (SMTP).**

   Si vous avez plusieurs comptes de courrier, il est fort possible que vous soyez contraint de faire défiler le contenu de cette colonne.

5. **Cliquez le bouton Modifier (volet de droite).**

6. **Dans le menu local Sécurité de la connexion choisissez SSL/TSL comme à la Figure 15.12.**

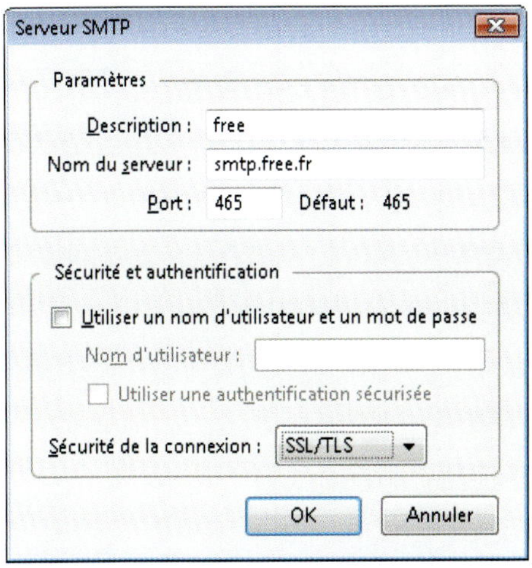

Figure 15.12 : Sécurisation des connexions dans Thunderbird.

7. **Cliquez OK.**

Testez votre adresse électronique en vous envoyant un message. Si cela ne fonctionne pas, c'est que votre fournisseur d'accès ne propose pas de courrier sécurisé, ou du moins celui-ci n'est pas standard. Vous devez le contacter pour trouver une solution.

Courriers sécurisés avec Windows Mail

Pour configurer un courrier sécurisé :

1. **Cliquez Outils/Comptes.**

2. **Cliquez le nom de votre compte, puis le bouton Propriétés.**

3. **Dans la fenêtre qui s'ouvre, cliquez l'onglet Avancé.**

   Eh oui, pas l'onglet Sécurité !

4. **Cochez l'option Ce serveur nécessite une connexion sécurisée (SSL), aussi bien pour le courrier entrant que sortant (Figure 15.13).**

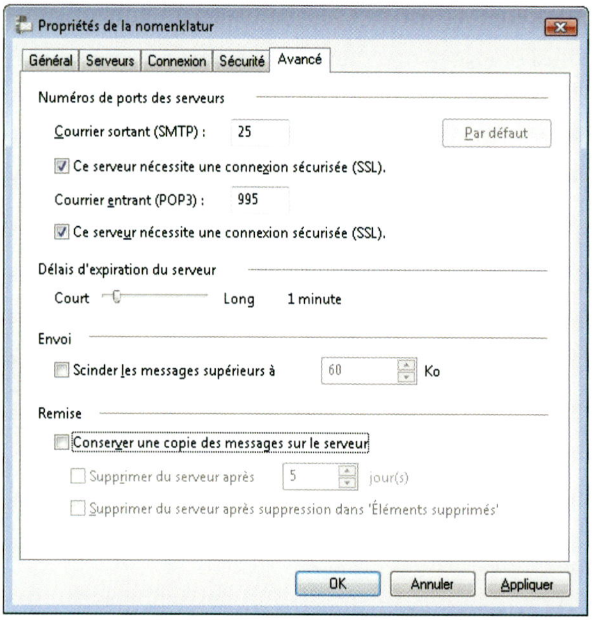

Figure 15.13 : Sécurisation des courriers dans Windows Mail.

5. Cliquez OK.

Vérifiez le bon fonctionnement de ces paramètres en vous envoyant un courrier. Si cela ne fonctionne pas, c'est que votre fournisseur d'accès Internet ne propose pas de courrier sécurisé, ou du moins pas standard. Vous devrez le contacter pour trouver une solution.

Sixième partie

Les Dix Commandements

"Julien, très honnêtement je ne crois pas qu'il soit possible d'éviter un embrasement du foin avec le Pare-feu Windows."

Dans cette partie...

Windows Vista est parfois farceur et réserve quelques surprises. Vous trouverez lesquelles et comment vous en sortir facilement.

Les possesseurs d'un ordinateur portable ont droit à un chapitre rien que pour eux. Vista est en effet doté de fonctions réservées aux utilisateurs nomades, itinérants, voyageurs ou qui préfèrent travailler au lit, douillettement vautré sous la couette avec une liaison Wi-Fi (ou autre liaison d'une autre sorte mais bon, ce n'est plus de l'informatique...).

Dix points que vous détesterez (et comment les corriger)

Dans ce chapitre :

- En finir avec les demandes de permission.
- Trouver les menus de Vista.
- Désactiver Aero pour accélérer Vista.

Vista serait génial si... *(insérez vos récriminations ici).* Bref, lisez ce chapitre s'il vous arrive souvent de vous en prendre à Vista. Vous trouverez une liste de dix points – et même un peu plus que ça –hautement agaçants au sujet de Vista, et comment en venir à bout.

Ras le bol de ces demandes de permission !

L'écran de demande de permissions de Vista peut être supprimé de deux manières :

- **Celle que Microsoft préfère :** Avant de cliquer machinalement sur le bouton Continuer, demandez-vous si vous avez entrepris une action. Si oui, cliquez sur Continuer afin que l'ordinateur exécute votre commande. En revanche, si la demande de permission est spontanée, sans aucune action de votre part, cliquez sur Annuler, car ce n'est pas normal.
- **La solution de facilité :** Désactivez la demande de permission comme je l'ai expliqué au Chapitre 17. L'ordinateur sera toutefois plus exposé aux virus, vers, espiogiciels et autres logiciels malfaisants qui écument l'Internet.

Aucune de ces options n'est la panacée, mais c'est la seule alternative que Microsoft vous offre : étudier chaque demande de permission ou faire confiance à vos logiciels antivirus et anti-espiogiciels.

Je recommande l'approche préconisée par Microsoft. C'est un peu comme la ceinture de sécurité : pas très confortable mais plus sûre. Mais en fin de compte, c'est à vous de choisir entre le confort et la sécurité.

Impossible de copier dans mon iPod de la musique extraite ou achetée

Vous ne trouverez jamais le mot iPod dans les menus de Vista, dans les écrans d'aide ni même sur le site de Microsoft. Concurrent de Microsoft, Apple a réussi un coup de maître avec l'iPod, que Microsoft s'efforce d'ignorer superbement.

Ce qui ne saurait être ignoré, ce sont les problèmes auxquels vous êtes confrontés chaque fois que vous essayez de copier dedans des morceaux stockés dans le Lecteur Windows Media. Vous vous heurtez en effet à deux obstacles :

- Les morceaux achetés dans certains magasins de musique en ligne, comme URGE aux Etats-Unis, sont au format WMA (*Windows Media Audio*) que l'iPod ne peut pas lire.
- Les morceaux extraits de CD avec le Lecteur Windows Media sont illisibles sur un iPod, car ils sont eux aussi enregistrés au format WMA.

Le second obstacle est facile à contourner : il suffit de demander au Lecteur Windows Media de convertir les extractions au format MP3, lisibles par tous les lecteurs de musique mobiles, même l'iPod. Procédez comme suit pour ce faire :

1. **Cliquez sur le bouton Démarrer, choisissez Tous les programmes puis Lecteur Windows Media.**
2. **Appuyez sur Alt et, dans le menu déroulant, choisissez Outils puis Options.**
3. **Cliquez sur l'onglet Extraire de la musique et, dans le menu déroulant Format, sélectionnez MP3 au lieu de Audio Windows Media.**
4. **Cliquez pour enregistrer vos changements.**

En extrayant les morceaux au format MP3, vous aurez la certitude que votre audiothèque sera compatible avec tous les lecteurs de musique actuels et à venir (le Lecteur Windows Media est étudié au Chapitre 15).

Tous les menus ont disparu

Dans leur zèle pour faire de Vista un petit chef-d'œuvre de design et de graphisme, les programmeurs ont escamoté les menus utilisés depuis des années dans Windows. Pour les revoir, appuyez sur la touche Alt. Vous pourrez ainsi accéder de nouveau aux bonnes vieilles options.

Pour empêcher les menus de disparaître de nouveau, cliquez sur le bouton Organiser, choisissez Disposition puis Barre de menus.

Le contrôle parental est trop compliqué

Le nouveau Contrôle parental permet de contrôler exactement ce que les enfants peuvent faire ou ne pas faire avec le PC (cette option est décrite au Chapitre 10). Mais si vous voulez simplement que Vista cafarde... oups... rapporte ce que vos enfants ont fait, appliquez cette rapide procédure :

1. **Cliquez sur le bouton Démarrer, puis sur Panneau de configuration. Choisissez Comptes d'utilisateurs et protection des utilisateurs et choisissez Contrôle parental.**

   Le panneau Contrôle parental apparaît, répertoriant les noms de chaque détenteur d'un compte.

2. **Cliquez sur le nom du compte de l'enfant.**

   Les paramètres du contrôle parental sont affichés.

3. **À la rubrique Contrôle parental, cliquez sur l'option Activé, les paramètres actuels sont appliqués.**

4. **À la rubrique Rapport d'activité, cliquez sur l'option Activé, Recueillir les informations relatives à l'usage de l'ordinateur.**

5. **Cliquez sur le bouton OK.**

Une fois par semaine, vérifiez les activités de l'enfant en exécutant les Étapes 1 et 2. Mais à l'Étape 3, choisissez Afficher les rapports d'activité. Vista détaille sans état d'âme ce que l'enfant a fait sur l'Internet.

Pour avoir tous les détails, déployez les options dans le volet de gauche. Tout y est : les noms des gens envoyant et recevant des messages de l'enfant, les noms des morceaux et vidéos qu'il a écoutés ou regardés, les sites Web visités, le nom des programmes téléchargés, les heures d'ouverture et de fermeture de session, le nombre d'heures passées au clavier et autres informations du même acabit (NdT : il ne manque que la durée de la garde à vue).

Les effets de transparence ralentissent mon ordinateur portable

L'un des effets graphiques les plus appréciés de Vista, appelé "Aero", n'est pas toujours sans conséquences. L'effet Aero rend les cadres des fenêtres floues, comme s'ils étaient en matière plastique. C'est lui aussi qui permet à certains programmes, comme le jeu d'échecs, de flotter en l'air, permettant de l'orienter à votre gré et le regarder sous n'importe quel angle.

Les calculs requis pour ces effets visuels ralentissent sensiblement les PC qui ne sont pas équipés d'une carte graphique haut de gamme, ce qui est le cas de la plupart des ordinateurs portables. Quand l'effet Aero est actif, les cartes à jouer de FreeCell rampent à l'écran.

Pire, l'effet Aero peut réduire l'autonomie de la batterie à une fraction de ce qu'elle est habituellement. Si vous ne voulez plus qu'il plombe votre PC, désactivez-le en procédant comme suit :

1. **Cliquez du bouton droit dans une partie vide du Bureau et choisissez Personnaliser afin d'ouvrir le Panneau de configuration.**
2. **Choisissez Couleur et apparence des fenêtres.**

   Si vous voyez l'option Ouvrir les propriétés d'apparence classique pour des options de couleurs supplémentaires, cliquez dessus. Sinon, passez à l'Étape 3.
3. **Dans la liste Modèles de couleur, choisissez Windows Vista Basic, puis cliquez sur OK.**

Si l'ordinateur est encore trop lent, choisissez Windows Standard, voire Windows Classique, à l'Étape 3.

Pour rétablir les effets Aero, histoire d'épater la galerie, répétez la manipulation mais à l'Étape 3, choisissez Windows Aero.

NOTE TECHNIQUE

Si Vista n'est toujours pas très vif, cliquez du bouton droit sur Ordinateur, dans le menu Démarrer puis, dans le volet de gauche, choisissez Paramètres système avancés. Cliquez sur l'onglet Paramètres avancés et, à la rubrique Performances, cliquez sur Paramètres. Choisissez l'option Ajuster afin d'obtenir les meilleures performances, puis cliquez sur OK.

Mais comment éteint-on le PC ?

Le bouton démarrer de Windows XP comportait un commode bouton Arrêter l'ordinateur. Vista, lui, place deux boutons à cet endroit, dont aucun n'éteint le PC. Celui à gauche met le PC dans un "état de faible consommation d'énergie" tandis que l'autre protège votre compte par un mot de passe quand vous abandonnez l'ordinateur pendant quelques minutes.

Pour éteindre l'ordinateur, cliquez sur la flèche à droite des deux boutons et choisissez Arrêter (les différents boutons d'alimentation sont décrits au Chapitre 2).

Procédez comme suit pour transformer le bouton de gauche (représenté dans la marge) en commutateur Marche/Arrêt :

1. **Cliquez sur le bouton Démarrer, choisissez Panneau de configuration, puis Système et maintenance et cliquez sur Options d'alimentation.**
2. **Dans le volet de gauche, Choisir l'action des boutons d'alimentation.**
3. **Dans le menu déroulant associé à l'option Lorsque j'appuie sur le bouton d'alimentation, sélectionnez Arrêter. Cliquez ensuite sur Enregistrer les modifications.**

Vista me demande tout le temps de me reconnecter

Quand l'écran de veille est activé, Vista propose deux manières de le quitter et redevenir opérationnel : afficher l'écran d'ouverture où vous devrez rouvrir votre session, ou alors, Vista peut afficher de nouveau le programme que vous utilisiez quand l'écran de veille s'est manifesté.

Certaines personnes préfèrent la sécurité de l'écran d'ouverture. Ainsi, comme le mot de passe est demandé pour se reconnecter, personne ne peut profiter de la pause café pour farfouiller subrepticement dans l'ordinateur et lire le courrier.

D'autres, moins concernés par la sécurité, préfèrent simplement retourner rapidement au travail en cours. Voici comment réconcilier les deux camps :

1. **Cliquez dans une partie vide du Bureau et choisissez Personnaliser.**
2. **Cliquez sur Écran de veille.**

   Windows Vista affiche les options de l'écran de veille, et notamment si Vista doit reprendre à la page d'ouverture.

3. **Selon vos préférences, cochez ou non la case A la reprise, afficher l'écran d'ouverture.**

   Si la case est cochée, la sécurité est accrue. Lorsque l'écran de veille s'arrête, l'écran d'ouverture prend le relais. L'utilisateur doit rouvrir une session dans les règles, avec un mot de passe s'il est exigé.

   Si la case n'est pas cochée, Vista est plus laxiste. Lorsque l'écran de veille s'arrête, il reprend là vous en étiez auparavant.

4. **Cliquez sur le bouton OK afin d'enregistrer vos changements.**

Si vous ne voulez jamais voir l'écran d'ouverture, n'utilisez qu'un seul compte d'utilisateur sans mot de passe. La sécurité offerte par le système de comptes d'utilisateur est désactivée, mais c'est plus commode si vous vivez seul.

La Barre des tâches prend son indépendance

La Barre des tâches est une fonctionnalité de Windows très commode. Elle se trouve généralement en bas de l'écran. Mais parfois, elle prend la clé des champs. Vous trouverez ici quelques moyens de la ramener au bercail.

Si la Barre des tâches s'accroche au bord gauche ou droit de l'écran, voire en haut, tirez-la vers le bas de l'écran. Mais, au lieu de la tirer par un de ses bords, tirez-la par le milieu. Dès que le pointeur arrive près du bord inférieur de l'écran, la barre se met en place. Relâchez le bouton de la souris.

Voici quelques conseils qui empêcheront la Barre des tâches de se balader :

- Pour immobiliser la Barre des tâches et l'empêcher de flotter, cliquez dessus du bouton droit et choisissez Verrouiller la Barre des tâches.
- Si la Barre des tâches disparaît sous l'écran chaque fois que le pointeur de la souris s'en éloigne, désactivez l'option d'escamotage automatique : cliquez sur une partie vide de la Barre des tâches et, dans le menu, choisissez Propriétés. Décochez ensuite la case Masquer automatiquement la Barre des tâches.
- Pendant que vous êtes dans le panneau des propriétés de la Barre des tâches, assurez-vous que la case Conserver la Barre des tâches au-dessus des autres fenêtres est cochée. Elle sera ainsi toujours visible et accessible.

Impossible de suivre les fenêtres ouvertes

Vous n'avez pas à suivre toutes les fenêtres ouvertes. Vista s'en charge très bien tout seul, grâce à la combinaison de touches Alt+Tab. Une petite barre apparaît au milieu de l'écran, affichant une icône par fenêtre ouverte. La touche Alt toujours enfoncée, appuyez plusieurs fois sur Tab afin de sélectionner tour à tour chacune des icônes. Dès que celle qui vous intéresse est sélectionnée, relâchez les touches et la fenêtre correspondante s'affiche au premier plan.

Si votre PC est équipé d'une bonne carte graphique, cliquez sur le bouton Basculer entre les fenêtres, près du bouton Démarrer, dans la barre Lancement rapide. Vista fait flotter toutes les fenêtres à l'écran. Cliquez sur celle que vous désirez amener au premier plan. Ou alors, faites-les défiler en appuyant sur Tab ou sur les touches fléchées.

Ou alors, utilisez la Barre des tâches, décrite au Chapitre 2. Toutes les fenêtres y figurent. Cliquez sur le bouton de celle qui vous intéresse et elle se place au-dessus de la pile.

Le Chapitre 6 explique comment s'y retrouver dans un Bureau en désordre et comment le ranger.

Impossible d'aligner deux fenêtres côte à côte

Avec Windows Vista, rien n'est plus facile que le couper-coller d'un programme vers un autre. Il en est de même du glisser-déposer, qui permet de faire glisser un contact depuis le carnet d'adresses jusque dans la lettre que vous êtes en train d'écrire.

Le plus difficile est d'aligner deux fenêtres côte à côte afin de faciliter ces manipulations. C'est là que la Barre des tâches entre en jeu. Ouvrez d'abord les deux fenêtres n'importe où dans l'écran. Réduisez ensuite toutes les autres fenêtres dans la Barre des tâches en cliquant sur l'icône Réduire, à droite dans la barre de titre.

À présent, cliquez du bouton droit dans une partie vide de la Barre des tâches et choisissez, soit Afficher les fenêtres empilées, soit Afficher les fenêtres côte à côte. Les deux fenêtres sont maintenant parfaitement superposées ou juxtaposées.

Vista ne me laisse rien faire, sauf si je suis Administrateur

Windows Vista est très pointilleux sur qui a le droit de faire quoi. Le propriétaire de l'ordinateur reçoit un compte d'utilisateur Administrateur. L'administrateur, lui, octroie des comptes Standard aux autres personnes. Or, seul un Administrateur a le droit d'effectuer les tâches suivantes :

- Installer des programmes et du matériel.
- Créer des comptes d'utilisateurs ou les modifier.
- Connecter certains équipements comme un appareil photo numérique ou un lecteur MP3.
- Lire les fichiers de tous les utilisateurs.

Les détenteurs d'un compte d'utilisateur Standard ne peuvent effectuer que des tâches élémentaires comme :

- Exécuter des programmes installés.
- Modifier l'image de leur compte ainsi que leur mot de passe.

Le compte Invité est réservé aux hôtes de passage, comme la baby-sitter ou des visiteurs qui n'utilisent que sporadiquement l'ordinateur. Si l'ordinateur est connecté en haut débit, ils peuvent aller sur l'Internet, relever du courrier et en envoyer, et démarrer les programmes. Comme il l'est expliqué au Chapitre 13, un invité n'est pas autorisé à démarrer une session Internet, mais il peut utiliser la connexion en cours.

Si Windows signale que seul un Administrateur peut exécuter telle ou telle action, vous avez deux possibilités : demander à un administrateur de taper son mot de passe, ce qui autorise l'action, ou alors demander à l'administrateur de promouvoir votre compte en compte Administrateur (voir Chapitre 13).

Je ne connais pas ma version de Windows

Windows a connu plus d'une douzaine de versions depuis sa sortie en novembre 1985. Comment savoir laquelle est installée dans votre ordinateur ?

Ouvrez le menu Démarrer, cliquez du bouton droit sur Ordinateur et choisissez Propriétés. Consultez la rubrique Édition Windows. C'est là que vous trouverez votre version : Windows Vista Édition Familiale Basique, Édition Familiale, Entreprise, Professionnel ou Édition Intégrale.

Pour les versions de Windows antérieures à Vista, l'information se trouve à la rubrique Système.

La touche Impr.écran ne fonctionne pas

Quand vous appuyez sur la touche Impr.écran (son nom varie quelque peu selon les claviers) Windows Vista n'envoie pas le contenu de l'écran vers l'imprimante, mais le stocke dans le Presse-papiers, autrement dit dans une partie de sa mémoire vive. Vous pouvez ainsi le coller dans une autre fenêtre.

Si vous appuyez sur Impr.écran en maintenant la touche Alt enfoncée, Windows Vista mémorise l'image de la fenêtre active.

Si vous tenez à imprimer l'écran, appuyez sur Impr.écran (il ne se passe apparemment rien, mais c'est normal). Cliquez ensuite sur Démarrer, choisissez Tous les programmes, puis Accessoires. Ouvrez Paint et, dans le menu Édition, choisissez Coller. L'image de l'écran apparaît. Choisissez ensuite Fichier, Imprimer puis envoyez l'image de l'écran vers l'imprimante.

Dix choses plaisantes à faire sur le Net

Dans ce chapitre :

- Envoyer gratuitement des cartes de vœux pour toutes occasions.
- Participer à la rédaction d'une encyclopédie.
- Envoyer des photos à la famille et aux amis.
- Regarder des bandes-annonces et des publicités.
- Jouer.
- Webcams, journaux intimes et lieux à visiter.

Il existe des centaines de moyens d'exploiter Internet pour travailler et gagner de l'argent. Dans ce chapitre, nous nous concentrons sur les loisirs.

Envoyer des cartes de vœux

La prochaine fois que vous vous souviendrez d'un anniversaire au tout dernier moment, pensez à envoyer une carte virtuelle. En général, les cartes virtuelles sont gratuites et acheminées en quelques minutes. Une carte virtuelle est un message orné de belles images ou d'une animation et parfois d'un petit air de musique. Il en existe pour toutes les occasions et vous pouvez ajouter un message personnel.

Voici quelques sites à tester :

- `http://cartesvirtuelles.infinit.com`
- `www.cybercartes.com`
- `http://carte2.dromadaire.com/fr`

Publier dans une encyclopédie

Wikipédia (http://fr.wikipedia.org/wiki/Accueil) n'est pas seulement une encyclopédie gratuite. C'est également un lieu d'échanges et d'enrichissement des connaissances où vous pourrez vous-même rédiger des articles. Si vous découvrez des erreurs dans un article ou pensez qu'il est nécessaire d'y apporter des informations complémentaires, cliquez l'onglet Modifier cet article. Si aucun article n'existe sur un sujet précis, Wikipédia vous permet d'en créer un.

Partager des photos avec vos amis et votre famille

Les pièces jointes aux e-mails sont un bon moyen d'envoyer des tirages gratuitement n'importe où dans le monde. Vous n'avez même pas besoin d'un appareil photo numérique. De nombreux services de développement de pellicules numérisent vos photos et vous les fournissent en ligne ou sur une disquette. D'autres services comme Photoreflex (www.photoreflex.com) développent vos photos et vous donnent la possibilité de les organiser en album sur leur site Web. Vous donnez ensuite à vos amis l'adresse Web de votre album, et ils pourront ainsi voir les photos en ligne et commander des tirages s'ils le désirent.

La photographie en ligne est encore plus simple si vous avez un appareil photo numérique. Les appareils sont devenus abordables, particulièrement si vous considérez l'argent économisé en pellicules et frais de développement et que vous choisissiez d'imprimer uniquement les photos que vous aimez. Voici deux sites Web à visiter pour la photo numérique : www.megapixel.net et www.digital-shopping.fr.

Regarder des courts métrages et des pubs TV

Internet a créé un nouveau moyen de trouver un public pour les réalisateurs de courts métrages et de films expérimentaux. De nombreux sites présentent de petits films, diffusés gratuitement. IFILM (www.ifilm.com) est un bon choix. Vous trouverez une liste de sites sur http://dmoz.org/Arts/Movies/Filmmaking/Online_Venues. Sachez que la qualité de ces films est variable. Si vous adorez la publicité télévisée, visitez www.advertisementave.com. Les sites de films utilisent divers formats vidéo : QuickTime, Real Network, Lecteur Windows Media, *etc*. Attendez-vous à devoir télécharger quelques modules. Une connexion Internet à haut débit est indispensable.

Écouter les émissions de France Culture

Avez-vous déjà allumé la radio et pris en cours une fantastique émission, dont vous aimeriez bien entendre le début ? Si vous voulez écouter ou réécouter les émissions de France Culture, visitez le site de l'Association des auditeurs de France Culture, sur aafc.free.fr.

Jouer aux échecs

Ou aux dames, au bridge, au backgammon, *etc.*, tout jeu de plateau ou de cartes. Les jeux classiques tiennent encore la route face aux jeux électroniques toujours plus sanglants. Il n'est plus nécessaire de réunir chez vous des amis pour jouer, vous trouverez des partenaires à tout moment, jour et nuit, sur des sites comme `fr.games.yahoo.com`.

Regarder le monde

Les webcams sont des caméras vidéo en direct, accessibles *via* Internet. Elles permettent de regarder ce qui se passe quelque part en temps réel : la faune sauvage, la vie de tous les jours, une rue dans une ville, une galerie commerciale, un échangeur d'autoroute, la Slovaquie, et même la salle de séjour d'un particulier ou une maison hantée. L'image est généralement réactualisée à intervalles réguliers, de cinq secondes à une minute. Allez sur `www.dmoz.org/Computers/Internet/On_the_Web/Webcams/` ou faites une recherche sur le mot ***webcams*** sur `www.google.fr` ou `http://fr.yahoo.com`.

N'OUBLIEZ PAS

Attention : certaines webcams sont installées chez des exhibitionnistes. Vous voilà prévenu si vous avez des enfants. Généralement, on ne tombe pas par hasard sur ces sites aux noms explicites.

Partager votre journal sur un blog

Publier un journal intime sur Internet peut sembler bizarre, tout comme d'avoir une webcam filmant sa chambre, mais de nombreuses personnes aiment s'exprimer ainsi et obtenir les avis d'autres rédacteurs de journaux personnels. Vous en trouverez sur LiveJournal (`www.livejournal.com`). Les auteurs sont en général assez jeunes et pour les autres, c'est un moyen de s'informer sur ce que les jeunes pensent... ou ne pensent pas.

Blogger est également un site de blogs fort intéressant que vous trouverez à l'adresse `www.blogger.com`.

Visiter des musées dans le monde entier

Les musées sont des endroits intéressants pour passer un après-midi pluvieux. Il est possible de visiter musées et galeries du monde entier *via* votre navigateur. Tous les sites Web de musées ne proposent pas des œuvres en ligne, mais beaucoup le font. Nos préférés sont le Louvre à Paris (`www.louvre.fr`), le Museum of Fine Arts de Boston (`www.mfa.org`), le Metropolitan Museum of Art à New York (`www.metmuseum.org`) et le State Hermitage Museum en Russie (`www.hermitagemuseum.org`). Vous en trouverez bien d'autres sur `http://dmoz.org/Reference/Museums`. Cliquez le lien French dans la section des langues disponibles.

Bâtir votre propre monde

Les mondes virtuels sont des endroits électroniques que vous pouvez visiter sur le Web, une sorte de salons de chat 3D. Au lieu d'un pseudonyme, vous vous créez un personnage, ou *avatar*, qui marche, parle et exprime des sentiments. Lorsque vous êtes dans un de ces mondes, votre avatar interagit avec les avatars des autres personnes connectées, dans des environnements réalistes ou fantastiques. Dans certains mondes virtuels, vous pouvez même construire des lieux : une pièce, une maison, un parc, une ville, ce que vous êtes capable d'imaginer.

La plupart des mondes virtuels exigent le téléchargement d'un *plug-in* ou un logiciel spécial. Voici des endroits où vous pourrez créer ou visiter des mondes virtuels :

- `http://simcity.ea.com/`
- `www.activeworlds.com`
- `www.digitalspace.com/avatars`
- `www.ccon.org/hotlinks/hotlinks.html`

Voyager dans le système solaire

La deuxième moitié du vingtième siècle fut marquée par l'exploration de l'espace. Des sondes sont allées à la rencontre de plusieurs comètes et astéroïdes et de toutes les planètes, sauf Pluton, qui n'est d'ailleurs plus considérée comme une planète depuis 2006 (`www.christinelavin.com/planetx.html`). Elles ont renvoyé de stupéfiantes images de tempêtes sur Jupiter, d'océans sur le satellite Europa, de coulées de boue sur Mars et de photos de la Terre la nuit.

Reste à déterminer quelle génération ira réellement faire du tourisme dans le système solaire. Ce n'est pas demain la veille. Pour l'instant, les visites virtuelles sont possibles sur des sites comme `www.solarviews.com/french/homepage.htm`, `www.seds.org` et `http://sse.jpl.nasa.gov`. Sans compter la photo d'astronomie du jour sur `http://antwrp.gsfc.nasa.gov/apod/astropix.html`. Ne manquez pas cet incroyable montage de la NASA représentant les lumières de la nuit sur la planète Terre (`http://antwrp.gsfc.nasa.gov/apod/image/0011/earthlights_dmsp_big.jpg`).

À la recherche des extraterrestres

SETI@home (`http://setiathome.ssl.berkeley.edu` et `http://setiathome.free.fr/`) est un projet scientifique utilisant les ordinateurs de particuliers ou d'entreprises connectés à Internet pour procéder à d'incessants calculs dans l'espoir de déchiffrer un signal envoyé par une intelligence extraterrestre. L'idée est de disposer de milliers de PC, de Mac, *etc.*, pour réaliser les importants traitements de données provenant du bruit de fond intergalactique, auquel pourraient se mêler des signaux radio émis par d'autres civilisations. Vous pouvez participer à cette recherche en exécutant un programme gratuit qui télécharge et analyse les données recueillies par le radiotélescope d'Arecibo, à Porto Rico.

Si écouter aux portes des extraterrestres ne vous enthousiasme pas, vous préférerez peut-être prêter le temps d'inactivité de votre ordinateur à la résolution de problèmes de cryptographie et de mathématiques. Le site Distributed.net (`www.distributed.net`) gère plusieurs projets de ce type, dont certains offrent une récompense à la personne qui trouve la solution.

Index

D

E

"J'annonce B7 !"
"- Coulé !"

©RICHTENNANT
AGRANDIS L'OS DE POULET À 900 % ET ENVOIE-LE PAR E-MAIL AU MUSÉE EN LEUR DISANT : "ON TOUCHE AU BUT, IL NOUS FAUT DE L'ARGENT"

JE SUIS SÛR QUE CE N'EST QU'UNE COÏNCIDENCE, MAIS JE VEUX COMPRENDRE POURQUOI DEPUIS QUE M. LE CURÉ A ÉQUIPÉ LE CLOCHER D'UNE ANTENNE WI-FI, J'AI LA PHOTO DU PAPE QUI SE MET AUTOMATIQUEMENT EN FOND D'ÉCRAN QUAND J'ALLUME MON ORDINATEUR.
© RICHTENNANT

©RICHTENNANT
BEN TIENS Y'A UN PROBLÈME DE CONFIGURATION MAINTENANT.
ERREU
FATA

"Je ne comprends pas ce qui se passe, j'ai juste tapé bulles dans la zone de recherche !?"

"Avec mon logiciel de retouche, je me suis permis d'effacer quelques grosses taches entre les nuages. Inutile de me remercier."